中国合格评定国家认可委员会

坚持集中统一的国家认可体系

走国际化和中国化相结合的中国认可发展之路

中国合格评定国家认可委员会（CNAS） 是依据《认证认可条例》规定，由国家认证认可监督管理委员会依法确定的国家认可机构，以相关国际标准等为基本要求，依法开展认证机构、实验室、检验机构等三大门类的认可服务， 证实其满足标准要求且具备从事认证、检测、校准、检验、审定和核查等合格评定活动的技术能力和管理能力。

★ 现有认证机构、实验室和检验机构等三大门类认可制度，包含13项基本认可制度、32个专项认可制度和43个分项认可制度。

★ 为20多个政府部门和行业组织提供技术支撑服务，累计38部法律、法规、行政规章和规范性文件等行政规定采信认可结果。

★ 签署国际多边互认协议13项，协议范围覆盖104个经济体，占全球经济总量的96%以上。

1.质量管理体系认证机构认可
2.环境管理体系认证机构认可
3.食品安全管理体系认证机构认可
4.信息安全管理体系认证机构认可
5.产品认证机构认可
6.良好农业规范认证机构认可
7.检测实验室认可
8.校准实验室认可
9.医学实验室认可
10.标准物质生产者认可
11.能力验证提供者认可
12.检验机构认可
13.温室气体审定核查机构认可

★签署双边认可合作协议范围覆盖至27个国家

俄罗斯、日本、韩国、英国、希腊、美国、澳大利亚、新西兰、法国、印度尼西亚、瑞士、乌兹别克斯坦、德国、丹麦、沙特、阿联酋、阿曼、巴林、卡塔尔、科威特、也门、蒙古国、吉尔吉斯斯坦、埃及、土耳其、白俄罗斯、哈萨克斯坦

★认可理念

使命：证实能力、传递信任

愿景：权威可信——社会公信、政府采信、国际互信

核心价值观：科学、公正、诚信、责任

中国认证认可协会

中国认证认可协会（简称 CCAA）成立于 2005年9月27日，是由认证认可行业的认可机构、认证机构、认证培训机构、认证咨询机构、实验室、检测机构和部分获得认证的组织等单位会员和个人会员组成的非营利性、全国性的行业组织。依法接受业务主管单位国家市场监督管理总局、登记管理机关民政部的业务指导和监督管理。

· 致力于维护市场竞争秩序

在利用大数据开展行业自律监管方面迈出了扎实步伐，通过大数据发现了一些认证机构相互之间存在着的利益关联关系，影响市场公平秩序和公平竞争，以及认证机构和认证人员运作中的违规行为，这些问题线索都专题向认监委进行报告，经过认监委调查核实，撤销了一批认证机构的批准证书和违规认证人员注册资格。

· 致力于引领行业发展

以科研作为引领发展的重要方法，积极承担科技部国家重点研发计划项目NQI专项、市场监管总局科研计划项目、认监委科技支撑计划项目以及其他专项研究。切实发挥全国认证认可标准化技术委员会（SAC/TC 261）秘书处作用，组织开展相关国家标准、行业标准、团体标准制修订与发布实施工作。

· 致力于权益维护

受国务院研究室委托，围绕高质量发展的要求，加快促进新旧动能转换，增强发展内生动力，针对认证认可检验检测行业开展了专题调研，向国务院研究室提出了专题调研报告，提出了促进认证认可检验检测高技术服务业发展的意见建议。

· 致力于提升认证人员素质

积极探索改革认证人员注册制度，提出建立认证专业学科体系、认证人员培养体系、认证人员科学评价体系，整合成立了认证人员能力评价中心，致力于提升认证人员队伍水平，编纂发行合格评定基础、审核基础、管理体系认证基础、产品认证基础、服务认证基础和质量管理工具等基础主干教材。

2019年4月2日，中国认证认可协会三届四次理事会扩大会议暨三届五次常务理事会在北京召开，会议对行业现状作了客观分析，在充分肯定认证认可检验检测行业取得的成绩的同时，强调了当前面临的挑战和亟待解决的问题，从高质量发展、供给侧结构性改革、扩大开放，以及改革和理顺市场监管体制等方面强调要准确把握认证认可面临的新形势、新要求。

2019年5月23日，全国认证认可标准化技术委员会二届二次全委会在京召开。会议提出，要推进建设更加科学合理的认证认可标准体系，继续加强检验检测实验室标准体系建设，着力强化认证认可标准实施和评估，深度参与合格评定领域国际标准化治理，并加快国际国内合格评定标准化工作的融合发展。

2019年5月29日，中国认证认可协会认证技术专业委员会2019年全体会议在郑州召开，会议旨在发挥好认证技术专业委员会作用，研究讨论认证技术创新发展方向，服务认证技术学科体系建设，指导认证工作实践，更好服务社会经济发展。

2019 年 12 月 20 日，中国认证认可协会三届六次常务理事会发布了《2018认证机构发展报告》，该报告以客观数据为基础，比较准确地反映了我国认证机构2018年度发展状况，为全行业机构通过分析对比，明确改进和努力方向提供了参考依据。

地址：中国北京朝阳区朝外大街甲10号　Address:Jia No.10,Chaowai Dajie Chaoyang District,Beijing,China

Zip:100020　Tel:010-65994482　Fax:010-65994262　Http://www.ccaa.org.cn

中国检验认证集团
CHINA CERTIFICATION & INSPECTION GROUP

中国检验认证集团（简称中检集团，英文缩写CCIC）是经国务院批准设立、国务院国资委管理的中央企业，是以“检验、鉴定、认证、测试”为主业的综合性质量服务机构，创建于1980年。

经过40年的发展，中检集团已经成为“闻名中国、享誉世界”的国际化检验检测认证企业集团。中检集团拥有CCIC和CQC两大品牌，设有检验公司、中国质量认证中心（CQC）、测试公司三大业务平台，国内机构网络完备，在30多个国家（地区）的主要口岸和货物集散地设有机构，近2万名员工和数百家实验室，为10万余家国内外客户提供“一揽子”解决方案和“一站式”“本地化”综合质量服务。

经过40年的发展，中检集团已形成了辐射食品、农产品、石化、矿产、工业品、消费品、汽车、建筑、物流、零售等各个行业，具备国际公信力的专业资质体系。目前，中检集团持有国际资质100余项，国家级政府机构资质300余项，省市级政府机构资质100余项。服务范围涵盖贸易、制造业、消费品、服务业四大领域和国民经济各个行业。

中检集团以“创造更值得信赖的世界”为使命，以“全球质量服务的引领者”为愿景，始终坚持“笃诚、守正、业精、鼎新”的核心价值观和“客户是中心、质量是生命”的经营理念，始终发扬“同心同力、创业创新、敢闯敢干、善作善成”的企业精神，立足中国，服务全球，努力将中检集团建设成为有公信力的世界一流检验检测认证集团。

中国检验认证集团检验有限公司
地址：中国·北京·朝阳区西坝河东里18号中检大厦
邮编：100028
电话：010-84603096
传真：010-84603897
http://www.ccic-onsp.com

中国质量认证中心
地址：中国·北京·丰台区南四环西路188号9区
邮编：100070
电话：010-83886666
传真：010-83886000
http://www.cqc.com.cn

中国检验认证集团测试技术有限公司
地址：中国·北京·朝阳区西坝河东里18号中检大厦
邮编：100028
电话：010-84603909
传真：010-84603905
http://www.ccic-testing.com

中

认证认可检验检测年鉴

2020

中国质量标准出版传媒有限公司
中　国　标　准　出　版　社

北　京

图书在版编目（C I P）数据

中国认证认可检验检测年鉴. 2020 / 国家认证认可监督管理委员会主编. – 北京：中国质量标准出版传媒有限公司，2021.10
ISBN 978-7-5026-4900-6
Ⅰ. ①中… Ⅱ. ①国… Ⅲ. ①产品质量 – 质量检验 – 中国 – 2020 – 年鉴 Ⅳ. ① F273.2-54
中国版本图书馆 CIP 数据核字（2021）第 196881 号

中国认证认可检验检测年鉴 2020

中国质量标准出版传媒有限公司
中 国 标 准 出 版 社 出版发行
北京市朝阳区和平里西街甲 2 号（100029）
北京市西城区三里河北街 16 号（100045）
网 址：www.spc.net.cn
总编室：（010）68533533 发行中心：（010）51780238
读者服务部：（010）68523946
中国标准出版社秦皇岛印刷厂 印刷
各地新华书店经销
*
开本 889 × 1194 1/16 印张 28.5 字数 870 千字
2021 年 10 月第 1 版 2021 年 10 月第 1 次印刷
*
定价：360.00 元

《中国认证认可检验检测年鉴》编纂委员会名单

编 辑 说 明

一、《中国认证认可检验检测年鉴》（以下简称《年鉴》），是逐年记载中国认证认可事业发展进程的编年史册，也是一部资料丰富的工具书，《年鉴》（2020）记载的是中国认证认可事业2019年的发展情况。

二、2019年，认证认可检验检测系统深刻学习领会中央经济工作会议精神，深入贯彻中央决策部署，坚持“五个围绕”，服务改革发展全局：围绕激发微观主体活力，着力优化营商环境，进一步释放改革红利；围绕结构性改革，着力实施竞争政策，进一步创造公平竞争的制度环境；围绕制造业高质量发展，着力实施质量强国战略，进一步提升产品和服务水平；围绕形成强大国内市场，着力改善消费环境，进一步释放消费潜力；围绕全方位对外开放，着力完善市场监管规则，进一步提升国际竞争力。

以上几方面的详细内容，可见于《年鉴》的相关文章、领导讲话和统计资料。

三、“文献”一栏中刊登了2020年1月召开的全国认证认可检验检测工作会议的领导讲话稿，是认证认可检验检测工作发展的指导性文件。“特载”一栏刊登的一组文章，是国家市场监管总局和国家认监委领导关于认证认可检验检测工作方针和工作重点的论述和安排。这两个栏目的内容均具有重要的指导意义。

四、“专文”一栏刊登了各地方局工作人员对认证监管系统的思考与探讨，这些为今后认证认可工作的开展起到了一定的借鉴作用。

五、《年鉴》（2020）尚未包括香港、澳门特别行政区和台湾省关于认证认可检验检测发展情况的内容。

六、《年鉴》（2020）稿件由国家认监委及地方市场监管局提供，并由提供单位领导审核，稿件一般的截止日期为2019年底，但是由于内容需要，也可能上下延伸一段时间，采用时请予注意。

由于2018年和2019年初正处于机构改革的关键时期，很多机构的称谓及领导职务变动相对比较大，为了不引起分歧，本年鉴采用称谓时所采用的标准是截至2019年1月是否改革完成，如若完成，在采用称谓的时候则在原称谓前加上“原”字，如若未完成，则沿用原有称谓，由此对读者造成的一些不便，还请谅解。

由于某些事件的延续性，所以在记录某些事件时，可能截止日期从2019年延续到2020年初，有可能为读者造成某些不变，敬请谅解。

七、由于知识和经验所限，《年鉴》（2020）编撰中的错误和缺点在所难免，欢迎各界批评指正。同时向积极参与和关心《年鉴》的各界同仁和朋友表示衷心感谢。

八、由于《年鉴》（2020）项目启动时间比往年稍晚，因此出版.时间延至了2021年5月，延误了本年鉴的时效性，由此对本年鉴的忠实读者造成了一些不便，敬请谅解。

《中国认证认可年鉴》编辑部

2021年5月

认证为民　品质共享

中铁检验认证中心

CRCC
中铁检验认证中心

国内先进、国际一流的轨道交通认证服务机构

Leading Rail Transit Certifier in China and Beyond

中铁检验认证中心有限公司（China Railway Test & Certification Center Limited），简称中铁检验认证中心（CRCC），是经中国国家认证认可监督管理委员会（CNCA）批准，中国合格评定国家认可委员会（CNAS）认可的，具有铁路产品认证、城轨装皆认证、管理体系认证、安全评估及工程安全评估和产品检验检测资质的权威技术机构。

CRCC建立了标准、计量、检验、检测、认证“五位一体”的综合技术服务体系，业务能力涵盖机车车辆、牵引供电，通信信号、工务工程、运输包装、金属化学、安全卫生等轨道交通全领域。

中铁认证 见证安全

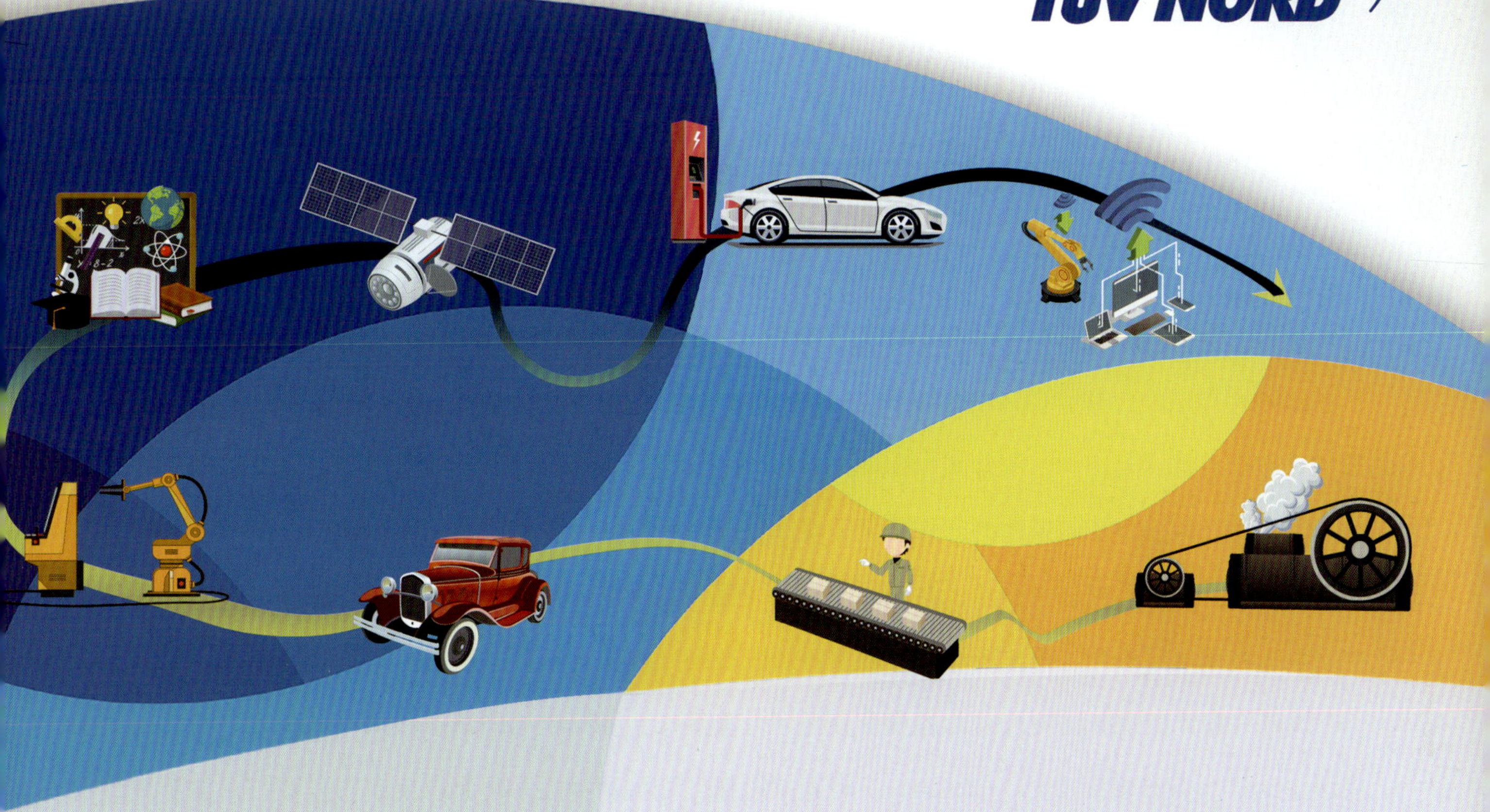

目　　录

第一部分　文　献

在全国认证认可检验检测工作会议上的讲话 …… 唐　军（3）
在全国认证认可检验检测工作会议上的讲话 …… 刘卫军（11）
2019年认证认可检验检测工作要点 …… （14）

第二部分　特　载

深化质量认证制度改革 助推经济高质量发展 …… 刘卫军（21）
着力提高供给质量 构建科学完善的认可与检验检测体系 …… 董乐群（23）

第三部分　专　文

探索"线上核查+线下溯源"监管方式　实现质量认证精准监管 …… 北京市市场监督管理局（27）
违法零容忍　监管全覆盖　强化假检验、假数据、假报告专项整治力度 …… 河北省市场监督管理局（29）
积极推进检验检测机构市场化改革　助力辽宁经济社会高质量发展 …… 辽宁省市场监督管理局（31）
打造一体化信息平台　推进检测认证高质量监管 …… 江苏省市场监督管理局（33）
争当新时代质量认证改革发展排头兵 …… 浙江省市场监督管理局（35）
精准施策　合力帮扶　共促小微企业高质量发展 …… 福建省市场监督管理局（36）
完善监管制度　防范行政风险　推动检验检测认证治理体系及治理能力现代化 …… 广东省市场监督管理局（38）
发挥有机认证拉高线作用　走好生态绿色发展之路 …… 四川省市场监督管理局（39）

第四部分　认证监管

一、认证机构审批 …… （43）
（一）进一步优化营商环境，认证市场主体不断扩大 …… （43）
（二）深化认证机构资质审批改革有新突破 …… （43）
（三）推动外资认证机构实现准入国民待遇有新进展 …… （43）
（四）新设认证机构现场核查工作有新举措 …… （43）
二、强制性产品认证 …… （44）
（一）深入推动强制性产品认证制度改革 …… （44）

（二）承接生产许可证转强制性产品认证工作 ……（44）
（三）在自贸区内取消CCC检查机构行政许可 ……（44）
三、自愿性产品认证 ……（44）
（一）不断完善统一的绿色产品认证和标识体系 ……（44）
（二）不断推进高品质产品认证实施 ……（44）
四、网络安全产品认证 ……（45）
（一）参与App违法违规收集使用个人信息专项治理 ……（45）
（二）建立实施App安全认证制度 ……（45）
（三）积极推动数据安全相关工作 ……（45）
五、食品农产品认证 ……（45）
（一）积极做好食品农产品认证制度的建立、组织实施和管理工作 ……（45）
（二）持续优化完善有机产品、危害分析与关键控制点（HACCP）认证制度等食品农产品认证并组织实施 ……（45）
六、管理体系认证 ……（46）
（一）管理体系认证总体情况 ……（46）
（二）开展小微企业质量认证提升行动 ……（46）
七、服务认证 ……（49）
（一）《服务认证管理办法》立法研究 ……（49）
（二）积极协调，在重要文件中体现服务认证工作 ……（49）
（三）在《质量与认证》杂志“服务认证专栏”进行宣传 ……（49）
（四）开展“服务认证体验周”活动 ……（49）
八、认证质量 ……（49）
（一）严格落实“双随机、一公开”要求，完成2019年度认证有效性专项抽查工作 ……（49）
（二）初步建立认证风险监测预警机制，在重点认证领域开展试点 ……（49）
（三）全面落实“放管服”改革、优化营商环境的要求，调整免予办理强制性产品认证（即CCC免办）实施主体，明确相关工作要求 ……（50）
（四）完成第二届中国国际进口博览会认证监管工作保障 ……（50）
（五）完善“互联网+监管”工作机制，推进CCC认证证书与公安、海关、电商平台的跨部门信息共享和联网核查工作 ……（50）
（六）建立完善认证领域“黑名单”制度，研究构建联合惩戒机制 ……（50）
（七）积极推进认证行业发展相关工作 ……（50）
九、认证监督 ……（51）
（一）以“双随机、一公开”为手段严厉打击认证领域违法违规行为 ……（51）
（二）部署开展口罩、防护服等防疫用品领域认证活动专项整治 ……（51）
（三）提升地方认证监管人员能力水平 ……（51）
（四）抓好认证监管信息化工作 ……（51）
（五）组织召开认证监管工作研讨 ……（51）
（六）申投诉举报等案件线索处理 ……（51）
十、认证人员管理制度建设 ……（51）
（一）认证人员国家职业资格制度建设工作 ……（51）
（二）对现行认证人员注册工作实施监管 ……（52）

（三）全面加强认证人员制度建设工作……（52）

第五部分　认可与检验检测监管

一、着力优化营商环境，检验检测机构改革工作实现新突破……（55）
二、着力规范市场秩序，认可检测监管开创新局面……（55）
三、着力完善体系建设，认可检测能力水平迈上新台阶……（55）
四、着力提升服务质量，促进发展取得新成效……（56）
五、着力加强队伍管理，行业治理展现新气象……（56）
六、着力推进认可及检验检测各项工作的开展……（56）
（一）监管队伍能力提升……（56）
（二）优化资质认定准入……（57）
（三）“双随机、一公开”监督抽查……（57）
（四）引导行业服务社会……（57）
（五）提升机构技术能力……（57）
（六）全面上线“检验检测报告编号查询平台”……（57）
（七）首次开展行业景气指数采集及发布……（57）
（八）完善认证认可标准体系……（57）

第六部分　认可约束

一、增加制度供给，服务发展大局……（61）
（一）正式实施两项新认可制度……（61）
（二）扎实推进三项新认可制度……（61）
（三）积极研究七项认可制度……（61）
（四）发挥支撑作用，服务监管工作……（61）
（五）认可中心积极配合相关部委开展工作……（62）
二、深化认可改革，提升效率效果……（62）
（一）落实改革举措，提升服务质量……（62）
（二）加强专项监督，增强警示效应……（63）
三、加强对外合作，扩大国际影响……（63）
（一）深化合作机制，扩大国际影响……（63）
（二）加强国际互认，提升国际地位……（63）
（三）应对技术措施，服务对外贸易……（63）
四、加强自身建设，夯实认可基础……（63）
（一）发挥委员会作用，完善治理体系……（64）
（二）优化质量管理，深化法治建设……（64）
（三）开展战略研讨，加强顶层设计……（64）
（四）加强认可宣传，扩大认可采信……（64）
（五）推进课题研究，健全科研机制……（64）
（六）推进信息化建设，保障安全运行……（64）
（七）加强队伍建设，深挖资源潜力……（64）
（八）加强党的建设，完善党建制度……（64）

第七部分 人员注册与行业自律

一、人员注册情况……（69）
（一）相关业务数据……（69）
（二）开展的主要工作……（69）
二、行业管理情况……（69）
（一）证书转换、人员转换、投诉处理有序开展……（69）
（二）信用管理持续推进……（70）
（三）良好审核案例现场评议交流系列活动继续发挥品牌效应……（70）
（四）加强引导知识产权管理体系认证……（70）
（五）开展认证机构公正性基础数据核验工作……（70）
（六）权益维护工作取得新进展……（70）
（七）检验检测人员队伍建设持续推进……（70）

第八部分 合格评定技术体系建设与标准化管理

一、积极构建并不断完善与国际接轨、满足行业共性需求的中国合格评定标准体系……（75）
（一）国家标准……（75）
（二）行业标准……（75）
（三）团体标准……（75）
（四）企业标准……（75）
二、创新制定中国标准，支撑重要领域合格评定实践……（75）
（一）国家标准案例……（75）
（二）认证认可标准案例……（76）
三、积极参与国际标准化活动推动合格评定工具箱在中国的应用……（76）
（一）全面跟踪转化国际标准……（76）
（二）积极参与国际交流合作……（76）
（三）积极推介国际理论与实践经验……（76）
（四）推广运用国际标准成效显著……（76）

第九部分 国际合作

一、为国家自贸区建设贡献认证认可力量……（81）
二、积极推动认证认可双边合作进程……（81）
（一）积极践行认证认可服务“一带一路”建设……（81）
（二）中欧、中德、中俄、中韩双边机制稳步推进……（81）
三、稳步推进多边互认……（82）
四、深度参与国际组织……（82）
（一）国际话语权进一步提升……（82）
（二）加强WTO通报、咨询、评议工作……（82）
（三）全面完成国际组织合格评定投票和表决工作……（82）
（四）紧密跟踪国际发展趋势……（82）
五、积极参加上海第83届IEC大会……（82）

六、深化与港澳台合作 ………………………………………………………………………………………（83）
七、在认可检测领域积极推动国际合作交流 ………………………………………………………………（83）

第十部分　地方认证检测监管

明确定位　加强监管　服务首都经济发展
——北京市市场监督管理局2019年认证、认可及检验检测监管工作概况 ……………………（87）
严格要求　主动作为　助力区域经济发展
——天津市市场监督管理委员会2019年认证、认可及检验检测监管工作概况 ………………（89）
保底线　严监管　努力提高认证认可工作水平
——河北省市场监督管理局2019年认证、认可及检验检测监管工作概况 ……………………（91）
抓监管促发展　传信任促服务　夯实市场监管坚实基础
——山西省市场监督管理局2019年认证、认可及检验检测监管工作概况 ……………………（95）
深化改革　强化监管　促进地方认证认可检验检测行业健康发展
——内蒙古自治区市场监督管理局2019年认证、认可及检验检测监管工作概况 ……………（100）
抓住机遇　主动作为
——辽宁省市场监督管理局2019年认证、认可及检验检测监管工作概况 ……………………（102）
深化改革　强化监管　助力质量提升
——吉林省市场监督管理厅2019年认证、认可及检验检测监管工作概况 ……………………（104）
强化认证认可作用　深挖省内市场潜力　在龙江经济高质量发展进程中助力破局
——黑龙江省市场监督管理局2019年认证、认可及检验检测监管工作概况 …………………（106）
规范行业秩序　加大供给力度　构筑质量新优势
——上海市市场监督管理局2019年认证、认可及检验检测监管工作概况 ……………………（109）
主动作为　强化监管　全面提升认证认可、检验检测供给质量
——江苏省市场监督管理局2019年认证、认可及检验检测监管工作概况 ……………………（111）
优化服务　强化监管
——浙江省市场监督管理局2019年认证、认可及检验检测监管工作概况 ……………………（113）
变革转型　尽责履职　全面监管促发展
——安徽省市场监督管理局2019年认证、认可及检验检测监管工作概况 ……………………（114）
深化改革创新　加快服务发展
——福建省市场监督管理局2019年认证、认可及检验检测监管工作概况 ……………………（117）
不忘初心　砥砺前行　奋力开创认证认可检验检测工作新局面
——江西省市场监督管理局2019年认证、认可及检验检测监管工作概况 ……………………（120）
加强监管　优化服务　促进山东省认证检验检测行业健康发展
——山东省市场监督管理局2019年认证、认可及检验检测监管工作概况 ……………………（123）
严格监管　提升服务　助力地方发展
——河南省市场监督管理局2019年认证、认可及检验检测监管工作概况 ……………………（126）
全面履职　创新监管　服务经济社会发展
——湖北省市场监督管理局2019年认证、认可及检验检测监管工作概况 ……………………（131）
改革创新　服务发展
——湖南省市场监督管理局2019年认证、认可及检验检测监管工作概况 ……………………（134）
把握新时代脉搏　推动认证认可工作
——广东省市场监督管理局2019年认证、认可及检验检测监管工作概况 ……………………（136）

大力推进质量认证　助推广西经济高质量发展
——广西壮族自治区市场监督管理局2019年认证、认可及检验检测监管工作概况 ……………（138）
加强监管　创优服务
——海南省市场监督管理局2019年认证、认可及检验检测监管工作概况……………………………（141）
敢为人先　严字当头　服务为本
——重庆市市场监督管理局2019年认证、认可及检验检测监管工作概况……………………………（143）
守底线保安全　拉高线促发展　努力提升认证认可检验检测供给质量
——四川省市场监督管理局2019年认证、认可及检验检测监管工作概况……………………………（145）
优化服务　强化监管　不断提高认证认可检验检测供给质量
——贵州省市场监督管理局2019年认证、认可及检验检测监管工作概况……………………………（147）
强化监管　提质增效
——云南省市场监督管理局2019年认证、认可及检验检测监管工作概况……………………………（149）
加强监管　创优服务
——西藏自治区市场监督管理局2019年认证、认可及检验检测监管工作概况 ……………………（153）
传递信任　强化监管　着力夯实高质量发展基础
——陕西省市场监督管理局2019年认证、认可及检验检测监管工作概况……………………………（155）
改革创新强监管　优化服务促发展
——甘肃省市场监督管理局2019年认证、认可及检验检测监管工作概况……………………………（158）
强监管　提能级　服务高质量发展
——青海省市场监督管理局2019年认证、认可及检验检测监管工作概况……………………………（160）
严监管　优服务　服务经济健康发展
——宁夏回族自治区市场监督管理厅2019年认证、认可及检验检测监管工作概况 ……………（162）
全面履职　强化监管　推进质量体系建设
——新疆维吾尔自治区市场监督管理局2019年认证、认可及检验检测监管工作概况…………（163）

第十一部分　从业机构

中国检验认证（集团）有限公司
抓住机遇　谋篇布局　重整行装再出发 ……………………………………………………………………（169）
中国质量认证中心
舵稳行远当奋楫　潮平风正好扬帆……………………………………………………………………………（177）
应急管理部消防产品合格评定中心
贯彻消防执法改革要求　提升服务能力……………………………………………………………………（180）
方圆标志认证集团有限公司
开拓创新谋发展　锐意进取谱新篇……………………………………………………………………………（181）
中铁检验认证中心有限公司
服务质量强国战略　聚焦认证专业品质　为把控产品质量　提供强有力的技术支撑 …………（184）
新世纪检验认证有限责任公司
疫情挡不住高质量发展的步伐 …………………………………………………………………………………（186）
长城（天津）质量保证中心
创新诚信认证　践行高质量发展 ………………………………………………………………………………（188）
安标国家矿用产品安全标志中心有限公司
严格要求　把好矿用设备安全准入关 …………………………………………………………………………（190）

北京泰瑞特认证有限责任公司
坚持创新求进　突破发展瓶颈　努力推进公司主责主业再上新台阶 ……（191）
北京中大华远认证中心
开拓进取　日益创新 ……（194）
辽宁通正检测有限公司
鉴证优秀　成就卓越 ……（195）
山西博奥检测股份有限公司
公正诚信　服务社会 ……（197）
山西华普检测技术有限公司
抓规范　促服务　持续提高检验检测业务水平 ……（198）
中国印钞造币总公司
认证认可上水平　技术创新出成果 ……（200）
深圳市全球通检测服务有限公司
求真务实　不忘初心 ……（205）

第十二部分　典型案例

山西省市场监督管理局发布2018年检验检测行业发展报告
传递信息　夯实基础　推动检验检测行业健康有序发展 ……（209）
上海市市场监督管理局
“认证”助力打造上海品牌的皇冠 ……（215）
上海市市场监督管理局
“上海品牌”认证引领科技创业服务创新发展 ……（217）
上海市市场监督管理局
有序承接CCC免办　创新开设便捷通道　优化贸易营商环境 ……（218）
江苏省市场监督管理局
打造一体化信息平台　推进认证检测高质量监管 ……（220）
浙江省市场监督管理局
积极推进“品字标”认证服务发展 ……（222）
河南省市场监督管理局
四项管理体系助力企业发展 ……（223）
河南省市场监督管理局
质量认证对“花花牛”的全面提升 ……（225）
四川省市场监督管理局
绵阳市产品质量监督检验所全创经验 ……（227）
四川省市场监督管理局
坚持以需求为导向　促进军民科学仪器设备共建共享 ……（228）
甘肃省市场监督管理局
深化改革创新　强化监督管理　有力增强检验检测服务成效 ……（229）
甘肃第七建设集团股份有限公司
“标准化”管理体系助力七建集团远航 ……（231）
甘肃第七建设集团股份有限公司一公司
贯彻落实管理体系　促进项目高质量建设 ……（234）

武威和厦建设有限公司
推行“标准化”体系建设　助力公司提质增效……（236）

第十三部分　法规、部门规章和规范性文件

进口食品国外生产企业注册程序……（241）
食品生产企业危害分析与关键控制点（HACCP）管理体系认证管理规定……（243）
国家认可机构监督管理办法……（245）
国家认监委关于明确计量认证 / 审查认可工作有关规定的通知……（247）
无公害农产品标志管理办法……（249）
出口食品生产企业申请国外卫生注册管理办法……（251）
绿色市场认证管理办法……（253）
国家认证认可监督管理委员会实施认证认可行政处罚若干规定……（255）
饲料产品认证管理办法……（257）
强制性产品认证检查员管理办法……（259）
无需办理强制性产品认证或可免于办理强制性产品认证的条件……（261）
软件过程能力及成熟度评估管理办法……（262）
体育服务认证管理办法……（264）
测量管理体系认证管理办法……（267）
实验室能力验证实施办法……（269）
国家产品质量监督检验中心授权管理办法……（271）
免于强制性产品认证的特殊用途进口产品检测处理程序……（274）
认证认可申诉投诉处理办法……（275）
认证认可国际同行评审员推荐与任职管理办法……（277）
铁路产品认证管理办法……（278）
电子招标投标系统检测认证管理办法（试行）……（281）
自愿性认证领域目录和资质审批要求……（285）
知识产权认证管理办法……（290）

第十四部分　大事记

第十四部分　大事记……（293）

第十五部分　统计资料

一、2019 年我国认证机构的基本状况……（301）
二、检验检测行业规模总体情况……（302）
（一）行业规模持续增长……（302）
（二）检验检测市场结构进一步优化……（303）
（三）电子电器等新兴领域发展迅速……（303）
（四）行业弱、小、散的面貌还没有根本改观……（303）
（五）关注科研和创新仍然不足……（303）
（六）检验检测企业在资本市场稳健发展……（303）
（七）外资在华检验检测机构发展平稳……（304）

三、检验检测机构区域分布 ……………………………………（304）
四、全国各类检验检测机构参与科研项目情况 ……………………………………（304）
五、检验检测服务业从业人员情况 ……………………………………（304）
（一）从业人员分布情况 ……………………………………（304）
（二）从业人员学历和职称情况 ……………………………………（304）

第十六部分　附　录

2019年认监委发布的公告（选登） ……………………………………（309）
认监委关于发布2018年强制性产品认证获证产品监督检查结果的公告（2019年第1号） ……………（309）
认监委关于对电暖器类产品实施认证风险预警的公告（2019年第2号） ……………………（327）
认监委关于发布《内地与香港关于建立更紧密经贸关系的安排》服务贸易协议中检测认证相关修订条款实施指南的公告（2019年第3号） ……………………………………（328）
认监委关于发布《内地与澳门关于建立更紧密经贸关系的安排》服务贸易协议中检测认证相关修订条款实施指南的公告（2019年第4号） ……………………………………（330）
认监委关于印发《交通一卡通产品认证实施规则通用要求》的公告（2019年第5号） ……………（332）
认监委关于调整汽车产品强制性认证依据标准的公告（2019年第6号） ……………………（337）
认监委关于公布符合农机购置补贴机具资质采信条件的认证机构的公告（2019年第7号） …………（338）
认监委关于2018年质量管理体系认证“双随机、一公开”监督检查结果的公告（2019年第8号） ……………………………………（339）
认监委关于注销中家院（北京）检测认证有限公司（中国家用电器检测所）等2家机构部分领域强制性产品认证指定检测业务的公告（2019年第9号） ……………………………（343）
认监委关于变更部分强制性产品认证实施机构信息的公告（2019年第10号） ……………………（344）
认监委关于明确城市轨道交通装备认证机构资质条件及认证实施规则的公告（2019年第11号） ……………………………………（349）
认监委关于发布2019年第一批强制性产品认证实验室日常指定决定的公告（2019年第12号） ….（355）
市场监管总局 海关总署关于免予办理强制性产品认证工作有关安排的公告（联合公告2019年第13号） ……………………………………（357）
认监委关于开展防爆电气等产品强制性产品认证实施机构指定工作的公告（2019年第13号） …..（358）
认监委关于撤销华策国际检验认证（北京）有限公司《认证机构批准书》的公告（2019年第14号） ……………………………………（360）
认监委关于调整摩托车产品强制性认证依据标准的公告（2019年第15号） ……………………（361）
认监委关于发布2019年第二批强制性产品认证实验室日常指定决定的公告（2019年第16号） ….（362）
认监委关于部分强制性产品认证指定实验室信息变更的公告（2019年第17号） ………………（364）
认监委关于发布防爆电气、家用燃气器具等产品强制性产品认证实施机构指定决定的公告（2019年第18号） ……………………………………（370）
认监委关于开展强制性产品认证实施机构指定工作的公告（2019年第19号） ……………………（377）
认监委关于部分强制性产品认证指定实验室信息变更的公告（2019年第20号） ………………（380）
认监委关于发布新版《有机产品认证实施规则》的公告（2019年第21号） ……………………（388）
认监委关于发布新版《有机产品认证目录》的公告（2019年第22号） ……………………（401）
关于对4家实验室部分强制性产品认证指定检测业务进行停业整顿的公告（2019年第23号） ……（412）
认监委关于2家机构非法从事认证活动的公告（2019年第24号） ……………………………（413）

认监委关于发布强制性产品认证实施机构和2019年第三批日常指定决定的公告
（2019年第25号）……………………………………………………………………………………（414）
认监委关于进一步完善强制性产品认证自我声明评价方式和明确有关实施要求的公告
（2019年第26号）……………………………………………………………………………………（425）
市场监管总局关于防爆电气等产品由生产许可转为强制性产品认证管理实施要求的公告
（2019年第34号）……………………………………………………………………………………（430）
市场监管总局关于调整完善强制性产品认证目录和实施要求的公告（2019年第44号）………………（441）

2020

Yearbook of Certification,Accreditation,Inspection and Testing of China

第一部分　文　献

Part One　Documents of Importance

在全国认证认可检验检测工作会议上的讲话

唐 军

（2020年1月14日）

这次会议的主要任务是，以习近平新时代中国特色社会主义思想为指导，深入学习贯彻党的十九大和十九届二中、三中、四中全会精神，落实全国市场监管工作会议部署，总结认证认可检验检测2019年度工作，部署2020年工作任务，为实现全面建成小康社会作出新贡献。

总局党组对这次会议高度重视，肖亚庆局长专门听取筹备情况汇报并对开好会议提出要求。下面，我代表市场监管总局（认监委），讲几点意见：

一、2019年工作取得的成效

一年来，全国认证认可检验检测战线深入学习贯彻习近平新时代中国特色社会主义思想，认真落实党中央、国务院决策部署，按照市场监管总局的要求，围绕“市场化、国际化、专业化、集约化、规范化”的目标导向，着力提升认证认可检验检测工作水平，为推动高质量发展、加强市场监管发挥了应有作用。截至2019年年底，累计批准认证机构597家，比上年增长24.6%；累计颁发有效认证证书222.7万张、获证组织68.6万家，分别比上年增长15%和10%；累计取得资质认定检验检测机构4.2万家，比上年增长6.6%；累计认可各类合格评定机构11409家，比上年增长7.5%。回顾一年来工作，重点在以下方面取得突出成效。

（一）深化改革实现新突破

一是完善从业机构行政审批制度。按照国务院统一部署，制定认证机构资质审批改革方案，作出在自贸试验区推行认证机构审批“证照分离”改革的安排，取消从事强制性产品认证活动检查机构指定的审批制度，根据风险等级对认证机构审批事项分别实行告知承诺、优化准入服务的分类管理，审批时限平均由法定的45个工作日压缩到17个工作日；进一步落实外资机构国民待遇，将取消外资认证机构准入特别管理措施从自贸试验区扩大到北京市。出台《关于进一步推进检验检测机构资质认定改革工作的意见》，试点推行告知承诺制度，依法界定资质认定范围，整合资质认定证书，优化资质认定流程，资质认定许可时限压缩四分之一；推动检验检测机构资质认定统一管理，将海关总署实施的进出口商品检验鉴定许可、国家林业和草原局实施的林业质检机构资质认定等项目纳入实施范围。黑龙江试点推行资质认定告知承诺制度，全部审批事项网上办理，实现“零跑腿”“不见面”审批。

二是深化强制性产品认证制度改革。以必要性和最少化为原则，进一步压缩强制性产品认证（CCC认证）目录，全年共调出31种产品，目录压缩幅度达24.7%；

将27种产品转为企业自我声明方式，不再实施第三方认证，减少CCC证书约30万张，认证周期压缩30%以上，单张证书减少认证成本约4000元。落实工业产品生产许可证改革部署，将6类产品由许可证转为CCC认证，同时，为了不增加企业负担，落实国务院要求，运用财政专项资金购买认证服务。此外，积极推进检验检测机构市场化改革试点，会同中编办、人社部联合开展调研，研究提出相关政策措施。辽宁、山东等地结合实际，通过合并重组、转企改制等各种方式，积极探索检验检测机构市场化改革路径，提升区域检验检测整体竞争力。

（二）行业监管取得新进展

一是全面实施“双随机、一公开”监督检查。组织开展对认证检测市场的监督检查，严厉查处虚假认证、出具虚假报告等违法违规行为。在认证领域，按照15%比例抽查70家自愿性认证机构，对26家CCC指定认证机构实施全覆盖检查、78家CCC指定实验室实施重点检查；重点针对25种CCC产品、9种有机产品共计2646批次产品开展认证有效性抽查，检出不合格的CCC产品272批次、有机产品30批次，撤销、暂停证书535张；对电商平台销售的CCC产品联网核查CCC证书2.7亿次，下架问题商品1743万件。在检验检测领域，按照8%比例抽查300家国家级资质认定检验检测机构，发现问题932项；联合农业农村部、卫生健康委对食品复检机构名录进行清理、更新。

二是加大执法查处力度。认监委撤销2家、行政告诫14家、限期整改25家认证机构，对29家CCC指定实验室作出停业整顿、限期整改处理，对133家检验检测机构分别采取责令整改、停业整顿或罚款等行政措施。各地市场监管部门针对辖区内认证机构及相关企业，责令整改1544家次，移交执法稽查立案412起、办结283起；针对辖区内检验检测机构，检查1.5万家次，查处违法违规案件1995起，撤销或注销资质认定442家，移送公安司法机关7起。通过现场检查、第三方质量评价等形式加强认可监督，督促认可机构强化认可约束，暂停各类机构认可资格487家，撤销认可资格161家。河北强化假检验、假数据、假报告专项整治，对食品、环境等重点领域严重违规检测行为顶格处理；福建、湖南加强部门联合“双随机”监管，推进行业秩序共管共治。

三是加强从业人员监管。建立认证人员注册工作信息报送机制，强化对人员注册工作的日常监管。全年新增注册认证人员11712人，撤销、注销、暂停注册资格共计202人，公布失信认证人员信息209条。加强检验检测资质认定评审员管理，对10400名评审员进行网上能力测评，淘汰1200名不符合要求的人员。上海、海南加强资质认定评审员管理，优化评审员选派机制，提高现场评审质量。

四是着力防范和化解行业风险。试点开展认证风险监测预警工作，监测CCC认证产品抽查信息5434条，撤销、暂停认证证书873张，发布对电暖器类产品实施认证风险预警的公告，督促认证机构严把发证质量关。组织制定质量认证领域和认可与检验检测领域突发事件应急预案，明确突发事件应急处置办法。广东、云南加强对基层监管工作指导，防范行政执法风险。

五是健全监管机制。推动《认证认可条例》修订工作，加快《有机产品认证管理办法》《检验检测机构监督管理办法》等规章制修订，发布合格评定国家标准69项、认证认可行业标准165项，完善法规、规章和标准体系。组织编写《认证行业信用研究报告》，推动建立失信联合惩戒机制。完善“互联网+监管”机制，组织认证认可检验检测信息化整合建设，推动信息化系统优化升级。2019年6月开通“检验检测报告真伪查询系统”，社会公众可查询2016年以来全国检验检测机构向社会出具的10.57亿份检验检测报告的真伪，目前累计查询量达到21万次。北京探索“线上核查+线下溯源”监管，湖北探索“双随机”监管与重点监管、信用监管与分类监管相结合等新型监管方式。河南、重庆充分依托大数据等信息化手段，推进政务服务“一网通办”。京津冀、长三角积极探索建立区域联合监管机制，共同开展能力验证对比活动，推动检验检测监管共治。

（三）服务发展彰显新成效

一是促进重点产业提质升级。着力推广节能环保认证，扩大政府采购节能产品和环境标志产品的认证机构范围，加快实施统一的绿色产品认证制度，发布《电器电子产品有害物质限制使用合格评定制度实施安排》《绿色产品标识使用管理办法》，在浙江湖州试点开展绿色产品认证并颁发首批证书。推动温室气体排放核查技术规范深入实施，核查江苏、山东、四川、新疆等地化工、电力、玻璃企业758家，温室气体核查总量折合3646万吨二氧化碳，有效降低碳减排交易风险。加快推进自愿性认证制度创新发展，积极推行高端品质认证，在食品农产品领域推行有机产品、良好农业规范等认证；在消费品领域推行家电优品、智能家电、高清数字电视、金融科技产品等认证；在工业品领域推行城市轨道交通装备、交通一卡通、无人机等认证，在服务业推行健康服务、养老服务、家政服务、金融服务、数字工程等认证，引导产品和服务质量提升。累计颁发高端品质产品认证证书1200多张，服务认证证书由总局成立时5000余张快速增长到2万余张。在食品、儿童玩具、电子电器、建工建材等领域组织开展检验检测机构能力验证，实施能力验证项目289个，考核参数521个，验证考核机构2.2万家次；组织工业机器人、建工、轻纺领域检验检测技能竞赛，联合举办第二届全国生态环境监测机构专业技术人员大比武活动，推进氢能源动力、高寒地区汽车试验和水利工程国家质检中心建设，提升相关产业技术支撑能力。会同交通运输部、公安部等部门推进道路货运车辆“两检合一”（安全技术检验、综合性能检测）、“三检合一”（安全技术检验、综合性能检测和尾气排放检验）改革，公布首批3267家货运车辆检测机构名单，促进物流降本增效。

二是服务国计民生需求。围绕网络安全战略，配合中央网信办等部门建立APP认证、数据安全管理认证、商用密码认证制度，推动开展网络专用设备和网络安全产品认证工作，提升网络安全技术保障能力。围绕国家重大活动提供质量认证服务保障，北京冬奥组委会获得大型活动可持续管理体系认证，形成具有北京冬奥特色的“三标一体”可持续性管理体系，赛事承办能力得到国际承认。开展食源性兴奋剂检验检测资质认定，为第七届军运会提供技术支持。配合非洲猪瘟防控工作，为相关机构应对疫情及时提供检测能力认可。通过举办世界认可日、检验检测开放日、有机认证宣传周、服务认证体验周等活动，提升服务社会、服务群众的效果。

三是助推地方经济高质量发展。积极引导地方通过第三方认证方式，培育“浙江制造”“丽水山耕”“上海品牌”“泰山品质”“蒙字标”等一批区域质量品牌。全国共有129个县创建国家有机产品认证示范区（其中27个示范区、102个创建区），经验成果在全国乡村振兴会议上交流推广。结合各地产业特点，支持地方政府建立15个检验检测公共服务平台，联合发展改革委启动8个检验检测高技术服务业集聚区建设。浙江成为全国首个认证认可检验检测综合改革试点省，积极开发公共机构绿色中心数据服务、民宿服务等新型认证。湖南、安徽、四川推动检验检测高技术服务业集聚区建设，促进地方经济转型升级。

四是支持小微企业提升管理水平。针对小微企业质量管理薄弱的现状，开展小微企业质量管理提升行动，组织调研15052家企业质量管理状况，为11万名企业员工提供免费培训，制定16份质量管理体系建设指南，选取5个行业的54家企业开展试点验证，帮助小微企业解决质量管理痛点问题，相关成果在第16届中国国际中小企业博览会上专题发布。江苏出台《质量认证帮扶助力小微企业质量管理提升实施方案》，探索小微企业认证帮扶。

五是积极促进外贸便利化。妥善做好入境CCC产品免办工作，将原有8项申请条件合并为5项，压缩审核时限至5个工作日以内，累计受理CCC免办申请42881件、核发CCC免办证明39018张。上海创设CCC 免办自我承诺便捷通道，以优质服务保障第二届中国国际进口博览会。与商务部等七部门联合发布《关于进一步促进汽车平行进口发展的意见》，有效解决“国五”排放平行进口汽车积压问题，促进汽车平行进口贸易发展。

（四）国际合作结出新硕果

一是服务“一带一路”建设取得新成果。制定《共同推动认证认可服务“一带一路”建设愿景与行动》三年计划，统筹认证认可领域“一带一路”合作；与联合国亚太经济社会委员会、意大利农机委员会签署农机认证合作协议，成为第二届“一带一路”高峰论坛重要成果之一；开展国际交流、培训、磋商等合作项目10余个，与蒙古、缅甸、伊朗、沙特等国进行合作磋商，为古巴、乌兹别克斯坦等12个国家提供认证认可培训，推介中国认证认可实践成果。组织实施国际能力验证项目，共邀请23个国家56家食品检验机构参加，进一步提升中国检验检测的国际影响力。

二是双边合作机制的领域不断深化。新签署双边合作协议2份，累计与35个国家和地区签署合作协议123份。与古巴、秘鲁签署认证认可检验检测领域合作备忘录。召开中德合格评定合作工作组年会，推进双方在绿色产品认证、汽车安全、良好实验室操作等领域的合作交流；召开中韩合格评定分委会年会，双方就互认升级思路达成一致；开展中挪、中新（西兰）合格评定互认谈判，推动电子电器产品互认；积极推动内地强制性产品认证检测业务对港澳开放，达成促进内地与港澳电子电器产品互认共识。

三是多边合作机制的国际影响持续提升。参与主办第83届国际电工委员会（IEC）大会，举办多场合格评定会谈以及合格评定国际论坛等中国特色活动，合格评定成为本届大会的关注热点。成功举办首届中国认可与检验检测国际论坛，促进合格评定互认。在国际标准化组织合格评定委员会（ISO/CASCO）年会上推介中国合格评定实践经验，获得国际同行好评，ISO/CASCO专门致信感谢。新增国际组织任职5人次，1人获IEC1906奖，向相关国际组织提交年度提案3件。完善IEC合格评定国内运作机制，放开国内机构加入IEC合格评定体系的数量限制，对外推荐5家。推动全球食品安全倡议（GFSI）继续承认我国HACCP认证制度。组织制定国际认可论坛（IAF）战略计划。我国认可的能力验证提供者得到全球范围的承认。

（五）自身建设呈现新面貌

一是深入学习习近平新时代中国特色社会主义思想。紧密结合工作实际，在学懂、弄通、做实上下工夫，《以习近平新时代中国特色社会主义思想为指导全面推进质量认证体系建设》《践行人类命运共同体理念 为质量认证全球大家庭建设贡献中国力量》2篇理论文章在中国质量报、人民网、“学习强国”等媒体平台发表，推动了理论学习的深入。

二是全面加强党的政治建设。认真贯彻落实习近平总书记重要批示指示和党中央、国务院决策部署，着力提高政治站位，坚决做到“两个维护”。扎实开展“不忘初心，牢记使命”主题教育。按照守初心、担使命、找差距、抓落实的总要求，全面加强思想政治、组织制度和作风纪律建设。组织认证认可检验检测大调研活动，开展实地调研50余次，走访服务对象和基层单位400余家，征求意见1000余条，及时解决地方基层在CCC免办、执法办案等方面的困难。认真落实主题教育整改措施，完善党建工作机制，制定认监委工作规则，强化制度建设和内部管理。

三是切实加强认证检测监管能力建设。印发《市场监管总局关于加强认证监管工作的通知》，明确各级市场监管部门的认证监管职责和监管要求；编写《认证监管培训教材》《检验检测市场监管实用手册》并印发全国市场监管系统，举办“质量认证体系建设”“检验检测资质认定与监管”“检验检测能力提升”专题培训班，先后对1700余名监管执法人员进行培训，提升了基层一线的认证检测监管能力。

这些成绩的取得，是贯彻落实党中央、国务院决策部署的结果，是全国市场监管部门和广大从业人员开拓奋进的结果，也是各部门、各方面大力支持的结果。我代表总局党组，向大家表示衷心感谢！在充分肯定成绩的同时，还要看到工作中的不足。主要是：改革的广度和深度有待进一步加大，深化改革仍然在路上；服务供给的总体质量还不够高，从业机构“小散弱”现象仍然突出，从业人员专业能力不足；国际化程度不够，还不能充分适应扩大开放的需要；市场秩序还不够规范，监管理念和监管方式还比较滞后。我们要以问题为导向，在今后工作中逐步加以解决。

二、紧扣全局推进工作

在党的十九届四中全会和中央经济工作会议上，习近平总书记发表的一系列重要讲话，对当前和今后一个时期的形势及任务作出了重大判断、重大部署，这是我们做好各项工作的根本遵循。习近平总书记强调，必须从系统论出发优化经济治理方式，加强全局观念，在多重目标中寻求动态平衡。面对新形势新要求，我们推动认证认可检验检测工作加快发展，必须深入学习习近平新时代中国特色社会主义思想，掌握其思想精髓和方法论，着眼全局来思考问题，紧扣全局来推进工作。

（一）要围绕党中央、国务院战略决策和国家经济社会发展大局，在提高服务发展的能力和水平上展现新作为

着眼我国经济社会发展新形势，党中央、国务院作出了一系列重大决策，要求我们准确把握、抓好落实。首先，要围绕大局，查找工作差距。查找差距，就是坚持问题导向。这是我们做好工作的逻辑起点。随着我国发展水平的不断提高，面临的国际国内环境日趋复杂，对我们的思想理念、思维方式和工作方法等提出了越来越高的要求。对照中央的重大决策和战略部署，我们有没有及时跟进？我们的各项工作安排，与国家战略要求结合得紧不紧？有没有出现“两张皮”现象？实际工作中哪些方面与发展大局不相适应？只有经常反思自问，只有把差距查找出来，针对问题加以解决，各项工作才能不断改进，服务大局能

力才能不断提升。其次，要围绕大局，理清工作思路。贯彻新发展理念，推动经济高质量发展，是做好经济工作的根本要求。我们要认真思考认证认可检验检测作为国家质量基础设施，如何发挥职能作用？如何适应经济发展不同时期的不同特点，制定有针对性的质量提升举措?如何适应产业和消费升级的需求，提升认证认可检验检测的供给水平？中央提出要完善和强化“六稳”举措，要依靠改革优化营商环境。我们要认真思考认证认可检验检测工作如何积极跟进？比如，民营经济和中小企业是做好“六稳”的重要力量，是市场活力的重要源泉。最近，中央专门出台支持民营经济“28条”，再次释放支持民营经济发展的强烈信号。认证认可检验检测工作如何发挥作用，为民营企业提供良好监管环境和专业服务？如何支持认证认可检验检测行业的民营机构发展？这些都需要我们从大局出发，提出切实可行的工作思路。再次，要围绕大局，找准工作突破口。找准突破口，是带动整体工作的关键环节。要把中央高度重视、社会普遍关注的问题作为突破口，中央提出的防范风险、精准脱贫、污染防治等“三大攻坚战”，老百姓关心的食品安全、假冒伪劣、个人信息泄漏等揪心事、烦心事、操心事，这些方面认证认可检验检测大有可为；要把工作关联面大、带动性强的问题作为突破口，比如强制性产品认证改革，直接关系到几万家生产企业、几千亿元的产业规模，通过改革可以降低众多企业负担，带动上下游多个产业降负增效。总之，我们要有同向发力的自觉和方法，同以习近平同志为核心的党中央保持高度一致，在落实中央决策中提高服务大局的能力。

（二）要围绕统一市场监管体制要求，在提升市场监管综合效能上发挥重要作用

机构改革之后，认证认可检验检测工作与以往相比最大的不同，就是纳入到了统一市场监管体制之中。作为市场监管体系的重要组成部分，认证认可检验检测工作要主动融入市场监管各项职能工作当中，在提升综合监管效能上发挥应有作用。首先，要准确把握市场监管工作的新要求。肖亚庆同志在全国市场监管工作会议上，要求为全面建成小康社会守住安全放心底线、增添发展质量成色、营造良好监管环境，努力推进市场监管体系和能力现代化，进一步强化市场监管服务大局的使命担当；同时强调今年要突出抓好十项重点工作。我们要自觉对标对表、主动贴紧贴实，要把问题研究透、把工作做扎实、把成效显出来。其次，要为统一市场监管提供支撑。认证认可检验检测是监管链条中的重要一环，与其他监管环节有着紧密联系。要发挥认证认可检验检测在市场建立和传递信任的独特作用，为市场准入、质量监管、信用监管、消费维权、执法打假等各项监管职能提供技术支撑和可靠依据。要深入探索服务市场综合监管的方式方法，以更加规范的程序、更加专业的能力和更加可靠的结果，降低监管成本、减少监管风险、提高监管效能。同时，要综合运用各种市场监管手段，提高自身监管效能。市场监管是一个有机整体，各业务领域不是独立体系，要发挥统一市场监管体制的综合优势，强化综合施策、综合治理。要综合运用“双随机、一公开”监管、信用监管、执法稽查、标准化及新闻宣传等各项职能手段，形成监管合力，提升认证认可检验检测工作效能。总之，我们要有体系作战的自觉和方法，依托“大市场、大监管”格局，推动认证认可检验检测乘势发展。

（三）要围绕行业健康发展的需要，在推进市场化、国际化、专业化、集约化、规范化发展上持续加大力度

在去年全国认证认可检验检测工作会议上，我们提出坚持“市场化的改革方向、国际化的制度特点、专业化的发展要求、集约化的发展路径、规范化的监管理念”的“五化”工作目标。一年来的实践证明，“五化”的提出，起到了厘清思路、统一行动的作用。当然，实现这些目标不是一蹴而就的，需要我们付出长期艰辛的努力。市场化改革要有新突破。着力减少政府部门对市场的直接干预，在推进从业机构市场化改革上迈出新步伐，进一步激发行业发展的活力。国际化发展要有新成果。秉持人类命运共同体的理念，更加注重多双边合作机制的常态化推进，更加注重推动我国合格评定机构、服务和制度走出去，为推动构建合格评定全球大家庭贡献中国力量。专业化提升要有新水平。坚持把能力建设摆在突出位置，在简化行政准入程序的同时，不能放松专业要求。要建立健全专业化能力提升机制，引导从业机构及人员走专业化发展之路。集约化整合要有新举措。要发挥政策引导和规划引领的作用，支持各类机构坚持市场化改革方向、做强做优做大，培育知名机构品牌，扭转行业“小散弱”局面。规范化监管要有新局面。一方面要推进行业主体的规范化建设，严格规范从业机构和人员的行为，促进市场主体诚信守法经营；另一方面要推进制度体系的规范化建设，依法依规界定监管事项、监管权责、监管程序，防止不作为、乱作为。总之，我们要有目标引领的自觉和方法，以“五化”为聚焦点，把握好事业发展的目标方向。

三、2020年主要任务

2020年认证认可检验检测工作的总体要求是，以习近平新时代中国特色社会主义思想为指导，全面贯彻党的十九大和十九届二中、三中、四中全会精神，按照全国市场监管工作会议的部署，围绕“市场化、国际化、专业化、集约化、规范化”的发展目标，以全面深化改革为动力，着力提高供给质量，着力提升服务大局的能力和水平，构建更加科学完善的认证认可检验检测体系。要重点抓好以下11项工作：

（一）狠抓认证认可检验检测领域制度建设

加快深化改革和制度创新步伐，完善制度体系，使认证认可检验检测的制度优势更好转化为市场监管的效能。一是要着力加强法规规章制修订。全面梳理认证认可检验检测领域法规、规章和规范性文件，制定“立改废”计划，加快推进《认证认可条例》修订工作，尽快补齐各项制度短板，完善认证认可检验检测的管理制度。二是要着力抓好合格评定体系的顶层设计。组织清理涉及认证、检验检测的行政许可和行业评价制度，清理、整合、规范现有认证事项，推动面向社会的第三方技术评价向认证制度转变；统筹规划认证、认可和检验检测领域各项制度建设，建立健全强制性产品认证、一般工业产品认证、食品农产品认证、管理体系认证和服务认证等制度体系，依法界定检验检测资质认定范围，规范认证认可国家标准、行业标准制修订工作，加快国际国内合格评定标准化工作的融合发展，全面提升对合格评定活动的对接支撑能力。

（二）推进从业机构资质准入“证照分离”改革

贯彻落实《优化营商环境条例》和“证照分离”改革全覆盖试点工作部署，扎实做好从业机构审批改革试点工作，在总结自贸区经验做法的基础上适时向全国推开。一是着力推进认证机构资质审批改革。科学合理确定认证领域和认证风险，并实施分类准入管理，对申请从事一般认证领域的事项，实行告知承诺；对申请从事国家统一推行认证领域的事项，优化审批服务，进一步细化审批要求，优化审批程序，精简申请材料。同时，推动全国范围内取消外资机构准入特别管理措施，落实国民待遇。二是着力推进强制性产品认证实施机构指定制度改革。推动全国范围内取消从事强制性认证活动检查机构指定的审批制度，简化从事强制性认证活动认证机构和实验室指定的申请材料。同时，扩大日常指定实施范围，引导从业机构通过适度竞争优化服务。三是着力推进检验检测机构资质认定改革。对检验检测机构应当具备的条件和技术能力实行告知承诺，进一步简化资质认定程序，逐步实现资质认定范围清单管理和检验检测机构“一家一证”。“证照分离”改革是深化“放管服”改革的重大举措，直接关系到营商环境和市场活力，我们务必高度重视，把各项改革任务落实好、落实到位。

（三）加大检验检测认证机构市场化改革力度

联合相关部门组织开展检验检测认证机构市场化改革专题调研，总结推广各地改革经验，研究制定深化事业单位性质检验检测认证机构改革的政策措施。落实全国深化“放管服”改革优化营商环境电视电话会议精神，推动检验检测认证机构与政府部门脱钩，鼓励社会资本进入检验检测认证市场。加快国有机构布局优化、结构调整和战略性重组。鼓励有条件的地方先行先试，形成可在全国复制推广的改革模式，分类分批分阶段推动改革。

（四）强化认证检测市场监管整治

认证认可检验检测要彰显“传递信任，服务发展”的本质属性，首先要保证自身工作的诚信度和公正性，营造优胜劣汰的监管环境。一是全面落实“双随机、一公开”监管。统筹制定抽查计划，合理确定抽查事项和比例，科学实施抽查，规范和优化监督检查流程，实现“进一次门、查多项事”。针对重点领域，完善从业机构监督检查和认证有效性抽查工作，提高监管效能。二是加快构建风险监测预警和追溯机制。根据合规性、公正性、专业性、有效性等因素，合理确定风险点和风险指标，妥善做好风险研判、风险预警、风险处置等工作，深入排查风险隐患，及时指导从业机构采取针对性措施，有效预防、规避和降低风险，夯实从业机构的主体责任。三是建立健全失信惩戒机制。不出假证书、假报告是从业机构及人员的底线，也是红线。要强化抽查检查结果公示运用，及时公开检查结果，依法公示处罚信息，严格失信惩戒措施，建立行业退出机制。今年要结合整治查处结果，公布一批严重失信的“黑名单”，持续加大行业乱象惩戒力度。

（五）促进国计民生重点领域质量提升

以市场需求、产业需求、消费需求为导向，聚焦国计民生重点领域，着力发挥认证认可检验检测的质量基础作用，优化市场供给，更好地满足我国经济高质量发展、人民群众对美好生活的需要。一是大力推行高端品质认证。在食品农产品、生态环境及服务业等重点领域，鼓励研发高于行业通行质量要求的高端品质认证项目，重点加大绿色产品、有机产品、智能家电、金融服务、健康服务、养老服务、旅游服务等认证力度，有序引导各地运用认证手段培育区域质量品牌，促进产业和消费提质升级。二是广泛开展质量管理体系升级行动。加快质量管理体系认证升级步伐，选择重点行业试点建立行业特色质量管理体系认证制度，积极开展知识产权管理、大型活动可持续管理等新型管理体系认证，扩大质量管理体系升级的覆盖面和行业适用性。三是积极推进国家重点领域检测认证体系建设。加快构建网络和信息安全检测认证体系、北斗导航检测认证体系、中医药检测认证体系等建设步伐，提升认证认可检验检测对重点战略、重点产业的支撑能力；在食品、儿童玩具、电子电器、轻工纺织、建工建材等领域组织实施能力验证、实验室间比对、技能竞赛、现场盲样考核等活动，提升公共服务能力。

（六）支持民营机构和中小企业发展

我们要充分认识支持民营经济发展的重大意义，增强大局意识和服务意识，把中央方针政策落实好，让认证认可检验检测成为加快民营经济和中小企业发展的“助推器”。一是要深入开展中小企业质量提升行动。认真总结5个行业开展小微企业质量管理体系认证试点的经验成果，制定发布《中小企业质量管理能力评估指南》《典型行业关键质量管控过程应用指南》等一批指导中小企业质量管理体系建设的标准指南，宣传推广一批中小企业应用质量管理体系的典型经验，举办推进中小企业质量管理提升论坛，促进中小企业质量管理水平全面提升。二是要优化中小企业“一站式”服务。鼓励引导检验检测认证机构提升综合服务能力，制定针对中小企业特点的合格评定解决方案，为中小企业提供“一站式”服务，增加服务内容，优化服务流程，降低服务收费。三是支持民营检验检测认证机构做强做优做大。一方面，全面落实公平竞争政策，在对各类市场主体一视同仁的基础上，优化认证机构审批“告知承诺”、强制性认证“自我声明”等程序要求，消除“隐形门槛”；另一方面，积极推动民营机构集约发展，开展“初创机构能力提升工程”，鼓励民营机构运用多种市场化的方式方法壮大实力，提高民营机构参与标准制定、国际互认的力度。

（七）引导质量认证和检验检测领域示范创建活动

鼓励引导各地因地制宜开展创建活动，助推地方经济转型发展。一是积极稳妥推进质量认证示范区建设。严格按照国务院关于规范各类示范创建活动的政策精神，研究制定质量认证示范区建设总体方案，总结有机产品认证等示范区创建工作经验，充分发挥地方政府和市场主体的积极性，依托重点产业自主开展质量认证示范区创建，将示范创建与区域质量品牌培育工作结合起来，增强示范创建工作的实效。二是统筹推进“国家检验检测认证公共服务平台示范区”和“国家检验检测高技术服务业集聚区”建设。研究起草推进检验检测高技术服务业集聚区建设的意见，调整、优化、规范国家质检中心建设，重点建设一批战略新兴产业国家质检中心。鼓励检验检测认证机构加强标准、计量、认证认可、检验检测和知识产权等“一体化”建设，提升“一站式”服务能力。

（八）完善合格评定国际合作体系

应对国际贸易壁垒，便利对外贸易交往，需要我们遵循国际通行规则，积极推动合格评定国际合作互认，不断拓展合作领域、合作对象和合作渠道，持续深化多双边合作互认成果。一是要强化国际合作的统筹协调。统筹制定合格评定领域国际合作安排和外事计划，组织制定《共同推动认证认可服务“一带一路”建设的愿景与行动实施计划（2020-2022）》，形成国际国内联动、多双边合作并进的格局。二是要用好国际合作的机制平台。深度参与国际电工委员会（IEC)、国际标准化组织（ISO）、国际认可论坛(IAF)、国际实验室合作组织（ILAC）等国际组织的合格评定活动，积极推荐国际组织任职，充分反映我方利益诉求，提升我国在国际合格评定界的话语权；完善IEC合格评定体系国内运作机制，开展互认扩项可行性研究，提升企业参与度和产业融合度。三是要拓展国际合作的对象领域。加强中德、中欧、中美、中俄、中韩等双边固定机制合作，推动国际电工委员会防爆电气产品认证体系(IECEx)与欧盟防爆指令(ATEX)的比对合作，落实认监委与联合国亚太经济社会委员会、意大利农机委员会的农机认证合作协议，推动相关产品的认证结果采信互认，提升国际贸易便利度；积极参与联合国工业发展组织（UNIDO）的国际合作交流活动，引入国际先进经验与做法，宣传我国合格评定优良实践，助推检验检测认证机构“走出去”。加强与俄、德、英、韩、日等国家的能力验证技术合作，邀请“一带一路”沿线国家实验室参与，服务“一带一路”建设；加强我国化学品领域良好实验室规范（GLP）体制建设，积极推动我国加入经合组织良好实验室规范数据互认协议，推动中国化学品GLP测试数据的国际互认。

（九）抓好认证认可检验检测信息化平台整合升级

围绕国家电子政务平台和市场监管信息化建设总体部署，统筹推进认证认可检验检测信息化平台建设，提升行业监管和业务发展水平。一是要加强信息化平台的整体设计和统筹管理。坚持统筹谋划、统筹管理，组织开展认证认可检验检测信息化建设专题调研，充分了解各方需求，研究制定认证认可检验检测信息化建设的总体方案，开展认监委网站改版升级和信息化系统整合优化工作，规范数据格式和数据端口，实现信息公共服务平台和数据资源的整合集中，打通“数据孤岛”。二是重点打造智慧监管和公共服务平台。依托大数据、物联网、云计算、区块链等新技术构建智慧监管信息平台，加大对认证认可检验检测活动关键信息的监测力度，完善认证认可检验检测信息公共服务平台，强化认证证书、检测能力和检测报告真伪查询等功能，便利监管部门和社会公众。

（十）健全工作协调推进机制

坚持“统一管理、共同实施”的原则，充分调动各部门、各地方、各方面的积极性，最大程度凝聚思想共识和工作合力。一是要健全部际协作机制。根据机构改革后实际情况，重新组建全国认证认可工作部际联席会议，创新部际协作方式，拓展部际协作领域，以《认证认可条例》修订、“十四五”规划编制等为抓手，提升部际协作的实效。二是要健全地方联动机制。以推动各地落实《国务院关于加强质量认证体系建设 促进全面质量管理的意见》为抓手，鼓励各级地方政府建立健全议事协调机构和工作机制，出台配套政策，推动质量认证融入地方经济发展大局。结合质量工作考核，组织开展质量认证体系建设评价工作，协调解决各地工作中的实际困难。

（十一）加强认证认可检验检测队伍建设

一是加强政治机关建设。要把加强党的领导、推进党的建设贯穿于认证认可检验检测工作始终，发挥政治建设的统领作用，巩固深化主题教育成果，着力打造忠诚、干净、担当的认证认可检验检测工作队伍。二是加强监管队伍建设，全面提升监管执法能力。加强认证检测监管队伍自身建设，厘清压实认证检测监管职责。在全国各级市场监管部门开展认证检测监管系列培训，针对基层监管人员专业知识和监管技能不足的问题，充实培训教材，分层级、分领域加大培训指导力度，不断提高地方特别是基层一线的认证检测监管能力。三是加强从业队伍建设，全面提升专业服务能力。推进认证人员管理制度改革，提升认证人员的专业能力和职业素养。加强检验检测机构资质认定评审队伍建设，优化评审员培训选派和现场评审机制，提升评审员队伍的能力素质。加强认证认可行业标准化人才队伍建设，着力提升标准创新能力。

在新形势下，我们必须有新作为。我们要以习近平新时代中国特色社会主义思想为指导，加快推进认证认可检验检测改革发展，为开创市场监管工作新局面、推动经济高质量发展、全面建成小康社会做出新的贡献。

在全国认证认可检验检测工作会议上的讲话

刘卫军

（2020 年 1 月 14 日）

这次会议是市场监管总局成立之后召开的第二次全国认证认可检验检测工作会议；是在全面建成小康社会和“十三五”规划收官之年，全面推进认证认可检验检测改革发展的一次重要会议。总局领导对这次会议高度重视。会前，肖亚庆局长专门听取筹备情况汇报并提出明确要求。今天，唐军副局长代表市场监管总局（认监委）出席上午大会并作了重要讲话，对2019年度工作进行了概括总结，对当前新形势新要求进行了深入分析，对2020年度工作作出了全面部署。参会代表围绕学习贯彻唐军副局长讲话精神并结合各自实际进行了分组讨论，大家积极献言献策，集思广益，充分体现了为推动认证认可检验检测事业发展的责任担当。刚才，8家单位作了经验交流发言，介绍了各单位在探索深化改革、创新监管方式、服务地方经济发展等方面的经验做法。经过大家的共同努力，会议圆满完成各项议程。下面，对会议情况作个小结。

一、会议的主要感受和收获

大家主要有三点共同感受：

感受一，与会代表高度肯定唐军副局长的讲话。概括说，就是主题突出、站位很高、客观务实。讲话既肯定成绩，又不回避问题，特别是从国家大局的层面、统一市场监管的层面以及认证认可检验检测工作层面这三个维度上，诠释了认证认可检验检测这项工作的战略定位和系统论、方法论的思维方式。讲话紧密结合十九届四中全会精神，阐述了加强认证认可检验检测制度建设以及提升制度执行力的机制和举措；同时，明确提出了2020年工作的目标、任务和重点内容。

感受二，认证认可检验检测监管队伍具备相当高的素质。概括说，就是有责任、有能力、有建树。通过小组讨论和经验交流，各局都结合工作实际，特别是结合唐军副局长的讲话精神，提出了很好的工作思路，考虑问题有高度、有深度，既有战略层面的定位思考，又有具体问题的解决手段，充分体现了认证认可检验检测监管队伍的素质和能力。唐军副局长讲话中总结的工作成绩，8个经验交流单位发言中介绍的典型经验，都是我们这支队伍共同努力的结果。这支队伍虽然组建时间不长，但这一年来能取得很有建树的成绩，源于队伍的高素质、责任心和能力。

感受三，认证认可检验检测工作责任重大、使命光荣，但又任重道远。习近平总书记作出“推进质量认证体系建设”的重要论述，国务院专门出台加强质量认证体系建设的文件，将认证认可检验检测作为市场经济条件下加强质量管理、提高市场效率的基础性制度，作为推进供给侧结构性改革和“放管服”改革的重要抓手，作为推动产品和服务质量迈向中高端的重要举措。大家一致认为，认证认可检验检测工作在服务经济社会发展中使命光荣、责任重大。同时，大家也谈到了工作中还存在诸多不完善、不足的问题。唐军副局长在讲话中也强调，要围绕大局查找工作差距。我们自身工作中还有诸多方面的差距，所以做好这项工作任重道远。

在共同感受的基础上，大家一致认为，会议主要有三点收获：

一是鼓舞了士气。通过本次会议，大家更加认识到认证认可检验检测工作在国家发展大局中、在市场监管体系中的重要地位，深切感受到认证认可检验检测工作很有意义、很有价值，一致认为认证认可检验检测工作在服务经济高质量发展中、在推动质量变革、动力变革、效率变革中能够发挥更大的作用，因而对这项工作更加热爱，更加坚定了信心。二是明确了方向。大家一致认为，唐军副局长的讲话从战略定位、目标要求、工作重点、战术方法等层面进行了全面的诠释，特别是从系统论的思维方法角度为我们找到了推动工作的方法和思路，并且明确了今年工作的总体要求和11项重点任务，使我们做到了心中有数。三是凝聚了力量。通过这次会议，大家畅所欲言、集思广益，提出了很有针对性、建设性的意见建议，并且相互学习借鉴、取长补短，加深了相互了解，使得我们这支队伍的力量更加凝聚。

总之，会议取得了圆满成功，达到了预期效果。

二、大家的关注

在经验交流和讨论发言环节中，与会代表准备充分，发言踊跃，针对认证认可检验检测工作取得的成就、存在的问题、面临的机遇和挑战进行了充分交流。针对代表们关注的问题，我们选取了10个关注度高、影响面大、反映集中的问题做一个简要的回应。

一是关于地方基层认证检测监管能力需要加强的问题。大家反映，认证认可检验检测工作专业性强、涉及面广，加之机构改革后职能划转和人员调整，地方市场监管部门尤其是市县基层普遍对这项工作不熟悉，认证检测监管能力不足，希望总局在职能定位、人员培训等方面给予相应支持。今后，总局认证监管司、认可检测司都要加大对地方市场监管部门的业务指导和培训力度，分层次开展线上线下培训，建立监管执法案例和专家库，同时根据需要向地方开展的各层次业务培训提供支持，全面提高各地认证检测监管能力。

二是关于监管方式需要发挥“大市场”综合优势而不是独立监管的问题。包括“双随机、一公开”监管、信用监管、信息化的应用等等，如何形成这些市场监管职能手段的联动效应，促进监管方式转变，加强事中事后监管，需要我们树立市场监管“一盘棋”的理念，进一步发挥“大市场”监管的综合优势。今后，要围绕统一市场监管体制的要求，综合运用各种市场监管手段，健全综合监管的工作机制，关键还要靠制度的完善和制度执行力的落地。

三是关于法规规章需要完善的问题。大家在讨论中提出，法规规章需要进一步完善，要更加适应监管现状，相关条款针对性、操作性更强，要突出主体责任，法律责任条款更加严格、清晰，更具有震慑力，为市场监管部门提供更加明晰的监管执法依据。今年，将围绕加强制度体系建设，抓紧修订《认证认可条例》，同时，对现行的规章和规范性文件要进行清理，制定制修订计划，重点解决不适应改革和监管实际需求的问题。

四是关于审批改革的问题。在认证机构审批和检验检测机构资质认定中采用自我承诺方式，主要应关注：一是风险如何控制，如何明确界定自我承诺和行政审批的特点以及责任风险；二是后续监管举措要跟上，包括制定规范性文件、统一监管程序，避免自由裁量权不清等等；三是目前在自贸试验区试点推行的范围有局限，取得可复制推广的经验后，要尽快向全国推广。

五是关于检验检测机构市场化改革的问题。大家都认为这个改革势在必行，但也要跟政府职能转变、跟事业单位改革结合起来，不能简单地一刀切，有些机构涉及到公共安全或者社会公益的属性，在改革的过程当中需要统筹考虑。另外，也提出了改革应由哪个部门牵头、改革中要确保技术支撑力量不被削弱等需要关注的问题。对于这些问题，总局将进行认真梳理、深入研究。

六是关于质量认证如何更好服务地方经济发展的问题。会议期间，专门召开了部分局参加的座谈会，就运用认证手段培育地方质量品牌和质量认证示范区建设这两项工作听取了意见并进行研讨。初步想法主要有两方面：一是认证培育区域质量品牌方面。区域品牌是属于地方的质量品牌，不是认证的品牌，而是地方利用认证手段来进行评价以符合相应要求。大家一致认为，认证在地方品牌建设过程中发挥了积极作用，同时也要关注各地在推进中存在标准复杂容易形成区域壁垒、企业积极性不高等问题。因此，对这项工作要慎重考虑，对一些通用的、常规的、没有特色的评价活动不鼓励遍地开发，地方应当充分利用现有的认证制度，或者新建立相应的认证制度以推动品牌建设，防止形成区域壁垒。二是质量认证示范创建方面。根据国务院有关政策，原有示范区建设的做法需要作出一些调整。今后示范和示范创建这两个事需要分开。总局正在进行统筹研究，更多是负责示范；示范创建主要由地方局来负责。示范创建本身是市场化的行为，要坚持自愿的原则，通过健全机制，进一步发挥地方的作用。

七是关于重复评价的问题。目前有些部门建立了一些行业的技术评价制度，出现了重复评价、评价结果相互不承认的问题。今后，总局将加强部门间工作协调，逐步加以解决。

八是关于基层工作人员激励机制的问题。大家在讨论中，建议总局建立激励机制，使基层一线的工作人员更有积极性。对此，我们将积极关注，及时总结宣传各地的好做法、好经验，发扬典型标杆的示范作用，激励基层一线的同志们担当作为。

九是关于地方市场监管部门监管职能定位的问题。有些地方局的同志提出，地方监管层面的责任太大、不清楚认证检测监管到底管什么等涉及职能定位的问题。这些问题已经引起我们的高度重视，去年专门发文界定各级地方市场监管部门的监管职责，明确监管范围和监管要求。下一步，我们还将进行进一步梳理，使地方市场监管部门的职能定位更加清晰。地方市场监管部门的同志也要加强学习了解，减少信息不对称的问题。

十是关于其他问题。比如总局“两司”（认证监管司、认可检测司）统筹协调的问题、加强宣传的问题、信息化平台有待完善的问题，等等，我们都将专题研究，在实际工作中积极推动解决。

三、贯彻落实会议精神的几点要求

今年认证认可检验检测工作的总体思路和目标任务已经确定，关键在于执行和落实。贯彻落实这次会议精神，要结合各地实际，创造性开展工作。

一是做好汇报传达。把握三个方面的基本要求：首先，要认真领会。这次会议为做好当前和今后一个时期认证认可检验检测工作提供了指引，大家要认真学习领会会议精神，重点领会习近平总书记关于“推进质量认证体系建设”的重要论述、领会党中央、国务院关于认证认可检验检测工作的决策部署尤其是《国务院关于加强质量认证体系建设　促进全面质量管理的意见》精神，领会总局党组的部署要求和唐军副局长在会上的讲话要点。只有领会好会议精神，才能抓好传达落实，做好具体工作。其次，要及时汇报。会后，请各局参会同志回去后，把会议精神原原本本地向局党组、向地方政府进行汇报，将认证认可检验检测工作纳入市场监管工作全盘、纳入地方经济社会发展大局，使认证认可检验检测这项工作在大局中发挥更大作用。其三，要及时传达。要把会议精神向全局干部职工特别是认证认可检验检测监管工作人员进行传达，让大家吃透会议精神，统一思想认识，做到工作合拍。

二是做好工作部署。强调三个方面的落实环节：首先，要突出重点。按照唐军副局长在讲话中提出的要求，结合各地实际找准服务大局的着力点、突破口，抓好11项年度重点工作任务。聚焦工作重点，推动认证认可检验检测更好地服务经济社会发展，提升认证认可检验检测的供给质量，满足社会各方的需求，使这项工作更加规范、更有公信力。其次，要明确任务。各地方局、“认”字头单位和“两司”，要制定具体的目标任务，把各项工作抓实抓细。其三，要落实责任。工作措施如何细化、如何落地，责任如何落实到部门、落实到人等等，都要贯彻在这些部署之中。

三是做好基础保障。突出三个方面的基础建设：首先，要加强制度建设。制度建设是根本。围绕完善认证认可检验检测治理体系，根据工作实际，加强认证认可检验检测法规层面、实施层面、监管层面、内部工作规范层面的各项制度建设，补齐制度短板，优化制度供给，用制度来规范各项工作、促进行业发展。其次，要加强机制建设。机制建设是提高制度执行力的保障。重点有两个方面：一方面，要加强认证认可检验检测工作实施层面的各项机制建设，比如部际协作机制、地方联动机制、社会采信机制，等等，为认证认可检验检测在各领域的广泛开展应用，提供畅通的运行机制和优良的外部环境；另一方面，要加强认证认可检验检测监管层面的各项机制建设，比如“双随机、一公开”监督检查机制、重点抽查机制、信用监管机制、风险预警监测机制、可追溯管理机制、失信惩戒机制以及与执法稽查、信息化、新闻宣传等其他市场监管手段的联动机制，使各项监管制度实施落地、执行有力。通过制度执行力的提升，来提升工作效率、提升行业公信力。其三，要加强队伍建设。队伍建设是完善制度和提高制度执行力的关键。各级市场监管部门要重视认证认可检验检测监管队伍和从业队伍建设，保持队伍稳定加强，保证市县基层一线有职能、有人员开展认证检测监管工作；要加强党建工作、业务培训和行风建设，全面提高认证认可检验检测队伍的政治理论水平、业务能力和综合素质。

市场监管工作和认证认可检验检测事业进入了新的发展时期。新时期要有新气象、新作为。让我们在总局党组的领导下，紧扣大局推进工作，全面推动认证认可检验检测市场化、国际化、专业化、集约化、规范化发展，为开创市场监管工作新局面、服务经济高质量发展做出更大成绩，更加彰显“传递信任，服务发展”的本质属性。

2019 年认证认可检验检测工作要点

2019 年认证认可检验检测工作的总体要求是：以习近平新时代中国特色社会主义思想为指导，认真贯彻落实党中央、国务院关于深化供给侧结构性改革的要求，按照全国市场监管工作会议的部署，坚持市场化的改革方向，以处理好政府和市场的关系为核心，着力全面深化改革；坚持国际化的制度特点，以拓展多、双边合作机制为重点，着力推进国际互认；坚持专业化的发展要求，以提升从业机构及人员能力为根本，着力提高服务发展水平；坚持集约化的发展路径，以增强行业整体竞争力为目标，着力提高行业发展质量；坚持规范化的监管理念，以构建新型市场监管机制为依托，着力加强监管队伍建设，从而全面提升认证认可检验检测工作的公信力和有效性，更好地发挥"传递信任，服务发展"的作用，为推动高质量发展作出新贡献。

一、完善制度体系，激发行业发展活力

（一）全面推行"证照分离"改革

1. 按照国务院全面推行"证照分离"改革要求，根据风险等级分别采取取消审批、告知承诺、自我声明、优化准入服务等方式，对审批事项实行分类管理。取消产品质量检验机构授权（CAL）。

2. 简化机构审批程序，取消在登记注册时已经提交和重复证明的申请材料，认证机构审批时限由 45 个工作日压缩至 20 个工作日，检验检测机构资质认定审批时限由 30 个工作日压缩至 22 个工作日。

3. 全面取消外资认证机构准入特别管理措施，落实国民待遇。

4. 建立认证人员国家职业资格制度，推动解决认证人员执业准入限制。

（二）深化强制性产品认证制度改革

1. 按照必要性和最小化原则，严格实施目录动态管理，进一步将行业管理相对规范、产品质量受控、与消费者直接接触较少的产品调出 CCC 认证目录。

2. 根据产品风险分析结果，继续扩大"自我声明"评价方式实施范围。结合产品风险、企业状况，实施分级分类管理。

3. 完善认证有效性抽查机制，强化证后监督力度和质量追溯机制。

4. 组织地方市场监管部门承接"免予办理强制性产品认证"的受理、核发和后续监管工作。

（三）推动检验检测机构深化改革

1. 对事业类型的机构，区分功能定位，将公益性和商业性业务进行剥离，推动商业性业务转企改制为独立第三方，支持具备条件的地方率先开展质检院所分类改革试点。

2. 对企业，促进公平竞争，激发市场主体活力，推动各类企业做强、做优、做大；深化国有企业改革，建立现代企业制度，优化法人治理结构，积极开展混合所有制改革试点；大力支持民营企业发展，打破"卷帘门""玻璃门""旋转门"，推动企业兼并重组。

3. 加快推动国家质检中心改革，明确定位及能力条件，加强考核检查，建立退出机制。

二、优化服务供给，推动经济高质量发展

（一）广泛开展质量管理体系升级行动

1. 打造质量管理体系认证升级版，在条件成熟的行业建立行业特色质量管理体系认证制度。

2. 继续开展"小微企业质量提升"工作，重点在 5 个行业开展小微企业质量管理体系认证试点，发布技术指南和优秀案例，为小微企业提供精准帮扶。

（二）强化产品认证保安全底线的作用

1. 对取消许可的部分涉及公众健康和安全、环境保护等产品转为强制性认证。

2. 落实《中华人民共和国网络安全法》要求，加快建立完善网络关键设备和网络安全专用产品认证制度，研究建立数据安全管理、移动互联网应用程序认证制度。

3. 进一步加强对电商平台销售 CCC 产品的在线核查工作，及时下架无证或证书失效商品。

（三）大力推行高端品质认证

1. 在食品消费品、装备制造业和服务业重点领域

加快推进高端品质认证，引导产业和消费升级。

2. 支持各地方、各行业开展有机产品认证等质量认证示范区建设，创建一批重点示范项目。

3. 加快推行绿色产品认证，在相关领域继续开展认证试点工作的同时，扩大绿色标识应用范围，落实绿色产品认证结果采信。

4. 重构食品农产品认证体系，整合、调整、修订现有认证制度，形成以高端品质认证和食品安全认证为主体，以国家统一推行认证制度为基础的食品农产品认证体系，优化基于模块化智能组合的认证模式。

（四）加快公共服务平台建设

1. 结合各地产业特点，打造一批检验检测认证公共服务平台，引导检验检测认证产业化集聚和集约化发展，提升行业产值和服务效能，更好地服务中小微企业。

2. 积极打造行业交流合作平台，借助国内外高端平台和专业智库，办好“世界认可日”“检验检测机构开放日”等主题活动，畅通交流渠道，研究发展难题，凝聚改革共识，展示行业形象。

三、加大监管力度，规范认证检测市场秩序

（一）加大认证检测乱象整治力度

围绕虚假认证、买证卖证、不检测出报告、虚假检测报告等行业突出问题，以查处典型违法违规案件为抓手，在管理体系认证、有机产品认证、机动车检验、环境监测等领域组织开展整治行动，保持认证检测市场监管的高压态势。

（二）建立认证检测市场监管长效机制

1. 认真落实《国务院关于在市场监管领域全面推行部门联合“双随机、一公开”监管的意见》（国发〔2019〕5号），全面推行“双随机、一公开”监管，加强对认证认可检验检测领域“双随机、一公开”监管计划的组织协调。

2. 将认证认可检验检测行政检查事项全部纳入随机抽查事项清单，根据不同风险程度、信用水平，合理确定抽查比例和检查对象被抽查概率。对涉及安全健康的强制性产品认证、有机产品认证、机动车检验、环境监测等重点领域，加大监督检查力度；对通过投诉举报发现的违法违规案件线索，及时进行检查处置；对通过监测途径发现的普遍性问题和突出风险，开展针对性的专项检查，确保不发生系统性、区域性风险。

3. 完善失信惩戒机制及失信主体“黑名单”制度，联合相关部门对认证检测行业严重失信主体实施联合惩戒。

4. 建立风险监测和预警机制，运用“互联网＋监管”方式，强化风险识别、预警通报结果社会共享。健全全过程追溯和责任追究机制，追溯认证检测活动和结果的合规性，压实机构主体责任。

（三）加强监管信息化建设

1. 组织制定认证认可检验检测信息化发展规划，统筹推进认监委网站和综合信息平台建设。

2. 优化整合各类认证业务信息化系统。加强对认证基础数据信息的收集、监测和大数据分析工作。

3. 全面推广使用检验检测机构“移动App”，建立涵盖行政许可、监督检查、能力验证、舆情监控等信息板块的数据平台，推动各层级、各区域、各行业管理信息汇集共享、互联互通。

（四）加强基层监管能力建设

加强工作指导，组织编制认证检测市场监管实用手册，明确监督检查的主体、方式、程序、重点内容及监管依据，提高基层认证检测市场监管工作的规范性。针对基层监管人员专业知识和监管能力不足的问题，统筹开展培训教育，推动基层认证检测监管能力的提升。

（五）强化市场综合监管联动

1. 统筹推进认证认可检验检测监管体系建设，深化认证监管与检验检测监管的联动，加强总局认证监管司、认可检测司与地方市场监管部门的配合，形成“一盘棋”格局。

2. 加强与信用监管、广告监管、执法稽查等职能部门的配合，加强信息沟通和工作衔接，发挥市场综合监管的整体优势。

（六）完善社会共治机制

健全“法律规范、行政监管、认可约束、行业自律、社会监督”五位一体的行业治理体系，提升认可约束、行业自律的规范性和有效性，鼓励消费者、企业、新闻媒体等社会各方进行监督，共同促进认证认可检验检测行业的规范健康发展。

四、培育壮大产业，提升行业服务能力

（一）优化供给结构

1. 引导检验检测认证机构按照市场需求，优化业务结构和资源配置，增加满足中高端需求的供给，避免低水平重复建设。

2. 发挥龙头机构的作用，在研发新型认证检测技术、开展标准研究、创新服务业态、拓展国际市场等方面形成“头雁效应”，培育国际知名机构品牌，提升技术、服务、品牌等综合实力。

3. 支持中小型机构加快发展，发挥专业优势，做专做精做强，针对细分行业提供专业服务、特色服务，培育一批小而精、小而优的服务机构。

（二）提升专业能力

1. 加快推动认证从业人员由准入类注册管理向水平评价类认证管理转变，引导认证人员专业化发展。

2. 加强检验检测机构资质认定评审员队伍建设，优化评审员选派和现场评审机制，探索建立评审质量评价机制，提升评审员的专业评审技术。

3. 以国家质量基础设施（NQI）项目为龙头，完善国家合格评定技术与标准体系。积极参与国际合格评定标准化活动，力争主导制定 1 ~ 2 项国际标准。

（三）拓展综合服务

1. 引导检验检测认证机构“一站式”服务和“一体化”发展，鼓励具有核心技术能力的机构优先扩项，为社会提供优质、高效、便捷的综合服务。

2. 在食品、儿童玩具、电子电器、轻工纺织、建工建材等领域组织实施能力验证、实验室间比对、技能竞赛、现场盲样考核等活动，提高综合检测能力。

（四）完善发展环境

1. 推动从业机构享受国家减税降费政策，帮助符合条件的从业机构获得高新技术企业认定。

2. 推动完善认证认可检验检测国家统计制度，健全有效性评价和行业发展指标体系，为从业机构提供信息服务，引导行业高质量发展。

五、深化国际合作，扩大合作互认成果

（一）拓展双边合作互认成果

1. 巩固深化中欧、中德、中俄、中韩等已有双边固定机制合作，进一步增进互信。

2. 以韩国、挪威为重点推进电子电器产品认证互认谈判，加快与新西兰电子电器产品及非电产品认证互认升级谈判步伐，启动与加拿大合格评定结果互认谈判。

3. 在中德合格评定合作机制框架下，开展现场见证和专题培训；加强与欧盟、韩国、日本等国家和地区的能力验证项目合作，继续推进化学品领域良好实验室规范（GLP）工作，促进检验检测数据和结果互认。

（二）深化多边合作互认层次

1. 全面参与国际标准化组织（ISO）、国际电工委员会（IEC）、国际认可论坛（IAF）、国际实验室认可合作组织（ILAC）等国际组织合格评定相关活动，深度参与国际合格评定体系制度建设。

2. 积极组织国内单位参加在中国上海举办的第 83 届国际电工委员会（IEC）大会，宣传中国合格评定的优良实践成果，扩大国际影响。

3. 加大对符合多边互认体系规则的国内合格评定机构对外推荐力度，积极吸纳国内企业参与合格评定国际合作，提升国际合作的企业参与度与产业结合度。

（三）扩大服务“一带一路”建设成效

1. 制定《共同推动认证认可服务“一带一路”建设的愿景与行动实施计划（2019-2021）》，明确下一步目标任务和重点项目。

2. 与国际组织共同推进检验检测能力提升项目，促进“一带一路”的质量基础设施合作与建设。

3. 积极推进北斗卫星导航检测认证体系建设，助推北斗导航产品进入“一带一路”沿线市场。

六、加强基础工作，夯实事业发展根基

（一）抓好《国务院关于加强质量认证体系建设促进全面质量管理的意见》（国发〔2018〕3 号）的贯彻落实

1. 抓好各地贯彻实施方案的落实，推动各级地方政府将质量认证纳入政府绩效考核和质量工作考核，组织开展国发〔2018〕3 号文件落实情况督导，推进质量认证体系建设。

2. 完善全国认证认可工作部际联席会议机制，加强政策衔接、规划引导和工作协调，健全信息互换、监管互认、执法互助机制，提高协作效率。

（二）完善法律法规体系

1. 加快推进《中华人民共和国认证认可条例》修订工作。加强《中华人民共和国计量法》《中华人民共和国产品质量法》等法律修订中涉及认证认可检验检测内容的立法协调工作。

2. 制定《检验检测机构监督管理办法》《认证人员职业资格制度暂行规定》等管理规定，对有关部门规章、规范性文件进行修订。

（三）构建科学规范的工作机制

健全公众参与、专家咨询论证、风险评估、合法性审查等机制，充分发挥专家咨询委员会的作用，扎实做好公平竞争政策审查、行政规范性文件合法性审核等工作，推进依法行政、科学民主决策。

（四）强化责任担当、狠抓工作落实

1. 大兴调查研究之风。全行业要广泛开展调研，下基层、摸实情、听实话。要在充分调研的基础上，及时发现问题、研究解决问题，在深化改革上取得新突破。

2. 认证监管司、认可检测司牵头制定认证认可检验检测领域深化改革的一揽子方案，各地市场监管部门和认证认可行业相关单位也要结合实际提出改革举措。

2020

Yearbook of Certification,Accreditation,Inspection and Testing of China

第二部分 特 载

Part Two Essays

深化质量认证制度改革　助推经济高质量发展

刘卫军

2019年，国家市场监管总局认证监督管理司将重点做好以下几方面工作：

一、深化质量认证制度改革，激发行业发展活力

一是深化认证机构审批改革，研究实施对审批事项实行分类管理，根据风险等级分别采取告知承诺、优化准入服务方式；简化机构审批程序，将审批时限由45个工作日压缩至20个工作日，全面取消外资机构准入特别管理措施，落实国民待遇。二是深化强制性产品认证制度改革。建立强制性认证目录动态调整机制，调整认证实施方式，扩大实施机构指定范围，落实财政负担强制性认证费用政策措施，降低企业负担。

二、优化质量认证供给，助推经济高质量发展

一是强化产品认证保安全底线的作用。对取消许可的部分涉及公众健康和安全、环境保护等产品转为强制性认证；加快建立完善网络关键设备和网络安全专用产品认证制度，研究建立数据安全管理认证制度。二是大力推行高端品质认证。在食品消费品、装备制造业和服务业重点领域加快推进，引导产业和消费升级；支持各地方、各行业开展有机产品认证等质量认证示范区建设，创建一批重点示范项目。三是广泛开展质量管理体系升级行动。打造质量管理体系认证，在21个试点行业全面实施，重点在5个行业开展小微企业质量管理体系认证试点工作。四是加快推行绿色产品认证。在相关领域组织开展绿色产品认证试点工作，推动绿色产品认证和结果采信。五是重构食品农产品认证体系。整合、调整、修订现有认证制度，形成以高端品质认证和食品安全认证为主体，以国家统一推行认证制度为基础的食品农产品认证体系，优化基于模块化智能组合的认证模式。

三、加大认证监管力度，规范认证市场秩序

一是全面落实“双随机、一公开”监管。将认证行政检查事项全部纳入随机抽查事项清单，对强制性产品认证指定机构实施“重点检查”；建立统一的监管对象库和执法人员（专家）库。二是建立认证风，险监测和预警机制。运用“互联网+认证监管”，实现预警通报结果社会共享。三是健全认证监管后处理机制。健全质量认证全过程追溯和责任追究机制，依法对严重失信的各类认证主体实施联合惩戒。

四、培育壮大认证产业，提升认证服务能力

一是增强行业综合服务能力。培育一批认证公共服

务平台，提升重点领域支撑服务能力；鼓励引导认证机构“一站式”服务和“一体化”发展，为社会提供优质、高效、便捷的服务；完善认证认可国家统计制度，健全认证有效性评价和认证行业发展指标体系，引导认证行业高质量发展。二是完善认证人员能力评价制度。加快推动认证从业人员由准入类注册管理向水平评价类认证管理转变，建立认证人员国家职业资格制度，引导认证人员专业化发展。

五、深化认证国际合作机制改革，提升合作互认层次

一是制定《共同推动认证认可服务“一带一 路”建设的愿景与行动实施计划》（2019~2021），以马来西亚、沙特等国家为重点推进认证认可服务“一带一路”建设。二是大力推进国际互认进程，全面梳理认监委对外涉签署的互认合作协议，以韩国、加拿大 、新西兰、挪威为重点深化认证国际合作成果。三是完善认证国际多双边互认参与机制， 对符合国际多边互认体系规则的认证机构加大对外推荐力度，积极吸纳国内企业参与认证国际合作，提升国际合作的企业参与度与产业结合度。

六、完善工作机制，合力推进质量认证体系建设

一是完善部际协作机制，引导地方各级政府建立健全认证认可工作的议事协调机制。二是完善激励促进机制，健全政府、行业、社会等多层面的认证结果采信机制。三是完善综合保障机制。加快推动《认证认可条例》修订进入立法程序。推动各级地方政府将质量认证工作纳入政府绩效考核和质量工作考核，组织开展落实国务院 3 号文件情况督导活动。

着力提高供给质量
构建科学完善的认可与检验检测体系

董乐群

2020年，认可与检验检测工作将以习近平新时代中国特色社会主义思想为指导，全面贯彻党的十九大和十九届二中、三中、四中全会精神，按照全国市场监管工作会议的部署，围绕“市场化、国际化、专业化、集约化、规范化”的发展目标，以全面深化改革为动力，着力提高供给质量，着力提升服务大局的能力和水平，构建更加科学完善的认可与检验检测体系。

一、狠抓认可与检验检测领域制度建设

加快深化改革和制度创新步伐，完善制度体系，提升制度执行力，使认可与检验检测的制度优势更好转化为市场监管的效能。一是要着力加强法规规章的制修订。全面梳理认可与检验检测领域法规、规章和规范性文件，制定“立改废”计划，加快推进《检验检测机构监督管理办法》《检验检测机构资质认定管理办法》《检验检测机构能力验证管理办法》等制修订工作。二是要着力抓好合格评定体系的顶层设计。组织清理涉及检验检测的行政许可制度，统筹推进认可和检验检测领域各项制度建设，依法界定检验检测资质认定范围，规范认证认可国家标准、行业标准制修订工作，加快国际国内合格评定标准化工作的融合发展，全面提升对合格评定活动的对接支撑能力。

二、推进从业机构资质准入“证照分离”改革

着力推进检验检测机构资质认定改革。对检验检测机构应当具备的条件和技术能力实行告知承诺，进一步简化资质认定程序，逐步实现资质认定范围清单管理和检验检测机构“一家一证”。

三、深化检验检测机构市场化改革

联合相关部门组织开展检验检测机构市场化改革专题调研，研究制定深化事业性质检验检测机构改革的政策措施。落实全国深化“放管服”改革优化营商环境电视电话会议精神，推动检验检测机构与政府部门脱钩，鼓励社会资本进入检验检测市场。加快国有机构布局优化、结构调整和战略性重组。

四、强化检验检测市场监管整治

一是全面落实“双随机、一公开”监管。统筹制定抽查计划，合理确定抽查事项和比例，科学实施抽查检查，规范和优化监督检查流程，实现“进一次门、查多项事”，提高监管效能。二是加快构建风险监测预警和追溯机制。根据合规性、公正性、专业性、有效性等因素，合理确定风险点和风险指标，妥善做好风险研判、风险预警、风险处置等工作，深入排查风险隐患，及时指导从业机构采取针对性措施，有效预防、规避和降低风险，夯实从业机构的主体责任。三是建立健全失信惩戒机制。不出假证书、假报告是从业机构及人员的底线，也是红线。要强化抽查检查结果公示运用，及时公开检查结果，依法公示处罚信息，严格失信惩戒措施，建立行业退出机制。

五、促进国计民生重点领域质量提升

以市场需求、产业需求、消费需求为导向，聚焦国计民生重点领域，着力发挥认可与检验检测的质量基础作用，优化市场供给，更好地满足我国经济高质量发展、人民群众对美好生活的需要。积极推进国家重点领域检验检测体系建设。围绕国家重点战略，加快构建网

络和信息安全、北斗导航、中医药等检验检测体系建设步伐，提升认可与检验检测对重点战略、重点产业的支撑能力；围绕民生重点领域，在食品、儿童玩具、电子电器、轻工纺织、建工建材等领域组织实施能力验证、实验室间比对、技能竞赛、现场盲样考核等活动，提升公共服务能力。

六、支持民营机构和中小企业发展

一是要优化中小企业“一站式”服务。鼓励引导检验检测机构提升综合服务能力，制定针对小微企业特点的合格评定解决方案，为小微企业提供“一站式”服务，增加服务内容，优化服务流程，降低服务收费。二是支持民营检验检测机构做强做大做优。全面落实公平竞争政策，消除“隐形门槛”；积极推动民营机构集约发展，鼓励民营机构通过组建认证检测联盟方式壮大实力，提高民营机构参与标准制定、国际互认的力度。

七、引导检验检测领域示范创建活动

统筹推进“国家检验检测认证公共服务平台示范区”和“国家检验检测高技术服务业集聚区”建设。研究起草推进检验检测高技术服务业集聚区建设的意见，调整、优化、规范国家质检中心建设，重点建设一批战略新兴产业国家质检中心。鼓励检验检测认证机构加强标准、计量、认证认可、检验检测和知识产权等“一体化”建设，提升“一站式”服务能力。

八、抓好认证认可检验检测信息化平台整合升级

围绕国家电子政务平台和市场监管信息化建设总体部署，统筹推进认证认可检验检测信息化平台建设，提升行业监管和业务发展水平。一是要加强信息化平台的整体设计和统筹管理。坚持统筹谋划、统筹管理，组织开展认可与检验检测信息化建设专题调研，研究制定认可与检验检测信息化建设的总体方案，推动开展国家认监委网站改版升级和信息化系统整合优化工作，规范数据格式和数据端口，实现信息公共服务平台和数据资源的整合集中，打通“数据孤岛”。二是重点打造智慧监管和公共服务平台。依托大数据、物联网、云计算、区块链等新技术构建智慧监管信息平台，加大对认可与检验检测活动关键信息的监测力度，完善认可与检验检测信息公共服务平台，强化检测能力、检测报告真伪查询等功能，便利监管部门和社会公众。

九、加强认可检验检测队伍建设

一是加强政治机关建设，全面提升政治站位。把加强党的领导、推进党的建设贯穿于认可与检验检测工作始终，发挥政治建设的统领作用，巩固深化主题教育成果，着力打造忠诚、干净、担当的认可与检验检测工作队伍。二是加强监管队伍建设，全面提升监管执法能力。加强监管队伍自身建设，厘清压实认可与检验检测监管职责。面向全国各级市场监管部门开展认可与检验检测监管系列培训，不断提高地方特别是基层一线的监管能力。三是加强从业队伍建设，全面提升专业服务能力。加强检验检测机构资质认定评审队伍建设，优化评审员培训选派和现场评审机制，提升评审员队伍的能力素质；加强标准化人才队伍建设，着力提升标准创新能力。

2020

Yearbook of Certification,Accreditation,Inspection and Testing of China

第三部分　专　文

Part Three　Research and Experience

探索“线上核查＋线下溯源”监管方式 实现质量认证精准监管

北京市市场监督管理局

为进一步加强认证检验监管工作，落实国务院“放管服”改革要求，优化营商环境，北京市市场监管局成立了认证监督管理处（检验检测监督管理处），各区市场监管部门也设立了负责认证监管的科室，进一步健全了认证检测监管体系。一年来，在市场监管总局（认监委）支持和指导下，北京市市场监管局坚持依法履职，严打违法，开展了认证检测机构专项检查，检查认证机构 106 家，检验检测机构 135 家，获证企业 140 家，查办违法案件 251 件。一年来的工作也反映出北京监管对象多、执法人员少、监管经验和执法能力不足的问题。如何解决执法力量与执法需求严重不匹配，落实属地监管责任是摆在北京市市场监管部门面前的一个难题。

一、探索新形势下的监管新模式

伴随疏解非首都功能，北京市辖区内的生产企业逐步减少，但仍有认证机构 238 家，认证证书 1.2 万张，其中强制性认证证书近 8000 张，获资质认定检验机构 1000 余家以及数量庞大的销售、经营主体。随着电子商务的发展，网络平台已经成为销售的重要渠道和主体。《电子商务法》的颁布实施，对电子商务和网络平台的进一步规范也给质量认证监管提供了新的契机。为将有限的执法资源充分利用起来，提高监管效能，实现精准监管，北京市市场监管局以认证产品监管为突破口，探索“线上核查+线下溯源”监管方式，提高执法效率，落实属地监管责任。

二、“线上核查＋线下溯源”，提高执法有效性

“线上核查+线下溯源”以线上线下联合、部门分工负责为基础，突出合力打击、有效监管。一是属地管理、分工负责。对注册在北京市辖区的涉及产品销售的网站平台进行梳理，确定了 43 家电商平台作为线上核查的重点平台，并将平台通报给辖区市场监管部门。二是约谈有关电商平台，强化主体责任。在约谈时宣贯认证认可监管工作要求，督促平台落实主体责任，配合政府部门做好监管工作。三是组织开展线上核查。以电商平台和认证行政监管系统“双平台”为基础进行产品及证书“两点一线”核查。两个平台的产品及证书信息存在任何不一致问题，将作为违法线索转交辖区市场监管部门进行线下溯源，检查生产、销售企业和认证机构是否存在违法问题。

三、“线上核查＋线下溯源”优势及成效

一是降低行政成本，提升执法效率。在违法线索

发现方面，对比传统的现场执法，可以减少执法人员工作量 80%以上。在市局组织的第一次网上核查中，对4家网络平台的 20 家单位销售的灯具、儿童玩具等 CCC 认证产品核查，发现产品认证证书信息不一致3件，销售的产品认证证书被撤销1件。对20家不同企业产品进行检查，传统执法方式需要2名执法人员至少 5 天的执法检查，而线上核查只需1名执法人员1天即可完成。

二是线上线下联动，实施精准执法。线上发现的问题，通过线下的执法检查，将问题溯源至生产、销售企业以及认证机构，执法人员带着问题查、对照目标查，更便于执法人员开展有针对性的现场执法。

三是多部门联动，形成监管合力。充分发挥政府部门、电商平台的联动作用，总局平台提供数据资源支持，电商平台自查协助监管、认证机构负责认证产品的跟踪检查、各监管部门开展监督执法，在监管工作中形成合力。

通过“线上核查+线下溯源”，减少了对企业的实地检查频率，优化了企业营商环境，拓展了质量认证违法行为发现渠道，提高了执法效能，强化了事中事后监管，使有限的执法资源发挥最大效果，促进了监管责任落实。下一步，北京市市场监管局将在国家市场监管总局（认监委）领导下，进一步完善工作机制方法，加强认证检测监管。

违法零容忍　监管全覆盖
强化假检验、假数据、假报告专项整治力度

河北省市场监督管理局

目前，河北省发证的检验检测机构共 2127 家，主要集中在建工建材、环境保护、食品、机动车检验、农林牧渔等领域，检验检测从业人数 5.48 万人，全年总收入约 90 亿元，营业收入超 1 亿的机构 8 家。河北省市场监管局成立后，省局党组落实总局关于开展质量提升行动和打击检验检测认证乱象等工作部署，针对河北检验检测机构数量多、规模小、检验检测市场恶性竞争、检验检测机构对新兴产业支撑力较弱等问题，制定《关于推进全省检验检测机构能力提升 促进检验检测行业高质量发展的行动计划》，提出要“大力规范整治、推进行业提升、努力争创先进”的工作思路，重点就是采取 100全覆盖方式开展假检验、假数据、假报告专项整治，打击检验检测行业乱象，主要做法如下。

一、坚持政治站位，体现一个“高”字

检验检测行业贴近人民群众衣食住行，关乎生命安全和社会稳定。省局党组将开展专项整治作为开展“不忘初心、牢记使命”主题教育重要举措，并列入主题教育“六个专项整治”之一，专门成立以省局主要领导同志为组长，各有关单位主要负责同志为组员的监督检查领导小组，全面加强对监督检查工作的指导推动。省局党组书记丁锦霞同志、局长金洪钧同志多次听取专题汇报，提出部署要求，保证全覆盖监督

检查有力有序推进。

二、坚持监管到位，突出一个“全”字

聚焦检验检测行业健康发展的痛点、难点、堵点问题，坚持问题导向，检查检验检测机构 1991 家，覆盖建工建材、食品、机动车、生态环境等领域和市场监管系统内机构。另外, 现场安排能力考核机构 383 家，覆盖煤炭、疾控（公共卫生）、刑事技术等领域，做到检验检测行业监督检查全覆盖。同时， 按照行业领域，策划制定全覆盖监督检查 1 个总方案和 7 个子方案，针对不同领域检查专门召开动员部署会议，组织开展业务培训，制定检查条款，统一监督检查标准和程序。成立监督检查结果协调组，避免出现处理尺度“先紧后松”“先松后紧”等问题。

三、坚持从严查处，突出一个“严”字

后处理工作直接影响专项整治成效，专门选定问题严重的机构作为省局督办对象，其他交各市市场监管部门进行督办， 要求被暂停机构停业时间控制在 1 至 3 个月内，不允许随意更改拟撤销机构的处罚决定，暂缓办理违法违规机构的行政许可事项。同时，将处理信息抄送各行业主管部门，实现“一处受罚，处处受限”，形成齐抓共管的新格局。专项整治共撤注销机构资质 87 家、暂停机构资质 385 家、缩减机构资质能力 83家，处罚总金额超过 300 万元，达到“关停一批、曝光一批、整顿一批、提高一批”的预期目的。

四、坚持作风引领，突出一个“实”字

组织检查组人员开展廉政教育，通过会议、微信等形式及时发出廉政提醒，时刻绷紧廉政自律弦。检查中及时向机构公布举报电话，自觉接受机构监督，全程未接到一起违法违纪等问题举报、投诉电话或信件。同时，针对外界打招呼关照、干扰监督检查的等个别情况，敢于顶住各方压力、敢于较真碰硬， 坚持实事求是、公开处理，保证监督检查公正性，树立从严执法良好形象和市场监管权威。

五、坚持舆论引导，突出一个“广”字

专项整治情况先后在《中国质量报》、市场监管总局办公厅《昨日简况》、省政府办公厅《要情快报》刊发。通过河北省局官网、微信公众号先后发布 1 个《全覆盖监督检查通告》、7 个《专项监督检查通告》、1 个《能力验证情况通报》，曝光违法违规机构名单，有效提高市场监管的影响力和震慑力。人民网、新华网、河北电视台等主流媒体进行同步宣传报道，传递出各方正面评价的声音。总局局长肖亚庆在全国市场监管工作会议上的讲话也充分肯定了我省做法。

下一步，河北省局将认真传达学习全国认证认可工作会议精神，继续巩固监督检查成果，抓好问题整改，全力做好 2020 年认证认可检验检测工作，实现检验检测行业全面规范、提升。

积极推进检验检测机构市场化改革
助力辽宁经济社会高质量发展

辽宁省市场监督管理局

2019 年，辽宁省市场监管局认真贯彻落实市场监管总局、省委省政府的工作部署，坚持服务发展和强化监管并重，加快检验检测认证机构改革发展，为推动辽宁经济社会高质量发展提供技术支撑。为更好发挥检验检测认证机构服务能力，辽宁率先在全国推进检验检测认证机构市场化改革。

一、检验检测认证机构市场化改革情况

1. 省级检验检测机构市场化改革情况

辽宁省检验检测认证中心于 2018 年 7 月 18 日挂牌成立，中心优化整合了原省质监局、省公安厅、省农委、省食药监局等 9 个厅局所属的省计量科学研究院、省消防技术检测站、省农业环保监测站、省食品检验检测院等 20 家事业单位，为省政府直属事业单位、公益二类事业单位。整合后的中心设立 6 个内设机构和 12 个分支机构，实有在编人员 991 人（人员编制包含参公、全额和自收自支三类）。

2. 市级检验检测机构市场化改革情况

沈阳市检验检测中心于 2018 年 8 月 17 日挂牌成立，由原隶属于沈阳市直 7 个部门的 22 家事业单位优化整合组成，为沈阳市市场监管局所属事业单位、公益二类事业单位。下设 8 个内设机构和 10 个直属机构，核定人员编制 829 名。

大连市检验检测集团于 2018 年 8 月 29 日注册成立，由原大连市质量技术监督局所属 6 家事业单位和原大连市交通局 1 家事业单位转企改制后成立，集团现有员工 789 人。

其他 12 个市基本参照省级事业单位整合方式，组建相应的市级检验检测机构，为各市政府直属事业单位。

二、检验检测认证机构市场化改革后融合发展优势

1. 融合日常管理

改革后的各单位统一管理各分支机构的设备采购项目，并统一进行客户管理和维护；集中实施采购和安排经费支出，并统一调剂闲置设备；统一进行资金管理和经费核算；实现了内部分支机构横向资源的充分整合。

2. 实现设备共享

建立设备共享制度，提高大型仪器设备利用率，减少重复购置，降低成本。同时扩大大型仪器设备共享范围，为更多工作人员提供资源利用和能力提升机会，

促进高水平人才培养。

3. 实现业务互助

沈阳质检院与沈阳特检院共同推进国际互认，以低压防爆电器检验项目和粉尘爆炸测试项目为基础，申请成为 ATEX 的外部认可实验室，目前现场评审工作已完成，此资质的获得将使沈阳检验检测中心成为防爆测试领域的国内知名检验检测机构。沈阳计量院与沈阳特检院联合中航工业空气动力研究院拟开展流量测试，将完善国内安全泄放装置相关的试验标准体系，并填补高压力大流量介质条件下的流量测试领域的国内外空白。

4. 完善信息共享

建立内部信息交互和外部信息公开机制。打破信息孤岛，实现检验检测中心的人才、设备、成果、科研等信息、数据资源的共享。构建客户信息大数据，为客户提供优质高效、一体化的检验检测服务。

5. 推进一体化服务

一是成为质量技术基础技术能力平台，促进地区生产性服务业发展，助推东北老工业基地转型升级。二是成为质量技术基础服务公共平台，建立质量大数据分析系统，整合质量技术基础数据，为标准制定、产品创新、质量监管和售后服务提供信息服务，为中小企业提供技术指导，为社会公众提供消费指南。三是成为服务地方产业升级的创新平台，为重点产业科技创新提供技术支撑，特别是为沈阳华晨集团、沈阳新松机器人等重点企业提供服务。四是成为“全产业链”“一站式”服务平台，拓展质量技术基础服务产业链条，为石油化工、智能装备与机器人、汽车及零部件、绿色建材等重点产业提供服务。

三、检验检测认证机构市场化改革下一步举措

1. 推动检验检测认证供给侧结构性改革

针对新兴战略产业、绿色产品等新领域对高端检验检测认证的迫切需求，鼓励检验检测认证机构与生产制造企业联合，针对供给侧需求，定制开发工业自动化、智慧城市、智慧家庭等相关产品和项目，体现“增值化、定制化”服务核心价值。

2. 促进检验检测认证行业发展

加大违法违规惩处力度，建立市场主体退出机制，努力营造公平竞争、诚实守信的市场环境，促进行业良性发展。鼓励从业机构为区域集聚产业和特色产业发展提供检验检测认证咨询、技术、培训等一体化服务，推进检验检测认证供给结构的合理配置。

3. 做大做强检验检测认证行业服务品牌

增强检验检测认证行业的品牌意识，打造检验检测认证行业知名品牌，提高品牌影响力和产业发展带动力。

打造一体化信息平台 推进检测认证高质量监管

江苏省市场监督管理局

江苏省市场监管局高度重视认证认可检验检测工作，紧扣“推进高质量监管、助力高质量发展”主题，着力建平台、强监管、抓服务、促发展，稳步推进行业监管体系建设，取得显著成效。目前，江苏共有获省级资质认定的检验检测机构近2800家、国家级质检中心53个、省级质检中心64个，在苏注册认证机构36家，综合能力水平位居全国前列。

一、加快推进一体化信息平台建设，提升检测认证市场监管效能

以“高、全、新”为建设理念，以监管与服务一体化为建设思路，采取多元化数据采集、系统性汇聚、专业化分析、定制化服务等信息手段，建成并上线运行江苏检验检测监管服务信息平台（苏检通）。《中国市场监管报》、“学习强国”、江苏卫视等媒体进行了专题报道。苏检通平台的上线，总体上实现了“三化”目标。一是监督检查精准化。利用苏检通平台大数据关联分析、动态对比和档案管理功能，在线实时发现机构异常经营数据，并及时推送给监管人员，指导线下开展现场检查，实现基本事项“不见面”监督检查，有效缓解监管条线尤其是基层监管力量不足的矛盾。二是公共服务高效化。苏检通平台对接总局相关数据信息系统，汇总各行业主管部门奖惩信息，全过程记录检验检测机构信息，向社会集中发布，对机构实施统一信用监管，服务公众查询机构名录，服务企业寻求技术支撑，服务政府决策指导。三是管理决策科学化。苏检通平台是“互联网+监管”的运用，也是“大数据+决策”的实践。通过在平台上开发大数据分析模块，对检验检测行业发展趋势、运行规律、行业特征进行综合研判，指导政策措施制定、风险监测预警，提升综合管理决策能力。2020年，我们将在完善苏检通平台监管功能基础上，建设江苏认证监管信息平台。

二、扎实开展“双随机、一公开”联合监管，严守江苏检测认证市场监管安全底线

坚持全面覆盖、规范透明、问题导向、协同推进原则，在检测认证领域率先推行部门联合“双随机、一公开”监管。一是在检查对象抽取范围上，突出“广”字。检验检测领域，完成1979家检验检测机构的监督检查，其中组织15个省级检查组对75家检验检测机构实施现场检查，组织各市完成340家检验检测机构现场检查。认证领域，抽取553家强制性产品认证获证组织、345家质量管理体系认证获证组织、45家有机产品认证获证组织和25家认证机构进行现场检查。二是在检查主体联管力度上，突出“大”字。国家层面，配合做好3批次总局部署在我省的监督检查工作，涉及15

家国家级资质认定检验检测机构，对6家新批准认证机构以及36家自愿性认证获证组织开展现场核查。区域层面，积极推进长三角检测认证一体化监管，组织“三省一市”联合开展建工类检验检测机构监督检查，派员参加安徽省检验检测机构双随机检查，组织我省眼镜类检验检测机构参与长三角检验检测能力验证等。省级层面，与公安、生态环境、交通等部门开展检验检测领域联合监管，与农业农村部门开展认证领域深度合作。三是在检查结果公开运用上，突出“真”字。全面实行监督检查通报制度，及时通报检查结果及问题查处结果，并通过企业信用信息公示平台公布，接受社会监督。检验检测监管方面，责令改正检验检测机构192家，责令整改87家，暂缓相关资质44家，建议撤销资质认定机构9家；认证监管方面，立案查处21件，责令改正58家，约谈53家，告诫30家，自行整改19家。

三、严密组织能力验证技术监管，确保检验检测机构能力资质相符

2019年，对1504家机构开展省级检验检测能力验证，样品检测结果满意的机构1418家，占比94.3%。一是突出民生领域设项目。围绕生态环境、食品安全等重点领域，设立电线电缆产品导体直流电阻试验、环境样品中苯系物含量测定、金属材料力学性能检测、水中重金属镉含量测定等4项能力验证和食品检验机构检测报告专项抽查项目。二是突出公平公正抓落实。以公开促公平，公开招标确立能力验证承办单位，集中制定能力验证作业指导书，统一发放样品，全部实施交叉盲样考核；以科学促公正，统计分析采用稳健技术处理，以中位值作为指定值，以标准化四分位距为能力评定标准差，确保统计结果客观公平。三是突出问题导向促整改。对结果有问题的42家机构，责令进行整改；对结果不满意的44家机构，暂停其能力验证项目的检测资质3个月。

下一步，江苏省局将紧紧围绕推进市场监管体系和监管能力现代化的目标要求，开拓创新、扎实工作，努力打造在全国领先率先、在地方有为有位的江苏认证认可检验检测工作品牌。

争当新时代质量认证改革发展排头兵

浙江省市场监督管理局

2019 年，浙江省市场监管局在总局（认监委）和浙江省委、省政府的正确领导下，深入开展认证认可检验检测综合改革试点省建设，聚焦高质量，服务高水平，各项工作取得新进展。

一、强治理，构筑大市场格局

坚持综合治理精准施策，构建了推进认证认可工作新格局。一方面，建立由省领导担任召集人的浙江省市场监管工作联席会议制度，设立认证认可检验检测工作专班，健全市场主体自治、行业自律、社会监督、政府监管的共治格局。落实浙江省人民政府《关于加强质量认证体系建设服务高质量发展的实施意见》责任分工和 2019 年综合改革试点 20 项任务，认证认可加快融入质量提升、生态文明、营商环境、社会治理等建设。另一方面，指导运行好“浙江制造”“丽水山耕”、绿色认证、服务认证等认证联盟，充分发挥行业治理和技术创新作用，推进质量认证治理现代化。

二、增动能，扩大高品质供给

作为实体经济大省，浙江坚持把抓标准、严认证、提质量、创品牌作为转型升级的重要抓手。

一是擦亮“品字标”金名片。创新完善“区域品牌、先进标准、市场认证、国际认同”制度体系，广泛推行“一次认证、全球认可”国际合作。截至 2019 年 12 月，发布实施“浙江制造”产品标准 1418 项，“浙江制造”获证企业 562 家，认证证书 960 张。大力实施认证改革举措，赋能企业提质增效，获证企业平均减少检测认证费用 50%以上。2019 年，“品字标浙江制造”企业主营业务收入及出口货值同比增幅 11 以上，初步打响了浙江制造品牌。

二是力推生态产品价值转化。践行“两山”理念，将“品字标”认证从制造业延伸到农业，开展“丽水山耕”区域公共品牌认证，全省共有 260 家企业获得 372 张“丽水山耕”认证证书，获证产品平均溢价率超过 30%。

三是跑出绿色发展“加速度”。落实国家试点要求和省委全面深化改革重点任务，推进统一的绿色产品认证体系建设取得阶段性成效。湖州木业、家具、纺织印染、涂料、蓄电池等 7 个行业 35 家企业 52 个产品率先获得中国统一的绿色产品认证证书。经省政府同意，浙江省市场监督管理局联合 14 个部门出台全国首个省级层面推进绿色产品认证的政策意见，推动转型升级再加速。

三、优服务，提升群众幸福感

探索服务认证新模式，深化质量认证“三服务”活动，为企业和百姓解忧、助力、赋能。

一是首创“公共机构绿色数据中心”服务认证制度。降低政府部门对公共机构治理成本，引领公共机构绿色发展，为全国提供了“浙江样本”。截至目前，61 家公共机构通过认证，经测算平均节电率达 24.4%。以“服务认证推动高质量发展”为主题，总局在丽水启动第三届“服务认证体验周”（浙江）活动，国务院机关事务管理局召开现场会，推广认证成效。探索在德清开展民宿服务认证试点，目前国家评价标准已立项。

二是运用国际认证带动产业升级。举办“品字标浙江制造”走向“一带一路”、“德国汉诺威工业展”、“美加行”等活动，开展国际认证双对接服务，促进国际互认。目前，由 SGS、ITS、BV 等国际知名认证机构颁发的浙江制造国际互认证书已达 152 张，直接拉动出口 200 多亿美元。

三是加快国家检验检测高技术服务业集聚区建设。提升全产业链、全生命周期检验检测认证服务水平，上线运行“浙里检”平台，推动检验检测服务“最多跑一次”改革。目前我省拥有国家质检中心 50 家，省级质检中心 105 家，基本涵盖主导产业服务能力。

四、严监管，创造营商好环境

坚持“宽进”“严管”相济，有力激发和释放了市场主体活力。一是探索信用管理改革。推进检验检测机构资质认定改革，探索在环杭州湾国家检验检测高技术服务业集聚区内实施资质认定“信用管理”改革试点方案，强化检验机构市场主体责任和信用意识。指导舟山自贸区率先实施检验机构资质认定告知承诺制度。二是深入推进“双随机、一公开”监管。科学划分省、市、县三级监管职责，建立纵向联动、横向协作、内部整合联动机制。健全风险排查监测预警机制，加强违法惩戒。2019 年全省共检查检验检测认证机构及获证组织 7199 家次，立案 182 件，有力打击了认证检测违法违规行为，促进市场良性运行和优胜劣汰。

改革只有进行时，没有完成时。下一步，浙江省局将牢记和践行习近平总书记赋予浙江的新期望，认真落实本次会议精神，奋进新时代，干出新样子，为质量认证治理体系和治理能力现代化贡献浙江力量！

精准施策　合力帮扶
共促小微企业高质量发展

福建省市场监督管理局

国家认监委部署开展小微企业质量管理提升行动试点工作以来，福建省市场监管局（以下简称“福建省局”）精准发力、积极作为，充分发挥认证引领作用，以“共商、共建、共享”为主线，扎实推动全省小微企业质量管理提升试点工作，取得初步成效。

一、主要做法

（一）强化领导、精心组织

一是健全机构。成立了由分管副局长任组长，认证检测处、龙岩市局和连城县政府参与的工作专班，负责统筹推进；相关认证机构成立了技改小组，负责具体实施。

二是制定方案。按照认监委“精准帮扶、讲求实效”的指导思想，制定工作方案，提出了具体工作目标、步骤、时限、要求，明确各方职责。

三是加强协调。建立了市场监管部门、属地政府、认证机构和试点企业四方定期沟通会商机制，研判解决实际问题，确保试点工作有序推进。

（二）上下联动、形成合力

一是优选试点企业。指导连城县政府结合当地产业特点，优选了8家符合条件、有代表性的企业参与试点。

二是加强政策支持。福建省局出台《支持民营经济加快发展25条措施》，把试点企业纳入扶持重点，为企业减免研发新产品的委托检测费用，免费提供政策咨询和技术培训。

三是组织动员培训。配合总局认证监管司召开试点工作启动会，组织企业培训，推动试点工作“开好头、起好步”。

（三）优化服务、精准帮扶

一是突出“问题导向”帮扶。针对试点企业的痛点、难点问题，集中开展企业现场诊断活动3次，从生产管控、销售、人员管理、不合格品控制等33个方面深入剖析，形成诊断报告。

二是突出“输血再造”帮扶。指导试点企业对生产经营流程进行梳理，制定了简化实用的质量管理体系文件框架，目前8家试点企业均建立并试运行质量管理体系。

三是突出“技术优势”帮扶。发挥市场监管部门计量、标准、认证检测等技术优势，引导试点企业建立质量管理制度，提升企业质量管控“自我”把关能力，提高产品质量。

（四）持续改进、完善推广

一是持续改进。根据试点中发现的问题，配合认监委做好指南修订，确保指南更加科学简便实用。

二是总结提高。计划2020年一季度在连城县召开工作现场会，总结经验做法，探索可复制、可推广的小微企业质量管理提升模式。

三是积极推广。加大宣传力度，落实资金保障，推广试点工作的成功经验，惠及更多小微企业。

二、主要成效

（一）从企业质量管理的角度看，质量意识明显增强

试点开展以来，企业看到了质量管理带来的实在变化，更加重视质量管理，为小微企业持续健康发展打下坚实基础。

（二）从企业生产管理的角度看，生产现场更加规范

如万恒精密刀具有限公司建立“5S”管理制度，划分车间功能区，完善设备状态标识、明确操作规程，收到了很好效果。

（三）从企业技术改进的角度看，技术工艺大幅改进

针对试点企业工艺方面存在的14个问题，提出了22条改进方法，有效提高了试点企业的技术能力水平。如针对世波光电有限公司玻璃面板划伤不良率存在的问题，提出了改进措施，并以操作规程来固化，提高了合格率。

（四）从企业绩效管控的角度看，质量效益稳步提高

例如，国冠新能源科技有限公司产品合格率从93%提高到96%以上，客诉率从8%降低到2%，月增经济效益20万元。世波光电有限公司产品终检良品率从80%提高到83.53%，月增经济效益5万元。万恒精密刀具有限公司产量从9月6.5万支到11月8.7万支，废品率稳定在0.16% ~ 0.29%，月增经济效益3.4万元。

三、几点体会

（一）顶层设计最重要

国家认监委为小微企业量身定制的质量管理体系应用指南，为试点工作提供了有力的技术指导。实践证明，根据行业特点精心设计各种类型的小微企业质量管理提升体系应用指南尤为重要。

（二）形成合力是关键

国家认监委高度重视，科学决策；省市县局精心组织、综合协调；属地政府抓宣传、抓发动；认证机构培训到位、精准帮扶；试点企业充分信任、积极配合，“四方”密切联动，确保了试点工作有效开展。

（三）认证服务有作为

国家认监委根据不同行业特点，指导第三方机构运用认证手段，加强现场管理和检验把关，认证精准

服务中小企业大有可为。

试点工作实践证明，开展小微企业质量管理提升行动意义重大。福建省局将认真贯彻本次会议精神和总局领导的要求，脚踏实地、不负韶华，推动小微企业质量管理提升行动向纵深发展，为建设质量强国发挥福建作用、贡献福建力量。

完善监管制度　防范行政风险
推动检验检测认证治理体系及治理能力现代化

广东省市场监督管理局

2019 年，广东各级市场监管部门统筹推进质量认证体系建设，全省检验检测认证服务业持续快速发展，全年新增认证证书 13.6 万张，累计有效期内认证证书 43.9 万张，新增证书数量和证书总量均居全国第一；年内新增省级检验检测机构资质认定证书 655 张，有效期内省级检验检测资质认定证书 3605 张，同比增长 22.2%。实现了机构改革后广东检验检测认证事业的良好开局。

围绕经济高质量发展的要求，广东各级市场监管部门正在着力构建更加规范、公平、透明、开放、有活力的检验检测认证市场，大力推动检验检测认证服务业从追求数量规模向追求优质高效跃升。为实现该目标，我们的主要工作路径是推动检验检测认证治理体系及治理能力现代化，重点做好了以下工作。

一是建设规范统一的检验检测能力参数库。为突破检验检测机构资质认定审批标准化的难题，提高审批严谨性，广东省局构建了检验检测能力参数库，制定《能力参数库维护工作指引》，明确参数入库的条件以及参数收集、审核、审批等程序。目前，入库在用的能力参数达 24.6 万多条，涉及专业 19 类。同时，组织近 400 名经验丰富的技术专家组建 19 个专业委员会，对申请入库的参数进行严谨的技术审查把关，确保每个入库参数都是科学合理、成熟稳定的参数，并对能力参数的名称和表述进行统一规范，确保相关参数在参数库中具有唯一性，不受申请人、评审专家、审批人员的主观判断影响，实现了资质认定能力信息描述从主观判断到客观统一的转变，从准入源头上防控检验检测监管工作风险。

二是出台检验检测机构资质认定监督检查全过程工作指引。明确各级市场监管部门在制定检查计划方面的统筹分工，以及检查人员、执法工具、文书材料的准备要求和检查通知的时间要求，逐项列明进入现场、检查开始、现场检查、检查核实、检查结果反馈、文书送达及签收、机构整改监督等全过程的记录形式及具体要求，规范了监督检查过程中涉及的 11 种执法文书格式和检查后处理措施，明确了行政检查责任边界，帮助检查人员防范行政风险。

三是出台认证监管及检验检测机构资质认定行政检查规范用语和音像记录用语指引。对启动检查程序、现场行政检查、检查结果告知环节的行政检查用语及音像记录进行规范。重点规范了告知检查人员身份、来意、检查内容、当事人权利、执法检查场所或部位、法律后果、检查结果等 7 方面应当告知的内容，明确了当事人介绍情况、现场询问、签字确认等关键环节的规范用语，考虑了当事人拒绝签字、妨碍公务、暴力抗法等情形的应对预案，并明确了全过程音像记录的具体要求，帮助监管人员掌握现场检查的主导权，妥善应对检查过程中的各种状况，树立公正文明的执法形象。

四是理顺行业主管部门与检验检测认证监管部门协同监管关系。在 2019 年度省级资质认定检验检测机构监督抽查作中，明确了对生态环境监测机构及机动车检验机构篡改、伪造监测数据、提供虚假监测报告等违法行为的处罚处理由生态环境部门负责；生态环境部门下达行政处罚后，对应予撤销资质认定证书的，统一由省生态环境厅函告省市场监管局依程序办理证书撤销。通过完善监管衔接工作机制，大大提升了监管工作效率和震慑力。在这次联合行动中，共检查检验检测机构 756 家，查处涉嫌违法违规机构 72 家，立案 22 宗，对 3 家严重违法的环境检验检测机构依法撤销其资质认定证书。今后，广东省局将以与生态环境部门的协同监管模式为蓝本，把协同监管的“朋友圈”扩得更大。

五是推动检验检测认证机构行业自律。在规范行政监管信息录入及公示工作中，要求各级监管部门按照“双公示”要求，将行政处罚等信息归集至企业信用档案，并通过省、市两级信用网向社会公示，促进社会监督，倒逼从业机构落实主体责任。广东省认证认可协会发起行业自律倡议，举行行业自律公开签约和承诺宣誓活动。广州市推行检验检测机构诚信评价。深圳市成立认证行业诚信廉洁委员会并出台《认证行业诚信廉洁管理办法》。今后，广东省局将加强信息公开和信用监管工作，探索更好发挥行业协会等社会组织的作用，进一步促进行业自律。

下一步，广东省局将推动检验检测认证治理体系及治理能力现代化，定制度、打基础、抓监管、促规范，着力构建更加规范、公平、透明、开放、有活力的检验检测认证市场，为推动检验检测认证服务业高质量发展作出广东应有的贡献。

发挥有机认证拉高线作用　走好生态绿色发展之路

四川省市场监督管理局

近年来，在总局（认监委）的大力支持和指导下，四川省市场监管局认真践行绿色发展理念，以有机产品认证示范区创建活动为载体，大力推动有机产品认证，在服务地方经济发展、助力脱贫攻坚方面取得了一定成效。具体做法是：

一、抓住历史机遇，强化政策引领

党的十九大以来，绿色发展理念已深入人心。四川省委十一届三次全会《关于全面推动高质量发展的决定》中，明确提出推进农产品“三品一标”示范创建。四川省委连续 3 年印发的 1 号文件中提出创建一批有机产品认证示范区。有机产品认证示范区创建工作列为省生态文明体制改革重点工作，进行台账管理。有机产品认证示范区考评认定工作被省委督查室列入省级督查考核计划。四川省对市州食品安全“党政同责”考核中，专门将有机认证列入考核指标。省政府出台政策措施，对获批国家示范区的给予 50 万元奖励。

二、加强宣传引导，提升创建质量

截至目前，四川省有机产品获证企业 991 家，全国第 2，企业有机产品认证证书达到 1335 张，较去年增长 13.8，获批国家有机产品认证示范区 6 个（居全国第 1）、创建区 9 个，培育省级示范区 15 个、创建区 31 个。全省 183 个区县中，已有 51 个区县开展有机认证示范创建工作，建立起部门联动监管的运行机制，有效弥补基层认证监管人员不足。

一是加强顶层设计，明确发展定位。我们在示范区创建要求中，明确各申请单位应因地制宜制定有机产业长期发展规划，制订相应的政策和资金措施，加强技能培训。二是突出环境要求，严把创建关口。在创建标准上，我们把环境条件作为先决条件，要求申报区县土壤、水质、环境空气必须符合有机生产、加工的相应质量标准要求。三是打通市场渠道，促进发展持续。在信息时代的大环境下，推动各示范区地方政府建立“实体店 + 展销 + 网络”宣传营销模式，形成一套完整的销售链条。四是加强宣传引导，提升认证意识。组织开展各片区宣贯培训、编印四川有机认证示范区工作手册，组织有机生产企业参加西博会，开展“有机宣传周”活动。五是加强认证监管，提升认证有效性。先后投入监管经费 800 多万元，加强有机产品认证有效性抽查。对有机示范（创建）区开展“回头看”，实行动态管理。

三、坚持示范带动，有机认证优势显现

充分发挥有机产品认证的“体检证”“信用证”“通行证”作用，促进地方经济发展和生态文明建设，助力脱贫攻坚。一是促进产业提质升级。以大邑县为例，开展有机产品认证示范区创建以来，截至 2019 年 11 月，有机生产总产值达到 6990 万元，占全年农业总产值的 1.09%，较创建初期增长 122.35 万元。

通过实施有机认证、农旅融合，大邑县的葡萄售价可高达 136 元 /kg，较两年前销售均价 20 元 /kg，有机产品价值提升了近 7 倍。2018 年，全县有机从业人员年收入平均达 2.66 万元，高于大邑县农民人均农业收入 5000 元。雅安市雨城区茶产业通过有机发展，有机茶叶总产值从 2018 年的 1040 万元增长到 2019 年的 5165 万元，增幅达 396.6%。二是促进生态文明建设。以成都市蒲江县为例，县级财政 4 年投资 0.75 亿元，以财政资金撬动农民、专合组织、龙头企业等市场主体投入 4 亿元，4 年完成土壤改良 75 万亩[①]次，省农业农村厅出具的土壤检测结果表明，土壤有机质含量平均提高 0.2 %，果蔬农残快速检测合格率达 99% 以上，农民年均增收近 4000 万元。三是助力脱贫攻坚。四川省 51 个有机示范创建区中，国家级贫困县就有 19 个（2017 年统计），2018 年已有 7 个县摘掉国贫县帽子。例如，位于川陕边界的广元市旺苍县，发展有机茶叶基地 8 个，建设黄茶示范基地 2 万余亩。苍溪县贫困村组建专合社实现全覆盖，优先聘用 6 万多贫困户劳动力到产业基地就业，人均增收 3000 ~ 5000 元。

有机农业是一种环境友好型的农业发展模式，推广有机产品认证，能够保障四川这片肥美土地不被化学农药、化肥侵蚀，让“天府之国”的魅力景色永续发展，是“绿色发展”的有力支撑，更是“绿水青山就是金山银山”的生动实践。

[①] 1 亩 =666.7 平方米

2020

Yearbook of Certification,Accreditation,Inspection and Testing of China

第四部分　认证监管

Part Four　The Supervision of Certification

一、认证机构审批

认证机构资质审批是认证行业行政管理的一项基础性制度安排，设立依据是2003年8月颁布、2016年2月修订的《中华人民共和国认证认可条例》。党的十八大以来，特别是党的十八届三中全会做出全面深化改革的重大部署后，认证机构资质审批制度持续深化改革，审批制度不断得到完善与发展。

（一）进一步优化营商环境，认证市场主体不断扩大

坚决贯彻落实国务院“放管服”总体要求，不断完善审批程序，提高工作效率，平均审批时限已由法定的45日大幅压缩至20日内。

截至2019年12月31日，共批准设立599家认证机构。按照内外资性质分：内资认证机构538家，外资认证机构61家；按照法人类型分：事业单位34家，社团法人2家，企业563家；按照认证资质类别分：自愿性产品认证256家，管理体系认证449家，服务认证267家（部分机构同时具备多种认证资质）。

（二）深化认证机构资质审批改革有新突破

为贯彻落实国务院关于从12月1日起在全国自贸试验区开展“证照分离”改革全覆盖试点的要求，在广泛调研基础上制订了《认证机构资质审批改革方案》，《关于在全国自贸试验区进一步推进认证机构资质审批“证照分离”改革工作的公告》等行政规范性文件已完成合法性审查。

1. 实施分类管理

全面梳理现有认证业务，结合认证行业发展和技术特点，按照认证领域风险等级实施分类准入管理。申请从事风险等级高的国推认证业务，优化审批服务；申请从事风险等级低的其他领域的认证业务，实行告知承诺。

2. 细化审批要求

按照可量化、可核实的原则，进一步细化审批条件。申请人可自我核查是否符合要求，提高透明度和可预期性。

3. 优化审批程序

对实行告知承诺的申请事项，在材料齐全且承诺符合要求的前提下，当场作出许可决定，7个工作日内核发《认证机构批准书》，对优化审批服务的申请事项，在法定时限45个工作日的基础上承诺20个工作日作出许可决定。制定发布告知承诺管理规定，建立告知承诺后的核查机制。

（三）推动外资认证机构实现准入国民待遇有新进展

向上海市市场监管局发出《市场监管总局关于在上海市取消外商投资认证机构准入特别管理措施有关问题的批复》；函复北京市、商务部、司法部等部门，同意在北京市扩大服务业开放试点期间取消外资认证机构准入特别管理措施。

（四）新设认证机构现场核查工作有新举措

2019年分两批对104家新机构开展了认证机构资质持续符合性现场核查。经查，不同程度存在问题的机构有31家，约占30%。从“放管结合、优化服务”的角度出发，对存在问题较多或较严重的8家机构进行了约谈，在督促其及时整改的同时，向机构进一步宣讲了认证机构资质审批的政策要求和资质条件持续符合的重要性；对其他虽然基本能够符合资质要求，但通过核查发现存在一些综合性问题或潜在风险的机构，

移交监督部门，建议后期重点监管。

二、强制性产品认证

（一）深入推动强制性产品认证制度改革

贯彻落实中央经济工作会议和国务院“放管服”改革精神，紧扣强制性产品认证（以下简称CCC认证）“保底线”本质属性，坚持以问题为导向，按照必要性和最小化的原则，积极深化CCC认证制度改革。一是推动“目录瘦身”。2019年上半年，积极配合中办、国办出台《关于深化消防执法改革的意见》，将13种消防产品调出目录；10月，再次将18种产品调出目录，共减少CCC证书10.2万张，缩减目录种类23.8%。二是加大自我声明实施力度。规定适用强制性产品认证自我声明评价方式的产品，只能采用自我声明评价方式，不再发放CCC认证证书。进一步将17种产品由第三方认证转为企业自我声明，涉及CCC证书约20万张，共27种产品采用自我声明方式，有效降低了企业产品进入市场的时间和成本。三是优化认证实施程序。鼓励引导CCC认证实施机构优化认证流程、归并认证单元和证书、提升服务水平和效率，实现认证流程周期压缩30%以上，认证证书平均单张减少认证成本约4000元。四是取消认证检查机构审批。落实《国务院关于在自由贸易试验区开展“证照分离”改革全覆盖试点的通知》的要求，在自贸区中取消强制性产品认证检查机构的审批制度。

（二）承接生产许可证转强制性产品认证工作

2019年4月15日起，对电动自行车依据GB 17761-2018实施强制性产品认证管理，开发电动自行车认证信息系统，与公安交管部门共享数据，登记上牌时核查认证获证信息。发布《市场监管总局关于防爆电气等产品由生产许可转为强制性产品认证管理实施要求的公告》（2019年第34号公告），明确自2019年10月1日起，防爆电气、家用燃气器具和标定容积500L以上家用电冰箱纳入CCC认证管理范围，2020年10月1日起强制实施。8月28日发布《认监委关于发布防爆电气、家用燃气器具等产品强制性产品认证实施机构指定决定的公告》（2019年第18号公告），指定防爆电气认证机构6家、实验室13家，指定燃气具认证机构3家、实验室16家，保障生产许可证转强制认证的实施。按照国务院决定，开展汽车用制动器衬片由生产许可转为CCC认证管理的技术研究和准备工作。

（三）在自贸区内取消CCC检查机构行政许可

落实《国务院关于在自由贸易试验区开展“证照分离”改革全覆盖试点的通知》的要求，在自贸区内取消从事强制性产品认证以及相关活动的检查机构审批、精简优化从事强制性产品认证以及相关活动的认证机构和实验室的申请材料。

三、自愿性产品认证

（一）不断完善统一的绿色产品认证和标识体系

深入贯彻落实党中央、国务院《生态文明体制改革总体方案》（中发〔2015〕25号）和《国务院办公厅关于建立统一的绿色产品标准、认证、标识体系的意见》（国办发〔2016〕86号，以下简称《意见》）精神，积极推动绿色产品认证和标识体系建设。

1. 发布统一的绿色产品标识及标识使用管理办法

明确了标识的使用要求，提出了国家统一的绿色产品认证目录内的产品、国推的涉绿产品合格评定结果标识的样式，为统一绿色产品标识奠定了基础。

2. 加强绿色产品供给

一是在建材领域率先推广绿色产品认证，发布首批12种绿色产品评价标准清单和认证目录，发布《绿色建材产品认证实施方案》（市监认证〔2019〕61号），以认证手段促进绿色建材应用，推进行业绿色发展。二是联合工业和信息化部建立实施电器电子产品有害物质限制使用合格评定制度，是第一个使用绿色标识的合格评定制度。三是联合国家邮政局推动建立快递包装产品绿色认证，在总局和邮政局网站公开征求意见。四是会同中央宣传部在印刷业推行绿色产品合格评定制度，以第三方认证、自我声明等方式促进印刷业绿色化发展。

3. 加快绿色产品采信制度建设

联合财政、发展改革、生态环境等部门调整优化节能产品、环境标志产品政府采购执行机制，将参与实施政府采购的认证机构扩展至20家，打破原有政府采购节能产品、环境标志产品认证机构的垄断，推动建立公平竞争的市场环境。

（二）不断推进高品质产品认证实施

1. 积极推进家电领域高端品质认证

针对消费者重点关注的空气净化器、马桶盖、电饭锅、冰箱、空调、电视等产品，组织认证机构开展智能家电认证、家电优品认证、数字电视高清显示认证等高端品质认证，吸引了一大批优秀企业 参与认证，为消费者提供更高品质的优质产品，有效促进家电产品质量的提升。截至 2019 年年底，共颁发高端品质认证证书 1200 多张，其中数字电视高清显示认证证书 700 余张、智能家电认证证书 360 余张、家电优品认证证书 150 余张。

2. 开展金融科技技术产品认证

为加强支付技术产品质量管理，提升支付服务安全防护水平，发布了《市场监管总局 人民银行关于发布〈金融科技产品认证目录（第一批）〉〈金融科技产品认证规则〉的公告》，推动金融科技产品认证制度的落实。

3. 推动高端品质产品认证

积极推动机器人、北斗导航、交通一卡通产品、农机产品等认证制度建设，助力产业发展。

4. 推动公共交通装备产品认证制度实施

推动国家统一推行的城市轨道交通装备产品认证制度落地实施，印发 8 份认证实施规则及机构审批条件，已有 3 家认证机构获批开展城市轨道交通装备产品认证，促进城市公共交通体系更加安全、高效、环保。

四、网络安全产品认证

（一）参与 App 违法违规收集使用个人信息专项治理

2019 年 1 月参与发布《中央网信办 工业和信息化部 公安部 市场监管总局关于开展 App 违法违规收集使用个人信息专项治理的公告》（2019 年第 1 号公告），在全国范围内组织开展为期 1 年的专项治理工作，保障个人信息安全，维护广大网民合法权益，解决 App 违法违规收集使用个人信息等突出问题。

（二）建立实施 App 安全认证制度

充分发挥质量认证在保证个人信息安全工作方面的评价证明作用，3 月 13 日市联合中央网信办在发布《关于开展 App 安全认证工作的公告》（2019 年第 11 号公告），通过鼓励搜索引擎和应用商店优先推荐获证 App 等方式，引导消费者选用安全的 App 产品，进一步规范 App 运营商的研发和推广行为，形成 App 领域个人信息保护的长效机制。

（三）积极推动数据安全相关工作

会同工业和信息化部、人民银行研究建立数据管理认证制度，支持中国网络安全审查技术与认证中心开展数据安全管理认证试点工作。

五、食品农产品认证

（一）积极做好食品农产品认证制度的建立、组织实施和管理工作

1. 组织推动我国食品农产品认证制度重构工作

开展了我国食品农产品认证制度的梳理研究工作，完成《中国食品农产品认证制度比较分析与发展建议研究报告》，研究提出了食品农产品认证体系重构工作方案，启动了对现行食品农产品认证制度的规整工作和基于模块化的智能组合认证模式研究。组织开展了食品农产品认证机构准入技术要求研究。

2. 组织开展食品农产品认证人员能力研修活动

落实“放管服”改革要求，组织开展食品农产品认证人员能力研修活动。针对所有食品农产品认证机构开展了人员能力提升研修活动，持续提升认证机构负责人、认证关键岗位负责人能力，共计约 300 人参加了研修活动。

3. 组织编写完成食品农产认证知识读本

针对行业政府主管部门、认证机构、生产经营企业分别编写了食品农产品认证知识读本，推动认证结果应用和实施。

4. 持续推动食品农产品认证国际合作与交流

推动有机产品认证同新西兰、丹麦、欧盟等国家和地区的合作与交流，持续保持 HACCP 认证与 GFSI 的等效性承认，推动 GAP 认证继续获得 GlobalGAP 技术性等效。组织开展国际食品农产品认证制度研究工作，为下一步加强和完善我国食品农产品认证管理提出建议。

（二）持续优化完善有机产品、危害分析与关键控制点（HACCP）认证制度等食品农产品认证并组织实施

1. 优化有机产品认证制度，凸显并落实认证机构对认证结果的主体责任、获证有机产品生产经营企业对产品质量的主体责任

一是组织完成《有机产品》（GB/T 19630）修订工

作，修订后的国家标准于2020年1月1日实施；二是修订发布新版《有机产品认证实施规则》；三是针对我国农业和食品行业发展现状，修订发布新版《有机产品认证目录》；四是组织专家研究建立茶叶、蔬菜、水果、乳制品、畜产品等有机产品认证风险检测项目目录，对认证过程的产品抽样检测环节进行控制，目前已完成初稿；五是启动了《有机产品认证管理办法》修订研究工作。

2. 积极宣传有机产品认证，引导社会认知

一是2019年9月组织各级市场监管部门和认证机构，开展了以“有机产品认证助力生态文明建设”为主题的“有机宣传周”，通过消费者喜闻乐见的形式传播有机产品概念、获证产品真伪辨别等有机产品认证知识，据统计宣传周期间，共有5家全国性平面媒体、100余家网络媒体集中报道了有机产品认证相关知识，网上搜索信息高达415万条；二是组织编写2019版《中国有机产品认证与有机产业发展报告》，详细总结和分析了2018年度中国有机产品认证与有机产业发展所取得的成绩和存在的不足。

3. 组织完成乳制品HACCP体系认证与食品企业HACCP体系认证制度整合技术工作

起草了新版《食品生产企业HACCP认证实施规则》修订稿。

4. 组织完成对有机产品认证经济社会效益综合分析研究

运用经济学和管理学理论对有机产品认证效益进行综合分析，对有机产品认证对生态文明和社会经济可持续发展所产生的效益外溢分析研究，为加强有机产品认证监管提供了理论支撑。有机产品认证证书突破2万张，获证企业1.2万家，有机产品销售额达678亿元。推动地方政府运用有机产品认证拓展农产品市场销路，探索了一条有机认证精准脱贫的新机制，相关成果在全国乡村产业振兴推进会作专题汇报。

六、管理体系认证

（一）管理体系认证总体情况

截至2019年12月31日，我国共有认证机构596家，其中从事管理体系认证的机构448家，占认证机构的75.17%，其中，从事质量管理体系认证的机构417家，占认证机构的69.97%。其他管理体系认证数量分别为：环境管理体系认证机构387家；职业健康安全管理体系认证机构383家；食品农产品管理体系认证机构102家；信息安全管理体系认证机构77家；信息技术服务管理体系认证机构66家；测量管理体系认证机构3家；森林认证机构26家；能源管理体系认证机构66家；知识产权管理体系认证机构23家；其他管理体系认证机构1家。

有效认证证书总数240.31万张，其中管理体系认证证书121.08万张，占证书总量的50.39%；质量管理体系认证证书62.06万张，占证书总量的25.82%；认证获证组织总数72.76万家，其中获管理体系认证组织数量61.99万家，占获证组织总数的85.20%；获质量管理体系认证组织数量57.50万家，占获证组织总数的79.02%。

全国共有认证注册人员69177人，其中管理体系认证审核员56880人，占认证注册人员总数的82.22%；质量管理体系认证审核52599人，占认证注册人员总数的76.04%。

1. 管理体系认证机构情况

截至2019年12月31日，从事各类管理体系认证的机构总计448家。从事管理体系认证的认证机构数量排名前五的省/市/自治区分别是北京167家、上海73家、广东61家、江苏27家、山东24家。外资认证机构数量上海仍居第一位，为30家，北京居第二，为8家。

2. 管理体系认证证书情况

（1）管理体系认证

截至2019年12月31日，各类管理体系认证的有效证书数量和获证组织数量如表1所示。

（2）质量管理体系认证

截至2019年12月31日，认证机构颁发的各类质量管理体系认证证书情况如表2所示。

（二）开展小微企业质量认证提升行动

1. 主要举措

构建高水平社会主义市场经济体制，核心是处理好政府和市场的关系，充分发挥市场在资源配置中的决定性作用，更好发挥政府作用，推动有效市场和有为政府更好结合。开展“小微企业质量管理体系认证提升行动”，就是要发挥好市场和政府两只手作用，政

表 1　管理体系认证证书及获证组织数量

序号	按审批领域分类	有效证书数量（张）	获证组织数量（家）
1	质量管理体系认证	620560	574952
2	环境管理体系认证	262742	252052
3	职业健康安全管理体系认证	218667	209146
4	食品农产品管理体系认证	29906	24393
5	信息安全管理体系认证	12694	12198
6	信息技术服务管理体系认证	6343	6229
7	测量管理体系认证	3309	3180
8	森林认证	8472	7945
9	能源管理体系认证	4564	4356
10	知识产权管理体系认证	30646	30636
11	其他管理体系认证	12941	10760
合计		1210844	1135847

表 2　各类质量管理体系认证证书数量

序号	管理体系认证所涉及领域	获证证书数量（张）	发证机构数量（家）	获证组织数量（家）
1	ISO 9001 质量管理体系认证	524149	382	503774
2	建设施工行业质量管理体系认证	46977	163	45587
3	汽车行业质量管理体系认证	37071	24	36065
4	航空业质量管理体系认证	912	15	882
5	航空器维修质量管理体系认证	26	5	26
6	航空仓储销售商质量管理体系认证	128	9	127
7	电讯业质量管理体系认证	316	13	295
8	医疗器械质量管理体系认证	7586	42	7005
9	德国汽车工业协会质量管理体系认证	71	5	69
10	电气与电子元件和产品有害物质过程控制管理体系认证	2233	28	2072
11	国际铁路行业质量管理体系认证	1090	12	1018
合计		620559	698	596920

府搭台引导，市场主导，以认证提升推动小微企业质量提升。一方面，政府推动和引导小微企业在认证机构的帮助下，利用 ISO 9001 质量管理体系认证这个国际通行手段，实现高质量和可持续发展。另一方面，政府推动和引导认证机构以小微企业为突破口，不断提升专业能力和服务水平，完善和优化 ISO 9001 认证制度，逐步提升 ISO 9001 认证的有效性和公信力。我们主要开展的工作是：

（1）总局统一组织部署，明确提升行动的工作思路和任务。

（2）各地方局负责组织开展各自辖区内的提升行动。

（3）认可机构负责优化完善相关认可规则，充分发挥认可对认证的约束作用，不断提升认证有效性。

（4）认证机构是质量管理体系认证提升行动的实施主体，应积极主动开展针对小微企业的认证增值服务（如培训、技术服务等），积极创新优化认证技术，帮助小微企业提升质量管理水平。

（5）小微企业也是提升行动的实施主体，本着自愿原则参与本项工作，积极参加培训，积极建立、完善并有效运行质量管理体系，实现质量提升；同时，不断提炼总结好的做法和经验，提供其他企业参考借鉴。

2. 工作成果

（1）搭建标准和认证知识培训平台

总局组织建设了“百万企业全面质量管理培训平台”和“小微企业质量管理体系认证提升行动服务平台”，面向不同行业小微企业，开发更有针对性、内容更贴近小微企业实际需求的培训课程，避免使用晦涩难懂的语言和过于高深的理论，免费为广大小微企业提供线上培训服务。目前，这两个平台已累计上线50门课程，为3.4万家企业的11.9万名员工提供了免费培训。

（2）组织开展小微企业质量管理现状调研

选择ISO 9001认证小微企业数量较多且比较典型的10个行业（化工、金属、机械、光电设备、信息技术、食品饮料、建设业、批发零售、宾馆餐饮、运输仓储），组织48家认证机构，以问卷调查、实地调研、电话访谈等多种形式，对10个行业15052家小微企业进行了质量管理现状摸底调研。调研发现小微企业普遍存在的质量管理问题，包括：

1）领导对质量管理工作重视程度不足（占93.3%）；

2）运行质量管理体系的主要困难首先为标准理解不足，占72.72%；

3）人员能力不足，占56.73%；

4）顾客反馈的交货期、服务、质量等问题占48%以上；

5）27.1%的小微企业质量管理制度不健全、执行不到位。

同时，对上述10个行业质量管理中存在的突出个性问题进行了分析。如：化工行业的"配方管理"问题；信息技术行业的"服务要求确定"问题；机械加工行业的"外包过程"管理问题；电子行业的"产品监视和测量"问题等。查摆这些行业质量管理中的典型问题、痛点问题，以此为突破点，开展后续工作。

（3）开展行业试点

针对前期调研发现的问题，组织11家认证机构针对不同行业的痛点问题，提出技术解决方案，编制《小微企业应用ISO 9001提升质量管理的实施指南》（草案）（以下简称《指南》）。聚焦在制造业企业比较集中的化工、机械、金属、光电设备、信息技术等5个行业，选择有强烈质量管理提升意愿的54家小微企业开展试点验证，试点的目的有两个：一是验证ISO 9001在小微企业质量提升中的作用发挥；二是验证《指南》的科学性和可操作性。试点期间，认证机构选派经验丰富的行业专家深入企业开展现场培训，累计410人次。目前，除2家企业因市场或搬迁原因退出外，其余52家企业均已完成质量管理体系建设工作，其中，48家通过了认证审核。通过试点，企业的质量管理水平和质量效益均得到明显提高；通过试点，《指南》在科学性、针对性和可操作性方面也得以完善，对于企业解决痛点问题具有一定指导作用。

（4）发布《指南》和《案例》

在总结提炼5个行业试点经验的基础上，编制了《小微企业应用ISO 9001提升质量管理的实施指南》，《指南》首次针对我国小微企业的现状，提出了运用ISO 9001提升质量管理的核心理念和方法步骤，特别是分别针对5个行业小微企业质量管理难点痛点问题，给出了具有行业特色的质量管控指南，对于小微企业和认证机构均具有一定参考价值。在52家试点企业中，筛选具有典型性、代表性的11家企业，编纂形成了《小微企业质量管理体系认证提升行动优良案例》，介绍了企业的鲜活经验和优良实践。这两份文件均已正式发布，为下一步推广应用奠定了基础。

（5）促进ISO 9001认证推广应用

为了推动ISO 9001认证在企业中的应用，各级市场监管部门和认证认可机构都做了很多工作。

一是从总局层面，出台了一系列文件，如《国家认监委关于开展"万家企业质量管理体系升级行动"的通知》《国家认监委关于打造质量管理体系认证升级版的实施意见》《质检总局国家认监委关于广泛开展新版质量管理体系标准宣贯学习活动加强全面质量管理的通知》《市场监管总局关于开展小微企业质量管理体系认证提升行动的通知》等，做好顶层设计，明确了小微企业质量管理体系认证提升的工作思路和主要任务。另外，利用各种机会加强宣传引导。由工信部、市场监管总局、广东省和联合国工业发展组织、马来西亚贸工部联合举办的第16届中国国际中小企业博览会是专门服务中小企业发展的国际性展会，境内外参展企业近3000家，参展的境外国家（地区）和国际组织达38个。唐局副局长代表总局出席开幕式，认证监管司代表总局在博览会的两次新闻发布会上，进行了小微企业质量管理提升行动的新闻发布，引起国内外广泛关注。

二是从地方局层面，根据地方经济运行特点，各显其能，采取灵活有效措施帮扶小微企业质量提升。一方面组织开展小微企业质量管理体系认证相关知识培训、宣贯，引导小微企业普及质量管理和有关法律法规知识。据统计，各地举办各类线上线下免费培训讲座368次，累计为39165家企业的21万人次进行了质量管理体系认证提升培训。另一方面出台相关激励或考核政策，如将质量认证工作列入对各地市工作绩效考核指标；同时投入专项资金，用于开展支持小微企业质量帮扶。

三是从认证机构层面，一方面积极参加各级市场监管部门组织的质量提升行动，派出精兵强将，深入小微企业一线开展技术帮扶和培训；另一方面，加强研发创新，不断完善和优化认证技术文件和认证流程，提升对小微企业的专业服务水平。认可机构要为这项工作的开展提供指引。

七、服务认证

（一）《服务认证管理办法》立法研究

根据《国家市场监督管理总局2019年立法工作计划》（国市监法〔2019〕18号），《服务认证管理办法》（以下简称《办法》）列入第二类项目部门规章制定立法计划。在前期调研和现有服务认证相关法律法规梳理分析基础上，起草完成《办法》初稿，并分别征求了部分认证机构、地方认证监管部门、认证认可协会、信安中心、认可中心、认证认可技术研究中心的意见，形成了较为成熟的《办法》草案及起草说明。

（二）积极协调，在重要文件中体现服务认证工作

2019年3月，《国务院办公厅关于推进养老服务发展的意见》（国办发〔2019〕5号）提出“加快明确养老机构安全等标准和规范，制定确保养老机构基本服务质量安全的强制性国家标准，推行全国统一的养老服务等级评定与认证制度”。2019年6月，《国务院办公厅关于促进家政服务业提质扩容的意见》（国办发〔2019〕30号）提出“建立家政服务质量第三方认证制度”。2019年10月，《国家发展改革委 市场监管总局关于新时代服务业高质量发展的指导意见》（发改产业〔2019〕1602号）提出“开展服务标准、服务认证示范，推动企业服务标准自我声明公开和监督制度全面实施”和“推动服务业企业采用先进质量管理模式方法，公开服务质量信息，实施服务质量承诺，开展第三方认证”。

（三）在《质量与认证》杂志“服务认证专栏”进行宣传

在杂志专栏发表了5期文章，介绍国外服务认证情况、金融服务认证、养老服务认证、公共机构绿色数据中心服务认证等内容，加强对服务认证的宣传报道，提高社会认知度和认可度。

（四）开展“服务认证体验周”活动

2019年“服务认证体验周”活动主题为“服务认证推动高质量发展”，于9月23–27日在浙江和北京举行。第三届体验周活动选取公共机构绿色数据中心服务认证和数字建筑模型（Building Information Modeling，BIM）服务认证。通过邀请媒体、消费者、志愿者进行服务体验，真实感知服务认证对于提升服务质量和效率的重要作用。新华网、光明日报、经济日报、质量报等媒体跟踪报道，共发表专门报道11篇。

八、认证质量

（一）严格落实“双随机、一公开”要求，完成2019年度认证有效性专项抽查工作

重点对儿童用品、小家电、电线电缆等20种CCC认证产品，茶叶、粮谷、果蔬等9种有机认证产品，组织开展2019年度认证有效性抽查，共计覆盖1820家生产企业的1950批次产品。对已经完成抽查的部分产品（包括电暖气、玩具、有机茶叶、电风扇），对外发布了认监委公告1次、总局通报3次。抽查涉及的不合格产品，已撤销认证证书82张、暂停认证证书49张。其余产品的抽查工作，将于2019年年底前完成，预计再撤销或暂停认证证书约260张。同时，开展了相应质量分析和整改情况追溯工作。

（二）初步建立认证风险监测预警机制，在重点认证领域开展试点

1. 初步建立了认证风险监测预警机制

结合CCC认证产品、有机产品国家级监督抽查以及质量管理体系认证质量分析月报工作，在产品认证和管理体系认证领域，初步建立了认证风险监测预警机制。2019年前三季度，监测涉及CCC认证、有机产品认证的国家级抽查信息3753条（涉及获证产品3745批次），组织认证机构对抽查不合格的产品予以撤销或暂停CCC认证证书687张，约谈相关认证机构10余家。发布风险预警公告1期（电暖气产品），发布质量管理体系认证质量分析月报6期，对于月报中数据异常的认证机构信息，已经推送给相关业务处进行重点关注。

2. 起草完成《认证风险监测预警工作机制建立实施方案》草案

建立风险监测预警技术指标体系、风险信息收集渠道，明确相关职责以及工作程序和要求，起草完成《认证风险监测预警工作机制建立实施方案》草案。

（三）全面落实“放管服”改革、优化营商环境的要求，调整免予办理强制性产品认证（即CCC免办）实施主体，明确相关工作要求

1. 调整免予办理强制性产品认证工作实施主体

市场监管总局与海关总署联合印发《关于免予办理强制性产品认证工作有关安排的公告》（2019第13号），明确自2019年4月1日起，地方市场监管部门承接由地方海关实施的CCC免办工作。编写印发《CCC免办培训教材》，集中培训和重点省市培训相结合，培训地方市场监管局CCC免办工作人员共计近300人次。

2. 明确CCC免办工作新要求

市场监管总局印发《市场监管总局关于明确免予办理强制性产品认证工作要求的通知》（国市监认证函〔2019〕153号），明确CCC免办工作新要求，将原有8项申请条件合并减少为5项，压缩相应的审核工作时限为5个工作日以内。2019年4月至10月，各地市场监管部门累计受理CCC免办申请3.4万件，核发CCC免办证明3.1万张。

3. 切实服务企业和地方营商环境的改善，解决企业反映的CCC免办问题

与北京市朝阳区政府、北京市市场监管局、上海市市场监管局以及奔驰、奥迪、日产等10余家大型车企进行座谈，听取关于车辆零部件CCC免办的实际问题，提出了解决方案并已在北京市、上海市落实，世行营商环境检查评估顺利过关。

4. 指导地方局开展CCC免办创新改革

例如指导上海市市场监管局建立“CCC免办告知承诺便捷通道”，对信用记录良好、追溯体系完善、申报批次较多的进口产品CCC免办企业给予“自我承诺、自助填报、自动获证”的便利措施，实现CCC免办业务“无纸化、零等待”。截至2019年底，拥有CCC免办便捷通道使用单位17家，自助发证2800余张。

（四）完成第二届中国国际进口博览会认证监管工作保障

在市场监管总局整体部署下，完成第二届进博会在认证监管工作方面的配套政策、保障方案、筹备工作任务书等事项。指导协调上海市市场监管局等有关单位，将“CCC免办自我承诺便捷通道”用于进博会保障，实现CCC免办业务全程网络化、电子化、自助化办理，自动获证免办证明26批，CCC免办证明48张，货值金额4528万元，极大地提升了进博会展品的布展效率。

（五）完善“互联网＋监管”工作机制，推进CCC认证证书与公安、海关、电商平台的跨部门信息共享和联网核查工作

会同公安部建设完成电动自行车CCC认证车辆参数信息交换平台。截至10月，实现1194.2万辆自动自行车、8.5万个车辆合格证信息的上传和查询；各地公安部门每月交互核验信息34.8万次。

截至2019年10月，各地海关部门通过“CCC证书全国口岸联网核查平台”，对158.2万批次进口CCC产品实施证书数据的联网核查监管。

组织阿里巴巴、京东、苏宁易购等主要电商平台，进一步加强对电商平台销售CCC产品的联网核查工作。截至2019年10月，实现联网核查CCC证书2.7亿次，涉及商家超过70万家，因无证或证书失效等原因下架商品1743万件。

（六）建立完善认证领域“黑名单”制度，研究构建联合惩戒机制

积极配合国家市场监管总局制定《严重违法失信企业名单管理办法》，在该办法中充分体现认证领域信用管理的相关内容。起草完成《我国认证行业信用研究报告》，梳理我国认证领域信用现状。在此基础上，起草完成《关于对认证领域严重违法失信主体实施联合惩戒的合作备忘录》，研究构建认证领域联合惩戒机制，明确实施联合惩戒的对象、纳入失信名单的24项严重违法失信情形、失信惩戒措施、与国务院其他部门实施联合惩戒的措施、联合惩戒的实施方式等内容。

（七）积极推进认证行业发展相关工作

完成2018年度认证统计工作，对统计数据进行分析研究，完成《2018年度认证统计分析报告》。结合工作实际，修订《认证服务业统计报表制度》中的统计指标。

组织开展认证结果采信、认证有效性课题研究，研究构建符合我国认证工作实际的认证结果采信机制、认证有效性评价指标体系。

组织开展2019年度CCC认证制度质量分析报告、质量管理体系认证制度质量分析报告等的编写工作。

九、认证监督

（一）以“双随机、一公开”为手段严厉打击认证领域违法违规行为

重点组织开展了2020年度认证从业机构（含认证人员）“双随机、一公开”检查工作，覆盖了200家自愿性认证机构和123家强制性产品认证指定实施机构（36家指定认证机构、87家指定实验室）。主要采用档案抽查、机构现场检查、获证组织现场检查等多种方式，共派出224个检查组，突击检查159家获证组织，核查认证、检测档案6460份，调查96名认证审核员，使用检查人员3150人日。

2020年根据检查发现的问题，撤销10家、经济处罚27家、行政告诫8家、责令限期整改9家自愿性认证机构；行政告诫1家、责令16家CCC指定认证机构限期整改；撤销1家、暂停4家CCC指定实验室业务资质，责令41家CCC指定实验室限期整改。

（二）部署开展口罩、防护服等防疫用品领域认证活动专项整治

部署开展口罩、防护服等防疫用品领域认证活动专项整治，切实规范认证市场秩序，同时积极帮扶企业，提升出口防疫物资质量，坚决维护国家信誉。截至2020年12月28日，全国市场监管部门共计出动检查人员88976人次，现场检查并帮扶防疫用品企业17605家，其中口罩企业15469家（出口口罩企业2674家）、防护服企业1006家（出口防护服企业238家），立案调查涉嫌违法案件368起，罚没款2011余万元。编写两版《防疫用品领域认证活动专项整治工作指导手册》及《防疫用品领域认证专项整治常见问题》，指导各地市场监管部门开展工作。各地市场监管部门现场帮扶防疫用品企业17605家(其中出口企业2912家)，举办130多场线上线下培训，吸引7.4万人次参加。

（三）提升地方认证监管人员能力水平

修订完善《认证监管培训教材（2020年版）》，编制“认证监管培训教材课件”，完成《自愿性认证活动双随机监督检查典型案例》《自愿性认证活动监督检查行政处罚决定书汇编》编写工作，面向省级市场监管部门举办为期5天的“认证监管业务能力提升培训班”，以提高认证行政监管工作的规范性。

（四）抓好认证监管信息化工作

一是创新认证监管方式方法，开发认证机构认证现场审核打卡小程序，要求认证机构实施现场审核时必须定位打卡，利用信息化系统，提高认证活动实施规范性，目前相关小程序正在试运行。二是优化“认证行政监管系统”，充分利用“大数据”手段，完善日常监管问题反馈、“双随机”检查任务分配、检查结果上报等模块功能。三是在认证从业机构“双随机、一公开”检查工作中全面使用检查记录仪，实现现场音视频实时采集，全程记录检查过程，提升检查的有效性和公正性。

（五）组织召开认证监管工作研讨

2020年9月，组织各省级市场监管部门认证监管负责同志在江苏南京召开认证监管工作研讨会，会议重点研讨了在新的市场监管体制下如何进一步加强认证领域“双随机、一公开”监管工作并听取地方市场监管部门对认证监管工作的意见建议。

（六）申投诉举报等案件线索处理

截至2020年12月，共处理申投诉、举报共23件。结合口罩、防护服等防疫用品领域认证活动专项整治工作，共对66起案件线索向地方市场监管部门发出移交调查函。结合“双随机、一公开”检查发现的案件线索，对8起重大认证违法违规案件线索移交总局执法稽查局处理，对10起重大认证违法违规案件线索移交地方市场监管部门处理，对199名审核人员违规行为线索移交中国认证认可协会处理。

十、认证人员管理制度建设

（一）认证人员国家职业资格制度建设工作

拟订了《认证人员职业资格制度暂行规定(草案稿)》及其配套制度，并以行业内机构座谈会、专题问卷调查、研讨会等多种形式开展立法前调研工作。

组织开展对国家职业资格制度，特别是水平评价类职业资格制度的建设及政策走向研究，了解我国国家职业资格制度的现状、发展成效以及改革重心等，为下一步认证人员职业资格制度建设探索改革方向和可

行性。

组织开展包括认证人员职业资格制度框架体系及认证人员注册制度向认证人员职业资格制度转化可行性在内的认证人员职业资格制度研究工作，了解我国国家职业资格制度的框架及实施环节、现行人员注册制度的不足及原因分析、改革路径及与现有制度的衔接转化等，为后续国家职业资格制度的建立奠定基础。

（二）对现行认证人员注册工作实施监管

着力强化对认证人员认证机构（中国认证认可协会）和执行人员认证（注册）制度的监管。一是指导协会开展“认证乱象整治工作”。二是加强日常监管。建立认证人员注册工作信息报送机制，涉及认证人员注册（认证）工作，包括申请、评审、考核、认证决定、暂停、撤销或缩小认证范围、再认证、对认证决定的申诉、投诉等有关信息，要求协会定期报送，摸清底数，强化对人员注册工作的日常监管力度。三是督查并举，促中国认证认可协会提升人员注册工作质量。开展对协会人员注册工作信访件的调查处理工作，以调查促监管，进行约谈促其整改，明确监管要求，指导协会在注册备案、考试频次、考试科目设置等方面及时改进和提升人员注册工作服务质量。

（三）全面加强认证人员制度建设工作

一是组织开展境外认证机构人员管理制度研究工作，具体围绕认证审核人员资格获取、资格获取后的能力评价、资格获取后的能力保持和诚信管理等认证审核人员资格管理的四方面要求，对7家跨国认证机构设在中国的分支机构进行了调研和调查，收集整理了其境外总部对其全球认证审核人员的管理要求。此项研究为《中华人民共和国认证认可条例》涉及认证人员能力要求和落实认证机构监管人员主体责任等方面的内容，提供修订建议。

二是组织开展对中国认证认可协会人员注册工作质量的调查工作。本次调查针对认证人员管理制度涉及的相关利益方，特别是认证机构和认证人员进行意见收集和分析，了解他们对于当前认证人员管理制度的执行情况和改革方向的意见建议。调查总计完成样本4505个，参与调查的具有注册资格的人员有4307人，占我国全部注册人员的7.4%。参与调查的从业人员分布在232家认证机构，占我国认证机构总数的40.6%。调查内容主要从“制度、执行、应用”三个层面展开，分别为从顶层设计角度考察现行注册制度的合理性和适用性、中国认证认可协会注册工作执行的规范性和质量水平、已完成注册工作的认证人员是否能够满足认证机构的工作要求。此次调查为科学全面掌握认证人员国家注册（认证）制度的实施情况，查找制度设计及监管方面的不足，提升认证人员监管制度设计的有效性奠定了基础。

三是拟定改革方案。在组织开展认证人员管理制度改革调研的基础上，起草《认证人员管理制度改革方案（征求意见稿）》。

2020

Yearbook of Certification,Accreditation,Inspection and Testing of China

第五部分 认可与检验检测监管

Part Five The Supervision of Accreditation, Inspection and Testing

2019年，认可检测司围绕党中央、国务院深化“放管服”改革总体部署和要求，坚持“市场化、国际化、专业化、集约化、规范化”的方向，按照“统一管理、深化改革、规范市场、促进发展”的工作思路，加大简政放权力度，强化事中事后监管，提升服务能力和水平，扎实推进2019年各项重点工作。

一、着力优化营商环境，检验检测机构改革工作实现新突破

针对检验检测机构资质认定制度实施过程中存在的范围界定不清、评审尺度不一、评审时间较长、评审条件和程序有待优化等问题，根据国务院“证照分离”改革要求，研究出台《关于进一步推进检验检测机构资质认定改革工作的意见》及《检验检测机构资质认定告知承诺实施办法》。通过改革，依法界定检验检测机构资质认定范围，逐步实现资质认定范围清单管理；试点推行告知承诺制度；优化准入服务，便利机构取证；整合检验检测机构资质认定证书，实现检验检测机构“一家一证”。同时，持续改进现有资质认定审批系统流程，在资质认定审批系统中新增“告知承诺”“自我声明”“文审派员”等流程，新设流程于12月1日正式上线，确保改革的各项举措按照时限要求落地。积极推进事业单位性质的检验检测机构市场化改革试点，会同中编办、人社部联合开展调研，研究起草推进检验检测机构与行政机关脱钩转企、市场化的改革指导意见。研究新形势下国家产品质量监督检验中心的定位和行为规范，更好地发挥检验检测“国家队”的作用。

二、着力规范市场秩序，认可检测监管开创新局面

以生态环境监测、机动车检验等为重点领域，以部门联合“双随机”为主要方式，以打击虚假报告为重点，组织开展专项整治行动，严厉查处检验检测违规违规行为。一是率先推动部门联合随机监管。与生态环境部、国家药监局联合印发通知，明确要求各省结合实际监管能力确定抽查比例，并与生态环境、公安、交通运输、住房城乡建设、水利等部门强化对相关领域检验检测机构的联合监管。截至2019年年底，全国共监督检查检验检测机构1.5万家次，查处违法违规案件1995起，撤销/注销442家，移送公安司法机关7起。二是组织实施国家级资质认定检验检测机构双随机抽查工作。2019年度国家级监督抽查比例为8%，覆盖300家机构，检查共发现问题线索932条，对133家机构依法采取了责令整改、停业整顿或罚款等行政措施。三是强化认可约束，建立认可信息报送机制，组织第三方机构对认可工作质量进行评价。以真实性和有效性为重点，现场跟踪认可活动19家次、评审员62人次，现场发现和责令整改问题109项。四是在市场监管总局网站开通“检验检测报告真伪查询系统”，社会公众可通过检验检测报告编号查询2016年以来全国检验检测机构对社会出具的10.57亿份检验检测报告的真伪，既方便群众，又强化社会监督，目前累计查询量达到21万余次。

三、着力完善体系建设，认可检测能力水平迈上新台阶

一是加强技术与标准体系建设。组织召开SAC/TC 261二次全体委员会议，进一步完善SAC/TC 261的管理机制。共推动申报国家标准7项，发布行业标准54项，立项行业标准36项，审查行业标准44项，对165项行业标准进行后评估。共参与制定合格评定国际标准39项次，实现对国际标准化组织合格评定委员会（ISO/CASCO）制定的36项国际标准的100%跟踪并等同转化。

二是加强机构能力验证体系建设。在食品、儿童玩具、电子电器、轻工纺织、建工建材等重点领域组织开展能力验证，全国共组织能力验证项目289个，考核参数521个，验证考核机构2.2万家次。其中，市场监管总局组织国家级检验检测机构能力验证项目38个，验证考核机构6000家次。组织2019年工业机器人、建工、轻纺领域检验检测技能竞赛，对214家食品复检机构组织4个领域13个检测参数的盲样考核，推动提高相关检验检测机构技术能力和服务质量。

三是加强政策法规和制度建设。推动《认证认可条例》修订工作，研究起草《检验检测机构监督管理办法》《认可机构监督管理办法》《检验检测机构能力验证管理办法》，组织制定《认可与检验检测突发事件应急预案》。推动开展检验检测风险防范、分类监管和监督检查规范研究，不断规范、完善监管机制。组织对认可检测相关政策法规进行梳理，开展检验检测行业管理等4个课题研究。启动认可检测“十四五”发展规划研究编制工作，公开向社会征集规划前期研究课题。

四、着力提升服务质量，促进发展取得新成效

一是结合各地产业特点，支持地方政府打造检验检测公共服务平台，指导检验检测集约化发展。目前，已建立15个检验检测认证公共服务平台；联合发改委开展检验检测服务业集聚区建设，已启动8个集聚区建设；组织完成氢能源动力、高寒地区汽车试验和水利工程国家质检中心专家论证工作。促进军民融合发展的通用检验检测体系，共组织197家机构参与。

二是引导检验检测行业服务社会。通过“食品安全进校园”主题活动、“世界认可日”活动、检验检测开放日活动及大型体育赛事，组织检验检测机构更好地服务社会，服务群众。会同交通运输部、公安部等部门扎实推进道路货运车辆“两检合一”（安全技术检验、综合性能检测）、“三检合一”（安全技术检验、综合性能检测和尾气排放检验）改革，公布首批3267家货运车辆检验检测机构名单，推进物流降本增效。

三是组织开展全国检验检测服务业统计监测工作，形成统计分析报告并对社会公布。编制《检验检测行业发展报告（2013—2018）》，开展检验检测行业发展“景气指数”研究，深入分析检验检测行业发展走势，为宏观经济形势分析尤其是制造业发展提供决策参考。

五、着力加强队伍管理，行业治理展现新气象

一是认真组织开展“不忘初心、牢记使命”主题教育活动，共安排了13项任务和28项具体工作，取得预期效果。为切实把整改措施抓实抓好，先后召开2次司务会议研究确定任务分工，3次专题会议督办任务进展、协调具体工作，3次向总局上报工作进展。2项总局党组整改任务、15项本司整改任务和4项监管服务对象意见建议整改基本到位。

二是规范党内政治生活。严格“三会一课”制度，对党员进行经常性教育监督，让党员自觉接受组织生活的锻炼。持之以恒推动作风建设，及时学习党纪党规最新要求，遵守中央“八项规定”精神，开展警示教育，集中整治形式主义、官僚主义。

三是严格内部管理。紧盯关键领域，立足源头预防，全面梳理工作职责，绘制“两单一图”，制定《认可检测司工作规则》《认可检测司经费管理规定》，严格经费、会议、保密、请假等内务管理，建立司内重点工作督办制度，对重要工作议事规则、重大问题请示报告作出规定。推进司内干部轮岗交流，促进队伍融合。

四是加强资质认定评审员队伍建设和管理工作。组织开展评审员能力提升培训和网上能力考核测试，对10401名资质认定评审员进行网上能力测评，对200名国家级资质认定评审员、300名省级评审员师资进行培训，淘汰1200名不符合要求的人员，不断提升评审员队伍的能力水平。加强资质认定（计量认证）行业评审组管理，组织召开行业评审组工作座谈会，调查摸清行业评审组基本情况，汇编完成《国家检验检测机构资质认定（计量认证）行业评审组信息报告》。

六、着力推进认可及检验检测各项工作的开展

（一）监管队伍能力提升

举办“检验检测资质认定与监管培训班”“检验检测能力提升培训班”，全国市场监管系统193名监管和技术骨干参加培训。开展“检验检测基层监管能力提升”活动，先后对9个省（区、市）1400名一线监

管执法人员进行监管专业知识培训。组织编写《检验检测市场监管实用手册》，配发至县级市场监管部门，提升基层专业监管能力。

（二）优化资质认定准入

为深入贯彻“放管服”改革要求，2019年10月，总局印发了《关于进一步推进检验检测机构资质认定改革工作的意见》，提出依法界定检验检测机构资质认定范围，逐步实现资质认定范围清单管理；试点推行告知承诺制度；优化准入服务，压缩审批时限，便利机构取证；以及整合检验检测机构资质认定证书，逐步实现检验检测机构“一家一证”四方面改革措施。

与司法部联合发布《关于加快推进司法鉴定资质认定工作的指导意见》（司规〔2019〕4号），进一步规范工作程序，完善工作机制，不断加强司法鉴定认证认可工作。

（三）“双随机、一公开”监督抽查

2019年6月，联合生态环境部、国家药监局联合印发《关于组织开展2019年度检验检测机构监督抽查工作的通知》（国市监检测〔2019〕111号），以生态环境监测、机动车检验等为重点领域，以打击虚假报告为重点，与生态环境部、国家药监局联合开展“双随机、一公开”监督检查。

（四）引导行业服务社会

全国检验检测机构开放日活动期间，各地组织开放活动场次150余场，参加开放的检验检测机构数量平均达到130余家，各省参加的企业数量约300家，活动参与人数5000余人。此次活动包含便民检测、检验检测机构间技术交流、科普讲座、检验检测知识宣讲等形式，活动期间总计新闻报道4000余条，发布微博、微信数量达到50余万条。

2019年6月28日，联合卫健委、教育部，会同总局政策研究中心，举办了主题为“共护校园食品安全，共为祖国未来护航”的食品安全进校园活动。活动让食品安全以生动的形式走进校园，提高全社会的食品安全意识，增强人民群众的获得感、幸福感和安全感。

（五）提升机构技术能力

围绕食品、儿童玩具、电子电器、轻工纺织、建材、环境等重点领域在全国范围组织开展能力验证，共组织能力验证项目289项，考核参数521个，验证考核机构2.2万家次。其中，总局组织能力验证项目38项，验证考核机构6000家次。组织2019年工业机器人、建工、轻纺领域检验检测技能竞赛，对214家食品复检机构、4个领域、13个检测参数进行盲样考核，推动提高机构技术能力和服务质量。

2019年3—10月，与生态环境部、人力资源和社会保障部、全国总工会、共青团中央、全国妇联等单位，联合举办了第二届全国生态环境监测机构专业技术人员大比武活动。全国共有来自1390家生态环境监测（检测）机构的6198名技术人员报名参加省级赛。经过层层选拔，各省、自治区、直辖市、新疆生产建设兵团和军队共选派33支代表队、293名选手参加了大比武全国决赛，充分展现了监测技术人员的风采，增强了公众的理解和信任，大幅提升了全国生态环境监测（检测）机构专业技术水平。

（六）全面上线“检验检测报告编号查询平台”

在市场监管总局官网上线运行“检验检测报告编号查询平台”，社会各界可查询2016年以来全部有效检验检测报告的编号及相关检验检测机构的基本信息，涉及检验检测报告十几亿份。

（七）首次开展行业景气指数采集及发布

为及时了解检验检测行业发展现状和未来发展趋势，首次按季度开展检验检检测行业景气数据采集，并在深入分析后发布行业景气指数。

（八）完善认证认可标准体系

加大标准管理集中统一协调力度，避免目前认证认可国家标准、行业标准和团体标准三级标准之间重复立项问题，组织开展认证认可标准体系建设研究和编制工作，完成标准体系框架图和编制说明，并对现有的国家标准、行业标准、团体标准进行了比对。

第六部分　认可约束

Part Six　Accreditation Constraint

2019年，中国合格评定国家认可中心（以下简称“认可中心”）深入学习贯彻习近平新时代中国特色社会主义思想，认真落实党中央、国务院和市场监管总局各项决策部署，不断增加认可供给，深化认可改革，加强国际合作，推进队伍建设，各项工作取得新的进步。

一、增加制度供给，服务发展大局

加强制度建设，满足市场需求。以国家政策为导向，以市场需求为依托，持续拓展服务领域和范围，不断完善认可制度体系，2019年新增1项基本认可制度和1项分项认可制度，认可制度体系覆盖14项基本认可制度、32项专项认可制度、43项分项认可制度。截至2019年12月底，累计认可各类合格评定机构11409家，同比增长7.5%；获认可现行有效认证证书131万余张，同比增长6.4%。

（一）正式实施两项新认可制度

为配合北京冬奥会筹备工作，2019年10月颁发了我国首张大型活动可持续性管理体系认证机构认可证书。2019年11月举行了北京冬奥组委可持续性管理体系认证证书颁发仪式，这张证书成为奥运史上第一张带有国家认可标识的可持续性管理体系认证证书。在国际上率先推出科研实验室认可制度，现已颁发第一家科研实验室认可证书，同时积极推动科技、教育等部门对科研实验室认可结果的采信。

（二）扎实推进三项新认可制度

为有效应对国际民航组织（ICAO）有关“国际航空碳抵消和减排计划（CORSIA）”的实施，为支持碳排放可监测、可报告、可核查体系的建立，积极推进温室气体审定核查机构认可制度，2019年已认可7家温室气体审定核查机构，其中6家顺利进入国家民航局报送国际民航组织核查机构名录。国家民航局已完成6家获认可核查机构向国际民航组织信息备案工作，另一家机构正在推进过程中。为帮助我国饲料、食品行业相关产品顺利出口，积极推进特殊饲料成分质量和安全体系（FAMI-QS）认证机构认可制度和输美食品企业食品安全现代化法案（FSMA）法规配套认证机构认可制度的实施工作。目前FAMI-QS认可制度已初步完成前期准备；FSMA认可制度完成针对美国食品药品监督管理局（FDA）相关法规要求等政策与技术的研究工作，待市场监管总局批准后向FDA申报授权认可。两项认可制度将分别根据主管部门要求，适时推出配套认可规范并开展认可申请受理工作。

（三）积极研究七项认可制度

积极推进反贿赂管理体系、知识产权管理体系和电子商务服务管理体系认证机构认可，以及电子商务交易服务认证机构认可、绿色产品认证机构认可、绿色产品检测机构认可、生物样本库质量和能力认可等新制度研究工作。其中，电子商务服务管理体系认证机构认可、电子商务交易服务认证机构认可两项制度研究已通过项目验收，将适时发布认可规范，开展认可受理工作。生物样本库已完成两家认可试点。

（四）发挥支撑作用，服务监管工作

运用认可手段，扩大认可采信，积极为部门监管和行业管理提供技术支撑。认可中心积极配合第七届世界军人运动会食品安全保障工作，及时完成了相关实验室食源性兴奋剂检测能力认可工作，为顺利举办第七届世界军人运动会发挥了重要作用。积极配合市场监管总局开展CCC认证机构和自愿性认证机构专项监督检查；对参与实施政府采购的节能产品、环境标志

产品认证机构进行符合性验证；试点对电暖器、玩具、电风扇、电线电缆、有机茶叶等合格率不高的产品领域进行认证质量追溯，为维护市场环境发挥积极作用。积极配合市场监管总局完成国务院确定的第二批（燃气具、防爆产品和电动自行车）生产许可证转CCC认证的实验室和认证机构的指定工作，实施强制性产品认证指定实验室专项监督检查工作，为推动指定实验室提升检测质量起到了促进作用。积极配合市场监管总局完成国家级资质认定同步评审工作，实施良好实验室规范（GLP）符合性检查和能力验证工作，开展“小微企业质量管理提升行动”，开展行政委托投诉调查工作，积极提供技术服务。

（五）认可中心积极配合相关部委开展工作

配合工信部、农业农村部、海关总署、司法部、科技部、卫生健康委、财政部等国家部委，在无线电发射设备型号测试承检机构监督检查、非洲猪瘟病毒检测能力认可和相关实验室生物安全认可、海关实验室申请食品标签相关标准扩项、上海认可服务平台运行、司法鉴定技术规范实施新旧标准衔接、网络安全等级测评机构能力验证、国家实验室生物安全能力提升、生物安全管理培训、人类遗传资源样本库的行政许可及其培训等方面提供认可技术支持。为国防科技工业实验室认可评审员提供持续培训。举办第十届西部地区医学实验室质量管理暨内审员宣贯培训，继续推动西部地区医学实验室能力建设。

二、深化认可改革，提升效率效果

（一）落实改革举措，提升服务质量

认证机构认可方面。一是推进认证机构认可流程责任识别工作，进一步压实认可责任。二是修订《认证机构认可资格处理规则》等认可规则类文件，进一步完善认可政策，强化对获认可认证机构的退出机制。三是继续全面实施关键绩效指标（KPI）研究成果，加强对认证机构能力分析评价系统、审核人日核算、关键分场所管理以及不符合项整改落实等环节的评审；调整认证机构分级管理标准，加强例行评审深度；严把受理评审关，截至2019年12月31日，新认证机构初次认可申请不受理率为39.1%；已受理申请新认证机构的初次认可业务范围大类不通过率为58.6%。四是组织认证机构针对全部认可领域实施自查。认证机构自查发现的问题涉及16项分项认可制度、7674家次获证组织、4577人次认证人员，共处理6668家次获证组织、2490人次认证人员。9家认证机构提出注销31个大类和20个小类认可业务，促进了获认可认证机构的自我完善，降低了认可风险。后续例行评审中，将持续关注自查结果的有效性。五是持续开展认可评审关键绩效指标研究，编制《认证机构预访问关注要点》，进一步规范预访问操作。六是持续开展认可评审一致性研讨，解决认可评审过程中的一致性问题；对获认可的认证机构开展培训，加强规范引导，进一步促进压实主体责任。

实验室和检验机构认可方面。一是推进实验室和检验机构认可流程责任识别工作，进一步压实认可责任。二是修订《实验室认可规则》和《检验机构认可规则》等认可规范文件，进一步完善认可退出机制，强化了不符合项的整改要求。研究加大例行评审检验检测校准报告和原始记录的抽查量，制定了具有可操作性的方案。三是研究完成了“实验室认可业务流程时限分析报告”，进一步加强了认可时限控制。全面实施在线认可业务申请与评审工作，提高评审效率，满足时限要求。在严格执行认可时限要求的基础上，进一步挖掘潜力，调整相关工作流程和信息系统，对于机构确认无问题的能力范围，从预公布到正式公布认可结果（能力范围）的时间由20个工作日压缩到5个工作日。改进资质认定同步评审工作方式，确定了采取“双组长负责制”措施，保证了资质认定时限和工作质量。严把入门关，新申请认可实验室和检验机构，初次申请不受理率为14.1%，已受理申请新实验室和检验机构的初次认可不通过率为1%。四是基本完成依据新版国际标准ISO/IEC 17025:2017的认可证书转换工作。五是通过实验室检验机构业务专题会持续研究认可一致性和有效性问题。研究制定“建设工程领域检验机构认可风险分级管理方案”；完成《检验机构能力认可准则在体育场所检验领域的应用说明》制定工作，开展“网络安全等级保护测评检验机构认可关键技术研究”，研讨分析《检验机构能力认可准则》，提高评审的一致性和规范性。首次开展包含全系列试验的锂电池运输安全能力验证活动，进一步提高认可质量。六是针对意向申请实验室和检验机构开展认可培训。与中国动物疫病预防控制中心、中国疾病预防控制中心、中国人民解放军军事科学院军事医学研究院、中国医学科学院联合举办全国病原微生物实验室管理政策交流暨认可培训研讨会，并加强实验室对行业主管部门政策和

认可要求的理解。

落实收费政策，减轻企业负担。按照市场监管总局要求认真组织落实涉企收费治理工作。再一次对收费项目、收费标准的成本构成进行论证，进一步实施降低涉企收费政策，核定了认可收费新标准，切实为企业减轻了负担。

（二）加强专项监督，增强警示效应

加强认可专项监督，加大违规机构处理力度，强化对不诚信机构的处理退出机制，增强警示效应。认证机构专项监督及确认审核方面。截至 2019 年 12 月底，共对 51 家认证机构进行了专项监督，并对其中 25 家机构的 180 家获证组织实施了确认审核。专项监督数量同比增加 13.3%，确认审核同比增加 100%，确认审核抽样偏重小型企业。根据专项监督和确认审核发现的问题，书面告诫 6 家认证机构，其中含 1 家缩小了认可范围，认证机构暂停获证企业 14 家、撤销获证企业 15 家。实验室专项监督方面。坚持问题导向，对 50 家实验室和检验机构实施专项监督，同比增加 11.1%。在已完成的 44 家机构中，撤销认可资格 3 家，暂停认可资格 27 家，警告 5 家，暂停撤销比例达 68%。另外，随机选取及 CCC 联动专项监督 300 家实验室/检验机构，撤销认可资格 9 家，暂停认可资格 11 家，暂停撤销比例 6.7%。总体上，发现的问题和处理力度与 2018 年的情况相当。

投诉调查方面。2019 年共收到投诉 102 项，根据认可相关规定受理 73 项。通过调查，已处理 51 项，其中撤销认可资格 5 家，暂停认可资格 14 家，警告/告诫 7 家，暂停撤销比例 37.3%，与上年基本持平。2019 年投诉调查特点是，来自客户、政府部门委托的占 59%，体现了社会对认可的关注度在不断提高，以及认可对监管部门的技术支持作用也在不断增强。

三、加强对外合作，扩大国际影响

（一）深化合作机制，扩大国际影响

在以往“一带一路”认可交流合作基础上，进一步深化和加强与相关国家的认可合作，并为市场监管总局开展“一带一路”认证认可合作的总体工作提供技术支撑。加强同“一带一路”沿线国家及相关国家认可机构的技术交流，为进一步合作创造条件。积极推进双边合作，同更多国家签署认可合作双边协议。积极履行国际认可论坛（IAF）主席职责，组织制定 IAF 战略计划。发挥担任亚太认可合作组织（APAC）质量经理、APAC 提名委员会主席、APAC 第一技术委员会副主席、APAC 能力验证工作组召集人、IAF 产品认证工作组召集人、IAF ISO 9001 认证审核和认可评审实践工作组召集人、IAF 信息安全管理体系认证工作组召集人、ILAC 医学实验室认可工作组召集人等职能作用，并参与国际和区域认可合作组织的同行评审，承办 APAC 同行评审员培训班，在 ILAC 举办的专门技术研究论坛上交流生物样本库认可经验，在亚太地区实验室认可培训研讨会上作经验交流，不断扩大我国认可在国际认证认可界的国际影响。

（二）加强国际互认，提升国际地位

顺利通过 APAC 国际同行评审，继续保持校准实验室认可、检测实验室认可、医学实验室认可、检验机构认可、能力验证提供者认可、标准物质生产者认可、质量管理体系认可、环境管理体系认可、信息安全管理体系认可、食品安全管理体系认可、产品认证机构认可等认可制度的国际互认资格，加入温室气体审定核查机构认可制度国际互认协议。2019 年 10 月 APAC 能力验证提供者（PTP）领域正式加入国际实验室认可合作组织（ILAC）相互承认协议（MRA），意味着只要获得我国认可的 PTP 就能获得全球范围的承认。

（三）应对技术措施，服务对外贸易

积极与美国、澳大利亚、新西兰等国相关政府部门和认可机构沟通，跟进相关法规标准变化以及对实验室的技术要求调整，积极开展技术和认可层面的交流。进一步加强与澳大利亚、新西兰认可机构在采信我国认可的出口澳、新相关产品的检测报告方面的合作，及时应对方要求调查解决相关问题。同蓝牙技术联盟（SIG）签署《蓝牙技术评审合作协议》，成为全球第三家签署该协议的认可机构，为我国实验室申请成为 SIG 授权实验室提供极大便利。积极配合和支持 IAF 全球管理体系认证认可证书数据库在线查询系统的建设，积极帮助我国认证机构向 IAF 提交相关数据信息。接收并答复国内外相关方关于检验检测认证认可结果等效性和真实性的各类询问 1000 多次，为我国相关产品出口提供直接的证明服务。

四、加强自身建设，夯实认可基础

认真学习贯彻党的十九届四中全会精神，认真学习

贯彻习近平新时代中国特色社会主义思想，树牢“四个意识”，坚定“四个自信”，坚决做到“两个维护”，切实加强自身建设。

（一）发挥委员会作用，完善治理体系

坚持和完善“统一体系、共同参与”认可工作体制，不断加强委员会建设，共组织举办各层级委员会会议及培训 73 次，开展专项调研 7 次，审议各类认可规范类文件 49 份，充分发挥委员会议事决策、沟通协调和技术支撑作用，积极推进多元治理体系和治理能力的不断提升。

（二）优化质量管理，深化法治建设

不断优化认可质量管理体系文件，完成管理体系文件修订 189 次。顺利通过市场监管总局 2019 年度认可机构现场监督检查。连续七年委托第三方专业调查机构开展“背靠背”式顾客满意度调查，共收到 5000 多家获认可合格评定机构的反馈信息。调查结果显示，认可服务总体满意度 94.84 分，创满意度调查新高；定期实施“质量与风险分析报告”制度，持续监控质量管理体系运行状况，认可风险控制进一步加强。组织开展“七五”普法专项工作，编制 2018 年认可工作法律事务案例集；不断深化法律事务处理，处理相关法律事务共计 133 件次；配合市场监管总局开展《认证认可条例》修订立法调研、《认可机构管理办法》修订立法调研等工作。

（三）开展战略研讨，加强顶层设计

与“不忘初心、牢记使命”主题教育相结合，开展了为期三个月的战略研讨工作，在广泛调研和听取各方意见的基础上，确定了 7 个战略方向 20 项战略措施，取得了重要成果。

（四）加强认可宣传，扩大认可采信

出版图书《法律法规对合格评定认可的采信》，与《中国市场监管报》联合开设《第一张认可证书故事》专栏，系统总结认可采信情况。依托微信公众号等新媒体矩阵提升认可影响力，订阅用户达到 8 万。继续举办实验室认可系列讲座进校园。“世界认可日”宣传活动入选由中国市场监管报组织的“2019 年市场监管宣传策划优秀案例”。《认可助力平安中国建设》微动漫获得首届“全国市场监管微电影微视频微动漫大赛”二等奖。

（五）推进课题研究，健全科研机制

继续推进“‘一带一路’沿线经济体典型产品互认评价与风险控制关键技术研究”“科研实验室认可关键技术研究”“高等级病原微生物实验室风险评估体系建立及标准化研究”、科技部课题“乳品品质合格评定体系和标识制度的建立”、“十三五”国家重点研发计划项目“食品安全检验在线质控系统研究”、“司法鉴定能力控制技术研究与示范”等“十三五”国家重点研发项目课题研究。启动现场校准实验室认可关键技术研究、实验室干细胞检测能力认可可行性研究、检验机构认可远程评审关键技术研究等自立科技项目 14 项，组织各类科研项目验收 26 项；进一步完善了科研管理机制。

（六）推进信息化建设，保障安全运行

稳步推进认可大数据建设，不断完善 OA 办公系统，持续推进实验室 / 检验机构认可信息化系统的优化，积极推进新认证机构认可业务管理平台开发，持续优化评审员在线管理系统，不断加强网络和信息安全建设，持续保障网站的信息发布和安全运行。

（七）加强队伍建设，深挖资源潜力

加强人才队伍建设。进一步完善管理制度，做好内设机构调整、干部轮岗和岗位核定工作，为人才队伍建设和发展创造良好环境。加大人员招聘力度，提供人力资源保障。开展干部职工培训和绩效考核工作。加强评审员队伍建设。加强认证机构评审资源分析和专兼职评审员业绩监控，促进评审能力和质量的保持和提高。有针对性地挖掘现有实验室检验机构评审资源的评审潜力，实现评审员资源的合理有效利用。开展新版 ISO/IEC 17025 相关要素一致性研讨，推进各类培训课程开发和培训质量的提高，整体推进评审能力的提升。为兼职评审员购置意外保险，确保人身安全得到有效保障。加强对评审员的廉政教育，严格处置违规评审员，不断提升评审员队伍的职业素质。

（八）加强党的建设，完善党建制度

坚持以习近平新时代中国特色社会主义思想为指导，进一步加强党的建设。认真做好巡视整改的“后半篇文章”，紧密结合中心实际制定和落实整改措施。扎

实开展“不忘初心、牢记使命”主题教育，认真做好中央统一部署的突出问题专项整治和自身查摆的检视问题整改。进一步健全完善党建工作制度，制修订完善中心党委、纪委工作规则。顺利完成中心党委、纪委换届，选举成立了新一届中心党委、纪委；组织中心各支部完成支部换届，实行支部纪检委员专设，选齐配强支部书记和支部委员。加强支部党建标准化规范化建设，不断推进支部党建工作。坚持把纪律规矩挺在前面，压实“两个责任”，加强廉政教育，紧盯关键节点和敏感环节，加强执纪问责，持之以恒抓好党风廉政建设。按照市场监管总局要求，支持黑龙江抚远和同江扶贫工作，与甘肃礼县龙林镇开展党建扶贫工作。密切联系群众，组织召开座谈会听取干部职工意见建议；积极组织参加总局职工运动会，获得总局广播操比赛二等奖，在游泳单项和接力比赛中获得三金一银一铜的好成绩；加强群团妇和工会工作，积极开展群众文化体育活动，组织各处室开展春秋游活动，开展送温暖献爱心活动，积极服务干部职工。

撰稿人：陈丹丹　　审稿人：肖建华

2020

Yearbook of Certification,Accreditation,Inspection and Testing of China

第七部分 人员注册与行业自律

Part Seven Personnel Registration and Self Regulation

一、人员注册情况

（一）相关业务数据

截至2019年年底，随着认证机构的数量不断增加，我国注册认证人员数量不断增长。全年共受理认证人员注册申请64861人次，批准认证人员注册共计63074人次，比2018年增长17.1%。其中管理体系认证审核员51335人次，产品认证检查员5265人次，服务认证审查员6356人次，认证咨询师118人次，按照确认制度确认的认证人员数量4173人次，发布公告115个。

全国认证人员考试工作2019年共计组织全国统考2批次，涉及考试科目22个，设置考点城市21个，考试人次11.6万余人次，比上年减少12.8%；非统考科目共组织14次考试，涉及考试6个科目，考试人次693人次。对于认证人员的能力保持和持续教育方面，加大自主开发课程力度，全年新上线26门网络课程，其中协会自有版权课程14门，包括认证基础知识系列教材配套课程6门，水平评价类配套课程3门，能源、视频、信息技术标准转换类课程5门，学习总量达64553门次。

（二）开展的主要工作

1. 加快认证行业学科建设

2019年出版了认证人员基础知识系列教材6本，分别是《合格评定基础》《审核概论》《管理体系认证基础》《产品认证基础》《服务认证基础》和《质量管理方法与工具》，在推动认证学科建设上迈出坚实的步伐。同时结合系列教材的出版，配套录制同名网络培训课程6门，方便认证人员对认证行业基础知识的学习。

2. 提高行业培训能力

组织“认证人员基础知识系列教材”高级教学研修会，抓住教师这个传播知识的关键环节，研究探讨系列教材的教学教法，以保证教材发挥应有作用，提高行业机构的认证基础知识培训工作质量。

3. 加强国际交流，大力宣传推广我国在认证人员能力建设方面的思考和实践

在对英国人员注册机构IRCA和德国质协DGQ的访问中，两家机构均对CCAA人员能力建设的理念、思路和方法高度认同；在马来西亚举办的APEC能力建设研讨会上，以及在韩国举办的IPC年会上，不失时机宣传我国的人员能力建设解决方案，不断加强国际影响力。

4. 快速适应市场需求，加快人员注册方案供给

针对大幅缩减工业产品生产许可证的改革，提出了生产许可证审查员转换注册自愿性产品检查员的方案；针对防爆电气产品列入CCC认证目录，提出了防爆电气产品认证人员转换CCC检查员方案；针对冬奥会所要求的大型活动可持续性管理认证的要求，建立了大型活动可持续性管理体系审核员确认制度；修订了IATF 16949审核员确认方案和境外认证人员确认方案。

二、行业管理情况

（一）证书转换、人员转换、投诉处理有序开展

截至2019年12月31日，完成认证证书转换机构备案63798张，备案通过61877条，通过率96.99%；完成人员转换执业机构7128人，通过6788人，通过率94.77%，受认证机构数量快速增加影响，人员转换和证书转换工作同比均有明显增长。累计处理投诉53起，撤销46人113个认证领域证书，注销145人174个注

册领域证书，暂停11人26个领域注册证书。完成市场监管总局认证监管司2018年度有机产品认证机构专项检查违规人员处理工作，撤销1人2个领域注册资格，暂停5人6个领域注册资格。对2019年市场监督管理总局双随机一公开的检查后继人员违规行为进行调查和处理，涉及机构8家，涉及违规人员50人，主要问题集中在审核人员不到现场，编造虚假审核记录，协会依 据违规线索，调取个人注册信息，审核实施信息，依规撤销22人、35个领域注册资格，暂停14人、20个领域注册资格。

（二）信用管理持续推进

依据《认证人员执业信用管理规范》对管理的认证人员的信用分值进行赋分，完成赋值人员49901人。按照《规则》有扣分记录110条，主要原因是受2018年度人员专项治理，认证机构自查有效利用执业信用制约机制；涉及认证机构49家，扣除3分（赋值7分）67人，扣除4分（赋值6分）5人，扣除5分（赋值5分）2人，扣除7分（赋值3分）4人，扣分8分（赋值2分）15人，全部扣除（赋值0分）17人，协会对赋值6分以下36人进行登记，对于赋值0分17人，结合认证机构自查报告线索进行调查，撤销17人。

（三）良好审核案例现场评议交流系列活动继续发挥品牌效应

完成2019年度良好审核案例现场评议交流及认证技术交流研讨活动，本次活动共收到各认证机构推荐的交流案例440个，认证技术交流论文43篇，经专家初审，共有146个案例、14篇认证技术论文参加了现场评议交流活动。通过现场评议，最终选出44个案例为2019年良好审核案例。

（四）加强引导知识产权管理体系认证

对知识产权管理体系全量业务数据进行筛查，同时对于开展知识产权管理体系认证机构运营状况进行调查，对所有知识产权认证活动的基础性数据进行了全面排查，发现了存在的问题，向国家知识产权局提出了加强监管和引导发展的建议。组织召开2019年度“知识产权认证工作座谈会”，后继落实工作座谈会精神，将知识产权管理体系认证领域纳入认证证书的转换管理序列，维护市场行为，保障公平竞争行为。配合国家知识产权局就知识产权管理体系认证监督管理方案——《国家知识产权局办公室关于规范知识产权管理体系贯标认证工作的通知》的发布。

（五）开展认证机构公正性基础数据核验工作

对认证机构的基础经营数据、业务数据进行跟踪和比对，对机构间的关联关系以及分支的基本情况进行跟踪关注，新机构形成了轻认可、重渠道、分销转包，虚拟办公等各种形式，躲避行政监管和社会监督。数据显示86家近两年成立的认证机构，投资人及主要管理人员和咨询公司存在严重关联关系，同时机构间存在关联关系机构13组，36家认证机构。结合《认证行业大数据分析及大数据监管方法研究》形成关联组织附件，后继将反馈到行政审批部门，同时对于公正性审查提出建议。

（六）权益维护工作取得新进展

针对一些认证机构和企业就矿山、石油化工、民用爆破等高风险行业实施管理体系认证的意见和反映，组织中国石油、中国石化等相关企业召开了专题座谈会，并将相关企业和认证机构反映的情况和意见进行了整理，形成了《关于高风险行业实施管理体系认证有关问题的报告》，上报市场监 管总局供决策参考；针对未获认可的认证机构颁发的认证证书对市场的影响开展专题调研。经调查，到2019年6月30日，获得认可的认证机构占比仅为37.73%，获认可的认证机构颁发的认证证书占比仅为46.53%。在调研的基础上，形成了《关于明确区分获认可与未获认可认证机构和证书的建议》，建议认证业务信息查询系统区别显示结果；就行业普遍关心的认证机构行政监管要求、合法权益维护问题，获证组织因重大质量安全事故、产品质量问题认证机构应承担连带责任界定等问题，进行了深入探讨，并对权益维护机制建设有了进一步的工作安排；针对认证行业知识产权保护难、创新动力受影响的问题，开展专题研究，形成认证行业知识产权认定、交易、保护的初步方案。鼓励认证机构自主创新，同时从制度上保护首创的合法权益。

（七）检验检测人员队伍建设持续推进

围绕检验检测领域与地方协会建立业务纽带，增强检验检测人员能力建设，规范检验检测人员培训市场，设立了“检验检测人员全国统一培训平台”，用于实时记录全国检验检测人员培训情况；明确了年均召开两次工作会议的工作机制，形成了统一信息登记、统一培训证书、统一培训教材、统一培训教师和统一考试模式的“五统一”工作模式。截至2019年年底，共16家地方协会加入检验检测人员全国统一培训，共登记培训合格人员44534人。

撰稿人：房　磊　审稿人：黄继先

2020

Yearbook of Certification,Accreditation,Inspection and Testing of China

第八部分　合格评定技术体系建设与标准化管理

Part Eight　Technical System of Conformity Assessment and Standardized Management

标准化是在一定范围内获得最佳秩序和社会效益的重要活动。我国高度重视运用标准化手段来调整和规范合格评定活动中的行为和利益关系，建立了协调一致的符合中国国情的合格评定制度方法。

一、积极构建并不断完善与国际接轨、满足行业共性需求的中国合格评定标准体系

国家认监委于2001年成立后，在合格评定领域全面实施标准化战略，初步构建了认证认可国家标准与国际接轨、认证认可行业标准满足行业共性需求、团体标准形成行业共识、企业标准满足内部需要的层次清晰、互为补充的合格评定标准体系。

（一）国家标准

2002年国家标准委批准成立了全国认证认可标准化技术委员会（SAC/ TC 261），作为国际标准化组织合格评定委员会（ISO/CASCO）国内对口单位，负责跟踪研究并适时转化有关规范认证认可活动的国际标准、导则；实质性参与国际标准、导则的制定修订活动；制定认证认可国家标准，推动认证认可国家标准的宣传贯彻和有效实施。截至2019年年底，在合格评定领域共发布国家标准69项。其中，检验检测相关标准25项、认可相关标准12项、认证相关标准18项、基础类标准14项。有36项标准来自等同采用的ISO国际标准，自主制定的国家标准有33项。

（二）行业标准

国家标准委于2012年3月31日正式批准设立认证认可行业标准（以下简称“认标”）。认标主要包括明确认证认可通用原则、要求的标准以及规范认可活动、认证活动、认证检查活动、实验室能力验证活动、其他认证认可行业相关活动等标准。截至2019年年底，共批准发布认证认可行业标准165项，发布的标准类型以规范类居多，其次为指南类；已发布的标准中，规范认证活动的占比约50%，其次为规范认可活动的。

（三）团体标准

团体标准是由依法成立的社会团体为满足市场和创新需要，协调相关市场主体共同制定的标准。制定团体标准应当充分反映各方的共同需求，吸纳生产者、经营者、使用者、消费者、教育科研机构、检测及认证机构、政府部门等相关方代表参与。截至2019年10月，主要有中国认证认可协会制定的《食品安全管理体系肉及肉制品生产企业要求》等38项食品安全管理体系认证技术规范。其中，有22项团体标准发布后被国家认监委采信，作为开展相关认证活动的技术规范。

（四）企业标准

由认证机构组织制定，包括认证技术规范和认可规范等技术性文件。对已有国家标准、行业标准或者地方标准的，鼓励认证机构制定严于国家标准、行业标准或者地方标准要求的企业标准。截至2019年年底，共备案737项认证技术规范。其中，管理体系认证技术规范86项，占比11.67%；产品认证技术规范572项，占比77.61%；服务认证技术规范79项，占比10.72%。

二、创新制定中国标准，支撑重要领域合格评定实践

中国已自主创新制定并发布合格评定国家标准33项，行业标准136项，支撑重要领域的发展成效明显。

（一）国家标准案例

2004年，自主研发制定GB 19489—2004《实验室

生物安全通用要求》，并以此为基础在国际上首次建立实验室安全认可制度。2014年，在西非暴发流行埃博拉疫情时，中国按照GB 19489-2004要求，向疫情最严重的国家塞拉利昂援建了移动生物安全实验室和固定生物安全实验室，援建的实验室创造了检测总量破千例、日检测量过百例等多个“历史第一”。2015年2月4日，世界卫生组织官员考察中国移动生物安全实验室，评价实验室是当时塞拉利昂全国防护最安全、装备最完善、技术最先进的病原检测实验室。

（二）认证认可标准案例

能源管理体系认证认可行业标准。中国等同采用ISO 50001《能源管理体系要求》制定了GB/T 23331。考虑到电力、钢铁、有色金属、化工、水泥等各个重点用能行业的产品、生产工艺流程、能源结构、能源使用、主要用能过程设施设备、行业要求等差异很大，中国结合行业能源管理特点，制定了24个行业的认证要求行业标准，采用“A+B”的方式，对GB/T 23331《能源管理体系要求》标准条款，给出具体行业要求及应用案例。截至目前，全国已有24个行业829家企业获得能源管理体系认证。

有机产品认证行业标准。中国制定了13项认证认可行业标准，支撑有机产品认证和有机产品示范创建工作，如《有机产品生产环境评价技术要求》《有机畜禽养殖产地环境适宜性要求与评价》等。截至目前，共有1.2万家企业获得有机认证证书2万余张，产值达到1323亿元，有32个贫困县创建了有机产业园区，在促进食品农产品提质增效及助力精准扶贫等方面发挥了积极作用，贫困县通过发展有机产业找到了一条建设生态文明和发展经济的脱贫致富路。例如，江西省万载县提出“生态立县，有机富民”的口号，多措并举，实现了由单一靠政府扶贫救助转变为依靠有机农业产业化扶贫致富，逐步走上了奔小康的道路。

温室气体排放核查技术规范认证认可行业标准。制定了《电网企业碳排放核查技术规范》(RB/T 253)和《发电企业碳排放核查技术规范》(RB/T 254)认证认可行业标准，湖北、广东、陕西、河南等20多个省市使用该标准对500余家电力企业开展了碳排放核查。标准提供了对电力企业的排放边界、温室气体量化方法、监测参数、排放量计算、计算结果不确定性、温室气体报告的核查要求，同时指导电力企业温室气体排放报告核查以及相关制度研究工作。目前，全国碳排放核查机构50余家，共核查企业2000余家。

电子商务认证认可行业标准。对网购商品抽查技术、商品类B2C电子商务交易服务的服务要求和服务保障要求进行规范，被15家主流电商平台、55家CCC认证指定实验室和15家有机产品承检机构以及部分地方市场监管部门采用。

三、积极参与国际标准化活动推动合格评定工具箱在中国的应用

（一）全面跟踪转化国际标准

中国自1978年开始跟踪国际标准化组织合格评定委员会(ISO/ CASCO)的政策和相关活动，实现了对国际标准化组织合格评定委员会(ISO/CASCO)制定的国际标准100%跟踪并等同采用，等同转化后的国家标准构成中国合格评定活动的主要依据。

（二）积极参与国际交流合作

全面参与ISO/CASCO的各项政策和技术研究活动。参与41项次国际标准的制定修订工作，累计向ISO/CASCO的47个工作组推荐专家84人次，并推荐担任国际工作组联合召集人5人次。2018年，参与起草7项国际标准，新组建6个国内对口工作组，参加11次国际标准投票，全面保持对ISO/CASCO国际标准制定修订工作国内对口工作组的100%覆盖，并且还在核心国际标准项目ISO/IEC 17000中担任联合召集人，负责牵头工作。同时，新推荐我国专家担任ISO/CASCO主席政策工作组和技术接口组(TIG)成员，实现了参与ISO/CASCO的CPC/STAR/TIG等三个核心政策工作组的工作计划。

（三）积极推介国际理论与实践经验

先后组织编译联合国工业发展组织(UNIDO)和国家标准化组织(ISO)推出的《合格评定建立信任》《产品监管和市场监督的原则与实践》《政府监管应用合格评定指南》，积极向中国合格评定行业以及政府、企业介绍、推广国际合格评定领域取得的理论与实践成果。其中，“计量、标准化、合格评定共同构成一个国家经济与社会发展的质量基础设施”等重要观点在中国政府关于开展质量提升活动和加强质量认证体系建设等重要文件中得到了采纳和引用。国际标准化专家多次来华讲学，取得良好的反响。

（四）推广运用国际标准成效显著

标准的精髓在于使用。合格评定标准在中国企业经

营、政府管理等各方面得到广泛运用。

推动质量提升。ISO 9001标准在中国得到广泛应用，截至2018年年底，中国共颁发52.75万张ISO 9001质量管理体系认证证书，有49.98万家企业获得了ISO 9001认证。其中，经认可的认证机构颁发的ISO 9001证书25.71万张，约占ISO统计的全球ISO 9001认证证书的四分之一。

2017年认监委组织的万家企业调查结果表明，企业普遍认为通过质量管理体系认证具有改进质量、取得市场竞争优势的作用。2012年，认监委与联合国工发组织UNIDO联合对“ISO 9001管理体系认证在中国企业实施情况”进行调查。结果表明：93%的采购商表示将获得ISO 9001认证作为选择供应商的重要依据；98%的采购商对获得认证的供应商生产的产品质量表示“满意”；98%的获证企业认为建立ISO 9001管理体系并获得认证的投入“值得”或“非常值得”。中国很多优秀企业都是以ISO 9000贯标为基础，不断追求卓越。

服务社会治理和政府监管。通过引入协调一致的合格评定方法，政府部门可充分发挥第三方机构的作用，从微观技术评价活动中摆脱出来，变直接管理为间接管理，促进政府职能转变，提高公共管理效能。例如：北京市在制定安全生产考核工作评估指标时，委托认证公司借鉴服务认证的方法确定评估过程；上海市民政局委托认证机构修订《社区事务受理服务中心建设服务规范》，并对上海市200余家社区事务受理服务中心标准化建设进行第三方评估。

国家认监委在行政管理工作中，在产品认证、认证机构许可、认证人员与证书管理、检验检测机构资质认定等各项活动中，广泛使用合格评定工具箱。

根据我国相关法律法规规定，向社会出具具有证明作用的数据和结果的检验检测机构，必须依法经认定后，方可从事相关活动。《检验检测机构资质认定评审准则》结合中国实际和管理需要，依照GB/T 27000《合格评定词汇及通用原则》（ISO/IEC 17000）、GB/T 19001《质量管理体系要求》（ISO 9001）、GB/T 27025《检测和校准实验室能力的通用要求》（ISO/ IEC17025）、GB/T 27020《合格评定各类检验机构能力的通用要求》（ISO/ IEC 17020）等标准，对全国的检验检测机构开展资质认定工作。目前，中国有近4万家检验检测机构取得资质认定，年出具检测报告4.28亿余份，营业规模超过2810.5亿元。

在2019年召开的第33届ISO/CASCO年会上，与会代表对当前合格评定领域的新动向、新问题、新挑战进行了研讨，提出了社会认知度不够、新技术带来的挑战、虚假认证等是各国共同面对的监管难题。下一步，将从以下三个方面着力开展工作。

建设更加科学合理的合格评定标准体系。一是着力完善标准体系建设，规范引领和指导合格评定领域的国标、行标、团标协同、梯次发展，形成更加合理的标准体系结构。二是对现有认证认可标准的实施进行评估。三是改进行业标准管理，组织开展行业标准自查清理工作。

提升重点领域合格评定标准水平和服务能力。一是推动检验检测机构资质管理和能力认可制度相关标准制修订工作，推进实验室管理等方面标准制修订。二是积极推动服务认证科研成果输出为认证认可标准。

大力推进合格评定国际标准化工作。一是深度参与ISO/CASCO工作。二是加快国际国内合格评定标准化工作的融合发展，同步推广CASCO有关合格评定战略，积极跟进ISO/ CASCO合格评定宣贯工具箱课程和教材的开发。三是充分利用CASCO的国际专家资源，适时组织重点国际标准如ISO/IEC 17025、ISO/ IEC 17043等国际标准研讨和交流。四是抓好合格评定标准化人才队伍建设。

2020

Yearbook of Certification,Accreditation,Inspection and Testing of China

第九部分　国际合作

Part Nine　International Cooperation

截至2019年年底，国家认监委已加入21个认证认可国际组织，对外签署15份认证、检测、认可多边互认协议，已与35个国家和地区签署123份双边合作文件，较2018年增加了2份。

一、为国家自贸区建设贡献认证认可力量

积极配合商务部和市场监管总局参与和新西兰的自贸升级谈判，与新方就《中新自由贸易协定》关于技术性贸易壁垒合格评定章节达成一致，加速了中新自贸升级谈判进程。与新方成立合作机制继续探讨中新电子电器互认升级。

配合商务部参加三轮中挪自贸谈判，基本完成技术性贸易壁垒章节的谈判，并牵头与挪方开展电子电器互认谈判，目前已与挪方就电子电器互认协议的原则框架达成一致。

积极配合商务部参与我国与以色列的自贸谈判，就贸易性技术壁垒合格评定章节中多项内容与以方达成一致，并由中方提交了合格评定领域的合作范围草案稿。

二、积极推动认证认可双边合作进程

（一）积极践行认证认可服务“一带一路”建设

2019年第二届“一带一路”高峰论坛期间，签署《中华人民共和国国家认证认可监督管理委员会、联合国亚洲及太平洋经济社会委员会与意大利农业机械化委员会协议备忘录》，拟通过联合研究、联合活动和培训等形式，提升能力建设，以促进我国农业机械化的可持续发展。

围绕“一带一路”沿线国家进行国别研究，完成了柬埔寨、老挝、尼泊尔等40多个沿线国家的认证认可制度调研工作。

与蒙古就中蒙长期合作规划进行磋商并基本达成一致。派团出访印尼、越南、沙特、阿联酋、哈萨克斯坦等9个“一带一路”沿线国家，深化认证认可合作交流。与尼泊尔、乌兹别克斯坦建立联络渠道，为认证认可双边合作的开展奠定了良好的基础。

2019年8月和12月开设两期发展中国家认证认可制度研修班，为安提瓜和巴布达、古巴、埃塞俄比亚、加纳等12个国家近60名官员提供了认证认可制度培训。

（二）中欧、中德、中俄、中韩双边机制稳步推进

深化中欧合格评定机制。派团访问欧盟经济总司，跟踪欧盟在防爆电器认证、无人机指令等领域的最新进展，并就认证质量立法与欧盟增长总司开展专项研讨。

巩固中德合格评定机制。2019年中德合格评定合作工作组年会在北京召开。双方回顾了中德合格评定工作组2019年度合作成果，并确定进一步推进在绿色产品认证、汽车安全、良好实验室操作、数据保护、防爆电气产品国际互认等领域的合作交流。

在中俄标准、计量、认证和检验监管常设工作组第十七次会议上，中俄双方就基于IEC全部四个合格评定互认体系开展中俄互认合作达成共识，同时，双方同意增设汽车产品合格评定工作组，交流汽车产品的标准和合格评定差异。双方同意在IEC、APEC/SCSC等国际和区域组织中加强政策协调与合作。

深化中韩合格评定机制。派团参加中韩合格评定政策工作组第一次会议，双方就进一步扩大互认范围、优化互认实施方式等达成一致。派团参加中韩合格评定分委会第十六次会议。我方表示将通过加强对韩方人员培训、增加韩文试卷等方式为韩方人员通过CCC工厂检查员考试提供便利，并提出希望与韩方开展“电饭锅安全和性能试验能力验证计划”。

三、稳步推进多边互认

签署相关多边协议。2019 年 10 月，签署了《中华人民共和国国家认证认可监督管理委员会与全球食品安全倡议合作谅解备忘录》，全球食品安全倡议（GFSI）将继续承认我国 HACCP（危害分析和关键控制点）认证。

国际多边互认体系参与力度进一步加强。有效维持既有的多边互认，组织迎接部分国际电工委员会电工设备及零部件合格评定体系（IECEE）CB 实验室复评审、国际电工委员会电子元器件质量评定体系（IECQ）国际同行复评审。在 IECEE 领域，对外推荐了 3 家认证机构；在 IECEx 领域，对外推荐了 1 家实验室，针对防爆产品转入 CCC 制度，组织国内专家召开防爆国际互认制度与国内制度对接事宜专题会，研究对外口径。积极跟踪新领域，开展可行性研究，继续跟踪 IECEE 工业自动化领域功能安全和信息安全（CYBER SECURITY）认证新进展；继续开展了中国加入 IECEx 体系矿用产品类别调研。

国际多边互认体系国内运作取得新成效。组织国际电工委员会（IEC）合格评定体系国内运作机制工作组换届，将国内运作机制调整为 6 个工作组：战略发展组、CAB 国内政策研究工作组、IECEE 国内对口工作组、IECEx 国内对口工作组、IECRE 国内对口工作组、IECQ 国内对口工作组。

2019 年 2 月，印发了《国际电工委员会合格评定体系国内发展纲要（2016–2020）》2019 年度任务分解表，组织相关单位贯彻落实。

举办第三次认证国际化人才英语水平考试，通过考试发动和发掘人才，建立人才库。

改版 IEC 合格评定体系国内运作机制信息平台，便利体系内机构间的信息交流，宣传并推动了 IEC 合格评定体系在国内的发展。

2019 年 11 月 7 日，国家市场监督管理总局认证监督管理司在天津召开第十二届 IEC 合格评定体系国内运作机制年会，会议由国家防爆产品质量监督检验中心（天津）承办。会议总结了一年来国际多边互认体系国内运作情况，谋划了在新常态下国际多边互认体系国内运作与推进工作。

四、深度参与国际组织

（一）国际话语权进一步提升

在 IECRE 体系下，金风科技股份有限公司研发中心副总经理潘伟平成功当选国际电工委员会可再生能源设备认证互认体系风能分委员会（IECRE WE-OMC）副主席，这体现了我国在 IEC 合格评定领域影响力和话语权的提升。为表彰中国质量认证中心边婧在IECEE体系国际参与及国内推进所做出的突出贡献，IEC 授予边婧 IEC1906 奖。推荐 4 名专家担任 IEC 合格评定体系工作组成员。截至 2019 年底，我国专家在认证认可国际组织中有 12 人次担任管理层职务，108 人次担任工作组成员，31 人担任认证认可国际组织同行评审员。

（二）加强 WTO 通报、咨询、评议工作

提升技术性贸易措施能力，继续做好 WTO/TBT 通报评议工作，配合商务部和市场监管总局参加 WTO/TBT 的第 78 次和第 80 次例会，积极应对国外技术壁垒、解答国外对我相关制度的疑问。通过 WTO/TBT 合格评定研讨会的平台，在国际上宣传认证认可的最新进展，取得了很好的效果。

（三）全面完成国际组织合格评定投票和表决工作

完成了 IEC/CB、IEC/CAB、IECEE、IECEx、IECQ、IECRE 国际组织的标准、合格评定程序规则投票工作，对国际组织规则完善、运作文件的制修订等提出中方意见。

（四）紧密跟踪国际发展趋势

积极组织并参加国际会议团组。加入市场监管总局团组先后参加了亚太经济合作组织（APEC）等国际组织的活动；参加了 IEC 大会；组团参加了 IEC/CB 、IEC/CAB、IECEE、IECQ、IECEx、IECRE、OECD 拖拉机协定及其他相关会议。为实质性参与上述会议，以包括专题研讨会在内的各种方式研提中国参会方案，提高参与国际组织活动的有效性。

五、积极参加上海第 83 届 IEC 大会

参加 IEC 理事大会、IEC 理事局（CB）会议、IEC 合格评定局（CAB）会议、金边国家对话会等多边会议和中欧、中德、中国 – 美洲等双边会议，安排对 IEC 副主席、IEC 合格评定局（CAB）主席肖恩 · 鲍尔森的采访，安排与 IECEx 主席、秘书长的双边工作会谈。IEC 理事局（CB）成员、市场监管总局认证监管司司长刘卫军，IEC 合格评定局（CAB）成员、市场监管总

局认证监管司副司长（正司级）薄昱民及IEC合格评定体系专家接受新闻媒体采访，解读了合格评定为促进国际贸易便利化和产业发展的重要作用，展望了IEC与中国合格评定发展前景。

六、深化与港澳台合作

在两岸认证认可合作工作组机制下，双方继续在技术层面进行交流和沟通。

进一步扩大与港澳在认证认可领域的合作。制定发布了《关于〈内地与香港关于建立更紧密经贸关系的安排〉服务贸易协议中检测认证相关修订条款的实施指南》，进一步扩大内地强制性产品认证检测业务对港开放，允许香港检测实验室承担在内地加工或生产的CCC目录内所有产品的检测。同时，推荐了一家符合条件的位于香港的认证机构作为中国国家认证机构（NCB）加入国际电工委员会电工产品合格测试与认证组织（IECEE）。对澳合作亦得到同步发展。

七、在认可检测领域积极推动国际合作交流

市场监管总局分别与古巴科学技术和环境部、秘鲁国家质量局签署关于认证认可检验检测领域合作的谅解备忘录。成功举办首届中国认可检测国际论坛，促进国际合格评定互信互认和贸易便利畅通。组团参加ISO/CASCO年会和相关工作组会议，着力推介中国合格评定制度和实践经验，获得国际同行好评，ISO/CASCO专门致信感谢。派员参与经合组织（OECD）良好实验室规范GLP工作组第33次会议，组织召开中德良好实验室规范GLP实验室技术交流暨培训研讨会。组织实施国际能力验证项目，共邀请23个国家、56家食品检验机构参加，有效提升中国检验检测国际影响力，助推中国检验检测和标准“走出去”。

2020

Yearbook of Certification,Accreditation,Inspection and Testing of China

第十部分　地方认证检测监管

Part Ten　Regional Supervision Certification

明确定位　加强监管　服务首都经济发展

——北京市市场监督管理局2019年认证、认可及检验检测监管工作概况

按照全国认证认可检验检测工作会议、全国市场监管工作会议的要求和部署，北京市市场监督管理局（以下简称“北京局”）深入贯彻会议精神，全面落实全市质监系统工作会议要求，积极开展认证监管相关工作及检验检测机构认定工作。

一、检验检测机构资质认定行政许可与监管工作

（一）检验检测机构基本情况

截至2019年12月31日，全市资质认定证书有效期内的检验检测机构为915家，办理检验检测机构资质认定政务服务事项820项次，其中首次88家次、扩项328家次、变更404家次。配合市生态环境局完成全市36家机动车检验检测机构《汽油车污染物排放限值及测量方法（双怠速法及简易工况法）》（GB 18285-2018）和《柴油车污染物排放限值及测量方法（自由加速法及加载减速法）》（GB 3847-2018）两个标准的资质认定扩项工作，保证了标准顺利实施。按照北京市放管服改革和优化营商环境工作要求，对许可办理进一步优化，压减申办材料68%，办理时限从20个工作日压减为9个工作日。

（二）组织协调相关机构开展专项检查

组织协调相关单位配合市场监管总局开展2019年度检验检测机构国家监督抽查工作：组织有关区局，会同市生态环境局、市药监局，配合联合检查组，对本市辖区内获得国家认监委资质认定证书的25家环境检测、机动车检验检测、食品检测、建材检测等领域检验检测机构进行了专项检查，主动开展有关协调保障工作，保障联合检查组顺利执行检查任务。

（三）联合市生态环境局、市公安交管局开展机动车检验检测机构记分制管理工作

北京局与市生态环境局、市公安交管局对全市36家在营业的机动车检验检测机构进行了监督检查，共检查机动车检验检测机构6507家次，并对7家次存在违规行为的机动车检验检测机构予以查处，累计记分14分。其中，市场监管部门检查机构163家次，无记分情况；生态环境部门检查机构5216家次，查处违规行为机构7家次，记分14分；公安交管部门检查机构1128家次，无记分情况。促进机动车检验检测机构规范检验行为，提高检验工作质量。

（四）开展检验检测认证领域专项整治工作

结合市场监管总局、生态环境部、国家药监局有关文件要求，编写有关工作文件与市生态环境局、市药监局联合发文，共同加强检验检测领域专项整治，并针对机动车、环境检测、食品、医疗器械、建材等重点监管领域，以机构自查、市级专项抽查、区局抽查等方式，

联合开展监督抽查。全市专项检查行动总体抽查比例不低于本市获证检验检测机构总数的 10%，共出动执法人员 553 人次检查检验检测认证机构 240 家，发现问题 125 个，发出责令整改通知 28 个，立案查处 23 个，罚款 12.4 万元。促进检验检测认证机构强化法律意识、落实企业主体责任、规范检验认证行为。

（五）组织开展建材、环保领域相关检测参数的能力验证活动

组织北京地区 106 家获得资质认定证书的检验检测机构参加“金属材料拉伸性能检测”能力验证活动，经初测、补测两轮测试，结果满意的 102 家，满意率 96.2%；组织北京地区 78 家获得资质认定证书的检验检测机构参加“水中重金属（铜、锌、铅、镉）检测”能力验证活动，经初测、补测两轮测试，结果满意的 74 家，满意率 94.9%。组织召开了能力验证技术分析和总结会，通报能力验证结果，督促获证机构持续保持检验检测能力，规范了检测市场。

二、认证监管与宣传推动工作

（一）按照国家市场监管总局要求，组织各区市场监管局承接免予办理强制性产品认证工作

按照国家市场监管总局和北京市政府要求，对免予办理强制性产品认证证明核发工作进行规范，办理时限从 5 个工作日压减为 2 个工作日。从 2019 年 4 月 1 日起承接免予办理强制性产品认证工作，至 2019 年 10 月 16 日，共接到申请 1828 件，发放 CCC 免办证明 1749 张。

（二）配合国家市场监管总局对认证机构开展双随机抽查

对 2019 年新成立的认证机构抽查 10 家。对认证机构抽查 21 家。

（三）组织开展 2019 年京津冀三地认证活动联合检查

组织京津冀地区 5 个区局的认证监管人员分别抽取辖区内 5 家认证机构，从每家机构抽取 2 家河北辖区内的获证组织，并对抽取的认证机构和封存的共计 10 份认证档案进行检查，由河北省市场监督管理局组织认证监管人员到获证组织进行现场检查。

（四）组织开展北京市有机产品认证监督抽查

目前，已完成有机产品遴选，进入签署委托协议阶段，预计 2019 年 11 月底完成抽查工作。全市开展有机产品认证违法行为查处工作，对 27 家有机认证机构进行了检查，对 90 家获证企业进行了检查，立案 7 件。

（五）加强检验检测认证宣传工作

结合世界认可日，组织开展以“认证认可促进供应链提升价值”为主题的世界认可日宣传活动。宣传了认证认可检验检测在供应链提升价值中的作用，展现了认证认可检验检测在传递市场信任，维护公平竞争，提高产品和服务质量方面的巨大价值。

结合“质量月”在全系统组织开展有机认证宣传活动，共印制张贴画 1000 张，全系统开展 28 次活动，张贴质量月宣传画进机关、进企业街道、超市场所 25 个，发放宣传资料 640 份。组织延庆局、密云局等区市场监管局及部分有机企业参加以“有机产品认证主力生态文明建设”为主题的京津冀有机产品认证交流活动。

撰稿人：张淑敏　审稿人：于　航

严格要求　主动作为　助力区域经济发展

——天津市市场监督管理委员会2019年认证、认可及检验检测监管工作概况

按照2019年认证认可和检验检测工作安排，天津市市场监督管理委员会（以下简称“天津市监管委员会”）重点涉及国务院要求的三项，涉及市场监管总局要求的二项，涉及新增职能的二项，纳入天津市监管委员会工作要点的二项。

一、坚决贯彻落实国务院、市场监管总局和市委市政府工作部署

（一）加强质量认证体系建设，推进质量管理提升

深入贯彻落实《国务院关于加强质量认证体系建设促进全面质量管理的意见》和《天津市人民政府关于印发天津市加强质量认证体系建设促进全面质量管理实施方案的通知》要求。

一是经请示天津市政府并协调各委办局、区政府，成立并印发天津市加强质量认证体系建设促进全面质量管理联系会议制度。

二是按照天津市绩效办要求，制定天津市绩效考核细则，分值为0.05。

三是组织相关委办局、区政府对国务院3号文件进行政策解读、宣讲。

四是积极推进政府绿色采购力。与财政局、发改委、生态环境局等联合印发《关于调整优化节能产品、环境标志产品政府采购推广机制的通知》，推动节能产品认证、环境标志产品认证与政府采购对接。

五是组织开展万家企业认证提升行动，截至2019年年底，全市11864家企业均按时实现了质量认证体系升级。

六是在化工、机械、金属、光电设备、信息技术5个行业中，面向全市推荐有意愿的小微企业免费参加国家认监委组织的小微企业质量管理提升行动。

七是与天津市和平区政府及相关区局办，组织各大商场商家开展服务认证推动工作。

（二）贯彻落实有关路货运车辆检验检测改革的各项政策

贯彻落实国务院、交通部、公安部、市场监管总局关于道路货运车辆检验检测改革政策，配合交通运输、公安交管、生态环境部门，推进道路货运车辆“三检合一”改革，优化货运车辆检验检测服务，截至2019年年底，天津市具备“三检合一”条件的机动车检验机构15家，基本满足了天津市道路货运车辆的检验检测需求。

（三）承接工业产品许可证改革转入强制性产品认证工作

主要开展了积极部署、强化监管、对企业进行帮扶三项工作。严格查处无证出厂、销售，超期、超范围使用认证证书和标志的违法行为。截至2019年年底，共查处“未经认证擅自出厂、销售电动自行车”的生产企业2家，处罚金额合计17.7万元。

（四）做好新承接的免予办理强制性产品认证工作

一是下发《天津市市场监管委转发市场监管总局 海关总署关于免予办理强制性产品认证工作有关安排的通知》，明确将职责、权责下放区局。二是举办免办工作培训。三是与海关就免办工作的过渡、承接、后续监管进行对接。四是开展调研，现场解答、解决问题。五是学习上海经验，提出了“开辟便捷通道”。经委办公会议决定，按规范性文件程序办理。

二、营造良好营商环境，促进检测认证的发展

（一）检验检测机构方面

截至2019年年底，全市通过资质认定的检验检测机构568家，其中2019年新增检验检测机构65家，占

机构总数的 11%，主要涉及环境、食品和机动车领域。完成检验检测机构扩项 316 家次，较上年增长 8%。民营机构占总体的 65%，同比增长 5 个百分点。2018 年统计报告显示全年收入 70 亿，较上年增加 10 亿，增长 16.7%。

（二）认证方面

全市认证机构共计 36 家，其中，在天津设立总部的 10 家，设立分支机构的 22 家，子公司 4 家，国际知名认证机构 SGS、TÜV 在天津设有分支机构。截至 2019 年年底，天津市认证证书数量 35410 张，较 2018 年同期的 30196 张，增加了 5214 张，增长率 17.3%。其中危害分析与关键控制点认证 251 张，同比增加 50 张，增长 24.9%。

（三）为改制、整合的检验检测机构做好资质认定服务

如完成“塘汉大”质检所整合后的资质认定工作及“塘汉大”环保检测站整合后的资质认定工作。

（四）编制检验检测机构指导目录

编制检验检测机构三年指导目录，为检验检测机构行业提供发展指导。目前正在进行中。

三、开展认证检验检测市场整治，规范认证检验检测市场

（一）加强认证机构的监管

1. 组织京津冀三地认证机构联合监督检查

完成天津市 20 家认证机构的检查，经河北省局现场核查，未发现违法违规行为。

2. 对本市 9 家认证机构展符合性核查

2019 年市场监管总局抽取天津市 9 家认证机构进行能力测查。天津市场监管委员会积极配合相关工作，并对总局抽取的 9 家认证机构开展符合性核查。立案 1 家，并将结果汇总上报市场监管总局。

3. 加强获证产品的监管

节日期间，组织开展认证流通领域专项检查。涉及消防产品、儿童玩具、家用电器、有机产品销售商户和生产企业等，全市共查处强制性产品认证违法案件 17 件，结案 9 件，罚没款 37.3 元。在流通领域抽取获得有机产品认证的产品并做好真实性核查，发现 2 家企业的 3 个产品存在违法违规行为，后处理工作正在进行中。

（二）加强检验检测机构监管。

1. 开展 2019 年度检验检测机构监督抽查工作

2019 年度检验检测机构监督抽查工作采取“双随机”方式进行，按照风险等级，对生态环境监测机构、机动车检验机构实施重点监管，加大“双随机”抽查比例，实施 100% 检查；对煤炭、建筑材料及工程、司法鉴定领域的检测机构，随机抽查 35 家进行现场检查，抽查比例大于 15%；其他获证检测机构，随机抽查 10 家进行现场检查，抽查比例为 5%。全年撤销 1 家，注销 7 家，取消检验能力 33 家，下达责令改正 39 份，责令整改 5 家，对 6 家检验检测机构立案查处，罚没款 4.5 万元。

2. 加强机动车检验机构事中事后监管

组织开展全市机动车检验机构重要岗位能力清查考核，对 5 名不再符合岗位能力要求的人员予以通报，并依法撤销其相应资格。

3. 开展京津冀检验检测机构能力验证活动

天津市场监管委员会与北京市市场监督管理局、河北省市场监督管理局共同开展了生态环境检验检测机构、食品检验机构的能力验证活动。全市食品检验机构参加乳粉中沙门氏菌检测的共有 39 家检验机构，39 家检验机构的检测结果全部满意，满意率为 100 %。参加乳粉中脂肪检测的共有 31 家检验机构，31 家检验机构的检测结果全部满意，满意率为 100 %。参加玉米粉中黄曲霉毒素测定的共有 27 家检验机构，26 家检验机构的检测结果为满意，满意率为 96.3 %，全市生态环境检验检测机构共有 67 家参加了本次能力验证，满意率为 92.5%。对于结果不满意的机构已注销其相应项目的检测资质。

四、强化认证认可检验检测培训宣传和制度建设

（一）加强认证认可和检验检测培训

组织全市检验检测认证监管人员培训。重点培训检验检测机构认证日常监管、CCC 免办、CCC 目录及产品等内容。开展检验检测机构资质认定评审员培训。

邀请市场监管总局认证监管司相关人员和技术专家对重点行业小微企业开展了中小微企业认证知识培训。组织相关委办局、区政府对国务院3号文件进行政策解读、宣讲。

（二）加强认证认可和检验检测宣传

充分利用世界认可日、质量月、检验检测机构开放日等契机，宣传推动认证认可和检验检测，增进了社会公众对认证认可和检验检测的了解和信任。

（三）加强认证认可和检验检测制度建设

制定并印发《关于加强检验检测机构资质认定评审员管理要求的通知》。加强机动车检验机构联合监管，会同市生态环境局、市公安局，印发《天津市机动车检验检测机构记分制管理办法（试行）》。

保底线　严监管 努力提高认证认可工作水平

——河北省市场监督管理局2019年认证、认可及检验检测监管工作概况

按照全国认证认可检验检测工作会议、全省市场监管工作会议的要求和部署，河北省市场监督管理局（以下简称“河北局”或“省局”）提出了2019年全省认证监督管理工作的总体思路，从聚焦保安全底线，强化认证监管工作；聚焦创新监管方式，提升监管工作效能；聚焦质量认证供给，努力服务社会经济发展；聚焦认证监管队伍建设，提高监管工作质量；聚焦宣传发动，努力营造良好的社会氛围等6个方面，着力开展17项工作，对2019年全省认证监管工作进行了安排和部署，指明了2019年全省认证监管工作的方向和工作重点。

一、保底线，全面加强强制性产品认证监管工作

（一）开展风险隐患排查，明确重点监管产品、重点监管区域

组织全省开展认证监管领域风险隐患排查工作，通过全面排查和梳理，将童车、改装货车、电线电缆、消防产品、电热毯、低压成套设备和装饰装修材料等7类产品，作为强制性产品认证重点监管产品；将廊坊霸州、邢台宁晋、沧州河间、邢台广宗、邢台平乡、廊坊文安、石家庄新乐、沧州任丘等8个县（市、区），作为强制性产品认证重点监管生产区域。针对重点监管产品、重点监管区域，省局制定特别监管措施、加强日常监管、狠抓责任落实，同时以点带面，在全省范围内组织开展质量提升专项行动。通过强有力的工作，全省强制性产品认证监管工作主动性、有效性得到有效提升，取得较好的成效。

（二）创新监管方式方法，组织强制性产品认证活动联合监督检查

针对电热毯产品由许可证转强制性产品认证后如何加强监管的问题，省局对电热毯生产企业集中聚集区石家庄新乐市的情况进行了细致的筛查分析研判。于2019年10月，组织石家庄市局、新乐市局的认证监管人员，联合北京中轻联认证中心的专家，在前期进行认证风险排查的基础上，针对新乐市有较高认证风险的19家电热毯生产企业开展了联合监督检查。根据检查结果，责成北京中轻联认证中心撤销了11家企业的19张证书，暂停了5家企业的10张证书，对3家企业的8张证书予以维持、限期整改；同时，要求新乐市局对涉嫌生产未认证产品和暂停期间仍使用强制性产品认证标志的5家企业，予以立案查处。三级市场监管部门联合认证机构协调联动成效显著，既整肃了市场督促各方落实责任，又培训了基层监管人员的专业技能，是一个很好的模式，下一步省局将在全省复制推广。

（三）督导落实责任，加强日常监管

结合辖区强制性认证产品获证企业产品特点和区域特征，召开专题会议研究措施、下发通知、狠抓督导、强化落实。省局先后派出多个督导组，对强制性认证

产品生产企业较集中的廊坊霸州、邢台宁晋、沧州河间、邢台广宗、邢台平乡、廊坊文安、石家庄新乐、沧州任丘等重点区域的监管情况进行督导检查。石家庄市局通过投诉举报、转办交办、数据监测等发现的违法违规个案线索，实施检查、处置。张家口市局坚持日常巡查与专项整治相结合，进一步强化基层日常监管责任，落实管控措施，努力提升监管成效。

（四）提高认证有效性，组织开展了强制性产品认证获证产品的监督抽查工作

为认真贯彻落实市场监管总局关于开展强制性产品认证获证产品认证有效性抽查工作的要求，切实发挥强制性产品认证对产品质量安全的监督保障作用，河北局会同国家工程机械质量监督检验中心，于2019年8月至10月对河北省生产、流通领域获得强制性产品认证的汽车产品，进行了监督抽查，共从河北省86家车辆生产企业中，随机抽取了59家企业的72批次汽车产品进行了车辆核查、检验，合格率为87.5%。

针对这次抽查不合格的产品，省局要求各地市场监管部门进一步调查核实，依法依规对不合格产品涉及的企业进行处理。通过此次抽查，对该行业的持续监管起到了积极的作用，提高了商用车企业的产品质量意识、管理意识、风险意识。

二、严监管，打击各种认证违法行为

（一）全面落实“双随机、一公开”监管要求

在认证领域大力推行“双随机、一公开”监管，突出重点、全面覆盖，“双随机、一公开”监管取得较好成效。省局通过“河北认证认可监管信息系统”随机抽取100家强制性产品认证企业、100家有机产品认证企业和100家质量管理体系认证企业开展监督检查，重点检查认证机构规范开展认证的情况、获证组织认证证书及认证标志的使用情况等，实现“双随机、一公开”监管统一化、常态化。这次监督检查共发现获证企业问题75个，均已限期整改，责令认证机构注销4家企业有机认证证书、撤销2家企业的有机认证证书，同时对北京中物联联合认证中心、北京中联天润认证中心等2家涉嫌违规认证的认证机构予以立案调查，其中北京中联天润认证中心营业执照在调查期间于注册地核准注销；对北京海德国际认证有限公司和兴原认证中心有限公司等2家认证机构进行了约谈，责令北京五洲恒通认证有限公司进行整改。河北省市、县市场监管部门也全面推进“双随机、一公开”监管工作，取得了较好的成效。2019年在全省认证领域，共对2533家企业开展“双随机”监督检查，发现问题242个，责令整改197家，立案45件，已办结35件。

（二）深入开展“认证乱象”专项整治行动

严厉打击认证违法行为，破除认证行业“劣币驱逐良币”现象，2019年，河北局深入开展了“认证乱象”专项整治活动。针对自愿性认证、强制性产品认证领域、食品农产品认证3类重点领域，在全省范围内深入开展“认证乱象”专项整治活动，全省共检查获证企业2590家，认证机构5家，发现问题2399个，罚款42.77万元。

同时，“世界认可日”前夕，还组织全省市场监管部门对流通领域在售的强制性认证产品进行了拉网式检查，共出动检查人员4653人次，检查大型商场、超市、批发市场等经销单位和场所1868家，检查强制性认证产品29020个，发现问题1132个，及时进行了处理。通过开展专项整治行动，维护了公平公正规范有序的认证市场环境，取得显著成效。

三、促发展，努力为经济建设服务

（一）推广先进质量管理体系认证，助推高质量发展

为提升食品生产企业管理能力和水平，促进全省食品生产企业高质量发展，河北省局制定了2018—2020年三年推广规模以上食品生产企业实施危害分析与关键控制点（HACCP）管理体系规划，在2018年推动婴幼儿配方乳粉生产企业等200余家重点食品生产企业建立危害分析与关键控制点（HACCP）管理体系的基础上，2019年进一步推广食品生产企业实施危害分析与关键控制点（HACCP）管理体系认证等先进质量安全管理体系工作。在对全省规模以上食品生产企业情况进行摸底调查的基础上，省局制定了专门的推进方案，为确保工作取得实效，省局采取季督导、月调度、半月通报等形式，对重点市县有计划、分步骤、分批次逐步推进实施危害分析与关键控制点（HACCP）管理体系认证工作。截至2019年10月31日，全省新增规模以上食品生产企业获得危害分析与关键控制点（HACCP）管理体系认证176家。通过省局卓有成效的工作，进一

步提升了全省食品生产企业保障食品安全的管理能力，全省食品安全形势持续向好发展。

（二）积极响应企业关切帮扶企业解决认证难题

服务一线采用多种方式、因地制宜，帮助企业排忧解困，助力企业高质量发展。如：邢台平乡作为享誉全国的自行车之乡，童车生产企业众多，省局了解到企业发展中对开展强制性产品认证方面存在着困惑和落实困难，针对这种情况，省局在邢台平乡召开现场办公会，特别邀请国家市场监管总局认证监管司副调研员薛岩同志、中国质量认证中心和北京中轻联认证中心的 9 名童车认证专家参与了此次活动，通过调研座谈了解企业的问题和诉求，对童车生产企业提出的认证问题，认证机构专家一一给予了解答，市场监管总局薛岩副调研员还就童车认证制度和认证政策调整等问题进行了解读和回应。会后还帮助企业、县局与认证机构建立沟通协调的长效机制，得到企业和地方政府的充分肯定。

（三）大力开展中小微企业质量提升工作

组织全省各级市场监管部门，针对辖区内企业管理水平差异和特定行业企业需求，以举办专题讲座、宣传培训、专家咨询等多种形式普及质量认证知识，提升中小微企业质量管理水平。例如，4 月 17 日，河北局对曹妃甸区局认证监管人员及 50 多家企业进行了高端质量认证业务培训。5 月 30 日，省局会同唐山市局召开了“质量管理体系、环境管理体系、职业健康安全管理体系认证培训暨质量提升大会”，对唐山市 180 余家中小微企业的 300 余名管理人员进行了免费培训，推动中小微企业质量提升。张家口市市场监管部门召开有关“有机产品认证助力生态文明建设”专题研讨会，邀请认证专家学者、认证机构负责人、获证企业代表，围绕有机产品认证的意义、存在的主要问题以及未来的发展方向进行专题研讨。邢台市、邯郸市市场监管部门由局领导带队，深入辖区内规模较大的企业，普及有机产品认证、助力生态文明相关知识，提高企业对有机产品的认知度，鼓励有条件的企业申请有机产品认证。

（四）为企业提供优质的免予办理强制性产品认证证明工作服务

自 2019 年 4 月 1 日起，河北局正式承接进口产品免予办理强制性产品认证证明的相关工作。工作中，严格落实 4 个从严要求，即严格做到初审、复审、发证人员相分离，严格按照规定时限办结，严格保证免办工作质量，严格做好后续监管。截至 2019 年年底，河北局已发放免予办理证明 112 个，涉及货值 1.51 亿元，为企业提供高效便捷的免办服务。同时，根据不同类别免办产品的后续监管要求，已对秦皇岛、廊坊两市的部分申请免办的企业进行了后续监管，年底前将对余下的免办企业进行后续监管。

四、抓协同，加强京津冀认证领域的合作交流

（一）健全京津冀认证监管合作机制

为进一步促进京津冀认证监管工作协同推进，推动京津冀区域协同发展，河北局会同北京、天津市场监管部门研究议定了《2019 年度京津冀检验检测认证行动计划》和《京津冀认证联合检查行动方案》，确定以质量管理体系认证为突破口，联合开展监督检查，形成合力打击“认证乱象”的工作局面。先期由北京、天津两局组织辖区内的认证监管人员，随机选取辖区内的 5 家认证机构、每家机构抽取 2 份河北获证组织的质量管理体系认证档案进行检查，再由河北局组织河北辖区内的认证监管人员对认证档案涉及的获证组织进行检查、核实。通过检查，共发现问题 31 个，其中获证组织的问题 15 个、认证机构的问题 16 个，责令 6 家认证机构和 19 家获证组织限期整改，对 4 家认证机构进行了约谈，对 1 家认证机构和 1 家获证组织予以立案调查。通过协同行动，进一步健全了京津冀认证监管联动协调机制，加强了区域间的经验交流，形成了合力打击认证违法违规活动的工作局面。

（二）举行京津冀有机认证交流活动，助力京津冀有机认证发展

为进一步加强区域协同，促进京津冀有机产业连片集聚发展，助力生态文明建设，9 月 26 日，河北局会同北京市、天津市市场监管部门在河北省承德市宽城县举办“京津冀有机认证交流活动”。活动期间，京津冀三地的市场监管部门、认证机构和企业代表做了主旨发言，进行了座谈交流。并深入当地有机认证企业的板栗种植基地和生产车间进行了实地观摩、指导。活动中，大家一致认为，北京市、天津市应充分发挥资金、科技、人才、市场等优势，河北省应充分发挥

生态环境、物种资源、劳动力成本等优势，同抓共促，以市场需求为导向，进一步提质增量，大力开发更丰富多样的有机产品，推动有机产品认证工作助力生态文明建设，满足人民群众对高质量生活的需求。通过活动进一步加强了京津冀认证监管合作交流、促进了三地有机认证协调共进、有机产业协同发展。此项活动也得到新闻媒体广泛关注，中国质量新闻网、河北新闻网等媒体予以宣传报道。

五、强素质，加强认证监管队伍建设

（一）建机构配人员，打造认证监管的专业队伍

目前，全省的省、市、县三级市场监管部门机构改革均已改革到位，省局单独设立了认证监督管理处，处内配备7名人员，负责组织对各类认证活动实施监督管理。各设区市以机构改革为契机，均设立了与省局业务对口的认证监管机构，其中唐山、廊坊市局设立了单独的认证监管处（科）。为加强认证监管工作，县级市场监管部门均配备了专职认证监管人员。着力打造一支适应大市场监管新体制、新要求、新任务的认证监管队伍，为做好认证监管工作奠定了基础。

（二）明确省市县职责划分，落实监管责任

为贯彻落实总局关于加强认证监管工作的要求，河北局结合河北省实际，对总局《关于加强认证监管工作的通知》（国市监认证〔2019〕102号）进行细化，进一步明确省、市、县认证监管事权，同时强调坚持属地监管，进一步加强上下协作。

（三）加强培训，提高认证监管人员专业能力和监管水平

为打造一支基础理论扎实、专业技术能力过硬、作风优良的认证监管队伍，全省各级市场监管部门扎实推进培训工作。省局先后在北戴河和石家庄举办了两期认证监管人员培训班，省、市、县三级共计240余名骨干认证监管人员参加了培训，特别邀请总局认证监管司许士玉处长、王亚力同志授课，重点讲解了认证监管法律法规、业务知识、监管方法和技巧。同时，全省各地市场监管部门结合实际，积极利用多种方式方法，因地制宜策划开展培训工作。截至目前，2019年全省各级市场监管部门共培训认证监管人员1082人次，达到了认证监管人员培训全覆盖。

六、重宣传，努力扩大认证工作影响

2019年以来，全省各级市场监管部门把宣传引导工作摆在更加突出的位置，通过报纸、广播、电视、官网等新闻媒体和微信等自媒体，向社会广泛宣传认证知识以及认证在“传递信任、服务发展”方面取得的成效，提高社会对认证工作的认知度。

一是组织开展“世界认可日”宣传活动。6月6日，省局联合石家庄市局，在石家庄万象城广场举办了大型的宣传咨询服务活动，来自市场监管部门、认证机构、检测机构、专业协会、新闻媒体的150余人参加了活动，开展了认证认可、检验检测的咨询服务。

二是组织开展“有机宣传周”活动。全省各级市场监管部门以群众喜闻乐见的方式，围绕“有机产品认证助力生态文明建设”的宣传主题，在全省范围大力宣传有机产品认证的作用，准确解读有机产品认证制度，展示有机产品认证助力生态文明建设的新进展、新成果，进一步提升了消费者对有机产品的认知度和获得感。全省各级市场监管部门，共发放宣传资料39000余份，接受群众咨询5300余人次，走访有机产品种植基地、生产企业、销售企业100余家。

抓监管促发展　传信任促服务
夯实市场监管坚实基础

——山西省市场监督管理局2019年认证、认可及检验检测监管工作概况

2019年，山西省市场监督管理局（以下简称“山西省局”或“省局”）的认证、检验检测监管工作以习近平新时代中国特色社会主义思想为指导，以贯彻党的十九大、十九届三中、四中全会精神为统揽，以全国市场监管会议和认证认可检验检测工作会议为遵循，适应市场监管新形势，紧贴山西转型新任务，落实质量认证新要求，紧紧抓住认证认可与检验检测监管执法，加大综合整治力度；紧紧抓住CCC产品有效性抽查、认证认可活动监管和队伍能力建设，守住质量认证底线，提升认证监管效能，注重规范认证市场秩序，不断拓展长效监管机制。

通过一年的共同努力，进一步发挥了“传递信任，服务发展”的本质作用，提升了质量认证的公信力和有效性，筑牢了认证、检验检测监管工作的坚实基础，为优化全省营商环境、助推动经济高质量转型发展取得了新业绩，展现了新作为，做出了新贡献。

一、出实招、见成效，认证监管工作再上新台阶

围绕市场监管的新形势、新任务、新要求和年度工作部署，山西省局坚持日常监管与专项整治相结合、过程监管与结果监管相结合、一般检查与重点检查相结合，强化监管，加大宣传，狠抓主体责任落实，着力规范认证行业的市场监管秩序。

（一）加强认证活动现场检查力度

2019年，认证活动的检查主要以自愿性认证活动及结果合规性、有效性的检查为主。从检查结果上看，全省共检查获证组织427家次，发现违法违规问题20起，并已全部整改完毕；检查强制性产品认证获证组织76家次；检查认证活动现场917次、获证组织528家、认证机构105家次；CCC认证产品认证有效性抽查100批次，不合格31批次，立案29起，已办结12起。从检查方式和重点内容上，主要依托总局监管系统，对认证机构在辖区开展的各类认证活动进行现场检查，有效减少审核人员不到场、未实施现场审核等虚假认证风险，规范认证机构从业行为。据统计，2019年全省共检查认证活动现场917次，被检查组织528家，被检查认证机构105家次。大同市局按照省局部署，对辖区内认证活动进行现场检查277次，占全市认证活动数量97%。一年来，通过全省上下的共同努力，联合查处了虚假认证、认证审核流入形式等问题，从源头上有效遏制了“认证乱象”的发生。

（二）开展自愿性认证活动“双随机、一公开”监督检查

8月29日，省局专题下发《关于开展2019年自愿性认证活动“双随机、一公开”监督检查工作的通知》（晋市监认证〔2019〕234号），以质量管理体系认证和有机产品认证为重点，随机抽取辖区5%的认证证书，检查获证组织，分别对管理体系认证活动7项内容、有机产品认证活动16项内容进行格式化监督检查，倒查认证活动合规性。通过半年多的共同努力，全省共出动执法人员1080人次，检查质量管理体系认证证书336张，涉及获证组织331家；有机产品认证证书43张，涉及获证组织32家；责令改正违法违规问题15起。

为了巩固工作成效，明确工作职责，明确工作重点，更好地推动全省认证监管工作的有效落实，省局及时转发了《市场监管总局关于加强认证监管工作的通知》（晋市监认证函〔2019〕289号），进一步明确了基层监管工作的重点和日常检查的要求，充分发挥省、市、县三级监管职能，并配合总局检查部分获证组织，对认证机构涉嫌遗漏认证程序行为立案查处。各市局结合辖区实际，摸清县区获证组织基本情况，开展日常

监督检查，对发现的违规行为，责令当事人进行整改，今年共计检查获证组织64家次，责令整改5家次，进一步提高了认证监管工作的时效性和针对性。

（三）承接免予办理强制性产品认证行政确认工作

按照总局要求，从2019年4月1日起，省局承接免予办理强制性产品认证工作，旨在确保CCC目录内的、且免予办理强制性认证的产品，按照法定条件进口及使用。5月21日，省局转发《市场监管总局关于免予办理强制性产品认证工作要求的通知》（晋市监认证函〔2019〕214号），建立全程电子化审核，省局确认发证、市局属地监管的工作机制。建立省局实施全程电子化审核确认，市局实施后续监管工作机制。截至2019年年底，已办理免予办理强制性产品认证证明24份，并向太原、大同等6个市局发出后续监管函24件。太原、朔州等相关市局对太原重工、中煤平朔、山西天然气公司等企业，采取实地检查、现场询问、填写《CCC免办后续监管记录表》等方式进行后续检查，核实进口产品实际用途，完善后续相关工作，严格后续监管，确保监管到位。

（四）组织开展电线电缆强制性产品认证有效性抽查

认证有效性抽查是认证活动监督检查的有力抓手。8月至11月，为落实全国认证认可业务工作会议精神，配合总局安排的工作，省局下发了《关于组织开展2019年强制性产品认证获证产品认证有效性抽查工作的通知》（晋市监认证〔2019〕203号），在全省开展电线电缆强制性产品认证有效性抽查。通过摸排市场销售主体、建立监管对象和采样人员信息库，通过全省共计11个地（市）认证监管条线人员的密切配合，随机抽取了山西省流通领域CCC电线电缆获证产品，倒查认证活动有效性。全省共出动执法人员388人次，抽查电线电缆强制性产品100批次，共涉及74家生产企业，91张证书，检测结果合格69批次、不合格31批次，首次检测合格率为69%，对抽查过程中发现的违法违规行为，省局按照“缺陷产品早召回、问题证书早暂停、问题发现早处理”的原则，如实汇报国家认监委，及时通报中国质量认证中心，积极协调、依法依规处理抽查中发现的问题，严格落实后处理相关工作规定，在认证监管司的精心指导下，较好地完成了年度强制性产品认证有效性抽查工作任务。

二、夯基础，提效能，认可与检验检测监管工作再创新业绩

2019年，山西省局的认可与检验检测监管紧紧围绕《国务院关于加强质量认证体系建设 促进全面质量管理的意见》(国发〔2018〕3号精神和省委、省政府的任务要求，全省上下一盘棋，围绕主要目标建机制，立足监管职能明责任，跟踪指导抓落实，在共同维护检验检测市场公平竞争秩序的同时，强化了上下联动，体现了工作创新，提高了行业公信，检验检测监督治理工作稳中向好，市场监管基础进一步巩固和提升。

（一）继续夯实工作基础

2019年是机构改革之年，市、县市场监管局机构改革后，职能定位、人员定岗等处于整合、磨合和融合时期，需要找准工作定位，明确工作职责，细化目标任务，认可与检验检测监管工作围绕“横向统一、纵向衔接、上下联动、整体联合”的总体思路逐步推进，着力打牢坚实的工作基础。

1. 加强检验检测服务业统计工作

自3月初开始，省局周密部署，认真组织，相继下发了《关于做好2018年度检验检测服务业统计工作的通知》（晋市监认证〔2019〕61号）和相关统计表格，通过网上培训和组建工作微信群等方式，指导市局、督促辖区检验检测机构按时完成国家直报系统的信息统计和报送，2018年应审核数872家，审核通过率占比99%，超出全国90%的上报统计进度，在按期完成检验检测服务业统计直报工作的同时，进一步掌握了全省检验检测机构的现实状况，打下了监督管理工作的坚实基础。

2. 初步建立检验检测机构诚信档案

为了强化行业自律、完善基础信息、实施有效监管，从源头上解决基层监管到底数不清的问题，省局依据《资质认定管理办法》的有关要求，自2018年下半年开始，探索并建立了检验检测机构诚信档案，为了保持工作的连续性，2019年5月初，下发《关于报送检验检测机构诚信档案信息的通知》（晋市监认证〔2019〕129号），要求全省获得省级资质认定的检验检测机构填报持续符合资质认定的基础信息，遵守从业规范、日常变更事项等内容，省、市、县局三级按照诚信基础信息统计表、日常变更信息反馈表、监督检查信息汇总表等“一标准三表格”的模式，均建立了监管对

象基础信息库，做到底数清、情况明，结合年度“双随机、一公开”监督抽查工作，集中专门力量，对检验检测机构名称、人员、标准等变更事项及错报、漏报、瞒报、假报等自我诚信信息进行了进一步完善和补充，并要求各市局结合日常监督检查实际，更新本级检验检测机构的诚信档案，做到底数清楚、信息准确、查询方便，汇总及时、监管及时跟上提出分类监管意见，进一步夯实属地监管基础，有效推进工作落实。

（二）继续加强队伍建设

基层是监管工作基础中的基础，面对新机构新人员新任务，省局在加大对市县局业务指导力度、创新监管方式职的基础上，始终注重从提升业务能力水平和提高工作效能上打基础、使长劲、求实效。

1. 加强业务培训，提升监管水平

省局于7月中旬，举办全省认证检测监管工作培训会，各市局分管局领导和认证科科长、部分县（市、区）局业务骨干约100人参加培训，通过聘请总局专家授课、讨论交流、案例讲解等方式，全面了解掌握认证认可与检验检测监管相关业务知识，进一步提升条线执法人员的执法水平。

各市局也多手段、多渠道开展了业务培训，晋城市局邀请技术专家对市县所约130余人进行培训。晋中市局借力小微企业质量提升行动，对市县认证监管人员和每个县的获证组织共计120余人进行培训。太原市局、运城市局、大同市局等也利用实地办案、参观学习等形式，组织了近百名认证业务骨干的培训学习和交流座谈，地方认证监管队伍的整体能力得到明显提高和加强。

2. 落实以会代训，提升能力素质

省局利用年度全省认证检测监管工作培训会之机，专门召开认证检验检测监管工作座谈会。座谈会上11个市局分管局长和认证科科长对基层的基本现状和监管工作存在问题进行交流讨论，进一步了解市县两级开展监管工作的实际情况，从省局层面如何指导基层监管、采取什么措施监管，达到监管效能提升，并对2019年监管工作要点提出具体要求，达到上下协同监管的目的。

3. 组织业务普训，提升工作实效。

2019年，主要围绕市场监管总局下发的一个《通知》和一本《教材》（即：《认证监管培训教材》，以下简称《教材》），提升人员能力，规范日常监管。结合转发《市场监管总局关于加强认证监管工作的通知》，进一步明确了各级市场监管部门的认证监管职责和监管要求，指导和规范了各地加强认证监管工作；将市场监管总局编印的《教材》至全省市场监管系统，要求地市局通过举办质量认证专题培训班、以会代训等形式，组织开展多内容、多形式、多途径的认证监管培训，提升基层一线认证监管执法能力。下半年，各地市局借推进全省质量认证体系之契机，统筹兼顾，积极协调，迅速掀起了学《教材》、用《教材》和结合《教材》改进监管方式和细化监管措施的热潮，工作取得了实质性进展，收到了明显成效。

依托市场监管总局检验检测机构监管大数据系统，推广使用检验检测移动App软件，继续组织全省认证业务骨干学习“互联网+监管”模式。邀请专家进行实操讲解，为全省11个市119个县区局配发用户账号，要求各市、县局认证检测执法人员开阔思维、敢于创新，熟练掌握，及时应用于监督检查，实现“手工监管”向“信息化监管”，“粗放式检查”向“精细化监管”的实质性转变，实现全省监管信息的实时互联、随时互通和全时掌控，让高科技手段更好地服务于日常监督管理工作。

（三）继续加强特殊时期的检验检测机构监管

自2018年新的市场监管局组建以来，省局认证认可与检验检测监管工作头绪多、改革变化大，为更好落实认证认可“放管服效”总体要求，在强化基础工作、强化基层监管的同时，注重向强化一线人员能力素质和强化特殊时期的监管等方面转变，有序推进重点任务、重要时期的工作落实。

2019年1月，新春佳节将至，全省机构改革尚未结束，为了确保“多局合一”和“两节”这一特殊时期的认证认可监管工作有人抓、有人管，保持工作的连续性，省局及时下发了《关于加强特殊时期检验检测机构监管工作的通知》（晋市监认证〔2019〕36号），要求各市县局认真落实属地监管责任，确保思想不乱、工作不断、干劲不减，并围绕“三个行业、两类机构”进行重点监管。从监管方式上，要求检验检测机构开展自查；特别是对涉及危化品运输车、环保、食品等行业的检测机构，要求各辖区认证监督管理部门进行督查；从监管重点上，主要是对以往检查中发现问题较多的、2018年新增加的获证机构进行检查，发现问题，立即责令整改或重点查处，促进检验检测机构能力的

持续保持。全省认证认可人员坚持改革与监管兼顾，服务与检查并行，以实际行动配合改革，以工作落实促进改革，以市场治理推进改革，保持了特殊时期全省质量认证工作的落实，进一步筑牢了以认证认可和检验检测为主要内容的质量安全基础工程。

（四）继续落实“双随机、一公开”监督抽查工作

为强化全省获证检验检测机构的监督管理，落实省委、省政府的统一部署，2019 年 8 月 5 日，省局牵头，与省生态环境厅、省药监局联合印发了《关于组织开展 2019 年度检验检测机构监督抽查工作的通知》（晋市监认证〔2019〕206 号），部署了全省检验检测机构的“双随机、一公开”监督抽查工作，并结合区域分布实际，分行业、分步骤、分时段地狠抓工作落实。

1. 突出重点领域，加大抽查比例

省局和省生态环境厅、省药监局三部门联合开展“双随机”监督抽查。其中，省生态环境厅、省市场监管局对生态环境监测机构抽查比例达到 10%，对尾气排放检测机构抽查比例达到 10%；省市场监管局、省药监局对医疗器械检验检测机构抽查比例为 100%。此外，涉及食品、建材等重点领域的检验检测机构一并按照不少于 5% 的比例抽查。结合全省重点工作实际，要求各市生态环境局、市场监管局对尾气排放检测机构抽查比例 100% 全覆盖。

2. 突出科学高效，加强协同监管

9 月中旬，省局联合举行 2019 年省级资质认定检验检测机构“双随机、一公开”跨部门联合监督抽查启动仪式，随机抽取省级抽查的 50 家检验检测机构，其中尾气排放 29 家、环境监测 15 家、医疗器械 1 家、食品 2 家、粮食 1 家、建筑 2 家。在监督检查中，统一使用检验检测移动 App，将实时记录的检查内容上传移动 App 系统，实现全省监管数据信息共享、互联互通。全省随机抽查检验检测机构 363 家，占全省机构的 32.7% 其中，省局抽查 50 家，市局抽查 313 家。检查发现 20 家机构存在轻微问题，30 家机构违反《检验检测机构资质认定管理办法》有关规定，检查组将线索移交各市局，依法依规、严肃查处违法违规行为，并及时向社会公开通报了检查结果。同时，要求各市局围绕年度监督检查发现问题，加大监管力度，采取有效措施，强化主体责任，加强日常监管，确保检验检测机构持续保持获证时的能力和要求，提高基层监管工作的时效性和针对性。

（五）继续推动能力验证工作

为了进一步提升全省检验检测机构的检验检测技术能力和管理水平，省局依据《检验检测机构资质认定管理办法》《实验室能力验证实施办法》等规定，自第三季度开始，先后下发《关于征集 2019 年度检验检测能力验证项目的通知》（晋市监认证〔2019〕128 号）《关于下达 2019 年能力验证计划的通知》（晋市监认证〔2019〕244 号），根据国家和省政府的有关精神，通过广泛征集和专家论证的方式，确定在涉及民生的环保领域的两个参数进行能力验证（水中铜测定、空气中二氧化硫测定），两个参数共征集 299 家环保检测机构参加。为了确保技术报告的准确完整和工作程序的公平公正，省局在组织技术专家组验收的基础上，公布了能力验证结果，对能力验证检测结合满意的机构予以表扬，对于不合格或离群等问题机构，省局专门下发通告，要求辖区市场监管部门落实后续处理措施，实施重点监管。特别是要用好能力验证结果，持续提高业务技能，持续传递信任和社会公信度，持续提升获证检验检测机构的能力水平。

三、抓宣传，达共识，质量认证的影响力再有新提升

2019 年，省局继续围绕贯彻落实党中央、国务院关于加强质量认证体系建设的一系列决策部署和认监委关于质量管理体系升级行动以及为小微企业提供营商环境等等通知要求，下发专题通知，编发宣传资料，及时安排部署工作，共同推进落实。

（一）持续推进质量管理体系升级行动，提升企业可信度

在 2018 年 GB/T 19000（ISO 9000）质量管理体系系列标准换版的基础上，继续指导各市、县局市局采取培训座谈、现场参观等形式，一如既往地组织开展质量提升行动为主的业务培训，交流工作经验，提高工作达到了应有效果。

近年来，省局结合“质量月”和“世界认可日”等有利时机，不断加大宣传力度，提升企业质量意识，推动认证认可制度实施，鼓励更多企业了解认证、参与认证、采信认证，进一步提高了认证认可的社会认知度和行业美誉度。

（二）积极开展主题宣传活动，提升社会认知度

2019年的“世界认可日”“全国质量月”等重要时间节点，省局下发专门通知，对主题宣传活动进行安排部署。在2019年的6月9日“世界认可日”来临之际，省局组织开展了以“认证认可促进供应链提升价值”为主题的系列宣传活动。省局在纤维检验局组织开展“实验室开放日”活动；联合太原市局、杏花岭区局、省认证认可协会在太原市龙潭公园举办“世界认可日”现场宣传活动；同时，各市、县局按照省局要求，开展了形式多样的宣传和服务。据统计，全省全年共发放宣传资料10万余份，接受咨询人数3万余人次，近600余家认证、检测机构现场参与，提供公益检测服务2000余次，这些传递信任、服务发展的具体举措，受到社会各界关注和好评。

（三）普及绿色产品认证制度，提高大众知晓度

省局结合组织“有机宣传周”活动，围绕“有机产品认证助力生态文明建设”主题，宣传国家推行的绿色产品认证相关制度。同时，通过电视媒介宣传，举办现场咨询、图片展览、答疑解惑等多种形式，介绍绿色产品认证制度、标识使用等相关情况，扩大绿色产品认证的社会认知。为了扩大影响力，省局采取电视专访和接受媒体采访等多种途径，解读有机产品认证制度，引导企业参与认证，提高产品质量；6月3日，省局接受电视媒体采访，讲解了绿色产品认证制度体系、标识使用、评价标准、认证目录方面相关情况，扩大绿色产品认证的认知度。活动期间，74家有机认证获证企业积极参与，出动宣传人员600余人次，出动各类宣传车24辆，接受群众咨询3400余人次，发放各类宣传资料33900余份，制作展板27块，参与者一致认为，此次接地气、有声势的“有机宣传周”活动，进一步营造了企业追求质量认证、社会崇尚质量认证、人人关注质量认证的良好氛围，彰显了传递市场信任，服务市场监管的积极作用，为认证认可事业发展营造良好的舆论环境和社会氛围。

撰稿人：朱立先　审稿人：张　霞

深化改革　强化监管
促进地方认证认可检验检测行业健康发展

——内蒙古自治区市场监督管理局2019年认证、认可及检验检测监管工作概况

2019年，内蒙古自治区市场监管局（以下简称“内蒙古局”）深入贯彻习近平总书记对内蒙古重要讲话、重要指示批示精神，全面落实自治区党委政府、国家市场监管总局的决策部署，把开展“蒙”字标认证行动、打造“蒙”字标品牌、强化认证监管、严格市场准入、优化放管服改革作为工作的出发点和落脚点，顺利完成各项目标任务。

一、开展“蒙”字标认证行动，助推自治区经济高质量发展

在内蒙古局党组的正确领导下，周密组织，精心安排，多方协调，积极推进，以实际行动认真践行习近平总书记“内蒙古要走以生态优先、绿色发展为导向的高质量发展新路子”的重要指示，积极开展“蒙”字标认证行动。先后赴浙江、上海、山东等地进行调研；组织召开专家研讨论证会5次；组织召开协调会、联席会20余次；赴盟市走访调研企业20余家；多次赴国家认监委汇报、协调“蒙”字标认证工作情况。截至2019年年底，“蒙”字标认证的五大体系基本构建，成立了“蒙”字标认证联盟；制定了《内蒙古自治区“蒙”字标认证管理办法》《“蒙”字标标志管理办法》《认证联盟章程》《“蒙”字标认证程序》等相关制度及标准；确定了“蒙”字标认证先行试点的企业及相关产品，指导、协助传媒机构初步完成了“蒙”字标宣传片的拍摄制作任务，为“蒙”字标认证行动的顺利开展奠定了坚实的基础，开创了认证监管工作的新局面。

二、加大监管力度，规范认证检测市场秩序

（一）扎实开展认证行政执法和专项督查

按照国家认监委安排，结合内蒙古自治区实际，部署开展全区质量管理体系认证、有机产品认证、强制性产品认证获证企业监督检查工作。全年共计检查获证企业500余家，其中责令改正企业11家，另有立案处理的正在进行中，尚未结案。

（二）积极开展“世界认可日”“有机宣传周”主题宣传活动

在“世界认可日”“有机宣传周”期间，全区各级市场监管部门共出动3000多人，分别在各地广场、社区、学校、企业、商场张贴宣传标语和宣传海报3500余份，悬挂大型横幅100余条，解答咨询问题1500多个，发放宣传材料5000余份。走访、接受咨询、培训、参观体验、与企业交流座谈等活动60余次。多方位、多渠道、全角度地向社会广泛宣传了“蒙”字标认证、认证认可制度的基础知识；认证认可、有机生活与人们生活、生产、经济社会发展的关系及认证认可、有机产品认证在建设环境友好型、资源节约型社会等方面的关系，为助力生态文明建设，服务自治区经济高质量发展做出了应有的贡献。

（三）加强对认证活动的监管

通过国家认监委“认证认可业务综合监管平台”加强对认证机构认证活动的监督管理。全区范围内上报认证活动9279次，涉及认证机构208家，涉及获证组织4248家，现场检查认证活动4732次，现场检查认证活动51.0%；现场检查认证机构172家，认证机构现场监管82.69%。在全国认证活动现场监管中一直处于领先地位，切实增强了认证监管的震慑力，严格规范了认证机构行为。

（四）加强行政审批管理

审核检验检测机构资质认定材料600家，其中许可565家，不予许可35家。许可的有首次申请142家，

复查申请1家，扩项及变更申请422家。

在机动车污染物排放检验领域，试行“机构自我承诺、先证后核”的审批形式，缩短审批时限，用一周时间，集中审核并批准了全区248家机动车检验机构的污染物排放标准变更申请，保证绝大部分符合标准要求的机构，可以在能力范围内开展机动车污染物排放检验工作，避免内蒙古自治区机动车检验机构大面积停摆事件发生。

（五）加强监督检查

与自治区生态环境厅、公安厅、药监局联合印发《关于组织开展2019年度自治区级检验检测机构资质认定专项监督抽查工作的通知》，部署开展检查工作。各盟市总计抽查生态环境监测机构114家，机动车检验机构272家，食品检验机构22家，文审获得许可机构6家，自治区检查组抽查医疗器械检验机构6家，总计抽查各领域机构420家。检查结果“通过”的有221家，占被查机构总数的52.62%；有188家机构为“基本通过”，占44.76%；有11家机构为“不通过”，占总数的2.62%。总计处罚金额20.1万元。

（六）认真开展年度检验检测机构能力验证工作

综合考虑社会关注度、机构数量、工作经费等因素，委托内蒙古食品检验中心、内蒙古建材院作为项目承担单位，在食品、建材产品检验检测领域，对7种产品的9个参数开展能力验证工作。全区共计287家机构参加能力验证，结果满意的有270家，满意率为94.08%。结果存在不满意项的有8家，不满意率2.79%。

按照参数计算，2019年度能力验证287家机构共产生1200组有效数据，其中满意数据1180组（首次满意1082组，补测满意98组），满意率98.33%，可疑数据11组，占比9.17%，不满意数据9组，不满意率0.75%。

（七）开展检验检测机构统计报表填报工作

按照市场监管总局工作部署，组织开展了内蒙古自治区2018年度检验检测服务业统计报表填报工作，全区1244家通过资质认定的检验检测机构开展了数据填报，填报完成率达98.6%，超全国平均完成率8.4个百分点。

抓住机遇　主动作为

——辽宁省市场监督管理局 2019 年认证、认可及检验检测监管工作概况

2019 年，辽宁省市场监督管理局（以下简称“辽宁省局”）认可检测工作以习近平新时代中国特色社会主义思想为指导，贯彻落实省委省政府、市场监管总局和省局各项工作部署，深入推进“放管服”改革，认真落实“证照分离”工作部署，依法履行审批和监管职责，发挥了检验检测在服务地方经济发展中的基础性作用。

一、加强检验检测机构资质认定监管

按照《市场监管总局 生态环境部 国家药监局关于组织开展 2019 年度检验检测机构监督抽查工作的通知》（国市监检测〔2019〕111 号）要求，联合省生态环境厅和省药监局开展 2019 年全省检验检测机构资质认定监督检查，重点打击“未经检验检测或者以篡改数据、结果等方式，出具虚假检验检测数据、结果”“超出资质认定证书规定的检验检测能力范围，擅自向社会出具具有证明作用数据、结果”等严重违法违规行为。采取“双随机”方式，在全省范围内抽查各类检验检测机构 779 家，抽查比例 47.3%，其中抽查食品检验机构 48 家、环境监测机构 198 家、机动车检验机构 326 家。查办违法违规案件 41 起，其中立案查处 11 起，撤销、注销、暂停 13 家。

二、强化检验检测机构能力建设

组织开展 2019 年度实验室能力验证工作，征集并择优确定保温材料导热系数的测定、电线电缆绝缘平均厚度的测定、水泥物理性能的测定、复肥中氯离子质量分数的测定、室内空气中甲醛的测定等备受关注的 5 个项目作为 2019 年的能力验证项目，报名参与实验室能力验证的检验检测机构达 863 家。项目承担单位分别对各机构提交的样本进行初测和视情况补测，最终结果显示，828 家满意、2 家可疑、33 家不满意，分别占比 95.94%、0.23% 和 3.82%，其中室内空气中甲醛的测定项目参加能力验证报名机构 232 家，最终结果显示，219 家机构满意、1 家机构可疑、12 家机构不满意，分别占比 94.4%、0.43% 和 5.17%。根据最终验证结果形成能力验证报告并予以通报，同时提出处理意见。

三、依法依规开展资质认定技术评审

一是按照《检验检测机构资质认定管理办法》及相关文件要求，对检验检测机构资质认定的程序、办事指南、审核材料等进行了重新梳理，指导各市局资质认定审批部门开展检验检测机构资质认定审批工作，严格按照资质认定基本规范、评审准则要求开展技术评审，在规定时间内出具技术评审结论。截至目前，全省机构总数在上年 1560 家的基础上增加 111 家，注销 24 家，共有机构 1647 家。

二是与省生态环境厅联合印发《关于转发〈检验检测机构资质认定生态环境监测机构评审补充要求〉的通知》，进一步规范了生态环境监测机构的资质管理，提高了生态环境监测机构监测（检测）水平。

三是继续压缩资质认定行政审批办理时限，缩减审批流程。按照相关法律法规要求，除必须开展技术评审的审批事项外，其余审批事项办理时限均为 5 个工作日，在法定时限 35 个工作日的基础上压缩了 30 个工作日，压缩 85.7%；审批流程在原来 6 个的基础上减少至 3 个，压缩 50%。全省共受理资质认定扩项等申请 1995 件，办结 1927 件。

四、认真贯彻落实《市场监管总局关于进一步推进检验检测机构资质认定改革工作的意见》

研究制定具体落实措施，做好检验检测机构资质认定改革准备工作，结合辽宁实际，制定《检验检测机构资质认定在辽宁自贸试验区实行告知承诺审批实施方案》和《检验检测机构资质认定在辽宁自贸试验区实行告知承诺审批服务指南》，并统一规范了对经营

范围的表述。组织全省自贸区资质认定审批部门召开会议，提出实行告之承诺制统一要求，为12月1日正式执行告之承诺制做好充分准备。

五、应用监管移动App开展检验检测机构监管工作，实现监管数据互联互通

起草并印发《辽宁省市场监督管理局办公室关于转发国家认监委办公室关于在全国范围内推广应用检验检测机构资质认定监管信息化终端系统（监管App）的通知》，明确要求全省检验检测监管人员应用监管移动App开展检验检测机构监管工作，举办监管移动App操作使用培训1次，全省范围内移动监管App使用率达100%。

六、支持民营检验检测机构参与军民融合发展

一是围绕民营检验检测机构参与军民融合工作任务开展实地调研，通过对3家民营检验检测机构和2家军工实验室相关情况的现场调研，了解民营检验检测机构与军工实验室在检验检测方面的相互需求，同时了解到目前军民融合工作在检验检测领域存在的问题，为促进民营检验检测机构参与军民融合找到突破口。

二是加强部门间沟通协调。与省委军民融合发展委员会相关负责同志会商如何搭建检验检测领域军民融合平台，已推荐9家民营检验检测机构纳入辽宁省军民融合大型科学仪器共享平台。

三是组织民营检验检测机构参加由省委军民融合办公室主办的辽宁首届高新技术成果展，为民营检验检测机构更好参与军民融合提供契机。

七、加强基础数据管理

一是完成2018年度检验检测服务业统计工作，组织全省检验检测机构开展服务业2018年度统计工作，如实、按期、准确、全面上报全省检验检测机构统计数据及有关材料，截至2019年5月末，统计数据的上报机构已达1560家，机构填报率达100%。

二是下发《关于报送全省检验检测资质认定机构实时统计数据的通知》，组织各市、沈抚新区市场监督管理局按月报送检验检测机构实时统计数据，确保统计数据实时更新。

八、加强检验检测资质认定评审员管理

起草并印发了《辽宁省市场监督管理局关于推荐检验检测机构资质认定评审员的通知》《辽宁省市场监督管理局关于开展2019年省级检验检测机构资质认定评审员考核录用的通知》，通过推荐、考核录用等方式，进一步充实更新评审员队伍。

九、组织开展“世界认可日”和“检验检测机构开放日”等活动

2019年6月6日，在辽宁自贸试验区大连片区举办了以“认证认可促进供应链提升价值”为主题的“世界认可日”主题宣传活动，辽宁自贸试验区大连片区管委会有关工作人员、企业代表及媒体记者累计150余人参加活动。按照今年国家局关于开展“检验检测机构开放日活动”的要求，制定并印发了《辽宁省市场监督管理局关于开展2019年“检验检测机构开放日”活动的通知》，要求全省检验检测机构以自愿为原则开展“检验检测机构开放日”活动。活动期间，全省共举行开放日活动245场，开放检验检测机构255家，参与群众6000余人次，企业参与500余家，制作发放宣传册14500余份。开展便民检测活动150场、组织大中小学校参加开放活动22场、组织开展检验检测机构技术交流22场、组织科普讲座、检验检测知识宣传69场；宣传报道30篇，发布微博、微信数量220条。

十、组织举办全省市场监管系统检验检测机构监管人员业务培训

针对机构改革后各市局认可与检验检测监督管理部门人员变化较大，对检验检测机构资质认定评审与监管业务欠缺的现状，以提高基层监管人员业务能力为目标，开展系列提高监管业务能力方面的培训2次。通过培训，让监管人员掌握监管知识和监管技巧，提高了监管人员的遵纪守法意识，提升了机构的监管水平和风险防控能力。

深化改革　强化监管　助力质量提升

——吉林省市场监督管理厅2019年认证、认可及检验检测监管工作概况

2019年，吉林省市场监督管理厅（以下简称“省厅”），在国家市场监督管理总局的正确指导下，在省厅党组和分管厅领导的正确领导下，按照总局的工作部署和年度工作安排，结合吉林省认证认可检验检测工作实际，深化改革创新，狠抓行业监管，不断提升服务能力，为推动吉林全面质量提升贡献力量。

一、认可、检验检测工作有序开展

（一）深化检验检测机构资质认定行政审批改革

印发《吉林省市场监督管理厅关于深化检验检测机构资质认定改革加强事中事后监管工作的通知》（吉市监认可字〔2019〕116号），于2019年7月1日开始，在全国率先开展检验检测机构资质认定行政审批工作部分变更事项由审批改为自我声明，审批时限由30个工作日压缩至22个工作日，简化资质认定申请要件3件，简化资质认定评审环节2个，对7个变更事项和能力取消事项采取自我声明。

（二）积极做好规范和推进司法鉴定认证认可相关工作

与省司法厅联合印发了《吉林省司法厅吉林省市场监督管理厅关于规范和推进司法鉴定认证认可工作的通知》（吉司联发〔2019〕5号），对如何规范和推进司法鉴定认证认可工作提出了具体要求，不断提高司法鉴定质量和公信力。

（三）积极组织做好两个机动车污染物检验新标准实施工作

省厅印发了《吉林省市场监督管理厅关于做好GB 18285-2018及GB 3847-2018机动车污染物检验标准实施工作的通知》（吉市监认可字〔2019〕39号），对上述新标准变化涉及资质认定许可事项，采取自我承诺方式，由机构向所在区域的资质认定发证部门申请办理标准备案后，即可开展相应的检验检测工作。

（四）不断夯实检验检测机构事中事后监管基础

于2019年6月底前，在全省检验检测机构监督检查中推广使用全国检验检测机构监管信息平台“检验检测移动App系统”。以“双随机、一公开”为基本手段，省本级于11月底前完成了50家检验检测机构监督检查任务。配合国家局对国家级资质认定的5家检验检测机构进行了监督检查。进一步规范检验检测机构行为，不断提升管理水平和技术能力。

（五）举办全省认可检测监管和评审员培训

为不断提高全省检验检测机构资质认定管理和资质认定评审工作质量，确保从源头上把好检验检测行业市场准入关，提升事中事后监管人员的工作能力和监管效率，提升检验检测公信力和供给质量，9月份举办了全省检验检测监管和资质认定评审培训班，120余名认可检测监管人员和近300名评审员参加了培训，进一步提升了监管人员和评审员的监管技能、业务水平和工作能力。

（六）组织开展检验检测机构能力验证工作

在全省范围内组织开展与百姓健康息息相关的，生活饮用水中三氯甲烷、铜、亚硝酸盐含量的能力验证工作，全省138家具备生活饮用水检测能力的检验检测机构参加了能力验证活动。进一步验证了生活饮用水检测机构能力持续保持情况，不断促进检测机构健全质量内控体系，提升管理水平，确保对外出具的数据和结果科学、真实、准确、可靠。8月，与省人力资源和社会保障厅、省总工会、团省委、省妇联等四部门，配合省生态环境厅举办了第二届生态环境监测专业技术人员大比武活动，全省共有30家监测机构90名选

手参赛。不断强化了监测技术人员的思想道德、职业操守和技术水平。

（七）积极组织开展“世界认可日”宣传活动

为充分发挥检验检测“服务发展、传递信任”的作用，按照总局的统一部署，第12个“世界认可日”当天，全省多地对外开放了实验室。组织吉林省质检院邀请消费者、企业和学生等代表100余人走进对外开放的95间实验室，通过实地参观、理论讲解、实验观摩以及简单实验操作等多种直观、生动的方式，使参观者进一步了解检验检测与人们日常生活密切相关。同时，省质检院还现场免费为中小学生对配装眼镜中球镜顶、柱镜顶焦度偏差和柱镜轴位偏差进行了现场检测。

二、统筹工作，不断提升认证监管工作能力

（一）以省政府《关于加强质量认证体系建设促进全面质量管理的实施意见》为统领，统筹开展全省认证工作

一是工作任务目标稳步推进。截至2019年11月，全省获证组织数6597家，共获得各类认证证书18167张。相比去年同期，分别增长9%和9.2%。全年通过专题讲座、宣传培训、诊断咨询等形式，培训指导各行业企业630家次，参与培训人员780余人次。

二是推进检验检测认证整合，降低制度性交易成本。指导帮助吉林省具备条件的检验检测机构，结合自身行业特点，成立认证机构，强化为企业提供“一体化”解决方案和“一站式”服务能力，促进检验检测认证与产业经济深度融合。目前，已经帮助1家检验检测机构与吉林省认证机构对接，为机构提供政策指导和技术帮扶。

（二）面对新形势新任务，全面加强队伍建设

举办了全省认证监管人员培训班，省公安厅、省委编办、省农业农村厅等20个相关厅局人员，全省市场监管系统认证监管人员等共200余人参加了此次培训。邀请刘卫军司长做了名为“质量认证传递市场信任服务市场监管”的主题报告。刘卫军司长在肯定吉林认证工作的同时，结合吉林省实际，对质量认证在吉林如何发挥作用提出了自己的思考和期望。

（三）充分借鉴先进经验，深化区域质量认证合作

同浙江市场监管局开展了以借鉴“丽水山耕”为模板的工作交流。充分汲取浙江丽水的成功经验，与吉林省认证中心、中检集团吉林分公司和北京五洲恒通认证公司分别展开座谈研讨，拟将区域品牌建设和区域认证联盟相结合，已初步达成合作意向。

（四）以有机产品认证为抓手，助推地方经济发展

持续推进有机产品认证示范区建设。经考察，确定了东辽县为今年吉林省有机产品认证示范区创建单位。聘请技术专家，对东辽县有机产品认证工作进行现场指导，帮助东辽县政府完善相关配套政策，已向总局推荐，并得到总局认证监管司的回复。

（五）有序开展免予办理强制性产品认证工作

按照《市场监管总局 海关总署关于免予办理强制性产品认证工作有关安排的公告》（市场监管总局、海关总署公告2019年13号）及《市场监管总局关于明确免予办理强制性产品认证工作要求的通知》（国市监认证函〔2019〕153号）要求，自2019年4月1日起，承接免予办理强制性产品认证相关工作。截至2019年11月底，共受理申请近500件，发放证明450余张，涉及产品2000余种，货值7500余万元，收到企业锦旗1面，感谢信1封。

（六）创新监管方式，加强质量认证监督

全面推行“双随机、一公开”监管模式，建立了认证监管人员和获证组织数据库，完成了对全省9个地区93家获证组织的监督检查工作任务，并发布了检查结果通报。

撰稿人：程　刚　任起群　审稿人：刘恒涛

强化认证认可作用　深挖省内市场潜力 在龙江经济高质量发展进程中助力破局

——黑龙江省市场监督管理局 2019 年认证、认可及检验检测监管工作概况

2019 年，黑龙江省市场监督管理局（以下简称“黑龙江局”或“省局”）认证认可与检验检测工作以“促改革、提质量、助发展”为指导，严格落实全国认证认可工作会议精神和认监委工作部署，紧紧围绕省委、省政府中心工作，深化“不忘初心、牢记使命”主题教育成果，深入贯彻“放管服”改革要求，以高质量发展为目标，全面提高认证认可供给质量，为服务地方经济发展、供给侧结构性改革等方面做出了应有贡献。

一、在动态改革中强化大局思想，确保认证监管任务圆满完成

机构改革的持续推进给监管人员的思想造成了事实上的冲击，省局党组从大局出发，针对认证认可与检验检测职责情况，积极做好人员思想稳定工作，做到人不动、心不散，保证认证监管工作有序进行。截至 2019 年底，全省认证机构 6 家，分支机构 8 家，在黑龙江省有认证活动的认证机构有 216 家，获证组织 6288 家，各项证书 14841 张。全省获得质量管理体系认证证书 4348 张，环境管理体系认证证书 2407 张，职业健康安全管理体系认证证书 2357 张，食品安全管理体系认证证书 395 张，有机产品认证证书 1817 张，居全国之首。HACCP 认证证书 39 张，良好农业规范认证证书 21 张，强制性产品认证证书 1013 张。依托认证网络监管平台和电话了解以及实地检查等不同形式，全省监管认证活动 16000 余次，监管率达到 73%，认证市场得到较好的良性发展。

二、突出服务发展作用，在振兴东北大局上助力龙江经济提升

（一）以促经济为目标，狠抓服务质量提升

一是规范免办业务流程。省局正式承接免于办理强制性产品认证工作后，结合实际，制定了《免予办理强制性产品认证工作实施规范》，在深入大庆沃尔沃汽车制造有限公司实地调研征求企业对免于办理强制性产品认证审核、发证等工作的意见建议后，制定了《免于办理强制性产品认证工作流程》，在省局门户网站和微信公众号上公布，将总局规定的 5 个工作日办理时限压缩至 3 个工作日，满足了企业需求。

二是推进服务指南标准化。着眼于程序更优化、环节设置更合理、审批更快捷，进行资质认定许可流程再造，对审批程序进行了删减、合并，将审批环节由原来的 6 个优化至 3 个，将办事环节压缩了 50%。将办理时限由总局规定的 20 个工作日压缩至 8 个工作日，发证时间由总局规定的 7 个工作日压缩至 3 个工作日，缩短了机构获证时间，极大提高了行政审批效率。

三是实现许可全程网上办。在资质认定许可已实现网上办理的基础上，将获证检验检测机构资质认定变更事项全部纳入网上办理，并实现机构可直接在电脑终端获取打印结果。

（二）深度结合市场，推动高端品质认证

一是大力培育有机产品品牌。培育了“北大荒”“五常大米”“寒地黑土”等为代表的有机产品品牌。其中“五常大米”获证组织 342 家、有机产品认证证书 394 张，分别占黑龙江省有机产品获证组织和认证证书的 53.4% 和 55.78%。二是有机认证示范区建设取得新成效。肇源县国家有机产品认证示范创建区由创建初期的 17 张有机认证证书增长至 33 张，涉及 40 多个品种，有机产品年产量由不足 2 万吨增长至 8.4 万吨，有机产业年产值 2.36 亿增长至 7.15 亿元，在全县农业总产值中占比达到 18%，每年促进农民增收约 6000 万元。三是推进示范区带动效应。黑龙江省有国家有机产品认证示范区 1 个、国家有机产品认证示范创建区 5 个、省有

机产品认证示范区 19 个，有力地促进了黑龙江省有机产业发展，农业结构优化。

三、打造公平有序的营商环境，强力推动改革进程

（一）深入贯彻总局改革意见，积极推进全省检验检测机构资质认定改革工作

一是紧贴实际定方案。2019 年 8 月 2 日，党中央、国务院批复设立中国（黑龙江）自由贸易试验区（以下简称自贸区），按照“证照分离”工作部署和《市场监管总局关于进一步推进检验检测机构资质认定改革工作意见》（国市监检测〔2019〕206 号），结合黑龙江省实际，制定印发了《黑龙江省市场监督管理局关于进一步推进检验检测机构资质认定改革工作方案》，确保自贸区检验检测机构资质认定告知承诺顺利实施。

二是规范告知承诺流程。及时修改完善政务服务事项目录和网上许可系统，编制了《检验检测机构资质认定告知承诺办理指南》，增设告知承诺网上申办和审批流程，为告知承诺制顺利实施提供基础保障。

三是靠前指导促落实。采取以会代训的形式，组织召开自贸区哈尔滨、黑河、绥芬河三个片区资质认定工作人员座谈会，现场进行培训，解读相关改革措施，明确办理条件、标准、方式、后续核查及事中事后监管等内容，并提出具体要求。12 月 2 日，自贸区哈尔滨片区资质认定主管部门现场颁发了全省第一张实施告知承诺方式审批发放的资质认定证书，省、市电视台等多家媒体现场进行了跟踪报道。

（二）稳步推进检验检测认证机构整合工作

积极配合省事改办推进全省检验检测认证机构整合工作，对全省各行业检验检测机构进行了调查，建立档案，为整合工作提供基础保障。配合省编办赴辽宁省、四川省和湖南省改革情况进行了实地调研，在充分征求意见和建议的基础上，起草了《黑龙江省检验检测认证机构整合实施意见》（征求意见稿）和《市、县级检验检测机构整合指导意见（征求意见稿）》，并上报了省事改办，为检验检测认证机构整合提供了有力的遵循。

四、完善监管层次，提升认证监管效率

（一）做好分类分层级监管

在关键节点上重点管、对信誉好的机构常态管，在漏洞多的环节强化管。

一是省级顶端统筹监管。抓好机制建设，完善网络和实地监管手段。建立各层次联动监管机制，企业定期检查制、企业档案管理制、产品监督抽查制等监管机制，充分利用各种监管手段，形成工作合力。省局以工作要点形式做好全年谋划，定期收集基层对认证机构计划检查监管实况，每月汇总基层上报情况和执法检查情况，随时通过微信等载体督促基层落实监管工作，提高工作实效，保持监管力度。省局认证处以认证网络监管平台为基础，专人审查认证机构上报计划情况和基层跟踪检查情况，及时提醒基层履行监管职责，每月汇总，季度通报，建立档案。

二是市局承上启下监管。市级认证科室除履行本级岗位监管职责外，重点关注辖区认证机构，对区县实施同步监管，建立档案，汇总月情况，完善档案资料，打好“管理牌”。建立健全辖区内强制性产品认证企业资料数据库，随时掌握企业认证等基本信息。充分利用网络等信息平台规范企业档案资料管理，如通过认监委网站查询掌握企业基础数据等。

三是区县终端一线监管。区县监管包片管理，全面摸清获证组织，实施网格化管理，以与群众生活密切相关、监督抽查合格率较低、社会拥有量较高、消费者投诉较多的 CCC 产品为重点产品，加大对以销售无证产品情况较突出的批发市场、城乡结合部、农村市场为重点区域开展专项整治，抓好重点产品质量整治，严厉打击出厂、销售未经 CCC 认证产品的违法行为。建立重点认证分析监测机制，对有机产品认证获证企业，摸清底数、建立档案、加强监管，并结合日常监管情况，抓好认证执法，规范市场秩序。以“双随机、一公开”监管为导向，实行分类监管，监管有层次、有重点，确保问题发现及时，针对性服务，完善监督管理体系。

（二）推进事中事后监管有效落实

一是强化“三级联动”和部门联合监管机制。组织省、市、县市场监管部门同步启动认证认可和检验检测机构监督检查工作，对认证活动和认证结果检查 1254 家次，获证产品有效性抽查 1425 家次。监督抽查有机产品 306 批次，合格产品 297 批次，合格率为 97%，不合格原因为产品标签问题；监督抽查 10 种强制性认证产品 480 批次。省局与省生态环境厅联合开展了“双随机”抽查，共抽查了 12 家环境检测机构。各市（地）市场监管部门与公安、生态环境部门开展机动车检验、环境监测机构联合检查，实现“进一次门、查多项事”，

在检验检测监管上，全省共随机抽查了661家机构，其中，责令改正98家，责令整改并处罚款32家，对存在问题的机构依法进行了处理，并将监督检查结果及时进行公示。

二是盯住问题抓整改。指导哈尔滨市道里区局办理了一起买证卖证违法案件，鹤岗市局查处了一起违法销售在CCC认证证书暂停、撤销期间继续出厂、销售认证产品案件。这些措施有力地震慑了认证领域违法行为。

三是积极推进全省司法鉴定机构资质认定工作。与司法厅联合下发了《关于规范和推进司法鉴定认证认可工作的通知》，进一步明确司法鉴定机构资质认定的范围、形式、程序和要求，促进司法鉴定资质认定工作规范化，提高司法鉴定质量和公信力。

四是组织开展能力验证活动。认真贯彻落实党中央国务院《关于深化改革加强食品安全工作的意见》和《黑龙江省委省政府关于深化环境监测改革 提高环境监测数据质量的意见》要求，组织开展了食品检验机构和环境检测机构能力验证工作。共有110家环境监测机构和112家食品检验机构参加能力验证。组织监管人员和专家深入到部分机构，现场发放盲样，现场监督机构试验过程，确保了能力验证结果的客观、真实。

五、强化认证认可监管业务能力提升，推进认证认可与检验检测宣传培训全覆盖

（一）夯实基础工作，保证各级监管任务的有效落实

一是完善基础数据。组建了全省认证监管专家库，为“双随机、一公开”和解决认证监管难题提供技术保障。完善全省检验检测数据平台功能和机构相关信息，为市（地）局开设访问端口和权限，分配账户，实现全省检验检测机构信息互通共享。

二是积极推动新标准有力实施。自2019年5月1日起，机动车尾气排放新版标准开始发布实施，黑龙江省局及时组织生态环境、机动车检验领域的10余名专家进行研讨，广泛征求意见，出台了黑龙江省贯彻落实的具体措施，确保了新版标准和要求落实到位，执行到位，截至2019年年底，全省已有269家机动车检验机构完成了新版标准的扩项工作，具备了相应的检测能力。

三是完成检验检测服务业统计数据填报审核工作。全省1195家检验检测机构的数据网上填报、审核工作。根据数据汇总结果显示，2018年，全省检验检测机构营业收入24.72亿元，位列全国第28位；共向社会出具检验检测报告394万份。

（二）抓好各层次人员全方位培训

一是多种方式抓培训。省局党组高度重视认证认可检验检测宣传培训工作，广泛利用传统媒体、自媒体、公众号、门户网站等多种形式，宣传认证认可检验检测工作。投入经费近35万元，采取上级领导亲临授课、权威专家授课、深入基层上课授课等灵活多样的培训形式，提升认证认可检验检测工作能力和水平。

二是针对重点领域专门训。组织全省环境监测领域评审员和技术专家80人进行了《生态环境监测机构评审补充要求》的培训，保证评审工作质量，促进环境监测机构在人员、环境、设备设施和质量管理体系上进一步提升和完善，技术能力和管理水平得到进一步提升。

三是利用活动抓宣传。组织全系统开展“认可日”宣传活动，与哈尔滨市市场监管局联合举办2019年世界认可日活动，组织检验检测机构、认证机构等30家单位代表参加了座谈。各市局结合本地区实际，组织开展了一系列符合市场和社会需求、体现地方和行业特色的宣传、培训、公益服务等宣传活动。结合2019年“质量月”活动，组织开展全省检验检测机构开放日活动。围绕“检验检测为民服务”主题，广泛开展宣传讲解、参观交流、走访座谈、公益检测、便民服务等，通过“请进来”和“走出去”相结合的方式，增进社会公众对检验检测的了解和信任，推动检验检测机构主动回应社会关切和社会需求，形成共同关注质量基础建设、共同促进检验检测服务业发展的良好氛围。

撰稿人：马　强　审稿人：初成骄

规范行业秩序　加大供给力度　构筑质量新优势

——上海市市场监督管理局2019年认证、认可及检验检测监管工作概况

2019年，上海市市场监督管理局（以下简称“上海市局”）紧紧围绕《国务院关于加强质量认证体系建设 促进全面质量管理的意见》，全面落实国家市场监管总局、国家认监委以及市委市府决策部署，不断推进质量认证体系建设，全面提升认证技术能级和服务质量，为打响上海“四大品牌”、加快“五个中心”建设、对接服务国家战略，构筑起了新的质量优势。

一、加大认证活动监管力度，行业秩序进一步提升和规范

（一）强制性认证领域

以“双随机”的方式，对本市生产领域机动车零部件、家用电器两大类产品进行有效性抽查。其中，机动车零部件产品抽查合格率为99%，家用电器产品抽查合格率为86.4%。对4家涉嫌违法违规行为的强制性产品生产企业及时移送区市场监管部门处理，同时责令相关认证机构，对15家存在认证有效性问题的获证企业进行督促整改，确保上海市生产领域强制性产品质量和认证活动始终保持在高合格率和良好状态。

（二）自愿性认证领域

组织400余人次，随机抽取100家质量管理体系获证组织、15家有机获证组织、94家有机产品生产加工企业和48家认证机构进行了现场检查，抽检有机样品204批次，合格率为99.5%，发现问题数78条，案件线索移送4件，发出整改通知32件，撤销有机认证证书1张。同时，加大流通领域有机产品风险监测工作力度，对线上电商平台和线下实体店销售的有机产品共抽取149批次产品，发现不合格样品27批次，样品不合格率为18.1%，主要风险集中在蔬菜和水果产品的农药违规施用。

二、加大行业服务和供给力度，市场营商环境进一步优化

一是“上海品牌”认证制度体系建设不断加强。在深入调研、广泛征求意见基础上，形成了《上海市“上海品牌”认证管理办法》草案，并列入了2020年度上海市政府规章制定计划；初步完成《上海品牌评价通用要求》标准修订，行业内广泛征求意见，“上海品牌”认证的社会知晓度、品牌美誉度、影响力进一步提升，截至目前共有67家企业的72个产品、32项服务获得了“上海品牌”认证。

二是强制性产品认证“免办”工作成效明显。主动跨前，指导区市场监管部门按时、有序承接免予办理强制性产品认证工作的审核和后续监管，尤其针对上海国际贸易枢纽CCC免办业务量大、贸易便利化需求迫切的情况，创设并开通全国唯一的“CCC免办自我承诺便捷通道”便利化举措，对本市信用记录良好、追溯体系完善、申报批次较多的进口产品CCC免办企业给予“自我承诺、自助填报、自动获证”的贸易便利化措施，实现CCC免办业务“无纸化、零等待”。截至11月底，上海共办理CCC免办业务近1.44万批，超过全国CCC免办业务量的三分之一；拥有CCC免办便捷通道使用单位17家，自助发证3130余张。

三是有机产品认证示范区培育工作进一步推进。金山区、崇明区创建国家有机产品认证示范区、培育高端农产品和农资认证品牌效益进一步凸显。坚持日常巡查与专项检查相结合，拧紧监管“螺丝钉”，有机产品的品质得到持续保证。坚持深入调研与加强指导相结合，坚持专家指导与公众参与相结合，获证组织的家数和证书数保持持续增长态势，示范区影响力不断提高。

三、对接国家战略，积极推动重大专项任务开展

一方面，积极推动自贸区“一带一路”技术交流国

际合作中心建设。推动设立上海自贸区“一带一路”技术交流国际合作中心“中沙进出口商品合格评定工作站”，实现了进出口商品“一站式”便利化合格评定，为自贸区出口型企业提供前端市场准入服务，也为国内企业走出去提供了“家门口”的一揽子服务，充分体现了认证认可工作在“一带一路”建设中重大的技术支撑和保障作用。

另一方面，积极推动和服务区域进出口汽车产业发展。建立了上海市局、中国质量认证中心上海分中心、上海自贸试验区管委会三方共同参与的工作联络机制，并签署了《共同推进上海自贸试验区“一带一路”国际合作暨汽车产业发展质量认证服务工作备忘录》，共同推进和优化进出口汽车企业强制性认证流程，推动建立“通办窗口”“网上平台”，同时协调再造汽车整车企业发证流程，实现“先发证、再审查”，更好服务区域进出口汽车产业发展。

四、加强宣贯培训，认证工作能力和社会影响力进一步增强

一是不断加强全市认证监管队伍能力建设。围绕新时代认证监管新形势、新要求，先后开展两期CCC免办监管和一期认证监管执法业务等专题实务培训，全年接受培训人员累计1275人次，认证监管人员和执法人员业务能力得到明显提升。

二是大规模组织开展全市获证企业法律法规和政策宣贯系列培训。先后组织15期强制性产品认证和自愿性认证获证中小企业培训，帮助获证企业更好熟悉相关法律法规，更准掌握认证规则要求，全年培训人员2100人次。主动对接国家CCC认证制度改革，组织工许转CCC相关企业政策宣贯，全市120余家企业共274人次参加了培训，得到广大企业广泛好评。

主动作为 强化监管 全面提升认证认可、检验检测供给质量

——江苏省市场监督管理局2019年认证、认可及检验检测监管工作概况

2019年，江苏省市场监督管理局（以下简称“江苏省局”）认真贯彻落实党组部署要求，紧扣“推进高质量监管、助力高质量发展”主题，加快适应改革发展新形势，以“一平台”“二中心”“三服务”“五监管”为抓手，在检验检测市场监管领域干了些大事、难事，在江苏乃至全国创造了首例、首次、率先经验，受到社会广泛好评和各级领导认可，现将有关情况报告如下：认真践行“守住底线、拉升高线、营造环境、规范竞争、提升质量、促进发展”的工作思路，扎实开展“不忘初心、牢记使命”主题教育，找准在深化改革中的新定位，担起在高质量发展中的新使命，展现在市场监管中的新作为。

一、牢守市场监管安全底线，在全省率先开展“双随机、一公开”联合监管

以“五监管”为手段，以江苏省内获证检验检测机构为监管对象，综合运用“双随机、一公开”监管、技术监管、信用监管、信息化监管、重点专项监管手段，实现对监管对象全覆盖，对违规行为精准监管。全年完成1500多家检验检测机构的监督检查，其中组织15个省级检查组，58名专家对75家检验检测机构实施现场检查，对全省1000多家检验检测机构开展技术能力考核，组织各市完成340家检验检测机构现场检查。配合做好3批次国家局双随机在江苏省的监督检查工作，涉及15家国家级资质认定检验检测机构。截至2019年年底，共移交建议责令整改机构21家，建议撤销资质认定机构5家。

在实践基础上，总结出具有江苏特色的“五监管”经验，即综合运用“双随机、一公开”监管、技术监管、信用监管、信息化监管、重点专项监管手段，实现对监管对象全覆盖，对违规行为精准监管。

在“双随机、一公开”监管方面，率先与公安、生态环境、交通、住建等部门开展开展联合监管。与公安、生态环境、交通、住建等部门开展联合监管，严厉打击出具虚假报告、不实数据等违规行为。截至2019年年底，对环境类检验检测机构、机动车检验检测机构抽查75家，各设区市综合抽取340家。其中25家环境类检验检测机构被查出120多个问题，3家机构被移交行政审批部门，建议撤销资质认定证书，该事被新华社采录报道。邀请长三角“三省一市”22名专家共同实施电工类检验检测机构检查。

在技术监管方面，广泛开展能力验证和报告抽查，机构覆盖率近50%。在信用监管方面，组织专人对《江苏省检验检测机构信用评价管理办法》实施修订，积极推进检验检测机构信用评价试点。在信息化监管方面，建设江苏省检验检监管测服务平台（苏检通），开展检验检测机构基础数据调查，推进检验检测监管信息开放共享，进行智能化监管。

在重点、专项监管方面，针对响水“3·21”爆炸事件中的问题，开展全省环境类检验检测机构中为环境评价工作提供检验检测数据的相关机构的重点检查。

二、持续以拉升能力建设高线为抓手，检验检测供给质量水平在全国保持领先

国家和省级质检中心是高端检验检测服务的提供者、行业排头兵和检验检测技术高地，江苏省局注重发挥国家和省级产品质量监督检验中心、计量中心、产业计量测试中心技术引领、能力示范作用，强化两级“中心”培育管理，促进全省检验检测能力水平持续提升。目前，共建成国家质检中心53个，省级质检中心64个，综合能力水平位于全国前列。

一是注重国家和省级中心培育。开展中心建设改革研究探讨，组织修订《江苏省产品质量监督检验中心管

理办法》和《江苏省计量中心管理办法》；稳步推进国家中心建设，2019 年培育 7 个国家中心，其中 2 个建成，1 个通过现场验收，2 个通过预验收，2 个完成筹建任务书变更；科学规划建设省质检中心、计量中心和产业计量测试中心，规划建设 6 个省级中心，其中批准筹建 1 个计量中心，培育 2 个省级质检中心和 3 个计量测试中心。

二是加强国家和省级中心监管管理。按照《市场监管总局关于加强和改进市场监管系统国家质检中心建设管理的通知》要求，严格落实《市场监管系统国家中心筹建验收工作程序（试行）》和省中心管理办法落实，加强全省国家质检中心、省中心监管管理，梳理建立中心情况数据库；针对全省国家和省级“中心”建设拖期的问题，组织“促进督办 2 个国家质检中心和，集体约谈 11 个超期未完成筹建的省中心，（以下简称“中心”）验收工作加快推进集体约谈”，明确整改要求。

三是推动检验检测行业区域化集聚式发展。积极推进检验检测长三角一体化发展，参与制定 2019—2020 年度工作规划，联合组织开展长三角地区能力验证工作，进行长三角地区检验检测服务平台对接准备。积极推进如皋经济技术开发区“国家氢能源汽车研究检测公共服务平台（筹建）”项目建设，指导建设常州检验检测认证产业园和徐州检验检测特色小镇。举办纺织品检验检测行业机构服务“一带一路”专题研讨会，发起服务“一带一路”新丝绸之路纺检护航诚信行动。

三、注重加强信息手段建设，在全国首例上线运行检验检测监管服务平台

采用多元化数据采集、系统性汇聚、专业化分析、定制化服务、综合性利用等信息手段，建设并于 2019 年 12 月 17 日在全国首例上线运行江苏检验检测监管服务信息平台，将有力推进检验检测监督检查精准化、公共服务高效化、管理决策科学化。

一是监督检查精准化。平台充分利用大数据关联分析、动态对比和档案管理功能，提升监管的主动性、准确性和有效性，为检验检测行业事中事后监管提供有力支撑。

二是公共服务高效化。通过公共服务系统向社会发布和展示检验检测行业发展现状和发展趋势，社会公众可从平台上查询优质便利的检验检测服务，企业能够找到更好保障技术发展的合作伙伴，政府部门将更宏观地了解辖区内的检验检测机构分布、发展情况。

三是管理决策科学化。将大数据作为检验检测发展管理决策的重要手段，利用大数据对行业发展趋势、运行规律、行业特征进行综合研判，指导行业政策措施制定、风险监测预警，提升行业综合管理决策能力。

四、推进长三角地区检验检测领域一体化发展

一是参与制定长三角地区一体化发展检验检测领域 2019–2020 年度工作规划，积极推进如皋经济技术开发区“国家氢能源汽车研究检测公共服务平台（筹建）”项目建设，进行长三角地区检验检测服务平台对接准备，组织苏州市吴江区参加长三角地区检验检测信用监管体系建设试点。

二是积极探索长三角区域检验检测机构联合监管模式，形成监管合力。组织长三角“三省一市”22 名专家开展建工类检验检测机构监督检查，派员参加安徽省检验检测机构双随机检查，组织江苏省眼镜类检验检测机构参与长三角地区检验检测行业能力验证等，实现检验检测监管共治共享，协同推动提升长三角地区检验检测领域监管水平。

五、以“改革”为契机，进一步夯实检验检测工作基础

一是建立有效工作机制。尽快适应条线新设立的新形势，对内加强业务学习，建立健全组织，进行人员分工；对外利用培训、出差、报告工作时机，建立上下左右联系，在全省检验检测系统基本实现部门整合、人员聚合和感情融合。

二是开展全省检验检测行业大调查。结合全省检验检测监管职责新、部门新、人员新的实际，为摸清全省检验检测机构行业底数，形成《江苏省检验检测服务业统计分析报告》，组织开展全省检验检测机构调查，督导未参加直报机构上报统计数据，开展全省检验检测行业统计分析，组织向社会发布行业发展现状，为加强检验检测市场监管和指导行业发展提高科学依据。

三是建立有效工作机制。迅速适应改革新形势，对内加强业务学习，建立健全组织，明确责任分工；对外建立上下左右联系，在全省检验检测系统基本实现

部门整合、人员聚合和感情融合。

四是加大检验检测宣传力度。积极认真组织世界认可日、实验室开放日活动，积极配合筹备检验检测世界国际论坛。结合“双随机、一公开”监管、能力验证等重要工作节点，积极定期向社会发布检验检测能力建设、行政监管等信息，进一步扩大检验检测社会影响。自建处以来共在各级新闻媒体发布59条政务信息及新闻稿件，其中环境类检验检测机构双随机检查结果通报被国务院网站采用，进一步扩大检验检测社会影响。

五是扎实开展主题教育。按照江苏省局机关党委部署要求，扎实开展理论学习，认真组织初心讨论，积极撰写主题征文，通过教育，使全处同志进一步坚定“传递信任、服务发展”初心、决心，进一步激发干事创业的精神劲头。

撰稿人：李华平　审稿人：陆琳琳

优化服务　强化监管

——浙江省市场监督管理局2019年认证、认可及检验检测监管工作概况

一、持续深入推进国家认证认可检验检测综合改革试点

2019年，浙江省市场监督管理局（以下简称“浙江省局”）积极贯彻落实《浙江省人民政府关于加强质量认证体系建设服务高质量发展的实施意见》，制定出台了《2019年浙江省认证认可检验检测综合改革试点工作计划》，统筹部署推进本年度20项综合改革重点工作。积极探索在环杭州湾国家检验检测高技术服务业集聚区内实施检验机构资质认定“信用管理”改革，着力构建“宽进”与“严管”并重的检验检测营商环境。指导舟山自贸区在全国率先实施检验机构资质认定告知承诺制度。

二、高品质认证取得明显成效

“品字标浙江制造”“丽水山耕”认证年新增企业293家，证书452张，国际认证证书65张。全省累计已有“浙江制造”认证企业503家、认证证书868张、国际证书151张，“丽水山耕”认证企业260家、认证证书372张。认证提质出台3项新举措。通过优化监督评审模式浙江制造证书有效期由3年延长至6年；通过精简评价条款、统一评价要求、认可采信三体系证书，审核时间减少50%；通过推广“一次认证、多机构发证”模式，为企业减少综合认证检测费用50%以上。

三、服务认证取得新进展

公共机构绿色数据中心服务认证年新增机构27家，经测算平均节电率达24.4%，可年节约费用1100多万元，年减少二氧化碳排放量近8900吨。以“服务认证推动高质量发展”为主题，承办第三届“服务认证体验周”（浙江）活动，在浙江丽水开展公共机构绿色数据中心服务认证体验。组织召开民宿服务标准与认证专题会，支持浙江德清试点开展民宿服务认证。

四、绿色产品认证推进有力

承接省委深改委2019年度浙江省全面深化改革重点任务，推进统一的绿色产品认证体系改革。认真贯彻落实车俊书记关于《浙江湖州推进绿色产品认证试点存困难》有关批示精神，研究浙江省绿色产品认证推进工作，经省政府同意会同14家省级部门制定《关于加快推进绿色产品认证工作的若干意见》，推进绿色产品认证产品在宁波首届中国－中东欧国家博览会展销。2019年新增绿色产品认证企业21家，证书27张，累计已有35家绿色产品认证企业，证书52张。

五、认证检验监管进一步夯实

部署开展机动车、环境监测、食品检验、眼视光检验等机构监督检查共计457家，责令改正44家，立案查处17家，注销3名授权签字人。对省内361家检验机构实施能力验证技术核查，一次满意率为72.9%；对536名检测管理人员实施考核，一次满意率为61.4%。2019年全省共检查认证机构和获证组织6117家次，发现问题266家，责令整改86家，立案165件，处罚

559 万元。

六、强制性产品免办工作高效承接

浙江省 CCC 免办办结时间平均控制在 2 个工作日以内，远快于总局要求的 5 个工作日办理时限。注重加强 CCC 免办产品的证后监管，联合基层局对有关企业免办产品的销毁进行了现场核查。全省共受理 CCC 免办申请 1954 批次，发放证明 1794 张，涉及货值超 10 亿元。

撰稿人：秦伟浩　方　烨　审稿人：丁峥嵘

变革转型　尽责履职　全面监管促发展

——安徽省市场监督管理局 2019 年认证、认可及检验检测监管工作概况

2019 年，是市场监管部门机构改革重组后的第一年，安徽省市场监督管理局（以下简称“安徽省局”或“省局”）质量认证与检验检测监管工作在国家市场监管总局和省局党组的坚强领导下，全省认证与检验检测监管机构认真履职、勤奋工作，较好地完成了年度工作任务。

一、2019 年工作开展情况

（一）大力拓展质量认证监管服务覆盖面

截至 2019 年 12 月，全省获得强制性产品认证证书 18700 张，在全国排名第 5 位；各类管理体系认证证书 37538 张，在全国排名第 12 位；食品农产品认证证书 5551 张，在全国排名第 3 位。

1. 加强强制性产品认证监督检查

一是开展强制性产品认证获证产品监督抽查工作。共抽查合肥、蚌埠 2 市 60 家瓷质砖经销商的 122 批次产品，涉及生产企业 60 家、CCC 证书 60 张、发证机构 4 家。其中 119 批次产品的放射性符合国家标准要求，产品合格率为 97.5%。

二是组织各市局、省直管县局开展强制性产品认证监督检查。2019 年，全省强制性产品认证监督检查发现问题 42 个，立案查处 34 个，涉案货值 144 万元，处罚金额 87.13 万元。

2. 开展自愿性认证监管工作

一是参加国家市场监管总局 2019 年认证从业机构“双随机、一公开”检查。配合总局检查组对 5 家认证机构、11 家获证组织开展现场检查，涉及产品、管理体系等多个认证领域，有效规范了认证市场，锻炼提升认证监管人员的能力素质。

二是《转发市场监管总局关于加强认证监管工作的通知》（皖市监办函〔2019〕429 号），组织各市局、省直管县局开展自愿性认证活动及结果合规性、有效性检查，严格查处认证违法行为，不断提升认证公信力。共检查自愿性认证机构（获证组织）774 家次，发现问题 52 个，依法依规进行处理。

3. 严格落实强制性产品认证制度改革措施

根据《市场监管总局 海关总署关于免予办理强制性产品认证工作有关安排的公告》（公告〔2019〕13 号），自 2019 年 4 月 1 日起，承接安徽省免予办理强制性产品认证工作。全年受理 CCC 免办申请 669 次，发放 CCC 免办证明 660 张，货值 7.67 亿元，涉及企业 70 家。

4. 大力开展“四送一服”双千工作，助力民营经济高质量发展

推动中国质量认证中心安徽分中心出台《关于贯彻落实强制性产品认证改革措施减轻获证企业负担的通知》，开展获证企业分类管理，试行“先发证、后查厂”的认证模式，缩短认证周期，鼓励企业加快提质升级；压缩认证单元数量、简化关键元器件和材料的变更要求，加大利用企业检测资源开展强制性产品认证检测力度，降低认证检测成本；降低部分强制性产品认证类别检测费、认证变更申请费、注册费，免收装饰装修产品、玩具产品变更申请费和批准与注册费，降低监督频次，减轻企业负担，共为企业认证减负 344 万元。

（二）申报和推动国家检验检测高技术服务业集聚区（安徽）建设

10月10日，市场监管总局、国家发改委联合印发《关于支持四川、安徽建设国家检验检测高技术服务业集聚区的函》（国市监检测函〔2019〕344号），明确支持安徽省建设国家检验检测高技术服务业集聚区。11月22日，省集聚区建设工作联席会议办公室组织召开推进会，明确承接集聚区建设任务的合肥市、芜湖市和蚌埠市的建设目标任务，稳步推进集聚区建设。

（三）完成2019年度检验检测服务业统计工作

2019年，全省检验检测机构1345家，其中食品检验机构156家，建筑工程检测机构266家，环境检测机构196家，司法鉴定机构43家，机动车检验机构330家；按登记注册类型分：国有机构586家，集体机构34家，民营机构644家，外资机构4家，其他77家。实现营业收入106.49亿元，年收入1000万元以上的机构163家，年收入1亿元以上的机构15家，户均收入791.7万元，人均收入29.95万元；从业人员35555人，300人以上（含）6家，100 ~ 300人30家，10 ~ 100人1009家，10人以下（含）300家。出具检验检测报告数14383741份，其中行政执法或政府委托报告数747981份，社会委托报告数12750270份；有设备177929台/套，设备和装置原值836968.4万元，实验室面积290.50万平方米。

（四）贯彻落实汽油车污染物排放新标准

贯彻落实《汽油车污染物排放限值及测量方法（双怠速法及简易工况法）》（GB 18285-2018）和《柴油车污染物排放限值及测量方法（自由加速法及加载减速法）》（GB 3847-2018）。新版标准自2019年5月1日起实施，结合全省机动车排放检验机构的实际情况，本次新版标准的实施分两阶段进行。全年完成294家机动车排放检验机构完成新版标准资质认定标准变更工作。未完成变更的暂停出报告，直至新标准变更现场评审工作完成。

（五）开展检验检测机构“双随机、一公开”监督检查

按照“双随机、一公开”要求，对全省1300多家检验检测机构，区分食品、机动车、环境、综合四类抽取79家，采取省、市联动方式进行现场监督检查。抽取的15家食品检验机构，共发现84个不符合项，平均每家5.6个，比2018年减少1.1个。处理意见为：自行改正4家，责令改正11家。抽取19家机动车检验机构，共发现90个不符合项，平均每家机构4.7个。处理意见为：自行改正1家，责令改正10家，责令改正、罚款1家，责令整改、罚款、暂停出报告6家，合肥华德汽车性能检测有限公司涉嫌存在违法违规检测问题被立案调查。抽取检查25家综合类机构（其中2家注销资质证书、1家正在拆迁）共存在127个不符合项，平均每家机构（不包括注销资质证书和拆迁机构）5.8个。省局对照检查事实、依据相关法律、法规提出具体处理意见为：自行改正3家，责令改正15家，责令整改、处3万元以下罚款4家，整改期间暂停向外出报告。

安徽省局和省生态环境厅联合抽查19爱环境检测机构，除宿州天鹰环境检测有限公司正在整改未进行检查外，共检查发现123个不符合项，每家平均6.5个。针对检查结果两部门联合作出了处理意见，具体为：机构自行改正3家，责令改正12家，责令整改、罚款、整改期间暂停向外出报告4家。

（六）组织、开展检验检测机构能力验证、竞赛活动

1. 组织相关眼镜检测机构参加长三角地区眼视光产品检测机构能力验证工作

由东华大学国家眼镜玻璃搪瓷制品质量监督检验中心承担具体组织实施工作，沪苏浙皖三省一市取得资质认定的46家检验检测机构参加，其中安徽省17家检测机构和1家眼镜公司参加长三角地区眼视光产品领域检验检测机构能力验证，验证项目：光学中心水平偏差和光学中心垂直互差，经过初测（不满意2家，可疑3家）和补测全部获得满意结果。

2. 组织开展全省食品检验职业技能竞赛活动

2019年9月，与省人力资源社会保障厅共同主办2019年安徽省食品检验职业技能竞赛，84支代表队的168名选手参加竞赛。成绩前3名选手被授予“安徽省技术能手”称号，成绩前50名选手分别获一、二、三等奖。通过竞赛，不断强化食品检验人员的思想道德、职业操守、技术水平，在食品检验领域营造“比、学、赶、帮、超”的浓厚学习氛围，着力提升食品检验的科学性、权威性和公信力，为食品安全监管和食品质量提升提供重要的技术支撑。

3. 组织全省机动车检测机构参加能力验证活动

主要针对2018年全省机动车检验机构能力验证结果不满意及因故未参加的87家机动车检验机构。全部机构参加的所有项目中共有520个项目为满意、32个为有问题的项目，34个为不满意的项目。共有94家机动车检验机构应参加本次能力验证活动，实际参加能力验证活动的机构87家，未参加本次能力验证活动的机动车检验机构7家。经初测和补测后，参加能力验证活动的87家机动车检验机构，所有项目结果均为满意的共有76家，有问题的机构有3家，不满意的机构有8家。

（七）严厉打击违法违规认证检测行为

2019年，接到总局、省局纪检组转办以及信访件等投诉举报案件14起，其中办结12起。对机动车检验机构资质认定省级证后监督检查中，存在违法行为的望江县新锐机动车检测服务有限公司、淮南市大通上窑机动车环保检测有限公司，依据《检验检测机构资质认定管理办法》第四十五条第一款规定，撤销检验检测机构资质认定证书。9月5日，省局分管领导主持召开会议，专题研究部署对合肥华德汽车性能检测有限公司涉嫌违法违规检验问题查处工作，并约谈了合肥华德汽车性能检测有限公司中层以上管理人员，指出了该公司存在问题的严重性。

（八）举办全省认证与检验检测监管培训班

2019年6月19—21日，在合肥举办全省市、县（市、区）局认证检测监管人员培训班，邀请有关专家进行讲授，强化认证检测监管能力建设，提升基层认证检测监管能力，各市、县（区、市）170余人参加了培训。

（九）开展世界认可日（6月9日）宣传活动

2019年6月5日，组织认证检测机构和企业代表在合肥召开“认证认可助推企业高质量发展”宣讲会，深入分析全省认证检测行业发展现状、面临的形势任务和存在的问题，对做好下一步监管工作提出具体要求。6月6日，在望湖城沁心湖社区，开展认证认可进社区活动，向社区居民讲解普及相关认证认可知识。

（十）开展有机宣传周活动

组织各市局、省直管县（市）局，以“有机产品认证助力生态文明建设”为主题，开展有机产品知识讲座、技能培训、技术服务等“有机宣传周”系列活动，广泛宣传有机产品相关知识，努力扩大社会影响力，提升消费者对有机产品的认知度和获得感。

（十一）积极参与长三角地区市场体系一体化建设认证认可检验检测工作

积极参与长三角地区市场体系一体化建设中的认证认可检验检测工作，参与讨论制定细化方案和联合监管及能力验证合作事项研讨会。先后派出1人参加上海市管理体系认证、1人参加江苏省有机产品认证、3人参加“浙江制造”品牌实施监督检查和学习，4人参加江苏省建筑工程建材检验检测机构监督检查等联合监管工作；实施认证认可检验检测行业统计结果共享，共同推进“检验检测认证信息服务平台”建设。

二、存在的问题和困难

（一）认证检测违法违规行为依然存在

列入目录的产品未经认证，擅自出厂、销售；有的认证证书撤销或暂停期间，不符合认证要求的产品，继续出厂、销售；少数机构出具虚假报告、超范围出报告现象依然存在。监管所需法律、法规不全和处理不力，难以形成有效监管，遏止违法、违规现象。

（二）检验检测机构成立门槛低，发展过快，监管难度大

2019年，从业人数100人以下的机构占到96.7%，50人以下的占90.8%，平均每家机构只有26人，有的机构不足10人，从业人员培训教育不足，对相关标准和规程理解不准，难以规范检验检测得到准确数值和正确结果，大多数检验检测机构属于小微型企业；近一半的检验检测机构年营业额不足200万元；且布局分散，品牌匮乏，知名度不高，导致营业成本高，利润空间收窄，部分机构为追求利润，不按标准检测、不检测出报告等违法违规行为增多，增加了监管难度。

（三）基层执法监管力量薄弱

机构改革后，基层监管职能增多、范围加大，人员相对减少。认证与检验检测专业性很强，承担认证与检验检测工作监管都需要执法人员有较强的专业知识，而这些基层监管和执法都难以满足。面对急剧增加的认证和检验检测机构及相关工作，急需要大量合格人员加强监管和执法。

撰稿人：裴学平　审稿人：许孝根

深化改革创新　加快服务发展

——福建省市场监督管理局2019年认证、认可及检验检测监管工作概况

2019年以来，根据市场监管总局和福建省市场监督管理局(以下简称“福建省局”或“省局”)统一部署，结合福建省实际，认证检测处认真履职，圆满完成了年初制定的各项工作任务，摸清了监管现状、提升了监管水平、增强了监管信心、促进了行业规范发展，认证检测行业出现向好发展的苗头和势头，取得了阶段性成效。

一、夯基础、定基调，科学谋划全年工作

(一)摸清底数科学谋划

一是摸清底数，为监管奠定基础。综合各方面信息，福建省局调研起草了《福建省认证认可与检验检测行业发展与监管工作情况分析报告》，基本摸清了监管现状，截至2019年年底，全省共有6家认证主机构、2家子公司、28家分公司，超过200家认证机构在福建省开展认证活动，共有获证组织19629家，各类认证证书75470张，其中管理体系认证证书33297张，产品认证证书41139张，服务认证证书1034张。全省获得资质许可的检验检测机构1354家，其中机动车检验检测机构437家，建筑工程检测机构252家，环境监测机构209家。

二是谋划全年工作，确保监管有序。根据市场监管总局印发的《2019年认证认可检验检测工作要点》要求，结合福建省实际，制定《2019年福建省认证认可与检验检测工作要点》，从完善基础工作、强化监管手段、整合优势资源、优化业务结构、加大宣传力度等五个方面对福建省2019年认证认可与检验检测工作做出28条具体部署，确保全省认证检测监管工作有序开展。

(二)加强监管队伍能力建设

一是加强集中培训。2019年8月12—16日，福建省局举办了全省认证认可与检验检测监管业务培训班，省、市、县(区)及有关基层监管所等四级认证检测监管人员共120多人参加了培训。培训内容涵盖合格评定制度、强制性产品认证、认证检测监管知识等，由包括刘先义副局长在内的7位来自不同层面的老师授课。通过培训，全体学员普遍认为本次培训正当其时，收获很大，既统一了思想、凝聚了队伍，又加强了交流、探索了对策，明确了方向，必将有力推动福建省认证检测监管工作上新水平。

二是加强现场传帮带。2019年总局和省局多次组织认证检测市场的监督检查，邀请各方面经验丰富的专家现场检查，基层监管人员跟班学习，一对一指导，面对面交流，点对点提高，通过联动检查，专家莅临现场指导，基层监管人员积累了经验，解决了困惑，提高了发现问题的能力，为认证监管水平的提升夯实了基础。

三是加强日常沟通指导。福建省局建立了培训、监管等多个微信群，建立了纵向到所、横向到各厅局对口业务处室之间的畅通的业务交流共享信息网络，真正做到及时将总局、省外兄弟局、省内各厅局、省局各个层面的政策信息、监管动态上传共享，第一时间回答基层提出的问题，切实提高了全省认证监管队伍的业务水平。

(三)强制性产品免办和统计等基础工作顺利完成

一是免予办理强制性产品认证工作开展顺利。根据总局《关于免予办理强制性产品认证工作有关安排的公告》和《关于明确免予办理强制性产品认证工作要求的通知》要求，从4月1日起，免予办理强制性产品认证工作下放到各省市场监管局。福建省局及时印发《关于免予办理强制性产品认证有关工作的通知》，要求并指导各设区市做好免办的承接工作，全省共受

理213家企业申请免办业务，共核发免办证明642份。

二是检验检测统计工作保质保量完成。根据市场监管总局工作部署，福建省局下发了《关于开展2018年度检验检测服务业统计工作的通知》，要求各检验检测机构依法如实、按期、准确上报2018年度统计数据，全省完成率97%，大大超过全国平均水平。为加强检验检测机构监管，要求他们同时上传2016—2018年度出具的检验检测报告或证书编号，国家市场监管总局据此向社会公众提供网上查询服务。

二、强监管、重实效，扎实开展认证检测监管工作

2019年以来，全省各级市场监管部门加强认证检测监管，共检查认证机构的认证活动2742家次，立案查处14起。共监督检查334家获资质认定的检验检测机构，立案查处25家。

（一）加大认证市场监管并取得突破

一是典型案例查处有突破。2019年福建省局以查处典型案例为突破口，为今后类似案件查处积累了宝贵经验，受到国家市场监管总局认证监管司和执法稽查局的肯定。依据实名举报信息，认真分析、群策群力、多方合力、上下联动，在总局认证监管司的支持指导下，在专业机构和人员的密切配合下，联合市县局同时开展调档和现场检查，成功锁定虚假认证证据，极大震慑了认证机构，检查共发现了认证机构和获认证企业存在的8个方面的主要问题，6家获认证企业存在77个具体问题，省局于8月中旬向市场监管总局提交了书面报告，并建议撤销该认证机构的资质。总局于今年9月书面授权省局立案查处，随后省局成立专案组，福建省局密切配合执法稽查局对该案件进行全面立案调查，目前进展顺利。

二是监督检查有成效。通过“双随机、一公开”检查，省局授权福州市局对福建省一家认证主机构进行立案调查，目前案件正在办理中。

三是日常监管巡查有力度。各基层局提高认证审核现场抽查率，对认证行业监管保持高压态势，促进认证审核活动逐渐规范，认证行业有了向好发展的苗头和势头。

（二）检验检测市场监管深入开展并取得实效

为加强机动车和环境检测等重点领域监管，针对检测机构特点，福建省局联合省公安厅交通警察总队、省生态环境厅形成合力实施跨部门联合检查，成效明显。7月，与省公安厅交通警察总队联合下发《关于开展2019年机动车安全技术检验机构监督检查的通知》，8月，又与省生态环境厅联合下发《关于组织开展2019年度检验检测机构监督抽查工作的通知》，各设区市局根据省局统一部署，在全省范围内深入开展检验检测机构证后监管，共对213家机动车检测站，65家环境检测机构实施监督检查，责令改正112家，责令整改并立案调查22家。在各市局检查的基础上，福建省局联合以上两个部门按照双随机方式，抽取风险程度较高的机动车、环境监测等23家机构开展监督抽查，责令改正7家，责令整改并立案调查3家。

（三）组织开展全省有机（绿色）认证产品风险监测

为验证有机（绿色）认证工作有效性，根据《2019年福建省认证认可与检验检测工作要点》要求，福建省局今年继续开展针对福建省影响大、证书数量多、与老百姓日常生活关系密切，标注有机产品或绿色产品的茶叶、果蔬等产品进行风险监测。下发《关于开展2019年度认证产品专项风险监测工作的通知》，制定《2019年度福建省认证产品风险监测实施细则》作为2019年度风险监测工作依据，并以单一来源采购形式委托福建省产品质量研究院进行抽检监测，目前该院正在组织抽检工作，拟12月中旬完成监测报告。

（四）配合国家市场监管总局和省政府有关部门开展认证检测监管

一是配合国家市场监管总局开展认证检测监管。全处8人次参加总局组织的5场培训，4人入选总局专家名录库，16人次参与总局组织的对5家省内外认证机构、10家获证组织、5家检验检测机构的监督检查。

二是配合省政府有关部门做好道路交通安全综合整治。为认真贯彻落实省委、省政府关于安全生产的工作部署，进一步巩固深化道路交通安全综合整治工作成效，福建省局下发了《全省市场监管系统道路交通安全综合整治三年专项行动实施方案（2019—2021年）》，对三年综合整治工作做出具体部署，进一步强化了维护市场经济秩序、服务市场经济发展的市场监管职能，并按规定每月向省道安办

及时汇总报送工作进展情况。

三、强自律、促提升，不断提高认证检测服务实体经济发展能力

（一）认真对接市场监管总局做好小微企业质量管理提升行动

根据国家认监委《关于开展小微企业质量管理提升行动有关事项的通知》精神，认监委制定不同行业小微企业质量管理体系应用指南，通过试点企业开展验证，探索适合小微企业的管理制度，全国共确定53家小微企业。福建省局积极与总局相关司局沟通，与有关机构对接，确定福建省连城县金属、光电设备等2个行业8家企业参与试点。目前6家企业已完成体系文件的编制并试运行，计划2020年3月底前完成认证发证工作，6月召开总结会。

（二）组织检验检测机构开展能力验证提高水平

为验证提升全省检验检测机构能力水平，福建省局委托省质检院开展检验检测机构能力验证，下发了《关于做好2019年度检验检测机构能力验证工作的通知》，以金属材料（钢筋）拉伸试验作为验证项目，共有271家检验检测机构报送了检测结果，其中185个检验检测机构结果满意，30个检验检测机构结果可疑，56个检验检测机构结果不满意（离群）。下一步将针对不同结果采取相应措施，进一步提高检验检测能力，提升服务经济水平。

（三）组织开展水产品无抗认证试点调研

为推动福建省水产品企业产品结构升级，以及防止抗微生物药（含抗生素）过度使用造成的人体健康危害和环境污染，福建省局与方圆福建审核中心、宁德市局等有关部门联合就水产品无抗认证试点进行调研，制定了无抗认证试点工作方案和试点可行性调研报告，试点开展大黄鱼高端产品认证，下一步将按计划逐步推进。

（四）积极探索推进行业自律

福建省局通过组织大比武活动、加大行业培训、开展公益培训和约谈警示认证主机构等方式，探索推进行业自律。福建省局与省生态环境厅等6个部门举办了第二届全国生态环境监测专业技术人员大比武活动福建省级赛。依托省标准化与认证认可协会举办了5期认可相关内审员培训，各检验检测机构相关人员共312人参加。联合省生态环境监测协会举办了3期生态环境监测机构管理人员培训班，共计580人参训。引导方圆福建审核中心共举办各类培训班44期，培训企业人员1391人次。东南认证中心举办了3场主题公益培训班，参训人员超过200人。8月底福建省局约谈了福建省全部6家认证主机构，就当前认证市场及认证监管的形势作了宣传教育和警示，要求各认证机构要深刻领会认证监管部门规范认证市场的决心和信心，加强行业自律、内部管理和能力品牌建设。

（五）加大宣传力度，扩大认证检测影响力

一是组织开展世界认可日宣传活动。为进一步提升认证认可公信力和影响力，加强市场监管，促进质量提升，凸显认证认可“传递信任、服务发展”的作用，全省市场监管系统开展以“认证认可促进供应链提升价值”为主题的“世界认可日”主题宣传活动。刘先义副局长在莆田启动会上对世界认可日宣传活动提出明确要求，省局各直属事业单位和各市县局等都结合各自实际开展了内容活泼形式多样的宣传活动。本次主题宣传活动参与面广、内容形式新颖，达到了预期效果，中国质量报、福建市场监管杂志、省局网站和微信公众号等都进行了宣传报道。

二是组织开展有机宣传周活动。根据市场监管总局《关于开展全国“有机宣传周”活动的通知》要求，福建省局认真组织各级市场监管部门紧紧围绕“有机产品认证助力生态文明建设”活动主题，创新开展形式多样的宣传活动，全省共组织企业座谈会3场、走访企业70家、检查企业152家、滚动播放LED宣传标语3000多条、印发宣传册和图片15000多份、悬挂横幅标语200多幅、设立40多个咨询点，接受群众咨询1000多人次。宣传活动主题宣传深入人心，得到群众欢迎和社会认可。

2019年，福建省局承办回复了2个人大政协提案，协助配合完成4个提案的回复，承办的两个提案均得到满意的反馈意见。

四、存在问题

认证检测监管现状是事多人少，专业性强，监管能力和监管力量严重不足，面临诸多挑战。监管力量配置与监管工作量之间矛盾突出。由于总局逐步下放部分事权，工业产品生产许可证部分目录转为强制性

产品认证，一些重要工作从其他处室划归过来，国家市场监管总局层面经常抽调人员参与全国检查等对认证检测监管提出了新的更高的要求。认证检测市场乱象多，重点领域问题突出。认证检测市场存在买证卖证，出具虚假检验报告等诸多问题，而机动车安检机构、环境检测机构等重点领域问题较为突出，存在较多安全隐患，为全省各级认证检测监管工作提出了严峻挑战。基层监管力量薄弱，新手多，专业水平严重不足，特别是县区所的问题更加严重。经过此轮机构改革，各设区市局均成立了认证检测科（处），并配备了相应的人员，但所配备人员数量都较少，而基层监管所没有专门从事认证检测监管的人员，且缺乏专业背景和业务能力以及实践经验，极大制约了认证检测工作的顺利开展。

不忘初心　砥砺前行
奋力开创认证认可检验检测工作新局面

——江西省市场监督管理局2019年认证、认可及检验检测监管工作概况

2019年，江西省市场监督管理局（以下简称“江西省局”）认证认可检验检测工作，以习近平新时代中国特色社会主义思想为指导，在省局党组的正确领导下，坚持“四有”工作理念，围绕“促发展拉高线、保安全守底线”的工作目标，强化事中事后监管，发挥认证认可“传递信任，服务发展”的作用，深化改革创新，维护行业秩序，助力质量提升，各项工作取得新成绩。

一、提升认证检测服务能力

（一）推进有机产品认证示范区创建活动

江西具有优良资源禀赋和生态环境，被国务院确定为首批“国家生态文明试验区”，依托生态环境资源好的优势，全省扎实有效地开展了“国家有机产品认证示范区”创建工作，受到地方各级政府的支持和欢迎。宜春市大力推动昌铜高速沿线示范创建，带动全市其他县、市全面发展。目前，全省共有3个“国家有机产品认证示范区”，9个“国家有机产品认证示范（创建）区”，全省获有机产品认证的企业（组织）799家、证书1165张，分别居全国第3位、第4位。为进一步推进有机产品认证示范区创建工作，省局对四川省局及大邑、蒲江县和江西省内奉新县、铜鼓县、宜黄县、广昌县、婺源县、修水县等有机产品认证示范区创建工作进行了调研，宜春、赣州、九江等地积极作为，分别向省局递交了创建申请。11月，省局借鉴兄弟省市开展创建国家级和省级“有机产品认证示范区”的经验做法，通过省质量兴省领导小组出台了“创建江西省有机产品认证示范区”相关文件，为下一步创建工作打牢了基础。江西是全国首个以质量兴省领导小组发文开展省级有机产品认证示范区创建的省份。

（二）增加质量认证供给

全省认证监管系统充分发挥职能作用，围绕中心，服务大局，大力推动壮大认证主体，增强认证有效供给，服务全省经济社会发展。2019年度，全省认证证书总数达到30391张，列全国第18位。其中：管理体系认证证书16950张，强制性产品认证证书6656张，自愿性产品认证证书4449张，服务认证证书278张，食品农产品认证证书2058张，在有机产品认证等领域位居全国前列，对推动全省经济高质量发展作出了积极的贡献。

二、加强认证检测监管力度

（一）强制性产品认证监管力度不断加强

组织开展了全省强制性产品监督检查工作。全系统共出动监管执法人员2475人次，检查强制性产品认证获证企业860家，查处无证企业5家、其他认证违法企业3家，处罚金额24.9万元。赣州、景德镇、南昌、吉安、抚州等地市开展了无证查处工作，并取得了积极效果。同时，组织开展了强制性产品认证获证产品有效性抽查

工作。按照国家市场监管总局要求，省局与中国赛宝实验室共同承担了获证彩色电视机产品有效性抽查。共抽查了12家企业生产的25批次获证彩色电视机产品，其中9家企业生产的22批次产品质量合格，产品抽查合格率为88%，生产企业抽查合格率为75%；3家企业生产的3批次产品质量不合格，产品抽查不合格率为12%，生产企业抽查不合格率为25%。抽查结果及时上报总局并通报生产企业所在地监管部门进行后续处理，在本次抽查工作中，赣州、南昌、九江等3个地市积极配合，遇到问题及时协调解决，为有效性抽查工作顺利完成付出了辛勤工作。

（二）食品农产品认证监管能力不断提升

组织开展了全省食品农产品认证监督检查工作。要求各地突出抓好有机产品认证监管，并对本辖区本年度有机产品认证活动进行100%检查。据统计，全省共查处违法企业1家，查处违法认证机构1家，处罚金额17.97万元，责令整改企业16家。同时，依法查处有机农产品认证违法企业。根据市场监管总局《关于2019有机茶叶产品（网售）认证有效性抽查结果的通告》〔2019年第27号〕，共有7批次抽样产品被检出有机产品国家标准禁用物质，其中，江西井冈山茶厂生产的“井冈翠绿”“井冈岁月毛峰绿茶”“井冈风云绿茶”3个品种被检出禁用物质，其有机产品认证证书被撤销。省局及时督办吉安市局依法查处，吉安市局迅速行动对江西井冈山茶厂予以立案查处，并给予7.8万元行政处罚，同时部署了对辖区所有有机产品获证组织，特别是获证有机茶种植和加工组织开展集中专项整治，收到了较好的效果。

（三）检验检测机构资质认定监督检查措施不断创新

首次联合省生态环境厅采取“双随机、一公开”抽查方式，组织开展了全省检验检测机构监督检查工作，省局随机抽取30名执法检查人员和30名专家，组成15个现场检查组，对60家涉及机动车、环境监测、建材与建筑、食品等领域检验检测机构开展了监督检查。全省共出动监管执法人员1366人次，检查检验检测机构382家，发现存在问题机构329家，责令整改机构84家，责令改正机构243家，约谈机构79家，向有关行业主管部门通报情况信息44次，立案查处违法案件26起，处罚金额37.2万元。同时，撤销2家机动车检测和1家生态环境监测机构资质认定证书，是江西省继2018年第一次撤销1家检验检测机构资质认定证书以来，对认证检测乱象整治的又一次有力行动，对机动车检测和生态环境监测领域检验检测行业产生了极大的震慑力。此次抽查共注销42家资质认定证书过期失效的检验检测机构证书，并通报全省要求加强对已注销机构的跟踪检查。此外，组织开展了全省建工建材、环境监测领域检验检测机构能力验证，重点对检验检测机构的热轧带肋钢筋、水和废水中苯系物等相关参数进行测试。全省共有340家检验检测机构参加能力验证，包括245家建工建材类检验检测机构和95家环境监测检测机构。其中建工建材类检验检测机构试验初测、补测结果全部满意的实验室有230家，占93.8%；综合结果有问题的实验室有10家，占4.1%，综合结果不满意的实验室有5家，占2.1%，共计15家机构未通过此次能力验证。95家环境监测检测机构均通过了测试，其中初测满意的实验室82家，补测满意的实验室13家。

三、提高认证检测社会影响力

（一）“世界认可日”宣传活动取得良好社会效应

围绕“认证认可促进供应链提升价值”活动主题，江西省采取统一组织多方协同的方式，通过分发宣传资料、张贴海报和利用QQ、微信、短信、网络、电视、报纸等途径广泛宣传世界认可日，传播认证认可检验检测信息，扩大了认证认可检验检测社会影响。活动期间，省局向各设区市及省直管县（市）局、检验检测机构、认证机构发放海报近300张，全省市场监管系统共向群众分发宣传资料8878份，推送世界认可日宣传短信4631条，悬挂世界认可日宣传横幅370条，取得较好成效。

（二）“有机宣传周”宣传活动受到各大媒体广泛关注

以“有机产品认证助力生态文明建设”为主题，联合省农业农村厅、省生态环境厅、省文化和旅游厅、省广播电视局、省林业局，举办了2019年“有机宣传周”活动新闻发布会。发布会现场，同时启动“江西省有机产品认证示范区”创建工作，将创建“江西省有机产品认证示范区”工作纳入质量兴省考核范围，建立由省质量兴省领导小组办公室负责协调的厅际联席会议机制，这次新闻发布会被中华人民共和国中央人民政府网、中国国家认证认可监督管理委员会网等20多家媒体进行了报道。全省各地在活动现场开设了有机农产品认证知识展板，展示有机产品及有机认证成果，现场解答生态有机产品认证相关知识并发放宣传资料；各地积极组织认证监管人员在集贸市场、商场超市等人群密集场所大力宣传认证认可工作的作用和地位以及认证认可相关知识，增强广大人民群众对产品质量安全和认证认可工作的认知度。全省共制作宣传展板千余块，发放宣传资料3万余份，接受群众咨询2万余人，悬挂宣传横幅千余条。

四、增强认证检测监管水平

（一）在井冈山举办全省认证认可检验检测业务培训班

邀请总局认可检测司、中国质量认证中心等专家领导重点围绕强制性产品认证、有机产品认证、管理体系认证、检验检测机构资质认定等专题授课，培训内容详实，案例生动，实操性强，深受学员好评。各设区市局、省直管试点县（市）副局长、认证监管科长，各县区从事认证认可检验检测监管工作人员近170人参加培训。

（二）在南昌举办全省有机产品认证示范区创建业务培训班

邀请四川省认证认可协会会长、方圆认证集团专家介绍四川省有机产品认证示范区创建工作情况、经验和做法。培训会上，华中国际认证集团和中检集团江西公司的两位专家结合近年国家有机产品认证示范区创建实践，进行政策解读与技术辅导。靖安县局结合申报国家示范区创建实践，就如何组织示范区创建材料进行了实操介绍。培训班取得了良好成效，为今后开展江西省有机产品示范区创建打下了基础。各设区市局、县（市、区）局业务负责人、业务骨干60余人参加培训。

撰稿人：郭荣辉

加强监管 优化服务
促进山东省认证检验检测行业健康发展

——山东省市场监督管理局2019年认证、认可及检验检测监管工作概况

2019年，山东省市场监督管理局（以下简称“山东省局”）认证认可工作紧紧围绕市场监管总局工作部署，围绕省委、省政府确定的“工作落实年”部署要求，扎实工作，狠抓落实，积极推广认证认可工作、深度治理“认证乱象”、夯实检验检测监督管理、切实落实检测认证改革发展措施，圆满完成各项工作任务。

一、切实做好《山东省人民政府关于加强质量认证体系建设促进全面质量管理的实施方案》（鲁政发〔2018〕22号）的贯彻落实工作

积极调度省直有关部门、各地市和省局各部门，落实《实施方案》的工作进展。明确责任分工和重点任务，充分运用包括质量认证在内的各种手段帮助企业加强质量管理，提升产品质量、工程质量和服务质量。经省政府批准，牵头建立“质量认证联席会议制度”，统筹工信、生态环境、住建、交运、农业等各部门，牵头抓总、形成合力，共同促进质量认证发展。

二、提高品牌核心竞争力，大力实施“泰山品质”高端特色认证工作

2019年，“泰山品质”认证本着“联盟主导、政府推动、标准引领、市场运作”原则，坚持“世界眼光、国际标准、山东优势”发展思路，经过企业、地市、行业协会的层层筛选、推荐及认证评审等环节，最终有“中车青岛四方复兴号动车组”“东阿阿胶”“山东玲珑子午线轮胎”等20家企业的20个产品获得“泰山品质”认证。通过高端特色认证，推动相关产业形成质量品牌标杆，助力山东高端品牌的创建，加快山东省品牌高端化、企业国际化、服务卓越化步伐，不断助力山东经济高质量发展。

三、加大监管力度，深入治理“认证乱象”

认真落实《关于加强认证监管工作的通知》（国市监认证〔2019〕102号），大力开展质量管理体系认证、环境管理体系认证、有机产品认证和CCC强制性认证等重点领域认证活动监督检查工作。

一是专门下发《关于加强2019年认证执法工作通知》《关于配合做好市场监管总局2019年认证从业机构检查工作的通知》，组织开展了质量管理体系、环境管理体系、强制性认证等认证活动监督检查。严厉打击虚假和违规认证行为，依法查处违规认证机构，坚决治理认证乱象，规范认证市场秩序。

二是在全省范围内对电动自行车市场进行执法检查，严厉查处未取得CCC强制认证擅自出厂、销售，以及伪造或者冒用认证证书、认证标志的违法行为，切实保护广大消费者的合法权益。

三是配合国家开展认证机构检查，在济南、青岛等地开展了认证机构现场检查，重点查处，虚假认证，超出批准范围从事认证活动。2019年认证活动专项监督检查，共计抽查获证组织150家，其中质量管理体系68家，环境管理体系32家，有机产品认证30家，强制性产品认证20家，发现各类问题178项，涉嫌严重违法违规8起，已移交稽查部门进一步审理。

四、优化营商环境，扎实承接“CCC”免办行政确认工作

根据市场监管总局统一部署，2019年4月1日起，CCC免办下放省级市场监管部门办理。截至2019年年底，共受理CCC免办申请1374项，核发免办证明1140张，涉及进口企业316家，免办货值达36.2亿元。通过积极落实CCC免办政策，有效降低了相关进出口

企业的仓储、物流成本，进一步促进跨境贸易便利化，优化了山东省营商环境。为进一步落实“放管服”改革要求，按照市场监管总局国市认证函〔2019〕153号文件要求，计划在2020年1月1日将CCC免办下放各市局办理，进一步提高免办工作效率，强化属地监管责任，切实夯实强制性产品认证监管工作水平。

五、上下联动，精心部署全年监督检查工作

2019年年初，制定下发了《2019年山东省资质认定检验检测机构监督检查工作指导意见》《关于开展2019年度省级资质认定获证检验检测机构监督检查工作的通知》等文件，通过一系列工作部署，明确了检验检测机构监管重点、指导思想、职责分工、方法步骤及工作要求等。各基层局积极与地方监管部门沟通对接，加强组织领导，制定监管方案，召开专题会议，将检验检测监管工作落到实处。全年，全省市场监管部门共出动执法人员5529人/次，检查检验检测机构1802家/次，抽查比例达51%，责令改正514家，责令整改295家，有效净化了检验检测领域市场环境。

六、密切配合，扎实开展部门联合监督检查

认真贯彻落实《国家市场监管总局关于全面推进“双随机、一公开”监管工作的通知》有关要求，建立完善检验检测“一单、两库、一细则”工作机制。省市县三级市场监管部门上下联动，公安、交通、环保等部门密切配合，联合印发了《关于印发2019年环境监测机构专项整治行动工作方案的通知》《关于进一步加强生态环境监测机构监督管理的通知》《关于开展2019年度生态环境监测机构联合监督检查工作的通知》《关于印发2019年度机动车检验机构专项监督检查工作方案的通知》等多项文件，形成联合监管长效机制，“进一次门、查多项事”，切实提高了监管的有效性和针对性。

在生态环境领域与省生态环境厅联合开展了“全覆盖”监督检查，同时实施了100家联合飞行检查，发现各类问题398项，责令整改78家，行政处罚6家，注销撤销2家；在机动车领域联合开展了省直四部门联合监督抽查，共检查机构135家，发现各类问题689项，责令整改80家，行政处罚29家，注销撤销11家；围绕食品、农产品、建工建材、危化品包装、司法鉴定等重点领域，抽取了245家检验检测机构实施了监督检查，发现各类问题628项，责令整改167家，行政处罚17家，注销撤销17家，涉嫌数据报告造假等严重虚假行为4家，已移交地方监管部门从严从速查处。通过联合监督检查，探索开展信息共享、监管互通、执法互助，各部门从各自业务条线综合研判，一把尺子量到底，对不法行为绝不姑息，对守法机构绝不冤枉，夯实检验检测机构主体责任、诚信意识，推动机构严格执行有关法律法规、标准和技术规范，落实主体责任、强化诚信自律、恪守职业道德，共同营造公平、公正、诚实、守信的检验检测良好行业氛围。

七、注重方法，实施“三统一、一回避、一盲样”

在监督检查过程中，严格按照“双随机”监管原则，实现了“三统一、一回避”。

一是统一使用山东省“双随机、一公开”监管平台、国家市场监管总局检验检测监管App信息化系统，做到全程联网、全程监控、全程留痕。

二是统一监督检查的工作标准，邀请国家相关行业专家，对相关监管人员提前进行业务培训，统一检查尺度，确保工作顺利进行。

三是统一研判监督检查结果，会同相关部门组织专家，对发现的问题，统一进行研判，一把尺子量到底，对不法行为绝不姑息，对守法机构绝不冤枉。

四是扎实做好“一回避”，全省一盘棋调配检查人员，在不事先通知被检查机构的情况下进行突击现场检查，确保了检查工作的严肃性、公正性和客观性。

五是在生态环境监测、食品、农产品等领域，引入盲样考核，纳入监督检查范围，深入考察被检查机构的真实检验检测能力，综合反映相关机构的技术能力和检验工作规范性。

八、厘清边界，打造检验检测监管新格局

围绕跨部门联合监管、联合执法工作，山东省局与公安、交通、环保等兄弟部门既通力协作，又各负其责，既密切配合，又各司其职，推动打造职责明确、边界清晰的检验检测监管新局面。在省编办的指导下，牵头梳理了生态环境监测机构监管、机动车检验机构

监管部门职责边界，明确了“市场监管管许可、职能部门管采信”的基本原则，进一步厘清了各部门的监管职责及分工配合事项，为联合监管、执法打下了良好的制度基础。

九、开展能力验证，提升检验检测全行业技术水平

2019年，选取了一批涉及食品安全、环保、节能等量大面广、社会关注和影响力大的产品、项目，开展检验检测机构能力验证。通过能力验证一方面提高全省检验检测行业能力水平，另一方面发现检验机构的能力不足和问题，有针对性地加强监管。全年，先后组织了水质检验、水果中农药检验、不锈钢成分检验、茶叶中农残检验、食品检验、纺织品禁用染料检验、车用汽柴油检验等7类产品34个检测参数项目，共1752家（次）机构参加了能力验证，总体满意率为81.5%。针对验证工作中出现的新情况、新问题，科学制定能力验证和盲样测试偏离后的处理工作程序，提高能力验证的有效性。

十、扩大宣传，推动形成社会公治

在省政府新闻办首次召开全省检验检测领域监督检查新闻发布会，会同省公安厅、省交通运输厅、省生态环境厅等有关省直部门通报全年监管成果，引起社会各界热烈反响，切实提高了政府监管公信力。积极组织开展“世界认可日”活动座谈会，通报全省检测认证行业发展现状，发起检测认证行业自律倡议书。

围绕济南高新区、青岛崂山区、济宁高新区创建了3个国家级检验检测认证公共服务平台示范区，加强宣传推介，积极招引国内外知名检测机构落实山东，为“双创”和“双招双引”提供重要平台支撑。

围绕全国“质量月”活动安排，先后举办了以“有机产品认证、助力生态文明建设”为主题的“有机宣传周”活动，以“检验检测为民服务”为主题的“检验检测开放日”活动。累计开放实验室483家，发放宣传资料3万余份，参观人数超2万余人，积极展示市场监管部门及各类检测认证机构良好风貌，让人民群众切实感受到检验检测给生产和生活所带来的获得感，使其真正成为服务发展、服务民生的重要支撑。有关活动、新闻稿件多次被山东新闻联播、山东省人民政府重点采纳宣传报道。

十一、优化营商环境，全面压减CCC强制认证目录

2019年，按照国家市场监管总局统一部署，积极配合落实CCC强制认证目录调整、压减工作。为确保国家“压减”工作落地到位，山东省局及时做出工作部署，积极谋划落实措施，加大国家新政策、新要求宣讲力度，指导企业和有关认证机构尽快落实国家政策要求，或转为自愿性认证。截至2019年年底，山东省CCC认证目录压减政策已全面落地，涉及企业770余家，压减认证证书约8000余张，为企业节约认证、检测费用近2.5亿元，有效减轻了企业负担、优化了营商环境。

十二、稳中求进，将检验检测整合改革持续推向深入

山东省局积极推动检验检测资源整合和改革工作，按照《国务院办公厅关于印发全国深化“放管服”改革优化营商环境电视电话会议重点任务分工方案的通知》有关精神，鼓励事业性质检验检测机构精简撤并。2019年，临沂、潍坊、枣庄等地市整合市级检验检测机构，搭建了综合检验检测中心；进一步推动县级检验检测资源整合，先后成立了83家县级综合检验检测中心，事业性质机构从2015年的378家下降至291家。据统计，2015年至今，山东事业单位性质检验检测机构占比从43%下降至26%，民营检测机构占比从原先的41%上升至66%，多元化社会资本进入检验检测市场，由原先的事业单位一家独大，发展成为事业单位、民营机构、外资机构等多种性质并存的检验检测市场新格局。

十三、行业调查，为产业发展提供数据支撑

扎实开展全省资质认定检验检测机构统计调查，全面分析掌握全省情况。在统计调查的基础上，连续6年编写《山东省检验检测服务业统计调查分析报告》，为省委省政府制定产业政策和发展规划提供信息和决策依据。截至2019年年底，山东省检验检测机构总数3298家，连续多年位居全国前列。

十四、加强培训，着力提升监管队伍素质

检验检测执法监管专业性强，难度大，对执法监管人员的素质要求较高。2019年市场监管体制改革以来，

大量“新兵”充实到监管队伍中，认证认可、检验检测相关专业知识相对匮乏，亟需进行学习培训。为此，山东省局加大培训力度，直接轮训至县区级，对全省220余名监管人员进行了集中培训，着力解决基层检测认证“监管力量”“监管效能”方面的问题，帮助各级监管人员丰富检测认证监管专业知识、提升专业能力、锤炼专业作风、培育专业精神，切实提高全省各级市场监管部门认证和检验检测监管人员的能力和水平，打造一支素质高、专业强，技术精的监管队伍。

严格监管　提升服务　助力地方发展

——河南省市场监督管理局2019年认证、认可及检验检测监管工作概况

2019年，河南省市场监督管理局（以下简称“河南省局”或“省局”）按照全国市场监管工作会议的部署和河南省市场监管系统全年工作安排，紧紧围绕高质量发展和质量强省建设主题，不断完善制度体系、加强监管队伍建设、强化事中事后监管、提升认证认可公信力和有效性，充分发挥“传递信任、服务发展”的作用，为优化河南营商环境、助力经济社会高质量发展做出了新贡献。

一、全面推进认证监管工作开展

截至2019年年底，全省累计颁发有效认证证书66361张、获证组织22954家，分别比上年增长26.4%和18.9%，增速分别高于全国11.4和8.9个百分点。

（一）全面贯彻“放管服”改革精神，优化营商环境

1. 认真谋划全年认证监管工作部署

根据国家市场监管总局领导《在全国认证认可检验检测工作会议上的工作报告》和《认监委2019年认证认可检验检测工作要点》，河南局高度重视，逐条研究落实，结合河南省实际，制定《2019年河南省认证认可检验检测工作要点》，从5个方面、24条措施部署河南全年认证认可检验检测工作。印发《河南省市场监督管理局关于开展2019年认证监督检测工作的通知》（豫市监〔2019〕216号），安排部署河南认证监督检查工作。

2. 落实强制性产品认证制度改革措施

认真落实国家强制性产品认证制度各项改革举措，严格实施目录动态管理，及时宣贯总局关于强制性产品认证公告的变化情况，对目录缩减及时向社会公示，加强事中事后监管和质量追溯机制建设。承接总局授权“免予办理强制性产品认证”的受理、核发和后续监管工作，2019年，共受理CCC免办申请78起，发放CCC免办证明71张，涉及产品金额逾129.60万美元，平均发证用时1天，通过电话问询监管和线上监管36批次，覆盖率为50.7%。

（二）优化供给结构，助推质量强省建设

1. 广泛开展质量管理体系升级行动

支持认证机构在装备制造业、服务业等领域推进质量管理体系升级版，推动开展小微企业建立ISO 9000质量管理体系，实施质量提升行动。在食品工业企业领域结合行业特色，探索开展食品工业企业6S质量管理体系认证。截至2019年年底，河南省质量管理体系获证企业18505家，证书19317张，100%进行了质量管理体系标准的换版升级。

2. 强化产品认证保安全底线作用

加强对涉及公众安全和百姓关注度高的瓷质砖、家用电器、溶剂型木器涂料、童车等强制性认证产品的监管力度，加强对强制性认证产品获证生产企业的监督、服务，加大对无证出厂、销售等违法行为的打击力度。对取消工业生产许可转为强制性认证的产品，加大宣传力度，加强认证活动事中事后监管。

3. 大力推行高端品质认证

推行有机产品等高端产品认证，开展国家级有机产

品认证示范区建设，现在拥有范县、灵宝市、淅川县、洛宁县、桐柏县、泌阳县6个国家有机产品认证示范（创建）区，积极引导有条件的组织申请有机产品认证，提升农产品质量，增加高品质供给。截至2019年年底，河南省获得良好农业规范（GAP）认证证书11张，涉及企业11家；有机产品（OGA）认证证书439张，涉及企业271家。

4. 加快公共服务平台建设

国家市场监管总局认可与检验检测司组织有关专家对郑州高新技术开发区、许昌市建安区政府创建国家检验检测认证公共服务平台示范区创建工作进行了现场评估验收，两个地区均通过了国家验收，成为河南省首批通过创建国家检验检测认证公共服务平台示范区现场评估验收的地区，标志我省检验认证行业集聚发展、服务地方产业经济进入新时代。

（三）加大监管力度，规范认证认可行业秩序

为维护良好公平的市场环境，全省认证监管部门运用市场综合监管优势，构建以“双随机、一公开”监管为基本手段，以重点监管为补充的新型监管机制，提高认证检测公信力，规范行业秩序，切实发挥“传递信任，服务发展”的作用。

1. 开展认证活动监督检查

为落实《河南省人民政府关于加强质量认证体系建设促进全面质量管理的实施意见》（豫政〔2018〕35号），省局下发了《河南省市场监督管理局关于开展2019年认证监督检查工作的通知》（豫市监〔2019〕216号），按照“双随机、一公开”的方式，在全省内对管理体系和食品农产品认证、强制性产品认证监督检查工作进行了安排部署。2019年全省共检查认证机构和获证组织1282家次，发现问题机构/企业250家，责令行政整改199家、约谈24家次、告诫20家次，稽查部门立案54个，案件查处被行政处罚11家，案值370850元。

2. 配合总局开展国家级认证机构监督检查

一是开展对获证企业和从业机构的联动检查。依据总局认证监管司《关于请配合开展2019年认证从业机构检查工作的通知》（认证函〔2019〕37号），河南省局下发了《关于配合开展2019年认证从业机构检查工作的通知》（豫市监函〔2019〕195号），对7家认证机构的11家企业的质量管理体系、环境管理体系、职业健康管理体系认证结果进行现场检查，同时参与了总局组织的认证从业机构现场检查，进一步规范了认证市场。

二是开展总局安排的强制性获证产品认证有效性抽查工作。按照《市场监管总局办公厅关于开展2019年强制性产品认证获证产品有效性抽查工作的通知》（市监认证函〔2019〕1229号）文件规定，省市场监管局组织国家建材中心制定了《2019年强制性产品认证获证产品（瓷质砖）认证有效性抽查实施方案》，对2019年度强制性产品认证有效性抽查工作进行了部署，国家建材中心抽取了87家企业的190批次认证获证产品，其中合格产品为187批次，合格企业85家，产品合格率和企业合格率分别为98.4%和97.7%。

（四）强化基础工作，筑牢发展根基

1. 加强认证监管队伍建设

做好认证监管工作，关键在人，加强认证监管队伍建设是重中之重。根据三定方案，河南省局设立认证监督管理处，负责指导、协调全省认证行业发展、协助查处认证违法案件，18个省辖市有16个市设立认证监管科，提供了有力的职能和人员保障。根据年度计划，组织开展了全省认证监管人员培训班，宣贯解析豫政〔2018〕35号及CCC免办业务证后监管等工作。按照强制性产品认证制度改革的要求，联合中检集团武汉分中心举办的河南低压成套设备生产企业风险防控培训，从强制性产品认证监管角度提出要求，强化市场主体责任，督促严把产品质量关，严保安全底线。为保障认证监管“双随机、一公开”检查，征集认证领域专家，建立认证检查专家库，建立执法人员检查库。

2. 提升社会参与度和获得感

一是组织全省开展“世界认可日”活动，通过宣传展示、培训交流、帮扶指导、公益服务、市场检查等多种形式的活动，宣传贯彻党中央、国务院关于加强质量认证体系建设的精神，增加公众对认证认可工作的了解，传播认证认可服务高质量发展的作用，提升认证认可的影响力。

二是联合郑州市局、丹尼斯大卫城及相关有机产品生产企业集中开展以“有机产品认证倡导绿色生活”为主题的“有机宣传周”现场活动，宣传普及有机知识、

提升公众对有机产品的认可度，推动有机认证工作开展。

三是组织全省认证从业机构召开“推动河南认证行业高质量发展座谈会”，宣贯解读国家最新政策和要求，听取各机构的意见建议，支持河南省认证认可协会的组建及发挥行业牵头作用，鼓励引导认证从业机构做优做强做大。

四是积极开展市场监管大讲堂活动，邀请国家市场监管总局认证监管司领导莅临河南，于9月26日讲授一期“质量认证助力高质量发展”为主题的讲座，给全省市场监管系统干部讲解质量认证工作在社会经济和贸易发展中的重要作用。

二、加大力度，稳步推进认可及检验检测监督管理工作

2019年，河南省检验检测监督管理工作，以习近平新时代中国特色社会主义思想为指导，按照河南省市场监督管理局的统一部署和安排，认真贯彻落实国务院、省政府和市场监管总局关于“放管服”改革的要求，积极创新，主动作为，在推出各项“宽进”举措促进检验检测市场大发展的同时，加快推进“双随机、一公开”监管机制建设，加大检验检测机构资质认定“事中、事后”监管，规范检验检测市场秩序，进一步提升了检测机构资质认定工作的质量和水平，促进了检验检测服务业的有序发展，提升了检验检测市场的公信力，为助推河南经济社会高质量发展提供了有力的质量基础保障。

（一）加大检验检测机构监督检查力度

1. 组织实施全省检验检测机构“双随机、一公开”监督检查

以“双随机、一公开”为基本手段，重点检查“未经检验检测或者以篡改数据、结果等方式，出具虚假检验检测数据、结果”“超出资质认定证书规定的检验检测能力范围，擅自向社会出具具有证明作用数据、结果”等严重违法违规行为。河南省局举行了随机抽取仪式，局长唐远游出席仪式并讲话，河南省政协常委陈淮、河南省生态环境厅有关领导，消费者代表及二十余家新闻媒体共同见证了随机抽取仪式。本次双随机抽查比例为5%，共抽取105家机构。其中生态环境监测领域40家、机动车检验检测领域40家、食品检验机构25家。检查对象、执法监管人员（含专家）从“两库一单”中随机抽取，共安排了21个检查小组（每个小组3人），共检查机构103家（两家已暂停业务），检查梳理出存在问题463条，并及时提出建议处理意见移交当地监管部门依法处理。本次检查共建议对17家机构撤销资质认定证书，对50家机构责令整改，罚款3万元以下，对36家机构责令整改。

本次“双随机、一公开”监督检查是河南省市场监督管理局检验检测监督管理处成立后组织的第一次全省检验检测机构监督检查活动，主要突出6个特点：一是突出群众关心、社会关注、政府关切的行业作为检验检测机构检查的重点，即环境检测、机动车检验检测、食品检验等三个行业。二是突出锻炼监管队伍，提高市局监管人员能力水平。检查组由市局检测科科长和省内行业专家组成，实行市局间交叉检查，互相学习，互相促进，共同提高。三是突出统一检查标准、统一检查时间、统一检查项目、统一检查对比。要求各检查组要以国家认监委统一发布的检测机构检查规范为标准，对检查结果进行数据分析、对比，找出监管工作中带有规律性的问题。四是突出信息化监管。现场检查全部实现了App监管系统，实时上传现场检查发现的问题，监管跟踪问效更加便捷、公正。五是突出检查成效。检查小组对发现的问题进行认真的分析、取证，及时进行有效的沟通，提出问题和改进意见。河南省局安排专人24小时接听电话，随时处理检查中出现的问题。六是突出廉洁自律和评审纪律。检查组严格按照中央的八项规定和省局的廉政要求，轻车简从，厉行节约，不收取被检查机构的任何费用、礼品等，不得参加被检查单位组织的参观和宴请，严格遵守有关保密规定。目前没有发现检查组违反规定的现象。

2. 积极配合总局双随机专项监督检查

2019年7月28日至9月13日，国家市场监管总局“双随机、一公开”监督检查共向河南省派出3个检查组，对河南省辖区内15个国家产品质检中心进行专项监督检查工作，河南省局进行全程保障和配合。目前，各被检查的国家产品质检中心已全部完成了整改工作，整改措施有效，整改结果符合要求。

3. 落实检验检测机构主体责任

为提升检验检测机构自律意识，推动落实主体责任，按照市场监管总局的要求，河南省2348家检验检测机构全部开展了自查、自改并如实填写自查表，接受监督检查。双随机抽查中执法检查人员对机构自查情况进行了核查，进一步推动了检验检测从业机构主体责

任的落实。

4. 加大了对违法违规检验检测机构的处理力度

根据《检验检测机构资质认定管理办法》撤销了河南析泰检测技术有限公司的资质证书，对三门峡世博机动车检测有限公司进行了行政处罚，对三门峡市中检质量技术有限公司、淮阳县辉鸿机动车检测有限公司进行了转办处理。

（二）助推检验检测机构能力提升

1. 继续加强检验检测资质认定工作

一是进一步完善检验检测机构资质认定行政许可审批系统，严格落实行政许可审批法律法规和政策规定，推动受理、评审、审批工作规范化。截至 2019 年 12 月 31 日，共受理检验检测机构资质申请 1482 家，通过评审取证的 1246 家次，终止评审的 242 家，河南省取得省局发证的检验检测机构累计达到 2749 家，比上年增加了 501 家。

二是河南省局与郑州海关联合开展了对隶属海关综合技术中心（原河南出入境检验检疫局分支局实验室）实验室情况调研，推动了 12 家综合技术中心有序开展资质认定工作。

三是河南省局与河南省司法厅联合印发《关于开展司法鉴定机构资质认定工作的通知》，正式启动了河南省司法鉴定机构资质认定工作。

四是按照《食品检验机构申报承担 2020 年省级食品抽检任务情况汇总表》，完成了 30 家系统内食品检验机构资质认定能力参数的核查任务。

2. 持续开展检验检测能力验证工作

按照国家市场监管总局安排部署，结合河南省实际，确定了热轧带肋钢筋拉伸试验、土壤中重金属检测 2 个能力验证项目，对全省 436 家和 175 家取得相关资质认定的机构组织开展了能力验证工作。其中，热轧带肋钢筋拉伸试验 435 家机构检测结果为满意，满意率达 93.55%；土壤中重金属检测 150 家机构检测结果为满意，满意率达 85.71%。正在按照国家相关法律法规规定，对检测结果不满意的机构开展集中整治和后处理工作，持续规范检验检测市场，提升检验检测机构技术能力水平。

3. 加大对监管和评审人员的管理力度

一是加强相关业务培训。河南省局组织对各省辖市、直管县局的主管局长、科（股）长、评审组成员共计 200 余人，进行了为期 2 天的培训。

二是及时调整补充评审员队伍。增加机动车、环境、农业检测、建筑等检测领域评审组长 20 名、相关领域技术专家 15 名，较好地缓解了评审压力。

三是严格落实“一岗双责”制度。持续开展党风党纪教育，深入贯彻落实中央八项规定，强化队伍管理，坚守理想信念，守住底线，不踩红线，不碰高压线。检验检测监督管理处成立后加大了对资质认定评审员队伍管理，实行评审组长首次派遣廉政谈话制度，经常向评审员发布廉政提醒，严格行政许可“零超时”和廉洁评审“零容忍”管理制度。

4. 加强检验检测宣传和行业分析工作

充分利用新闻发布会、世界认可日、市场监管公众开放日、检验检测机构开放日、质量宣传月等重要活动，大力提升全社会对检验检测认知度。及时向社会公开发布《2018 年度河南省检验检测服务业统计报告》，为政府宏观经济决策提供依据，为从业机构提供信息服务，引导检验检测行业高质量发展。

（三）认真落实“放管服”改革要求

1. 加大宣传力度，积极推进检验检测资质认定改革

认真贯彻落实《市场监管总局关于进一步推进检验检测机构资质认定改革工作的意见》，及时印发了《关于贯彻落实检验检测机构资质认定改革工作意见的通知》，积极组织做好相关改革措施的宣传、解读工作，坚持依法推进，切实履职到位，加强事中事后监管，落实主体责任。

2. 优化申请受理流程，切实为企业减轻负担

运用“互联网＋监管”方式提供优质高效服务，进一步压缩受理、许可期限，让企业办事更便利。

一是优化服务。河南省局印发了《关于检验检测机构资质认定申请受理实施全电子化办理的通知》和《检验检测机构资质认定纸质材料归档有关要求》，积极推进资质认定申请受理实施全电子化办理，初步实现了申请受理环节检验检测机构“零跑腿”。“优化准入服务，15 个工作日内作出许可决定、7 个工作日内颁发资质认定证书，全面推行检验检测机构资质认定网上许可系统，2019 年年底前实现申请、许可、发证全过程电子化”被列入河南省局深入贯彻党的十九届

四中全会精神发布的履职承诺（即省局向社会作出十项履职承诺）的第一项承诺。

二是出台惠企措施。2019年国庆节前夕，鉴于河南省机动车排放检验机构设备配置实际状况，按照“放管服”要求，及时研究推出省辖市、直管县（市）市场监管局先行进行扩项文审备案措施，有效地减轻了机动车检测机构资质扩项现场评审压力和企业负担。

3. 创新证后变更事项，实现全程阳光办理

一是在服务方式上，提供“一站式”并联服务，办事更方便、更快捷。与环保、交通、住建等行业的评审专家建立并联并审事项，由评审专家对授权签字人考核后直接上传政务信息网，直接审批。

二是在办理形式上，实行集中办理与个别办理相结合，办件快，更高效，简单事项实现“一次都不跑”。对没有进行网上申报直接到省局来办理的人员，实行即来即办；当天无法办理的，办结后邮寄给申请人。对于没有重大实质变化的人员变更和标准变更等事项，可以通过网上办事大厅提交材料、网上审批，实现“足不出户、证件到手”。

三是在办理流程上，每个环节信息透明阳光，流程短，可预期。变更事项上网办理后，每个环节都有明确的办理期限，超时办理就会预警亮灯。申请人通过个人申办流水号可以在网上查询事项是否受理、流转阶段、经办人员、办理时间、办理意见等信息一目了然。截至2019年年底，共办理变更事项84件，其中人员变更9件、授权签字人变更22件、标准变更41件、名称变更5件、地址变更（注册地）3件，注销5件，取消检测能力2件。

撰稿人：付　利　许　亮

审稿人：史明甫　孙银辉

全面履职　创新监管　服务经济社会发展

——湖北省市场监督管理局2019年认证、认可及检验检测监管工作概况

2019年，湖北省市场监督管理局（以下简称“湖北省局”或“省局”）深入学习贯彻习近平新时代中国特色社会主义思想和习近平总书记关于市场监管重要论述，落实省委、省政府和总局工作部署，根据省局年度工作安排，突出问题导向，围绕“双随机、一公开”监管要求，积极推进认证认可与检验检测管理工作，创新监管理念，加强队伍建设，提高监管效能，努力探索、推进认证检验检测行业集聚发展。

截至2019年12月31日，全省有效认证证书共计71065张，涉及21970家获证组织。其中管理体系证书40296张、获证组织19346家，强制性产品认证证书16468张、获证组织1556家，食品农产品认证证书3299张（其中有机产品证书601张）、获证组织1696家，自愿性工业产品认证10782张、获证组织1042家，服务认证证书1038张、获证组织948家。全省共有检验检测机构1465家，检验检测机构实验室总面积达到225万m^2，设备235110台（套），固定资产总值约为97亿元。

一、聚焦履职，认真组织认证认可检验检测监管

一是创新监管模式。按照《国务院关于在市场监管领域全面推行部门联合“双随机、一公开”监管的意见》(国发〔2019〕5号)要求，努力构建以“双随机、一公开”为手段、以重点监管为补充、以信用监管为基础的新型监管机制，积极探索“双随机”监管与重点监管相结合，信用监管与分类监管相结合，突出体现行政监管职能定位，强化对认证认可与检验检测行业行为的规范，提升行业诚信度，提高行业公信力。

二是重点监管与分类检查相结合。按照《2019年认证业务专项监督检查工作方案》要求，组织各市州对辖区获证组织开展“双随机、一公开”抽查，于2019年9月集中开展省级层面认证从业机构检查工作，按照抽取比例不低于5%的要求，抽取15家认证机构的30张证书进行检查，并将检查结果通报市州局。结合总局部署，重点对湖北省强制性产品认证获证玩具产品开展了有效性监督抽查，确保强制性产品认证制度的有效落实。

三是强化部门联合。联合省环保厅组织开展了2019年湖北省检验检测机构“双随机、一公开”的监督检查，检查比例达25%，覆盖370家机构，其中，机动车排放检验机构属于重点监管，抽取比例100%。检查结束后将监督检查情况通报各市州市场监管局及生态环境局，要求各地依法严肃做好后处理及日常监管工作。

四是促进检验检测机构检测能力提升。为进一步提升机构技术能力，下发《省市场监管局关于开展2019年度检验检测机构能力验证工作的通知》，组织全省695家检验检测机构开展“钢筋混凝土用热轧带肋钢筋的力学性能检测”等5个项目的能力验证活动，满意率达96.55%。通过能力验证对比，促进机构提升检验检测能力，提高检验检测数据的准确性。

五是注重提升监管人员和监管对象能力素质。2019年是地市机构改革的关键年，机构调整，人员调换，基层监管人员专业能力严重不足。按照局党组提出的打造“政治过硬、业务过硬、作风过硬、健康过硬”的一流监管队伍目标，认检处结合认证监管人员队伍实际，先后组织了3次全省范围的大培训。结合认证机构“双随机、一公开”监督检查开展认证知识培训、结合2019年度检验检测机构检查组织检验检测监管知识培训，专门召开全省检验检测机构管理人员经验交流座谈会，并邀请总局认可与检验检测管理司李文龙处长作了题为“我国的检验检测机构资质认定制度的产生发展及改革方向”的专题讲座。通过培训学习相关法律法规，掌握基本的专业技能，结合任务提升实际工作能力，加强工作经验交流，提高了认证认可与检验检测监管队伍的整体素质。

二、聚焦改革，不断提升行政服务效能

一是积极开展CCC免办业务。按照《市场监管总局关于明确免予办理强制性产品认证工作要求的通知》，从4月1日起，省局承接免予办理强制性产品认证相关工作，严格按照监管有效、便利申请人的原则开展CCC免办工作。截至2019年12月31日，受理CCC免办业务审批1071次，发证443张。

二是优化准入服务，便利机构取证。根据《市场监管总局关于进一步推进检验检测机构资质认定改革工作的意见》（国市监检测〔2019〕206号）要求，不断优化准入服务，在前期部署并完成网上流程开发及试运行的情况下，于2019年11月11日起将无需进行现场确认的行政许可变更（取消）事项改为自我声明备案管理制。

三是加强审批工作标准化。按照行政审批制度改革的要求，优化审批流程，压缩审批时限，简化审批条件，对检验检测机构认定的所有事项进行了标准化的审核、修改和完善，提高了行政审批的标准化和办事效能。在法定时限的基础上实现承诺时限减半，大大减少了审批时间。

四是对检验检测机构的资质认定许可事项进行重新认定和确认。对审批流程，包括审批事项、材料等进行了梳理，以简政放权、强化管理、提升服务为中心，以信息化建设为重点，积极探索，促进检验检测机构资质认定工作质量全面提升。完成了行政许可事项、公共服务事项录入湖北政务服务网工作，全面落实网上办理、只跑一次的要求，实现申请、审查、审批全过程电子化。截至2019年12月31日，共完成检验检测机构资质认定审批2298家，其中计量认证870份，双认7份，简易流程1059份，不予许可362份。无红、黄牌。

三、聚焦发展，积极谋划认证检测行业

一是积极谋划，推动湖北省质量认证体系建设。组织力量开展调研编纂工作，积极向省政府汇报有关情况，推动印发了《省人民政府关于印发湖北省加强质量认证体系建设促进全面质量管理方案的通知》（鄂政发〔2019〕23号）。积极研究具体实施措施，加强政策宣传，确保政策落实。

二是稳步推进集聚区建设。2018年11月，经过前期多年筹备，国家发改委、市场监管总局联合发文批准湖北（武汉开发区园区、葛店开发区园区）筹建国家检验检测高技术服务业集聚区。这是全国第五个国家级检测产业集聚区。武汉、鄂州市局积极推动园区建设，在各方共同协作下，武汉园区已出台了工作方案，明确了工作机制，9月22日正式挂牌，招商引资工作取得初步成效，为促进检验检测产业发展积累了经验。

三是支持各地围绕新兴产业，发挥认证检验检测支撑作用。跟踪关注地方经济发展形势，围绕仙桃非织造布产业、武汉光通信器件产业等省内重点产业的检验检测需求，积极向省政府和总局汇报推荐申报相应国检中心，尽最大努力争取支持。同时，结合各地技术机构改革后的实际情况，积极为新成立的公共检测中心筹建省级质检中心工作提供指导。2019年鄂州市梁子湖区有机产品认证示范区通过验收，助推湖北省有机认证工作再上新台阶。

四是强力督办已批筹未验收国检中心建设。按照总局要求，认检处在省局机构改革到位时，即组织2个调研督办组，到相关市州检查督办已批筹未验收国检中心建设情况，推进相关各方加速国检中心建设，并及时将情况汇总上报市场监管总局。

五是统筹宣传，提升检验检测认证机构影响力。结合“世界认可日”“质量月”“有机认证宣传周”活动安排，组织开展一系列开放日和宣传周活动，推动技术机构开展“实验室开放日”、开直播、进校园、进医院、进商场等一系列活动，同时指导各地市州开展形式多样的特色活动，大大提升了认证认可与检验检测的社会影响力，为行业发展营造了良好的社会氛围。

四、强化担当，严格依法开展后处理工作

一是迅速行动，督促总局检查问题整改。省局在配合市场监管总局认证监管司“双随机”抽查中，涉及湖北省4家获证组织、4家认证机构的监督检查，南漳县念红家庭农场有机产品认证证书涉嫌违规，省局迅速行动，专门下发通知，组织进行相关后处理工作，当地市场局对相关企业负责人进行约谈，调查核实相关情况，并依法依规做出处理。

二是严密组织，确保相关检查问题处理到位。在会同扬州进出口玩具检验所对湖北省强制性产品认证获证玩具产品开展的有效性监督抽查中，共抽查玩具60批次，涉及证书60张，其中合格的有52批，占总批次

的86.67%；有8批不合格，占总批次的13.33%。依据属地监管原则，对不合格产品生产企业所在地（广东省、浙江省、山东省）发函，建议对生产企业做出处理。对不合格产品及经销商下发后处理通知，确保相关问题得到全面处理。在省级层面组织的认证从业机构监督检查中共发现认证合同、审核计划、审核记录不规范及涉嫌出具虚假认证结论等各类问题共105项，各地市严格依法依规进行了后处理。在省局组织的能力验证活动中，及时通知相关地市市场监管局，督促在能力验证活动中最终结果为可疑或离群的检验检测机构，认真分析原因并积极有效整改。与省生态环境厅联合通报2019年度检验检测机构"双随机、一公开"监督检查情况，其中，存在轻微问题建议自行改正通过的49家；存在一般问题建议责令改正的158家；存在较严重问题建议的责令整改32家；关停并转建议注销资质认定证书的17家；涉嫌违法建议立案调查、撤销资质的2家。通过及时开展后处理工作，较好地净化了认证检测市场环境，促进了认证检测行业发展。

五、聚焦党建，坚持强化学习提质增效

一是建立开展组织活动的长效机制。湖北省局各处（室）党支部确定了每月开展1次党支部主题党日活动的机制并严格落实，每月组织1次支部会议，切合主题，广泛开展了集中学习、去红色教育基地参观学习、交心谈心、批评与自我批评等活动。

二是扎扎实实开展"不忘初心、牢记使命"主题教育。一是加强党员的学习，提高党员思想理论水平，组织党员干部深入学习《中国共产党章程》《中国共产党党内监督条例》《中国共产党纪律处分条例》等有关规章制度，不断提高党员干部政治思想素质，切实抓好"两学一做"主题教育活动，充分发挥主题党日活动，形成人人抓学习的良好氛围。

三是加强廉政建设，构建起牢固的思想防线。从思想入手，以纪律国法为准绳，构建不想腐的自觉，坚决落实好省局党风廉政建设会精神，做到"削减存量，杜绝增量"。

四是结合党组织建设和职能工作，大力支持扶贫工作。以支部为单位开展结对帮扶困难群众，了解实际情况和具体困难，为贫困户脱贫致富建言献策。支部党员派驻扶贫点，帮助村集体发展黄精等中草药种植产业，帮助改善孟垅村的村学校、饮水、照明、卫生、环境等各方面基础设施建设。支部女同志积极参与省局"爱心妈妈"帮扶活动，关爱贫困留守儿童。

撰稿人：冯鳌章　审稿人：雷　慧

改革创新 服务发展

——湖南省市场监督管理局2019年认证、认可及检验检测监管工作概况

2019年，湖南省市场监督管理局（以下简称“湖南省局”或“省局”）质量认证工作认真贯彻落实全国认证认可工作会议和全省市场监管工作会议精神，夯实工作基础，强化监管措施，服务高质量发展，扎实有效地推进了各项工作。

一、全年工作开展情况

（一）夯基础，深化“放管服”改革

一是推进机构改革，加强认证监管队伍建设。省局领导对认证认可监管体系建设高度重视，此次机构改革，对照总局模式在原认证监督管理处基础上分设认证监督管理处和认可与检验检测处，认证处配置6名编制，认可处配置7名编制，基本满足了全省认证认可监管工作的需要。按“分级监管、重心下移”指导原则，推动市州局监管机构改革，全省有5个市州局对应省局专门设置了认证和认可科，其他9个市州局也全部设立了相应科室，有专属机构和人员负责认证认可监管工作，逐步建立运行顺畅的省、市、县三级认证认可执法监管网络，形成“省局指导督查、市局监督检查、县局日常巡查”的认证认可行政监管工作格局。

二是简政放权，优化服务供给。着眼推动检验检测市场化、集聚化和专业化发展，简化行政审批程序，落实“最多只跑一次”“一件事一次办”要求，对不涉及能力变化的标准变更等事项，实行从业机构自我承诺办法，不再组织专家现场考核。实施行政许可“三分离”，实现检验检测资质认定从受理、审查到许可全程网上办理，缩减行政审批时间由法定的35工作日到现在的17工作日，编制审批流程图和办事指南并官网公布，为企业提供有效服务。

三是服务进出口企业，承接总局下放的CCC免办工作。认真落实《市场监管总局和海关总署发布关于免予办理强制性产品认证工作有关安排的公告》（公告〔2019〕13号），迅速承接好从海关移交过来的“免予办理强制性产品认证”的受理、核发和后续监管工作。在办理中，我们大幅压减办理时限，既严格遵守CCC免办规定，又便利申请人，更好服务企业和地方经济发展。截至2019年年底，已为全省40多家企业办理CCC免办120余批次。

（二）严监管，维护认证公信力

一是强化检验检测机构监管。联合省公安厅、省生态环境厅制定下发了《关于组织开展2019年度检验检测机构监督抽查工作的通知》，制作了《工作手册》，从湖北、江西2个省份聘请了10名专家，对全省检验检测机构开展了“双随机、一公开”监督检查，共抽取26家生态环境监测机构和66家机动车检验机构。实施过程中，分别由市场监管、公安和生态环境部门的同志带队，组成5个检查小组，对全省14个市州近100个县市区相关从业机构进行了检查，重点查处了不检测出报告、出具虚假报告、超能力范围出报告等行业乱象。及时召集各组检查人员汇总情况进行结果分析，研究提出处理意见。通过监督检查，拟对11家机构进行撤证处理、4家机构依法注销资质。将相关情况通报市州监管部门和相关从业机构，有效整肃机构从业行为，净化市场环境。

二是开展认证乱象治理。按总局和省政府工作部署，坚决治理认证乱象。依据国务院《关于在市场监管领域全面推行部门联合“双随机、一公开”监管的意见》和《市场监管总局关于加强认证监管工作的通知》精神，将认证监管事项纳入省局统一的抽查事项清单，建立检查人员名录库，正式下发了《湖南省市场监督管理局关于开展2019年认证活动“双随机、一公开”监督检查的通知》，对69家在湘开展认证活动的机构和292家获证组织（强制性产品认证55家，自愿性认证237家）进行监督抽查。对其中4家认证机构和9家获

证组织的涉嫌违法问题移交当地市场监管部门立案查处，责令17家认证机构和150家获证组织进行问题整改，有效地震慑了违法违规行为。

三是强化区域管理职能。积极推行“分级监管、重心下移”和“区域实施、齐抓共管”的工作格局，加强对市州局认证监管工作指导。各地市场监管局根据辖区获证情况，开展认证有效性检查巡查。邵阳市局专门发文对全市CCC认证企业和经销企业进行专项检查，检查获证企业35家，经销企业72家，查处违法违规行为为30起，其中立案查处16起，行政处罚金额到位7.07万元。湘西州局重点对全州33家有机产品认证获证企业的52张有效证书进行检查。永州市局开展了CCC认证、证书和标志使用的专项整治，共检查CCC认证企业24家，管理体系认证企业35家，有机产品认证企业13家。株洲市局重点对6家电线电缆生产企业开展了检查等。通过各地的努力，推动认证市场逐步规范、公信力逐步提升。

（三）强服务，推动认证事业发展

一是成功承办“全国检验检测开放日活动”启动仪式。9月6日，2019年全国检验检测机构开放日活动启动仪式在湖南长沙岳麓开发区举行，来自市场监管总局、中央编办、公安部、人力资源社会保障部、生态环境部、农业农村部等部门代表和部分省市市场监管局及检验检测机构的代表共240余人参加活动。活动中，全面贯彻“检验检测为民服务”活动主题，推动检验检测机构向社会公众开放，通过集中宣传展示、便民检测、技术交流、现场体验等活动，全面展现检验检测服务市场监管、保障产品质量安全、助力质量提升、促进消费升级等方面的积极作用。

二是推进“两型认证”工作深入开展。积极协调省工信厅、农业农村厅、商务厅、两型办、等部门和机构，拓展“两型认证”领域，着力引导相关企业和组织打造“两型认证”品牌。2018年以来申报两型认证的160家组织（两型餐饮11家、两型仓储23家、两型村庄60家、两型机关5家、两型企业36家、两型小学25家），审核全部完成，共149家通过审核和评定。其中两型餐饮、两型仓储均为首次申请认证的行业。

三是推动检验检测产业聚集。以岳麓高新区为核心聚集，率先批准成立湖南省检验检测特色产业园，成功获批国家级“示范区”“集聚区”双平台。引进了一批以SGS、南德检测为代表的国际国内知名企业，培育了一批以继善高科、中大检测为代表的本土优秀企业，智能驾驶研究院、中汽检测、中国计量院长沙基地等纷纷落地建设，吸引了何继善、黄伯云等院士入园创办、领办检测企业。目前，该产业园拥有检验检测认证机构116家，年产值超过52亿元。

四是推动检验检测机构能力提升。2019年，全省资质认定获证机构1815家，其中审批发证201张，标准变更等换发证496张。为提高检验检测机构能力水平，在食品、生态环保2个领域开展了“奶粉中的蛋白质”、“食品中的山梨酸”、水中“锌”和水中“氯化物”等4个项目的能力验证工作，采用政府购买服务方式，通过招投标委托广电计量检测（湖南）有限公司承担项目的实施。经统计，不算重复参加单位数量，累计有886家单位参加了此次能力验证，4个项目结果满意率均在87%以上。

二、面临的形势及建议

湖南省认证认可工作取得了一定成绩，但也要清醒认识到当前一段时期内认证认可工作面临的挑战。国家市场监管总局下发的《关于进一步推进检验检测机构资质认定改革工作的意见》，明确了实行告知承诺制度、自我声明制度、优化准入服务等检验检测资质认定改革事项，落实文件要求，推进改革工作任务艰巨。同时，湖南省认证工作与国内先进地区相比，发展不平衡、不充分的问题仍然突出，认证的质量和数量以及对经济发展的贡献与发达地区省市比仍有较大的差距。一方面，社会对认证认可的认知度有待提高。当前，政府、行业、企业、社会等各方面缺少对认证结果的采信机制，消费者对质量认证的认知度也不高，很少利用认证手段来指导消费和维权。另一方面，一些领域仍然存在“认证乱象”。检验检测方面个别行业乱象突出。集中表现在生态环境监测领域、机动车检验检测行业，主要是个别从业机构主体责任意识不强，诚信缺失，存在未经检验检测直接出具检验检测数据结果、超出资质认定证书规定的检验检测能力范围擅自出具数据结果等方面情况；个别从业人员素质低下、从业规范不强，存在篡改编造原始数据出具检验检测数据结果、伪造检验检测报告和原始记录签名出具检验检测数据结果的情况。自愿性认证也存在虚假认证、买证卖证现象，直接影响着行业公信力和消费者信心。再有，认证监管力量和力度有待加强。限于机制体制改革因素，基层认证监管力量薄弱，工作缺乏抓手，特别是县、市区一级的市场监管部门新人多、业务能力弱，事中事后监管机制尚待进一步完善，监管有效性和查处力度有待增强。这些都是认证领域的短板，也是影响高质量发展的薄弱环节，迫切需要加快质量认证体系建设，提升支撑高质量发展的能力。

建议国家市场监管总局适时召开专题研讨会，进一步厘清与政府其他相关部门之间横向的、国家和省市县之间纵向的职能职责。着力解决地方局监管工作中遇到的难点、风险点问题。同时完善相关制度，将相关业务培训延伸到市县基层。

把握新时代脉搏　推动认证认可工作

——广东省市场监督管理局 2019 年认证、认可及检验检测监管工作概况

2019 年，广东省市场监督管理局（以下简称“广东省局”或“省局”）全面贯彻落实《国务院关于加强质量认证体系建设促进全面质量管理的意见》，按照《广东省人民政府办公厅关于印发广东省加强质量认证体系建设促进全面质量管理实施方案的通知》要求，统筹推进质量认证体系建设，规范检验检测认证市场秩序。

截至 2019 年 11 月底，全省年度新增认证证书 123321 张，涉及组织 46824 家，累计有效期内认证证书 435468 张（占全国总数 18.99%），涉及组织 113159 家（占全国总数 15.98%），均居全国首位；有效期内的省级检验检测资质认定证书达 3583 张，同比增长 27.9%。

一、主要工作开展情况

（一）大力推动质量认证升级扩面

面向全省中小企业累计组织质量管理体系免费培训 73 场次，培训企业质量管理人员共 10233 人次，推广质量管理理念、知识，推动质量管理体系认证升级扩面工作。全省质量管理体系认证获证组织共 80787 家（占全国总数 16.24%）、证书 83855 张（占全国总数 16.23%），均居全国第一。支持“深圳标准”等高端品质认证积极发挥示范引领作用，“深圳标准”认证已发布涵盖 28 个产品和服务的认证目录，发放“深圳标准”认证证书 47 张。

（二）进一步加强认证监管工作力度

开展强制性产品认证专项监督检查，累计出动检查人员 13102 人次，检查生产、销售场所 8479 家，检查产品 33 类 14438 批次，共查扣未经认证或证书失效、暂停期间擅自出厂销售的 CCC 认证目录内产品 7129 台（件），不符合要求使用认证标志的 CCC 认证目录内产品 2901 台（件），移送案件线索和立案 90 宗。组织开展了儿童玩具、摩托车、电动自行车产品等专项整治活动，督促认证机构、生产企业落实主体责任，确保强制性产品认证有关制度落到实处。组织对灯具、电热毯、电加热容器等 3 类 CCC 认证产品进行了认证有效性抽查，共抽查产品 110 批次，其中抽查合格 100 批次，总体合格率为 90.9%。组织对生产、流通领域有机茶产品开展认证有效性监督抽查，发现 1 批次产品标识不合格，未发现农药残留、重金属超标等影响认证有效性问题。顺利承接免予办理强制性产品认证工作，全省累计办理 CCC 免办证明 5269 张，涉及货物货值约 5534 亿元，有效保证了进出口贸易业务的正常开展。

（三）强化检验检测机构资质认定证后监管

在生态环境、机动车、食品、医疗器械等重点监管领域部署开展省级资质认定检验检测机构监督抽查工作，出动执法人员 3527 人次，检查检验机构 1228 家，责令改正 344 家，责令整改 202 家，查处涉嫌违法违规机构 131 家，立案 92 宗；对 10 家严重违法的环境检验检测机构依法撤销其资质认定证书，移送公安司法机关案件 3 起。组织对 214 家机动车安检机构共 267 条机动车检测线开展车速、制动、侧滑、灯光等关键项目检验能力比对工作。组织 72 家机构开展“全省建筑涂料中对比率的测定”“中密度纤维板甲醛释放量的测定”检验能力的机构验证工作。指导广东省认证认可协会

面向全省检测认证机构发出行业自律倡议，并结合世界认可日活动举行检测认证机构公开承诺宣誓，引导全行业共同抵制检测认证领域违法违规行为。

（四）推进检验检测认证监管体系建设

举办全省市场监管系统认证检测监管培训班，对全省各地市局分管局领导、科长（处长）进行检验检测认证监管业务工作培训，提升监管队伍业务能力水平。出台《广东省市场监管系统检验检测机构资质认定监督检查全过程工作指引》，明确市场监管部门开展检验检测机构资质认定监督检查的具体任务、工作程序、检查后处理措施以及监督检查过程中涉及的 11 种执法文书格式，明确监管人员责任边界，规范行政权力运行。制定《广东省市场监管系统认证监管行政检查规范用语和音像记录用语指引》及《广东省市场监管系统检验检测机构资质认定行政检查规范用语和音像记录用语指引》，对启动检查程序、现场行政检查、检查结果告知共 3 个环节的行政检查用语和音像记录用语进行规范。完善联合监管衔接工作机制，在全国率先明确对生态环境监测机构及机动车检验机构（排放检验项目）篡改、伪造监测数据、提供虚假监测报告违法行为的处罚处理由生态环境部门负责，其中对应予以撤销资质认定证书的下达处罚或案件结案定性后通报市场监管部门依程序办理证书的撤销。

（五）推动粤港澳大湾区质量和检测认证交流合作

举办推动粤港澳大湾区检验检测认证互联互通高端研讨会，组织国内外知名认证机构，围绕贯彻落实《粤港澳大湾区发展规划纲要》，促进大湾区检验检测认证等专业服务发展，带动大湾区检验检测认证和管理服务走出去进行深入讨论。举行粤澳质量和检测认证工作专责小组会议，与澳门经济局、市政署、生产力中心进行深入交流，共同探索在粤港澳大湾区建设的政策体系框架下，进一步深化落实《内地与澳门关于建立更紧密经贸关系的安排》（CEPA）有关合作安排，充分利用“一国两制”制度优势、港澳独特优势和广东改革开放先行先试优势，发挥粤澳两地的产业互补性，加强信息互通，推进大湾区内检验检测认证服务资源的交流与共享。

二、面临的困难

一是本轮机构改革对检验检测认证监管架构进行了全面调整，但部分基层单位的分管领导、工作人员以前没有接触过检验检测认证监管工作，部分基层单位的检验检测监管业务没有独立科（处）室，与质量、计量、科技等业务合署办公，监管人力资源跟不上实际工作需要。

二是检验检测认证监管有关法律法规亟需调整，各级市场监管部门的工作责任边界有待细化明晰，检验检测认证监管部门与各行业行政主管部门的责任划分尚需进一步理顺，检验检测认证监管的行政执法检查、信息录入及公开、信用监管等方面的制度还不够健全，难以适应“放管服”改革对检验检测认证事中事后监管的高要求。

大力推进质量认证　助推广西经济高质量发展

——广西壮族自治区市场监督管理局2019年认证、认可及检验检测监管工作概况

2019年，在国家市场监管总局的正确领导下，广西壮族自治区市场监管局（以下简称“广西局”）认真贯彻全国认证认可检验检测工作会议精神，充分发挥认证认可“传递市场信任，服务经济发展”的保障作用，主动担当作为，认真履行认证市场监管职责，全力做好认证检测各项工作，推动广西认证检测服务业快速发展。

一、2019年认证认可检验检测基本情况

强制性产品认证方面，广西全区共有各类强制性产品认证证书4952张，涉及企业619家，主要获认证产品有机动车辆及安全附件（含电动自行车）证书2155张92家企业、低压电器证书1249张221家企业、安全玻璃证书704张161家企业、信息技术设备证书206张15家企业、电信终端设备证书166张6家企业、电线电缆证书134张53家企业。

管理体系认证方面，广西全区获得各类管理体系认证证书12332张，涉及组织数6441家，其中质量管理体系认证证书5626张，环境管理体系认证证书2529张，职业健康安全管理体系认证2279张。

自愿性工业产品认证方面，广西全区共有自愿性工业产品认证证书1912张，涉及组织数331家，主要有低碳产品认证、电器电子产品有害物质限制使用认证、光伏产品认证、环境标志产品认证、中国电子招标投标系统认证、节能产品认证、节水产品认证、环保产品认证、铁路产品认证等。

食品农产品认证方面，广西全区企业获得各类食品农产品认证证书1333张，涉及组织数912家，其中有机产品认证证书417张258家企业，食品农产品管理体系认证证书393张391企业，绿色食品认证证书232张177企业等。

服务认证方面，广西全区企业获得各类服务认证证书147张，涉及组织数123家，主要有建筑工程和建筑物服务认证、体育场所服务认证、住宿服务认证、食品和饮料服务认证、运输服务认证等。

检验检测机构资质认定方面，广西全区共有1397家获证检验检测机构，其中，食品检验机构157家，建工建材检测机构315家，机动车检验机构365家，生态环境监测机构147家，司法鉴定机构182家，2019年全区检验检测收入约85.39亿元，出具报告1486.8万份，从业人员3.49万人。

二、开拓创新，不断推进认证认可检验检测工作

（一）充分发挥认证认可促进贸易作用，推进CEPA先行先试示范基地建设，助推更多广西产品走出去

广西局积极推进CEPA先行先试示范基地建设，对接融入粤港澳大湾区建设，得到中央和自治区领导高度重视和支持。一是吸纳香港标准及检定中心（简称香港STC）落户广西，共建其在内地的第四个检测认证基地。二是举办了中国—东盟标准化论坛、“拓建广西—香港检测认证领域 助推广西高质量发展”融合会、“携手合作 共促广西产业高质量发展”高端论坛等检验检测认证交流论坛，打响了广西检验检测服务高技术服务平台知名度。三是指导帮扶一批广西优质产品获得香港高端认证，打响广西产品知名度。截至2019年年底，广西局已经帮扶推动109家企业取得123张香港优质“正”印、香港绿色标志、香港安全标志等国际市场广泛认可的产品认证证书，提升了产品质量和品牌美誉度。广西茶叶、螺蛳粉、桂林米粉、水牛奶、饮用水等一系列广西特色优势产品成功进入香港市场，并利用香港连接国际的优势，便捷开拓国际市场。据统计，取得香港高端品质认证的企业通过积极拓展国际市场，在经济下行压力下，积极探索出稳增长、增效益的新

路径，实现了经济收入稳中有升，2019年新增产品附加值5亿多元，为广西经济高质量发展起到了很好的推动作用。

（二）创新推出“广西优质”认证品牌建设，助推广西特色产品做大做强。

广西局积极引入并推行国际通行的质量认证手段，以广西区域特色优势产品为对象，创新开展以“广西优质”为标志的广西区域特色高端品牌认证。制定《广西优质认证工作实施方案》，明确品牌建设方向；组织中国质量认证中心等国内外知名认证机构组建了广西区域高端认证联盟，研究制定了认证联盟章程、认证实施通则以及广西白砂糖、人造板产品团体标准和认证实施细则；大力推进“广西优质”品牌宣传，面向广西食糖、人造板生产企业召开全区宣贯会议，营造品牌建设氛围；指导认证联盟开展试点认证，全年已推动12家白砂糖企业和13家人造板企业申请“广西优质”认证，推动认证联盟组织完成9家白砂糖企业和10家人造板企业的认证现场审核并颁发“广西优质”认证证书。

（三）积极开展有机产品认证，发展有机产业精准扶贫。

通过广西“有机宣传周”现场活动，面向广大消费者、企业、新闻媒体等社会各方准确解读我国有机产品认证制度，广泛宣传有机产品认证积极作用，推动有机产品认证工作，广西全区现有横县、上林县等13个县（区）获得国家认监委批复创建全国有机产品认证示范区。通过对有机产品认证的宣传和培育，形成了三江山茶油、资源果蔬、横县茉莉花茶、上林大米、昭平红茶、凌云白毫茶、防城金花茶、乐业猕猴桃等一批广西地方特色有机品牌产业。

（四）积极推行节能低碳产品认证，倡导绿色生产。

在广西水泥、铝型材、建筑陶瓷砖等高耗能生产企业积极推行低碳产品认证，帮扶指导企业开展低碳产品认证前期能源降耗测试评价工作，帮助广西高耗能企业通过低碳产品认证，有效推动了广西水泥、铝型材等优势产业转型升级，提升产业核心竞争力，减少能源消耗和温室气体排放，确保完成国家“十三五”节能降碳目标任务。2019年推动华润水泥（南宁）有限公司、兴安海螺水泥有限责任公司、广西欧神诺陶瓷有限公司、广西广银铝业有限公司田阳分公司、广西恒希建材有限公司和广西虎鹰水泥有限公司6家企业获得了16张低碳产品认证证书。

（五）深化检验检测机构资质认定改革，优化营商环境。

推出即办审批和告知承诺审批，对检验检测机构地址名称变更、法人性质变更、人员（法定代表人、最高管理者、技术负责人）变更、取消检验检测能力等审批项目实行即时办结，检验检测机构提交申请当天即可拿到变更证书，快捷服务受到了广大检验检测机构的一致好评。自2019年12月1日起，在中国（广西）自由贸易试验区率先实行资质认定告知承诺方式行政审批，试行先证后核制度，优化审批程序，减少扩项审批的程序文件和质量手册以及标准变更的电子表格等申请材料，主动压缩审批时间，把行政审批的时间由原来的10个工作日缩短到3个工作日，进一步加快行政审批效能。

（六）积极帮扶提升战略性新兴产业检验检测能力

一是指导帮扶广西电子信息产品质量监督检验中心获得国家认监委批准的电子信息产品强制性产品认证指定实验室资格，新增信息技术产品、视频、音响产品检验检测能力22项。

二是指导国家汽车质量监督检验中心（柳州）通过国家级检验检测机构资质认定，新增新能源汽车、汽车零部件检验检测能力311项。

三是指导帮扶广西医疗器械检测中心顺利通过国家级检验检测机构资质认定，新增医疗器械、体外诊断试剂、生物安全性评价等检验检测能力57项。

（七）大力加强检验检测人员队伍建设

与自治区生态环境厅、自治区人力资源社会保障厅、自治区总工会、共青团广西区委、自治区妇女联合会等部门联合举办广西生态环境监测专业技术人员大比武活动，开展生态环境监测综合比武和辐射监测专项比武2个项目技术比试，个人奖项决出一等奖选手5人、二等奖选手10人、三等奖选手15人，团体奖项决出一等奖单位3个、二等奖单位7个、三等奖单位10个。同时，选派9名优胜选手参加第二届全国生态环境监测专业技术人员大比武决赛，获得团体三等奖，3人获得二等奖、1人获得三等奖。

（八）强化事中事后监管，严守安全底线

1. 严格电动自行车等强制性认证监管

一是帮扶指导广西全区内电动自行车生产企业严格按照新国标 GB 17761—2018 和强制性产品认证要求组织生产，推动广西 11 家电动自行车生产企业获得了强制性产品认证证书 22 张；二是采用“双随机、一公开”方式，在生产企业成品库内和销售门店待销的产品中随机抽查了 26 批次自行车样品；三是严格电动自行车注册登记目录审核，会同自治区公安厅、自治区工信厅对电动自行车注册登记目录申请材料进行联合审核，严格评审把关，全年完成 7 批共 292 家企业的 1482 款符合新国标 GB 17761—2018 的电动自行车注册登记目录审核并向社会公布，同时对经审核不符合目录申报条件的 23 家 65 款电动自行车予以督促整改，为全区电动自行车产业的高质量发展提供安全技术保障。

2. 加大认证监管力度，维护认证市场秩序

采用“双随机、一公开”监管方式，组织开展认证活动有效性监督检查，保障认证公信力。随机抽取出全区 65 家获得认证的组织，组织 12 个检查组到获证组织现场对认证活动和认证结果进行监督检查，共检查自愿性认证 45 家企业 141 张证书，电动自行车强制性认证 15 家企业 32 张 CCC 证书，涉及 25 家认证机构。检查发现，9 家获得电动自行车强制性认证的组织认证制度不够健全，32 家获得自愿性认证的组织管理体系运行存在不足，17 家机构认证活动不够规范。对存在较严重问题的认证机构，已督促组织相关市局进一步调查核实问题，严格依法查处，并将检查工作情况登载广西日报报道，对广西区内开展认证活动的认证机构形成了较强的震慑作用。

3. 深入开展检验乱象专项整治

一是组织开展机动车、生态环境、食品、建筑工程等重点领域检验检测机构监督检查。全面部署实施检验检测“双随机、一公开”监督检查工作，全年组织开展了 4 次针对不同领域检验检测机构的专项监督检查，随机抽取检查了 174 家检验检测机构，其中机动车检验机构 65 家、生态环境监测机构 37 家、食品检验机构 31 家、建筑工程检测机构 41 家。组织各市局对存在非授权签字人签发检验检测报告、出具的检验检测数据结果失实等较严重违法违规行为的 24 家检验检测机构立案查处，并向社会公布检查通报。

二是组织开展机动车检验乱象专项整治。联合自治区公安厅、生态环境厅、交通运输厅印发《全区机动车检验乱象专项整治行动方案》，在全区范围内开展机动车检验乱象专项整治行动。组织各市局对全区所有机动车检验机构进行全覆盖、全要素的现场检查，并派出 3 个指导组现场督促指导，严肃查处违法违规行为。

三是组织开展检验检测机构能力验证。组织全区食品、环境、建筑等领域检验检测机构开展检验检测机构能力验证技术核查工作，涵盖茶叶、矿泉水、土壤、建设用砂等 4 项能力验证计划项目。组织全区获得相应检测能力资质的 390 家检验检测机构参加，对能力验证结果为不满意的 70 家检验检测机构暂停相应项目检验检测资质，向社会公布全区能力验证结果。

四是严格检验检测机构资质认定评审员的培训考核。举办了 3 期全区资质认定评审员的培训考核，共培训考核 700 多人，经考核认定 594 人进入广西局检验检测机构资质认定评审员专家库，并向社会公布。组织全体评审员进行集体约谈，开展廉洁履职和工作纪律专题教育，强调廉洁自律，强化评审员廉洁守纪意识和工作责任感。

撰稿人：农贵林　审核人：苏　骏

加强监管　创优服务

——海南省市场监督管理局2019年认证、认可及检验检测监管工作概况

2019年，海南省市场监督管理局（以下简称“海南省局”或“省局”）全面贯彻落实《国务院关于加强质量认证体系建设促进全面质量管理的意见》，夯实工作基础，强化监管措施，认真履行认证市场监管职责，积极推进认证认可和检验检测各项工作的有序开展。

一、认可检验检测监管工作

（一）印发《海南省2019年认证认可检验检测工作要点》

从8个方面提出了2019年海南省认证认可检验检测工作18项重点任务，要求各有关部门要结合实际抓好贯彻落实。

（二）做好第十二个“世界认可日”宣传活动

2019年6月9日是第十二个“世界认可日”，我局根据市场监管总局和国家认监委的统一部署，围绕“认证认可——促进供应链提升价值”为开展一系列宣传活动。主要活动内容有：在海口市明珠广场启动“世界认可日”宣传活动，现场接受咨询并进行讲解；在海南日报刊登“世界认可日”宣传专栏等。

（三）举办“认证认可和检验检测监管工作培训班”

对全省各级认证认可和检验检测工作监督管理人员、全省各领域国家级检验检测机构资质认定（计量认证）评审员、原有省级检验检测机构资质认定（计量认证）评审员、新增加的省级检验检测机构资质认定（计量认证）评审员等共计208人进行培训，提高监管人员的工作能力和业务水平，为全省认证认可监管工作的顺利推进打下坚实基础。

（四）建立认证认可工作数据库

收集汇总海南省国家级检验检测机构资质认定（计量认证）名单、海南省国家级资质认定评审员名单、海南省省级资质认定评审员名单、海南省质监局食品相关产品生产许可证审查员人员名单等信息，为下一步做好认证认可工作提供数据基础。

（五）开展2019年检验检测机构资质认定评审员培训和考核

根据市场监管总局要求，做好国家级检验检测机构资质认定评审员考核录用、国家级检验检测机构资质认定评审员继续教育培训、国家级检验检测机构资质认定主任评审员能力提升培训、省级检验检测机构资质认定评审员师资培训、全国检验检测机构资质认定评审员网上能力测试等工作，提升检验检测机构资质认定工作质量水平。

（六）开展2019年度省级资质认定检验检测机构部门联合“双随机”监督抽查工作

与省生态环境厅、省公安厅、省司法厅开展2019年度省级资质认定检验检测机构部门联合“双随机”监督抽查工作，从全省总数390家省级检验检测机构中，按机动车、生态环境监测、食品与农产品、司法鉴定、建筑与水利和道路交通等5种类型，分16个小组，遴选59名检查人员和专家，抽取111家机构实施“双随机”监督检查，被抽查的机构占总数的28.5%。其中，自行整改54家，责令改正32家，责令整改17家，撤销资质2家。

二、认证监管工作

（一）推动拓展认证工作

加强与相关方面协调，推动认证事业发展，2020年新增管理体系认证企业447家，证书856张，新增CCC认证企业54家，证书141张。目前，海南省共有获证组织2369家，证书共5125张，证书涉及认证机

构 182 家。其中：强制性认证获证组织 153 家，证书 744 张；管理体系获证组织 1558 家，证书 313 张；其他证书 1249 张。

（二）强化认证监管和执法工作

海南省局印发《关于加强对强制性产品认证 无证违法行为监管与查处工作的通知》，要求各市、县局围绕消费需求旺盛、与群众日常生活息息相关的、存在较高质量隐患的消费品领域， 以玩具、电线电缆、家用电器、消费类电子产品、装饰装修材料、低压开关柜等强制性认证目录产品为重点。

一是开展强制性产品监督检查工作。对强制性认证产品进行了监督抽样，其中消防产品 18 家 20 个样品；电线电缆 10 家 25 个样品；电动自行车 28 家 30 个样品。全省共查处强制性认证案件 11 宗。二是开展管理体系认证监管工作。开展了认证市场专项整治行动，全省共出动 728 人次，共检查 272 家企业。对海南省违法认证相关规定的机构工作人员进行约谈，目前有关案件正在办理中。三是对海南省 12 家有机认证企业进行专项监 督检查。

（三）组织开展万家企业质量管理体系升级行动

为贯彻落实《关于广泛开展新版质量管理体系标准宣贯学习活动加强全面质量管理的通知》（国质检认联〔2017〕366 号）部署要求，以及帮助海南省企业正确理解和掌握新版标准的要求，确保企业顺利完成新版标准转换工作，促进加强全面质量管理，提升质量管理水平，打造“海南品牌”， 省局于 2019 年 5 月和 9 月分别举办了 2 期 GB/T 19001-2016《质量管理体系 要求》新版标准培训班，共计培训企业 300 多家 300 多人次。

（四）组织开展“世界认可日”宣传工作

一是制定海南省开展“世界认可日”活动方案，围绕“认证认可促进供应链提升价值”活动主题，部署在全省市县统一开展“世界认可日”活动，确保活动有序开展。同时， 深入企业、院校、社区，借助广播电视、网络、报刊、短信等媒体平台，多途径广泛宣传。二是在 6 月 9 日《海南日报》上进行专版专题宣传，以“认证认可促进供应链提升价值”为主题，详细介绍认证认可的基础知识及发展历程、海南省认证认可工作现状和发展机遇等内容，不断提高认证认可的社会认知度和影响力。

三、存在问题

一是机构改革后，人员岗位变动大，存在认证认可监管队伍人员业务不熟悉、工作能力不强等问题；二是认证认可监管体制机制不完善。

撰稿人：兰杏忠

敢为人先　严字当头　服务为本

——重庆市市场监督管理局2019年认证、认可及检验检测监管工作概况

2019年，重庆市市场监督管理局（以下简称“重庆市局”或“市局”）始终坚持以习近平新时代中国特色社会主义思想为指导，坚决贯彻党中央、国务院及市场监管总局、市委市政府关于开展质量提升行动、加强质量认证体系建设等系列工作部署，立足大市场监管机制，创新认证发展机制，激发认证提升动能，认真履行检验检测认证监管职责，全方位推进认证“双提升”活动“攻坚年”各项任务落地落实，全面服务重庆市经济高质量发展。

一、敢为人先，“放管服”改革推行新举措

（一）试点推行资质认定标准变更模式改革

对无实质性改变的检测标准（方法）实行检验检测机构自我公告声明，不再到资质认定部门办理变更手续，变更时限由原来的5～7个工作日减少至1个工作日，全市已有406家（次）企业获益，自我声明变更标准2171项。

（二）建立认证认可检验检测风险监测和风险预警制度

在全国率先制定《认证认可检验检测风险监测和风险预警方案（试行）》，通过检验检测机构资质认定评审、检验检测报告质量抽查、认证获证产品风险监测等监测措施和手段实施风险监测和预警，2019年发出《风险预警通报》4期，增强监管工作的预判性和靶向性，实现风险隐患早发现、早整改、早消除。

（三）探索开展检验检测盲样送检工作

以“基层认证监管人员＋技术专家”的模式，实现市场监管部门行政监管和技术专家技术评价的互动式监管，对检验检测机构从样品接收、检验检测、报告审发和报告编制等全过程进行新形式监管。2019年年内试点对20家从事钢筋检测的检验检测机构实施盲样送检，并将盲样送检工作情况纳入全市检验检测风险监控和预警范围。

（四）持续推广运用《企业能耗成本控制作业指导书》

组织专家编撰《企业能耗成本作业指导书》第3稿，面向企业、基层市场监管部门举办培训班1期，免费指导企业把管理节能与技术节能有机结合，实现企业能源的节约和合理利用，深受企业欢迎。2019年新增38家企业试点运用《作业指导书》，全市试点企业累计节能7691.54万元。

（五）颁发了全市首张养老服务认证证书

围绕贯彻落实国务院和市政府关于提升养老服务质量的工作部署和要求，主动推动养老服务认证成为提升养老服务质量的重要抓手，把推广养老服务认证写入渝府发〔2018〕37号文件，从支持认证机构开展养老服务认证和推动养老服务机构运用认证手段提升服务质量两端发力，经过多年培育，重庆市北碚区第二社会福利院于近日获得全市首张养老服务认证证书，为探索运用认证手段规范和发展全市养老服务产业走出一条“新路”。

二、严字当头，认证认可监管工作取得新成效

（一）机动车检验机构持续高压监管

按照市局党组要求，新增机动车检验机构资质认定及监管工作职责，印发《关于加强机动车检验机构监管工作的通知》，推行评审报告复查制度、现场评审一票否决制、检验设备检定与校准清单等一揽子新措施，主动发现并依法处理部分机动车检验机构关键岗位从业人员学历造假行为，发布风险预警1期，发布工作

通报1期，集体约谈机动车检验机构5家。继续联合环保、公安部门开展机动车检验机构“双随机、一公开”检查，共检查机动车检验机构20家，对存在突出问题的1家机动车检验机构予以行政处罚。会同环保部门顺利完成机动车排放标准变更工作，1周之内集中受理并高效办理机动车检验机构检测标准变更107家，确保了新标准实施、群众检车和资质认定工作质量“三不影响”。依法实施机动车检验机构资质认定工作，全年新增机动车检验机构14家，全市累计达到127家；全年办理机动车检验机构资质认定各类许可136件，较上年度增加了两倍。

（二）检验检测机构监管工作有力有效

严格把关资质认定许可准入，2019年全年完成检验检测机构资质认定行政许可289家次，对3家检验检测机构、41名授权签字人和943项参数未予许可，依法注销53家检验检测机构的资质认定证书。分层级实施检验检测机构双随机监督检查，市局认监处按机构评价等级，分级分比例随机检查检验检测机构47家，向区县局移交了32家检验检测机构涉嫌违法线索，并配合市场监管总局完成对全市10家国家发证检验检测机构的现场检查工作；指导区县局按照50%比例对辖区内检验检测机构实施双随机检查（其中机动车检验机构实施100%监督检查），全年各区、县局日常监督检查检验检测机构506家（次），累计抽查检验检测报告11952份，发现问题1285个，立案查处出具失实报告、不能持续保持资质认定条件等违法检验检测机构20家。组织全市739家（次）检验检测机构开展5个项目13个参数能力验证，对能力验证结果不满意的17家检验检测机构资质能力范围予以调整。

（三）维护认证市场环境用心用力

运用认证获证组织双随机检查、认证活动现场监督、认证机构认证主体责任倒查等多种监管手段，强力整治“认证乱象”。全市各区县局采用“双随机”监管方式对578家CCC认证获证企业实施证后日常巡查，累计发现问题435个，对1389家玩具、童车、小家电、电线电缆、消防产品、摩托车乘员头盔、电热毯、爬爬垫等重点CCC认证产品的生产企业、销售单位进行了监督检查，立案查处CCC认证领域违法案件27件。圆满完成CCC认证产品国家监督抽查任务，在重庆流通领域抽检电线电缆产品105批次，发现问题产品17批次。针对社会关注热点，开展有机产品风险监测30批次，检查有机产品生产企业、销售商170家次，依法查处1家违法企业。全市累计对476家自愿性认证获证组织实施事后检查，立案查处自愿性认证领域违法案件8件。运用“认证认可业务综合监管平台”抽查认证现场审核活动363家，启动认证机构主体责任倒查31家（次），大渡口区、荣昌区、綦江区局对存在违法违规行为的3家认证机构予以立案查处，实现了上述3个区域认证机构违法案件查处“零突破”。

三、服务为本，检验检测认证发展收获新成果

（一）行业发展呈现新气象

全市资质认定获证检验检测机构达到653家，2018年实现营收59.23亿元，机构平均营收排名全国第6位，3家检验检测机构进入全国营收规模50强，国家氢能动力质检中心获批筹建，UL、BV等国际知名检验检测认证落户重庆；各类认证证书数量首次突破4万张，已达到44257张，其中CCC认证证书数量持续保持西部地区首位；新增本地认证机构1家，重庆本地认证机构累计达到6家，在渝从事认证活动的国内外认证机构达到199家，认证认可检验检测“传递信任，服务发展”作用不断凸显。

（二）助推开放体现新作为

从海关顺利承接免予办理强制性产品认证的相关工作，2019年4月1日以来，共受理全市71家企业提出的177份CCC认证免办申请，实际核发免办证明136份，对存在申请资料不齐全、申请资料前后不一致等情况的41份申请予以退回，平均核发时限在2个工作日内，明显低于国家规定的5个工作日，确保企业进口产品及时通关。

（三）服务发展做出新贡献

充分发挥有机产品认证、富硒产品认证在脱贫攻坚中的积极作用，建立证书有效期满提示和帮扶延续机制，邀请北京知名认证专家对农业产业龙头企业、对口扶贫乡村干部、驻村第一书记等150余人开展有机产品认证专题培训，积极调动企业认证积极性，全市现有有机产品认证证书138张、“富硒产品”认证证书140张。积极运用低碳、环保、绿色产品等认证手段，引导产业结构调整和转型升级，全市环保、节能、节水产品认证有效证书1591张，环境管理体系认证有

效证书3503张，低碳产品认证有效证书23张。

（四）增强活力开创新局面

大力推动检验检测资源共享，联合市科技局探索共建“检验检测设备资源共享平台”，提升检验检测资源利用率。推进检验检测结论和认证结果的国际互认，全市116家实验室通过CNAS认可，同比增长16%。着力推进检验检测机构整合，支持全市检验检测机构做大做强做优，全年3家检验检测机构实现“事转企”或并购重组。

撰稿人：石艺昕 审核人：周 雪

守底线保安全 拉高线促发展
努力提升认证认可检验检测供给质量

——四川省市场监督管理局2019年认证、认可及检验检测监管工作概况

2019年，四川省市场监督管理局（以下简称“四川省局”或“省局”）认真贯彻省委、省政府部署要求和市场监管总局工作安排，紧紧围绕“经济活、市场稳、队伍强、干部安”的工作目标，聚焦聚力四川市场监管“225战略”，坚持规范化的监管理念，着力加强监管队伍建设，守底线、拉高线，更好地发挥“传递信任，服务发展”的作用，圆满完成各项工作任务。

一、推进“放管服”改革，营造良好营商环境

一是优化细化“放管服”政策措施。牵头制定《四川省市场监督管理局关于进一步推进检验检测机构资质认定改革工作实施意见》，试点开展承诺告知制，推行自我声明制，切实减轻企业负担。

二是深入贯彻“放管服”改革要求。联合生态环境厅下发《关于贯彻实施汽油车、柴油车污染物排放限值及测量方法新版标准的通知》，对新版标准的变更和申请率先采用自我承诺方式申请，实行简化程序办理。

三是积极推动机动车检验机构“三检合一”。建立发改委、公安厅、交通运输厅、生态环境厅和市场监管局五厅局协作机制，联合向社会公告四川省228家“三检合一”机构，完成货车年检、年审、尾气排放检验三检合一工作任务。

四是顺利承接CCC免办工作。优化发证流程，将原规定的5个工作日压缩到3个工作日。截至2019年年底，共受理CCC免办7个类型申请1005单次，涉及73家企业，审核通过发放免办证明974张，货值达1.36亿元。

二、狠抓检验检测监管，规范市场秩序

省局坚持强化部门合作，以“双随机、一公开”监管为基本手段，在食品农产品、环境监测、机动车检测和建筑工程检测领域联合相关厅局开展监督检查，进一步压实检验检测机构主体责任，规范第三方检测市场。

一是重惩治，保“舌尖安全”。省局联合农业农村厅对45家获得检验检测资质认定证书和农产品质检机构考核证书的机构开展监督检查，发现问题229项，对其中3家机构责令整改，40家机构责令改正，2家自行改正。

二是强监管，保“环境安全”。联合生态环境厅开展全省生态环境监测质量监督检查三年行动计划2019年专项检查工作，抽查机构95家，对违规机构及时进行处理。

三是严要求，保“出行安全”。省局联合发改委、公安厅、交通运输厅、生态环境厅联合开展全省机动车“三检合一”检验机构监督检查，抽查20家，责令整改5家，责令改正12家，自行改正3家。印发《关于开展2019年机动车检验机构资质认定监督检查和加强安全生产工作的通知》，对42家机动车检验机构进行了专项监督检查，11家责令改正，14家责令整改。

四是抓重点，保“工程安全”。联合住房城乡建设厅开展建设领域检验检测机构开展重点监督检查，抽查机构18家，11家机构责令整改，7家机构责令改正。

五是搞验证，促能力提升。在食品、药品、建筑、环境等领域开展能力验证活动，组织检验检测机构944家开展能力验证，超过计划数1.5倍，对15家验证结果不满意的机构依法依规进行处理。

三、强化CCC认证监管，严守安全底线

一是对低压元器件进行抽查。利用抽检系统对上报买样人员和经销单位、产品、型号等进行双随机摇号，并启动省、市、区三级市场监管局人员约计24人次全程参与市场买样工作，确保抽样实施的科学性、公平性和权威性。本次共抽检50个批次，不合格批次8批。

二是对配电箱（配电板）、灭火器产品进行抽查。共抽查14家生产企业的14个配电箱（配电板）样品，2家生产企业的6具灭火器样品。合格率为100%。

三是完成“迎大庆、保平安”道路交通安全百日行动工作。对电动自行车和低速电动车的生产和销售环节集中整治，全省共出动7574人（次），共检查生产企业和销售商家4595家，发现10家无证生产企业，41家无证销售商家，发现销售低速电动车（电动摩托车、电动三轮车、电动四轮车等）商家违法违规行为445起，已对28起违法案件进行了行政处罚，罚款共计251550元。

四、加强自愿性认证监管，发挥认证作用

一是开展有机产品认证有效性监督检查。对全省有机产品认证示范（创建）区开展有机产品认证有效性监督抽查工作，共抽查获证企业188家，涉及26家认证机构发放的205张有机产品证书，抽检有机产品351批次，发现有机产品认证信息及有机码使用问题14起，抽检不合格产品14批次，涉及企业12家，认证证书12张。企业抽检合格率、认证证书合格率、产品抽检合格率分别达94%、94.1%、96%。

二是开展有机产品认证示范区考评认定工作。制订2019年有机产品认证区考评认定工作方案，并纳入省委省政府督查室监督检查计划。组织省内有机认证专家，分5个组对6家申请省级示范区验收，14家国家级、省级示范（创建）区开展考评认定，不断完善动态管理机制和退出机制，做到有进有出，对未建立监管联动机制、不能有效运行的及时做出退出处理。

三是开展自愿性认证活动合规性、有效性的检查。配合国家市场监管总局对10家在川认证机构进行现场监督检查，对10家自愿性认证获证企业进行认证结果现场监督检查。全省共对120家自愿性认证获证企业进行认证活动现场监督检查。

五、发挥职能优势，服务地方经济发展

一是加快推进国家检验检测高技术服务业集聚区建设。引导检验检测认证产业化集聚和集约化发展，在成都市打造电子信息检验检测园区、医药健康检验检测园区、装备制造检验检测园区、现代物流检验检测园区等产业功能区。2019年10月，市场监管总局、发展改革委已正式致函省政府支持成都建设国家检验检测高技术服务业集聚区，创建工作取得阶段性成果。

二是组织开展有机产品认证示范区创建活动。按照国办发〔2018〕3号文件关于“支持各部门、各地区建设质量认证示范区（点）”要求，在全省范围内组织开展省级有机产品认证示范区创建活动。新培育8个有机示范区，6个创建区通过验收。截至2019年年底，全省有机产品获证企业991家，较去年增长13.8%，居全国第2。证书数达1335张。获批国家有机产品认证示范区6个，居全国第1。培育省级有机产品认证示范区、创建区45个。

三是科学制订有机产品检验评价指南。结合四川省省情、省内有机产品风险监测相关数据、相关国际标准及产品标准，委托省农业科院学分析测试中心，研究制订《有机认证产品检验评价指南》。解决有机认证检测项目随意性大、防止少检、漏检、选检造成的风险，提升有机认证有效性。为有机产品认证规范化和监管的高效化提供了技术依据，为四川省有机白酒产业可持续发展夯实基础。

六、加强宣传培训，形成监管合力

一是加大检测认证宣传力度。联合生态环境厅、人力资源和社会保障厅、省总工会、共青团省委、省妇联开展全省生态环境监测专业技术人员大比武活动；组织召开以“认证认可促进供应链提升价值”为主题的四川省2019年“世界认可日”“节能宣传周”座谈会；联合生态环境厅在质量月期间举办主题为“检验检测为民服务”的“检验检测机构开放日”活动。组织开展“有机认证助力生态文明”为主题的“全省有机宣传周”

活动。

二是搭平台，促能力提升。组织基层监管人员在厦门大学举办“认证监管与高端品质认证”培训班。组织2期监管人员和高级评审员培训班。加强检验检测服务业统计工作，组织200余家检验检测机构开展检验检测统计直报平台培训，提升统计准确率。

撰稿人：王　舒　审稿人：赵宏伟

优化服务　强化监管
不断提高认证认可检验检测供给质量

——贵州省市场监督管理局2019年认证、认可及检验检测监管工作概况

2019年，贵州省市场监督管理局（以下简称“贵州省局”或“省局”）认证认可检验检测工作以习近平新时代中国特色社会主义思想为指导，按照全国认证认可检验检测工作会议和全省市场监管工作会议的统一部署，优化有机认证服务、强化认证检测监管，各项工作取得新进展。截至2019年年底，累计获批国家有机产品认证示范（创建）区15家，列全国第一位；有机产品认证证书1503张，列全国第二位；检验检测资质认定机构达1201家，同比增加8%。

一、深入推进质量认证体系建设

一是制发《2019年认证认可检验检测工作要点》，将落实《国务院关于加强质量认证体系建设 促进全面质量管理的意见》和《省人民政府关于加强质量认证体系建设 促进全面质量管理的实施意见》作为全年工作重点，指导督促各地制定贯彻实施意见，推进质量认证体系建设深入开展。

二是省质量发展领导小组将质量认证体系建设工作纳入对市州政府质量提升行动绩效考核内容，质量认证体系建设工作合力进一步加强。三是大力开展质量认证培训，全年共组织开展了国家绿色产品认证、有机产品认证、HACCP认证、质量管理体系、环境管理体系、职业健康安全管理体系等各类培训1000余家（次）。

二、不断优化检验检测服务体系

一是推进落实检验检测机构资质认定减程序、减环节、减时间、减申请材料等改革要求，简化许可程序，优化内部审批流程，审批承诺时限压缩1/4，实现低于12个工作日目标。

二是指导贵阳国家高新区国家检验检测认证公共服务平台建设，建立和完善检验检测认证服务体系，搭建信息共享、服务高效的“检验检测认证公共服务平台”，为社会提供一体化的检验检测认证服务，促进检验检测行业高质量发展。已聚集检验检测认证服务机构45家，其中国检中心7家、省检中心20家，营业收入亿元以上的检验检测机构3家，1000万元以上的14家。

三、夯实筑牢认证检测监管防线

一是召开认证认可检验检测监管工作推进会，进一步理清省、市、县三级认证认可检验检测监管职责，分级履职，上下联动，形成监管合力。印发《认证认可检验检测专项整治实施方案》，指导各地准确界定认证认可检验检测监管边界，分级建立健全监管对象名录库。

二是招标遴选能力验证提供者，组织开展食品、环境与环保、建工建材等领域检验检测机构能力验证活动616家（次），严格按规定处理能力验证结果，提升机构检验检测能力。

三是加强有机认证产品风险监测，对省农村产业革命12个特色产业有机认证产品抽样106批次，开展农药（兽药）残留等10个参数的风险监测，及时研判和防范有机认证产品风险，加强有机产品认证监管，助推有机产业健康发展。

四是联合省生态环境厅对111家机动车检验和环境监测机构进行“双随机、一公开”监督检查，根据发

现问题情况，责令改正 37 家，责令整改 41 家。累计监督检查机动车检验机构、环境监测机构、食品检验机构和其他检验检测机构 518 家，检查强制性产品认证企业、有机认证产品企业和自愿性认证企业 1057 家。全年共查处认证检测违法案件 95 件，罚没款 41.82 万元，依法撤销机动车检验机构资质证书 3 家，检验检测机构申请注销资质证书 12 家。

四、强化有机认证助力脱贫攻坚

一是围绕贵州省特色产业，调研提交《贵州省有机产业发展调研报告》，总结有机产业发展做法与成效，分析有机产业发展问题风险，提出推广有机产业发展的对策建议。

二是助推省农村产业革命 12 个特色产业发展，加大有机认证培育，其中 424 家组织获得 559 张有机产品认证证书，认证基地面积 53 万亩，认证产量 6.3 万吨。

三是以国家有机产品认证示范区创建为抓手，指导各地开展有机产品认证扶贫、有机产品认证示范（创建）区指导评估、有机产品认证专题培训，组织认证技术机构深入深度贫困县开展“一对一”现场指导和技术培训，面对面帮助有机认证企业解决困难和问题。

撰稿人：吴　昊　审稿人：方来福

强化监管　提质增效

——云南省市场监督管理局2019年认证、认可及检验检测监管工作概况

一、认证工作监管情况

2019年，云南省市场监督管理局（以下简称“云南省局”或“省局”）紧紧围绕全省市场监管工作会议和全国认证认可检验检测工作会议确定的目标任务和工作要求，结合《2019年云南省市场监管工作要点》和《市场监管总局关于加强认证监管工作的通知》制定下发了《关于印发加强认证监管工作实施方案的通知》，指导全省各级市场监管部门切实履行认证监管职责。

（一）推行“双随机、一公开”监管，保障认证发挥“传递信任，服务发展”的属性和作用

为保障云南省区域内有机认证、强制性认证、自愿性认证证书的有效性，着力解决目前云南省认证监管工作存在企业主体责任落实不到位、认证机构监管职责履行不到位、基层监管能力提升不到位的问题，全面贯彻“双随机、一公开”监管要求，先后发布了《2019年云南省产品质量监督抽查及风险预警监测计划》《2019年度省级有机认证产品认证有效性监督抽查工作计划》和《2019年度省级墙壁开关插座、移动式插座、电加热取暖器CCC认证有效性监督抽查工作计划》。通过“云南市场监管一体化业务系统”随机抽取市场主体和执法人员，在生产和流通领域对强制性认证产品和有机认证产品进行抽查，对获证组织进行认证有效性现场检查。同时，着力整治虚假宣传有机产品行为。加强对实体店和电子商务平台的监管，严查使用文字表述和图案误导消费者的行为。目前，省级监督抽查工作计划已完成84家有机产品获证组织的现场检查，抽取有机认证产品100批次，强制性认证产品774批次，检验工作将于12月上旬完成。

在省局指导下，各州市市场监管局根据本地实际情况开展双随机监管。共组织强制性认证获证组织现场检查120家，抽检样品168批次，发现问题线索9个，责令整改4个，立案调查5个；自愿性认证获证组织现场检查1608家，其中，有机产品获证组织97家，抽检样品34批次，发现问题线索90个，责令整改75个，立案调查6个，撤销有机产品认证证书1张。

（二）服务打造世界一流“绿色食品牌”，扎实推动有机产品认证工作

按照云南省委、省政府打造世界一流“绿色食品牌”的部署要求，省局今年着重从三个方面推动有机产品认证工作。

一是加强服务。编制有机产品认证申请指南，方便有认证需求的企业了解相关知识。每半年在门户网站公布一次全国有资质的有机产品认证机构名单和云南省获得有机产品认证的名单，一方面方便企业选择认证机构，另一方面方便消费者识别云南省的有机产品，同时，也对云南省有机产品进行宣传和推介。经过协调，省农业农村厅和各州市市场监管局也同时将这两份名单链接到其门户网站。协助省农业农村厅对申报2019年茶产业绿色发展政策支持资金的21户申报主体进行了认真审核。按照省“绿色食品牌”工作领导小组办公室要求，起草《云茶产业全链条有机体系建设方案（送审稿）》。

二是加强监管。要求各州市按照省局认证监管工作实施方案认真落实各项措施，加强对有机产品的监管。结合全省“双打”工作的开展，对销售市场冒用、伪造、混淆有机认证证书和认证标志的行为进行整治和查处。

三是加强宣传。在云南广播电台“天天3·15”、质量之声栏目专题录制两期关于有机产品的节目。按照总局部署，结合云南省创建“一县一业”示范县，围绕“有机产品认证助力生态文明建设”主题，广泛开展“有机宣传周”活动。组织有机产品知识讲解、技能培训和技术服务进入农户、社区、商场、企业，采取宣传、咨询、培训、交流等多种形式。据不完全统计，活动

周期间全省共发放各种宣传册3000余份，转发微信群1000多个，网络信息2000多条，使用电子显示屏300多个。

（三）突出重点，分类实施，加强强制性认证产品监管

根据云南省强制性认证产品主要是电线电缆、低压电器和安全玻璃的实际，各级市场监管部门一方面加强生产企业的随机检查，一方面采取部门联合双随机的方式加强对消防产品、儿童用品等销售市场的专项检查，共检查市场经营主体204家。同时，向经营者开展标识标注、产品标准、强制性产品认证知识宣传，督促经营者落实进验货制度，把好进货关，提升经营者法制意识、诚信意识和责任意识。省局及时落实国家强制性产品认证制度改革要求，对接工业产品生产许可证转为强制性认证工作。做好免于办理强制性产品认证的受理、核发和后续监管工作的承接，确保工作有效衔接、平稳过渡。目前共办理了4家企业的免办申请。

（四）加强电动自行车新国标实施的监管

根据《市场监管总局 工业和信息化部 公安部关于加强电动自行车国家标准实施监督的意见》（国市监标创〔2019〕53号）文件精神，联合云南省工业和信息化厅、公安厅印发了《关于加强电动自行车国家标准实施监督工作的通知》（云市监发〔2019〕8号），指导全省开展工作。在标准正式实施后三天，又下发了《关于开展电动自行车国家标准实施监督检查工作的通知》（云市监办发〔2019〕83号），抽调认证监管处、标准化处、消费环境建设指导处、执法稽查处的人员，分三个组对云南省8个州市开展了电动自行车国家标准实施的调研检查工作。相关州、市市场监管局均建立了多部门联合工作机制，迅速开展排查，明确职责分工、强化宣传引导、开展执法检查，采取有力措施联合消化库存，为近300户经营户解决了实际困难。电动自行车新国标在云南省平稳实施，有力改善了营商环境。

（五）进一步夯实认证监管工作基础

一是建立认证监管对象档案，实行动态管理。档案内容包含获证组织的基本情况、证书编号、获证及有效期、覆盖范围、生产（办公）场所等信息，监管级别、监管记录以及投诉举报、违法处理记录等；要求全省强制性和有机认证产品的获证组织要100%建档，其他自愿性认证的获证组织建档率在80%以上。

二是加强认证监管业务培训。统筹安排法律法规、体系认证、产品认证和认证监管业务培训，切实提高认证监管人员的政策水平、业务素质和执法能力。全省各级市场监管部门共组织各类业务培训300余人次。

三是加强基层工作指导。强化认证属地监管责任，完善认证监管工作体系；加强指导和协调，形成上下联动的良好局面。

二、认可检验检测监督管理工作情况

云南省局认可检测处自2019年1月重新组建以来，在国家市场监管总局认可检测司的关心指导下，在省局党组的统一领导下，贯彻落实全国市场监管工作会议、全国认证认可工作会议、全省市场监管工作会议精神，充分发挥认可与检验检测的重要基础和技术支撑作用，为努力开创云南市场监管工作新局面展现新作为，为促进云南经济社会高质量跨越式发展作出新贡献。

（一）理清职责，完善工作思路。

一是理清了职能职责。根据省局“三定”规定，对应总局认可与检验检测监督管理司的职能职责，认可与检验检测监督管理处主要任务是对检验检测机构及检验检测活动的监督管理，具体职责有以下7项：拟定全省认可与检验检测的监督管理政策、发展规划、工作规则和监督管理制度并组织实施；落实国家认可和检验检测监督管理制度；负责检验检测机构和检验检测活动的监督管理工作；组织协调检验检测资源整合和改革工作；指导检验检测行业发展并协助查处认可与检验检测违法行为；组织实施认证认可、检验检测行业标准和地方标准；组织参与认可与检验检测国际或区域性组织活动。同时，基本明确了与内部相关处室的职责分工。

二是摸清了基本情况。全国共有检验检测机构3.9万余家，近几年云南省检验检测机构数量也是迅速增加，增长率维持在9%左右，据统计，截至2019年年底，云南省共有20个行业1595家检验检测机构，2019年全省新增检验检测机构118家，机构数量约占全国总数的4%，机构数量全国排名第12位，主要分布在食品检测、工程检测、机动车检测、环境检测、司法鉴定等领域，5个领域机构数量占比超过90%，全省检验检测机构收入达45亿元，占全国比重的2%左右。全省市场监管系统通过资质认定的检验检测机构共有41家，其中省局所属有8个省级检测机构和15个州市质量技

术监督综合检测中心，检验检测收入约4亿元，约占全省行业收入的9%。

三是着力重构体系。按照建立统一规范、权责明确、公正高效、协调联动的市场监管体系要求，依据《认证认可条例》《检验检测机构资质认定管理办法》等法律法规，根据国务院、省政府关于加强质量认证体系建设的决策部署，撰写学习体会，研究提出了“一个目标、两大作用、三级职责、四个重点、五项措施”的工作思路，讨论制定了2019年认可检验检测监管工作要点，研究出台了《云南省市场监督管理局关于进一步加强认可与检验检测监督管理工作的通知》，明确了近期工作目标、工作职责、工作重点和工作要求，着力构建“法律规范、行政监管、认可约束、行业自律、社会监督”五位一体监管体系。

（二）突出重点，严格监督管理

一是开展“双随机、一公开”监督抽查。按照总局的统一部署，加强与各部门的协调，制定了监督抽查计划和监督抽查要求，联合省生态环境厅和省住房和城乡建设厅对25家食品检验机构、20家机动车检验机构、10家环境监测机构和20家工程质量检测机构开展“双随机、一公开”监管工作，指导各州市局按不超过20%的比例对全省检验检测机构进行监督检查。截止11月底，全省共检查检验检测机构453家，立案调查15件，部分监督抽查工作线索正在进行后处理。同时加大执法检查力度，对投诉举报、总局交办、相关部门转办的违法违规检验检测机构开展执法检查，实施重点监管，至11月底共办理投诉举报、来信来访、群众反映9件。

二是组织检验检测机构能力验证活动。配合做好国家级能力验证相关工作，通知辖区相关机构积极参与国家能力验证。组织2家机构参与国家检验检测机构技能竞赛并取得满意成绩。制定省级能力验证计划，向社会和各检验检测机构公开征集项目，联合省农业农村厅、省住建厅、省公安厅，在农产品检测、工程建设检测、公安司法鉴定、食品安全检测等领域选取部分项目，组织1106家次检验检测机构参加省级能力验证，分别开展了白酒中氰化物、甲醇的检测能力验证、钢筋间距和钢筋保护层厚度检测、防水卷材拉伸性能试验能力验证、法医DNA等专业领域能力验证、蔬菜中40种农药残留检测、畜禽产品中违禁药物残留检测能力验证等4个领域能力验证活动。同时注重加强技术标准管理，组织实验室间比对、环境监测技术比武、技能竞赛等活动，不断提升检验检测能力。

三是继续加强检验检测统计监测。根据国家统计局2019年1月正式批准执行的检验检测统计调查制度和《检验检测机构资质认定管理办法》等相关规定，按照市场监管总局关于做好2018年度认可及检验检测服务业统计工作的要求，省局高度重视，统筹安排，明确责任，细化措施，云南省统计直报工作审核进度达99%，高于全国平均进度7个百分点，较好完成了全省检验检测统计直报工作任务。在此基础上，为了发挥统计直报的数据优势，为党委政府决策提供详实的数据、为市场监管提供准确的信息、为经济社会高质量发展提供优质的服务，对检验检测机构的从业人员、资产、技术、收入、报告数量等数据信息进行统计分析，形成了《云南省检验检测服务业统计分析报告（2016—2018）》，补齐了认可检测监管工作基础薄弱这一“短板”。

四是努力引导行业发展。围绕落实“放管服”改革、打好“三大攻坚战”、打造世界一流“三张牌”、扫黑除恶专项斗争、服务自贸区建设、企业发展助推行动等重点工作和云南省产业发展，引导检验检测资源整合，落实市场监管在行动—企业发展助推行动工作计划，抓好柴油货车污染治理攻坚战等专项治理整治，参与服务自贸区建设等重点工作，加强检验检测行业自律，提升供应链价值，促进全省检验检测事业健康发展，进一步完善云南特色检验检测体系。

（三）细化措施，抓好任务落实

一是抓好队伍建设。按照尽快提升“互联网＋市场监管”能力、提升市场监管技术保障能力、提升干部队伍的履职尽责能力“三个能力”的要求，在抓好经常性学习的同时，组织云南9个州市监管人员参加省局集中的监督抽查，通过跟随专家在检查现场实战中“听、问、看、学”，切实提高监管履职能力，也学习了相关州市的有效做法。年内安排“走出去”参加国家市场监管总局的各类培训7人次，及时掌握国家相关法规、政策、文件及要求，为各项工作推进落实奠定政策基础。组织“请进来”培训67人人次，2019年7月，邀请总局相关司局业务骨干和省内行业知名专家集中授课，对全省16个州（市）市场监管局分管局领导、科室负责人、监管人员以及行政审批处、认证监管处、认可检测处相关人员和有关专家进行监管业务培训。11月份还组织省局机关、各州（市）局、相关单位的监管人员和技术专家共计57人进行“双随机、一公开”工作培训。

通过不断加强业务学习和培训，提升履职尽责能力，严格遵守工作纪律，做到公平公正监管，努力建设信念坚定、纪律严明、作风优良、业务精通的监管队伍。

二是抓好宣传教育。加强宣传意识形态工作。创新宣传教育方式，塑造市场监管文化，组织第十二个“世界认可日”主题宣传、“天天 3 · 15”专题宣传、实验室开放日、环境监测技术大比武等活动，特别是在世界认可日活动期间，全省 197 个检测实验室开放，免费咨询 4600 多人次，免费检测 1200 多人次，全省各州市组织技术培训 2900 多人次，举办知识讲座 2200 多人次，发放宣传资料 5000 多册，发送手机公益短信 4000 万余条，不断加强了对认可检验检测政策、法规、业务、典型等宣传教育，进一步提高了认可检验检测的公众认知度。

三是抓好基层党建。围绕“不忘初心、牢记使命”主题教育和规范化党支部建设，结合认可与检验检测监督管理处实际情况，围绕完善学习制度，以学习政治理论和市场监管业务为重点，依托学习强国、法宣在线、干部在线、云岭先锋等平台，采取支部学习、集中培训、平时自学、撰写体会等方式，把理论、法规、政策、业务和新知识的学习聚合起来，把调查研究作为破解难题的重要抓手，针对如何进一步加强检验检测机构监管问题，采取座谈调研、实地走访、数据分析等形式，多次听取 16 个州（市）局意见建议，分 2 次组织 30 人行政监管人员和 16 个检验检测机构座谈会，分别到昆明、红河等州市进行实地走访，形成了 2800余字关于《全省检验检测机构存在的问题及监管对策》的调研报告，坚持边组建边学习、边学习边调研、边破题边做事，加快知识更新。通过加强党的建设，提高政治素养，提升履职能力，使全体人员理论学习有收获、思想政治受洗礼、干事创业敢担当、为民服务解难题、清正廉洁作表率，确保了各项业务取得扎扎实实的成效。

加强监管　创优服务

——西藏自治区市场监督管理局2019年认证、认可及检验检测监管工作概况

按照国家市场监督管理总局的工作部署，西藏自治区市场监督管理局（以下简称“西藏局”）结合自治区市场监管局年度工作要点，服务区域经济社会发展，积极推进自治区认证认可和检验检测管理工作。

一、医疗机构医用计量器具强制性检定工作

为保证在全区范围内有序开展医疗机构医用计量器具的强制检定工作，确保医疗计量器具的安全可靠，保证广大人民群众的生命安全，制定并印发《西藏自治区市场监督管理局关于开展2019年度全区医疗机构医用计量器具强制性检定工作的通知》（藏市监计认〔2019〕2号），安排部署对全区县级以上医疗机构医用计量器具强制性检定工作，共检定全区74个县/区医疗机构医用计量器具7024台/件。

二、诚信计量示范单位创建工作

为进一步推动全区诚信计量体系建设，制定并印发《西藏自治区市场监督管理局办公室关于在全区开展2019年诚信计量示范单位创建活动的通知》，在全区继续开展“诚信计量示范单位创建”活动，引导和帮助集贸市场、加油站、餐饮行业、商店（超市）、医疗机构、眼镜配置场所等申报西藏自治区诚信计量示范单位，提升其行业计量管理水平，强化计量自律意识。共授予西藏格拉丹东商贸有限公司八廓商城分公司等10家单位“诚信计量示范单位”荣誉称号。

三、开展计量标准能力比对工作

制定《关于在全区开展计量标准能力比对工作的通知》并于2019年11月对地市级计量技术机构人员进行培训，同时完成地市级计量技术机构数字指示秤、电子天平、压力表、加油机、材料试验机5项计量标准能力比对工作。

四、加强民生领域计量器具强制检定及监督检查工作

分别制定并印发《西藏自治区市场监督管理局关于在全区开展眼镜制配场所计量专项监督检查的通知》（藏市监计认〔2019〕1号）、《西藏自治区市场监督管理局关于在全区开展加油机计量专项监督检查的通知》（藏市监计认〔2019〕4号）、《西藏自治区市场监督管理局关于切实做好2019年春节、藏历新年期间市场计量专项检查工作的通知》（藏市监办〔2019〕9号），完成三大节日期间集贸市场、粮油商店、加油站、加气站等在用计量器具检定和检查，完成全区眼镜制配场所、加油站专项监督检查，共检在用计量器具16195台/件，免收检定费891万元。

五、2019年完成新增计量标准10项

对计量测试所12项新增计量标准进行初审材料审核，并邀请云南省计量院专家现场审核通过，待内地专家将现场考核报告邮寄后，经审核通过后予以审批。

六、继续做好检验检测机构资质认定工作

贯彻落实相关法律、法规及规章要求，对不同类型、不同规模的机构均能一视同仁，不区别对待，积极贯彻落实上级简政放权、放管结合、优化服务的要求，执行放宽主体准入条件、不设置任何前置条件，同时简化程序，优化和规范流程。2019年全年共组织并委派技术评审专家200余人次利用节假日组成评审专家组50余个，分别前往七地（市）检验检测机构对申报材料进行文审、现场技术评审及整改报告复核工作。完成53家检验检测机构资质认定审核及颁证工作，其中新申请检验检测机构32家，复审换证2家，扩项及其他变更19家，办理标准变更、人员变更等48份。

为进一步加强资质认定获证检验检测机构的监督管理，提升检验检测服务主体诚信经营意识，根据国家市场监管总局和年初工作计划，制定《西藏自治区市场监督管理局2019年度获证检验检测机构资质认定专项监督检查工作方案》（藏市监办〔2019〕99号），按照“双随机”的方式对全区获证检验检测机构进行监督检查，重点加强环境监测、机动车（含尾气检测）、建筑、交通、水利等重点领域的监督检查，并联合生态环境厅对全区环境监测机构和机动车检验机构进行监督检查，共检查获证检验检测机构80家，对存在问题的检验检测机构进行了查处并予以公示。

七、开展全区强制性产品生产企业及产品专项监督检查

制定《西藏自治区市场监督管理局关于开展2019年度强制性产品获证生产企业监督检查工作的通知》，下发各地市局，近期将陆续开展此项工作。

八、开展全区流通领域部分强制性产品专项监督抽查

制定《西藏自治区市场监督管理局关于开展2019年度流通领CCC产品监督抽查工作的通知》，下发各地市局，近期将陆续开展此项工作。

九、启动我区加强质量认证体系建设相关工作

委托中国质量认证中心西藏分中心和西藏自治区质量协会对各地市、各相关单位开展质量认证调研及宣传、培训等相关工作。

传递信任　强化监管　着力夯实高质量发展基础

——陕西省市场监督管理局2019年认证、认可及检验检测监管工作概况

2019年，陕西省市场监督管理局（以下简称“陕西省局”或“省局”）认证监管工作在国家市场监管总局的正确指导下，按照国家认监委、省委省政府和省局的决策部署，结合本省认证认可与检验检测行业特点，突出监管主业，持续深化“放管服”，持之以恒正风肃纪，真正营造风清气正、干事创业的浓厚氛围，为推动高质量发展作出了新的贡献。

一、基本情况

认证认可方面，2019年，全省各类组织共取得有效认证证书23808张，其中质量管理体系认证证书8836张，环境管理体系认证证书3698张，职业健康安全管理体系认证证书3409张，强制性产品认证证书6572张，有机产品认证证书367张，证书总量较去年同期增长7.9%，位居西部五省第一，西部第三。现全省有各类认证机构（主机构）10家，其中产品认证机构4家，管理体系认证机构6家，2019年新申请成立认证机构4家。

检验检测方面，2018年年底，省政府发布了214号令，要求省局将检验检测机构资质认定行政许可项目委托各市级市场监管部门开展，按照2019年要求，省局对委托各市的行政审批工作情况进行了调研，同时也对陕西省检验检测机构情况进行了调查摸底。陕西省共有各类检验检测机构1684家，全年共办理各类检验检测机构资质认定行政许可项目853件，其中西安市机构数量占全省机构数量33.49%，达到1/3强；宝鸡市、咸阳市、渭南市、延安市、榆林市机构数均在100家以上，加上西安市机构数，以上6市机构数量占到全省机构数量的75.30%。从行业分布来看，建材类检验检测机构最多，占全省机构总数的24.35%；建筑工程也占到全省机构总数的19.71%，以上两类机构数量合计占全省机构数量的44.06%；数据表明，陕西省检验检测机构主要集中在建材、建筑工程、机动车检测、生态环境、食品药品等行业，以上五个行业机构数量占到全省机构总数的77%；此外，陕西省综合类检验检测机构仅有15家，占全省机构数量的0.89%，且绝大多数集中在西安市、汉中市辖区境内，总体说来，综合类检验检测机构表明了检测机构能力水平的多样化和检验检测资源的集约化，这一数据表明陕西省检验检测水平整体有待进一步提高，加之建筑建材类机构数量几乎占据半壁江山，表明陕西省检验检测机构的市场环境仍处于粗放型管理和初级市场竞争阶段，规范机构市场行为，提升机构管理水平，将会是省局今后指导和帮扶机构的发展方向。

二、主要工作

（一）以认证促发展，打造有机产业旗舰

进一步发挥认证认可质量基础和评价引领作用，深化农业供给侧结构性改革，大力发展有机产业，深挖有机产业发展的潜力，向深加工和高附加值产品转移，延伸产业发展链条，增强产业发展后劲。在陕西省永寿县召开全省有机产业发展联盟暨永寿县创建全国有机认证示范县动员大会，陕西省洋县、洛川县、永寿县、绥德县、子洲县等正式发起成立全省有机产业发展联盟，标志着陕西省有机产业发展迈上一个新台阶。

（二）优化服务，持续深化“放管服”

一是为实现检验检测机构行政审批高效化，2019年初印发《陕西省市场监督管理局关于进一步深化检验检测机构资质认定改革工作的通知》，对已获得资质证书并在有效期范围内的检验检测机构资质认定名称变更、地址名称变更等六项审批事项实施自我声明免于审批。

二是与陕西省交通运输厅等4厅局联合印发《关于推进道路货运车辆“三检合一”改革工作的通知》，做到了检验项目、方法、标准和报告全国统一，实行“一

次上线、一次检测、一次收费”。

三是印发《关于增补检验检测机构资质认定评审员的通知》，增补了136名省级检验检测机构资质认定评审员，省级评审员也有2人晋升为国家级评审员。

四是及时转发《市场监管总局关于进一步推进检验检测机构资质认定改革工作的意见》，并要求各地市依法推进，确保改革稳步推进。

（三）及早部署，扎实推进“双随机、一公开”工作

按照工作部署，认真筹划，及早部署，及时印发《关于组织开展2019年度检验检测机构监督检查工作的通知》，对陕西省辖区内获证机构按照10%比例随机抽取178家检验检测机构进行了监督检查，经专家组判定自行整改77家，责令改正9家，责令整改3个月7家，注销资格50家，撤销20家。结合“双随机检查”和“专项检查”，初步摸索出“监管与服务相结合、明察与暗访相结合、随机与专项相结合”的三结合监管模式。

（四）提前谋划，精心组织开展检验检测能力验证工作

为提升全省检验检测机构资质认定制度实施的有效性和检验检测机构技术水平，印发《关于征集2019年检验检测能力验证项目的通知》，根据陕西省实际确定本次能力验证的建材、食品、环境3大类7个项目12个参数，组织全省585家检验检测机构参加，取得能力验证最终结果数据1628组。按照判定准则，初测满意结果数据1386组，占85.13%；补测满意结果数据204组，占12.53%，有问题结果数据18组、占1.11%；不满意结果数据20组、占1.23%。

（五）多措并举，大力净化认证认可与检验检测行业市场秩序

1. 加大认证监管力度

相继印发《关于进一步加强全省认证监管工作的通知》《关于开展2019年强制性产品（电动自行车）认证有效性抽查工作的通知》等多个文件，积极开展2019年管理体系监督检查，共检查获证组织8家，对检查中存在问题的认证机构进行约谈，对1家认证机构责成属地市场监管部门进行处理。并协助国家认监委，对4家新认证机构符合性现场检查。

2. 开展检验检测监管重点领域专项监督检查

在“双随机、一公开”抽查的基础上，确定建工建材、食品、医疗器械、生态环境、机动车等与民生息息相关的领域为监管重点，及时印发建工建材、食品等领域专项监督检查方案，共检查各领域检验检测机构195家。

3. 追踪监管动态，及时修订相关政策

与生态环境厅及时转发《生态环境监测机构评审补充要求》，对陕西省生态环境监测机构进行全面审查。与生态环境厅联合印发《关于执行汽车污染物排放限值及测量方法有关问题的通知》，确保两个环保新标准的顺利贯彻实施。与省司法厅联合开展全省司法鉴定机构评审员培训，为陕西省全面开展司法鉴定机构资质认定工作做好准备。

4. 以赛促管提能力

与生态环境厅等六部门联合举办陕西省生态环境监测专业技术人员大比武活动，选送优秀专业技术人员参加国家生态环境监测大比武活动；组织陕西省3家优秀的建工建材类检验检测机构参加国家局组织的专业技术比赛。

5. 重拳出击，严厉打击检验检测违法违规行为

对投诉举报涉及的韩城市元力机动车检测有限公司等7家机动车检验机构进行了专项监督检查，并依据有关法律法规和规章制度，对违法违规问题进行查处。对《焦点访谈》报道的西安市轻型货车违规检验、上牌等问题涉及的西安博恒机动车检测有限公司、陕西汉丰机动车检测服务有限公司，要求由西安市市场监管局依照法定程序撤销资质认定证书。印发《关于撤销陕西铜川建设勘察设计院有限公司实验室等10家检验检测机构资质认定证书的决定》《关于注销检验检测机构资质认定证书的通告》等文件，撤销陕西铜川建设勘察设计院有限公司实验室等10家违法违规检验检测机构资质认定证书，注销安塞县建设工程质量检测站等162家主动申请注销或证书有效期届满未申请延续检验检测机构的资质认定证书，收回资质认定“CMA”标志章，并及时向社会公布，有效净化了检验检测市场秩序。

（六）主动作为，确保免办CCC认证工作有序推进

根据《市场监管总局 海关总署关于免予办理强制

性产品认证工作有关安排的公告》，省局自 2019 年 4 月 1 日起负责强制性产品认证制度的组织实施和监督管理工作，目前免办 CCC 工作已实现全程网办，企业可直接在线申请办理，共办理 1048 单 CCC 免办证明。

（七）加大宣传力度，提高认证认可公众认知度和影响力

利用“6·9 世界认可日”之机，在咸阳市永寿县召开全省有机产业发展联盟暨永寿县创建全国有机认证示范县动员大会，并指导洋县、洛川、绥德、子洲、永寿县成立全省有机产品发展联盟。开发陕西省检验检测信息公示查询平台，充实数据，按照国家有关要求，向社会公示陕西省取得资质认定机构的基本信息及能力范围。利用“质量月”和“实验室开放日”组织陕西省 60 家检验检测机构全方位向社会开放。

（八）深化改革，进一步探索行政审批高效化路径

为贯彻落实党中央、国务院推进简政放权、放管结合、优化营商环境和省委、省政府全面深化改革工作要求，进一步在放权上求实效、在监管上求创新、在服务上求提升，将改革不断推向深入，实现检验检测机构行政审批高效化，省局于 2019 年 4 月印发了《陕西省市场监督管理局关于进一步深化检验检测机构资质认定改革工作的通知》（陕市监认〔2019〕1 号），要求各检验检测机构根据相关规定，将机构基本信息及能力附表在陕西省检验检测机构信息公示平台上予以公示，并将名称变更、地址名称变更、法人单位变更、标准（方法）变更、取消检验检测能力、人员变更（包括法定代表人、最高管理者、技术负责人）等 6 项审批事项实施自我声明免于审批事项在平台上予以公示。检验检测机构信息公示平台共录入机构信息 899 条，占机构总数 1684 家的 53.38%。已有 247 家机构进行了 280 件自我声明公示，根据调查反馈，广大检验检测机构一致认为，自我声明公示制度为机构带来了便利，减少了公共资源的浪费，提高了行政效率。

三、存在的不足

仍不同程度存在监管人员数量、执法经费不足的问题。检验检测技术性较强，而基层的监管人员业务技能和专业知识还有待进一步提高。机构改革多部门合并重组后，编制不足，承担职能增加，基层在监管力量、人员能力素质方面还有一定差距。

对认可与检验检测机构违法行为的查处力度还需进一步增大；日常监管与稽查执法的衔接仍存有效衔接不够；相互结合、相互促进，加大对违法行为打击力度的日常监管与稽查工作衔接机制尚未完全建立。

目前，陕西省检验检测机构资质认定工作已委托各设区市开展，人员变化大，行政许可工作人员业务水平参差不齐，存在一定尽职履责的风险。大部分市（区）此项工作经费较为紧张，另有部分市（区）将检验检测资质认定工作交由当地行政审批部门管理等情况，都造成相关工作对接的不便利。

改革创新强监管　优化服务促发展

——甘肃省市场监督管理局2019年认证、认可及检验检测监管工作概况

2019年，甘肃省市场监督管理局（以下简称“甘肃省局”或“省局”）认证认可与检验检测监管工作认真贯彻国家市场监管总局和甘肃省委省政府重大决策部署，聚焦高质量发展总要求，增强服务意识、创新便民举措、深化依法行政、提升监管水平，有效发挥认证认可检验检测基础性作用，为全省经济社会发展提供了强有力技术支撑和质量服务保障。

一、强化检验检测资质认定事中事后监管

（一）开展检验检测机构专项监督检查

以建筑建材、环境保护、食品药品等领域检验检测机构为重点，积极开展专项监督检查，严格证后监管，规范检验检测行为。根据《甘肃省市场监督管理局关于开展2019年检验检测机构自查与监督检查工作的通知》（甘市监发〔2019〕145号）、《甘肃省市场监督管理局关于印发〈关于全面推进全省市场监管系统“双随机、一公开”监管工作的实施方案〉的通知》的相关要求，制定了《2019年度全省认证认可与检验检测机构专项监督检查实施方案》，按照计划方案，检验检测机构2019年年度计划检查机构200家，其中按照“双随机、一公开”抽取机构143家，其他重点领域、重点检测机构抽取57家。截至2019年年底，已检查167家，其中按双随机抽取的有119家。经检查，有43家机构存在轻微问题，要求自行改正；55家机构存在一般问题，责令其一个月内改正，并上报改正报告；13家存在较严重问题，转交市州局处理，并上报处理结果。

（二）加强检验检测机构资质认定评审员队伍建设

进一步优化检验检测机构资质认定评审工作，不断提高评审工作质量，组织开展资质认定评审员考核工作，印发了《关于确定检验检测机构资质认定评审员专业领域和考核的通知》（甘市监发〔2019〕291号）。通知要求分批对已取得资质认定评审员资格的人员和2019年新申请资质认定评审员进行领域确认和能力考核。通过考核，共有531名人员取得资质认定评审员资格，其中主任评审员84名，评审员447名。

（三）联合开展生态环境检测机构监督检查

会同甘肃省生态环境厅印发《关于贯彻落实生态环境监测机构评审补充要求的通知》（甘市监发〔2019〕175号），进一步解读《检验检测机构资质认定生态环境监测机构评审补充要求》，并要求检验检测机构做好《补充要求》学习贯彻执行工作。联合省生态环境厅在兰州、武威、张掖等地区开展生态环境检测机构监督检查，共抽查10家检测机构，对存在的问题机构责令整改。

（四）联合开展药品检验检测机构监督检查

为进一步加强药品、医疗器械和化妆品检验检测体系建设，提升检验检测能力，联合甘肃省药品监督管理局印发了《关于组织开展2019年全省药品检验检测机构监督检查的通知》（甘药监发〔2019〕127号），主要从检验检测机构资质认定、实验室建设、人员编现、质量管理体系运行等方面开展全面检查，共检查全省15家药品检验检测机构。检查结果整体良好，部分机构存在轻微问题，责令立即整改。

（五）开展全省检验检测机构统计

编制《甘肃省检验检测机构统计报告（2018年度）》，印发各市州、省直各部门。统计表明，截至2018年年底，全省取得资质认定证书的检验检测机构共921家，实现各类检验检测收入25.51亿元，向社会出具检验检测报告465.61万份，共有从业人员21381人，共拥有各类仪器设备121469台/套，资产原值57.82亿元，共有

工作总面积 391.03 万平方米。

二、积极组织推进各领域认证的实施和应用

（一）推进各领域认证的实施

围绕提高甘肃省企业质量、环境、职业健康安全等方面的管理水平，积极组织引导企业应用先进的管理方法，开展管理体系认证。截至 11 月底，全省新增和保持的各类认证证书 13416 张，涉及 4980 个组织，同比增加 23.13%。管理体系认证证书 8982 张，同比增加 24.8%。以节能、环保、食品农产品和强制性产品为重点，积极推进产品认证，全省新增和保持的各类产品认证证书 4022 张，同比增长 10.98%。其中，自愿性产品认证证书 2520 张，强制性产品认证书 1502 张，与去年同期相比分别增长 33.9% 和 –13.7%。

（二）开展有机产品认证示范区创建活动

打造绿色品牌、发展绿色经济和绿色产业，提升服务“三农”成效，开展“有机产品认证示范区（县）”创建活动。在各市州局推荐的基础上，对临夏州永靖县、天水市秦安县、酒泉市玉门市、肃北蒙古自治县和白银市会宁县、景泰县进行了文件审查和现场审验，并分别确定为甘肃省第二批、第三批有机产品认证示范创建区（县）。目前甘肃省共有 9 个省级有机产品认证示范创建区（县），4 个国家级有机产品认证示范创建区（县）。

（三）加大有机认证宣传力度

组织省、市、县三级市场监管部门开展“有机宣传周”活动，通过发放手册、悬挂标语、播放视频等多种方式向社会和企业宣传普及有机认证法律法规、有机企业生产规范，有机产品、有机码的识别等，引导企业开展有机认证、消费者实施有机消费，促进有机产品产业的健康可持续发展。

三、强化监管力度，建立认证市场监管长效机制

（一）安排部署全省认证市场监管工作

印发《2019 年甘肃省认证认可与检验检测监督管理工作要点》（甘市监发〔2019〕208 号）、《甘肃省市场监督管理局关于加强认证市场监管工作的通知》（甘市监函〔2019〕71 号），安排部署各级监管部门对辖区内认证（分支）机构、获证企业开展监督检查，严厉打击伪造、冒用认证证书或者认证标志等行为。截至 11 月底，全省共发生各类认证活动 7626 起，涉及 87 家认证机构、3591 个获证组织，各级认证监管人员对其中的 5315 起认证活动进行了现场监督检查，认证活动检查达到 69.7%。

（二）加强强制性产品认证监管

按照国家强制性产品的认证目录，督促引导有关生产企业开展强制性产品认证，强化以电线电缆、低压电器、机动车辆及安全附件、消防产品、信息技术设备为重点产品的强制性产品认证监管，充分发挥强制性认证“保安全底线”的作用。2019 年以来，组织检查 6 起强制性产品认证活动，检查中认证机构均按照认证认可监管平台上报信息中的计划开展现场审查活动，人员、日期、天数均符合认证活动及相关程序要求。

（三）抽查强制性产品认证免办产品

根据《市场监管总局 海关总署关于免予办理强制性产品认证工作有关安排的公告》（联合公告 2019 年第 13 号）要求，从 4 月 1 日起承接了原由海关部门办理的免予办理强制性产品认证（简称 CCC 免办）相关工作，对符合免办要求的企业，按受理、审核相关材料，核发免予办理强制性产品认证证明的程序实施，严格办理时限，大力便民便企，让企业更好地享受国家在认证认可供给侧结构性改革方面的相关优惠政策。共审核 15 起免办申请，发放免办证明 13 张，涉及申请企业 7 家。10 月 29 日，对免办申请次数较多的企业——海默科技（集团）股份有限公司开展监督检查，主要就申请产品类型、数量、用途、存放等问题一一进行核查。经核查，入库单、出库单中载明的电缆型号、数量与申请免办的产品一致，用途确为多相流量计装配（整机出口），部分尚未使用电缆存放在库房中，没有挪作他用或销售，符合免办产品后续监管要求。对其他获得免办证明企业，督促其及时在免办管理系统中上传使用记录、退运记录等，方便后续监管。

（四）强化管理体系认证活动监管

切实发挥认证认可在加强全面质量管理中的基础作用，积极推动企业选择适合自身特点的认证服务，全面提高质量管理水平。截至 11 月底，省局抽查 51 起管理体系认证活动，大部分企业认证审核活动的开展符合程序要求，对个别认证机构审核员减少审核时间、

首次会议未签到等问题，责令其立即整改，确保认证质量。

（五）着力提升基层认证监管能力

在省委党校举办了全省市场监管系统认证认可与检验检测业务培训班，共组织14个市州及兰州新区、甘肃矿区共32名分管认证认可监管工作的领导、科室负责人和业务骨干参加此次培训。培训涵盖了《国务院关于加强质量认证体系建设促进全面质量管理的意见》解读、认证认可实务讲解和行政监管平台使用讲解等内容。通过此次培训，各市州认证参训学员对认证监管工作有了新的认识，也初步掌握认证监管平台、App的使用，提升了基层队伍的认证监管能力。

撰稿人：杨旭东　审稿人：詹久斌

强监管　提能级　服务高质量发展

——青海省市场监督管理局2019年认证、认可及检验检测监管工作概况

2019年，青海省市场监管局（以下简称“青海省局”）认证认可工作全面贯彻党的十九大和十九届二中、三中全会精神，坚持以习近平新时代中国特色社会主义思想为指导，开展“不忘初心、牢记使命”主题教育活动，认真落实省十三次党代会精神和“一优两高”战略部署，在局党组的正确领导下，持续深化“放管服”改革，优化营商环境。坚持新发展理念，统筹推进质量认证体系建设，着力发挥认证认可质量基础作用，较好完成了各项工作任务。

一、优化资质认定准入服务，便利机构进入市场

一是切实提高行政效能，再次大幅缩减资质认定许可时限。由法定许可时限80个工作日缩减为12个工作日，资质认定相关信息统一接入全国检验检测机构大数据平台。二是继续深化放管服改革，助推减证便民。取消法人地位证明、固定场所产权使用权证明和从事特殊领域检验检测人员资质证明等3项证明事项，为检验检测机构进入市场提供便利，进一步优化营商环境。

二、加强检验检测机构监管，规范检验检测行为

（一）加强对生态环境检测机构资质认定和数据质量监管

强化部门联动，加强与生态环境部门监管信息互通，提高数据质量管理，促进环境监测数据质量的全面提升。一是加强机动车排放检验机构污染物检验标准实施的监督。印发《关于贯彻实施GB 18285-2018及GB 3847-2018机动车污染物检验标准的通知》（青市监函〔2019〕113号），要求机动车排放检验机构做好新版标准实施，依法依规开展排放检验工作，强化移动源污染防治，严格机动车排放检验机构监管。二是会同省生态环境厅等五部门共同举办第二届青海省生态环境监测专业技术人员大比武活动。以习近平生态文明思想为指导，以支撑污染防治攻坚战为根本，不断提升生态环境机构监测水平，推动全社会共同参与生态文明建设。青海省局获组委会大比武活动特别贡献奖。三是开展生态环境监测机构资质认定检查工作。

（二）全面推进公安刑事技术机构资质认定工作成效显著

积极拓展资质认定领域，召开刑事技术检验检测机构资质认定工作会。共有17家公安机关刑事技术机构通过资质认定，已覆盖市州级，提升了刑事技术机构的公信力。

（三）组织开展检验检测服务业统计直报工作

印发《关于开展2018年度检验检测服务业统计工作的通知》（青市监函〔2019〕63号），建立常态化检验检测统计制度。完成检验检测机构生产型服务业资源统计。

三、加强认证监督检查，规范认证主体和认证市场

落实“双随机、一公开”监管要求，依法对各类认证行为加强监管。

（一）积极开展CCC免办业务及后续监管

承接原青海检验检疫局“免予办理强制性产品认证”工作。开展CCC免办的受理、核发、后续监管。发布《青海省市场监管局关于免予办理强制性产品认证工作要求的通告》（青市监函〔2019〕110号），制定办理免予办理强制性产品认证工作程序和流程图。4月1日起，已承接青海省内CCC免办的受理、核发和后续监管工作。

（二）配合总局认证监管司枸杞有机认证试点重新启动相关工作

为推动枸杞有机产业发展，2019年4月底，认证监管司在西宁组织召开2019年度枸杞有机认证试点工作启动会。共有试点企业18家，其中青海试点企业13家。

（三）承担认监委安排检查任务

完成现场检查3家自愿性认证获证组织，2家认证从业机构认证活动。

（四）组织开展强制性认证产品电灶专项整治

制定《专项整治实施方案》。结合扫黑除恶专项斗争，2019年7—8月，在全省范围组织开展了为期2个月的强制性认证产品电灶专项整治工作。通过整治，严厉打击了无强制性认证电灶产品擅自出厂、销售等各类违法行为。专项整治共出动执法人员720余人次，检查企业（超市、门店、市场）657家。检查出未经强制性认证擅自出厂电灶240台，责令下架停止销售裸露电炉丝电灶282台，品牌有英皇、昆仑英皇、鑫达、家家乐、金辉、万乐佳等。下发整改通知书7份，立案一起伪造冒用认证标识案件。查处西宁市区无证电灶生产窝点2家，查获“昆仑英皇”牌、“鑫达”牌电灶成品76台、半成品110台，电灶玻璃钢台面117个、电灶外壳702个（其中单面252个，双面450个）、电灶外包装箱五十捆。查处互助县无证电灶生产窝点1家，查获“英皇”牌单灶产品94台，双灶40台。

（五）组织开展无证裸露电炉丝电灶产品销毁活动

制定活动方案。9月21日，以“构筑电灶质量安全、引导质量安全消费”为主题，在西宁市刘家沟垃圾场，现场集中销毁300多台查获的无证裸露电炉丝电灶产品。销毁活动展示了强制性认证产品电灶专项整治工作成效，有效威慑电灶违法生产经营行为，提升群众对电灶产品质量安全意识，营造了社会关注质量安全的氛围。

（六）开展第12届世界认可日主题活动

聚焦“认证认可促进供应链提升价值”主题，以全面推动质量认证体系建设和推进检验检测机构能力建设为重点，深化认证认可检验检测与社会各方交流融合，提高了认证认可社会认知度。

（七）组织开展“有机宣传周”系列活动

制定《活动方案》，在2019年质量月的最后一周，自9月23日起开展“有机宣传周”系列活动。青海省局会同海南州市场监督管理局，在贵南县国家有机产品认证示范区开展了以“有机产品认证助力生态文明建设”为主题的有机宣传活动，15家有机认证产品获证企业参加。在西宁市博纳广场开展“不忘初心，牢记使命——青海省市场监督管理局有机产品进社区活动”主题活动，以及“有机产品认证促进安全消费”为主题的消费者进有机产品生产企业现场观摩等系列活动。活动期间，积极深入产地指导开展有机产品认证助力生态文明建设活动，推动有机产品进农户、商超、社区，促进有机产品产供销对接，组织有机产品知识讲解、技能培训和技术服务，并通过制作宣传展板、现场发放宣传材料及有机产品的展示面向消费者、企业等社会各方开展广泛宣传。

（八）开展强制性产品认证监督检查及无证查处工作

印发《关于开展强制性产品认证监督检查及无证查处工作的通知》（青市监函〔2019〕313号），重点检查电灶、电线电缆、低压电器、安全玻璃等强制性认证产品，检查生产企业23家。

四、存在问题

虽然认证认可工作取得了一些成效，但仍存在不足，主要表现在：一是认证工作涉及领域广泛，对认证市场开展监管工作难度大，部分领域监管力度还要进一步增强；二是认证监管人员业务技能和专业知识还有待进一步提高。

撰稿人：刘伟民　审稿人：严　菁

严监管 优服务 服务经济健康发展

——宁夏回族自治区市场监督管理厅2019年认证、认可及检验检测监管工作概况

一、基本情况

宁夏回族自治区市场监督管理厅（以下简称“宁夏市场监管厅”）共有检验检测机构资质认定476家，较2018年增加33家，增长了7.45%，其中，建筑工程建材147家、环境监测61家、机动车检验60家、农牧渔33家、食品检验29家、其他146家。2019年共现场检查机构162家，查处存在违法违规行为的58家，其中，现场自行改正通过17家、责令改正34家、责令整改3家、立案查处4起（结案1起、罚款1万元）。

二、主要工作

（一）强化工作指导，筑牢监管基础工作

一是针对检验检测不同领域，宁夏市场监管厅选取14家机构开展调研活动，了解行业监管现状，听取意见建议。通过调研，对年度工作任务进行了再梳理，增强了工作针对性。

二是结合自治区检验检测机构监管实际，在深入调研的基础上，制定下发《自治区市场监管厅关于推行检验检测机构分级评价和分类监管实施意见（试行）》，健全检验检测机构分级评价和分类监管制度，实施差异化的证后监管，提升监管工作的实效性。

三是为激励检验检测机构不断提升专业技术技能水平，组织区内有代表性的20家机动车检验机构开展了技术能力验证活动。通过对能力验证活动结果的技术分析和综合评价，14家检测机构结果评价满意，6家检测机构个别项目有存疑。围绕大气污染环境治理工作，会同生态环境厅、人社厅、住建厅等部门举办了全区生态环境监测专业技术技能大比武活动，共有35家生态环境监测机构、79支代表队、237名选手参加了大比武理论知识考试和现场操作竞赛。针对老百姓关注的农产品质量热点问题，会同自治区农业农村厅对20家检测机构开展了农产品质量安全检测技术能力验证活动，20家检测机构均合格。各项活动的开展，使检验检测机构内部质量管理得到了加强，社会公信力和服务能力明显提升，企业主体责任进一步强化。

（二）突出工作重点，强化检验检测机构监管

一是针对《焦点访谈》栏目对轻型货车存在“大吨小标”违规生产、违规通过检测等问题的曝光，宁夏市场监管厅及时组织18家机动车安检机构和39家检验检测机构召开两次专题会议，集中观看《焦点访谈》栏目，明确表态对机动车检测机构擅自减少检验项目、降低检验标准、尾气排放检测弄虚作假等违法违规行为采取零容忍，要求检验检测机构必须加强规范性管理，坚决杜绝违法违规行为发生。

二是紧紧围绕自治区党委、政府事关民生和社会发展的重点工作部署，首次在全区环境、机动车、食品、医疗器械检测等领域开展专家参与的“双随机”监督抽查。从检验检测机构、人员行为规范、资质认定能力保持等方面，重点查处出具虚假、失实检验检测数据和结果的行为。共检查机动车34家、环境10家、食品10家、医疗器械2家，对检查出的问题和机构交由辖区监管部门正在调查处理。

（三）强化认证认可宣传培训，适应新时代工作要求

认真落实《市场监管总局办公厅关于开展2019年全国检验检测机构开放日活动的通知》（市监检测函〔2019〕1542号），结合“世界计量日”“世界认可日”，组织检验检测机构开展“进社区、进园区、进学校”、贴紧实际宣讲检测、咨询答疑、免费检测、发放宣传册等形式进行宣传。共组织两委委员、社区代表、学生、企业职工达上千人次走进检验检测机构，不仅展示了自治区全区检验检测工作成果，还拉近了检验检测科

研单位与人民群众之间的距离，也倾听采纳了各界人士对检验检测工作的意见建议，得到了社会各方的一致好评。此外，宁夏市场监管厅也利用微信朋友圈传播质量声音，讲好质量故事，让社会关注认证认可检验检测工作，营造良好的社会氛围。

三、存在主要问题

基层监管力量薄弱，市、县局中，绝大部分承担计量、认证认可、标准化、质量管理等工作任务的仅一个科室或一个人，影响监管工作的全面开展。

对检验检测机构各领域“双随机”检查覆盖面小，仅限于重点领域的检查。

全面履职　强化监管　推进质量体系建设

——新疆维吾尔自治区市场监督管理局2019年认证、认可及检验检测监管工作概况

2019年，新疆维吾尔自治区市场监督管理局（以下简称“新疆局”）认真贯彻全国认证认可检验检测工作会议精神，以加强认证检验检测监管为主线，积极作为、扎实推进，有效发挥认证检验检测传递质量信任、服务经济发展的积极作用。

一、推进质量认证体系建设，推进认证检验检测事业发展

认真贯彻落实《国务院关于加强质量认证体系建设促进全面质量管理的意见》（国发〔2018〕3号），推进全区质量认证体系建设。

一是召集质量强区领导小组成员单位、认证机构和相关检验检测机构，召开自治区人民政府《关于印发自治区加强质量认证体系建设 促进全面质量管理实施方案的通知》（新政发〔2018〕78号）和自治区人民政府办公厅《关于印发〈自治区建立统一的绿色产品标准、认证、标识体系工作方案〉的通知》（新政办发〔2018〕152号）（简称“两个《方案》”）推进会，明确任务分工，从着力提高认证供给能力和水平、发挥好政府引导作用、发挥好市场主导作用、发挥好社会共治作用四个方面，促进“两个《方案》”实施。

二是推动各地政府将质量认证纳入政府绩效考核和质量考核工作，向广大企业、单位推广应用质量管理先进标准和方法，鼓励企业运用质量认证方式加强质量管理，鼓励各级政府部门特别是行业主管部门建立推行质量管理体系，引入第三方质量治理机制，转变政府职能和管理方式，提高行政效能和政府公信力，拓宽质量认证覆盖面，统筹推进质量认证体系建设，促进质量强区战略和质量提升行动。

三是支持帮助自治区绿色产品标准、认证检测专业服务机构开展试点，率先在建材领域开展绿色产品认证，推动绿色产品标准、认证、标识在全社会使用和采信，共享绿色发展成果。

二、加大监管力度，规范检验检测认证市场秩序

（一）实施部门联合“双随机、一公开”监督检查，有效净化和规范检验检测服务市场

一是按照《国务院关于在市场监管领域全面推行部门联合“双随机、一公开”监管的意见》（国发〔2019〕5号），联合自治区公安厅、生态环境厅和交通运输厅，在全区率先采用部门联合“双随机、一公开”和“信用监管”方式，组成自治区4部门监管人员、各地州市、县（区市）4部门监管人员的12个专项检查组，对全疆60家机动车、环境和食品检验检测机构开展监督检查，发现违法违规问题196个，问题结果在国家企业信用信息公示系统予以公开，并由各地市场监管部门依法依规处理。

二是将检验检测机构监督抽查、自愿性认证活动的检查和强制性产品认证活动的检查纳入各地质量工作考核指标。印发《关于开展2019年度检验检测机构联

合监督抽查工作的通知》（新市监认〔2019〕144号），指导各地开展检验检测机构监督抽查，各地因地制宜地确定所辖区域总体抽查比例，实施重点检查，强化监督管理。全疆全年共检查检验检测机构390家次，100%完成目标任务。

（二）强化对认证活动监管，提高认证结果的有效性和公信力，充分发挥认证对质量供给的作用

一是配合国家市场监管总局做好新疆自治区电线电缆抽查工作。共抽查产品81批次，实际检测81批次，涉及25家企业，其中合格企业17家，企业抽查合格率为68.0%；合格产品69批次，产品抽查合格率为85.2%；配合市场监管总局对乌鲁木齐市和克拉玛依市新取证的两家认证机构进行认证机构资质持续符合性现场核查。

二是在全区组织开展认证活动监督抽查，各级市场监管部门通过重点检查、部门联合抽查等方式，加大认证执法力度，促进认证市场规范发展。伊犁州局按47%抽查比例抽查15家强制性认证组织，按20%抽查比例抽查42家自愿性认证组织，进一步完善了风险预警、快速处置、信息通报、倒查追溯等措施。塔城局按89%抽查比例抽查16家强制性认证产品生产企业。切实做好国家认监委要求暂停生产企业的2个强制性认证产品的后续监管工作。和田局按30%抽查比例抽查辖区60家强制性认证产品生产企业、各类自愿性体系获证企业，下达整改通知书8份。开展低速电动车生产销售企业清理整顿工作，查处2起无证出厂、销售违法案件，罚没金额11.375万元，依法取缔3家非法组装企业，从源头上加强低速电动车管理。克州、喀什、巴州等局重点对本辖区内强制性认证产品和质量认证活动开展监督检查，依法处理违规行为。

（三）采取更多样的联合监管方式，加大跨部门联合监管力度

一是主动与自治区公安厅、交通运输厅、生态环境厅加强监管合作，共同推进营运货车“三检合一”工作。

二是针对自治区公安厅交警总队对机动车检验检测机构专项检查时发现的问题，将问题线索交所辖市场监管部门依法处理。三是联合自治区公安厅、生态环境厅、交通运输厅等行业管理部门约谈9家机动车检验检测设备生产企业，守好公正检测底线。

三、开展能力提升，促进认证检验检测健康发展

（一）开展检验检测机构能力验证活动

2019年在全区范围对38家食品领域检验检测机构开展食品中山梨酸和苯甲酸含量测定能力验证工作，实际参加能力验证的机构34家，结果满意的机构31家（其中初测满意28家，复测满意3家），占实际参加机构总数的91.2%；结果可疑的机构3家，占实际参加机构总数的8.8%。对91家环境领域检验检测机构开展水中铅含量测定能力验证工作，实际参加能力验证的机构90家。结果满意的机构83家（其中初测满81家，复测满意2家），占实际参加机构总数的92.2%；结果可疑的机构6家，占实际参加机构总数的6.7%；结果不满意的机构1家，占实际参加机构总数的1.1%。通过持续开展能力验证工作，不断提升检验检测机构能力水平。

（二）开展认证助力质量提升活动

一是鼓励全区认证机构积极创新，开发自治区企业急需的认证项目，优化认证程序，提升认证供给质量，激发认证市场活力。

二是推动认证机构签署了《新疆认证执业机构承诺书》，加强行业自律，积极开展自查自纠，促进认证服务业健康发展。

（三）开展认证检验检测服务业统计分析

为客观反映全区检验检测认证产业发展状况，按照国家市场监督管理总局的统一部署，在全区范围内组织开展年度检验检测认证服务业统计分析工作，编纂并发布《自治区检验检测认证服务业统计分析报告（2018年度）》，为各级党委、政府有针对性地指导区域、行业、机构提升总体质量水平和发展能力，着力推进检验检测认证产业发展提供决策参考。

四、深化“放管服”改革，激发市场发展活力

一是积极推进“四减一免”，将检验检测机构资质认定审批时限压缩1/4，大大缩短了审批时间。二是在全区范围内全面推行检验检测机构资质认定网上审批系统，实现申请、审批过程电子化。三是在农业、司法、刑侦领域建立跨行业、跨部门的联合评审机制。四是

简化检验检测机构资质认定评审员准入条件，对已获国家级资质认定评审员直接登记备案为省级资质认定评审员。五是按照市场监管总局要求，2019年4月1日起正式承接“免予办理强制性产品认证”的受理、核发和后续监管工作，2019年办理CCC免办业务4起。

五、加强宣传培训力度，夯实认证检验检测基础保障

（一）加强监管队伍素质能力提升

举办全区检验检测机构资质认定评审员和监管人员培训班，提升评审员专业评审技术，提高全区市场监管系统履行认证检测监管职责的能力与服务水平。为便于认证监管人员和评审员掌握相关知识，提高业务水平，向全区所有地州市、县区市印发《自治区检验检测认证监管培训教材》和《检验检测监管实用手册》，加大对基层工作开展的指导帮助。

（二）加强监管队伍党风廉政建设

以“不忘初心，牢记使命”主题教育学习为契机，认真学习习近平新时代中国特色社会主义思想，加强党的建设和党风廉政建设，深入贯彻落实中央八项规定精神，打造廉洁、公正的认证认可检验检测监管队伍形象。

（三）加强认证认可宣传力度

在全区范围内组织开展“6·9世界认可日”、检验检测机构开放日、有机产品认证宣传周等宣传服务活动。通过开展系列活动，进一步深化认证认可与社会各方面的联系，提高认证认可工作的公众认知度和社会影响力，促进认证认可检验检测工作为全区农业产业升级、绿色脱贫、美丽乡村建设、服务高端消费、老百姓由吃饱到吃好做出实实在在的贡献，更好服务新疆经济社会发展。

2020

Yearbook of Certification,Accreditation,Inspection and Testing of China

第十一部分　从业机构

Part　Eleven　　Employment　Agency

中国检验认证（集团）有限公司

抓住机遇　谋篇布局　重整行装再出发

2019年，中国检验认证（集团）有限公司（以下简称“中检集团”）以习近平新时代中国特色社会主义思想为指导，深入学习贯彻党的十九大和十九届二中、三中、四中全会精神，贯彻中央经济工作会议精神，落实国资委中央企业负责人会议要求，全集团上下坚定围绕年度重点和中心工作团结进取、开拓创新，实现了集团总收入又创历史新高。

一、2019年工作取得的成效

2019年，中检集团始终坚持党的领导，加强党的建设，深入学习贯彻习近平新时代中国特色社会主义思想，认真落实党中央、国务院决策部署，面对复杂局面和严峻形势，中检人不畏艰难、不惧挑战，保持战略定力，坚持“稳”“实”原则，按照《中检集团改革发展若干问题的意见》和“七抓七促”“六个核心六项能力”工作部署，不等不靠立足自身积极转型，凝心聚力抓好各项工作任务，改革发展和党的建设跃上一个新台阶。

回顾一年来的工作，重点在以下七个方面取得了突出成效：

一是区域化管理初见成效。2019年5月印发改革方案以来，东南亚中东区域完成了总体配置和业务发展规划，集中区域技术力量，铺设石化、矿产品、农产品三条产品线，带动各公司市场化转型，营业收入同比增长17%，利润同比增长41.6%，并成功带动缅甸公司扭亏为盈，更为可贵的是在区域总经理王桂程同志带领下，班子团结，各公司同力合作，整个区域群情激奋，信心提振，呈现良好的发展势头；欧洲区域通过加强授权业务统一管理和集中力量开发市场化业务，在废物原料检验业务量连年下降超过40%的情况下，实现区域整体营业收入基本平稳；非洲区域加强机制创新和内外联动，突破原有规定，试点国内公司参与境外投资，共建五大业务基地共同开发非洲市场。实施“认证业务进海外”，选派3名认证业务骨干赴欧洲、东南亚区域公司和日本公司担任领导职务，延伸认证业务链条，实施检验认证业务一体化运作，助力海外公司转型。在国内，以陕西公司、辽宁公司为主体，分别成立集团西北和东北区域协作中心，西北区域的智慧农业、认证业务一体运作卓有成效，资源整合协同发展效果显现。

二是信息化建设实现突破。在李忠榜同志的亲自挂帅下，300多名信息化专业人员不分昼夜，攻坚克难，经过21个月、637个日日夜夜的奋战，2019年1月1日中检业务信息管理系统2.0全面上线，集团真正拥有了一体化、全覆盖的信息系统，为集团产品线实质化运营打下了坚实基础，为集团规范管理和长远发展提供了技术支撑，同时还收获了中检精神，也为中检集团向数字化转型迈出了坚实一步。

三是产品线运营逐步推开。编制了产品线建设总体规划，确定了集团石化、矿产品实验室建设布局方案，一期9家实验室正在紧锣密鼓建设中，预计下半年全部竣工投入使用。检验公司组织上海、新加坡、巴西公司分别作为铁矿石、油品+煤炭、大豆操作中心，按照统一市场营销、统一服务规范、统一操作流程、统一绩效原则和全球一体化服务的产品线运营方案进行积极探索。计量、生态环境、农食安全及溯源等产品线建设按照计划有序推进。

四是市场化业务稳步拓展。在维护开发政府业务方面，加强与海关总署、市场监管总局、商务部等行业主管部门合作，签署海关出口商品海外打假维权、采购中心物资装备检验检测、商务部重要产品追溯等合作协议，推进科技部进出口食品安全风险溯源预警和应急处理关键技术研究；承接国家气象局质量提升项目，认证中心促成28家地方公司与全国28个省市气象局签署1千余万元技术服务合同；与俄罗斯出口中心、乌兹别克斯坦标准署等政府部门签署合作协议。在境外业务转型方面，承接市场监管总局特殊食品境外核查、产品抽检、注册产品后续监管等业务，溯源公司牵头组织共7人次参加境外婴配乳粉注册核查团组，服务政府监管，得到了市场监管总局的认可。在企业客户开发方面，检验公司创新服务模式，与中国连锁经营协会、中粮集团等合作为客户提供从基地到社区的第三方定制化质量服务；认证中心积极开发前沿新业务，获得国际航空碳抵消和减排核查机构等多项资质，为中石化易派客、红星美凯龙、京东等大型集团客户提供定制化服务；测试公司加强控股公司运营管理，中检南方成功开发北斗导航测试服务，中检西部首次中标环保部“机动车环保达标监督项目”；溯源公司中标工信部工业互联网标识解析体系建设项目，联合地方公司开拓重要产品追溯体系建设、电子商务进农村等政府项目。国内外公司结合各自区位优势和产业特点，积极开拓供应链二方审核、安全风险评估、医疗检测等市场化业务。2019年全年共签署各类合作协议300多份。此外，还持续加强对外投资，共完成投资项目32个。

五是内部管理不断提升。在合规建设方面，全集团合规体系建设稳步进行，建立了合规管理组织和工作机制，印发合规体系建设工作方案，加入TIC Council按既定进程推进；集团公司顺利通过质量管理体系现场审核并获得ISO 9001证书。在风险防控方面，印发投资项目后评价、业务分包等规章制度；对25个投资项目进行检查、后评价；完成8家境外公司离任审计和13家国内公司经济责任现场审计。在财务管控方面，加强财务统一管理，持续推进财务统一化、标准化、规范化，下发集团会计核算手册，推进财务报表统一审计工作，开展国内公司财务重点检查，防范财务风险。在质量管控方面，对肯尼亚业务资质暂停质量事故进行了严肃处理，对责任单位进行了通报批评，对直接责任人进行了降级及经济处罚。组织开展能力提升技术合规培训，建立业务质量信息通报机制；业务平台发挥管理职能，制定质量责任绩效考核机制，多措并举提升工作质量。在品牌保护方面，采取工商投诉、商标监测等方式，妥善处理同业机构使用“中检”字样行为，加强商标保护。

六是机构队伍持续优化。完成集团总部内设机构改革，解决职能交叉，提升管控能力；成立了中检研究院、中检学院和投资中心，加强战略研究产品研发、开发培训业务、开展人才培训、强化战略性投资。完善干部管理制度，发布了员工退休管理规定和培养选拔优秀年轻干部意见等制度。首次组织对地方公司领导班子和领导人员综合考核评价工作。组织实施干部选拔任用工作，交流驻外人员24人，调整地方公司6人，聘任总部中层干部19人。

七是党的建设全面加强。首次领导全系统开展党内集中教育，扎实推进“不忘初心、牢记使命”主题教育。出台集团党委加强党的政治建设实施意见，举办3次“中检大讲堂”，组建党员突击队，组织主题党日活动和为党员过政治生日活动。全集团以“爱中华、爱中检”为主题，用短视频、征文、书法绘画作品等方式隆重庆祝新中国成立70周年。首次开展党建和思想政治工作课题研究，举办全系统党建工作培训，加强对基层组织指导，出台基层党组织换届选举工作规范等工作制度，积极开展与地方党组织分工配合试点工作。加强企业文化建设，以“汇聚全球中检人，共话世纪中检梦”为主题，组织境外公司员工回家活动，开展企业文化理念大讨论大征集活动，有2个单位/部门分别获得全国青年文明号和中央国家机关青年文明号荣誉称号。

这些成绩的取得，是在党中央、国务院决策部署下，上级主管部门正确领导和大力支持下，集团各级领导班子精诚团结和全体员工努力拼搏的结果。在肯定成绩的同时，还清醒地看到存在的问题。主要表现在：一是思想观念有待进一步转变，部分公司在有些方面还存在等待观望思想；二是“三项制度”改革、产品线运营等体制机制改革创新推进缓慢；三是人才队伍建设亟待加强，跟不上事业发展需要；四是内部管理基础薄弱；五是市场化转型有待进一步加快，新兴业务板块战略性投资收购兼并力度不够，等等。中检集团要坚持问题导向和目标导向，在今后工作中逐步一一解决。

二、谋篇布局新时代改革发展

2019年12月26日，国资委和市场监管总局在京召开中检集团及港中检公司交接工作会，国资委翁杰明副主任、市场监管总局孙梅君副局长出席会议并讲话，对中检集团和港中检公司在服务经济社会发展、服务政府监管方面做出的贡献给予了充分肯定，对中检集团和港中检公司新时代发展提出了希望和要求，中检集团正式划转国资委。

2019年，是中检集团成立40周年，也是转隶国资委的第一年。新的历史起点，作为一级中央企业中唯一一家综合性检验检测认证机构，中检集团深入思考和清醒认识几个问题：“中检集团40年的发展有什么经验？”“中检集团的历史使命是什么？”“中检集团未来要往哪里走？”“中检集团要遵循什么样的价值理念、保持什么样的精神状态实现这些目标？”

（一）中检集团40年的发展有什么经验?

40年风雨兼程，40年春华秋实。回顾中检集团40年走过的不平凡道路，有许多成绩值得肯定，有许多经验值得总结并坚持。

第一，始终融入国家改革发展大局，是集团发展壮大的根本前提。40年的实践启示中检集团，只有融入国家改革发展大局，才能实现集团的可持续发展。无论是1980年集团前身商检总公司的诞生，还是2003年集团的改制成立、2007年的重组整合，再到现在划转国资委，都与国家改革开放、加入世贸组织、国家机构改革等历史节点高度契合。这也印证了国家发展需要才是企业发展之根，只有始终融入国家发展大局，才能成就集团发展壮大。

第二，始终以服务政府贴近市场为己任，是集团发展壮大的关键所在。40年的实践启示中检集团，只有服务政府、贴近市场，才能实现集团的高质量发展。40年来，集团承担了我国全部进口废物原料和旧机电装船前检验业务，承担了我国70%以上强制性产品认证业务。根据市场需求和客户需要，开展了大宗商品检验、船舶舞毒蛾检查、节能环保产品认证、养老服务认证、环境检测、全球商品溯源、电子商务服务、艺术品鉴定评估、保险技术服务等业务，范围扩展到国民经济和人民生活的各个领域，已经成为政府主管部门落实监管政策、促进行业发展的中坚力量。中检集团正是始终以服务高质量发展为己任，与国家同呼吸共命运才有了今天的发展成就。

第三，始终坚持重组整合发展道路，是集团发展壮大的有效举措。40年的实践告诉中检集团，重组整合是集团优化资源配置实现可持续发展的必由之路。40年来，集团积极发挥“1+1>2”重组效应，深入推进专业化整合。2002年，国家将分属5个部委的6家机构合并组建中国质量认证中心（CQC）；2007年，国家将中检集团与中国质量认证中心以及原质检总局在京5家单位的6家认证机构进行重组整合，组建新的中国检验认证集团。正是通过整合重组，把各自优势转变成竞争合力，才实现了优势互补、彼此赋能、跨越发展。

第四，始终坚持开放的合作胸怀，是集团发展壮大的重要保障。40年的实践启示中检集团，开放带来进步，封闭必然落后。中检集团始终秉持开放、包容的合作胸怀，与国际同行开展了良好的合作。比如，中检集团与UL从1980年起就建立了良好合作关系，合资成立了UL美华实验室，这种双赢的合作成为国际同行合作的典范。此外，中检集团与莱茵TÜV、CSA等国际同行也始终保持着良好的合作，共同助推国内外企业走出去、请进来。非洲、日本、美国等多国政府和行业组织授权集团开展相应合格评定工作，服务双边贸易发展。正是这种包容开放的合作，拓宽了中检集团的国际视野，丰富了中检集团的管理理念，成为集团发展壮大的重要保障。

第五，始终发扬自强不息的奋斗精神，是集团发展壮大的不竭源泉。集团成立以来，历届领导班子带领全体员工真抓实干，开拓创新，保持了和谐、稳定的发展势头，在中检集团的发展史上，涌现出了许许多多先进事迹。比如2003年“非典”高峰期，正值CCC认证实施的关键时期。为履行中国加入世贸组织的承诺，CQC众志成城，科学部署各项工作，及时研发开放在线申办系统，避免了大量企业人员涌入北京，做好防疫处理的同时为现场客户高效办理业务，得到了主管部门的肯定和广大企业的赞誉。又如在推进中检信息化建设中，中检信息团队展现出了“孜孜以求、勇于创新，以苦为乐、敬业奉献，自强不息、坚持不懈，齐心协力、通力合作”的32字精神。尤其是在当前新冠肺炎疫情斗争中，在集团公司党委倡议下，各公司先后成立了25个党员突击队，总人数超过700人，国内外公司一道，发挥专业优势和担当精神，不畏艰难，不惧风险，抗战在疫情防控第一线，并且做到了全集团员工和直系亲属没有一例受到疫病感染，真正发挥了“落实党中央决策部署的急先锋，打赢疫情防控阻击战的排头兵，检验认证行业履职尽责的高标杆，职工群众的主心骨”的突击队作用，也正是这种奋斗精神，激励着一代代中检人不畏艰难、勇往直前。中检集团还通过援疆援藏、认证技术精准扶贫、服务地方政府质量提升等，积极履行央企担当，践行社会责任，为集团可持续发展提供了精神支柱和动力源泉。

40年初心不改，40年使命不怠。有了40年的积淀，中检集团的未来发展就会更有底气、更有信心。

（二）中检集团的历史使命是什么?

企业使命是企业存在的根本目的，表明企业在社会进步和经济发展中担当的角色和责任。中检集团要始终以“创造更值得信赖的世界”为使命，从企业属性看，国有企业是中国特色社会主义的重要物质基础和政治基础，是党执政兴国的重要支柱和依靠力量。中检集团作为中央企业的一员，是检验检测认证行业党和国家最可信赖的力量。新时代，中检集团要始终铭记初心与使命，充分发挥技术人才网络优势，当好国家重大战略实施的主力军、排头兵。同时要深入学习海关总署、市场监管总局等行业主管部门政策要求，深入分析行业发展趋势，当好落实国家政策、促进行业发展的主力军、排头兵。要肩负起央企检验检测认证行业板块代表的责任和使命，在推动国有资本布局优化服务国家高质量发展方面走在前、作表率。从行业属性看，“建立信任、传递信任”是中检集团从事检验检测认证工作的本质功能，以证书、报告形式搭建起客户、员工、股东、社会、政府及所有利益相关方之间的信任桥梁，承担起助力建设“人人信我，我信人人”的诚信社会和美好世界的政治责任和社会责任。宣誓了中检集团大家庭的共同信念，通过每个成员单位、每个中检人的真诚、勤奋与努力，中检集团要成为各方最信赖的品牌机构，是更值得信赖的“小世界”。

（三）中检集团要往哪里走?

近年来，检验检测认证行业整体发展形势良好。从国际上看，全球市场规模约1.5万亿元人民币，保持了6%左右的快速增长。2018年，全球排名第1的SGS实现营业收入468亿元人民币，第10名APPLUS为132亿元。从国内看，2018年有近4万家从业机构，营业收入达到2810亿元，近五年复合年均增长率约15%。中检集团营业收入全球排名大约第14名，国内市场份额不到3%，与我国经济体量和贸易地位严重不匹配。

时代在前进、实践在发展，今天中检集团站在新的历史起点，党的十九大报告和中央企业负责人会议都明确指出，要着力打造世界一流企业，这是党中央、国务院和国资委党委对国有企业改革作出的重大部署，为新时代中检集团绘制宏伟蓝图指明了方向，提供了遵循。

中检集团的发展愿景是成为全球质量服务的引领者。表达了三方面内容，一是中检集团的从业领域，质量服务是中检集团的主业，表明中检集团是干什么的。国家质量基础（NQI）的三大支柱是标准、计量、合格评定。其中，合格评定包括认证认可、检验检测等。全球同业机构业务范围早已突破传统的检验检测认证，在集团也有一定的体现。中检集团要适应这种趋势，朝着研发标准、计量校准、一揽子质量解决方案等上游产业去拓展，集团未来的业务方向就是提供全面质量服务。二是中检集团的服务空间，全球是中检集团活动的范围。立足中国，服务全球，布局为客户身边的质量服务商，强调中检集团要融入世界，全面参与国内国际两个市场，做国际化公司，走国际化发展道路。三是中检集团的发展目标，做引领者是中检集团努力的方向。结合国家队、国字号的担当，奋勇争先，跨越发展，努力成为人才技术的高地、创新发展的代表、社会责任的标杆，规模和实力位居前列，对全球质量服务发展有举足轻重的影响。

中检集团要将打造最具公信力的世界一流检验检测认证集团作为新时代中检集团的战略目标。具体来说，就是到2025年，企业核心经营指标大幅改善，营收规模进入全球同行业前10名。到2030年，公司治理能力达到世界一流企业水平，营收规模进入全球同行业前5名，综合实力位居全球同行业前列。

（四）中检集团遵循什么样的价值观念，以什么样的精神状态推动目标的实现?

要实现集团新时代发展愿景和战略目标，必须以党的建设为引领，积极践行中检文化、大力弘扬中检精神，加快实施一流管理，掌握一流技术，培育一流队伍，提供一流服务，打造一流品牌，创造一流业绩。

中检集团始终坚持笃诚、守正、业精、鼎新的核心价值观。笃诚，就是诚实守信，是中检集团及中检人的立业之基。质量服务的本质是用国际通用技术语言传递信任、顺畅沟通，笃诚是最显著的特征。要始终把笃诚放在首要位置，作为一切工作的本源和起点，重信守诺，合规经营，做到“每单业务、每张证书都是承诺”。守正，是中国传统文化的核心价值，中检集团及中检人以守正为根本，坚守央企的责任和定位，履行国家队使命和担当，守初心，走正道。同时也是职业操守中的统领性要素，聚焦主业，坚持第三方质量服务的独立性、公正性。业精，本意是学业由于勤奋而专精。检验检测认证属于高技术服务业，无论是基于行业本身的定位，还是发挥对高质量发展的促进作用，都要求精益求精。中检集团及中检人把质量服务作为事业来追求，专诚于行业，专注于主业，专攻于技术，专业于人才，发扬工匠精神，坚持认真负责、科学严谨的工作作风，以高品质服务赢得认可和尊重。鼎新，就是排除万难，不断变革创新。新一轮科技革命和产业变革、产业格局加速重塑，创新成为引领发展的第一动力。中检集团及中检人从不满足现状，善于学习，勇于变革，以变求新，要在业务技术和经营管理上不断推陈出新，在精神面貌和能力作风上不断呈现新气象新变化，始终保持勃勃生机和旺盛活力，走在行业的最前列。

中检集团始终坚持同心同力的中检精神。中检集团是一个不可分割的战斗团队，全员秉持“中检一家人、全球一盘棋”。各单位和每名干部职工都服从大局，融入团队，倍加珍惜集团的形象和荣誉，视集团整体利益为最高利益，以通力合作来实现成员之间的互利共赢。全系统要心往一处想，劲往一处使，善于举集体之力攻坚克难，一方需要时全集团支持和帮助，必要时勇于牺牲局部和个体利益。中检力量不是简单叠加而是几何倍增。

中检集团始终坚持创业创新的中检精神。要树立强烈的危机意识，继续发扬创业精神，保持奋斗的激情、干劲和斗志，积极应对变局和挑战，重整行装再出发，开拓新时代创业之路。要与时偕行，随事而制，融入国家发展大局，顺应行业发展潮流，坚持创新为驱动，厚植大胆探索、敢为人先、鼓励成功、宽容失败的创新氛围，用创新来夯基础、补短板、添动力，不断突破和超越自我。

中检集团始终坚持敢闯敢干的中检精神。始终保持锐意进取、永不懈怠的精神状态和顽强拼搏、勇往直前的奋斗姿态。孜孜以求，保持定力，认准的事情和确定的目标，就要排除各种干扰和困难，锲而不舍、坚定不移干下去。自强不息，不等不靠，直面日益激烈的市场竞争，把主观能动性发挥到最大，不仅敢于市场竞争，还能在没有路的地方闯出路来。

中检集团始终坚持善作善成的中检精神。坚持目标导向和结果导向的统一，以业绩为衡量标准，倡导和鼓励积极作为。每一名干部职工要有想干事的自觉、敢干事的担当、会干事的本领，更要有干成事的行动和效果，干一件、成一件。做好自己，做到最好，做出成效，善始善终完成每一项工作，做到对国家负责，对社会负责，对客户负责，对企业负责，对股东负责，对同事和自己负责。

中检集团始终坚持客户是中心、质量是生命的经营理念。经营理念决定企业的经营方向，客户和质量是集团经营发展必须抓住的关键。客户是中心，客户不简单是业务委托方，而是弥足珍贵的核心资产。善待每一个客户，把客户的每一次选择作为最大信任，想客户所想、急客户所急，站在客户角度去思考问题；及时响应客户需求，千方百计满足客户合理需求，全力以赴兑现给客户的承诺。不断提升服务水平，让客户真切感受质量服务创造的价值。质量是生命，这是取信于客户和社会的根本，也是在市场竞争中制胜的法宝。用精湛的业务技术、优秀的人才队伍、完善的服务网络以及严格的管理制度，守住工作质量的底线。以公正、专业的服务，把真实的质量评价结果传递给相关方，以此作为履行社会责任的基本途径，努力创造超越物质追求的价值，共同服务高质量发展和美好生活。

一流的管理能力，是实现战略目标的基础，就是要有较强的公司治理能力，战略使命清晰、公司治理完善、组织架构科学、管理机制系统、风控体系健全、信息化水平较高。就是要有较强的资源配置能力，能够充分利用国内国际两种资源、两个市场来有效配置资源，实现结构布局合理、主业突出、产业协同发展。就是要有较强的国际化经营能力，能够积极参与国际竞争，国际化经营程度和运营水平较强。

一流的技术能力，是实现战略目标的核心，就是要拥有行业性的自主知识产权、核心技术和检测能力，具备不可复制、难以替代、独占性的核心竞争力；能够主导参与制定行业规则和技术标准，具有世界范围内的话语权和影响力；能够持续增加科研投入，在战略性、前瞻性领域取得关键核心技术突破，引领和带动行业不断发展；通过持续创新和数字化转型提升核心能力，全面赋能业务转型升级，服务高质量发展。

一流的人才队伍，是实现战略目标的根本，就是要坚持国有企业领导人员“20字”标准，建立健全适应集团发展、体现行业特点的人才培养、选拔、使用、激励等制度体系和工作机制，拥有适应现代企业管理、国际化经营需要的结构和梯次合理的管理团队、技术团队和营销团队。

一流的服务能力，是实现战略目标的保障，就是拥有健全完善的服务网络，高效快捷的服务质量，围绕全生命周期和全产业链，提供本地化、一站式、综合性、全方位的质量技术服务。

一流的品牌形象，是实现战略目标的支撑，就是要具有高度的社会责任感、优秀的企业文化、良好的社会影响力，具有较高的国际知名度和美誉度。就是要在服务国家战略、服务经济社会发展方面展现央企使命担当。

一流的经营业绩，是实现战略目标的关键，就是要具有较强的综合实力，在国际检验检测认证行业处于领先地位；各类主要技术指标、效益指标保持行业国内领先、达到国际先进水平。

站在新的历史发展起点，践行中检文化，打造“六个一工程”是集团贯彻党中央、国务院关于国企改革的指示精神、落实国资委部署要求和坚持新发展理念的具体体现，是集团新时代发展战略的根本遵循，是推动集团高质量发展的力量源泉，中检集团要深刻认识它的重大意义和指导意义。

三、2020 年工作任务

2020 年工作总体思路：以习近平新时代中国特色社会主义思想为指导，深入贯彻落实习近平总书记关于国资国企改革发展和党的建设重要论述，全面贯彻党的十九大和十九届二中、三中、四中全会精神，全面落实中央经济工作会议和中央企业负责人会议部署，全面加强党的领导党的建设，坚持稳中求进工作总基调，坚持新发展理念，坚持以发展为中心，以改革为动力，以划转国资委为契机，加快建立市场化经营机制，真正实现企业化管理，积极践行中检文化，打造“六个一工程”，坚定不移推进改革发展若干意见落地实施，持续增强竞争力、创新力、控制力、影响力、抗风险能力，做强做优做大，努力将中检集团建设成为最具公信力的世界一流检验检测认证集团。

当前集团发展面临严峻挑战，尤其是突如其来的新冠肺炎疫情，给经济社会带来了巨大冲击，对集团生产经营造成了重大影响，与去年同期比，前 2 个月营收下降 36.8%、利润总额下降 83.8%，一季度整体盈利能力都将面临较大幅度的下滑，集团上下需要通过全年努力来弥补当前损失。

按照国资委对于年初制定的生产经营目标和改革任务不会改变的统一要求，经集团班子集体研究确定，集团 2020 年经营目标是，实现整体营收增速与国民经济增速相匹配，力争达到国资委主要经营目标要求。

为此，中检集团必须加强形势研判，及时制定应对措施。牢固树立“过紧日子”思想，加大降本节支、提质增效工作力度。坚定不移推进改革创新，加快收购兼并外延增长步伐。咬定目标不放松，今年的目标任务要做到“六个坚定不移”。

（一）坚定不移深化公司治理

按照中国特色现代国有企业制度建设要求，认真落实国企改革三年行动方案，不断提升公司治理能力和发展活力。一是尽快适应国资管理要求。全面对接国资委各职能部门，做好机构隶属调整、股权划转、变更登记、制度对接等转隶工作。研究吃透国资委对中央企业的管理模式和工作要求，把“两利三率”作为谋划发展举措、衡量发展成效的重要指标，着力固根基、扬优势、补短板、强弱项，加快建立市场化经营机制，真正实现企业化管理。二是制定新时代战略规划。结合国资委管理要求，完善集团战略规划管理制度，提升战略管控能力；深入研究国资委三级规划体系和央企战略规划编制要求，借鉴国际同业机构、中央企业经验做法，科学谋划集团战略定位、主攻方向、重大举措，编制集团十四五战略规划，增强规划的前瞻性、战略性、指导性。三是完善公司治理体系。全面落实两个“一以贯之”要求，把加强党的建设和规范公司治理结合起来，发挥集团党委领导作用，建立党委会、董事会、经营班子各治理主体议事规则程序和决策事项清单，厘清各治理主体权责边界，深入推进中国特色现代国有企业制度建设。加强董事会建设，成立战略与常务等专门委员会，健全董事会制度体系和工作机制，增强决策能力。

（二）坚定不移推动资源整合

资源整合是优化资源配置、增强竞争优势、提升核心竞争力的重要手段。当前阶段，集团要加快内外部资源整合，推动高质量发展。一是实施内部资源整合，经中检集团和港中检双方班子深入沟通和认真研究，一致同意加快推进中检集团和港中检深度整合。按照国资委要求，双方已组建工作团队，正加快制定实施方案，有序推进双方整合，共同筑牢发展底盘。同时加快推进认证中心转企改制，建立现代企业制度，完善法人治理结构，激发企业活力。二是推动外部专业化整合，为减少央企层面重复投资、避免同质化竞争，做强主业，在国资委的支持和指导下，以中检集团为平台，综合运用市场化手段，推动央企范围内检验检测认证机构专业化整合，提升我国在质量安全服务领域的国际话语权和影响力。三是加强资本运作，完成集团投资中心组建并实质性运营，聚焦新能源、重大装备、数据安全等战略新兴领域，通过股权收购等多种方式拓展新兴业务板块；在新兴业务板块稳妥推进混合所有制改革和员工持股试点工作。

（三）坚定不移推进市场化转型

立足国内国外两个市场，以中检业务信息管理系统2.0为抓手，通过调整运营模式，整合系统资源，优化业务结构，推动集团实现市场化转型发展。一是加快推动产品线运营。2019年要把产品线落地实施作为头等大事做实做透，充分发挥三个平台业务管理的龙头作用，以“产品线管理”为业务运营的主要模式，按照改革发展若干问题的意见工作部署，完善产品线建设总体规划，尤其是运营方案，全力推动石油化工品、矿产品、农食安全及溯源、计量校准、生态环境、交通运输、电子电气等产品线运营实质化落地；指导省级公司、区域公司推进辖区内产品线运营。二是全面推广区域化管理。深化区域一体化，推进机构改革，给予区域公司更多授权和支持。推广试点范围，在美洲地区、东亚地区加快铺开。深化认证业务进海外落地实施，国内外公司联动，实现检验认证业务协同、互联互通，为境外业务注入新动力。结合国家区域发展战略和公司实际，探索开展国内区域化管理改革试点工作，促进区域内各项资源的深度整合。三是加强产品研发市场开拓。紧跟行业发展潮流加大研发投入，加强基础研究。充分发挥中检研究院作用，在数字化转型、技术性创新、标准研发等方面实现点状突破；组织全系统力量研发孵化新产品、新业务、新服务，培育核心产品、专有技术。加强政府和大客户公关和关系维护，聚焦京津冀协同发展、长三角一体化发展、粤港澳大湾区建设、黄河流域保护和高质量发展等国家战略，推进建立央企服务联动机制；发挥网络优势，推动“一带一路”合格评定互联互通。

（四）坚定不移推进基础管理

充分利用信息化手段持续开展管理创新，完善集团管控、财务管理、风控合规等管理体系，不断提升管理水平。一是推进合规风控管理。建立并运行合规管理体系，形成事事有规、人人守规的合规文化。按照合规准则要求，稳步推进既定方案，2019年年底前成为TIC Council正式会员。各单位要汲取肯尼亚业务质量事故教训，持续加强质量监管和风险防控，防范投资风险、境外经营风险、法律风险等各类经营风险。按照国资委要求，强化集团内控体系建设。加强全面预算管理，细化落实财务NC系统，强化成本费用管控、“两金”管理和大额资金支出监管；加强资金集中管控，提高资金使用效率；加强集团整体税收筹划。优化投资管控，加强计划性和投后管理。加强参股管理，防止“只投不管”。加强品牌推广和商标保护。按照国资委“总部去机关化”部署要求，进一步精简审批事项、加大授权放权，优化工作流程、提高决策效率。二是打造中检信息平台。按照“数字中检、行业领先”的目标，在2.0全面上线基础上，持续优化业务流程、规范企业管理，数字化所有产品线，全面打通业务、财务、人员之间的数据孤岛，构建区域化管理、产品线运营的数字支撑体系，为集团运营模式创新、业务赋能和数字化转型发展提供保障。三是统筹质量资质管理。持续推进质量文化建设，推动质量与经营的深度融合；发挥各法人单位主体责任、平台公司及产品线质量监管职责，压实质量流程关键人员岗位职责；统筹推进资质体系的保持与改进，建立质量管控工作联席会议制度，推进体系优化、资质共享；健全质量监管、资质管理长效机制，确保不出现重大质量安全隐患和事故。

（五）坚定不移强化干部队伍建设

按照国资委要求，推进“三项制度”改革，加快建立健全适应集团发展、符合政策规定、体现行业特点的人才培养、选拔、使用、激励体系。一是大力选拔敢闯敢干的优秀干部。注重发现和大胆使用优秀年轻领导人员，敢于打破常规，破除论资排辈，把握好年轻领导人员“最佳使用期”；对年龄老化、结构明显不合理的领导班子，注重优先提拔使用优秀年轻领导人员；领导班子职数已满但未配备年轻领导人员的，可以“先进后出”。大力推动领导人员交流，统筹用好全系统干部队伍资源；组织实施后备领导人员选拔；推进职业经理人制度试点，通过内部培养和外部引进等渠道完善运营队伍建设。二是加快完善敢闯敢干的管理机制。研究制定领导班子和领导人员任期综合考核办法，组织实施任期考核评价，对表现突出考评优秀的，大力提拔使用；对经营业绩差各方面意见突出的，下一任期不再续聘。按照国资委对中央企业薪酬管理要求，管好二级单位领导班子薪酬水平和企业工资总额，在政策范围内加大正向激励力度。推进市场化导向的中长期激励制度，鼓励符合条件的公司创新薪酬激励试点，薪酬激励与业绩直接挂钩，不断激发活力动力。三是切实增强敢闯敢干的能力素质。启动中检集团人才战略，统筹集团系统招聘资源，按照中央企业定位，各单位要提高进人门槛，全面提升招聘质量；统筹集团系统培训资源，结合重点任务组织实施各类培训，发挥中检学院作用，全面提升员工素质；统筹集团人才队伍，用好集团中级专业技术职务平台，探索建立集团系统内部技术职称体系。

（六）坚定不移加强党的建设

牢牢把握新时代党的建设总要求，以国资委“中央企业党建巩固深化年”专项行动为抓手，加快推动党建工作提质、增效、升级，以高质量党建引领高质量发展。一是始终将政治建设摆在首位。深入学习贯彻习近平新时代中国特色社会主义思想，提高政治站位，强化政治引领。巩固“不忘初心、牢记使命”主题教育成果，增强“四个意识”、坚定“四个自信”、做到“两个维护”。贯彻落实《中国共产党国有企业基层组织工作条例（试行）》，加大“三基建设”力度，将党建工作要求写入公司章程，推动党组织发挥领导作用组织化、制度化、具体化，确保把方向、管大局、保落实落到实处。全面建立符合国企党建要求、覆盖全系统的党建领导新模式，大力提升全系统党建工作水平。二是持续加强党风廉政建设。严格落实“两个责任”，全面推进从严治党，强化政治监督。坚决贯彻中央八项规定精神，加大教育提醒、督导检查力度，用好监督执纪“四种形态”，强化监督执纪问责。建立激励机制和容错纠错机制，旗帜鲜明为那些敢于担当、踏实做事、不谋私利的干部撑腰鼓劲，激发干事创业激情，激励干部担当作为，着力打造班子清廉、队伍清正、政治清明的良好政治生态。三是全面启动企业文化建设。将2020年作为“集团企业文化建设年”，在全系统开展企业文化建设活动，与集团成立40周年、品牌推广等活动相结合，大力宣传中检文化，讲好中检故事，展现中检风采和央企担当。

日拱一卒无有尽，功不唐捐终入海。新时代、新要求、新征程，中检集团要提振信心坚定决心，只争朝夕，不负韶华，重整行装再出发，为将中检集团建设成为最具公信力的世界一流检验检测认证集团做出更大贡献！

中国质量认证中心

舵稳行远当奋楫 潮平风正好扬帆

2019年是新中国成立70周年，也是全面建成小康社会关键之年，更是认证行业在新时代下变革发展的重要一年。中国质量认证中心（以下简称“中心”）领导班子重点围绕中检集团“五个全面、七抓七促”和提升“六项能力”的工作要求统筹推动全局工作的展开，中心上下齐心协力，以高质量转型发展为核心、以创新改革为动力，以规范运行为准绳，解放思想、真抓实干、攻坚克难，以扎实工作落实总局和认监委“市场化、国际化、专业化、集约化、规范化”的五化要求，各项工作顺利完成，中心发展取得了新的成绩。

一、以规范化运作实施为立足点，深入开展质量提升和风险防控工作

2019年是中心的高质量转型发展年，中心采取多种举措不断提高全员质量意识，加强风险防控，全面提升工作质量。一是贯彻落实上级政策新指示，严格落实《市场监管总局办公厅关于深入开展认证机构认证质量自查工作的通知》（市监认证〔2019〕18号），根据通知要求组织了各产品认证业务和签约实验室质量自查工作。二是各环节狠抓从业风险防控，成立以中心主任为组长的质量考核领导小组，负责全面评议中心质量考核工作。三是协助政府单位开展质量管理与提升工作，承担多项认监委CCC认证指定实验室专项监督检查工作；参与认监委中韩合格评定互认工作以及中新（新西兰）合格评定互认工作；配合国家认监委、环保部、公安部进行三部委联合汽车产品监督检查工作，顺利完成抽样工作；受总局和认监委委托，主持修订了汽车产品实施规则；作为TC05专家组组长单位，协助市场监管总局编制《强制性产品认证及范围界定 照明电器》培训教材。

二、以国际化双向路径为指引，构建全球发展战略模式

为配合集团海外整体发展布局，拓展境外认证业务，中心积极筹备并在海外设立了欧洲、东亚、东南亚三个认证业务操作中心，为集团海外公司业务转型提供切实有力的支撑。

在第83届IEC大会期间，成功举办了合格评定国际研讨会，围绕新技术、新产业促生合格评定的新机遇展开研讨。会议期间彰显了中心在IEC领域积累的丰富国际经验与地位，得到了上级和同业的认可。期间中心的1名专家还获得“IEC 1906奖”殊荣，表彰其对IEC国际电工标准化及合格评定作出的突出贡献，这是对中心整体在IECEE-CB体系深耕与积累的高度认可。

中心以“一带一路”沿线国家研究为抓手，以业务实施为通路，以上海自贸试验区为桥头堡，成功完成了上海自贸试验区“一带一路”技术交流国际合作中心中沙进出口商品合格评定工作站揭牌；与上海自贸试验区管委会、上海市市场监督管理局共同签署《汽车产业发展质量认证服务工作备忘录》，为中心国际业务推向海外拓展搭建起了有效桥梁。此外，还出版了《“一带一路”沿线国家合格评定制度手册》，受到系统内各机构和部门的欢迎和好评。

三、以市场化业务开拓为重心，不断取得新突破赢得社会信赖

开发前沿新业务，获得认可资质和采信，作为国内首批单位，获得了国际航空碳抵消和减排计划机制核查机构资质；获得欧盟航运业碳排放核查机构资质；获得电子产品有害物质限制使用资源认证资质；顺利成为工业节能诊断服务提供单位；获得浙江省用能权有偿使用和交易核查机构资质，为国家有关试点工作提供技术支撑；入选中国建筑节能协会首批第三方近零能耗建筑评价机构的资质。

专注大型集团客户定制化服务，继续跟进红星美凯龙“绿跑”项目，创新操作模式，完成155个新品牌的审核评价；中石化易派客项目，完成178家企业725个单元的产品质量评价工作；采用“准入制”和“优选制”两种方式持续开展“京东儿童家具产品评价”活动；完

成了飞利浦照明1500余张证书全球更名及标准换版，保障了昕诺飞等大企业向全球客户供应照明产品；与北汽新能源继续签署了2019年私桩安装检查项目，与BP公司和中国石化北京公司签订了充电站验收合同；持续为方泰、帅康等整机企业提供材料一致性管控、基准材料更新维护等技术服务；完成2019年中粮集团产业链质量安全风险评估项目。

坚持做好政府服务项目，继续承接国家气象局质量提升项目，顺利实施了中心最大规模的单体认证项目中国气象局观测质量管理体系认证；配合生态环境部气候司开展全国碳市场MRV体系建设，完成了20多个省市的千余家企业碳排放核查、报告编写和技术评审等工作；配合国家发改委在2019年全国节能宣传周启动仪式上向国际"双十佳"入选单位授牌活动；全年承接北京市城市管理委员会、国家机关事务管理局等充电站检查350多个；与公安部交通管理科学研究院签订战略合作协议，在数据共享、交通案例分析、智能网联测评、后续监管等方面开展全面合作；对接北京市商务局开展北京市商业零售行业服务质量评价项目，获得了商务局的一致好评。

大力发挥分中心区位优势，立足地方企业特色，深入参与地方特色优势产业协会、联盟，因地制宜走具有本土化特色的发展道路。紧密契合地方发展实际，创新推进"广西优品"区域高端品牌认证工作；持续开展养老服务标准研究，徐汇区社会福利院成为首家被授予"上海品牌"的养老服务机构；推动"浙江制造""丽水山耕"认证业务的开发，承接"禹上田园"三产融合区域公用品牌创建质量与标准化建设项目；推动成立CQC大健康服务评测实证基地（南京站），全力推进"健康溧水"工程；推动武汉市质量信用评价项目和武汉名品认证项目；助力深圳市粤港澳大湾区绿色交通发展战略，持续为深圳市建筑工务署、水务局开展品牌库评价项目；承担"川西林盘生态价值核算"项目，引导其绿色示范区建设。

四、以专业化服务精神为着力点，积极面对强制性产品认证制度改革

一是落实市场监管总局质量自查要求，深入研究实际工作中遇到的问题，形成工作建议。二是积极布局防爆电器类认证，为落实总局2019年34号公告的相关要求，稳步推进防爆电气产品CCC认证业务，制定防爆电气CCC认证有关规则，为防爆电气产品生产许可证转换和后续CCC认证的顺利开展提供了保障。三是迅速反应，在维护和落实政策的同时稳定业务和市场，中心针对总局44号公告及时响应，组织开展集中学习并第一时间与业务主管部门面对面沟通、专项成立了5个工作小组，有效降低了制度改革对业务市场的影响，维护了中心认证质量和品牌信誉。

五、以集约化管理方式为导向，实现结构转型和加速发展

因地制宜，结合产业和区域特点，创新设立业务操作中心：一是在南京分中心设立绿色制造业务操作中心。操作中心在绿色工厂、绿色园区、绿色供应链、绿色产品评价等方面已经开展百余项业务。二是在上海分中心设立现代服务业测评业务操作中心。该操作中心在2019完成了一系列扎实且富有成效的工作，在养老服务、政务服务等评价认证方面进一步优化成熟。三是设立汽车功能安全中心，开展以功能安全为核心的集产品认证、过程认证、咨询培训为一体的创新技术研究和业务拓展。对上述三个操作中心，明确了前期孵化的资金、人力和职能赋权的绿色通道。

强化科研研发和标准化工作，完成3项NQI国家级课题的技术验收；成功承担市场监管总局、工信部和生态环境部的4项省部级课题。牵头起草国家标准2项，参与起草国家标准21项，发布国家标准19项；牵头起草行业标准5项，其中认证认可行标4项；发布团体标准9项。申报2019年度企业标准"领跑者"重点领域及评价方案并发布领跑榜单。中心有1人荣获2019年度全国标准助力奖个人奖。

大力加强实验室能力建设，在实验室管理方面，进一步完善3.0系统241家实验室业务授权，实现检测业务授权信息同步，并推行产品认证分包检测机构管理方案。在中心实验室建设方面，广东省质量监督汽车及零部件材料检测站（广州）的正式设立，为中心打造更高级别的实验室迈出了重要一步；华南实验室牵头建设全国产品质量安全风险监测站（食品机械）并承接食品相关监测任务，获得市场监管总局领导的认可；华中实验室入围湖北省节能监察技术支撑第三方专业机构，其检测、认证、计量一体化服务初见成效，玻璃检测实验室搬迁至新场地。

六、以信息化建设工作为抓手，确保发展战略贯彻实施到位

一是信息化建设日趋完善，升级后的产品认证业务管理系统3.0版和体系认证业务管理系统（2.0版）运

行平稳，性能满足业务开展需要；建立“全国检查员钉钉管理平台”并开展试运行，实现工厂检查过程的透明化管理，使得工厂检查过程记录更加清晰完整。二是全力以赴配合集团2.0系统正式上线运行，一方面积极组织推进各地方公司对体系认证产品线系统的需求分析、设计模型评审与确认等各项工作；另一方面，对中心现有CQC2.0系统进行数据对象整理，以保证与集团BIM2.0系统做好对接工作。

七、以实施“人才工程”为突破口，完善人才发展通道和培育机制

进一步激发个人能力、完善用人机制。建立完善中心员工职业发展制度，制定《中国质量认证中心职业发展管理办法》等系列制度，明确员工职业发展路径和管理机制；设置完成行政职务与技术职务双通道路径。为顺应中心发展要求，完善优化中心薪酬分配机制，调整薪酬结构，强化了日常业绩考核，对吸引和留住人才，稳定员工队伍起到了积极作用。合理搭建干部梯队，保持队伍稳定。

八、以建设“六型”组织为切入点，加强机构文化和CQC品牌宣传

中心品牌宣传与文化建设是中心的长期且重要的战略性工作，也是中心在转企改制，参与市场化竞争的过程中亟待加强的能力之一。在中心文化建设方面，制作机构组织文化宣传片与中心国庆献礼视频制作；将原文化建设窗口改为电子宣传屏，安装网络液晶一体机，进一步优化文化宣传阵地；举办以构建“六型”组织为主题的五四演讲比赛，展现了中心青年昂扬向上、朝气蓬勃的精神风貌。在品牌宣传方面，创新宣传手段，加强与主流媒体的沟通与合作。在IEC合格评定国际研讨会上首次采用图文直播形式进行宣传报道，在认监委、市场监管半月沙龙和市场监管报上有力展示了中心形象；与10余家媒体合作对“智电汽车供应链质量安全提升计划”进行报道；央视综合频道对中心专家就节水龙头进行了专题采访；全国“质量月”、世界认可日期间走进各级政府、企业和消费者开展线上线下交流活动，宣传普及认证知识。

九、以开展主题教育为契机，守初心担使命扎实推进党建工作

开展“不忘初心、牢记使命”主题教育，成立“不忘初心、牢记使命”主题教育领导小组，保障中心顺利开展日常主题教育工作；中心党委带头，先后开展五次中心组学习，全年共计发放学习资料900余本；加强廉洁教育宣传，完善廉洁自律制度，积极宣传中央反腐工作精神及集团公司、中心党委反腐工作要求；开展庆祝中华人民共和国成立70周年系列文化活动，中心制作视频《我爱你中国》，视频在中心网络电视平台和电子宣传栏循环播出；开展以“弘扬家国主旋律·促进和谐新发展”为主题的征文、短视频、书法绘画、摄影作品展，征文、摄影、书画作品制作成展板展出，营造了良好的爱国氛围。

应急管理部消防产品合格评定中心

贯彻消防执法改革要求　提升服务能力

一、中心基本情况

应急管理部消防产品合格评定中心（原名：公安部消防产品合格评定中心，以下简称“中心”）系经中央编办批复成立。中心的主要业务范围是：依法开展消防产品强制性认证、消防产品自愿性认证、消防产品技术鉴定等第三方合格评定工作。相关消防产品质量认证和技术鉴定标准、规则、细则拟定。公布消防产品质量信息。承担中国强制性产品认证消防技术专家组（TC16）秘书处日常工作。为各级市场监管部门及消防救援部门提供技术支持等。

二、中心业务开展

严格按照国家认证认可监督管理委员会颁发的《认证机构批准书》批准的认证领域开展认证工作，严格按照强制性产品认证实施规则、强制性产品认证实施细则及本中心的相关规定开展认证活动。2019 年度，中心共受理 5000 余家企业的认证委托，共发放中国强制性产品认证证书 12000 余张，并为 5800 余家企业换发自愿性认证证书 74000 余张。

三、贯彻消防执法改革要求，持续深化“放管服”改革措施，切实减轻企业负担，提高为企业服务水平

坚决贯彻落实《关于深化消防执法改革的意见》精神。在《关于取消部分消防产品强制性认证的公告》发布的次日，中心即完成了退出强制性产品认证目录产品的 CCC 证书（涉及 7000 余家企业的 82000 余张证书）注销工作。同时，立即启动自愿性认证工作，免费为相关企业颁发了自愿性认证证书，为企业减负近 200 万元。

有效落实“先证后查”以及各类减负措施，从源头上有效减轻企业负担。2019 年度，中心再次降低工厂检查收费标准，免收证书延续申请费，全年共减少企业认证费用支出近 1500 万元。

中心不断加大“机器管人”工作力度。2019 年，中心通过自主研发的“消防产品跟踪管理云平台系统”开展企业的监督工作及扩大范围工厂检查工作。此项工作在减轻企业经济负担的同时，有效提升了检查工作的时限性及有效性。

积极开展“认证工作回访制”活动。2019 年度，为了更好地为企业服务，中心委托第三方机构组建了“综合客户服务中心”，面向全社会，通过电话沟通、网上回访等多种方式，督促有关职能部门和工作人员解决企业诉求，客服中心共接听、回复电话及相关信息两万余次，为企业提供了热情周到细致的服务。

方圆标志认证集团有限公司

开拓创新谋发展　锐意进取谱新篇

2019年，面对风险挑战明显上升的复杂局面，方圆标志认证集团（以下简称“方圆集团”）贯彻落实集团公司党支部、董事会决策部署，稳中求进，推动各项工作高质量发展。集团经营业绩稳健增长，认证证书数、企业数持续攀升，新产品研发进展显著，风险管控效力不断提高，基层党建工作进一步加强，“不忘初心、牢记使命”主题教育取得阶段成效。

方圆认证在行业内外的品牌影响力不断增强，全集团的凝聚力、向心力进一步提升，员工的获得感、幸福感更加充实、更有保障。全体员工在集团管理层的带领下坚持改革创新，持续探索集团事业新的增长点，为方圆品牌注入了源源不断的发展动力。

一、加强党的建设

在上级党组织的支持和领导下，方圆集团党支部2019年全面贯彻落实党的十九大精神，深入学习贯彻习近平总书记系列重要讲话精神，不断增强“四个意识”、坚定“四个自信”、做到“两个维护”，以落实全面从严治党主体责任为主线，以规范党内政治生活为核心，以夯实集团公司党的工作为基础，切实推动集团公司党建工作“走在前”。

一是“不忘初心、牢记使命”主题教育取得阶段成效。“不忘初心、牢记使命”主题教育工作会议召开以后，集团公司党支部坚决贯彻落实习近平总书记重要讲话精神和总局安排部署，紧紧围绕“守初心、担使命，找差距、抓落实”的总要求，坚持将学习教育、调查研究、检视反思、整改落实四项重点措施贯穿始终。结合公司业务特点积极制定符合企业工作的学习方案，在集团年度内审工作中，要求党员干部边内审、边调研，充分与基层单位进行沟通，倾听基层心声，发扬求真务实的精神，真正做到深入基层、深入群众，多层次、全方位、多渠道了解实际情况，内审结束后将意见、建议反馈集团进行分析落实，确保主题教育取得了阶段性成效。

二是进一步夯实基层党组织建设，加强学习教育。在公司日常工作中，坚持发挥党组织领导核心和政治核心作用，认真执行“三重一大”决策制度，2019年共计召开10次支部会议研究讨论集团公司人事任命、资金使用、项目安排等事项共计14项。为加强基层党组织建设，重点加强入党积极分子培养，要求积极分子与党员共同学习，强化对党的理论、基础知识、基础路线的学习。2019年方圆集团党支部还积极将党建工作与公司团建工作相结合，在全体员工拓展活动中融入党建内容，密切联系群众，团结凝聚群众，切实发挥基层党组织战斗堡垒的作用，为集团公司科学和谐发展提供坚强政治保障。

二、强化业务风险管控

2019年方圆集团进一步加强认证风险全面管控，通过召开集团管理评审会议、组织集团年度内审，及时发现内部运作存在的问题与风险，加强总部与分支沟通，制定相应整改落实计划。优化认证项目抽样方案，进一步完善认证档案核查内容。重点识别CCC、有机产品认证红黄线问题，实现对产品认证风险的全面监控。同时，开发了“方圆舆情管理系统”，实现舆情信息与认证业务数据库对接，提升了舆情识别效率。2019年经核查舆情事件涉及方圆获证组织119家，较2018年下降43.6%。

按照认监委、认可委、认证认可协会、地方局等上级部门要求，完成了年度CCC专项检查、认证质量全面自查、职业健康安全领域矿山危化品高风险认证项目自查等各类检查、抽查工作，涉及不符合项已全部按时、按要求处理完毕。制定发布了《CCAA认证机构评价指标落实方案》，向CCAA报送相关信息百余条。在CCAA发布的《2018认证机构发展报告》中，共涉及六大方面23项综合评价指标，其中方圆集团在五大方面入围前三十，位列所有认证机构第三；在18项具体指标中入围前三十，完成了入围15项的集团重点工作目标。

此外，方圆集团还作为组长单位参与了市场监管总局2019年“双随机、一公开”制度制定，参与并牵头编制了总局下发地方监管部门的培训教材，并派出9名专家现场参加“双随机、一公开”检查工作。作为起草组成员参与总局委托CCAA组织的“认证制度规范体系研究”课题组，在行业制度研究与制定中发出了“方圆声音”。

三、夯实能力建设

为客户提供服务，让客户满意，是方圆集团的本分。提高服务技能和水平，强化服务意识，增强服务成效，把让客户满意，作为方圆集团各项工作的出发点，助力客户价值提升是方圆集团矢志不移的追求目标。

（一）稳步发展体系认证业务

2019年方圆集团体系认证业务持续巩固，超额完成全年各项目标。大客户开发方面，继续夯实拓展中石化、中粮生化、统一集团等大客户业务；开展天津一汽丰田供应商培训与EMS认证服务，与国投健康产业投资公司合作开发养老行业领先标准，并为其下属养老机构开展评价、认证业务。通过中国连锁经营协会组织了“品质黄冈地标商品精准扶贫扶小试点项目”，扶持5家黄冈地标商品进入大型零售企业，实施了超市发供应商验厂试点、上海联华超市供应商审核，完成了华润万家50家供应商二方审核。2019年承接小米公司二方审核任务124家，较2018年显著增长。2019年业务稳中有增，同时出台了针对大客户的认证项目管理办法，进一步提高了认证有效性与客户服务质量。

认证业务创新研发方面，新开发供应链安全管理体系认证、物业服务认证、商品售后服务认证、化妆品良好生产规范（GMPC）认证、知识产权管理体系认证等5项新产品。客户增值服务2019年新研发卓越管理分级评价、供应商审核、质量管理体系过程量化评价、城市家具系统施工评价等4项新产品，各项新产品年底前均已上线运行。同时，参与了上级部门小微企业质量提升行动课题、HACCP认证实施规则修订课题、认证行业大数据分析及大数据监管方法研究等多项课题，以及职业健康安全管理体系、能源管理体系、合格评定管理体系审核认证机构要求等国家标准制定工作。方圆集团的行业地位与专业实力得到进一步巩固与提升。

（二）调整发展产品认证业务

2019年方圆集团在“调整发展”的指导思想下，产品认证业务聚焦重点、取得突破。集团全年产品认证有效企业数增长21.17%，超额完成10%的增长目标。在资质申请、产品研发、大客户开发、市场开发举措等方面都取得了积极进展。

大客户方面，与施耐德签订战略合作协议；顺利入驻京东供应商平台，成为京东儿童家具供应商验厂服务机构；与中国标准化协会汽车分会合作，开展汽车后市场产品认证；与山西和顺县政府签订了有机/GAP/富硒认证服务合同共29个项目；与安标国家矿用产品安全标志中心签订战略合作协议，联合拓展防爆CCC认证市场；与土耳其咨询服务机构SEREZ合作代理国外企业瓷砖CCC认证；与北京中农服农业科技股份有限公司合作开展了农食认证业务。

新产品研发方面，完成开发并上线10项新业务，其中消防产品CCC转自愿性认证、与正大集团联合开发无抗产品认证均属国内领先，一经推出即引起热烈市场反响。同时，年内先后获批国推节能/节水产品认证、防爆电气许可证转CCC指定认证机构。新研发上线汽车后市场产品认证、城市家具产品认证、免洗大米、实木家具认证等业务均实现发证。此外，城市轨道交通自愿性产品认证、绿色快递包装、绿色产品认证、国推环境标志产品认证、家用燃气器具CCC指定认证机构等资质也正在申报过程中。经过不断尝试和调整，方圆产品认证业务在2019年走上了良性发展轨道。

（三）加强新兴业务规划与运作

面对新兴业务巨大的政策前景与市场空间，2019年方圆集团将大力发展新兴业务提升到集团战略层面，首次将新兴业务收入纳入分支经营目标考核指标，极大调动了分支开展新兴业务的积极性，全年新兴业务收入实现翻倍，业务发展取得突破。

一年来，总部系统梳理了集团新兴业务的产品种类，形成了新兴业务产品目录，初步建立了集团新兴业务运作模式，初步搭建了新兴业务共享平台，在探索运行基础上，实现了业绩、人员、业务的共享。为提升全集团人员开发新兴业务的能力，通过视频培训、网络培训、面授等多种方式，全年面向分支组织开展7次培训，覆盖了新产品与既有业务，为分支新兴业务开发和实施提供了基础保障。

为推进新兴业务产品研发与孵化，总部主导开发上线了绿色工厂评价、企业标准化良好行为评价等2项新产品，部分分支机构已相继开展项目实施。同时，明确了将以绿色低碳业务、两化融合管理体系咨询、企业标准化良好行为评价、卓越绩效、实验室认可、资质认定申请等产品作为明年集团新兴业务主推方向。

2019年是实施《方圆集团2015—2019年战略规划》的收官之年，5年来，集团现代企业管理制度日趋完善，各项业务稳步增长。方圆集团将继续坚持改革创新，找到集团发展的新动能，持续巩固认证业务，大力发展新兴业务。以强化能力建设、严格质量管控为抓手，诚实守信、规范运作，继续提高服务能力与服务质量，为建设质量强国保驾护航。

撰稿人：耿梓盛　审稿人：邢学民

中铁检验认证中心有限公司

服务质量强国战略　聚焦认证专业品质 为把控产品质量　提供强有力的技术支撑

一、2019 年机构工作概况

中铁检验认证中心有限公司（China Railway Test & Certification Center Limited，CRCC）（以下简称“中铁检验认证中心”），是经中国国家认证认可监督管理委员会（CNCA）批准，中国合格评定国家认可委员会（CNAS）认可的，具有铁路产品认证、城轨装备认证、管理体系认证、安全评估及工程安全评估和产品检验检测资质的权威技术机构。

CRCC 建立了标准、计量、检验、检测、认证“五位一体”的综合技术服务体系，业务能力涵盖机车车辆、牵引供电、通信信号、工务工程、运输包装、金属化学、安全卫生等轨道交通全领域。

2019 年，CRCC 全力服务质量强国战略，聚焦交通强国、铁路先行，深化强基达标、提质增效，践行“使企业增信心、帮用户更省心、令消费者更安心、让监管方放心”服务理念，创新认证模式，开拓业务领域，聚焦认证专业品质，市场品牌影响成效显著。

（一）认证服务质量不断提升，巩固铁路产品认证，拓展城轨装备认证新领域

根据《铁路产品认证目录》《中国铁路总公司专用产品认证采信目录》及机构自愿性认证目录，高质量开展铁路产品认证工作。2019 年获批城市轨道交通装备国推自愿性认证机构资质，扩项城轨装备认证技术能力资质，不断扩大城轨装备认证新领域。同时积极推进轨道交通行业质量管理体系认证工作。2019 年 CRCC 不断创新认证模式，提升服务水平，认证品牌的影响力显著提升。

开拓安全评估新领域，承担国铁集团高铁信号工程评估试点，开展各类安全评估 21 项。完成怀邵衡铁路衡阳枢纽信号工程安全评估，开展郑万铁路河南段信号工程安全评估。组织完成新筑有轨电车整车合格评定、深圳地铁三期二阶段 5 号线二期工程 CBTC 信号系统安全评估等重点项目。

（二）检验检测认证一体化发展，提升检验检测能力，有效开展检验检测业务

2019 年，CRCC 组织开展国家铁路局铁路产品监督抽查、国铁集团质量抽查工作。完成国家铁路局监督抽查 124 厂项，国铁集团质量抽查 187 厂项。此外，CRCC 承接各铁路生产企业的委托检验检测任务，2019 年总计出具检验检测报告 20231 份。

同时，CRCC 加快推进装备建设工作，增强检验检测能力。重点开展装备能力建设，推进高村基地建设立项，规划国家川藏铁路技术创新中心检验认证建设项目。2019 年 7 月 10 日注册成立中铁检验认证（天津）有限公司，全面打造集约化、共享化、智能化、规模化的高铁试验检测平台和城市轨道交通装备试验检测平台，开展高铁及城轨相关大部件的检验检测认证业务。

（三）铁路产品认证走出去成果丰硕，服务“一带一路”，与祖国共绘壮美宏图

2019 年，CRCC 共组织 21 个国（境）外现场检查团组，涉及动车组、铁路简支梁等 17 种产品，包括日本、德国、印尼等 12 个国家和地区的 35 个厂家。铁路产品认证境外现场检查工作的开展，对于深入落实《共同推动认证认可服务“一带一路”建设的愿景与行动》等文件精神，推动铁路“走出去”建设等均起到积极作用。其中，2019 年 3 月 16 日，颁发首张中老铁路简支梁认证证书，为中老铁路创建精品工程奠定技术基础；2019 年 9 月 24 日和 9 月 28 日，在印尼雅加达连续完成两家铁路制梁场的现场检查，为雅万高铁建设过程中全面推行中国标准和认证制度提供了良好示范。

（四）便捷信息服务市场，加强 CRCC 品牌建设，持续打造企业核心竞争力

利用期刊、网站、微信公众号、展会等信息渠道，

为行业用户提供方便、快捷、及时的铁路标准化、计量、产品质量、认证信息服务。加强企业品牌建设与宣传，组织策划“提升品质、共谋发展”品牌月活动，举办“凝心聚力，共谋发展”为主题的“企业文化月”活动。受邀参加行业展览会和2019年世界高铁大会，展示CRCC作为国内领先、国际一流的轨道交通认证服务机构的检验检测认证技术服务能力和成就。

二、技术创新、学术研究、特色认证、品牌服务

（一）技术创新

开展高铁信号工程安全评估工作。2019年，CRCC承接国铁集团推进的高铁信号工程安全评估试点。完成怀邵衡铁路引入衡阳枢纽以及郑万铁路河南段高铁信号工程试点安全评估项目，正在扩大其他新建或改造的铁路线或车站进行高铁信号工程安全评估工作。

高铁信号工程安全评估的实施，强化了高铁信号工程安全管理，提升了高铁信号工程相关方执行安全规范的自律性，对于降低我国高铁工程建设风险、确保高铁安全起到了积极作用。评估工作通过引入基于风险的保障原理，将我国高铁既有安全管理流程证据进行串联并有效利用，提升了我国铁路集成商和供应商对安全标准执行的规范性，加强了我国高铁建设安全风险防范控制的能力，使我国的高铁与国际主流安全管理方式接轨，为我国高铁“走出去”做好安全评估和互认准备。

（二）学术研究

2019年，CRCC在研项目24项，其中国家重点研发课题1项，国铁集团科技研究开发计划课题1项，自主投入课题22项。申请专利18项（其中发明专利11项，实用新型7项），取得实用新型专利8项，软件著作权5项。发表论文19篇。

2019年2月，CRCC主持的铁路总公司重大课题“铁路技术监督研究——铁路‘走出去’产品准入国际互认机制及实施方案的研究”项目顺利通过结题验收；9月，CRCC参与的国家重点研发计划NQI项目“‘一带一路’沿线经济体典型产品互认评价与风险控制关键技术研究”课题顺利通过子课题验收；12月，“铁路产品认证关键技术及应用”获得铁科院集团公司科学技术二等奖。

（三）特色认证

落实国家质量提升战略、促进供应链提升价值、紧跟国际铁路质量管理体系认证发展趋势，在市场监管总局、国家铁路局和国铁集团的领导下，组织中国中车及中国通号等中国铁路行业制造企业，作为工作组的中国主要专家单位，派员参加了ISO/TS 22163“铁路质量管理体系”技术规范的研讨、制定和编译工作。

CRCC在参会及技术规范制定过程中充分表达了中国铁路相关方的意见，特别是争取到了ISO/TS 22163版权开放，有效避免了该技术规范对中国铁路制造企业潜在的技术壁垒等问题，为下一步ISO正式制定标准时考虑中国元素打下了坚实基础。

（四）品牌服务

对外为进一步打造卓越品牌、维护良好声誉、提升社会效益，策划开展了以“提升品质、共谋发展”为主题的品牌服务月活动，组织了首次认证客户交流会，邀请了市场监管总局、国铁集团、铁科院集团公司领导以及认证企业40余家100余人参加。同时在北京、深圳、常州、重庆、南京等地举办8期认证客户免费培训班，为1173家企业培训2100余人次，获得一致好评。

对内为进一步做好企业文化建设，营造良好的企业文化氛围，彰显优秀的品牌文化传承，提升综合发展软实力，策划开展题为“凝心聚力，共谋发展”的企业文化月活动，开展包括2019年职工运动会、献礼祖国70华诞《我和我的祖国》专题片拍摄等一系列活动。

新世纪检验认证有限责任公司

疫情挡不住高质量发展的步伐

新世纪检验认证有限责任公司（以下称BCC）成立于1994年，是国内首批被批准成立的认证机构。BCC的服务获得了众多国内和国际机构的承认和认可，更是获得了中国国家认证认可监督管理委员会(CNCA)的批准，拥有中国合格评定国家认可委员会(CNAS)、英国皇家认可委员会(UKAS)、美国国家标准协会－美国质量学会认证机构认可委员会(ANAB)等机构授权的认可资格，并与SA(英国)等国际认证机构建立了战略合作关系。为全球近乎全行业客户组织提供标准化发展、信息化发展、绿色发展、创新技术发展等服务，开展标准认证、二方审核、标准研发、技术创新、质量管理技术、环保与节能技术、安全生产技术、信息化技术、专业培训、政策合规等高新技术服务，助力企业全球化发展。

2020年自新冠肺炎疫情发生以来，在党中央坚强领导下，全党全军全国各族人民众志成城、戮力同心，打响了疫情防控的人民战、总体战、阻击战，充分体现了党的领导坚强有力，体现了社会主义制度的优越性，体现了广大人民群众万众一心的强大凝聚力。BCC积极行动全力做好疫情防控工作，并在抗击疫情中涌现出大量可感、可触、可及的生动事迹，全体员工以坚忍不拔、从容不迫的奋斗精神，塑造赤诚仁爱、胸怀天下的家国情怀，向英雄致敬，与祖国风雨同行。

一、助力复工复产，推进精准扶贫

为贯彻落实习近平总书记重要讲话和指示批示精神，根据党中央、国务院关于切实加强疫情科学防控、有序做好企业复工复产工作的部署，BCC推出了一系列暖企措施，包括制定适宜的认证方案，优化服务流程，实施认证费用减免政策，开通“在线认证服务平台”、以及“BCC云学院”线上培训等服务。BCC有能力、有义务为客户提供高质量的服务和暖心的政策，助力全国企业早日复工复产。

同时，BCC作为“三品一标”认证扶贫项目实施单位，为深入贯彻习近平总书记关于统筹推进新冠肺炎疫情防控和经济社会发展以及决胜脱贫攻坚重要讲话、批示精神，着力提升湖北省农产品标准化、品牌化水平，助力贫困地区农产品销售。根据商务部统一安排，湖北省商务厅和中国电商扶贫联盟举办2020年“三品一标”认证扶贫项目线上培训。BCC总经理尚志强先生对此非常重视，全程参与本次培训，并在会议中表示全力支持“三品一标”扶贫认证工作，帮助湖北省企业复工复产，为此BCC专门制定了湖北省企业的认证费用减免政策，全面为各类型企业提供一站式认证服务，切实助力农产品企业脱贫。

二、以客户为中心，提高服务质量

BCC以客户需求为己任，不断提升服务质量。2020年8月BCC对华商三优总经理刘晓民进行了专访，在采访中了解管理体系在能源企业当中的应用，用企业的真实发展历程展现了管理体系对企业的深远影响。9月，BCC总经理尚志强先生率队到甘肃部分建筑企业客户进行交流访问，与甘肃建筑企业共谋行业发展新篇章。未来BCC将走访更多企业，利用标准体系作为抓手，帮助企业梳理管理流程，为客户的质量管理提供全面的解决方案。

10月，BCC隆重举办了经理办公会扩大会议，对2020年经营目标进行了整体分析，以质量发展提供技术支持和深化服务为目标，不断开创全面深化改革新局面。11月，公司以感恩节为契机，开展以“感恩与BCC一路相伴”为主题的感恩节活动，感谢一直以来支持与信赖我们的客户，BCC将以更加饱满的精神，一如既往地为客户提供优质的服务。

为了获悉客户对BCC的潜在需求和期望，客观了解获证组织的满意程度及现存问题，以指导公司制定改进措施并不断提升认证服务质量，促进公司更高效的服务和管理水平，BCC于2020年4—5月开展了为期两个月的顾客满意度调查。经过调查与统计，2019年BCC认证服务的总体顾客满意度评价为92.27分，同比提高

0.67 分。客户满意度调查是聆听客户心声的重要途径，未来 BCC 将提高服务质量，持续满足客户的需求。

三、拓展业务领域 促进企业发展

作为知名的国际化、综合化的第三方认证机构，BCC 在明确了战略定位与核心业务的同时，以开拓创新为原则，积极优化业务结构，深耕体系认证业务，加大研发投入，拓展业务领域。

国家认监委于 2019 年 12 月 30 日接受 BCC 对于《云服务信息安全管理体系（CSSMS）认证实施规则》和《隐私信息安全管理体系（PIMS）认证实施规则》的备案申请，批准可以受理依据 ISO/IEC 27701 开展的隐私信息安全管理体系（PIMS）认证申请和依据 ISO/IEC 27017 开展的云服务信息安全管理体系（CSSMS）认证申请。

2020 年 3 月顺利通过中国合格评定国家认可委员会（CNAS）的批准，成功获得有机产品和良好农业规范（GAP）认可资格；8 月，BCC 颁发了首张 GB/T 27925-2011 品牌认证证书；9 月，无锡市知识产权服务业集聚区在滨湖区蠡园经济开发区正式揭牌成立。BCC 成为首批落户无锡市知识产权服务业集聚区的认证机构；10 月，BCC 获批为北京市经济信息化局 2020 年“专精特新”中小企业服务券服务商；11 月，“蒙”字标发布会在北京举办，首批五类产品九家企业获得了“蒙”字标认证授权。BCC 作为“蒙”字标认证联盟成员单位，共三家经 BCC 认证的企业在发布会上获得首批“蒙”字标授权。一路走来，BCC 坚持创新，不断发展，全方位推动企业高质量发展。

2020 年虽然受疫情影响，但 BCC 克服困难，不断前行，收获了企业的信任与支持，获证企业送来的锦旗是前进的动力，BCC 的发展离不开社会各界的支持与信任，BCC 将始终秉承客观公正、科学严谨的工作理念，发扬“传递信任，创造价值”的使命，不断拓展业务领域，促进企业高质量发展。

“天行健，君子以自强不息。”一个民族之所以伟大，根本就在于在任何困难和风险面前都从来不放弃、不退缩、不止步，百折不挠为自己的前途命运而奋斗。2020 年是 BCC 凝心聚力，奋力拼搏的一年，是 BCC 认证服务工作全面发展、技术水平和业务拓展能力显著提升的一年，BCC 将“不忘初心，牢记使命”，践行伟大时代赋予的光荣使命，用实际行动助力质量强国建设！

长城（天津）质量保证中心

创新诚信认证　践行高质量发展

一、认证机构工作概况

长城（天津）质量保证中心（以下简称“长城中心”）成立于 1993 年，是经原中国质量体系认证机构国家认可委员会（CNACR）首批认可并批准注册、具有独立法人资格的第三方认证机构之一，并由国际标准化组织（ISO）列入国际认证机构名录，2002 年 12 月经国家认监委（CNCA）首批重新批准注册。长城中心始终遵循“科学、求实、公正、信誉”的质量方针，努力践行“厚德厚能、自律自强”价值观，发挥认证行业“传递信任，服务发展”社会作用，积极创新，推进各项工作上水平。现已发展为全国认证业务范围最广、涉及区域最多的大型综合性认证机构之一。

长城中心设有总部、3 个分中心和多个工作站，认证范围覆盖全国。作为认证行业的首创者之一，具有专业高效的管理团队、科研人员、各类国家注册级别审核员及各行业技术专家队伍，为客户提供全过程专业、优质、高效服务，践行认证服务社会的发展理念。

二、技术创新、学术研究、特色认证等经验总结

长城中心领导始终高度重视技术创新、学术研究、新认证领域研发以及特色认证的研发工作。积极参加市场监管总局、国家认监委（CNCA）、中国合格评定中心（CNAS）、认证认可协会（CCAA）组织的科研、学术研究、标准研究活动。

（一）开展认证认可科研项目研究

2019 年长城中心承担市场监管总局、国家认监委《小微企业质量管理提升项目》，根据小微企业质量管理体系建设及认证审核特点，通过项目试点、良好案例总结、理论研究等方式，探索小微企业质量管理体系提升的认证、审核方法，获得项目经费支持，试点企业取得管理体系认证证书并在质量管理提升过程中取得良好绩效。长城中心承担市场监管总局、国家认监委《结合卓越绩效模式的质量管理体系成熟度评价分级认证项目》，进行质量管理体系认证升级版和分级认证试点研究、实施工作，参与认证认可行业标准《质量管理体系分级评价指南》起草工作，试点企业获得国家认监委批准的首批质量管理体系认证升级版试点项目认证证书并取得良好绩效。

（二）参与认证认可标准研究

长城中心积极参与认证认可相关标准研究工作，提升学术水平。多年来，参与起草国家标准：GB/T 45001—2020《职业健康安全管理体系要求及使用指南》、GB/T 19002—2018《质量管理体系 GB/T 19001—2016 应用指南》、GB/T 28002—2011《职业健康安全管理体系实施指南》、GB/T 22003—2017《合格评定食品安全管理体系审核与认证机构要求》、GB/T 27024—2014《合格评定人员认证机构通用要求》、GB/T 27203—2016《合格评定用于人员认证的人员能力词汇》。

参与起草认证认可行业标准：RB/T 107—2013《能源管理体系公共建筑管理组织认证要求》，RB/T 116—2014《能源管理体系电力企业认证要求》。

主持起草认证认可团体标准：T/CCAA 28—2016《食品安全管理体系 食品加工及销售用设备生产企业要求》、CNCA/CTS 0013—2014《食品安全管理体系 运输和贮藏企业要求》。

（三）组织良好审核案例及技术交流

长城中心连续多年组织审核员参加认证认可协会组织的良好审核案例及技术交流、长城中心优秀案例、优秀论文著作评选等学术活动。组织审核员参加 CNCA、CNAS、CCAA 组织的学术论文征集、核心刊物论文发表等活动。根据 CCAA《2019 年认证机构发展报告》，长城中心 CCAA 良好认证审核案例入围数认证机构排名 19 位，核心期刊发表论文数排名第 16 位。

（四）认证新领域、特色领域研发

长城中心积极开展认证新领域研发工作，近年来，研发拓展了能源管理体系、危害分析和关键点体系（HACCP）认证并获得 CNCA 认证资格和 CNAS 认可资格，2019 年研发拓展了服务认证（批发业和零售业服务、保养和修理服务）新领域，获得 CNCA 批准认证资格，颁发多张认证证书。开展信息安全管理体系研发并获得 CNCA 批准认证资格。

在特色领域认证方面，长城中心开展质量升级版特色认证研发、实施，引入分级认证模式，建立特定行业的质量管理体系分级认证，体现企业质量管理绩效的差异性，为企业质量管理体系持续改进指明方向。推动开展整合管理体系认证，提升企业管理效能。应用新技术创新认证技术方法（远程审核等），促进认证有效性或效率的提高，参与认证认可团体标准《认证机构远程审核指南》的起草工作。开展认证增值服务，满足企业特别是中小微企业的质量提升需求。推动建立突出行业特色的质量管理体系认证。

2019 年，长城中心首次突破了低碳项目领域，在清洁生产、两化融合等领域稳步推进。依据标准 GB/T 19012-2008/ISO 10002:2004，研发拓展了顾客满意及投诉处理管理体系特色认证并经认监委备案，颁发多张认证证书。积极研发拓展了工信部组织的食品诚信管理体系认证，颁发多张认证证书，使得食品企业诚信建设再创新高。

（五）建立健全创新机制

长城中心设立技术委员会，由审核技术部负责技术创新、学术研究、特色认证研发等活动的组织实施工作。通过多年持续努力，提高了长城中心学术研究和审核技术水平，形成了学习型、创新型企业氛围，提升了认证人员学术研究的积极性，提升了认证人员的审核技术水平和专业能力。

长城中心始终严格遵循国际标准和国际惯例，遵守国家的法律法规，以科学、求实的职业精神，公正、严谨的工作态度，为企事业单位提供各类标准的认证、评价、培训等服务，牢固树立认证行业的“长城”形象，赢得各界信赖的同时，也见证了认证组织的高质量发展。

撰稿人：李辰暄　审稿人：王志谋

安标国家矿用产品安全标志中心有限公司

严格要求　把好矿用设备安全准入关

一、安标国家中心认证工作概况

（一）安标国家中心简介

安标国家矿用产品安全标志中心有限公司（以下简称“安标国家中心”），是专业从事我国矿用产品安全标志管理的机构，同时作为矿山设备安全专业研究机构和国家安全生产的重要技术支撑机构，在安全技术研究、法规标准建设、科技成果转化、先进技术推广、安全监管监察支撑服务等方面持续做出贡献。

安标国家中心秉承“把好矿用设备安全准入关，服务矿山、服务社会，为安全生产监管监察支撑服务”的工作宗旨，经过30年的不断探索、完善与革新，建立了由22家安标检测检验机构、近1000名工厂评审员、450余名技术审查员、100余名矿山安全专家为主体的技术支撑队伍和程序化、规范化、科学化、信息化的工作机制，形成了覆盖全国、辐射全球的安标业务网络，掌握了诸多基础性、超前性的矿山装备安全研究成果。安标国家中心积极融入“一带一路”建设倡议的国际化进程，与德国Dekra Exam、英国CML、俄罗斯NANIO CCVE、波兰OBAC等国际知名矿用设备认证机构建立双边合作关系，全力打造国内领先、国际一流的安全认证中心、矿用装备安全研究中心和信息服务中心。

（二）安标国家中心认证业务

安标国家中心按照“1235”总体发展思路，不断完善安标审核发放与监督管理体制机制，大力拓展认证领域。自2020年7月取得质量管理体系认证机构资质以来，严格按照认证认可条例和认监委工作要求开展质量体系认证工作，积极开拓市场，不断增强主动服务、自觉服务、热情服务的意识。截至2019年11月底，安标国家中心已将认证范围扩展至环境管理体系、职业健康安全管理体系以及自愿性产品认证10个领域，建立了符合国家认证机构要求的运行机制，已为5家客户开展了质量体系认证服务，发放证书3张，其他认证业务正在试运行阶段。

为做好认证工作，安标国家中心重点开展了以下几方面工作。一是举办多种形式的业务知识培训，加强政治理论学习，提升认证人员的个人素质和专业技能。二是完善人员管理规章制度，认证有关人员责任明确、行为规范，保证第三方的公正性立场；制定人员违规违纪处理办法，督促认证人员公平公正地开展工作；三是加强软硬件建设，根据认证业务开展需要，设计开发认证信息管理系统，提升工作规范性和效率；四是严格按照认证规范开展工作，每次审核都做到策划完整、程序合规、资料齐全、结论真实，确保认证工作质量；五是注重客户认证满意度，现场审核完成后及时开展满意度工作调查，摸清客户关注点，针对性优化工作程序，以监督与服务并举的一流服务手段和热情的服务态度为广大客户提供了科学、公正、准确的认证服务。

二、安标中心特色认证工作总结

安标国家中心全面总结从事矿用产品安全标志审核发放工作30年的工作经验，充分发挥矿用产品安全标志管理的技术优势，与质量管理体系认证等工作有机融合，借鉴汽车行业的IATF16949，电信行业的TL9000认证成功做法，致力于打造具有矿用产品行业管理特色的认证体系。一是全面梳理安全标志工厂评审与体系工厂审核要求的差异，形成差异性对照表，为审核人员提供现场工作指南。二是对同时委托中心开展安全标志申办与体系认证服务的客户推行“一站式”服务，在进行体系工厂审核之后，开展安全标志工厂评审工作，对要求相同的条款不再重复进行审查，为客户带来便利的同时极大提升了认证效率。三是根据体系认证要求，对安标审核发放工作程序进行调整，增加了文审环节，调整了监督频次，更好推进体系认证与安标审核发放协同开展。

撰稿人：罗　毅　审稿人：王　磊

北京泰瑞特认证有限责任公司

坚持创新求进 突破发展瓶颈 努力推进公司主责主业再上新台阶

北京泰瑞特认证有限责任公司（以下简称“公司”）以“不忘初心、牢记使命；居安思危、艰苦奋斗；修长补短、砥砺前行”为主题，分析面临的形势和不足，部署2020年各项重点工作，进一步统一思想，凝心聚力，发扬成绩，克服不足，不断创新进取，突破发展瓶颈，继续努力推进公司主责主业再上新台阶。

一、2019年工作回顾

一分耕耘，一分收获。2019年，公司大踏步前进。在这一年里，在股东的支持下，公司上下心无旁骛，保持战略定力，以“抓重点、补短板、强弱项”为工作抓手，以目标、问题和价值创造为导向，与时间赛跑、与压力抗争，努力工作，抢抓机遇，攻坚克难，积极开展体系认证、产品认证、安全生产培训与标准化评审等业务，公司营业收入、利润总额再创新高，专业发展不断推进，业务调整成效明显，管理逐渐规范高效，抵御风险能力增强，文化氛围积极向上。公司继2018年被评为先进单位后，2019年7月又被评为先进党支部。成绩和荣誉来之不易，这是公司全体审核老师、总部干部员工、办事处（业务处）、合作方共同努力、顽强拼搏、辛勤工作的结果。

（一）年度经营目标完成情况

2019年，公司实现营业收入4554万元，利润总额637万元，与2018年相比分别增长30.6%和52.8%。

（二）认证、培训、评审等工作任务完成情况

在体系认证方面，公司主要从事质量、职业健康安全、环境、信息安全、信息技术服务、业务连续性等六大管理体系认证服务。累计证书量4629张。

在产品认证方面，公司主要从事强制性产品认证和自愿性产品认证服务。2019年，公司CCC产品认证业务颁发240张证书，自愿性产品认证业务颁发37张证书；对于今年新扩项的资质，节能产品认证颁发3张证书，国推RoHS认证颁发1张证书，业务收入实现了零的突破。通过以上产品认证，牵引了中国电子科技集团公司第三研究所泰测公司检测业务的发展。

在培训方面，公司主要从事安全生产教育培训和企业管理体系培训服务。2019年，安全教育培训采取“集中式培训”+“一对一”个性化培训双管齐下的方式，教学模式为课堂面授和现场观摩。集中式培训于4月完成集团公司成员单位负责人安全教育培训，于6月完成两场面向各级安全管理人员、专家的军工电子行业安全生产标准化新版标准培训，每场培训人数均在200人以上；11月第一次以片区为单位开展了成都片区的安全培训，培训人数170余人。在“一对一”个性化培训方面，完成了31家单位的中层管理干部、班组长、安全员培训，共培训2000多人次。探索开展了网络培训工作，完成网络培训160余人，积累了宝贵的网络培训经验。完成了集团公司下达的《外场试验》教材的编写任务，丰富了集团安全培训的教材。

在安全生产标准化评审业务方面，公司主要面向中国电科集团公司开展相应工作，并逐步向地方军工电子行业辐射。2019年，完成了20家军工单位的安全生产标准化评审任务。并顺利完成电镀及印制板作业、公共危险化学品管理、外场试验、机加作业、辐射作业、动力保障设施共6项军工电子行业安全生产标准化标准的编制、评审以及上报工作。

（三）重点工作完成情况

1. 市场布局情况

在横向市场方面，公司通过在电子信息产品聚集区（珠三角、长三角、京津冀等）进行市场布局，现金流较好。公司按照全国地域覆盖的均匀性、电子产业聚集

区和公司资源能力聚集区域的原则，通过多年的市场布局，传统认证业务巩固提升，信息类新认证业务迅猛发展，初审客户两位数递增，为公司超额完成年度经济目标作出了重要贡献。

在纵向市场布局方面，公司积极开发 CETC 集团公司内部二级、三级单位的培训、体系认证、安全生产标准化评审业务市场和地方国资企业的产品认证市场，2019 年已落实并完成了数家单位的认证业务，取得了较大的成绩。

2. 新业务发展情况

2019 年，公司通过新业务的发展继续致力于业务结构的调整。即从利润薄的业务向利润高的业务调整，从过多的依赖传统的三体系业务向新业务调整，从风险大的业务向风险小的业务调整，从各业务板块发展不平衡逐渐向趋于平衡调整。大力发展信息化智慧服务新业务，包括信息安全管理体系、信息技术服务管理体系、业务连续性管理体系等认证业务；完成了信息安全管理体系认证 CNAS 认可，对提高证书含金量和后续市场开拓具有重要意义；拓展了商品售后服务评价体系认证、节能产品认证、国推 RoHS 认证等新的认证业务领域，而且节能产品认证、国推 RoHS 认证。

3. 能力提升情况

近几年，国家在大力推进认证行业质量提升行动，而认证质量提升的关键是认证人员的素质和能力。2019 年公司通过多频次、多方式加大认证人员的培训力度，进一步提升审核人员的守法、合规、诚信意识和从业素质、能力。在合肥组织全体工厂检查员进行培训，在北京召开全体审核员培训大会，宣讲了国家认监委、认可委关于产品认证、体系认证新的政策和要求，通报了国家、地方对我机构认证活动监督检查发现的问题，分享了审核案例，交流了审核知识、审核方法和审核经验。此外，委托外部培训机构对有关人员进行了认证机构认可要求、商品售后服务认证、业务连续性管理体系、IT 管理体系以及 ISO/IEC 27017、27018、27701 等新标准培训；组织内部审核员、认证管理人员开展了 45001 转版、20000 转版、管理体系认证活动业务范围分类、计量器具管理、网络继续教育等培训工作。

4. 管理提升情况

2019 年，公司继续实施从严治企，从人力资源管理、市场营销管理、风险防范管理、财务精细管理四个方面进一步强化内部管理，取得了一定成效。

人力资源管理方面，实现了月度考核与月度绩效工资挂钩，规范了岗位管理、落实岗位责任制。

市场营销管理方面，通过新媒体营销手段，宣传公司的业务和形象，扩大了公司的影响。

风险防范管理方面，完善了多个程序文件和作业指导文件，开展自查自纠和滚动式内部审核，做好每个流程的风险管理，严格把控认证质量，降低认证风险。

财务精细管理方面，进一步规范固定资产从需求、采购、验收、登记到使用、保管、报废的全流程管理。

（四）改革发展党建一体化推进情况

2019 年，公司党支部以集团公司“新云湖会议”精神以及所长工作报告和党委工作报告为指引，积极贯彻落实党的十九大精神和上级党组、党委重大决策部署。公司班子成员履行全面从严治党各项要求以及“一岗双责”责任；支部从思想建设、组织建设、纪律建设等方面，积极开展基层党建工作。认真开展“三会一课”，支部党员教育学习常态化；开展“不忘初心，牢记使命”主题教育，组织学习习近平新时代中国特色社会主义思想以及习总书记系列重要讲话、党章、党的理论知识等，提高党员政治思想意识；围绕中心任务成立党员攻关团队，党员发挥带头作用；开展“一支部、一特色、一标杆、一突破”活动；关注干部职工思想问题；党建带团建，开展主题党日活动；慰问生育生病职工、开展宣传工作等。以支部党建推动公司改革发展。

二、面临的形势和不足

（一）面临的形势

首先从国家政策层面来看，国家实施的“放管服”改革以及审核员管理制度改革，会对认证机构的发展造成影响。但政策有时是一把双刃剑，如“放管服”政策一方面对于我们扩充新业务有好处，另一方面进入的机构多了，竞争更加激烈，而且事中、事后的监管力度加大了；又如新的审核员管理制度一方面对于我们利用社会审核资源有好处，另一方面又面临我们如何管理已有的审核员的问题。所以，关键是要用好政策，对有利的要放大功能，对不利的要研究应对之策，化不利为有利。要始终把合法合规、质量过硬、优质服务作为认证机构的取胜之道、持续发展之本。

其次从技术服务行业的大环境来看，国家、地方政府出台了不少支持高技术服务业发展的政策。高技术服务业市场很大，关键在于相应的人才资源以及能否提供企业所需的增值服务。轻资产、大市场、智力劳动、共生型经济平台，是高技术服务业态的最大特点。只要我们把握机遇，利用或整合内外资源，实施创新驱动，发展新项目，提供新服务，从促进国家、行业、企业发展的初心出发，并结合国家大政方针，我们的认证服务行业一定大有可为。特别是国家“网络强国”战略的推进，信息安全越来越重要，这给公司未来若干年在信息化智慧服务领域带来了较大机遇，公司将在信息化认证领域继续以专业优势大力拓展和开发市场。

最后从股东三所的支持来看，新的领导对检测认证服务作为一个特色产业板块非常重视，在体制、机制、业务拓展等方面支持我们放手、大胆去干。公司将围绕新业务培育、品牌打造、美誉度和综合实力提升、行业地位和影响力提高等方面，打造这一特色产业板块。

（二）存在的不足

2019年，公司虽然取得了较大发展，但越是在发展的时候越是要有危机感。要用眼睛向内找问题、向外求发展。要清醒地认识到：将来打败我们的不是竞争对手，而是我们自己。面临新的形势，经过调研，制约公司发展的主要问题有：

（1）聚焦主责主业，加大技术研发力度不够。

（2）人力资源建设不能满足业务发展需求。

（3）推进信息化提高工作效率的力度不够。

（4）依然存在体系/产品认证风险。

北京中大华远认证中心

开拓进取　日益创新

一、机构基本情况

北京中大华远认证中心（以下简称“中心”）隶属于国务院国有资产监督管理委员会（国务院国资委），是经中国国家认证认可监督管理委员会（CNCA）批准和中国合格评定国家认可委员会(CNAS)、美国国家标准学会－国家认可委员会（ANAB）认可的具有独立法人资格的权威第三方认证机构（批准号：CNCA-R-2002-020），可颁发带有IAF国际互认联合标识、CNAS认可标识和ANAB认可标识的认证证书。

二、业务开展情况

中心自1993年成立以来，现已为国内外超过万家的组织颁发认证证书，现开展业务范围覆盖体系认证、产品认证、服务认证三大类别，具体为：

体系认证：质量管理体系认证、工程建设施工企业质量管理体系认证、环境管理体系认证、职业健康安全管理体系认证、食品安全管理体系认证、危害分析与关键点控制（HACCP）体系认证、乳制品生产企业危害分析与关键点控制（乳HACCP）认证、乳制品生产企业良好生产规范（GMP）认证、能源管理体系认证、信息安全管理体系认证、信息技术服务管理体系认证、企业诚信管理体系认证。

产品认证：纺织品、服装和皮革制品；木材和木制品；纸浆、纸和纸制品，印刷品；化工类产品；家具、他未分类产品；有机产品；家具绿色产品认证。

服务认证：批发业和零售业服务、不动产服务、科学研究服务、教育服务、绿色市场。

三、人力资源情况

中心拥有1700多名各类优秀的审核人员及专家队伍，人力资源充分，技术力量雄厚。中心以专业与真诚赢得客户的信任；以专业的水准和严谨的作风保证审核公正、有效和权威；中心将遵守职业道德及行业规范，以卓越服务为本，追求客户满意，追求客户与中心的共同发展。

中心重视人才培养和队伍建设，每年组织开展技术论文征集及推荐活动，2019年，中心人员在《中国认证认可》等核心期刊发表文章9篇，位列全国认证机构第13名，进入《CCAA良好案例汇编》6篇，位列全国认证机构第6名。此外，中心牵头组织、参与ISO/IEC 17021-2、ISO/IEC 17021-3、ISO/IEC 17021-9、ISO/IEC 17021-10、RB/T 118《能源管理体系　制浆造纸企业认证要求》、《职业教育服务　要求》等多项标准的制修订工作。

四、电子化审核实践

中心基于多年的信息化开发经验，在保障数据的安全性和可靠性的基础上，开发研制的“认证业务信息管理系统”正式上线运行，该系统包括认证业务信息管理系统服务器、电脑客户端、手机App客户端、审核员网页系统等，能够实现审核员远程在线查看审核任务、下载审核委派、电子案卷下载、远程签到打卡，认证管理人员在线审定，电子档案存档等功能，提高了认证管理的效率、减轻了审核人员的工作量，标志着中心正式迈进全面审核档案电子化阶段。

五、客户服务

为使客户享受到良好的服务体验、持续提升客户满意度，中心力求从不同渠道、多层面收集到最全面、最真实的客户反馈，并针对客户提出的建议和意见，及时做出回应、采取措施，获得客户的认可和满意。

2019年北京中大华远认证中心围绕贯彻和落实党的十九大精神，按照质量强国战略和质量提升行动的总体部署，以及中国轻工业联合会“深入贯彻新发展理念，引领轻工业持续高质量发展”的要求，以服务经济社会发展为主线，以市场需求为导向，积极拓展新认证领域，开发认证市场，规范运作，不断提升认证供给能力和水平。

辽宁通正检测有限公司

鉴证优秀　成就卓越

辽宁通正检测有限公司（以下称 GFT）是东北地区极具综合实力的独立第三方检测认证机构，提供检测、认证技术、溯源平台大数据、培训、环境治理及实验室一体化等服务，为企业食品安全及环境领域各环节提供全面解决方案。

GFT 成立于 2015 年，主要为生产、科研、贸易、政府管理等活动提供优质的全链条服务，总部位于沈阳，初期资金投入近亿元。随着业务拓展先后成立山西农谷通正检测认证有限公司、广东通正检测认证有限公司、辽宁智慧安鲜物联网科技有限公司、辽宁通正壤康环境科技有限公司、吉林通正检测认证有限公司、黑龙江通正检测认证有限公司等多家公司，正向着集团化方向发展。

GFT 是经沈阳市工商行政管理局注册，中国国家认证认可监督管理委员会（CNCA）批准的第三方认证机构，批准号为：CNCA-R-2017-336，可为客户提供第三方认证、第二方审核等服务。经 CNCA 批准的认证领域包括：质量管理体系（QMS）、环境管理体系（EMS）、职业健康安全管理体系（OHSMS）和食品安全管理体系（FSMS）、食品企业危害分析与关键点控制（HACCP）体系、有机产品、良好农业规范、自愿性产品认证等多个认证领域。

GFT 自成立以来开展了多领域、多行业的企业认证活动，覆盖质量、环境、职业健康安全、食品安全、危害分析与关键控制点、有机产品认证、良好农业规范认证七个认证领域，覆盖的行业、产品及服务包括农产品、食品、餐饮、制造业、销售、物业等。近三年发证数量：质量管理体系 83 张，环境管理体系 33 张，职业健康安全管理体系 32 张，食品安全管理体系 25 张，危害分析与关键控制点认证 12 张，有机产品认证 158 张，良好农业规范认证 3 张。发证总量 346 张。

近年来 GFT 与辽宁省农委合作组织“2017 年沈阳市农产品质量安全检测技能竞赛”，与食药局合作免费为食品企业组织“建立有效的食品安全管理体系切实落实企业主题责任”公益讲座，与沈阳市食药监局携手举办主题为“如何建立有效的食品安全管理体系”的公益讲座，承办由沈阳市市场监管局主办的“沈阳市餐饮服务培训会”，携手康平举办“关于有机认证”公益讲座，携手盘锦举办“关于食品生产企业食品安全管理体系”公益培训，携手沈阳市农村经济委员会承办饲料企业培训会，与辽宁省市场监督管理局及地方市县市场监督管理局合作开展“有机宣传周”活动，获得了合作单位的认可及参会人员的一致好评。

同时 GFT 配合认证监管部门进行了认证项目自查和人员自查，如实按期汇报了本机构的自查情况。接受辽宁省质量技术监督局主管领导的调研和检查，按照要求提交了调研报告的相关内容，GFT 严谨、公正的认证工作得到了主管领导的认可。

承担了编制《快速检测移动实验室产品认证规范》、《常规检测移动实验室产品认证规范》两个认证认可行业标准的任务。

GFT 不仅是经过 CNCA 批准的第三方认证机构，还具有 CMA 资质认定、CNAS 实验室认可、CATL 农产品检测机构考核、社会化环境监测机构备案、农业部饲料和饲料添加剂承检机构、岗位培训等多项资质证书。GFT 建有高标准的检测实验室，并配备国际先进的检测仪器设备，同时拥有食品及环境领域经验丰富的国家级、省级专家队伍，以及一大批高学历、高技术的公司员工。可承担包括食品及农产品检测、环境检测、快速检测、洁净室检测、饲料检测、兽药检测、农药检测、肥料检测等各种类型检测任务。

GFT 下设的专业化培训学校，经沈阳市人力资源和社会保障局批准的正规办学机构。GFT 是沈阳地区规模较大，实训基地配备较为齐全的培训机构之一，拥有现代化多媒体教室和实训操作教室。通过理论学习和实训操作的教学方式，增强学员的动手能力，提高个人综合素养，为食品行业输送综合型、实战型、高技术水平人才，学校在培训结束后可为学员颁发结业证书。

此外，GFT已连续5年参与“爱之光”慈善公益活动，义务资助贫困老人无偿进行复明手术，已帮助近百名贫困老人减除痛苦，还他们光明的世界。在中国认证认可协会发布的《2019认证机构发展报告》中，辽宁通正检测有限公司在596家认证机构的公益项目排名中脱颖而出，其中认证机构公益项目数中行业最优水平中排名第10，在公益项目投入的人均数额中排名第5。

GFT认证中心拥有一支素质良好、经验丰富的审核/检查员及专家团队，将以专业与真诚传递信任、服务发展。

GFT以“诚信、公正、热情、担当”为价值观，为国内外客户提供高公信力的全方位服务。GFT的使命是“确保每一个家庭都能享受安全健康生活，为有理想的企业走向世界保驾护航”。

GFT以服务社会为宗旨，以法律法规和标准为依据，不断进取，不断创新，开拓新的领域，为社会提供更广泛的优质服务。

GFT承诺在追求经济效益、实现自我发展的同时，承担对经济、环境和社会可持续发展的责任。充分利用自身资源，开展与高校和科研院所的战略合作，形成产学研相结合的可持续发展模式。积极参与社会公益活动，不断回馈社会！

山西博奥检测股份有限公司

公正诚信　服务社会

山西博奥检测股份有限公司（股票代码：871705）（以下简称“公司”）成立于2008年，是具有工民建一级、见证取样、主体结构工程、建筑节能工程、人工地基工程、钢结构工程、室内环境质量工程、市政工程、建筑幕墙工程检测以及人防工程专项检测、无损检测、特种设备检测等多项资质的检验检测机构。同时具有工程质量检测鉴定、建筑工程设计、工程造价咨询三项专业资质，是集检测、科研、技术服务为一体的高新技术企业。为2019年山西省住建厅动态考核99家检测机构仅六家合格单位其中之一。

公司注册资本3000万元，位于太原市阳曲转型发展工业园区，实验室面积13739.47m^2。目前，公司拥有国内外先进检验检测设备千余台，具备1370多项检测参数，拥有高中级工程师、注册结构工程师、注册岩土工程师、注册造价工程师、注册会计师、注册资产评估师、注册税务师等近百人的专业技术团队。

公司秉承“质量是天，规范是地，责任顶天立地”的宗旨，把全面提升建筑工程检测质量作为自己的使命。在“科学、公正、准确、高效、满意”质量方针的引领下，不断提升自身的业务水平和公司的品牌影响力，努力成为具有领先科技研发能力和全新检测技术手段，覆盖多领域检测的高新技术检验检测机构。

博奥检测系建设工程质量检测和鉴定的综合性实验室，拥有国家发明与实用新型专利多项，计算机软件著作权21项，2016年、2019年被评为国家高新技术企业；2016年荣获“建设工程质量检测AAA级信用企业”；2017年、2019年取得行业首家“中国五星品牌”认证；2017年8月成功挂牌新三板。

博奥检测始终以公正诚信、优质快捷为基本责任。目前，公司业务覆盖建筑、消防、市政公用、人防工程、铁路、轨道交通、民航、智能和特种设备等诸多检测领域。

历年来在漪汾苑小区工程（鲁班奖），太原武宿机场候机楼工程（鲁班奖）、滨河小区工程（市优奖），丽华苑小区工程（市优奖）、竞杰·常青藤（一期）教学楼（鲁班奖）、万科蓝山工程、恒大绿洲工程、恒大华府工程、省体育中心工程、万达广场工程、五台山机场、滨河体育中心、二青会足球场、小轮车赛场、青运城人行天桥、太原市轨道交通2号线一期工程（B部分）PPP项目土建工程、太原市全民健身中心、汾酒商务中心、太原市水上运动中心、太原方特工程等诸多省、阳曲县“四好农村路”等工程的检测中，树立了良好的企业形象。

山西华普检测技术有限公司

抓规范 促服务 持续提高检验检测业务水平

一、山西华普检测技术有限公司认证工作概况

（一）山西华普检测技术有限公司简介

山西华普检测技术有限公司(以下简称“华普检测”)成立于2014年9月，是专业从事综合性检验检测服务的机构，目前已具备水和废水、生活饮用水、空气和废气、噪声和振动、土壤、固体废物、电磁辐射、公共场所卫生、集中空调通风系统、洁净室环境、生物安全柜、学校卫生、消毒剂、非道路移动柴油机械等14大类、98个产品、730个参数的检测能力，山西华普始终注重检验能力的持续保持和新业务的持续扩展，立足山西，放眼全国，努力成为一家综合性检验检测服务机构，努力为服务地方经济发展做出新的贡献。

华普检测秉承“独立公正，科学规范，准确高效，优质服务”的宗旨，经过6年的不断探索、完善与改革创新，建立了拥有独立专业的实验楼、60余间实验室、80余名员工、400余台专业检测仪器的检验检测实验室。近年来，华普检测注重人才引进和培养，始终努力打造技术过硬的专业技术团队，通过外部招聘和岗位培训等形式提高能力水平，检验检测人员占公司员工的75%以上，中级工程师占检验检测人员的15%以上，助理工程师10人，硕士研究生11人，形成了较为规范、科学的人才引进和培养机制。特别是近两年，华普检测积极响应国家政策，先后与山西省环境监测站、山西省司法鉴定中心、生态环境部规划院、南开大学、华南环境科学研究所等省内外高校、科研院所建立合作关系，拓展业务水平，学习先进经验，促进水平提高。在严格执行国家、行业有关环境保护的法律法规、标准和环境检测技术规范的同时，始终遵守公正、准确、科学、高效的原则，落实质量保证措施，探索高效的现代管理手段，在省内已成为社会认可、客户信赖的第三方检测机构，公司发展规模、综合服务水平及检验检测能力等都有了明显的改进和持续的提升。

（二）华普检测的检验检测能力及业务能力

1. 华普检测检验检测能力

2014年12月，华普检测首次取得原山西省质量技术监督局评审批准的CMA资质，随后被山西省环保厅首批认定许可承接环境监测及检测业务，并不断拓展检验检测领域。分别于2016年1月、10月完成了两次资质认定扩项评审。2017年4月完成一次扩项认证，并于11月份全项通过复评审，有效期至2023年11月26日。于2018年3月、2019年3月、2020年1月、2020年7月，多次完成扩项认证。已具备水和废水、生活饮用水、空气和废气、噪声和振动、土壤、固体废物、电磁辐射、公共场所卫生、集中空调通风系统、洁净室环境、生物安全柜、学校卫生、消毒剂、非道路移动柴油机械等14大类、98个产品、730个参数的检测能力。

2. 华普检测业务能力

华普检测自取得CMA资质后，严格按照检验检测相关标准条例及管理办法开展检验检测工作，积极开拓市场，不断增强主动服务意识，自2014年至今，出具报告情况如下：2014–2015年，出具报告120份，2016年出具报告352份，2017年出具报告1209份，2018年出具报告1943份，2019年出具报告2290份。

经过6年的发展，山西华普检测技术有限公司被授予“高新技术企业”“国家科技型中小企业”“太原市企业技术中心”“山西省‘四新’中小企业”“太原市中小微诚信企业”“山西省科普基地”“山西省民营科技企业”等多项荣誉。主要承担过的重大项目有：

2016年12月，华普检测承接《焦化行业废气对周边环境质量影响》的课题研究，并顺利通过环保部专家评审。

2017年11月，华普检测通过国家大气污染防治公关联合中心审议，被评定为国家“2+26”城市大气重污

染成因与治理攻关项目第一批推荐实验室，是全国唯一一家入围的第三方检测机构。

2017年12月，华普检测与山西省环境监测中心站一同开展“山西省土壤环境风险监控单位周边土壤环境监测工作”，同时该项目组经过严格的排查筛选，将项目中山西省土壤样品库设立在华普检测。

2018年7月，华普检测承接“山西省农村生活水污染物产排污系数测算”和“山西省城镇生活源水污染物产生系数测算”国家课题。

2018年10月，华普检测再次承接“第二次全国污染源普查煤炭加工行业产污系数核算山西省煤制品制造等企业监测”项目。

2018年11月，华普检测技术团队加入“晋中市大气污染防治综合解决方案研究”项目，与生态环境部规划院、南开大学的专家团队一起开展研究工作。

2019年2月，华普检测技术团队开始进行“太原市降尘源解析研究”工作，同年10月，加入南开大学专家团队，一起开展了“太原市降尘污染特征及来源解析研究”项目的研究工作；坚持总结经验，自主创新，申请了20余项技术专利，参与制定了4项山西省地方标准，为环境监测行业提供了更多的技术支持。

2019年9月，华普检测承办由山西省市场监督管理局组织的2019年能力验证工作，工作受到主办机关的肯定和同行业的一致认可。

二、华普检验检测工作总结

华普检测全面总结从事检验检测服务工作的6年工作经验，为广大客户提供并将持续提供科学、公正、准确、精确、规范的检验检测服务。一是举办多种形式的业务知识培训，加强政治理论与专业技术理论学习，提升人员的个人素质和专业技能。二是完善人员管理制度，完善人才梯队建设，建立良好的员工晋升渠道，吸引人才。三是加强软硬件建设，硬件方面：实验室环境设施和仪器设备投入约2000万元；软件方面：华普检测为了持续保持检验检测能力，每年至少参加4次中国环境监测总站及山西省市场监督管理局举办的能力验证，每年依据RB/T 214-2017《检验检测机构资质认定能力评价检验检测机构通用要求》、《检验检测机构资质认定生态环境监测机构评审补充要求》的工作要求至少进行一次内部审核及管理评审，以保证检验检测工作持续符合公司质量管理体系的要求，同时保证公司质量管理体系持续有效。四是严格按照RB/T 214-2017《检验检测机构资质认定能力评价检验检测机构通用要求》、《检验检测机构资质认定生态环境监测机构评审补充要求》及《检验检测机构资质认定管理办法》（总局令163号令）完成检验检测工作，保证检验检测数据的代表性、完整性、准确性、精密性、可比性。五是注重客户满意度，完成检验检测工作后开展满意度调查，清楚客户关注点，优化工作程序，以专业的态度解决客户提出的问题。

中国印钞造币总公司

认证认可上水平　技术创新出成果

中国印钞造币总公司是直属中国人民银行领导的、国家唯一的法定货币生产企业，下属20余家大中型企业和一个国家级企业技术中心，主要从事印钞、造币、钞票纸、印钞造币专用机械和银行机具的设计制造、高纯度金银精炼和印制增值税专用发票、有价证券、银行专用票据、高级防伪证书等方面的生产经营活动。

中国印钞造币总公司秉承“为央行履行职责服务”的行业使命、“优质安全保发行、科学管理增效益”的行业宗旨以及“忠诚印制、追求第一”的行业理念，致力于提高自主创新能力，提升人民币的综合防伪水平，满足人民币发行和流通的需要。为增强整体技术实力和国际竞争能力，中国印钞造币总公司大力加强硬件基础设施建设，积极开展国家认可实验室认定工作，鼓励企业加大对国家认可实验室的支持。截至2018年年底，中国印钞造币总公司共建立了四个国家认可实验室：中国人民银行印制科学技术研究所鉴别能力检测中心、中钞长城贵金属有限公司分析检测中心、上海造币有限公司理化实验室、国家金银及制品质量监督检验中心（沈阳）。在中国印钞造币总公司的支持下，四个国家认可实验室在分析、检测和科技项目研究方面都取得了长足的进步。在新的历史时期，中国印钞造币总公司将继续以“高起点、高质量、高效率、出精品”为目标，以公正的行为、科学的手段、准确的结果，更好地为企业和社会服务，为企业发展提供技术支持。

一、中国人民银行印制科学技术研究所鉴别能力检测中心

中国人民银行印制科学技术研究所鉴别能力检测中心（以下简称“鉴别能力检测中心”）作为国内权威的人民币现金机具鉴别检测机构，在中国人民银行（以下简称“总行”）、中国印钞造币总公司（以下简称“总公司”）的支持和领导下，以“公正、科学、准确、规范”为质量方针，以“建防伪鉴别标尺，促金融机具发展，竭力为客户服务”为目标，按照金融标准（以下简称“金标”）JR/T 0154—2017《人民币现金机具鉴别能力技术规范》要求，为社会机具生产厂商提供人民币现金机具鉴别能力检测服务。

（一）机构及体系建设

2019年1月，鉴别能力检测中心接受了中国合格评定国家认可委员会和中国国家认证认可监督管理委员会组织的实验室能力认可的现场审核，分别于2019年3月7日获得《实验室认可证书》，3月26日获得《检验检测机构资质认定证书》。8月26日，鉴别能力检测中心完成了基于CNAS-CL01：2018新版实验室能力认可准则的体系管理文件换版，并正式建立了以本部为主体，以北钞检测点和沈币检测点为分场所的组织结构。

（二）机具检测及检查

鉴别能力检测中心在2019年完成检测工作103台次，经检测满足金标的机具有73台次，先后发布12批过检名录，检测工作得到了总行、银行业金融机构和机具企业的高度认可。

2019年9月，鉴别能力检测中心配合总行货币金银局对北京和陕西两省市在用机具的冠字号码识别能力进行了摸底检查，累计抽查现金机具240台次，其中点验钞机174台次，清分机19台次，自助存取款一体机21台次。

（三）标准制定及宣讲

JR/T 0154-2017《人民币现金机具鉴别能力技术规范》实施以来，金融行业现金机具管理的标准化程度和机具的鉴别能力都得到了明显提高，得到了总行、金融机构、机具企业等相关方一致肯定，但金标作为推荐性金融标准，目前仅在金融行业内得到了有效实施，亟待出台具有强制效力且要覆盖全部现金机具范围的国家标

准对机具鉴伪能力进行规范。

鉴别能力检测中心根据国标整体工作计划，开展了系列工作。一是对社会商用点验钞机生产企业、硬币机具生产企业、社会商用现金接受设备及模块生产企业和相关行业协会进行座谈，广泛征求企业代表对强制性标准制定的意见和建议；二是分别参加机具企业技术交流会和首届专家组会议，进一步征求企业代表和行业专家对强制性标准制定的意见和建议；三是协助货金局，在北京组织部分银行业金融机构、机具企业和专家再次召开对强制性标准征求意见讨论会，对标准的内容提出修改意见和建议。2019 年 10 月，借助机具专委会在昆山召开的专家组会议，鉴别能力检测中心征求了行业专家对国标编制的意见和建议，形成了标准的征求意见稿。

此外，为配合总行对一系列金融行业标准的落实工作，鉴别能力检测中心选派人员针对《人民币鉴别能力技术规范》、《不宜流通人民币 纸币》和《不宜流通人民币 硬币》等金融行业标准的解读与落实开展宣讲。

（四）金融机具行业企业标准“领跑者”评估

为支撑高质量发展提供激励性政策，总行、金融标准化委员会（以下简称“金标委”）于 2019 年开展了金融领域企业标准“领跑者”活动。在金标委和总公司的统一安排下，鉴别能力检测中心参与了清分机产品企业标准“领跑者”评估工作，累计评估标准 57 项，涉及生产企业 34 家，整个行业参与程度约为 85%，形成“纸币清分机鉴别能力排行榜”和“硬币清分机鉴别能力排行榜”两个关键指标的排行榜。最终评选出沈阳中钞信达金融设备有限公司等 6 家纸币清分机生产企业和苏州少士电子科技有限责任公司等 4 家硬币清分机企业入围 2019 年度清分机产品企业标准“领跑者”名单。相关评估结果已经通过中国标准化研究院的公示，并已在 2019 金融行业标准年会上正式对外公布。

“领跑者”评估活动的开展，推动了金融机具行业标准化工作，遴选出一批具有创新能力的排头兵企业，为行业标准化建设工作营造了良好氛围，也提升了我国金融机具国际化水平。相关活动受到总行、总公司的高度重视，货币金银局副局长陈建新在发布会上致辞，总公司陈耀明副总经理为获证者颁奖。

（五）保障新版人民币发行

根据总行和总公司的要求，在新版人民币发行前，鉴别能力检测中心制定机具升级测试工作方案，开展测试样张制作及配套升级测试工作，且对社会商用现金接受设备的技术现状进行了摸底调研，对机具企业的升级情况开展了跟踪调研，实地了解机具企业在升级过程中遇到的问题，保障了新品发行。

二、中钞长城贵金属有限公司分析检测中心

中钞长城贵金属有限公司分析检测中心（以下简称“检测中心”）2002 年 3 月首次通过中国合格评定国家认可委员会认证，2013 年，由于公司更名，检测中心向认可委递交更名申请，并顺利更名，证书编号 CNAS L1500。

（一）不断提升检验检测能力，认真履行部门职责

认真履行部门职责，全力完成公司各项检测任务，全年累计共分析试样 25000 余件，其中纯银成品生产试样 11000 余件，纯金成品生产试样 14000 余件，工业金银材成品生产试样 350 余件，金验收料 200 余件，其他试样 600 余件；并严格把关，及时准确地报出 250000 余个分析数据。全年无任何质量、安全事故。

积极参与公司银粉、金丝及提纯技术工艺研究工作，先后参与银粉性能提升工作，协助公司电解工艺、熔铸工艺、银粉工艺研究工作，配合金银坯饼品质提升工作，为工艺研究、设备更新提供检测支持。

加强实验室内部管理工作，确保实验室认可准则及实验室质量管理体系得到持续有效的执行。按照认可准则要求，检测中心 2019 年 6 月完成了质量体系的换版工作，并开展试运行工作，于 11 月开展内部审核，12 月进行年度管理评审工作。评审结果表明，检测中心的质量体系符合自身要求，也满足认可准则的要求，能充分保证检测中心的检测能力。

实验室管理中，尤其注重安全管理。结合检测中心危化品使用情况，重点开展危化品专项治理，从危化品存储、危化品使用及危险废物的管理几个方面进行专项提升，危化品管理得到较大的提升。关注用电安全，检测中心不断电设备较多，为保证用电安全，进行用电回路改造，提升了用电安全性。

关注检测技术提升，2019 年开展多项技术培训，通过传帮带，积极提升年轻同志的技能水平；同时，通过开展检测方法的优化和改良，扩展检测范围，提

升检测水平，通过内外部比对，不断发现和减少检测系统偏差，提高检测的准确度。

（二）资源配备

截至2019年，检测中心配备了德国Spectro M10光电直读光谱仪、德国Spectro M12光电直读光谱仪，Spectro Lab S光电直读光谱仪、Spectro CIROS VISION电感耦合等离子体发射光谱仪、Spectro能量色散型X荧光光谱仪、赛默飞世尔电感耦合等离子体发射光谱仪、Lambda 650型紫外/可见分光光谱仪、尼通X荧光光谱仪等多台世界顶级的分析设备，还拥有了电化学工作平台、四元素分析仪，检测手段进一步丰富。

2019年中心招录一名检测人员，中心现有职工13名，其中工程师3名，技师2名。2019年，为满足检测需求，继续推行"一人多专长，多专一精"培训工作，发挥年轻同志学习速度的优势，加大对年轻同志的培养，目前年轻同志也成为检测中心的中坚力量，其检测能力通过内外部考核，得到充分的认可。

（三）检测范围

1. 纯金、纯银中杂质分析；
2. 原料金、原料银中主成分及杂质分析；
3. 高纯金、高纯银中杂质分析；
4. 金合金、银合金中主成分及杂质分析；
5. 金银提纯、加工配套环保监测分析。

（四）技术成就

2019年，检测中心本着夯实基础，扩展检测领域的思路，通过全体人员的不懈努力，在以下几个方面提升了能力。

1. 继续完善首饰检测方法

2019年，随着公司首饰产品的销量逐步上升，首饰产品的类别也在不断增加，对于首饰的检测难度也在逐渐上升，分析检测为了配合首饰质量控制的要求，不断完善首饰检测方法。尤其注重首饰产品的前处理方法的研究，力争准确检测首饰中金、银等贵重金属的含量。

2. 积极参与国际金、银技术交流

检测中心以中钞长城贵金属有限公司作为伦敦贵金属市场协会组织的会员单位为平台，积极参与国际金银冶炼、分析技术交流与合作，实时掌握国际发展动态，紧跟国际发展趋势，保持国内领先地位。2019年参加了LBMA国际金标准样品筹备工作，为国际标准提出建议。不断关注国内检测标准样品的研制，并开展检测标准需求调研，为日后检测标准样品的研制提供支持。

检测中心还同深圳国宝造币有限公司、长春黄金研究院、沈阳造币有限公司、四川省质检院等单位开展能力比对工作，检测能力得到相关单位的肯定。

三、上海造币有限公司理化实验室

上海造币有限公司理化实验室2006年11月首次通过中国合格评定国家认可委员会认可。认可范围涵盖物理、化学两个领域多个项目，包括纯金、纯银中杂质分析，金、银中主成分及杂质分析，银合金中主成分及杂质分析，洛氏硬度HRB、HRC、HR30T检测，镀层测厚等测试分析。理化实验室配备有多台先进的分析设备，拥有国际先进水平的贵金属测试手段和完善的检测能力。

2019年理化实验室主要工作具体包括以下几个方面：

1. 积极参与各类金、银技术交流。理化实验室通过了中实国金国际实验室能力验证研究中心组织的能力验证，内容为GB/T 230.1—2009《金属洛氏硬度试验 第1部分：试验方法》HRC、HRB项目的检测，为验证技术能力提供有力支撑。积极参与相关金、银及金属分析技术交流，与行业内相关单位开展实验室间能力比对工作，比对结果均为满意，检测能力得到肯定。

2. 2019年累计分析试样一万余件，其中金、银试样500余件，洛氏硬度330余件，镀层测厚试样7000余件；多次为相关单位进行疑似币分析鉴定工作。

3. 实验室现有体系文件完整、系统、协调，能够服从或服务于质量方针；组织结构描述清晰，内部职责分配合理，满足认可准则要求。在内部管理中，实验室通过制定季度、年度计划，有效实施内审、管理评审活动，以质量监督记录、不符合报告、质量满意度调查，客户反馈意见为抓手，进一步规范实验室的检测活动，提高了实验室现有管理水平，加强了人员规范意识；同时，积极提高人员素质，外聘专家团队培训实验室人员，使实验室认可工作更具备可操作性、合理性；在一系列质量保证的技能操作活动中，组织人员数据比对、留样再测、参加能力验证及与业内权威实验室进行检测比对等质控活动，提升实验室人员的工作效率，切实提高检测的技能水平；实验室主任和质量及技术负

责人参加了实验室管理培训班，学习了 GB/T 17025 国家实验室认可的新准则，获得了相关证书，增加了实验室管理人员的理论修养。

四、国家金银及制品质量监督检验中心（沈阳）（以下简称“国家中心”或“中心”）

1997 年 12 月，中心取得了 CNAS 的认可资格，2018 年 3 月通过了中国合格评定国家认可委进行的实验室换证复评审。2019 年国家中心在国内金银检测领域做出了重大成绩，具体包括以下几个方面。

1. 对可提供标准金锭、银锭企业进行质量监督检测

根据上海黄金交易所《关于开展可提供标准金锭企业质量自检的通知》和《关于开展可提供标准银锭企业质量自检的通知》精神，中心于 2019 年度 10—12 月对山东恒邦冶炼股份有限公司精炼分公司等 20 家可提供标准金锭企业和广东金业贵金属有限公司花都白银精炼厂等 27 家可提供标准银锭企业的产品及检测报告开展了质量监督工作。此次金锭检验的元素有 Ag、Cu、Fe、Pb、Sb、Bi 6 个元素，采用的检验标准为 GB/T 11066.8-2009；银锭检验的元素有 Cu、Fe、Pb、Sb、Bi、Pd、Se、Te 8 个元素，采用的检验标准为本中心的非标检测方法 CTSW H 6806.00E1-2006。中心在规定时间内完成了共 94 件样品的检验及复验工作，及时向上交所提交了 2019 年度可提供标准金锭、银锭企业质检结果报告，并完成了上述企业样品的退还工作。

2. 拓展对外金银检测业务

依托上海黄金交易所，借助印钞造币行业优势，国家中心发挥自身的技术特长，除上交所交办的年度质量监督检验业务以外，与多家企业建立了长期业务关系，如中钞国鼎投资有限公司、中钞长城贵金属有限公司、中国工商银行、中国建设银行、中国农业银行等。据统计，本年度共完成金银及制品的对外检测业务近 300 余件，此项检测收入 40 余万元。在全面完成常规检测任务的同时，中心服务水平进一步提高。在 2019 年度发放的客户满意度调查中，客户对中心提供的服务表示满意，没有发生任何客户投诉的事件。

3. 能力对比

2019 年度，国家中心共进行 9 次实验室内部比对，覆盖检测项目包括 GB/T 11066.2—2008、CTSW H 6805.00E1—2006、GB/T 11066.6—2009、GB/T 11066.9—2009、GB/T 11067.2—2006、GB/T 11067.3—2006、GB/T 11067.4—2006、GB/T 11067.6—2006、GB/T 15249.4—2009 和 GB/T 9288—2006。经过实验室内部不同人员间比对操作，数据均在再现性限范围内，无超差现象。

2019 年，国家中心进行了 2 个项目的实验室间比对，包括：与国家金银及制品质量监督检验中心（长春）依据 GB/T 11067.5—2006，对纯银样品中 Pb 和 Bi 元素含量的检测进行了实验室间比对试验；与国家金银及制品质量监督检验中心（长春）共同采用 GB/T 11066.4—2008，对金样品中 Cu、Pb、Bi 元素含量的测定进行了实验室间比对检验。经比对，两个实验室间检测数据满足要求，无超差现象。

积极参加能力验证计划，保证中心检测水平，2019 年 11 月，参加了认监委组织的实验室能力验证计划，验证共分为两个阶段：第一阶段采用 GB/T 18043-2013《首饰贵金属含量的测定 X 射线荧光光谱法》检测金样品中金含量，第二阶段采用 GB/T11066.1-2008《金化学分析方法 金量的测定 火试金法》检测金样品中金含量。能力验证结果均为满意。

通过以上质量控制工作，可以客观地判断中心的检验数据是否准确可靠，也说明了中心质量控制工作的有效性和必要性。

4. 仪器管理

为提高检测质量，检测中心加强检测仪器管理工作，按照在用检测仪器的计量确认周期表，对各种仪器进行了及时的计量确认，送检率达到 100% ，保证了仪器设备的正常状态。

5. 人员培训

国家中心积极组织检测人员参加相关培训，提高技术能力及业务水平。2019 年，国家中心有针对性地组织开展了两次培训，包括：（1）选派中心技术骨干参加北京列伯实验室认可技术交流中心举办的新版“ISO/IEC 17025:2017 体系文件转换咨询培训课程”培训班。此次培训培养了员工独立思考的能力，能够分析解决国家中心运行中存在的问题，为体系文件改编、中心内审及 2020 年度复评审等工作的开展打下坚实的基础。（2）2019 年 8 月，国家中心全面完成了新版体系的换

版工作。为进一步提高本中心人员对新版体系文件的学习和掌握，在2019年8月7日至8日组织全体人员就新版体系文件开展了培训工作。此次培训，不仅让国家中心的全体人员对新版体系更加深入了解，也让新员工对国家中心体系运行有了更加立体的认知。

深圳市全球通检测服务有限公司

求真务实　不忘初心

深圳市全球通检测服务有限公司发起于2014年，是专注于标准，检测，认证的权威的独立第三方公共服务平台。凭借完善的资质能力、深厚的技术能力、优质的服务保障、权威的公信力和便捷的全国化服务网络，为全球各产业提供一站式整体技术解决方案。

全球通实验室获得中国合格评定国家认可委员会（CNAS）、中国计量认证（CMA）、美国A2LA等授权，具有国际公信力。秉持让世界用上优质产品的经营理念；倡导：正直，奋斗，创新，共生的价值观；全力助推中国质造，引领全球标准；是标准领域的制定者，检测领域的权威专家。

实验室严格按照国际标准ISO/IEC 17025规范建立和运行。拥有全套的EMC电磁兼容、安全、RF射频、化学、环境、能效检测设备，设备完全符合国际国内标准规范要求。业务范围涉及信息技术类、音视频类、家用电器类、照明设备类、电池类、无线通讯类等，在近几年的检测认证服务中，全球通检测已为全球5000多家企业提供了服务，并得到他们的高度认可。

一、立足技术研发，创新服务成果

1949年以来，我国借助人口资源优势，成为了世界瞩目的制造业大国。近年来，随着人口红利的逐渐下降，企业用工成本不断上涨，工业机器人逐步走进了我们的视野。机器人产业迎来了重大的发展机遇。2016年，我国成为规模最大的机器人市场。

2020年，全世界遭遇了罕见的新冠病毒疫情。疫情影响之下，大多数企业停工待产，企业入不敷出，企业家们面临着现金流的问题。尤其是餐饮行业，外贸行业，传统制造业，旅游业等。此时，机器人给我们的企业生产和装配运输带来了极大的便利。目前的机器人应用主要有焊接机器人、涂胶机器人、洁净机器人、真空机器人、激光加工机器人、移动机器人等。未来，将会有更多的机器人加入企业生产中，相关机器人国家标准也在逐步完善中。

2020年，深圳市全球通检测服务有限公司，针对工业机器人技术要求和试验方法的特点，及时开展方法标准的研究，并参与GB/T 38839—2020《工业机器人柔性控制通用技术要求》的制定，在2020年6月，由市场监管总局发布，2021年1月1日正式实施。

二、提升资质水平，助力质量发展

未来，物联网技术将渗透到我们生活中的每个角落，其中包括具备“内在智能”的传感器、移动终端、工业系统、数控系统、家庭智能设施、视频监控系统等，以及“外在使能”的，如贴上RFID的各种资产、携带无线终端的个人与车辆等。

1999年，麻省理工学院提出了“物联网”概念，定义：把所有物品通过射频识别等信息传感设备与互联网连接起来，实现智能化识别和管理。

2019年11月，全国信息技术标准化技术委员会物联网分技术委员会成立。

2020年，全国信息技术标准化技术委员会物联网分技术委会向深圳市全球通检测服务有限公司颁发成员单位证书，全球通检测正式成为物联网分技术委员会成员单位。标志着全球通检测在物联网方向迈出了重要的一步，与产业界一道，共同推进实现标准化最大价值，促进物联网产业健康有序高质量发展，推动物联网生态建设，同时验证了全球通检测这些年的成长。

2020

Yearbook of Certification,Accreditation,Inspection and Testing of China

第十二部分　典型案例

Part Twelve　Typical Case

山西省市场监督管理局发布 2018 年检验检测行业发展报告

传递信息　夯实基础
推动检验检测行业健康有序发展

检验检测作为国家质量基础之一，伴随着高质量发展和市场化改革的步伐，行业结构逐步趋于合理，服务能力不断增大，自身发展不断壮大，特别是国家释放的机构整合和市场开放等改革红利，为第三方检验检测机构创造了良好的发展环境，提供了更为广阔多的市场空间。自 2018 年以来，山西省市场监督管理局认真贯彻落实党中央、国务院和省委、省政府决策部署，积极引导和推动检验检测行业发展。通过专题调研、信息采集、编制年度报告等形式，较为系统地梳理出全省检验检测机构的发展现状、质量水平及存在问题，并结合全省检验检测机构发展实际，有针对性地提出发展建议，为各级党政部门、企业、社会共同参与、引导及推动检验检测行业发展提供了借鉴和参考。

一、山西省检验检测机构的发展现状

（一）数量稳步增长

截至 2018 年年底，山西省共有通过省级资质认定的各类检验检测机构 912 家，比上年增加 34 家，位居全国第 21 位，共拥有各类仪器设备 131869 台套，检验检测机构总面积 540.5 万 m^2，其中实验室面积 155.8 万 m^2。近 5 年新成立的机构数量占机构总数的 25.66%，检验检测机构数量与山西省经济发展水平在国内的位次基本相当，并保持了逐年稳步增长的发展态势。

（二）构成日趋多样

1. 机构属性

在统计的全部检验检测机构中，企业单位 681 家、事业单位 204 家、其他检验检测机构 27 家。与全国数据相比对，山西省企业性质的检验检测机构比例为 74.67%，高于全国 72.32% 的平均水平。

同时，在现有事业性质的检验检测机构中，全额拨款事业单位 145 家，占事业单位总量比重为 71.08%；差额拨款事业单位 15 家，占事业单位总量比重为 7.35%；自收自支事业单位 44 家，占事业单位总量比重为 21.57%。

事业性质的检验检测机构占比持续降低，企业性质的检验检测机构占比持续上升，检验检测机构市场化发展趋势明显，检验检测服务业的结构得到持续优化。

2. 所有制结构

按检验检测机构资产属性统计，国有机构 259 家，占比 28.40%；民营企业 477 家，占比 52.30%；集体机构 2 家，占比 0.22%；其他机构 173 家，占比 18.97%；中外合资企业 1 家，占比 0.11%。近年来，民营企业的数量通过市场化竞争占比持续提高，通过有序竞争带动行业发展，共同为市场提供更为便捷、优质的服务。

3. 服务领域

山西全省检验检测机构经营范围涵盖全部国民经济三大产业，涉及17个经济行业，其中建筑工程、机动车检验、环境与环保、卫生计生等4个领域共有机构731家，占到全省检验检测机构总数的80.15%。伴随着统筹推进“五位一体”总体布局的客观需要，环境与环保等新兴检验检测领域规模迅速扩大，占比不断提升。

（三）分布南强北弱

2018年山西全省检验检测机构按地域分布统计，太原市（含综改示范区30家）289家，占比31.69%，临汾市86家，占比9.43%，晋中市83家，占比9.10%，运城市81家，占比8.88%，长治市66家，占比7.24%，晋城市63家，占比6.91%，吕梁市60家，占比6.58%，忻州市59家，占比6.47%，大同市57家，占比6.25%，阳泉市42家，占比4.61%，朔州市26家，占比2.85%。其中，太原市拥有检验检测机构数量占全省的近1/3，检验检测行业在支撑太原“两个走在前列”方面发挥了越来越重要的作用。同时，临汾、运城、长治、晋城等晋南、晋东南地域的机构数量、类型整体高于晋北，产业表现上也与经济发展势头成正比。

（四）经营稳中有升

2018年，山西全省检验检测服务业实现营业收入31.63亿元，比上年增长16.97%。机构平均产值346.82万元，人均产值为12.61万元，人均产值达到50万元的机构有17家。但与全国检验检测服务业2810.5亿元（机构平均产值712.1万元，人均产值为23.93万元）的营业总量相比，差距仍十分明显。其中，国有机构实现营业收入11.87亿元，占比37.53%；民营机构实现营业收入13.01亿元，占比41.14%；集体机构实现营业收入0.03亿元，占比0.11%；其他机构实现营业收入6.68亿元，占比21.13%；中外合资的机构实现营业收入0.03亿元，占比0.09%。

从地区实现营业收入来看，2018年，检验检测机构营业收入居首的地市是太原市，营业收入达16.51亿元，完成全省行业营业收入的52.19%。与太原作为省会城市在全省高质量转型发展中承担的率先发展任务以及所提供的广阔市场平台相符合。

检验检测领域实现营收情况排名前五的是：建筑工程检验检测领域实现营业收入9.08亿元，占比28.7%；机动车检验检测领域实现营业收入5.36亿元，占比17.0%；环境与环保检验检测领域实现营业收入5.24亿元，占比16.6%；食品检验检测领域实现营业收入2.92亿元，占比9.2%；卫生计生检验检测领域实现营业收入2.82亿元，占比8.9%。营业收入排名与所属领域机构数量排名基本吻合。

（五）条件持续改善

1. 仪器设备

截至2018年年底，山西检验检测服务业共有仪器设备131869台套，资产原值47.69亿元。其中，40万元以上的仪器设备1621套，资产原值15.39亿元；进口仪器设备5178台套，资产原值15.50亿元。当年新增仪器设备10628台套，资产原值4.27亿元，仪器设备资产快速增长，整体竞争力有显著提升。

2. 实验室面积

山西全省检验检测机构总面积达到540.5万m^2，其中实验室面积155.8万m^2。在实验室面积中，恒温恒湿实验室面积14.1万m^2；P2以上生物实验室面积0.6万m^2；专用室外试验场面积104.5万m^2。

3. 人员数量及教育背景

截至2018年年底，山西全检验检测行业共有从业人员25088人，其中管理人员4527人，占总人数的18.04%。平均每个检验检测机构从业人员27人，2018年新增就业人数1078人。检验检测服务业的快速发展，在为社会提供专业服务的同时也提供了大量的就业岗位。

检验检测服务业从业人员超过2000人的地市有3个，分别是太原市10567人、晋中市2099人、临汾市2080人，占山西全省检验检测服务业从业人员总数的58.78%。整体来看，检验检测服务业从业人员数量持续增长，为机构发展注入了动力和潜力。

从单个机构的从业人数来看，2018年，从业人数300人以上大型检验检测机构仅有中铁十二局集团有限公司计量测试中心1家，年末总从业人员为356人；从业人数100～300人的中型检验检测机构共有20家，年末总从业人员3131人，户均156人；从业人数10～100人的小型检验检测机构共有824家，年末总从业人员21090人，户均26人；从业人数不满10人的微型检验检测机构有 67 家，年末总从业人员 511 人，户均 8 人。可见，检验检测服务业中，小、微型检验检测机构仍然占据行业的主体，不大不强的发展困局仍未有明显改观。

从学历上看，研究生及以上学历 1535 人，占 6.12%；大学本科学历 9220 人，占 36.75%；专科及以下学历 14333 人，占 57.13%。研究生及以上学历和大学本科学历的绝对数量均有大幅提高，在总人数的占比也显著提升，反映了检验检测从业人员整体素养得到有效改善。

从专业技术能力上看，2018 年，全省检验检测服务业拥有各级技术职称人员 12538 人，占从业人员总数的 49.98%。其中，高级技术职称人员 2212 人，中级技术职称人员 5774 人，初级技术职称 4552 人，分别占从业人员总数的 8.82%、23.01% 和 18.14%。检验检测机构户均拥有各级技术职称人员 14 人。

二、业务状况

（一）业务来源“市场化”进程加快

2018 年，山西全省仅有 58 家机构检验检测业务全部来源于行政执法或政府委托，营业收入仅为 1308.5 万元。有 615 家机构检验检测业务全部来源于社会委托，营业收入达 16.75 亿元。这充分说明，检验检测行业作为独立第三方，在山西省越来越广泛地服务于各类市场主体和市场行为。

从检验检测机构业务开展区域来看，2018 年客户为山西省的有 338 家，占比 37.06%；来自周边几个省份的有 12 家，占比 1.32%；客户为本地市的有 415 家，占比 45.50%；客户为全国的有 144 家，占比 15.79%；客户为境内外的有 3 家，占比 0.33%。

随着山西省打造对外开放“新高地”战略的持续推进，已有机构实现了检验检测服务“走出去”，在全国、甚至境外拓展业务领域。同时，近一半数量的检验检测机构仍在本地市区域内开展检验检测服务，也体现了受成本、技术、体制、信息手段等因素制约，检验检测市场的区域分割特性在一定时期内仍将存在。

从检验检测机构报告收入来看，2018 年检验检测机构共向社会出具具有证明作用的数据、结果的报告 734.7019 万份，较 2017 年增加 24.73%，平均每个检验检测机构出具报告 8056 份，共获得收入 22.72 亿元。

其中，出具行政执法报告 129964 份，获得收入 1.4 亿元；出具社会委托报告 6303334 份，获得收入 20.56 亿元；出具司法鉴定报告数 781 份，获得收入 0.03 亿元；出具其他报告 912940 份，获得收入 0.73 亿元。

检验检测报告数量逐年快速增加，社会委托报告收入已成为检验检测机构主要业务来源，通过市场配置资源，服务全省高质量转型发展的功能定位更加凸显。

（二）业务开展“集约化”势头显现

2018 年，山西全省 912 家检验检测机构营业收入 31.63 亿元，机构平均产值 346.82 万元，人均产值为 12.61 万元。其中，规模以上（规模以上检验检测机构是指营业收入在 1000 万元以上的机构）检验检测机构 70 家，虽仅占机构总数的 7.68%，却取得收入 14.53 亿元，占行业营业总额 45.94%。70 家机构平均产值 2075.57 万元，人均产值 31.7 万元；实现营业收入达 2000 万元以上的机构有 28 家，共实现营业收入 8.97 亿元，机构平均产值 3204.07 万元，人均产值 35.56 万元；营业收入超过 3000 万元的机构有 11 家，共实现营业收入 4.87 亿元，机构平均产值 4426.91 万元，人均产值 36.78 万元。这充分体现了机构规模集约化发展与盈利能力的正向关系，一批规模大、水平高、能力强的检验检测品牌正在逐步形成，集约化发展势头初步显现。

（三）业务水平“含金量”有效提高

截至 2018 年，山西全省检验检测机构获得资质认定（计量认证）的检测能力中，累计检测参数 111947 项，产品标准 35481 项，方法标准 82103 项。提升业务开展的科技含量，提高技术服务水平越来越成为行业共识。

2018 年，山西全省各类检验检测机构参加组织能力验证计划总数 1549 项，参加测量审核 253 项。各类检验检测机构参与科研项目总计 224 项，其中，国家级科研项目 33 项，占 14.73%，争取科研经费 5006 万元，省部级科研项目 97 项，占 43.30%，争取科研经费 2950.1 万元。

行业中被认定为高新技术企业机构 27 家，收入 2.15 亿元，超出行业平均水平 2 倍多。2018 年行业专利申请受理数 138 件（获得专利授权书数 89 件），其中，发明专利申请受理数 60 件（获得发明专利授权书数 35 件）。截至 2018 年年底，山西全省检验检测服务业拥有有效专利 248 件，其中有效发明专利 138 件。同时，全行业积极参与各类标准的制修订工作，投入标准制修订经费总计 584.5 万元。

三、山西省检验检测机构存在问题的原因分析

近年来，随着“放管服”改革的持续推进，各级不断简化检验检测机构资质认定程序，放宽市场准入限制、扩大对民营及外资机构开放，提高行政许可和技术评审时效，优化检验检测行业发展环境。在这样的政策背景下，检验检测行业得到长足发展。通过前述简单数据比对，我们能够看到，产业规模逐年增长、结构持续优化、科研创新能力不断增强。但在肯定成绩的同时，也必须清醒地认识到，在国内，山西省行业体量仍属第三方阵，在中部六省也位列最后。在省内，检验检测行业的发展还不能完全支撑匹配经济社会高质量转型发展的进程。分析原因，主要表现在以下三个方面。

（一）检验检测行业发展水平仍然不高

随着“放管服”改革的持续深入，检验检测行业在全国得到了长足发展。短短五年时间，我国检验检测机构数量从 2013 年的 24847 家发展到 2018 年的 39472 家。与此同时，山西省检验检测行业机构数量也快速发展到 912 家。尽管山西省机构发展进步明显，但与国内同类机构相比，“小、散、弱”的特征十分明显，行业的品牌、权威、公信力急待提升。

行业整体对党和国家、省委省政府的战略部署关注度仍然不够，普遍缺乏对相关政策的研究、解读和对标操作，行业发展与山西综改转型、能源革命等战略布局发展对接不到位，特别是支撑山西省高端装备制造、新能源、新材料、信息技术、现代服务业等战略性产业的能力明显不足，整体发展仍然处于简单粗放状态，数量不足，技术手段相对落后。

（二）检验检测行业“法规意识”仍然不强

2018 年，山西省检验检测机构共向社会出具检验检测报告 734.7019 万份，其中所检验检测项目出现不符合或不合格的报告数 32.5877 万份，不符合或不合格的报告数仅占检验检测总报告 4.44%，与社会各界对质量状况的真实感受有一定差距。

2019 年下半年，山西省市场监督管理局、省生态环境厅、省药品监督管理局联合对机动车检验、环境监测、医疗器械检验等 50 家检验检测机构进行了“双随机”监督检查。从抽查结果来看，20 家机构存在一般性管理和技术问题，30 家机构存在违反《检验检测机构资质认定管理办法》的行为，管理体系没有有效运行、检测报告和原始记录不规范、标准更新和人员变更备案不及时、未严格按照标准规范要求检验等问题不同程度地存在。个别机构甚至存在超能力范围检验、未经检验检测出报告数据的行为。

检验检测服务同质化导致了恶性竞争。截至 2018 年年底，山西省检验检测机构集中在本省区域内开展业务的机构占 82.57%，机动车检验、建筑工程、环境与环保等 3 个行业领域的检验检测机构数量占到全省检验检测机构数量的 73.79%。行业的过分集中，导致通过大幅降价的方式争抢客源成为行业“潜规则”。同时，部分行业领域的检验检测服务招投标机制不健全，竞标、中标只重视价格而忽视质量，只重招标时的程序合规，缺乏对业务全过程的监管，也为“潜规则”无法禁绝提供可能。

通过上述情况，可以看出山西部分从业机构法制意识薄弱，内部管理体系运行在一定程度上流于形式，单纯追求经济效益最大化，而忽视主体责任和行为规范，不检或少检就出报告的行为仍未能杜绝，严重影响了检验检测行业的公正性和权威性。

（三）行政监管效能仍需进一步提升

机构改革后，实现整合融合的市场监管部门，面对监管方式转变、人员调整等多重影响，需尽快提升行政监管效能。目前主要表现在：一是监管依据不足。检验检测行业监管方面还没有专门的法律，现有的法规和部门规章可操作性有待完善，对检验检测机构的处罚力度不足，导致违法违规成本较低。基层市场监管所（站）位于对检验检测机构实施监督的最前沿，但缺乏有效的法律法规政策支撑。二是监管成本较高。检验检测服务过程难以复现，监管中要形成完整证据链的难度极大。监管仅靠行政执法人员难以独立完成，通常需要借助专业技术人员的力量，涉及聘请相应专家做技术支撑，监管成本较高，而基层局又普遍存在监管经费不足现象，从某种程度上影响和制约了监管效能。三是基层监管能力不足。检验检测监管对监管人员的专业性、技术性要求很高，目前缺乏一支懂技术、懂行业的监管队伍，难以对检验检测市场实施有效的属地监管。

四、山西省检验检测行业的发展建议

（一）加快推进检验检测行业综合改革，引领行业健康有序发展

应牢牢把握问题导向，盯住影响和制约行业发展的

"进入难""市场乱""红顶机构多"等堵点、难点，精准发力，久久为功，切实以改革实效引领行业健康发展。

一是按照深入推进"证照分离"改革的要求，进一步优化检验检测机构审批流程。在保证审批质量，在确保基本能力的前提下，进一步放宽行业准入，坚决取消在登记注册时已经提交和重复证明的申请材料，压缩检验检测机构资质认定审批时限，方便各类市场主体更为便捷地获取资质，参与市场竞争。按照市场监管总局的统一部署，积极推行检验检测机构资质认定告知承诺制度，提高检验检测机构资质认定审批效率。要加强检验检测机构资质认定评审员队伍建设，优化评审员选派和现场评审机制，探索建立评审质量评价机制，提升评审员的专业评审技术能力。通过持续的改革创新，不断提升人民群众对改革的"获得感"和"满意度"。

二是按照深入推进"放管服效"改革的要求，进一步严格监管、优化服务。全面落实"双随机、一公开"监管模式，构建以信用监管为基础多元共治的监管格局。建立从业机构及从业人员的诚信档案，探索永久退出和终身禁入等失信惩戒机制，提高违法失信成本。要完善顶层设计，强化各类保障，制定检验检测监管工作流程和线索问题后处理工作程序，明确各级事权，细化监管责任。要进一步优化服务，加强检验检测公共服务平台建设，为各类机构量值溯源、人才培养、标准查新等提供优质服务。周密组织检验检测能力验证，积极倡导开展机构之间技术比对，做好对验证结果的专家解读、分析，切实帮助机构解决自身能力问题，提升市场竞争力。

三是按照深入推进事业单位分类改革的要求，进一步推动检验检测行业市场化。按照国家和山西省的统一部署以及事业单位分类改革的要求，坚持"统筹规划、合理布局，政府引导、市场驱动，积极稳妥、分步实施，分业推进、分级负责"的原则，推进事业单位性质的检验检测机构改革。要在摸清底数的基础上，明确检验检测机构功能定位，推动对公益性和商业性业务剥离，推进部门或行业内部整合，推进具备条件的检验检测机构与行政部门脱钩、转企改制，推进跨部门、跨行业、跨层级整合，支持、鼓励并购重组，做强做大。要切实打破市场准入限制和区域分割，打破部门垄断和行业壁垒，积极发展混合所有制检验检测机构，加大政府购买服务等力度，营造各类主体公平竞争的市场环境，鼓励、引导检验检测机构平等参与市场竞争。要支持条件成熟的机构先行先试，吸收和借鉴兄弟省市改革成果，及时总结推广试点改革经验，积极稳妥地推进检验检测机构市场化改革。

（二）坚持多措并举、综合施策，引导行业集约化、品牌化发展

通过市场驱动、政府引导、行业自律等多种途径，引导带动行业走集约化、品牌化的发展路径。

一是坚持让市场在资源配置中起决定性作用，通过公平竞争，促进行业集约化、品牌化发展。鼓励检验检测机构通过资本纽带、商业合作、战略联盟等市场手段，以兼并重组、股权互换、资产置换以及投资建设等方式实现产业的规模化、集约化发展。鼓励各级各类业务相同、相近的检验检测机构整合，适度提高检验检测市场集中度。支持山西省内检验检测机构围绕参与"一带一路"建设"山西品牌中华行、丝路行活动"等开展国际国内合作。通过充分竞争，培育一批在国内有影响力的品牌机构，提升山西省机构参与检验检测标准制定的话语权，提升检验检测能力和公共服务水平。

二是更好地发挥政府的作用，通过合理制定产业政策，引导行业集约化、品牌化发展。要构建完善保障行业发展的制度体系，引导检验检测机构按照市场需求，优化业务结构和资源配置，增加满足中高端需求的供给，避免低水平重复建设。落实落地山西省内各项优惠政策，统一政策标准尺度，使各地、各类机构能够应享尽享。支持企业走高精尖发展之路，为符合条件的从业机构获得高新技术企业认定搭建"绿色通道"。支持中小型机构加快发展，培育检验检测行业的"隐形冠军"和"小巨人"，引导中小机构发挥专业优势，做专做精做细，针对细分行业提供专业服务、特色服务。

三是更好地发挥行业组织的作用，通过行业自治自律，助力行业集约化、品牌化发展。山西省认证认可协会、山西省检验检测标准化技术委员会等行业组织应承担好行业发展共同体的作用，加强组织协调，积极搭建协作平台，推动行业主动对接质量提升行动，统筹加大检验检测机构基础技术、等效性评价技术等关键共性技术的攻关研究，提升检验检测技术智能化水平和评价可靠性。融入标准化综合改革，提升行业标准化意识和水平。积极倡导行业自律，组织发起检验检测行业诚信倡议，督促行业遵循公平公正、诚实守信的原则，恪守职业道德，承担社会责任。为行业

集约化、品牌化发展构建坚实基础。

（三）强化保障措施，支撑行业持续稳定发展

一是加大人才引进和培养力度。根据检验检测行业发展技术负责人、质量负责人、检验检测、质量管理等关键人才需求，坚持引进和培养并重，着力造就为各机构提供懂技术、会操作、能管理、善创新、守法纪的检验检测人才培养机制。积极鼓励相关教育培训机构、研究机构、第三方机构共建检验检测相关专业人才培养基地，完善形成人才培养体系。完善非公组织检验检测职称评定工作机制，打通行业内人才职业晋升成长通道。通过人才引进和培养，不断强化检验检测机构的科技创新能力，促进检测方法研究，检测仪器的改进和开发，进一步提升检验检测能力水平和检测人员的技术水平。

二是健全完善检验检测统计制度。积极探索建立反映检验检测行业发展现状的指标体系、统计体系。建立健全行业统计分析制度。在全面分析整理的基础上，围绕重点区域、重点领域开展检验检测行业统计分析，通过信息汇集和大数据技术手段应用，形成分析报告及发展建议，为服务检验检测行业高质量发展提供决策参考。

三是加大检验检测的社会宣传力度。依托“世界认可日”“全国质量月”“检验检测机构开放日”“有机产品宣传周”等重大主题活动，加强检验检测制度、技术等方面的宣传、成果展示。积极鼓励检验检测机构，充分利用报刊、广播、电视等传统媒介进行宣传，积极探索“两微一抖”等互联网新媒体的宣传模式，加强与社会各界的沟通交流，发挥传递信任、服务发展的作用，宣传检验检测知识、服务百姓大众、促进居民消费、助力质量发展，扩大社会认知度和提高行业美誉度，在全社会营造了解检验检测技术、关注检验检测行业发展的浓厚氛围。

撰稿人：高卫平　朱立先

上海市市场监督管理局

“认证”助力打造上海品牌的皇冠

“上海品牌”认证作为推动上海服务、上海制造、上海文化、上海购物“四大品牌”培育、评价和发展的重要举措和抓手，以提升社会对“上海品牌”的信任为落脚点，以树立品牌标杆、提升辐射带动能力为着力点，通过发挥认证“质量管理‘体检证’、市场经济‘信用证’、国际贸易‘通行证’”的“三证”作用，不断向市场和消费者传递“上海品牌”对高品质产品和服务的承诺。

一、“上海品牌”认证的创新实践

（一）夯实基础，打造品牌建设的标杆

2015 年，围绕中高端产品和服务供给不足、企业品牌建设相对滞后、传统以政府为主的品牌评价机制遭遇瓶颈等区域品牌建设中亟待解决的突出问题，上海市场监管部门创新性地提出了将认证引入品牌建设的工作思路，并深入开展了研究论证。为了找准正确的“打开方式”，“上海品牌”认证经过 2 年多扎实的理论研究、现状调研、制度设计及可行性分析，旨在启动伊始，即着力将其打造为品牌建设工作中的标杆和名片。至 2020 年 8 月底，共有 79 家单位的 124 项产品和服务获得“上海品牌”认证，有效证书 83 张，通过先进性评价的标准 83 项。

（二）调动发挥第三方机构的优势职能

“上海品牌”认证遵循认证所特有的国际化和市场化属性，引导市场主体、认证机构、行业组织等各方发挥优势作用，构建了“政府搭台建机制，第三方认证唱主角，企业亮相争标榜”的工作模式。推动组建集认证技术研究、规则制定、组织实施于一体的“上海品牌国际认证联盟”，先后吸纳 21 家国内外知名认证机构和 1 家科研院所，制定了联盟章程及系列管理制度，形成了 1+X 认证制度体系，确保认证实施依据、方法和尺度的统一。

（三）运用好制度的引导和保障作用

政府要从品牌评价的“一线主力”转为“搭台建机制”的“二线引导”，关键还在于抓牢制度建设这个“牛鼻子”。上海市场监管部门通过印发《上海市“上海品牌”管理办法（试行）》《上海市“上品”标志管理办法》等规范性文件，发布上海市地方标准《上海品牌评价通用要求》（DB31/T 1048—2017）等规定要求，实现抓“两头”促“中间”。不但抓好前端规章制度的顶层设计，还要高悬后端的认证监管“达摩克里斯之剑”，在引导第三方机构高质量高水平开展“上海品牌”认证的同时，督促其强化工作的专业性和规范性。

二、新版地方标准开启了“新纪元”

（一）从“品质”到“品牌”，提升了工作维度

新版上海市地方标准 DB31/T 1048—2020《“上海品牌”认证通用要求》总结了实践中对“品质”的重视程度高于“品牌”的问题，修订中除了继续强调“品质”的重要性以外，更突显了“品牌”的地位和作用。在显示度上，将“品牌引领”置于标杆性组织五个评价维度之首；在指标上，通过参考 ISO 20671:2019 *Brand evaluation — Principles and fundamentals*、GB/T 29187-2012《品牌评价 品牌价值评价要求》、GB/T 31041-2014《品牌价值 质量评价要求》等标准以及五星钻石奖等品牌评价方法，细化了具体项目，提高了指标水平。例如，提出了对品牌知名度、美誉度、认知度和满意度的要求等。

（二）“评价”改为“认证”，旨在更加聚焦主题

修改 DB31/T 1048—2020 名称为《“上海品牌”认证通用要求》，是否存在定义不全的问题？从字面意思理解，“评价”的外延大于“认证”，而认证环节又包

含标杆性组织评价。为避免人们对标准中评价和认证概念的混淆，同时为突出"'上海品牌'认证"自身品牌建设的需要，经反复讨论研究，最终还是修改了标准名称，目的就是为了强调——整个"上海品牌"认证的工作重心和主题在于"认证"。

（三）标杆性组织评价方法，源于实践的理论成果

新版标准的一大亮点在于给出了标杆性组织成熟度评价方法和区别于产品或服务的标杆性组织评价项目。更值得一提的是，标杆性组织评价项目是结合了实践过程中所形成的《上海品牌评价标杆企业实施细则（试行）》、相关指标实施经验等因素所制定的，共分为5个评价维度17个评价项目28项具体指标。而标杆性组织成熟度评分系统则主要参考了GB/Z 19579-2012《卓越绩效评价准则实施指南》，分为0%、30%、60%、100%四档。

三、持续提升供给能力和水平

历经3年多的培育引导、宣传发动，"上海品牌"认证逐步被市场所认可、得企业之信赖、为消费者所知晓。有获证企业在参与国内国际市场竞争中，因"上海品牌"认证而被优先考虑并竞标成功；也有获证企业通过优化管理机制、促进管理创新等手段增强内生动力和发展活力，实现管理提升和利润增长的双丰收。

随着新版标准的发布实施，上海市场监管部门启动了新一轮优化体系、提升能级的制度设计和布局，关于"上海品牌"认证的政府规章已进入立法调研阶段，《关于加强"上海品牌"认证工作的指导意见》等规范性文件即将发布。上海品牌国际认证联盟牵头制定的《"上海品牌"认证指导性目录》也将同步推出。

除了健全完善"上海品牌"认证制度体系，上海市市场监管部门将进一步聚焦上海未来发展方向、重点产业布局和特色优势领域，更加精准定位、突出重点、清晰规则，聚焦集成电路、人工智能、生物医药三大战略性产业，以及金融、教育、电子商务等服务领域，强化认证技术支撑，推动先进性标准的创新研究与制定。总结推广养老、物业、客运服务等领域品牌引领、品质卓越、自主创新、管理精细、社会责任等方面的先进经验，增强品牌辐射能力，带动相关行业整体服务质量的提质升级，推动企业提升品牌价值的同时，为市场和消费者提供更多高品质产品和服务供给。

撰稿人：夏　敏　审稿人：刘春扬

上海市市场监督管理局

“上海品牌”认证引领科技创业服务创新发展

在“建设具有全球影响力的科创中心”背景下，上海杨浦科技创业中心有限公司（以下简称“杨浦创业”）将“上海品牌”认证作为提升创新创业服务水平的有效手段和重要抓手，用“品牌引领服务”的全新思维打造“创时代”科技创业服务体系，用优质服务持续成为创新创业服务品牌的领导者和先行者。

杨浦创业以打造品牌特色为旗帜，以认证手段推进服务过程标准化，促进服务模式持续创新，推动服务成效提升。通过对标国内外优秀孵化器，不断提升杨浦创业的品牌内涵，扩大品牌影响力。

一、标准体系覆盖服务全过程

在“上海品牌”认证过程中，杨浦创业将多年来科技创业服务过程的工作做法，经过与时俱进地修改完善，用标准的形式加以固化、改进及创新，发布并修订各类标准合计 132 个。

一是发现与培育并重。建立企业“寻找、引导”的标准体系，通过有效机制设计及绩效考核标准，改变项目发现与培育脱节的现状，提升园区企业的整体素质，“制造”更多的候选加速企业，强化对区域经济的贡献；二是整合与提升并重，在创业苗圃、孵化器以及加速器服务过程分别形成系列的服务规范。在现有案例编写的基础上建立健全动态的资料数据库，包括全园区企业的基本情况、优惠政策的状况、项目申报情况等。各级部门都能及时了解和分享各自的工作情况，也能督促员工随时对工作中的信息及相关经验进行积累。

二、创新服务管理模式

杨浦创业在业内率先提出了孵化服务链向两端延伸的“创业苗圃 + 孵化器 + 加速器”的创新服务链，被誉为全国孵化器五大发展模式之一的“杨浦模式”，并向全国推广。在原有“杨浦模式”的基础上，总结提高，引入质量因子，识别顾客的需求，形成从创业项目初到产业化发展的含有质量因子的全链条一体化创业孵化服务模式，即“植入质量因子的孵化全链条杨浦模式”。在“上海品牌”认证过程中，进一步丰富模式内容，逐步向行业推广和复制。

三、提升服务成效、彰显品牌影响力

2019 年 1 月，杨浦创业“创业孵化服务”获“上海品牌”认证。认证既是对以往服务过程的总结，又是对今后服务提升的依据和重要手段。在此基础上，杨浦创业仍继续保持多年获得国家级孵化器考评优秀(A 类)的成效，而上海每年不超过 8 家，标准中的 18 项关键技术指标每年均达标完成，个别指标远超标准要求。

通过标准化运营，公司员工从岗位做起，从标准做起，为中小微企业提供深度服务，在软件运营服务、产业互联网、区块链服务等产业初步形成了产业集聚效应。有 15 家企业成功上市，各项质量指标高于全国行业平均水平。

杨浦创业始终坚持品牌认证中承诺的“企业发展与反哺社会同步”的方针。新冠疫情防控期间，杨浦创业义无反顾地与科创企业站在一起，心往一处想，劲往一处使。杨浦创业聚焦受疫情影响较重的产业和创业企业。积极落实上海市政府发布的《上海市全力防控疫情支持服务企业平稳健康发展的若干政策措施》以及杨浦区发布的“支持中小企业共抗疫情的十条政策”内容，在第一时间制定了《上海杨浦科技创业中心关于中小企业房租减免的细则》。

在实际受理入驻企业免租申请的过程中，发现现行房租补贴政策过于“一刀切”，如线下教育培训企业、影视文化企业对租赁场地要求较高，但受疫情影响也最为严重。针对这些特别困难的企业，从企业扶持的角度专门出台了一系列个性化扶持政策，对教育培训等企业及民办非企业机构予以进一步的扶持。杨浦创业已经减免638家企业和创业团队的房租和服务费用，减免金额达3000万元，展现出“上海品牌”认证企业社会责任的担当。

上海市市场监督管理局

有序承接CCC免办 创新开设便捷通道 优化贸易营商环境

根据国家市场监管总局和海关总署《关于免予办理强制性产品认证工作有关安排的公告》，自2019年4月1日起，市场监管部门全面承接由海关移交的进口产品免予办理强制性产品认证工作（以下简称“CCC免办工作”）。面对这一新任务、新要求，如何在时间紧、任务重、人员缺的现状下做好CCC免办工作，既保障进口产品的质量安全，又便利进口企业CCC免办申办，上海市市场监管局（以下简称“上海市局”）使命在心，责任在肩，担当在行，经过多方调研，统筹协调，找准问题求突破，实现了CCC免办工作有序承接，并探索创设“CCC免办自我承诺便捷通道”，推动营商环境持续优化，促进贸易便利化水平不断提升。

一、主要做法

（一）思想重视，周密部署抓落实

《公告》发布后，上海市局主要领导高度重视，主动对接市场监管总局和上海海关，根据了解到的2018年上海CCC免办业务量位居全国首位的情况，第一时间研究部署人员配备、组织架构和条件保障，并印发《关于部署本市免予办理强制性产品认证工作的通知》，明确由市局实施全市CCC免办工作的制度建设、业务指导、监管督查和能力培训，由区市场监管局负责辖区内CCC免办的审核和后续监管工作。同时，联合上海海关印发《关于本市免予办理强制性产品认证工作有关安排的通告》，周知本市企业及时调整，确保工作不断不乱，保障企业正常经营活动不受影响。

（二）多方调研，找准问题求突破

由上海市局分管局领导带队，先后深入浦东区、闵行区等区市场监管局，中国质量认证中心等技术机构，以及捷豹路虎汽车贸易（上海）有限公司、富士迈半导体精密工业（上海）有限公司等10多家企业调研。组织专题座谈，听取CCC免办申办情况和建议，查找CCC免办工作中存在的难点和堵点问题。经调研，着力解决两方面问题：一是企业申报线下转线上的压力大。根据新规定，原先由海关线下诚信企业通道直接放行的业务，也将由线下转为线上，统一通过CCC免办系统进行申报办理。据2018年数据，办理这些业务的企业虽然只有41家，但业务量非常大，2018年超过了2.4万批，是上海全年线上业务量的近4倍。二是信息化系统更新后，申报内容变化较大。CCC免办系统更新前后，在产品最终使用地、申请人主体资格以及申报材料等方面，都做出了诸多调整，可能导致申办企业短时间内来不及适应，造成申报延迟。认证处将这些调研情况及时梳理，形成应对思考向市场监管总局专题汇报，就CCC免办制度建设、系统优化、事后监管和技术支撑等4个方面提出意见建议。

（三）统筹协调，创新试点破瓶颈

结合调研和实际工作发现的难题，上海市局认证处提出创新构想迎难化解，对本市信用记录良好、追溯体系完善、产品批次较多的CCC免办申请单位，经审核，申请总局授权使用“便捷通道”，自助获取CCC免办证明，探索推动“CCC免办自我承诺便捷通道”这一诚信监管创新举措在上海试点实施。通过与市商务委专题协调对接，就深入合作开展CCC免办便利化举措达成一致意见。随后，专题向市场监管总局相关司局函报在CCC免办系统中试行“便捷通道”的创新构想，得到市场监管总局大力支持。

（四）加强保障，夯实基础助提升

在市场监管总局的支持指导下，上海市局认证处会同总局信息保障部门、业务指导部门组成“便捷通道”需求技术保障团队，加班加点升级国家CCC免办系统，研讨国家CCC免办系统建设“CCC免办自我承诺便捷通道”模块可行性分析，将制度设想转化为可操作性的系统界面。在不到一个月的时间里，“便捷通道”模块即试运行成功，平稳过渡至7月初正式开通施行。同时，联合市商务委印发《免予办理强制性产品认证自我承诺便捷通道实施细则（试行）》，明确“便捷通道”的申报条件、流程和监管要求。

（五）宣贯培训，落实政策强支撑

一是建立全市CCC免办审核监管队伍。分阶段组织市区两级市场监管部门审核人员和监管人员开展针对性培训，指导各区市场监管部门精准、优质、高效开展免予办理强制性产品认证工作的审核和后续监管。二是面向企业做好政策宣贯和系统实操培训。“CCC免办自我承诺便捷通道”系统试运行成功后，组织召开全市政策宣贯和意见征询会，解读“便捷通道”便利化举措要点和审核标准要求，听取企业CCC免办单位意见建议，鼓励符合条件的企业积极申报。组织“便捷通道”操作培训，确保“便捷通道”正式开通后企业顺利使用系统。

二、主要成效

（一）有序承接CCC免办工作

CCC免办政策的有序承接，有效降低了企业的制度性交易成本，提升了通关便利化水平。在保障进口产品质量安全的前提下，促进企业新产品研发、生产线建设改造、出口加工贸易等业务更快推进，营商环境得到优化，企业满意度大幅提升。截至2019年年底，全市共接到CCC免办事项17219批，其中已发证明16408张，占全国发证书38.3%。涉及申请企业560家，货值金额6.9亿元。审核发证平均时间2个工作日，短于市场监管总局在5个工作日内办结的时限要求。

（二）创新开设CCC免办自我承诺便捷通道

首创在国家CCC免办系统上实施的便利化举措，有效缓解了原CCC诚信示范企业线下转线上业务量大导致的通关效率下降问题，通过企业在国家CCC免办系统上的“自我承诺、自助填报、自动获证”操作，实现CCC免办办理“无纸化、随时办、零等待”，并由市场监管部门加强后续监管，提高企业通关效率，提升上海跨境贸易便利化水平。“CCC免办自我承诺便捷通道”于7月初正式开通，供本市首批经审核符合条件的16家CCC免办单位使用。截至2019年年底，本市通过“便捷通道”完成自助发证3808批，占全市发证总数23.2%，货值金额1.4亿元，全程办理时间平均少于半小时，极大地缩短了CCC免办业务的办理时间。CCC免办便利化举措工作成效得到了数家企业的来信来电感谢。

（三）便利化举措服务保障进博会

进博会作为“各国高质量产品和服务”的集中展示平台，有众多汽车、家电、灯具、玩具等CCC进口产品参展。在市场监管总局支持下，积极探索进博保障制度化、便利化举措，及时为国家会展中心开通“CCC免办自我承诺便捷通道”，实现进口CCC展品免办证明申报的“自我承诺、自助填报、自动获证”，极大缩短进博展品CCC免办业务办理时间。便捷通道通过全程网络化、电子化取代了人工审核的流程，并和海关部门联网对接，使得通关效率大为提升。截至11月4日进博会开幕前，通过便捷通道等服务政策，上海市局为国家会展中心发放进博保障用CCC免办证明48张，涉及进口汽车、家用电器、灯具、玩具等CCC产品269件（辆），货值金额4528万元。

撰稿人：周　茜　审稿人：刘春扬

江苏省市场监督管理局

打造一体化信息平台　推进认证检测高质量监管

认证认可检验检测是高技术服务业的重要组成部分，也是国际公认的国家质量基础设施，在推动高质量发展、扩大对外开放、促进世界贸易中发挥着重要的技术支撑作用。江苏省市场监督管理局（以下简称“江苏省局”）高度重视认证认可检验检测工作，紧扣“推进高质量监管、助力高质量发展”主题，着力在建平台、强监管，抓服务、促发展上下功夫，稳步推进行业监督管理与体系建设，取得显著成效。目前，江苏获省级资质认定的检验检测机构近2800家、建设国家级质检中心53个、省级质检中心64个，在苏注册认证机构36家，综合能力水平位居全国前列。

一、加快推进一体化信息平台建设，提升认证检测市场监管效能

以“高、全、新”为建设理念，以监管与服务一体化为建设思路，采取多元化数据采集、系统性汇聚、专业化分析、定制化服务等信息手段，建成并上线运行江苏检验检测监管服务信息平台（苏检通）。《中国市场监管报》、“学习强国”等国家、省级媒体平台进行了专题报道。苏检通平台的上线，有力提升了监督检查、公共服务、管理决策水平，总体上实现了“三化”目标。一是监督检查精准化。充分利用苏检通平台大数据关联分析、动态对比和档案管理功能，在线实时发现机构异常经营数据，并及时推送给监管人员，指导线下开展现场检查，提升监管主动性、准确性和有效性，实现基本事项“不见面”监督检查，降低行政监管成本，提高监管效能，有效缓解监管条线尤其是基层监管力量不足的矛盾。二是公共服务高效化。苏检通平台对接市场监管总局相关数据信息系统，汇总各行业主管部门奖惩信息，全过程记录检验检测机构信息，向社会集中发布，对机构实施统一信用监管，服务公众查询检验检测机构，服务企业寻求技术支撑，服务政府决策指导。三是管理决策科学化。苏检通平台是“互联网＋监管”的运用，也是“大数据＋决策”的实践。通过在苏检通平台上开发大数据分析模块，对检验检测行业发展趋势、运行规律、行业特征进行综合研判，指导政策措施制定、风险监测预警，提升综合管理决策能力。苏检通平台的建设得到总局认可检测司的大力帮助支持，在此表示衷心感谢。2020年，江苏省局将在完善苏检通平台监管功能基础上，建设江苏认证监管信息平台。

二、扎实开展“双随机、一公开”联合监管，严守江苏认证检测市场监管安全底线

江苏省局坚持全面覆盖、规范透明、问题导向、协同推进原则，在认证检测领域率先推行部门联合“双随机、一公开”监管，形成对全省认证检测机构常态化管理机制。一是在检查对象抽取范围上，突出“广”字。在认证监管方面，通过江苏省市场监管信息平台抽取553家强制性产品认证获证组织、345家质量管理体系认证获证组织、45家有机产品认证获证组织和25家认证机构进行现场检查。在检验检测监管方面，完成1979家检验检测机构的监督检查，其中组织15个省级检查组，58名专家对75家检验检测机构实施现场检查，组织各市完成340家检验检测机构现场检查。二是在检查主体联管力度上，突出“大”字。在国家层面，配合做好3批次市场监管总局双随机在江苏省的监督检查工作，涉及15家国家级资质认定检验检测机构，对6家新认证机构以及36家自愿性认证获证组织开展现场核查。在区域层面，积极推进长三角检测认证一体化监管，建立监管信息共享机制，组织长三角三省一市22名专家开展建工类检验检测机构监督检查，派员参加安徽省检验检测机构双随机检查，组织我省眼镜类检验检测机构参与长三角地区检验检测行业能力验证等。在省级层面，检验检测方面率先与公安、生态环境、交通等部门开展联合监管，在认证方面，与农业农村部门开展深度合作。三是在检查结果公开

运用上，突出“真”字。全面实行监督检查通报制度，将检查结果及问题查处结果及时予以通报，并通过企业信用信息公示平台公布，接受社会监督。2019年，在检验检测监管方面，责令改正检验检测机构192家，责令整改87家，暂缓相关资质44家，建议撤销资质认定机构9家；认证监管方面移交立案查处21件，责令改正58家，约谈53家，告诫30家，自行整改19家。

三、严密组织能力验证技术监管，确保认证检测机构能力资质相符

2019年，江苏省局对1504家机构开展省级检验检测能力验证工作，样品检测结果满意的机构1418家，占比94.3%。一是突出民生领域设项目。围绕生态环境保护、食品安全、社会民生热点等重点领域，设立电线电缆产品—导体直流电阻试验、环境样品中苯系物含量测定、金属材料力学性能检测、水中重金属镉含量测定等4项能力验证和食品检验检测机构检测报告专项抽查项目。二是突出公平公正抓落实。以公开促公平，公开招标确立能力验证承办单位，集中制定能力验证作业指导书，统一发放样品，全部实施交叉盲样考核；以科学促公正，统计分析采用稳健技术处理，以中位值作为指定值，以标准化四分位距为能力评定标准差，确保统计结果客观公平。三是突出问题导向促整改。对结果有问题的42家检验检测机构，责令制定整改计划，落实整改措施；对结果不满意的44家检验检测机构，暂停其能力验证项目的检测资质3个月。

下一步，江苏省局将紧紧围绕推进市场监管体系和监管能力现代化的目标要求，开拓创新、扎实工作，努力打造在全国领先率先、在地方有为有位的江苏认证认可检验检测工作品牌。

浙江省市场监督管理局

积极推进“品字标”认证服务发展

“品字标”“浙江制造”“丽水山耕”认证取得明显成效。截至2019年12月底，浙江辖区新增“浙江制造”认证企业246家、“丽水山耕”认证企业47家，颁发浙江制造认证证书392张、国际认证证书65张，丽水山耕认证证书60张。新增认证企业数、国际认证证书数分别提前完成年度目标值的146%和130%。全省累计已有“浙江制造”认证企业503家、认证证书868张、国际证书151张，“丽水山耕”认证企业260家、认证证书372张。突出的成绩源自于推进改革创新与完善管理，出台认证提质增效4项举措，一是延长证书有效期，由3年延长为6年，并同步调整优化了监督评审模式；二是减少现场审核时间，通过精简评价条款、统一体系评价要求、认可采信三体系证书，压缩减少了50%左右的审核时间；三是推广国际合作认证，积极提供出口认证优质服务，提升认证效率；四是研究不同机构对“浙江制造”认证结果的采信规则，努力探索浙江制造“一次认证、多机构发证”模式，为企业减少综合认证检测费用50%以上。同时，注重发挥认证联盟综合协调作用，增强认证机构与企业、联盟成员之间认证工作的组织协同能力，提升认证工作效率。

“品字标”认证服务发展成效显著。深化以“区域品牌、先进标准、市场认证、国际认同”为核心的“品字标”品牌制度体系。推行“一次认证、多国证书”模式，为32家企业36类产品颁发EAC、GC、GS、ETL等65张国际证书，覆盖中东、欧洲、美洲等21个国家及地区，出口产品额达8亿美元。组织38家浙企首次以“品字标”亮相德国汉诺威工业博览会，签署“浙江制造”和BVQC标志互认合作备忘录。2018年，新增“浙江制造”获证企业143家，认证证书266张，其中国际合作证书48张。累计有245家企业获得438张“浙江制造”认证证书，其中国际合作证书86张。推广“丽水山耕”农业品牌认证。共有209家企业获证308张，其中丽水以外地区有152家企业获证237张。获证产品平均溢价率超过30%。

持续推进检验检测资质认定改革。打造智慧审批平台，全网申报率、办结率、电子数据应用率均达到100%，群众满意度达100%。审批时长不超过15个工作日，自我声明制度下仅需2个工作日，各项数据领跑全国。推行检验检测机构“1+X”联合审批，平均总审批周期缩短83%。推进道路货运车辆检验检测改革，约90%以上的检测机构实现了“一次上线、一次检测、一次收费”。

试点中国统一的绿色产品认证改革。湖州获批国家首个绿色产品认证试点市，成立浙江绿色认证联盟，积极研制综合配套政策。截至2019年12月，木业、家具和纺织印染三个行业14家企业获得25张绿色产品认证证书，实现了全国绿色产品零的突破。

加强大联动监管。开发“浙江制造”认证信息系统，实现“浙江制造”认证阳光下运行。推行“能力验证+现场技术核查+执法检查的有机融合”，对全省459家环境监测机构开展“双随机”监督检查，对14家粮食检验机构开展专项监督检查。各级稽查部门出动2456人次，对647家检验检测机构实施执法检查，查处违法案件28件，责令改正机构53家，CCC获证企业检查662家，立案查处67件。

加快检验检测认证公共服务平台建设。全省共有认证机构23家，检验检测机构2067家，拥有各类仪器设备41.2万台套，年出具检验检测报告5332万张，检验检测服务业产值达198亿元。有效认证证书总数达26万张，获证组织6.4万家。

河南省市场监督管理局

四项管理体系助力企业发展

河南省驻马店市王守义十三香调味品集团有限公司（以下简称“公司”）作为一家成立30多年的民营企业，从作坊式手工生产一步步走向现代化的香辛料调味品生产企业。特别是近年来通过引入先进的管理模式更进一步规范和提升了公司的管理，有效地促进了公司的发展和提升。

公司自2000年通过ISO 9001质量管理体系认证，2015年又顺利通过了食品安全、环境管理和职业健康安全管理体系认证。在内部管理上，公司始终坚持以体系管理为平台，切实加强过程控制、强化执行力度；以提高客户满意为目标，将PDCA循环、过程方法及风险分析的方法运用到企业管理的各个方面，有效提升了企业的管理水平，实现了公司一体化的管理目标，同时也提升了企业的形象。

一、体系认证为公司树立了良好的社会形象

公司通过认证后，先后通过产品、网站等载体进行展示宣传，庄严地向公司内部和社会做出相应承诺，包括：质量“零缺陷”、食品安全与卫生“零事故”、环境管理“零排放”、职业健康与安全“零事故”等目标，自加压力，严格执行体系的各项要求，同时并请企业员工、社会各相关方监督公司执行，从而有效的促进了公司管理体系的深入运行，促使公司在质量、环保和安全等方面切实的履行了社会责任，为公司树立了良好的社会形象。

二、管理体系有效运行，提升了公司的管理水平

通过建立体系，公司确立了以顾客和相关方为中心的理念，公司明确各种手段获取、理解、确定顾客和相关方的要求，通过体系中各个过程的运作满足顾客和相关方要求甚至超越要求，并通过满意度的测量获取顾客的感受，提高了公司在顾客和相关方心中的地位，增强了顾客和相关方的信心。

通过建立体系，公司最高管理层直接参与管理体系的活动，制定管理方针和各层次的管理目标。同时，管理层可通过及时获取管理目标的达成情况以判断管理体系运行的绩效，直接参与定期的管理评审，掌握整个管理体系的整体状况，并及时对体系不足之处采取措施，从公司层面保证资源的充分性。

通过四项体系认证使公司的管理走向法制化，建立管理体系，并识别相应的法律法规清单，将法律和法规的相关要求有机地融入到公司的管理制度当中，使其成为公司上下人人遵守的内部法规，使公司的各项管理工作由人治逐步走向依靠制度管人、管事，同时通过公司内部按计划开展的各类检查、检验和内部审核并借助外部审核等不断的暴漏问题、总结经验和教训，不断的改进和完善各项规章制度等，从而促使管理水平的不断提升。

通过四项体系的整合，使员工全员参与管理，公司建立了从管理层到员工的教育培训流程、合理化建议制度、员工参与协商制度，使管理层的理念、思路及目标通过体系文件变成全员的自觉行动，使管理部门的工作得到了各有关部门的主动支持与配合。

建立体系，明确标示出公司可能产生不符合标准的各个环节，进行处置，并通过制度化的数据分析，寻找产生不符合标准的根本原因，通过纠正或预防措施防止不符合因素再次发生，从而不断降低公司发生的不良质量、环保、安全成本，并通过其他持续改进活动来不断提高管理体系的有效性和效率，从而实现公司成本的不断降低和利润的不断增长。

最终要使公司建立起主动的自我完善、持续改进的有效机制。通过管理体系特有的日常监测与测量、目标绩效考核、内部审核及管理评审等，及时发现管理中存在的问题，实现持续改进的机制。

三、管理体系的运行，使公司进入国际市场

许多国家为了保护自身的利益，设置了种种贸易

壁垒，主要是以产品品质、ISO 9001 质量体系等认证为代表的技术壁垒。公司专人负责出口业务，学习国际贸易规则，注册贸易过程中资质认证，满足国际通关法规要求。公司始终坚持产品质量价值观，通过体系认证，保证了产品质量，受到了国内外广大客户群体的认可，产品远销日本、新加坡、墨西哥等国家和地区。

四、管理体系的有效运行促进了公司经济效益、社会效益的提升

公司实施并通过管理体系认证，虽增加了部分投入，但也得到了丰厚的回报，不仅有造福社会的社会效益，也产生了实实在在的经济效益。自认证以来公司产品质量稳定，从认证前顾客投诉每年 20 多起减少至不足 10 起，市场抽检合格率 100%，提高了企业信誉，拓展了市场。通过 ISO 22000 食品安全管理体系认证，公司食品安全投诉减少，过程管理得到提高，增强了品牌形象。通过 ISO 14001 环境管理体系认证，公司先后对锅炉、印刷等工序进行优化，节约了能源资源，履行了社会责任，为保护环境作出了贡献。OHSAS 18001 职业健康安全管理体系认证，减少公司工伤事故，杜绝职业病危害，改善员工的劳动条件，减少企业损失，调动员工积极性，为保持社会稳定作出了贡献。

管理体系的贯彻实施为公司的经济发展提供了积极的促进作用。公司 2000 年引入管理时年销售额只有 2500 万元，年纳税不足 130 万元。2019 年，公司销售总额已经达到 21.5 亿元，年纳税 3.8 亿元，实现年利润 7.3 亿元。

公司管理基础夯实后，综合形象和市场竞争力得到了全面提升，同时也得到了社会各界的认可。公司先后荣获“中国名牌”“河南名牌”“中国驰名商标”“中华老字号”“驻马店市市长质量奖”“国家级扶贫龙头企业”“国家级重合同、守信誉企业”“全国质量管理先进单位”“中国调味品著名品牌企业 20 强”“中国最具影响力食品企业 / 品牌”“中国香辛料调味品产业领导品牌”等荣誉称号。

河南省市场监督管理局

质量认证对“花花牛”的全面提升

河南花花牛乳业集团股份有限公司（以下简称“公司”）是一家集乳品加工、奶牛养殖、饲料生产为一体的国家级农业产业化重点龙头企业。公司与于2000年开始建立实施质量体系，自此企业开始迈出系统全面的质量管理的第一步。2004年公司又进一步通过了ISO 22000食品安全管理体系认证，2009年通过乳制品HACCP体系认证，2017年通过了乳制品GMP认证。随着时间的推移，公司一步一个脚印，追逐着质量就是生命的理念逐渐发展壮大，公司共拥有一家年产18万吨饲料的河南全赫饲料有限公司、14座自有奶源基地、三座乳品加工基地；乳制品加工能力达1300吨/日，产品涵盖巴氏杀菌乳、发酵乳、灭菌乳、调制乳、乳饮料、乳粉等六大类百余个品种。公司依托传统零售、现代商超、送奶入户、电子商务等多种渠道，形成覆盖河南全省并逐步布局全国市场的销售网络。随着公司的发展和提高，公司先后加入了“中荷奶业发展中心”、在河南省率先通过“国家优质乳工程”验收、2019年指定为“第十一届全国少数民族传统体育运动会”乳品供应商、被中国奶协首批选定为“学生饮用奶计划”新增产品种类试点15家企业之一，行业地位不断提升。

总结公司近年来不断发展壮大的经验，优质的产品质量和良好的服务是公司的核心竞争力，而有效的管理则是保证产品质量和服务质量的前提；在质量管理实践中着重开展如下活动。

一、以顾客为关注焦点，持续提升产品质量和服务质量。

以顾客为关注焦点是质量管理的基本原则之一，也是公司制定长期质量战略、建立质量方针和质量目标的基本依据；围绕着质量战略和质量方针，公司每年建立和更新质量目标，并分解和下推目标，每月进行质量目标的分析统计，将质量目标的完成与绩效考核结合，形成一套切实可行的绩效考核制度，成为推动质量改进的有效工具。为了关注顾客需求，及时解决顾客反映的问题，建立了高效的投诉管理机制。售后服务人员在第一时间将投诉信息传递给相关的质量管理人员，质量管理人员根据投诉管理程序，参与对顾客投诉的调查和处理，在调查和处理的过程中坚持不推卸、不扯皮，切实履行自身的责任，及时解决顾客投诉。同时对每一起投诉进行原因分析、制定改进措施并跟踪落实，直至原因消除，不再发生类似的问题等。通过公司自身的努力，公司的投诉率从建立体系前的百万分之五降到百万分之一以下，顾客的满意度逐年上升，比建立体系前提高了20个百分点。

二、运用管理体系，强化对整个供应链的管理。

公司在导入管理体系之初就按照食品安全法、乳制品良好操作规范及各项体系的要求，识别影响乳制品质量和卫生的每个环节，采用标准推荐的方法策划了对各个环节的控制方法、控制标准和检测手段，并为其配备了必备的资源等。

重视源头质量安全，切实把好原料奶、原辅料质量关。公司根据食品安全国家标准制定原料奶、原辅料的验收要求，其所有指标均不低于国家标准的要求，对原料奶中的蛋白质、脂肪、非脂乳固体、黄曲霉毒素M1、体细胞等指标还制定了高于国标要求的质量和卫生指标。同时公司严格对原料奶进行入厂检验，所有项目全部检验合格后才能收购。

公司除了要求采购的原辅材料来自国际或国内行业排名前三的生产厂商，严格要求供方具备有效的资质条件外，还搭建起了供应商信息管理平台提高对供应商的实时管控能力。对重要的内包材、辅料等供应商制定了严格的准入条件，实施准入审核和每年监督审核。严格的管理保证了原辅料的质量，2020年原辅料进货合格率达99.9%，有效保证了原辅料的质量安全。

在上游生产和下游客户管理的过程中公司采用“查两头、管中间”的管理方针，严格上游“奶源和供应商”、下游“终端网点和客户”管理。同时，依据体系要求严格管控，对中间生产过程，做到“不合格原辅料不入厂、不合格品不转序、不合格产品不出厂”等，使产品质量安全得到有效保证。在整个质量管控过程中以标准化文件为工作的基础，以信息化系统实现文件流程化管理，通过信息化系统管控物料的流向，保证合格物料流入到下个工序，对产品质量实现全员、全过程、全方位进行管理和把控。

三、建立完善的人才培训系统，努力提升员工的能力和意识

要想提高质量管理水平，首先应提升人员的质量意识。公司通过自行培养和引进两种方式，打造涵盖多学科的高素质人才梯队；采取分层次、分岗位针对性教育培训提升员工，特别是关键岗位员工的质量安全意识和技能。目前已培养出质量工程师（内审员）、清洗工程师、工艺工程师、设备工程师、基层管理等多支团队；公司与郑州市二七区人社局联合成立了乳品事业部培训中心，聘任艺康清洗专家作为培训中心的外聘讲师和多名内部讲师，根据人员技能和专业层次分析，制定针对性的培训方案，切实增强培训工作的系统性和针对性，以此作为公司人才培养的支撑点，省人社厅已经批准公司培训中心职业技能提升的培训资格。为了鼓励员工自学成才，公司成立了线上和线下图书馆，并制定了《关于员工在职学历教育助学补助管理办法》，给予想进一步深造的员工一定金额的经济补助。

持续的培训和科学的人才管理机制使得公司拥有了一支专业素质高、实践能力强的技术队伍。同时公司还与河南省农科院、河南农业大学、中国农业大学等科研院所建立了长期的友好合作关系。2003 年“河南省乳品工程技术研究中心”落户花花牛，2012 年公司研发中心被评定为“市级企业技术中心”等。高素质的人才队伍促进了公司的技术创新，公司先后建立通过国家标准的乳品研发实验室、完成河南省科技厅重点项目 8 项，先后获得郑州市科技进步二等奖 3 项，河南省科技进步成果奖 6 项，河南畜牧系统一等奖 2 项，拥有专利技术 5 项等。

四、基于风险思维，防患于未然

组织生存在一个不确定的环境中，这些不确定的环境会给组织的经营运作带来风险，公司在质量体系的策划、建立、实施和改进的全过程贯穿了风险管理的思维。各部门根据自己的业务内容识别评价风险源、制定风险控制措施、验证措施的有效性，通过 PDCA 的循环进行了有效的风险控制。在新冠肺炎疫情期间，公司制定《疫情防控手册》，严格执行政府相关制度，在不影响市场需求的同时，为消费者提供高质量的产品。为了防控风险的发生，依据管理体系的要求，公司每季度认真严格地进行食品安全自查、每年进行模拟追溯演练和产品模拟召回验证相关流程的有效性。基于风险的有效控制，取得了每年顺利通过各级监管系统的监督检查，产品市场抽查合格率 100%，无食品安全事件的好成绩。

五、持续改进，推动公司不断发展

公司针对管理体系日常运行中发现的问题，不遮不掩，以解决问题为导向，形成了持续的改善机制；公司由总经理每月主持召开质量分析会、成本分析会和营销分析会等，通过会议分析主动揭示问题，针对揭示的问题及时研究解决对策，同时将决议的各项措施分解到人，限期整改；通过质量专案的推动，成立质量攻关小组持续改善；另外公司还借助每季度的体系内审、外部审核与检查、管理评审等手段持续改进公司的产品、过程和服务等。

自公司建立全面的质量体系管理，人员素质、基础设施、供应商管理、生产过程控制、市场占有、成本控制等各方面都有了很大的改善。体系运行以来新产品贡献率大于 10%，市场占有率逐年上升，先后获得“全国百佳质量诚信标杆企业”“全国日用品行业质量领先企业”“3·15 消费者信得过诚信示范单位”“全国产品和服务质量诚信示范企业”“河南省农业品牌示范企业”“中国乳业精神模范企业”“郑州市百强企业”等荣誉称号，公司的各项管理更加科学规范，公司发展呈现一片欣欣向荣的气象！

四川省市场监督管理局

绵阳市产品质量监督检验所全创经验

为深入实施军民融合发展战略，绵阳市产品质量监督检验所，即国家电器电器安全质量监督检验中心（四川）（以下简称“中心”）整合绵阳24家科研院所、企业单位的检验检测资源，与电子九所共同发起成立中国（绵阳）科技城军民融合磁性材料标准创新中心，为磁性材料产业提供检验检测人才服务、检验检测技术服务、检验检测仪器设备共享服务、检验检测信息资源共享服务。为加快推进绵阳市磁材产业的发展，中心结合绵阳市在磁性材料方面“产学研”的优势，参照国内外磁性材料先进技术、国际标准、国家标准和国内知名品牌产品实测性能指标以及磁性材料在进出口过程欧盟的ROHS指令，分别围绕稀土永磁材料中的钐钴永磁体和磁性材料中有毒有害物质（铅、三价铬、镉、汞、多溴联苯和多溴二苯醚），开展了质量对标提升行动，分析了绵阳磁材产业的现状以及技术优势和不足，并提出解决方案，向政府部门提交了《绵阳市磁材产业质量对标提升报告》和《绵阳市磁性材料有毒有害物质质量对标提升报告》。

同时，中心针对民用生产企业磁偏角检测难题，对磁偏角测量装置和测量程序进行了改进和优化，研究出方便、快捷、适合军民两用的永磁体磁偏角检测方法，并发布了全国首个磁性材料军转民团体标准T/MBJX 0001—2018《永磁体磁偏角亥姆霍兹线圈法测量方法》，填补了永磁材料磁偏角测试无标可依的空白。中心集中军地优势单位组建专业技术联盟共同研制军民通用标准的做法，已被国务院列为全国推广的第二批全面创新改革经验（国办发〔2018〕126号）。

四川省市场监督管理局

坚持以需求为导向　促进军民科学仪器设备共建共享

2016年习近平总书记批示："中国空气动力研究与发展中心是'融通军民攻坚克难的排头兵'，要列入全国全军军工资源开放共享的重大典型进行宣传。"国务院、中央军委明确要求加快推进重大科研基础设施和大型科研仪器向社会开放。绵阳作为科技城，军工科技资源基础雄厚，检测、计量手段丰富。为突破军工单位仪器共享瓶颈，系统推进全面创新改革试验，2017年1月，四川省科技厅、绵阳市人民政府联合共建四川军民融合大型科学仪器共享平台（17共享网）（以下简称"平台"）。

一、体系化推进平台建设

平台按照"军地协同、共建共享、市场运营、价值服务"的总体定位，以企业需求为导向，以军工仪器资源共享为核心，以17共享网市场化平台为载体，通过仪器设备数据库、检验检测能力数据库、专家数据库和智能化数据模型，构建起仪器研发、仪器金融、仪器产品、仪器处置、检验检测、计量校准、认证培训"一网三库七功能"的线上线下业务体系。

二、创新机制破除共享瓶颈

平台针对军工资源开放共享存在的保卫保密、结算方式、利益机制三大瓶颈问题，探索"定人员、定流程、定区域"三定原则，形成"保密隔离式"的业务对接模式，主要做法是平台确定固定且经过保密培训的服务人员负责固定军工单位资源共享工作，协助企业进行业务对接，需求企业不直接接触军工单位，有效降低了军工单位保卫保密风险，破除共享保密瓶颈。同时平台与军工单位达成事先合作，形成平台代收和平台转结的款项结算共识，按周期与军工单位结算，充分规避需求企业与军工单位直接合作情况下合同谈判"久谈不下"的问题，加速军工资源开放效率。

三、企业需求引导资源聚集

平台以企业需求为导向，通过专家团开展企业体检服务，掌握企业发展创新动向及需求，聚集大量客户群。通过需求定向推广方式以具体业务合作为突破口，打通资源聚集渠道。3年来，平台发布需求近400余项，已成功聚集了航天七院、成飞集团、中物院等160余家资源及服务能力提供方，累计开放各类设备6011台套，形成电磁兼容、环境适应性试验、机床检测等为代表的19万项测试服务能力，可服务于11350余种产品。

四、加速布局融入成渝双城经济圈建设

平台自成立以来加速推进区域体系建设工作，先后在成都、遂宁、宜宾、重庆北碚等地区建立线下服务区域中心或线下业务受理点，帮助各类检测服务机构拓展市场渠道。同时，积极融入成渝双城经济圈建设，先后与重庆市北碚区缙云人文科技城管委会、重庆市材料研究院、西南大学分析测试中心、重庆赛宝工业技术研究院等多家单位签署合作协议，推动绵碚友城合作走深走实，助力打造成渝绵"创新金三角"。

3年来，平台先后与140余家军工科研单位形成合作，先后为2400余家企业提供共享服务20000余次。此外，平台还先后组织开展全光谱拉曼激光气体分析仪等新5型设备研究工作；与工商银行联合为30余家企业发放仪器设备贷款3400余万元；为西科大、九洲技校、四博科技等单位引进探针冷热台等各类研发设备百余套，先后策划6场认证培训主题活动，累计培训人员达到3960余人。

甘肃省市场监督管理局

深化改革创新　强化监督管理 有力增强检验检测服务成效

甘肃作为全国欠发达地区之一，切实加强检验检测体系建设，对于助力打赢“三大攻坚战”，促进经济社会高质量发展具有十分重要的意义，也是市场监管部门在新形势下有效服务经济社会大局的重要抓手。近年来，甘肃省市场监督管理局（以下简称“甘肃局”）非常重视检验检测行业发展，始终围绕助力经济社会高质量发展总要求，深化改革创新，强化监督管理，增强质量基础保障，甘肃全省检验检测行业社会诚信度和质量可靠度稳步提升，充分发挥出了基础性支撑作用。

一、抓重点保障底线安全

检验检测行业涉及门类多，技术支撑和服务保障性强，随着改革发展不断深化，在一些领域对检验检测需求更多更广，监管风险和责任更大。甘肃局始终把防范风险、保障安全放在履职首位，针对不同行业特性采取不同监管措施，抓源头，强管理，促规范。

一是强化机动检验机构准入管理。坚持准入数量放宽标准不降，管理尺度上的统一。机动车检验行业因涉及道路运输安全、环境治理保护、社会关注度高、安全风险度高、行业发展较快，行业管理部门多等特点，在大力推进检验检测市场化基础上，按照特殊行业特殊管理，坚持从源头管控，申请人必须为独立法人，对分支机构和分场所一律不允批准发证，同时，严格现场技术评审考核，一方面有效控制了机构数量快速增长，另一方面有效防止杜绝了检测市场化后出现新一轮行业垄断、无序竞争等带来的检验检测服务质量不高等问题。目前，甘肃省获证机动车获证机构总数仅181家，平均年增长不到10%，整体上属于健康有序发展，从源头化解了矛盾，源头防范监管风险。二是持续强化获证后的监管。机动车检验机构多为“三检合一”项目机构，在行业监管方面涉及公安交警，交通运输、生态环境保护多部门，近些年，机动车检测行业检测标准变化较快，从2014年起，每个机构对标准变化后进行检测系统升级、检验设备和场所的改造等，甘肃局采取每年年初统一部署获证机构开展检测技术能力条件全面自查，通过自查自行整改完善，同时，加大“双随机、一公开”检查比例，组成专项监督检查组重点抽取检查，对检查中对发现问题依法处理，对2家硬件环境设施条件不满足检验检测资质认定许可条件的依法注销其资质，不断规范行业发展。

二、抓改革推进行业发展

深全面贯彻落《优化营商环境条例》及各项改革举措，大力推进审批制度改革，释放制度活力。一是全面推行不见面审批发证。以高效优质服务为市场主体办事增便利，印发《关于进一步推进检验检测机构资质认定改革工作意见》和《行政许可现场和技术审查管理办法》，大力压减行政许可申请材料，对能够通过与其他部门信息共享获取的材料，以及现场审核可以获取的，不再要求申请人提交原件或复印件。证书到期，实行自我声明方式换证，免除技术评审。将检验检测机构资质认定申请材料由10件减为3件。开展证明事项清理，落实证明事项告知承诺制，切实减轻企业负担。二是资质认定事项全面实现“一网办”。2018年上线运行行政许可网上办理系统，检验检测机构资质认定的申请、查询以及各类型的变更等事项均可通过“甘肃省政务服务网”办理。同时，对所有行政许可事项的办理指南再次进行修改完善，为企业办事提供进一步明确“网上办”的操作方法和办理指引。三是推进许可申请网上“预审”服务。紧贴企业和群众办事具体的需求，在网上办理系统中增加申请材料“预审”功能模块，以不见面的方式实现申请材料的初审，为市场主体办事不跑腿提供可靠技术支撑。四是推行证书“免费寄递”服务。对资质认定证书及批件，实行免费寄递，做到送证上门，减少企业等待时间、节省企业费用。目前，甘肃全省共有获证检验机构1083家，2019年对全省981家机构统计直报结果，检验检测收入30.15亿元，行业收入占甘肃全省GDP的3.4‰。

三、抓监管促进持续提升

大力强化获证后的监管，全面实施以“双随机、一公开”监管为基本手段，重点监管为补充、信用监管为基础的新型市场监管机制，强化风险管理，规范检验服务行业，落实主体责任。一是组织开展好专项监督检查。2019年共组织21个专项检查小组，对随机抽取的143家、重点领域57家机构开展监督检查，对11家存在较重违法行为问题的机构依法采取责令整改处理，对38家存在轻微问题的机构要求1个月内改正，通报了检查结果情况。二是加强重点领域联合监管。会同甘肃省生态环境厅、省药监局分别对环境保护，药品、化妆品安全领域检验检测机构实施联合检查，对1家开展生态环境检测存在较重问题机构依法采取责令整改。全年依法注销15家证书到期获证机构，对5家被投诉机构进行了核查。三是推进诚信体系建设。每半年采取自下而上的等级分类评定确认，鼓励获证机构依法诚信开展经营活动，对主体责任好的机构到期换证通过自我承诺方式直接换发检验检测资质认定证书，对违法违规多的机构要加强监管、加大检查频次，严厉查处违法违规行为；四是全面推进道路货运车辆“三检合一”改革。会同甘肃省交通运输厅、省公安厅和省生态环境厅联合印发《关于进一步推进全省道路货运车辆“三检合一”改革工作的通知》，自2020年7月15日起，全面实施道路货运车辆年检（安全技术检验）、年审（综合性能检验）和环检（尾气排放检验）依法合并，加快推进机动车检验检测机构同时具备“三检合一”资质，全面实现“一次上线、一次检验、一次收费”，切实降低道路货运经营者经营成本。

四、抓队伍强化支撑保障

认真贯彻落实习近平总书记关于市场监论述和指示精神，建设“忠诚干净担当 改革创新实干”的认证认可监管队伍和服务支持体系。一是基层监管能力得到充实和加强。在机构改革中，各市州局更加重视检验检测工作，积极协调地方党委政府增加增设机构设置和人员编制。甘肃全省14个市州局11个市州单设立认证监管科，在机构设置和人员编制上比机构改革前有明显增加。二是大力提升基层监管能力水平。针对机构改革后基层人员调整范围大、新人多、业务专业性突出，更加注重发挥基层监管人员作用，甘肃局连续两年采取集中培训和重点培训方式，科室负责人和业务骨干参加培训班，深入酒泉、天水、白银、张掖、临夏等市州面向基层县区局开展监管人员业务能力培训，加大工作指导力度，有力提升了基层队伍的认证监管能力。三是加强检验检测机构资质认定评审员队伍建设。进一步优化检验检测机构资质认定评审工作，不断提高评审工作质量，组织对420名省级已取资质认定评审员进行评审资格重新考核确认，对142名考核不合格人员取清了评审资格。同时，面向甘肃全省开展新增评审员资格考核确认，吸收185名各行业领域资质认定评审员，进一步充实队伍，激发评审工作活力。对专项检查中发现问题涉及到评审环节或评审质量问题实行追溯处理，约谈了18名评审员，采取暂停3个月评审资格处理。

甘肃第七建设集团股份有限公司

“标准化”管理体系助力七建集团远航

甘肃第七建设集团股份有限公司（以下简称“甘肃七建”或“七建集团”）作为甘肃省内第一家通过质量体系认证、西北首家完成“三体系”认证，第一家开展“卓越绩效”管理、第一家以“三体系”为基础，融合“项目管理”和“卓越绩效”管理的建筑施工企业，从而形成七建集团内部独有的“一体五标”管理体系运行模式——“卓越绩效经营管理模式”（简称“标准化”管理体系）。

甘肃七建为大型国有高新技术企业，始建于1952年，下设生产经营单位39家，具有建筑工程施工总承包特级资质，建筑行业（建筑工程）甲级和建筑行业（人防工程）专业甲级设计资质、市政公用、机电安装、钢结构工程、建筑装修装饰工程、消防设施工程、起重设备安装、智能脚手架、建筑幕墙工程、电子与智能化、房地产开发、建筑工程施工总承包、物业服务等13个壹级资质，为省内同行业中拥有一级资质最多的施工企业，也是全省唯一一家具有“一特双甲”资质，能独立承揽建筑工程和人防工程设计业务，具有建筑工程施工总承包特级资质的国有建筑施工企业。同时具有房地产开发、物业管理、建筑劳务、建筑试验检测等资质。具有以建筑安装、房地产开发、市政道路为主业，干拌砂浆和预拌商品混凝土、设备租赁、装饰装修、建材生产销售、机械设备租赁、物业管理等多元化为一体的生产经营能力。6次荣获中国建设工程最高质量“鲁班奖”及詹天佑奖，300余项工程荣获飞天奖和市州优质工程奖及中国质量奖提名奖国家质量管理奖等奖项。

七建集团积极推行“综合性三级施工监管质量管理模式”，确保质量监管全覆盖，不断优化内部管理流程、提升整体绩效和能力；积极探索绿色建筑前沿科技，打造各类科技领军人才和金牌工匠，使技术装备和工艺水平处于国内建筑业先进水平，有效提升了企业的整体工程质量水平和综合管理水平及市场竞争实力。

一、领导重视、全员参与“标准化”体系文件的建设

甘肃七建历任领导高度重视“标准化”管理体系的建设。以质量、环境、职业健康安全体系标准为基础构架，结合七建集团多年来的项目管理经验，并融入“卓越绩效”管理，形成七建内部自有文件。七建集团层级多、管理复杂，集团历任领导非常重视每一次体系文件的编制及修订工作，均由最高管理者总经理负责组织体系文件的编制，企业副总经理（管代）负责主持体系文件的编制，所有专业副总经理（团代）负责体系文件专业方面的编审，企业管理部体系负责人负责体系文件的整体编制、修订、发放等工作，每一次的文件修订工作均需要通过不同专业岗位人员参与编写，层层把关形成，真正做到全员参与，从而形成七建集团内部真正实用可操作性强的一系列“标准化”管理体系文件。

甘肃七建“标准化”管理为全员参与的团队型管理施工企业，凭借着近70年项目管理经验和近20年的“标准化”综合管理水平，在建筑领域运用独特的优势和实力，立足甘肃、辐射全国、走向世界，积极开拓区域市场，承建了一大批有影响力的大型公共建筑和工业与民用重点项目，以工期快、质量好、服务优，赢得较高的社会信誉，为兰州市、甘肃省乃至全国的城市建设和经济发展做出了重要贡献。目前，甘肃七建已在甘肃省外成立了北京公司、厦门公司、江苏公司、重庆公司、青海公司、宁夏公司、陕西公司、新疆公司、河北雄安公司等；并在全国14个省市都有施工项目，业务推进发展取得了实效。

二、体系领航，融入日常管理

七建集团体系运行已经融入到日常的管理，集团公司一年两次“一体五标”内部日常审核加“标准化”综合讲评，集团分公司结合专业部门每月进行日常检查和综合项目检查，通过体系日常管理，使得七建集团每一

位员工都非常重视体系的管理工作，加强了日常月度检查力度，提高部门综合管控能力。在生产经营运行不畅通时，可第一时间对项目部进行检查、帮扶、指导，解决实际问题。分公司“标准化”每月综合检查必须依据“一体五标”管理体系标准及集团公司内部体系文件要求，规范月度综合检查，结合工程质量、环境、职业健康安全、工程进度、材料、人力、物力等统筹安排，真实与日常管理工作相结合，同步报损报耗成本支出，通过“一体五标”管理体系领航，日常管理水平得到提高，规范技术质量、安全生产、材料、经营、财务、办公室等部门综合性管理，正确反映工程实体质量、安全生产、成本等情况，以各类数据分析当月工程成本盈亏，对企业的生产经营活动作出准确评价。通过部门日常滚动、基层公司每月 1 次、集团每年 2 次内部审核管理，七建集团整体管理水平处于平稳状态。体系管理工作已经成为七建集团大部分员工的工作习惯。各部室、各项目部都能够接受“标准化”管理的审核（检查）的方式，真正做到体系的正常运行是要靠日常管理工作来抓的。最终让企业获得质量信誉和生产经营效益。

三、“标准化”管理体系建设、规范各项管理工作

近年来，七建集团紧紧围绕“标准化”管理体系制度建设，规范作业，强化制度执行力度，不断创新提升企业各项管理水平。主要表现在：

一是依据“标准化”管理，规范安全生产管理工作。以制度落实强化二级公司责任，以推行标杆式管理为主线，完善劳务管理，强化集约管理（集中管控，约束管理），五化管理全覆盖（即管理总包一体化、施工过程常态化、管理效果底线标准化、安全防护工具化、管理渠道信息化），正确处理五个第一的关系（安全第一、进度第一、质量第一、效益第一、信誉第一），做到五个坚持（坚持执行甘肃建投要求不走样、坚持按策划施工、坚持过程监督、坚持验收评价、坚持绩效考核），重视品牌建设，保持三个先进（思想先进，管理先进，政治先进），大力实施“样板引路”“过程控制”“精细操作”质量管理实践，有力推进企业管理提升。对基层公司定岗定编工作进行有效督导和落实，精简基层机关人员，充实项目一线；同时，高度重视安全生产管理必须结合质量、环境、职业健康安全标准化管理体系标准要求，合理调配人力、物力等资源，确保工程质量安全有效，达到最终集团组织利益的最大化。

二是有效的标准化管理助力企业科技研发和技术创新工作。建立健全企业科技创新及研发的各项管理制度和办法，针对行业特点，加大科技创新力度，尝试研究 BIM 技术在建筑全寿命周期中的应用，并提升钢结构深化设计的质量，积极引导企业技术骨干探索创新技术，通过改良传统工艺，以技术创新实现质量进步和效益提升，形成了具有知识产权和技术优势的核心竞争力。

三是标准化管理有效控制材料管理，提升大宗物资“集中管控”力度，降低材料成本支出。在标准化建设的管控力度下，建立了大宗物资集中采购管理办法，并建立完善了大宗物资采购管理流程。七建集团成立商贸公司，与物资生产厂家等签订长期战略合作协议，开展大宗物资集采业务，为各施工项目的正常运转、有效降低材料成本、提高项目盈利能力发挥了重要作用，有效反映了标准化管理材料集中管控的积极效果，提升了企业管理水平。

四是通过标准化管理全面推进信息化建设，形成了七建集团程序化办公模式。如：新开项目，从项目上交测算、项目经理竞标，到各类施工方案审批、合同编码申请、建投平台上材料承兑业务、责任金退还、项目承包竣工结算后盈亏兑现等都通过信息化手段完成。同时，财务信息化进展顺利，涉及的核算单位及项目实现信息化全覆盖，完善了银承业务、资金内贷等业务在系统中的流程化管理；并不断加强监管，进一步推进完善财务、税务和审计等相关工作。项目数据补录及信息化卷编制工作，不仅满足了特级资质相关考评要求，更为七建集团下一步核心业务的深化应用奠定了坚实基础。此外，融合员工基本信息库、薪资库、证书库、项目信息库、合同库等为一体化决策管控的“企业五库一平台”，荣获全国信息化建设特优案例奖，有力地推进了七建集团科学管理模式转变，工作效率和企业软实力进一步提升。

五是通过标准化管理内审，公正地测量评价公司现行体系的符合性和有效性。同时对集团、基层公司及项目经理部在工程合同履约、施工质量、安全、进度、文明施工、成本结算以及风险应对等方面进行全过程全方位的服务、指导、监督、管理和控制，运用集团标准化管理审核模式和 I6P 信息平台以及 BIM4D 技术平台，细化项目管理，减少项目进度拖延，达到生产进度质量、成本之间的最佳平衡，发现不足并持续改进，以实现项目目标为核心，强化集团公司对工程项目全

过程风险控制和目标管理，达到七建内部独有的“卓越绩效经营管理模式”。

六是“标准化”体系管理，铁的纪律，创造高原奇迹。2019年3月28日，七建集团施工人员进驻甘南合作项目现场，破土动工。经过百日奋战，一座具有藏域风情的地标建筑——甘南文旅会展中心建筑群向世人揭开了神秘的面纱。该项目为甘肃省体量最大、工期最短的全装配式钢结构公共建筑。甘南文旅会展中心整体项目建筑结构形式为装配式钢结构，整个项目装配率93%。该项目的特点是工期短、体量大、结构复杂、涉及专业多、配合面广、造型新颖、独特，高原雨雪气候和作业人员高原反应大，平行交叉作业多，人、材、机投入大、技术含量高、质量要求高，对任何一家建筑企业都是一次严峻挑战。甘肃建投作为中国500强企业，全球最大250家国际承包商之一，以国企勇担社会责任的信念，肩负起这项光荣而艰巨的建设任务。“为了抢抓施工黄金期，打好项目攻坚战，七建集团依据‘标准化’管理体系要求统筹安排，提前预控各类风险，采取有效合理的措施，加班加点、24小时“三班倒”，增加人力物力投入，充分利用好天气争分夺秒，在保质保量的前提下，确保按时完成建设交给七建集团的重任”。经过百日艰苦奋战，项目总用钢8千吨，钢结构构件共计30000余件，总建筑面积38000平方米的甘南文旅会展中心建筑群拔地而起。甘南文旅会展中心主场馆项目A区、E区如期完工，并交付布展，标志着甘肃建投向省委省政府和甘南人民交出了一份满意的答卷，100天时间创造了新的“甘肃速度”，展现出七建集团这支建设雄师“召之即来，来之能战，战之必胜”的超凡智慧。充分肯定了大型国企的担当精神。

四、结合卓越绩效有效地评价基层单位

七建集团下设生产经营单位39家，部分分公司又托管1~2家子公司，每年涉及在建设项目近千个，层级多，管理复杂。七建集团依据“一体五标”标准为基本要求，引入卓越绩效管理要求对集团公司机关及基层单位、项目部进行有效地管理评价，公平公正地测量评价七建集团所有公司管理体系运行的符合性和有效性。全方位的管控到工程项目质量、安全、环境、职业健康安全、工程进度、合同履约、文明施工、人力资源、机械设备、材料采购、成本结算等，有效地运用“一体五标”管理审核模式，利用I6P信息平台、BIM4D技术平台，细化项目管理，减少项目进度拖延，达到生产进度质量、成本之间的最佳平衡，发现不足并持续改进，以实现项目目标为核心，强化集团公司对工程项目全过程风险控制和目标管理，达到七建内部独有的“卓越绩效经营管理模式”。结合七建集团多年的实际情况，对下属公司进行一级、二级、三级分类，对公司管理体系运行过程的有效性进行优秀、合格、观察、不合格四项分类，通过每次的内审核绩效打分判定优劣，具体分类为：90分以上（含90分）为优秀公司：还需通过一定的企业革新和技术创新，减少成本支出，赢得企业社会效益和集团组织利益，保持企业的可持续发展；80~90分（含80分）为合格公司。需要通过一定的制度、创新、风险预控来提高公司的各项管理水平。从而提高企业的社会效益和集团的组织利益，保持企业的可持续发展；50~80分（含50分）为观察公司。需要通过对问题的整改，从挫败中获取创新意识，转变思路，制定相应的制度以及各类风险预控措施来提高公司的管理水平；50分以下为不合格公司，单位在管理上存在一定缺失，需要重新建立各项管理制度、调整生产经营思路，需要两次及以上的整改、纠正、预防，组织两次以上的实施运行重新审核，达到管理体系的正常运行。

目前，甘肃七建作为建筑特级资质企业，跨进了国家工程总承包企业行列，形成了从投融资到运营、从建筑设计到物业管理全产业链协同作战的生产经营格局。为适应企业发展需要，增强企业市场竞争能力，符合国家标准执行要求，七建集团管理依托“一体五标”体系标准要求，结合国家法律法规以及企业相关规定，每年通过企业内部评审，对其不适用的地方及时修订更新。将各项工作全面进行标准化、规范化、科学化管理融合。按照企业每五年制定的发展战略，对管理体系文件进行适宜性的调整。七建集团将以非凡的勇气智慧和担当，放眼全球，全力布局国内外市场、大力开拓海外市场，既要在新的起点上继续统筹推进企业各领域工作的新突破、新作为，也要进一步开源节流、靠实责任、强化管理、提升质量、追求卓越、创新发展，用苦干、实干、巧干努力实现企业发展目标，向“百年七建”的目标迈进！

撰稿人：闫汝刚　秦超宁　周友芳

甘肃第七建设集团股份有限公司一公司

贯彻落实管理体系　促进项目高质量建设

甘肃第七建设集团股份有限公司，始建于1952年，隶属于中国500强企业——甘肃省建设投资（控股）集团总公司。现拥有建筑施工企业最高级别资质—建筑工程施工总承包特级资质；建筑行业（建筑工程）甲级和建筑行业（人防工程）专业甲级设计资质；也是全省唯一一家具有“一特双甲”资质，可以独立承揽建筑行业中的建筑工程和人防工程设计业务，具有建筑工程施工总承包特级资质的国有建筑施工企业。

兰州兰通后勤服务有限公司棚户区改造（二期）2# 地块施工（第二标段）工程，是兰州市棚户区改造重点项目及重点民生工程，项目成立初期，集团公司、分公司就以“一体五标”体系标准严格进行把控，确保工程项目施工的每一个环节、每一道工序都在可控范围之内。

一、制度健全，管理有序

项目部在成立初期，建立了以项目经理为组长的质量安全、文明施工、扬尘管控领导小组，详细制定目标，明确责任制度，确保责任落实到人。在质量管理方面，有效推进“样板引路”“过程控制”“精细操作”的质量管理方针，确保施工各环节可控。

项目日常管理坚持常态化。施工过程常态化是日常工作的必然要求，是管理工作过程中的重要措施。将管理目标具体化，责任明确化，人人在管理、处处有管理、事事见管理。一是教育现场人员提高“安全第一，杜绝违章、违规操作”的意识，二是建立健全奖罚机制，把处罚力度落到实处，务必使现场作业人员把现场安全文明施工的精神响应到位，只有把工作落实到作业层，项目部才能更好保持施工现场常态化。

全面推广安全防护工具化。更好地保证施工现场安全生产工作、消除安全隐患、杜绝重大事故的发生，能有效提升安全管理效能及提高项目经济效益。项目部采用各类工具式防护用具，工具式防护栏杆、楼梯栏杆、洗车台、电梯井防护栏杆、预留洞防护盖、安全通道、样板展示台、预埋环、钢板路面、材料加工场防护棚等。现场工具式材料，既美观又能重复利用，节约了材料，节约了项目成本。

坚持过程控制监督，在具体操作中把好“三关”，“严”字当头，即工人把好操作关，质量员把好检查关，技术负责把好验收关。施工前做好三级交底，交底时根据工程实际情况并结合具体操作部位，阐明技术规范和标准规定，明确对关键部位的质量要求、操作要求和注意事项。通过二维码扫描实现施工工艺的迅速学习和对现场数据的掌控。使每名施工人员熟悉操作规程和职责，并严格遵守。BIM 技术应用，为项目管理提供精准的前期策划和测算。

二、追求卓越，过程控制

施工现场严格实施集团公司标准化管理，办公区与施工区分开设置，现场布置“七牌一图”，大门口设置门卫岗亭及实名制通道。办公用房采用定型化、可周转使用的箱式板房，施工现场出入口处设置自动洗车台，加工棚、电箱棚、防护栏杆等均采用工具式、定型化设施，以达到节能、绿色、环保的要求。对重点环节和关键部位进行视频监控，及时制止违章行为和隐患发生。设置安全风险分级化管理，风险区标识清晰并安装语音提示器。此外，施工现场设置安全体验区，使工人掌握安全施工知识和技能，做到“安全第一”。

疫情期间，施工现场及生活区实行封闭式管理，施工现场及生活区人员出入口处搭设消毒通道，设置疫情防控测温登记点，人员必须佩戴口罩经过体温检测合格后才能进入施工现场，配备专职消毒员定时对主要施工道路、办公区、生活区进行消毒。设置口罩等医疗废弃物专用收集容器，集中经过消毒后运送至社区指定堆放地点。

施工现场裸土用密目网覆盖，配置雾炮对重点防治区集中降尘。安装基坑临边喷淋系统、塔吊喷淋系统，有效控制扬尘产生，消除施工现场火灾隐患，同时塔吊喷淋可解决混凝土楼板养护等问题。

选用低噪声设备和先进施工工艺，降低噪声，防止扰民。运用雨水回收、废水回收利用技术，经过处理的水体用于绿化、结构养护和车辆冲洗等。施工现场设置预制品加工区，落地灰、碎砖块等建筑垃圾经过筛选粉碎后加工成预制构件，用作门窗洞口过梁、门洞口砼块、砌体斜蹬砖等。

三、科学管理，优质高效

项目部通过智慧工地平台劳务实名制管理系统应用，将劳务作业人员从入职、进出施工现场、人员信息及统计分析几方面系统规范管理。有效推进和落实工程施工劳务人员实名制管理的要求，规范劳务管理，保障劳务人员的合法权益，降低企业用工风险，有效解决用工单位劳务管理投入及安全施工投入。

借助 BIM+ 物联网技术，实现施工现场可视化、虚拟化的协同管理，通过基于 BIM 模型的深化设计，以及场布、施组、进度、材料、设备、质量、安全、竣工验收等管理应用，实现施工信息高效传递和实时共享，提高项目管理水平。

四、创新应用，提质增效

为了适应建筑技术迅速发展的形势，积极推广应用《建筑业 10 项新技术》，主要有钢筋与混凝土技术、模板脚手架技术、机电安装工程技术、绿色施工技术、防水技术与维护结构节能、抗震、加固与监测技术、信息化技术等。1#、2# 楼标准层以上外架采用新型智能升降平台，4# 楼采用新型外架钢板网，2# 楼采用全铝合金模板支撑体系，作业安全，施工环保。

此外，项目部还应用了方圆扣加固体系、成品工器具、屋面花架梁滴水线一次成型超前施工技术、预拌干混砂浆、剪力墙对拉螺栓孔洞封堵、工具式可调节楼梯钢模板、电梯井操作平台、外架钢板网、钢架板、废弃混凝土的再生利用技术等一系列“四新技术”，为工程施工质量安全及施工效率保驾护航。

撰稿人：乔述斌　王彦龙

武威和厦建设有限公司

推行“标准化”体系建设　助力公司提质增效

随着七建集团管理体系外部审核末次会议的圆满结束，正式拉开了武威和厦建设有限公司“持证上岗”的序幕。武威和厦建设有限公司以首次外审认证无不符合项的优异表现为自己交出了一份满意的答卷。至此，武威和厦建设有限公司也成为了武威地区首家通过质量、环境、职业健康安全三体系认证的商品混凝土生产企业。

武威和厦建设有限公司隶属甘肃第七建设集团股份有限公司。公司设有两条180商品混凝土生产线，是一家全封闭、无粉尘污染、无噪声、污水零排放，环保绿色的现代大型商品混凝土生产企业。早在2013年成立挂牌之际，在集团的引领下运用“一体五标”管理体系，已有7年之久。回顾武威和厦建设公司有关企业管理与实践大致经历了四个阶段：无序管理、合规经营、被动管理，再到当下的将合规经营整合进入主动管理流程。随着管理体系在公司治理深度及广度的不断推进，公司逐步形成了通过体系管理掌控全局、指导全局、引领全局的全新格局。

一、领导作用，全员参与

武威和厦建设有限公司领导高度重视标准体系建设，虽然在此之前公司并未进行过体系认证，但在逐步的生产实践中，早已将管理体系建设融进了公司日常管理，并建立了以质量、环境、职业健康安全标准体系为架构，以国家法规、规范标准、相关方期望为工作要求的混凝土生产标准体系。领导班子高度重视标准体系的建立与运行实施，投入了极大的人力、物力、财力，设立了贯标办及贯标员，形成了“公司推动、部门主动、项目联动”的标准化运行模式，建立了运行流程、科学的管理制度和高效的反馈改进机制，不断实现标准化、规范化、系统化的管理，竭力为“七建商砼”品牌保驾护航。

为了形成全员参与的良好氛围，企业目标通过细化、量化后逐层分解并落实到所有岗位及人员。以三体系认证为基础，形成有效的管理网，同时目标分解与员工绩效等关键指标挂钩，调动员工参与积极性，为标准体系建设与运行建言献策；而对员工自身而言，也是推动其实现自身价值的有力引擎。

二、扎实标准基础，稳固质量支柱

标准化管理体系是质量管理的基础，质量管理是标准化管理体系的支柱。质量是企业永恒的主题，没有标准化管理体系，质量管理就失去了依据。武威和厦建设有限公司在贯标认证中，严格按照GB/T 19000/ISO 9000系列标准，建立完善的质量体系，充分运用标准化统一、协调、简化、优化的原则，将质量管理的内容程序化、规范化和文件化，从而编制了一个结构严谨、内容具体、可操作性强、使用范围较广的技术管理标准。同时，武威和厦建设有限公司依据标准化管理体系对企业质量体系要素的确定，体系的建立、体系文件的形成，质量手册的编写，程序文件的构成，部门的职责与个人的责任、工作程序、内容、联系方式等都进行了标准化、规范化，并以标准的形势给予规定，由企业最高管理者代表批准、发布、实施。

一个企业要想赢得市场竞争，只能靠完备的管理体系造就过硬的产品质量。只有把质量问题提高到至关重要的战略高度，牢牢树立“质量兴企、质量强企”的观念，严格执行质量管理体系，才能打造出高质量的产品，才可能在未来的市场竞争中站稳脚跟。

三、以体系管理为抓手，完善客户回访制度

“一体五标”管理体系，可以不断提高客户满意度，避免客户投诉，从而提高产品知名度，使产品在市场更有竞争力。另外，对于潜在的客户来说，通过认证的企业就是一种品牌的象征，会增强潜在客户对企业的信任度，有利于企业不断开拓市场。

为进一步巩固老客户，武威和厦建设有限公司依

据管理体系，建立健全完善的客户回访制度，通过随时随地的满意度调查，确保用户回访率达到100%，对于一些超出经营工作范围的问题，也尽量提供力所能及的帮助和支持，得到了众多甲方一致好评，为公司承揽后续任务奠定了坚实的基础。

四、体系运用实际，提升内控意识

伴随标准化体系时代的到来，标准化体系就是标准化的直接体现。实施“一体五标”管理体系，对促进公司技术全面进步，提升公司管理水平，提高产品质量和档次，增加商砼市场竞争力和商砼市场占有率等方面具有极其重要的作用。推行标准化管理体系，有利于规范公司内部的管理行为，提高内控意识，降低生产成本，提高产品质量，提升生产效益。武威和厦建设有限公司通过将标准化管理体系运用实际，提升公司从上到下的内控意识，同时更好地为顾客提供质量可靠、满意的产品，进而提升品牌美誉度和知名度，无形中为企业创造巨大的财富。

五、标准化启动绿色发展新引擎

武威和厦建设有限公司充分利用完备的标准化体系，推进绿色混凝土生产工作。一是，用绿色生产的标准引领行业创新。面对混凝土行业绿色发展的新形势、新机遇和新挑战，武威和厦建设有限公司在认真梳理以往相关标准、明确绿色混凝土标准化需求和重点领域的基础上，建立绿色生产标准体系，以引领混凝土绿色可持续发展。二是，让标准化成为绿色生产的必要条件。武威和厦建设有限公司将“一体五标”管理体系与绿色发展充分结合，运用于混凝土生产过程，有助于公司生产出绿色环保型的混凝土，从而达到节约资源、保护环境、减少污染的目的，进而为人们提供健康环保型的绿色建筑，为公司的发展带来一定的经济效益，同时构筑一个良好的运营平台实施公司未来的发展战略。

2020

Yearbook of Certification,Accreditation,Inspection and Testing of China

第十三部分 法规、部门规章和规范性文件

Part Thirteen Regulations，departmental rules & normative documents

进口食品国外生产企业注册程序

国认注（2001）35 号

第一条 为加强对进口食品国外生产企业注册和实施工厂审查工作，根据《进口食品国外生产企业注册管理规范》，制定本程序。

第二条 中华人民共和国国家认证认可监督管理局（以下简称国家认证认可监督管理局）负责进口食品注册管理和组织实施。

凡向中国输出《实施企业注册的进口食品目录》所列食品的国外生产企业，必须先向国家认证认可监督管理局提交进口食品卫生注册的书面申请。

第三条 国外生产企业向中国申请注册，必须由所在国（地区）主管食品安全卫生控制的当局填写符合规定内容的食品安全卫生控制的调查问卷，并进行自我评估。

第四条 国家认证认可监督管理局在接到国外生产企业提交的进口食品卫生注册书面申请、所在国（地区）食品安全卫生控制当局填写的调查问卷及相关的审查材料后，组织专家进行材料评估。

第五条 材料经专家审查并符合注册要求的，国家认证认可监督管理局将通知申请人安排实地评审；对不符合要求的，通知申请人补充材料或者通知其不受理申请的理由。

第六条 对国外生产企业的实地评审国家认证认可监督管理局派出评审组对国外生产企业进行实地评审。评审内容包括：对所在国（地区）有关食品安全卫生控制体系的验证、对生产企业卫生质量体系的运行状况的评审。

（一）实地验证

1. 实地验证是对国外生产企业所在国（地区）食品安全卫生控制体系实际运作情况实施的验证。根据需要，可以对农药、兽药残留监控体系与疫病监控体系等进行专项验证。

2. 实地验证计划应当根据调查问卷中的有关内容制定并实施。

3. 评审组应当会同国外主管当局的代表确认实地验证计划和实地验证的程序。

4. 评审组应当做好实地验证记录。

（二）对企业的实地评审

1. 召开见面会。由评审组组长介绍评审要求，确认评审过程、保密承诺等。

2. 要求被审查企业现场提供资料。国外生产企业至少应当提供本企业的卫生质量体系控制计划、计划执行和验证记录等。

3. 现场评审。评审组依据《中华人民共和国食品卫生法》和相应的食品生产企业卫生规范要求对申请食品注册的企业进行现场评审。评审的内容应当包括企业的生产卫生条件和从原料至成品整个生产、加工、储存、运输过程各环节的安全卫生控制。

评审组对生产企业进行现场评审，应当做好现场记录。必要时，还应当现场摄影以补充相关记录。

4. 评审分析。评审组按评审进程的需要，召开内部会议研究讨论：（1）评审的进度；（2）对观察结果形成统一看法，尤其是明确不符合项及其严重程度；（3）评价生产企业卫生质量体系的运作状况；（4）在评审中需要及时解决的其他问题；（5）形成评审初步报告。

5. 情况通报。评审组在现场评审结束后可召开通报会，向企业客观陈述现场评审中发现的问题，对企业的自我解释，做好记录。

评审组对评审的生产企业是否通过现场评审不做出最终结论。

（三）评审组应当写出评审工作报告，提交国家认证认可监督管理局。

评审组起草的评审报告至少应当包括下列内容：

1. 评审的目的和背景；

2. 验证和评审的概况（评审组成员，被评审企业名单）；

3. 该类食品工业的状况；

4. 对输出国（地区）食品安全卫生控制体系的验证情况；

5. 企业食品生产的卫生控制状况和存在问题；

6. 对生产企业的评审结果；

7. 结论和推荐意见。

第七条　国家认证认可监督管理局组织对评审报告进行技术审查。

第八条　国家认证认可监督管理局将评审情况向输出国（地区）主管当局反馈并征求意见。

第九条　国家认证认可监督管理局在考虑国外主管当局意见的基础上，形成最终评审报告及被批准注册的国外生产企业名单，并通报国外主管当局。

第十条　国家认证认可监督管理局定期对外公布获得卫生注册的国外生产企业名单。

第十一条　国家认证认可监督管理局对已注册的进口食品国外生产企业实施监督管理。包括：

（一）对国外生产企业实施定期或不定期的复查

国家认证认可监督管理局可根据对进口食品的检验和监管情况以及进口食品存在问题的危害程度，确定是否对国外生产企业进行溯源性检查或复查。

（二）对食品安全卫生控制体系的重新评估

1. 当输出国（地区）的食品生产的法律、法规、规范和标准发生变化时，应当及时向国家认证认可监督管理局通报。必要时，国家认证认可监督管理局对其食品安全卫生控制体系进行重新评估。

2. 当输出国（地区）由于发生重大疫情或者公共卫生失控等严重问题而暂停进口时，国家认证认可监督管理局可根据情况对其食品安全卫生控制体系进行重新评估。

（三）取消国外生产企业注册资格

1. 在国家认证认可监督管理局定期或者不定期复查中，发现食品注册企业所在国（地区）的食品安全卫生控制体系或者食品注册企业存在安全卫生问题或者隐患，将通报所在国（地区）主管当局，并作出要求企业在规定时间内整改或者取消该企业注册资格的决定。

2. 已获得注册的国外生产企业的产品经检验检疫发现有严重的卫生控制问题或者多次出现卫生质量事故，国家认证认可监督管理局将通报其所在国（地区）主管当局，并取消该企业的注册资格。

3. 对已获得注册的国外生产企业向中国出口非本企业产品或将注册编号转让给其他企业的，国家认证认可监督管理局将通报其所在国（地区）主管当局，并取消该企业的注册资格。

（四）已注册企业情况变更的备案

已注册的国外生产企业更改企业名称、生产场所、生产工艺、注册产品品种、卫生质量体系等，必须经所在国（地区）主管当局核查并签署意见后，报国家认证认可监督管理局办理变更备案手续。其中，注册产品品种、生产场所、生产工艺、卫生质量体系发生重大变化者，国家认证认可监督管理局将要求其重新办理注册。

第十二条　本程序由国家认证认可监督管理局负责解释。

食品生产企业危害分析与关键控制点（HACCP）管理体系认证管理规定

第一章 总则

第一条 为了规范食品生产企业危害分析与关键控制点（以下简称 HACCP）管理体系的建立、实施、验证以及 HACCP 的认证工作，提高食品的安全卫生质量，扩大食品出口，根据《中华人民共和国食品卫生法》《中华人民共和国进出口商品检验法》《中华人民共和国进出口商品检验法实施条例》和国务院的有关规定，制订本规定。

第二条 国家鼓励从事生产、加工出口食品的企业（以下简称企业）建立并实施 HACCP 管理体系。列入《出口食品卫生注册需要评审 HACCP 管理体系的产品目录》（以下简称《目录》）的企业，必须建立和实施 HACCP 管理体系。

第三条 各地出入境检验检疫机构负责所辖区域内企业 HACCP 管理体系的验证工作，并根据国外食品卫生管理机构的要求，出具 HACCP 验证证书。

第四条 根据国务院的有关规定，国家认证认可监督管理委员会（以下简称国家认监委）负责全国 HACCP 管理体系认证认可工作的统一管理、监督和综合协调工作，监督管理 HACCP 管理体系的实施和出入境检验检疫机构的验证工作，负责调整和公布《目录》。

第二章 企业 HACCP 管理体系建立和运行的基本要求

第五条 企业应当在符合国家有关食品安全卫生要求的基础上，建立 HACCP 管理体系。

企业必须建立和实施卫生标准操作程序，达到以下卫生要求：

（一）接触食品（包括原料、半成品、成品）或与食品有接触的物品的水和冰应当符合安全、卫生要求；

（二）接触食品的器具、手套和内外包装材料等必须清洁、卫生和安全；

（三）确保食品免受交叉污染；

（四）保证操作人员手的清洗消毒，保持洗手间设施的清洁；

（五）防止润滑剂、燃料、清洗消毒用品、冷凝水及其他化学、物理和生物等污染物对食品造成安全危害；

（六）正确标注、存放和使用各类有毒化学物质；

（七）保证与食品接触的员工的身体健康和卫生；

（八）清除和预防鼠害、虫害。

第六条 建立 HACCP 管理体系应当符合 HACCP 原理的基本要求：

（一）进行危害分析，提出预防措施；

（二）确定关键控制点（CCPs）；

（三）确定关键限值；

（四）建立监控程序；

（五）建立纠偏行动计划；

（六）建立记录保持程序；

（七）建立验证程序。

第七条 企业实施 HACCP 管理体系时，必须由本企业接受过 HACCP 培训或者其工作能力等效于经过 HACCP 培训的人员承担相应工作。

第八条 企业负有执行职责的最高管理者负责批准 HACCP 计划。HACCP 管理体系的运行必须有效保证食品符合安全卫生要求。企业在执行中应当定期或者根据需要及时对 HACCP 计划进行内部审核和调整。

第三章 认证

第九条 从事 HACCP 管理体系认证（以下简称 HACCP 认证）的机构，应当获得国家认监委的批准，并按有关规定取得国家认可机构的资格认可。

第十条 申请从事 HACCP 认证的认证机构应当具有足够数量的专业评审人员，上述人员应当获得食品相关专业的本科以上学历、有食品工艺方面的实践经验、接受过 HACCP 培训并取得了认证人员注册机构的注册。

第十一条 HACCP 认证的依据是国家有关法律法规、国家标准或者行业标准和有关国际标准、准则或者规范等。

第十二条 企业建立和实施的 HACCP 管理体系可

申请 HACCP 认证。经认证机构按照规定评审符合要求的，由认证机构颁发 HACCP 认证证书。

第四章　验证

第十三条　出入境检验检疫机构根据有关规定对企业建立和实施的 HACCP 管理体系进行验证。验证的依据是本规定第二章的基本要求。

根据中国政府主管部门与外国（地区）有关机构签订的双边协议或者合同约定及国外有关要求，企业应当接受国外食品卫生管理机构的验证。

第十四条　出入境检验检疫机构对下列企业实施验证：

（一）产品列入《目录》的企业；

（二）国外有关机构要求由出入境检验检疫机构出具 HACCP 验证证书的企业。

第十五条　验证的重点是：

（一）企业建立和实施 HACCP 管理体系的证明文件或者认证机构的 HACCP 认证文件；

（二）企业 HACCP 计划的合理性，即对所有潜在的显著危害进行全面、合理的分析，提出了适当的控制措施；

（三）企业 HACCP 计划实施的有效性，即 HACCP 计划的实施情况，以及实施后企业及产品安全卫生质量得到有效保证。

第五章　监督管理

第十六条　国家认监委对企业建立并实施 HACCP 管理体系实施监督，对出入境检验检疫机构的 HACCP 验证工作进行业务指导和监督检查。

第十七条　国家认监委监督、管理全国的 HACCP 认证认可工作，监督、规范 HACCP 认证活动。从事 HACCP 认证的认证机构、认证咨询和培训机构（含中外合资、合作、外商独资机构）的设立应当符合国家的有关规定。

第十八条　国家认监委负责国外食品卫生管理机构及其他相关机构对我国企业 HACCP 验证的管理和协调工作，受理有关的投诉、申诉，并组织调查和处理。

第十九条　出入境检验检疫机构在 HACCP 验证中，发现认证机构（含中外合资、合作、外商独资机构）的 HACCP 认证工作达不到规定要求及虚假认证和买证、卖证的，应当报国家认监委进行查处。

第六章　附　则

第二十条　本规定中以下术语的含义是：

（一）“关键控制点（Critical Control Point，简称 CCP）”是指可将某一项食品安全危害防止、消除或降低至可接受水平的控制点。

（二）“危害分析和关键控制点（Hazard Analysis andCritical Control Point，简称 HACCP）”是指对食品安全危害予以识别、评估和控制的系统化方法。

（三）“HACCP 计划”是指在 HACCP 原理基础上制订的列出了操作程序的书面文件。

（四）“HACCP 管理体系”是指企业经过危害分析找出关键控制点，制定科学合理的 HACCP 计划在食品生产过程中有效地运行并能保证达到预期的目的，保证食品安全的体系。

（五）“HACCP 管理体系认证”是指企业委托有资格的认证机构对本企业所建立和实施的 HACCP 管理体系进行认证的活动。

（六）“验证”是指出入境检验检疫机构或国外食品卫生管理机构及其他相关机构对企业建立和实施的 HACCP 管理体系进行的监督检查活动。

第二十一条　对其他食品生产企业建立并实施 HACCP 管理体系及其认证、验证的管理、监督，可以参照本规定执行。

第二十二条　本规定由国家认监委负责解释。

第二十三条　本规定自 2002 年 5 月 1 日起施行。

国家认可机构监督管理办法

国认可函〔2002〕20号

第一条 为了建立健全国家认可制度，加强对国家认可机构的监督管理，保证认证认可工作的质量，根据国务院赋予国家认证认可监督管理委员会（以下简称国家认监委）的职责，制定本办法。

第二条 本办法所称的国家认可制度是指由国家实施的，对认证机构、实验室、认证培训机构、认证人员进行认可管理的制度。

第三条 本办法所称的国家认可机构是指由国家授权的，从事认证机构认可、实验室认可、认证培训机构和认证人员认可的机构。

第四条 国家认监委统一管理、监督和综合协调全国的认证认可工作，为建立和实施国家认可制度履行以下职责：

（一）负责国家认可制度的建立和实施；

（二）制定对国家认可机构的基本要求；

（三）负责国家认可机构的设立、授权和监督管理；

（四）公布国家认可机构名录及相关信息；

（五）制定、发布国家认可标志；

（六）管理国家认可机构在认可领域的国际合作。

第五条 国务院有关行政主管部门通过以下方式参与国家认可制度的建立和实施：

（一）在国家认监委统一管理、监督和综合协调下，通过全国认证认可工作部际联席会议制度，向国家认监委提出有关认可方面的建议和意见；

（二）通过参加设立在国家认可机构的相关委员会，对国家认可机构的工作进行指导和监督；

（三）推动本行业、本部门适用国家认可制度，促进认证工作的发展。

第六条 国家认监委按照国际通行规则，建立集中统一的国家认可机构，履行国家认可职能。

第七条 国家认可机构的设立由国家认监委进行审批。

国家认监委对国家认可机构的基本条件、能力及其相关委员会的组成、章程进行评审后，颁发国家认可机构授权证书。

第八条 国家认可机构应当符合相关国际准则要求并具备以下基本条件：

（一）具有法人资格，能够独立承担民事法律责任；

（二）具有确保公正性的原则和程序，并以公正的方式实施管理；

（三）具有确保其公正性的政策并形成文件，包括国家认可机构保证认证工作公正性的规则，有关认可事项的申诉、投诉程序等，并且保证有关各方均能参与认可制度的建立和实施；

（四）根据认可范围和工作量，配备足够的人员，这些人员的教育、培训、技术知识和经历应当满足认可工作的要求；

（五）确保管理者和全体人员不受任何可能影响其认可结果的商业、财务和其它方面的压力；

（六）确保其相关机构的活动不影响认可活动的保密性、客观性和公正性。

第九条 国家认可机构的以下活动应当事前征得国家认监委的同意：

（一）参加国际组织和有关国际方面的重大活动，向国际组织投票表决的重要事项；

（二）签订国际双边或者多边协议。

第十条 国家认可机构的以下活动应当向国家认监委书面报告：

（一）认可准则（要求）的制订与修订；

（二）重要会议；

（三）主要管理人员的变化；

（四）认可的批准、暂停和撤销；

（五）重要的申诉、投诉及处理结果；

（六）其他重要事项。

第十一条 国家认监委通过以下方式对国家认可机构及认可制度的执行情况实施监督：

（一）对国家认可机构实施例行的年度监督评审和日常监督；

（二）对获准认可的认证机构、实验室、培训机构等实施监督；

（三）对获得认证的单位实施监督；

（四）对获得认证的产品实施监督、抽查；

（五）对获得认可的认证人员实施监督。

第十二条　国家认监委受理对国家认可机构和认可质量的申诉和投诉，并组织调查和处理。

第十三条　国家认可机构发生违反有关国际准则和国家认监委有关规定的，由国家认监委责令其采取措施予以纠正，并对有关责任人进行查处。

第十四条　国家认可机构认可的认证机构、实验室、认证培训机构和认证人员违反认可准则和国家认监委有关规定的，由国家认监委责令国家认可机构对其进行处理，暂停或者撤销相关机构、人员的证书。

第十五条　本办法由国家认监委负责解释。

第十六条　本办法自 2002 年 5 月 1 日起施行。

国家认监委关于明确计量认证 / 审查认可工作有关规定的通知

国认实函〔2002〕78 号

各省、自治区、直辖市质量技术监督局：

根据国务院批准国家认监委“三定方案”的规定，包括计量认证、审查认可工作在内的有关对质检机构的资质评价、认可和授权等工作由国家认监委负责。2001 年底，我委对省级质量技术监督局（以下简称“省局”）的计量认证和审查认可工作以及行业计量认证评审组的工作进行了调查。2002 年 5 月，国家认监委在福州召开了计量认证 / 审查认可工作会议，研讨了有关计量认证 / 审查认可工作文件，通过调查和研讨，发现有些具体工作规定需要进一步明确或改进。经研究，现将有关规定和要求通知如下：

1. 关于计量认证 / 审查认可评审考核依据

《产品质量检验机构计量认证 / 审查认可（验收）评审准则》（试行）（质技监认函〔2000〕046 号，以下简称“新评审准则”）已于 2001 年 12 月 1 日起开始实施，各省局、各行业计量认证评审组应及时组织宣贯并严格按照新评审准则实施评审。若实验室按照 GB/T 15481-2000（等同 ISO/IEC 17025-1999）建立质量体系，可以按照该标准及计量认证 / 审查认可特殊要求进行评审。

2. 关于企业标准、国际标准能否作为计量认证 / 审查认可依据的问题

企业标准不能直接作为计量认证 / 审查认可立项依据，但如果检测机构依据国家标准、行业标准、地方标准进行计量认证 / 审查认可所通过的项目（参数）的检验能力能够覆盖该企业标准所涉及的项目（参数）时，受特定委托方的委托（如质检部门、司法部门、本企业），检测机构可以开展相应产品的检验（测）工作，可以出具带 CMA/CAL 标志的检测报告。

特殊情况下，可以直接用国际标准立项，当检测机构依照国际标准开展委托检测、仲裁检测时，应征得委托方的同意。

没有国际标准、国家标准、行业标准、地方标准依据时，检测机构可以制定检测标准或方法作为计量认证 / 审查认可立项依据，评审机构在评审时要对该检测标准或方法进行验证。通过考核后，检测机构可以依据该方法标准开展检测工作，但要事先向委托方明示。

3. 关于计量认证收费标准问题

根据原国家技术监督局、国家物价局、财政部 1991 年发布的《关于印发计量收费标准的通知》（技监局法发〔1991〕323 号）的规定，国家级计量认证收费 1500 元 / 家，省级计量认证 1200 元 / 家，公报费按实际支出列支。在没有新的收费标准出台之前，各省局、各行业评审组应严格执行该收费标准，考虑到该收费标准目前偏低的实际情况，参考实验室认可的有关运作方式，根据检测机构的实际情况，评审组专家的差旅费可以由被评审机构承担。

4. 关于计量认证受理的范围

按照《计量法》《计量法实施细则》的规定，凡向社会出具公证数据的产品质检机构必须通过省级以上质量监督部门的计量认证，根据十几年来的工作实践、国际标准关于产品的定义，计量认证所覆盖的产品质检机构已不只是传统意义上的有形产品的检测机构，而是广泛覆盖了环保、卫生、农业、科研、地矿、水利、气象、交通、铁道、建设、公安等行业的各种检测实验室以及其他向社会出具检测数据的检测实验室，如在线检测的车辆检测场、防雷避雷装置检测机构、建筑装修材料检测机构等都在积极申请计量认证。各省局、各行业计量认证评审组应加强对这些实验室的计量认证工作。

5. 关于企业实验室申请计量认证的问题

企业内部实验室能否申请计量认证，关键看该实验室能否保证检测工作的公正性。由于我们国家科技体制改革和政府机构改革等原因，一些大型科研院所转制为企业或进入了企业集团，一些政府部门转成为大型企业集团，对此总的原则是：直接为企业自身生产服务的实验室无需进行计量认证（鼓励其进行实验室认可）。一般情况下，进行计量认证的检测机构所在母体不应从事所检产品的生产、销售、经营。一些检测机构所在科研院所转制为企业或进入企业集团的，如果企业的生产经营行为影响到其检测行为的独立性和公正性，检测机构应完成独立法人注册。特殊行业（如石油、石化系统、国防科工委系统）的实验室，不能完成独立法人注册的，由所在单位领导出具不干预检测业务、确保实验室工作相对独立的公正性声明，实验室按照要求建立了质量保证体系的，可以进行计量认证。从事公路、铁路、水库、隧道、桥梁、城市建设等工程建设单位的实验室，属于第二方实验室范畴，可以进行计量认证。

原国家质量技术监督局认证与实验室评审管理司1999年发布的《关于进一步加强计量认证工作的通知》（质技监认函〔1999〕012号）有关企业标准能否作为计量认证立项依据、企业实验室能否进行计量认证问题的规定与本通知不符的，按本通知规定执行。

6. 关于地方检测机构申请国家计量认证和国家实验室认可的问题

计量认证按规定分两级实施，属于全国性的检测机构，进行国家计量认证。属于地方性的检测机构，进行地方计量认证。随着两级计量认证的程序、依据评审准则、评审人员的规范和统一，两级计量认证只是对象和实施机关不同，不存在级别高低之分，凡是依法开展、取得计量认证的检测机构，在其通过计量认证的检测范围内出具的检测报告，具有同等的法律效力。因此，已经取得省级计量认证（或国家计量认证）的检测机构无需再进行国家计量认证（或省级计量认证）。一家检测机构拥有不同的地方和行业授权的机构名称的，可以分别进行计量认证。已获计量认证的检测机构申请国家实验室认可的，实验室认可机构应与计量认证实施机构沟通，如果检测机构是按照GB/T 15481-2000（等同ISO/IEC 17025-1999）建立的质量体系，并按照新评审准则有关计量认证/审查认可的特殊要求通过了计量认证，实验室认可机构应以不重复评审为原则，按照简化的程序，对这类检测机构进行实验室认可。

7. 关于计量认证/审查认可检测机构检验人员的资质问题

对于获得计量认证/审查认可的产品检测机构或实验室，其具体从事检验、测试、评定的有关技术人员和相关技术管理人员，应具有相关专业知识和资格。除国家已经开展执业资格注册考试的领域（珠宝、棉花）以外，国家认监委将配合国家质检总局在其他专业领域逐步进行试点，各省局可以根据本省工作实际情况，在有关行业部门的配合下，积极稳妥地推进相关领域的检验、测试人员的上岗资格评审工作。有关工作情况及问题应及时向国家质检总局和国家认监委报告。

以上规定，请遵照执行。

国家认证认可监督管理委员会

二〇〇二年六月十八日

无公害农产品标志管理办法

第一条 为加强对无公害农产品标志的管理，保证无公害农产品的质量，维护生产者、经营者和消费者的合法权益，根据《无公害农产品管理办法》，制定本办法。

第二条 无公害农产品标志是加施于获得无公害农产品认证的产品或者其包装上的证明性标记。

本办法所指无公害农产品标志是全国统一的无公害农产品认证标志。

国家鼓励获得无公害农产品认证证书的单位和个人积极使用全国统一的无公害农产品标志。

第三条 农业部和国家认证认可监督管理委员会（以下简称国家认监委）对全国统一的无公害农产品标志实行统一监督管理。

县级以上地方人民政府农业行政主管部门和质量技术监督部门按照职责分工依法负责本行政区域内无公害农产品标志的监督检查工作。

第四条 本办法适用于无公害农产品标志的申请、印制、发放、使用和监督管理。

第五条 无公害农产品标志基本图案、规格和颜色如下：

（一）无公害农产品标志基本图案为：

（二）无公害农产品标志规格分为五种，其规格、尺寸（直径）为：

规格	1号	2号	3号	4号	5号
尺寸（mm）	10	15	20	30	60

（三）无公害农产品标志标准颜色由绿色和橙色组成。

第六条 根据《无公害农产品管理办法》的规定获得无公害农产品认证资格的认证机构（以下简称认证机构），负责无公害农产品标志的申请受理、审核和发放工作。

第七条 凡获得无公害农产品认证证书的单位和个人，均可以向认证机构申请无公害农产品标志。

第八条 认证机构应当向申请使用无公害农产品标志的单位和个人说明无公害农产品标志的管理规定，并指导和监督其正确使用无公害农产品标志。

第九条 认证机构应当按照认证证书标明的产品品种和数量发放无公害农产品标志，认证机构应当建立无公害农产品标志出入库登记制度。无公害农产品标志出入库时，应当清点数量，登记台帐；无公害农产品标志出入库台帐应当存档，保存时间为5年。

第十条 认证机构应当将无公害农产品标志的发放情况每6个月报农业部和国家认监委。

第十一条 获得无公害农产品认证证书的单位和个人，可以在证书规定的产品或者其包装上加施无公害农产品标志，用以证明产品符合无公害农产品标准。

印制在包装、标签、广告、说明书上的无公害农产品标志图案，不能作为无公害农产品标志使用。

第十二条 使用无公害农产品标志的单位和个人，应当在无公害农产品认证证书规定的产品范围和有效期内使用，不得超范围和逾期使用，不得买卖和转让。

第十三条 使用无公害农产品标志的单位和个人，应当建立无公害农产品标志的使用管理制度，对无公害农产品标志的使用情况如实记录并存档。

第十四条 无公害农产品标志的印制工作应当由经农业部和国家认监委考核合格的印制单位承担，其他任何单位和个人不得擅自印制。

第十五条 无公害农产品标志的印制单位应当具备以下基本条件：

（一）经工商行政管理部门依法注册登记，具有合法的营业证明；

（二）获得公安、新闻出版等相关管理部门发放的许可证明；

（三）有与其承印的无公害农产品标志业务相适应的技术、设备及仓储保管设施等条件；

（四）具有无公害农产品标志防伪技术和辩伪能力；

（五）有健全的管理制度；

（六）符合国家有关规定的其他条件。

第十六条 无公害农产品标志的印制单位应当按照本办法规定的基本图案、规格和颜色印制无公害农产品标志。

第十七条 无公害农产品标志的印制单位应当建立无公害农产品标志出入库登记制度。无公害农产品标志出入库时，应当清点数量，登记台帐；无公害农产品标志出入库台帐应当存档，期限为5年。

对废、残、次无公害农产品标志应当进行销毁，并予以记录。

第十八条 无公害农产品标志的印制单位，不得向具有无公害农产品认证资格的认证机构以外的任何单位和个人转让无公害农产品标志。

第十九条 伪造、变造、盗用、冒用、买卖和转让无公害农产品标志以及违反本办法规定的，按照国家有关法律法规的规定，予以行政处罚；构成犯罪的，依法追究其刑事责任。

第二十条 从事无公害农产品标志管理的工作人员滥用职权、徇私舞弊、玩忽职守，由所在单位或者所在单位的上级行政主管部门给予行政处分；构成犯罪的，依法追究刑事责任。

第二十一条 对违反本办法规定的，任何单位和个人可以向认证机构投诉，也可以直接向农业部或者国家认监委投诉。

第二十二条 本办法由农业部和国家认监委负责解释。

第二十三条 本办法自公告之日起实施。

出口食品生产企业申请国外卫生注册管理办法

第一条 为规范出口食品生产企业申请国外卫生注册工作，根据《中华人民共和国进出口商品检验法》和国家质量监督检验检疫总局《出口食品生产企业卫生注册登记管理规定》，制定本办法。

第二条 国家认证认可监督管理委员会（以下简称国家认监委）主管全国出口食品生产企业国外卫生注册工作。各直属出入境检验检疫局（以下简称直属检验检疫局）负责所辖地区出口食品生产企业申请国外卫生注册的评审和注册企业的监督管理工作。

第三条 出口食品生产企业向国外申请卫生注册应当具备以下条件：

（一）已获得出口食品生产企业卫生注册证书或者卫生登记证书；

（二）卫生质量管理体系符合拟申请卫生注册的国家或者地区有关法律法规的要求；

（三）产品的质量安全卫生稳定，最近一年内未出现安全卫生质量问题；

（四）能够维护国家的声誉和企业的信誉。

第四条 出口食品生产企业申请国外卫生注册，应当向所在地直属检验检疫局提出书面申请，并提供能够证明符合本办法第三条规定条件的有关资料以及厂区平面图、车间平面图、工艺流程图、卫生质量体系文件、主要生产工序的图片和国外要求的其他相关资料等。

第五条 受理申请的直属检验检疫局，应当组成评审小组（评审人员至少 3 人，其中主任评审员不少于 2 人），在 20 个工作日内完成对申请材料和有关资料的审查。

申请材料和有关资料符合要求的，应当组织对申请企业进行现场评审。申请材料和有关资料不符合要求的，应当通知申请企业在 30 日内对申请材料和有关资料进行补正，逾期未补正的，视为撤回申请。

第六条 评审依据：

（一）《出口食品生产企业卫生注册登记管理规定》规定的卫生注册评审依据；

（二）有关国家或者地区的有关法律法规及其主管当局规定的技术规范和卫生管理要求。

第七条 经现场评审不符合要求的，申请企业 6 个月内不得重新提出申请。

第八条 评审组应当做好现场评审记录，出具评审报告，对评审结果负责。

第九条 申请企业经评审符合要求的，各直属检验检疫局应当填写《出口食品生产企业申请国外卫生注册推荐表》（格式附后），连同有关申请材料（必要时）一并上报国家认监委。

各直属检验检疫局应当按照相关国家或者地区的注册申请要求，逐项核实推荐所需的申请材料和有关资料。

第十条 各直属检验检疫局上报的出口食品生产企业申请国外卫生注册材料，经国家认监委审核符合要求的，由国家认监委（以“中华人民共和国国家认证认可监督管理局”名义）统一向有关国家或者地区的主管当局推荐。

各直属检验检疫局上报的出口食品生产企业申请国外卫生注册材料，经国家认监委审核不符合要求的，不予对外推荐。

国家认监委对被推荐企业卫生条件等需要核实的，可以直接组成评审组进行复审，经复审不符合要求的，不予对外推荐。

第十一条 有关国家或者地区主管当局要求来华对出口食品生产企业进行检查或者复查的，由国家认监委组织安排，有关直属检验检疫局负责通知被检查企业。

第十二条 获得国外卫生注册的企业，应当保证本企业能够持续满足卫生注册条件，可以随时接受有关国家或者地区主管当局的检查。

第十三条 获得国外卫生注册的企业，由所在地直属检验检疫局按照《出口食品生产企业卫生注册登记管理规定》和有关国家或者地区主管当局规定的要求，对其实施监督管理。

第十四条 直属检验检疫局对获得国外卫生注册企业的监督管理工作应当指定专门机构负责。

第十五条 对获得国外卫生注册的出口食品生产企业的卫生注册编号，实行专厂、专号、专用管理。

注册企业不得将其他企业加工的产品以本企业注册编号出口。

违反专厂、专号、专用管理规定，国家认监委可吊销其国外卫生注册。被吊销国外卫生注册的企业，自被吊销之日起一年内不得申请国外卫生注册。

第十六条　各地出入境检验检疫机构受理食品出口报检时，应当对出口食品生产企业的卫生注册编号进行验证。对违反专厂、专号、专用的，不得接受报检、放行。

第十七条　出口食品生产企业注册证书或者登记证书被吊销或者自动失效的，其获得国外卫生注册的资格自动失效。各直属检验检疫局应当将上述情况及时报国家认监委。

第十八条　获得国外卫生注册的出口食品生产企业，其出口产品在国外出现质量安全卫生问题，造成不良影响的，由国家认监委吊销其对国外卫生注册资格，并向国外相关机构通报。

被吊销国外卫生注册资格的企业，自被吊销之日起3年内不得申请恢复对相关国家的注册资格。

第十九条　获得国外卫生注册的出口食品生产企业，连续12个月未向有关国家或者地区出口注册产品的，应当在恢复对有关国家或者地区出口注册产品前30日内，向所在地直属检验检疫局申请复查。经复查合格的企业，方可向有关国家或者地区出口产品。

第二十条　对出口食品生产企业进行评审、复审和接待国外官方检查、复查的费用由申请对国外卫生注册的企业承担。

第二十一条　本办法由国家认监委负责解释。

第二十二条　本办法自2003年1月18日起施行。原国家进出口商品检验局1993年4月24日发布的《出口食品生产企业向国外卫生注册管理规定》（国检监〔1993〕125号）和原国家出入境检验检疫局1999年1月12日发布的《关于规范推荐出口食品加工企业对国外卫生注册做法的通知》（国检认〔1999〕6号），同时废止。

绿色市场认证管理办法

第一章 总则

第一条 为了推进全国“三绿工程”建设，促进绿色市场认证工作，建立确保食品安全的流通网络体系，维护消费者的权益，根据《中华人民共和国认证认可条例》（以下简称《认证认可条例》），制定本办法。

第二条 本办法中所称的绿色市场，是指经认证机构按照有关绿色市场标准或者技术规范要求认证，并允许使用绿色市场标牌（志）的农副产品批发市场和零售市场。

第三条 国家对在中华人民共和国境内从事农副产品批发和零售的市场实施绿色市场认证。绿色市场认证坚持政府推动，企业自愿的原则。

第四条 绿色市场认证的管理及质量监督工作，由国家认证认可监督管理委员会和商务部按照《认证认可条例》和国务院的有关规定，分工负责，共同做好工作。

第五条 地方认证监督管理部门和商务主管部门应当扶持绿色市场的发展，组织绿色市场新技术的研究、开发和推广。

第六条 本办法适用于在中华人民共和国境内的绿色市场认证活动。

第二章 组织管理

第七条 从事绿色市场认证的认证机构，由国家认证认可监督管理委员会按《认证认可条例》有关规定审核批准，并征求商务部意见。获得批准的认证机构需经认可机构认可后，方可从事绿色市场认证活动。

第八条 设立、申请从事绿色市场认证的认证机构及认证人员应当具备《认证认可条例》规定的条件。

第九条 国家认证认可监督管理委员会会同商务部制定《绿色市场认证实施规则》，确定认证标准、技术规范和认证程序。

第十条 从事绿色市场认证的认证机构履行以下职责：

（一）在批准的业务范围内按规定要求开展认证工作；

（二）按照规定对获得认证的绿色市场，颁发或者撤销认证证书，决定允许或者停止使用认证标牌（志）；

（三）对认证标牌（志）使用情况进行监督管理；

（四）对认证市场的持续符合性进行监督检查；

（五）受理有关的认证投诉、申诉和争议工作。

第三章 认证程序

第十一条 申请绿色市场认证的委托人应当向认证机构提交书面申请，并提交相关资料。

（一）委托人基本情况。包括名称、地址、规模、市场硬件设施、资产状况、信用等级、经营情况等；

（二）委托人的营业执照、卫生许可证、证明其合法经营的其他资质证明复印件；

（三）委托人的管理体系文件及相关文件；

（四）地方商务主管部门提供的有关企业信誉证明材料；

（五）保证执行绿色市场标准和技术规范的声明；

（六）其他有关材料。

第十二条 认证机构负责受理委托人的认证申请。认证机构自收到认证申请之日起，应在10个工作日内完成对申请材料的审核。材料审核不符合要求的，应当书面通知委托人。

第十三条 对申请材料审核符合要求的委托人，认证机构应当在规定时限内委派认证人员，按照绿色市场标准和技术规范对其进行现场审核。

第十四条 认证机构应当根据申请材料、现场审核报告等进行综合评价，在10个工作日内做出认证决定。向获得认证的委托人颁发绿色市场认证证书，准许使用绿色市场标牌（志）。绿色市场认证证书有效期3年。

第十五条 认证机构应当将其颁发的认证证书的副本报国家认证认可监督管理委员会和商务部备案。

第十六条 国家认证认可监督管理委员会、商务部定期联合公布绿色市场名单。

第十七条 认证证书期满需要继续使用的，应当在有效期满90天前向认证机构申请复审，复审的申请手续同初次申请。复审通过后重新颁发认证证书。

第四章 认证标牌（志）管理

第十八条 绿色市场认证标牌（志）

（一）基本图案（见附件）；

（二）绿色市场标准规格标牌为 60cm × 37cm 铜牌，颜色为金色底版，绿色图案。

第十九条　获得绿色市场认证证书的委托人可以在认证有效期内使用绿色市场认证标牌（志），并接受认证机构的监督管理。

第二十条　获得绿色市场认证证书的，允许悬挂绿色市场认证标牌；委托人可以在宣传材料等信息载体上印制绿色市场认证标志，但是不得在销售的产品或者产品的销售包装上使用绿色市场认证标志。

第二十一条　印制绿色市场认证标志时可根据需要按基本图案规格等比例放大或者缩小，但不得变形、变色。

第二十二条　认证机构对有下列情形之一的，应当注销认证证书，并停止其使用认证标牌（志）：

（一）认证适用的标准变更，获得绿色市场认证证书的委托人不能满足变更要求的；

（二）认证证书超过有效期，获得绿色市场认证证书的委托人未申请复审的；

（三）获得绿色市场认证证书的委托人申请注销的。

第二十三条　认证机构对有下列情形之一的，应当暂停其使用认证证书和认证标牌（志）：

（一）获得绿色市场认证证书的委托人未按规定使用认证标牌（志）；

（二）监督检查结果证明获得绿色市场认证证书的委托人运营中不符合认证要求，但是不需要立即撤销认证证书的。

第二十四条　认证机构对有下列情形之一的，应当撤销认证证书并停止其使用认证标志：

（一）监督检查结果证明运营中不符合认证要求，需要立即撤销认证证书的；

（二）认证证书暂停使用期间，获得绿色市场认证证书的委托人未采取有效纠正措施的；

（三）绿色市场出现严重质量、安全和卫生事故的。

第二十五条　任何单位或个人不得伪造、冒用、转让、买卖绿色市场标牌、标志。

第五章　监督管理

第二十六条　认证机构应当对绿色市场每年进行一次跟踪监督检查，也可根据情况进行不定期抽查。

第二十七条　监督检查合格的，认证机构发给《年度确认通知书》，认证证书继续使用；监督检查不合格的，暂停使用认证证书和绿色市场标牌（志），并限期整改。整改合格的继续使用认证证书和绿色市场标牌（志），整改无效的，撤销其认证证书，并停止使用认证证书和绿色市场标牌（志）。

第二十八条　委托人对认证机构的认证决定或者处理有异议的，可以向做出决定的认证机构提出申诉，对认证机构处理结果仍有异议的，可以向国家认证认可监督管理委员会申诉、投诉。

第二十九条　认证机构违反国家有关认证认可法律法规规定的，按相关法律法规处理。

第六章　附　则

第三十条　绿色市场认证按照国务院价格主管部门批准的收费标准收取认证费用。

第三十一条　本办法由国家认证认可监督管理委员会和商务部负责解释。

第三十二条　本办法自发布之日起施行。

附件（略）

国家认证认可监督管理委员会实施认证认可行政处罚若干规定

第一条 为保证认证认可行政处罚工作程序化、规范化，严格依法行政，根据《中华人民共和国认证认可条例》和国家质量监督检验检疫总局（以下简称国家质检总局）规定的行政处罚程序，制定本规定。

第二条 本规定所称认证认可行政处罚是指国家认证认可监督管理委员会（以下简称国家认监委）对违反有关法律、法规、规章的公民、法人和其他组织而实施的行政处罚。

第三条 国家认监委法制工作机构具体负责组织实施国家认监委行政处罚工作。

第四条 国家认监委实施行政处罚的案件包括：

（一）对依法应当取得国家认监委批准、指定、备案的认证机构、认证培训机构、认证咨询机构、检查机构、实验室实施行为罚的违法案件；

（二）对取得境外认可机构认可，未向国家认监委备案的认证机构、检查机构、实验室实施警告处罚的违法案件；

（三）认可机构违法案件；

（四）认证人员违法执业的案件；

（五）其他需要国家认监委实施行政处罚的违法案件。

第五条 有下列情形之一的，应当予以立案：

（一）国家认监委在监督管理中发现认为需要给予行政处罚的；

（二）国家认监委受理公民、法人和其他组织举报后，经初步核查，认为需要给予行政处罚的；

（三）有关部门移送并认为需要给予行政处罚的；

（四）地方质检部门移送并需要给予行政管理相对人行为罚的；

（五）其他需要立案的。

第六条 国家认监委法制工作机构负责统一立案。立案时应填写《行政处罚案件立案审批表》，经批准后立案。

第七条 国家认监委对依职权监督管理或者受理的公民、法人和其他组织的举报，经核查，发现涉嫌违法行为的，可以交地方质量技术监督部门和各地出入境检验检疫机构（以下简称各地质检部门）调查取证。涉嫌重大违法的行为，由国家认监委组织各地质检部门和相关技术机构进行调查取证。

各地质检部门在案件调查取证阶段，应当接受国家认监委的政策、技术指导和对案件的督查。

第八条 案件调查结束后，国家认监委法制工作机构和有关业务监管部门组成案件审理小组，根据调查结果和有关证据材料，按照国家质检总局规定的行政案件审理工作规则进行审理。

案件审理小组应当由三至五名成员，成员由国家认监委法制工作机构、相关业务监管部门负责人组成。

对于需要由各地质检部门对行政管理相对人的违法行为实施财产罚的，首先由各地质检部门对行政管理相对人实施财产罚。各地质检部门应当在作出行政处罚决定后10日内将案件有关材料提交国家认监委。

第九条 案件审理终结，案件审理小组对违法行为提出处理意见：

（一）违法事实清楚、证据确凿，依法应当给予行政处罚的，根据情节及具体情况，给予相应的行政处罚；

（二）违法行为轻微，依法可以免予行政处罚的，免予行政处罚；

（三）违法事实不能成立的，不予行政处罚；

（四）违法事实认定不清，证据不足的或者程序违法的，责成案件调查机构补正或者纠正；

（五）违法案件依法不属于国家认监委管辖的，移送有关部门或者司法机关进行处理。

第十条 国家认监委法制工作机构应当将上述意见以及作出处理意见的事实、理由和依据，告知行政管理相对人，听取其陈述和申辩；其中依法属于听证范围的，同时告知行政管理相对人享有申请听证的权利。

第十一条 案件审理小组应当充分听取行政管理相对人的陈述和申辩，并记录在案。

第十二条 国家认监委对实施责令停业整顿、撤销批准文件等行政处罚的违法案件，应当履行听证程序。

对应当履行听证程序的案件，国家认监委应行政管理相对人的申请，按照质检总局规定的有关行政案件听证工作规则，举行听证。

听证工作由国家认监委法制工作机构主持。

第十三条　国家认监委负责人对案件审理小组提出的处理意见进行审核，签发行政处罚决定或者其他行政处理决定。

案件情节复杂或者重大违法行为给予较重处罚的，应当提交委主任办公会议讨论决定。

第十四条　国家认监委作出行政处罚决定后，由国家认监委法制工作机构制作行政处罚决定书，并送达行政管理相对人。

第十五条　国家认监委送达行政处罚文书，应当遵循下列原则：

（一）直接送达行政管理相对人的，由行政管理相对人在送达回证上注明收到日期，并签名或者盖章，行政管理相对人在送达回证上的签收日期为送达日期。行政管理相对人是法人、经营单位或者其他组织的，交其收发部门签收；行政管理相对人是公民的，交其本人签收，本人不在的，交其同住的成年家属或者所在单位签收；行政管理相对人指定代收的，交代收人签收。行政管理相对人拒绝接受有关文书的，送达人应当邀请有关人员到场，说明情况，在送达回证上记明拒收的事由和日期，由送达人、见证人签名或者盖章，将文书留在行政管理相对人的收发部门或者住处，即视为送达。

（二）直接送达有困难的，可以挂号邮寄送达，也可以委托当地质检部门代为送达。

（三）无法采取上述几种方式送达的，可以公告，自公告发布之日起经过 60 日，即视为送达。

第十六条　国家认监委实施行政处罚的案件，一般应当在立案后 3 个月内结案；因特殊情况不能按期结案的，需报国家认监委负责人批准，适当延长办理期限。

第十七条　行政管理相对人对国家认监委实施的行政处罚不服的，可以依法向国家质检总局申请行政复议或者提起行政诉讼。

第十八条　本规定自发布之日起施行。

饲料产品认证管理办法

第一章　总则

第一条　为提高饲料质量安全卫生水平，规范饲料产品认证工作，促进饲料工业和养殖业的发展，维护人体健康，保护动物生命安全，根据《中华人民共和国认证认可条例》《饲料和饲料添加剂管理条例》，制定本办法。

第二条　本办法所称的饲料产品认证，是指企业自愿申请，认证机构对饲料和饲料添加剂产品及其生产过程按照有关标准或者技术规范要求进行合格评定的活动。

饲料产品认证的对象，包括单一饲料、添加剂预混合饲料、浓缩饲料、配合饲料、精料补充料等饲料产品及营养性饲料添加剂和一般饲料添加剂等饲料添加剂产品（以下简称饲料产品）。

第三条　在中华人民共和国境内从事饲料产品认证及其监督管理适用本办法。

第四条　全国饲料产品认证管理及质量监督工作，由国家认证认可监督管理委员会、农业部按照国务院“三定”方案赋予的职责和有关规定，分工协作，共同实施。

第五条　凡经国家认证认可监督管理委员会批准依法设立的认证机构，在获得认可机构的认可后，均可从事饲料产品认证活动。

第六条　饲料产品认证采用统一的认证标准、技术规范、合格评定程序，标注统一的饲料产品认证标志（以下简称认证标志）。

第七条　国家鼓励饲料企业申请饲料产品认证。

凡实行生产许可证和批准文号管理的饲料和饲料添加剂，饲料行政管理部门可以凭认证机构颁发的饲料产品认证证书向获证企业免检换发产品批准文号。

第二章　组织实施

第八条　国家认证认可监督管理委员会会同农业部制定《饲料产品认证实施规则》。

第九条　从事饲料产品认证的认证机构（以下简称认证机构）、认证人员和承担饲料产品认证检测任务的检测机构（以下简称检测机构）应当符合有关法律、行政法规和技术规范规定的资质能力要求。

第十条　认证机构应当履行以下职责：

（一）在批准的业务范围内按照规定要求开展认证工作；

（二）按照规定对获得认证的饲料产品，颁发或者撤销饲料产品认证证书，决定允许或者停止使用饲料认证标志；

（三）对饲料认证标志使用情况进行跟踪检查；

（四）对认证产品的持续符合性进行跟踪检查；

（五）受理有关的认证投诉、申诉。

第十一条　饲料产品认证实行对产品抽样检验、企业现场检查和认证后跟踪检查为主的组合认证模式。

第十二条　申请饲料产品认证的单位或者个人（以下简称申请人）应当向认证机构提交书面申请。

第十三条　认证机构自受理申请人的认证申请之日起，应当在规定的时间内完成对申请材料的审核。

材料审核不符合要求的，应当书面通知申请人。

第十四条　认证机构对材料审核符合要求的，应当通知申请人，并委派认证人员对企业生产环境和生产过程等情况进行现场检查，抽取样品委托检测机构对样品进行检测。

第十五条　认证机构对现场检查和样品检测结果符合要求的，应当按照认证基本规范、认证规则的要求进行综合评价，在规定的时间内颁发饲料产品认证证书。

对不符合要求的，应当书面通知申请人。

第十六条　认证机构应当对认证产品的持续符合性进行定期跟踪检查，也可根据情况进行不定期跟踪检查。

第十七条　申请人对认证机构的认证决定或者处理有异议的，可以向做出决定的认证机构提出申诉，对认证机构处理结果仍有异议的，可以向国家认证认可监督管理委员会申诉或者投诉。

第十八条　国家认证认可监督管理委员会和农业部定期公布获得饲料产品认证的产品名单。

第三章　证书、标志管理

第十九条　饲料产品认证证书是饲料产品符合认证

要求并准许其使用认证标志的证明文件。饲料产品认证证书格式应当符合国家有关规定，由认证机构制发。

饲料产品认证证书包括以下基本内容：

（一）申请人名称；

（二）认证饲料产品名称、规格或者系列名称；

（三）饲料产品的生产者名称、生产场所地址；

（四）认证模式；

（五）认证依据的标准或者技术法规；

（六）发证日期和有效期；

（七）发证机构和证书编号。

××××（标注认证机构名称）

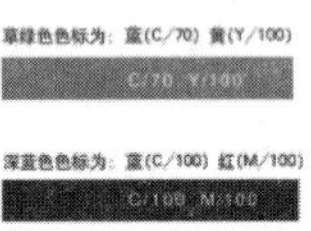

第二十条　认证标志的基本图案、颜色

使用认证标志时，必须在认证标志下标注认证机构名称。

第二十一条　获得饲料产品认证证书的申请人（以下简称认证证书持有人），应当在获得认证的产品或者其包装物上标注认证标志，并接受认证机构的跟踪检查。

第二十二条　认证机构对有下列情形之一的，应当注销并收回饲料产品认证证书，通知认证证书持有人停止使用认证标志：

（一）认证适用的标准变更，认证证书持有人不能满足变更要求的；

（二）饲料产品认证证书超过有效期，认证证书持有人未申请复审的；

（三）获得认证的产品不再生产的；

（四）认证证书持有人申请注销的。

第二十三条　认证机构对有下列情形之一的，应当通知认证证书持有人暂时停止使用饲料产品认证证书和认证标志：

（一）认证证书持有人未按照规定使用饲料产品认证证书和认证标志的；

（二）认证证书持有人违反认证机构要求的；

（三）监督检查结果证明生产过程或者产品不符合认证要求，但是不需要立即撤销饲料产品认证证书的。

第二十四条　认证机构对有下列情形之一的，应当撤销并收回饲料产品认证证书，通知认证证书持有人停止使用认证标志：

（一）监督检查结果证明生产过程或者产品不符合认证要求，需要立即撤销饲料产品认证证书的；

（二）饲料产品认证证书暂停使用期间，认证证书持有人未采取有效纠正措施的；

（三）获证产品出现严重质量、安全和卫生事故的。

第二十五条　认证证书持有人在获得认证的产品或者其包装物上标注认证标志时，可以根据需要等比例放大或者缩小，但不得变形、变色。

第二十六条　任何单位和个人不得转让、买卖、伪造、冒用饲料产品认证证书和认证标志。

第四章　监督管理

第二十七条　国家认证认可监督管理委员会和农业部根据职责分工，依法对认证产品的生产、销售以及认证标志使用等活动进行监督管理。

第二十八条　认证机构以及检测机构应当遵守以下规定：

（一）根据国家有关法律、行政法规规定，实施认证、认证检测和认证检查工作；

（二）保证认证、认证检测、认证检查等活动的客观独立、公开公正和诚实信用，并承担相应的法律责任；

（三）保守认证产品的商业秘密和技术秘密，不得非法占有他人的科技成果；

（四）不得从事认证工作职责范围内的咨询、产品开发和营销等活动；

（五）配合有关执法部门对违法、违规行为的查处工作。

第二十九条　认证证书持有人应当遵守以下规定：

（一）保证提供实施认证工作的必要条件，接受认证机构的跟踪检查；

（二）保证获得认证的产品持续符合规定的标准和技术规范要求；

（三）正确使用饲料产品认证证书、认证标志，不得利用饲料产品认证证书和认证标志误导公众；

（四）依法接受有关执法部门的监督检查。

第三十条　对违反国家有关法律、行政法规规定的，依照法律、行政法规规定处罚。

第五章　附则

第三十一条　饲料产品认证及检测按照国务院价格主管部门批准的产品认证、检测收费标准收取相关费用。

第三十二条　本办法由国家认证认可监督管理委员会、农业部负责解释。

第三十三条　本办法自发布之日起实施。

强制性产品认证检查员管理办法

第一条 为规范强制性产品认证检查员的检查活动，保证强制性产品认证工作的有效实施，根据《中华人民共和国认证认可条例》以及《强制性产品认证机构、检查机构和实验室管理办法》等有关规定，制定本办法。

第二条 本办法所称的强制性产品认证检查员，是指由指定的强制性产品认证机构、检查机构委派，对获得或者申请强制性产品认证的生产企业进行检查的人员。

第三条 强制性产品认证检查员的申请、培训、考核、注册和监督管理适用于本办法。

第四条 国家对强制性产品认证检查员实行统一的资格注册制度。

第五条 国家认证认可监督管理委员会（以下简称国家认监委）统一负责强制性产品认证检查员资格注册制度的建立和实施的监督管理工作。

中国认证人员与培训机构国家认可委员会承担强制性产品认证检查员的专业知识和能力考核、资格注册工作。

第六条 未取得强制性产品认证检查员资格注册的人员，不得从事强制性产品认证检查活动。

第七条 申请强制性产品认证检查员资格注册的人员，应当为指定的强制性产品认证机构、检查机构聘用的专职或者兼职人员。

第八条 强制性产品认证检查员资格分为检查员和高级检查员。

第九条 申请强制性产品认证检查员资格注册的人员（以下简称注册申请人）应当具备下列资历：

（一）具有国家承认的大专以上（含大专）学历；

（二）大专学历的，具有至少6年全日制工作经历；大学本科以上学历的，具有至少4年全日制工作经历；

（三）申请检查员资格注册的，具有至少2年相关产品认证的专业经历；

（四）申请高级检查员资格注册的，具有检查员资格3年以上，完成不少于6次完整的强制性产品认证检查或者跟踪检查活动，并担任不少于4次检查组长的经历。

第十条 注册申请人应当具备下列专业知识和能力：

（一）具有相应专业技术领域的基本理论知识和实践经验；

（二）掌握有关涉及强制性产品认证的法律法规、技术规范以及相关规定；

（三）熟悉相应产品标准、检验方法和检验标准；

（四）熟悉相应产品的设计、生产、安装和服务过程；

（五）熟悉质量管理基本理论和生产企业质量保证能力要求，能够掌握生产企业的产品质量控制的关键环节；

（六）掌握检查的标准、方法，能够结合产品特点对生产企业质量保证能力进行检查；

（七）掌握强制性产品认证的有关知识和规定。

第十一条 申请承担对国外产品生产企业检查的强制性产品认证检查员，应当具有相应的外语能力。

第十二条 强制性产品认证检查员资格注册专业区分应当按照国家认监委规定的强制性产品认证实施规则划分。

对注册申请人的专业知识和能力评价的方式可以采取资料审查、笔试、面试、现场验证或者上述方式的组合等形式。

第十三条 对符合本办法第九条、第十条规定，并经评价合格的注册申请人，应当颁发强制性产品认证检查员资格注册证书。

强制性产品认证检查员资格注册证书有效期为三年。

第十四条 注册申请人可以自愿参加经国家认监委批准的承担强制性产品认证检查员培训的机构开展的专业知识和能力培训。

承担强制性产品认证检查员培训的机构应当符合有关认证培训机构管理的法律法规规定。

第十五条 取得强制性产品认证检查员资格注册证书的人员应当每年完成不少于2次强制性产品认证检查工作以及8小时专业培训和学习，中国认证人员与培训机构国家认可委员会应当对其进行年度确认。

第十六条 指定的强制性产品认证机构、检查机构应当建立强制性产品认证检查员管理制度，对强制性产品认证检查员的选用、业务培训、年度考核等进行严格管理，并将上述管理情况报国家认监委备案。

第十七条　国家认监委应当对强制性产品认证检查员进行监督检查，监督方式可以采取通过问卷调查和专项检查等形式。

第十八条　任何单位和个人对强制性产品认证检查员在检查活动中的违法违规行为，有权向国家认监委和地方认证监督管理部门举报。国家认监委和地方认证监督管理部门应当及时调查处理，并为举报人保密。

第十九条　强制性产品认证检查员禁止有下列行为：

（一）未取得资格注册，从事强制性产品认证检查活动的；

（二）从事本人不具备的专业知识和能力的检查活动的；

（三）出具虚假或者不实的检查结论的；

（四）未经年度确认或者确认不合格，继续从事检查活动的；

（五）接受被检查生产企业的礼金等不当利益的；

（六）其他违反强制性产品认证有关规定的。

第二十条　中国认证人员与培训机构国家认可委员会应当对不能持续符合资格注册要求或者违反强制性产品认证检查员行为规范的人员给予相应处理，在作出暂停或者撤销资格注册证书决定后，应当及时上报国家认监委，并予以公布。

第二十一条　对于违反本办法的，按照有关认证认可法律、行政法规和部门规章予以处罚。

第二十二条　对于特定领域的强制性产品认证检查员的资格注册工作，中国认证人员与培训机构国家认可委员会应当根据强制性产品认证制度的规定，制定相关补充资格注册规定，报经国家认监委备案后开展相应资格注册工作。

第二十三条　本办法由国家认监委负责解释。

第二十四条　本办法自 2005 年 3 月 1 日起施行。

无需办理强制性产品认证或可免于办理强制性产品认证的条件

根据《强制性产品认证管理规定》（中华人民共和国国家质量监督检验检疫总局令第5号），针对出厂销售、进口和经营性活动中的特殊情况，对于《实施强制性产品认证的产品目录》（以下简称《目录》）中的产品无需办理强制性产品认证或可免于办理强制性产品认证的条件，予以公告。

一、符合以下条件的，无需办理强制性产品认证

1. 外国驻华使馆、领事馆和国际组织驻华机构及其外交人员自用的物品；

2. 香港、澳门特区政府驻内地官方机构及其工作人员自用的物品；

3. 入境人员随身从境外带入境内的自用物品；

4. 政府间援助、赠送的物品。

符合以上条件的《目录》中的产品，无需申请强制性产品认证证书，也不需加施中国强制性产品认证标志。

二、符合以下条件的，可免于办理强制性产品认证

1. 为科研、测试所需的产品；

2. 为考核技术引进生产线所需的零部件；

3. 直接为最终用户维修目的所需的产品；

4. 工厂生产线/成套生产线配套所需的设备/部件（不包含办公用品）；

5. 仅用于商业展示，但不销售的产品；

6. 暂时进口后需退运出关的产品（含展览品）；

7. 以整机全数出口为目的而用一般贸易方式进口的零部件；

8. 以整机全数出口为目的而用进料或来料加工方式进口的零部件。

符合以上条件的《目录》中的产品，生产厂商、进口商、销售商或其代理人可向有关质检机构提出申请，并提交相关的申请书、证明符合免办条件的证明材料、责任担保书、产品符合性声明（包括型式试验报告）等资料，经批准获得《免于办理强制性产品认证证明》后，方可出厂销售、进口和在经营性活动中使用。

三、《目录》中的产品，有下列情况之一的，依照《中华人民共和国认证认可条例》及配套法规进行处罚

1. 不符合本公告条件而借口无需办理强制性产品认证擅自出厂销售、进口和在经营性活动中使用的；

2. 符合本公告条件但没有获得《免于办理强制性产品认证证明》擅自出厂销售、进口和在经营性活动中使用的；

3. 编造虚假材料骗取《免于办理强制性产品认证证明》的；

4. 获得《免于办理强制性产品认证证明》后不按原申请目的使用的。

四、相关生产厂商、进口商、销售商或其代理人有义务配合质检机构开展对无需/免于办理强制性产品认证事宜的监督、调查工作。

五、本公告自2005年4月1日起实施，国家认监委2002年第8号公告同时废止。

特此公告。

国家认证认可监督管理委员会

二〇〇五年三月三日

软件过程能力及成熟度评估管理办法

第一条 为加强对软件过程能力及成熟度评估活动的管理，促进我国软件产业健康发展，根据《中华人民共和国认证认可条例》（以下简称条例）和国家有关产业政策，制定本办法。

第二条 本办法所称的软件过程能力及成熟度评估，是指由评估机构证明软件过程能力及成熟度符合相关技术规范和标准的认证活动。

本办法所称的评估机构是指经依法设立的从事软件过程能力及成熟度评估活动的认证机构。

第三条 在中华人民共和国境内从事软件过程能力及成熟度评估活动，应当遵守本办法。

第四条 国家对软件过程能力及成熟度实行统一评估制度。

第五条 国家认证认可监督管理委员会（以下简称国家认监委）负责软件过程能力及成熟度评估活动的统一管理、监督和综合协调工作。

国务院信息产业行政管理部门（以下简称信息产业部）负责软件过程能力及成熟度评估的有关产业政策及行业管理。

国家认监委会同信息产业部制定和发布软件过程能力及成熟度评估基本规范和相关技术规则，并共同对软件过程能力及成熟度评估制度的实施情况进行监督、指导。

第六条 从事软件过程能力及成熟度评估活动的评估机构应当经国家认监委批准，并依法取得法人资格后，方可从事批准范围内的评估活动。

第七条 设立评估机构应当符合下列条件：

（一）有固定的场所和必要的设施；

（二）有符合软件过程能力及成熟度评估和认可要求的管理制度；

（三）注册资本不得少于300万元人民币；

（四）有10名以上具有软件过程能力及成熟度评估师资格的专职认证人员（其中至少一名为主任评估师资格）。

第八条 评估机构的申请和批准程序：

（一）设立评估机构的申请人（以下简称申请人）应当向国家认监委提出书面申请，并按照本办法第七条的规定提交相关证明文件；

（二）国家认监委受理申请后，应当将申请人的相关材料通报信息产业部，并征求信息产业部意见；

（三）国家认监委应当自受理申请之日起90日内，根据本办法第七条的规定和信息产业部意见，作出是否批准的决定。决定批准的，向申请人出具批准文件，决定不予批准的，应当书面告知申请人，并说明理由；

（四）申请人凭国家认监委的批准文件，依法办理登记手续；

国家认监委应当公布依法设立的评估机构的名录，并书面通报信息产业部。

第九条 在境内已经开展软件过程能力及成熟度评估活动的单位和个人，应当自本办法公布后90日内向国家认监委提出申请，并按照本办法第六条、第七条、第八条的规定办理有关手续。

第十条 从事软件过程能力及成熟度评估活动的人员应当取得评估师资格并经注册后，方可从事相应的评估活动。

中国认证人员与培训机构国家认可委员会具体负责评估师的注册工作，并会同信息产业部指定的专业机构制定评估师指定培训课程的有关要求。

第十一条 评估师分为实习评估师、评估师和主任评估师。

第十二条 申请评估师应当符合下列条件：

（一）在一个评估机构从事专职或者兼职工作；

（二）具有相关专业大学本科以上学历；

（三）经评估师指定课程的培训，并取得培训合格证书；

（四）评估师至少有5年信息系统、软件项目管理和软件工程经历，并取得国家规定的专业技术资格，在申请前2年内参加过不少于2次软件能力成熟度评估；

（五）主任评估师至少有10年信息系统、软件项目管理和软件工程经历，并取得国家规定的专业技术资格，在申请前2年内参加过不少于2次软件能力成熟度评估（其中至少担任1次评估组组长）。

第十三条 评估机构应当按照国家认监委和信息产业部联合发布的《软件过程及能力成熟度评估指南》

及相关评估基本规范、技术规则开展评估活动，并对评估结果的真实性和可信性负责。

第十四条 评估机构应当建立推荐、聘用、管理、保持与提高评估人员业务能力的程序，评估人员仅代表评估机构提供评估服务。

第十五条 任何从事软件开发的法人、组织和个人可以自愿委托依法设立的评估机构进行软件过程能力及成熟度评估。

评估的用途可以包括企业内部软件过程能力改进、合同供应商的选择，以及软件项目实施过程的监督。

国家在软件产品政府采购及国家信息系统工程项目招标时，优先选择软件能力达到规定成熟度等级的企业。

第十六条 国家认监委会同信息产业部采取组织同行评议，向被评估企业征求意见，对评估活动和评估结果进行抽查，要求评估机构报告业务活动情况等方式，对其遵守条例和贯彻产业政策的情况进行监督。

第十七条 信息产业部对软件过程能力及成熟度评估活动的有效性进行年度分析和评价，并向国家认监委提出评估管理的意见和建议。

第十八条 评估机构应当将评估结果向信息产业部备案，信息产业部对涉及商业秘密的备案内容予以保密。

第十九条 评估机构及其评估人员取得境外认可机构认可、注册的，应当向国家认监委备案。

第二十条 信息产业部将依据国家产业发展政策，对软件能力评估技术的研究、推广和应用给予必要的支持。

第二十一条 软件过程能力及成熟度评估收费管理办法按国家有关规定执行。

第二十二条 对于违反本办法的，按照国家有关认证认可法律、行政法规和部门规章予以处罚。

第二十三条 本办法由国家认监委和信息产业部负责解释。

第二十四条 本办法自2005年4月1日起施行。

体育服务认证管理办法

第一章　总则

第一条　为规范体育服务认证活动，提高体育服务质量，促进体育服务业的发展，根据《中华人民共和国体育法》《中华人民共和国标准化法》《中华人民共和国认证认可条例》和《公共文化体育设施条例》，制定本办法。

第二条　本办法所称体育服务认证是指由认证机构证明体育场所、体育活动的组织与推广等服务，符合相关标准和技术规范要求的合格评定活动。

第三条　在中华人民共和国境内从事体育服务认证及其监督管理适用本办法。

第四条　国家实行统一的体育服务认证制度。

全国体育服务认证的监督管理工作，由国家认证认可监督管理委员会、国家体育总局按照各自职责，分工协作，共同实施。

第五条　体育服务认证采用统一的认证标准、技术规范和认证程序，执行统一的认证收费标准，使用统一的认证标志和认证标牌。

第六条　国家鼓励体育场所、体育活动的组织与推广等服务的提供者（以下简称体育服务提供者）申请体育服务认证。

第二章　认证机构和认证人员

第七条　从事体育服务认证的机构及其认证人员，应当符合有关法律、行政法规规定的资质能力要求。

第八条　从事体育服务认证的机构（以下简称认证机构）应当经国家认证认可监督管理委员会批准后，方可从事批准范围内的体育服务认证活动。

国家认证认可监督管理委员会批准认证机构的体育服务认证业务范围时，应当征求国家体育总局的意见。

认证机构应当具备从事体育服务认证的技术能力，并获得国家认证认可监督管理委员会确定的认可机构（以下简称认可机构）的认可。

第九条　认证机构应当履行以下职责：

（一）在批准的业务范围内开展认证工作；

（二）对获得认证的体育服务提供者，颁发或者撤销认证证书，决定允许或者停止使用认证标志；

（三）对认证证书、认证标志和认证标牌的使用情况进行跟踪检查；

（四）对认证的持续符合性进行监督审查；

（五）受理有关的认证申诉和投诉。

第十条　从事体育服务认证活动的审查员，应当经认可机构注册后，方可从事相应的体育服务认证审查活动。

第三章　体育服务认证的实施

第十一条　国家认证认可监督管理委员会会同国家体育总局制定体育服务认证规则。体育服务认证规则由国家认证认可监督管理委员会发布。

国家认证认可监督管理委员会和国家体育总局共同组建体育服务认证技术专家组，为体育服务认证活动提供技术支持，并负责起草体育服务认证规则。

第十二条　体育服务认证包括服务流程管理文件、行为规范、设施和设备、健康和卫生、安全保障和环境保护、服务承诺等内容的现场审查，以及获证后的监督审查。

第十三条　体育服务认证的申请人（以下简称申请人）应当向认证机构提交书面申请，并提交以下材料：

（一）申请人基本情况。包括名称、地址、资产状况、从业人员和主要体育设施设备的配置基本情况等；

（二）申请人的法人证明以及其他合法经营资质的证明；

（三）申请人的服务流程管理文件；

（四）保证执行体育服务标准和技术规范，以及认证申报材料真实性的声明；

（五）必要时有关工种从业人员职业技能鉴定的资质证明；

（六）体育服务认证相关的检测项目的检测报告；

（七）其他有关材料。

第十四条　认证机构自收到认证申请之日起，应当在规定时间内完成对所提交材料的审核，并将审核结论书面通知申请人。

第十五条　认证机构受理体育服务认证申请后，应当按照体育服务认证规则、认证标准和技术规范的规定，实施认证活动，在规定的时间内做出认证结论。

认证结论为符合认证要求的，认证机构应当及时向申请人出具体育服务认证证书，准许使用体育服务认证标志和认证标牌。对不符合认证要求的，应当书面通知申请人，并说明理由。

第十六条 认证机构应当对持有体育服务认证证书的体育服务提供者（以下简称认证证书持有人）符合认证要求的持续性，每年进行不少于一次的跟踪审查，并根据审查情况做出认证证书的保持、暂停或者撤销的决定。

第十七条 申请人对认证机构的认证决定或者处理有异议的，可以向做出决定的认证机构提出申诉。对认证机构处理结果仍有异议的，可以向国家认证认可监督管理委员会申诉或者投诉。

第十八条 认证机构应当定期向国家认证认可监督管理委员会、国家体育总局报告认证证书持有人的相关信息，并定期公布认证证书持有人的名单和相关信息。

第四章 认证证书、认证标志和认证标牌

第十九条 体育服务认证证书、体育服务认证标志由国家认证认可监督管理委员会统一规定，其使用应当符合《认证证书和认证标志管理办法》的规定。

第二十条 体育服务认证证书（以下简称认证证书）包括以下基本内容：

（一）认证证书持有人的名称和地址、服务提供场所的名称；

（二）获得认证的服务范围；

（三）认证依据的标准和技术规范；

（四）发证机构和认证证书编号；

（五）发证日期和有效期；

（六）其他需要说明的内容。

第二十一条 认证证书有效期为 3 年，有效期满需要继续使用的，认证证书持有人应当在有效期满前 3 个月向认证机构申请复审，复审的认证程序与初次审查相同。

第二十二条 体育服务认证采用国家推行的统一的体育服务认证标志（以下简称认证标志）。

体育服务认证标牌（以下简称认证标牌）由认证标志、体育服务提供者名称、获得认证的服务项目名称、认证机构名称等内容组成。

第二十三条 认证证书持有人可以在相关宣传材料中印制认证标志，可以根据需要等比例放大或者缩小，但不得变形、变色。

第二十四条 认证证书持有人可以在获得认证的服务项目提供场所悬挂认证标牌。未获得认证的服务项目提供场所不得悬挂认证标牌。

第二十五条 认证机构对有下列情形之一的，应当注销并收回认证证书，通知认证证书持有人停止使用认证标志和认证标牌：

（一）认证证书超过有效期，认证证书持有人未申请复审的；

（二）获得认证的体育服务项目不再向社会提供服务的；

（三）认证证书持有人申请注销的。

第二十六条 认证机构对有下列情形之一的，应当通知认证证书持有人暂停使用认证证书、认证标志和认证标牌：

（一）认证证书持有人未按照规定使用认证证书、认证标志和认证标牌的；

（二）认证证书持有人违反认证机构要求的；

（三）监督审查结果证明获得认证的体育服务项目提供的服务不符合认证要求的，但不需要立即撤销认证证书的。

第二十七条 被暂停使用认证证书和认证标志的认证证书持有人，采取有效纠正措施并经认证机构确认符合认证要求的，可以恢复使用认证证书、认证标志和认证标牌。

第二十八条 认证机构对有下列情形之一的，应当撤销并收回认证证书，通知认证证书持有人停止使用认证证书、认证标志和认证标牌：

（一）认证证书暂停使用期间，认证证书持有人未采取有效纠正措施的；

（二）不符合认证要求，导致严重质量、安全和卫生事故的；

（三）监督审查结果证明获得认证的体育服务项目提供的服务不符合认证要求的，需要立即撤销认证证书的。

第二十九条 任何单位和个人不得转让、买卖、伪造、冒用认证证书、认证标志和认证标牌。

第五章 监督管理

第三十条 国家认证认可监督管理委员会和国家体育总局依法对全国的体育服务认证活动进行监督管理，共同组织对认证机构定期或者不定期的监督检查。

地方认证监督管理部门和体育行政管理部门根据职责，依法对所辖区域内的体育服务认证活动进行监督

管理。

第三十一条 认证机构应当遵守以下规定：

（一）根据国家有关法律、行政法规规定，实施认证审查工作；

（二）保证认证活动的客观独立、公开公正和诚实信用，并承担相应的法律责任；

（三）保守认证申请人的商业秘密和技术秘密，不得非法占有他人的科技成果；

（四）不得从事认证工作职责范围内的咨询、产品开发和营销等活动；

（五）配合有关执法部门对违法、违规行为的查处工作。

第三十二条 认证证书持有人应当遵守以下规定：

（一）保证提供实施认证工作的必要条件，接受认证机构的监督审查；

（二）保证获得认证的服务质量持续符合认证标准和技术规范的要求；

（三）正确使用认证证书、认证标志和认证标牌，不得利用认证证书、认证标志和认证标牌误导公众；

（四）依法接受有关执法部门的监督检查。

第三十三条 国家认证认可监督管理委员会和国家体育总局受理对认证机构和认证证书持有人违法行为的举报，并依法进行调查处理。

第三十四条 对违反国家有关法律、行政法规规定的，依照法律、行政法规规定处罚。

第六章 附 则

第三十五条 体育服务认证机构应当按照国务院价格主管部门批准的收费标准收取认证费用。

第三十六条 本办法由国家认证认可监督管理委员会、国家体育总局负责解释。

第三十七条 本办法自 2006 年 1 月 1 日起施行。

测量管理体系认证管理办法

国质检量联〔2005〕213号

第一章 总则

第一条 为加强对测量管理体系认证工作的管理，保证计量单位的统一和量值的准确可靠，推动我国企业计量工作的发展，根据《中华人民共和国计量法》（以下简称《计量法》）、《中华人民共和国认证认可条例》（以下简称《认证认可条例》），制定本办法。

第二条 本办法所称的测量管理体系认证工作，是指由测量管理体系认证机构（以下简称认证机构）证明企业（或其他组织）能够满足顾客、组织、法律法规等对测量过程和测量设备的质量管理要求，并符合国家标准GB/T 19022—2003《测量管理体系测量过程和测量设备的质量管理要求》的认证活动。

本办法所称的认证机构是指依法设立的从事测量管理体系认证活动的认证机构。

第三条 国家对测量管理体系实行统一的认证制度。测量管理体系认证坚持政府推动、企业自愿的原则。

第四条 国家质量监督检验检疫总局（以下简称国家质检总局）负责推广测量管理体系在企业中的应用。国家认证认可监督管理委员会（以下简称国家认监委）负责测量管理体系认证活动的统一管理、监督和综合协调工作。

省级质量技术监督部门在本行政区域内负责测量管理体系认证活动的监督管理工作。

第五条 本办法适用于在中华人民共和国境内的测量管理体系认证活动。

第二章 组织管理

第六条 从事测量管理体系认证的认证机构，由国家认监委按照认证认可条例有关规定审核批准，并征求国家质检总局意见。获得批准的认证机构，方可从事测量管理体系认证活动。

第七条 申请设立从事测量管理体系认证的认证机构及其认证人员应当具备认证认可条例规定的条件，从事测量管理体系认证的认证机构应当有30名以上具有测量管理体系认证资格的专职审核人员。

第八条 国家质检总局和国家认监委制定测量管理体系认证实施规则，确定认证标准、技术规范和认证程序。

认证机构可以制定内部相关规范、规则，报国家认监委备案后实施。

第九条 从事测量管理体系认证的认证机构履行以下职责：

（一）在批准的业务范围内按规定要求开展认证工作；

（二）按照规定对获得认证的企业，颁发或者撤销认证证书，决定允许或者停止使用认证标志；

（三）对认证标志使用情况进行监督管理；

（四）对认证企业的持续符合性进行监督检查；

（五）受理有关的认证投诉、申诉和争议工作。

第十条 测量管理体系认证机构设置非法人分支机构需要得到国家认监委的批准，并按照有关法律法规的规定开展工作。

第十一条 从事测量管理体系认证的审核人员经过注册后，方可从事相应的认证活动。从事测量管理体系认证审核员培训的机构须得到国家认监委的批准，按照指定的培训课程开展相关的培训工作。

第三章 认证程序

第十二条 申请测量管理体系认证，应当向认证机构提交书面申请，并提交相关资料：

（一）申请人基本情况，包括名称、地址、硬件设施、资产状况、信用等级、经营情况等；

（二）申请人的营业执照或证明其合法经营的其他资质证明复印件；

（三）申请人的管理体系文件及相关文件；

（四）保证执行测量管理体系标准和技术规范的声明；

（五）其他有关材料。

第十三条 认证机构负责受理申请人的认证申请。经审核，材料不符合要求的，应当书面通知申请人。

第十四条　对申请材料审核符合要求的申请人，认证机构应当在规定时限内委派认证人员，按照测量管理体系标准和技术规范对其进行现场审核。

第十五条　认证机构应当根据申请材料、现场审核报告等进行综合评价，并做出认证决定。向获得认证的申请人颁发测量管理体系认证证书，准许使用测量管理体系认证标志。测量管理体系认证证书有效期 5 年。

第十六条　认证机构应当将其颁发的认证证书的复印件向国家质检总局备案。

第十七条　认证证书期满需要继续使用的，应当在有效期满 90 天前向认证机构申请复审，复审的申请手续同初次申请。复审通过后重新颁发认证证书。

第十八条　认证机构可以通过国家认监委确定的认可机构的认可，以持续、稳定地保证其认证能力。

第四章　认证标志管理

第十九条　认证机构可以制定测量管理体系认证标志，并报国家认监委备案。

第二十条　获得测量管理体系认证的企业可以在认证有效期内使用测量管理体系认证标志，并接受认证机构的监督管理。

第二十一条　获得测量管理体系认证证书的，获证企业可以在宣传材料等信息载体上印制测量管理体系认证标志，但不得在销售的产品或者产品的包装上使用测量管理体系认证标志。

第二十二条　印制测量管理体系认证标志时可根据需要按基本图案规格等比例放大或者缩小，但不得变形、变色。

第二十三条　认证机构对有下列情形之一的，应当注销认证证书，并停止其使用认证标志：

（一）认证适用的标准变更，获得测量管理体系认证证书的企业不能满足变更要求的；

（二）认证证书超过有效期，获得测量管理体系认证证书的企业未申请复审的；

（三）获得测量管理体系认证证书的企业申请注销的。

第二十四条　认证机构对有下列情形之一的，应当暂停其使用认证证书和认证标志：

（一）获得测量管理体系认证证书的企业未按规定使用认证标志；

（二）监督检查结果证明获得测量管理体系认证证书的企业运营中不符合认证要求，但是不需要立即撤销认证证书的。

第二十五条　认证机构对有下列情形之一的，应当撤销认证证书并停止其使用认证标志：

（一）监督检查结果证明运营中不符合认证要求，需要立即撤销认证证书的；

（二）认证证书暂停使用期间，获得测量管理体系认证证书的企业未采取有效纠正措施的；

（三）测量管理体系出现严重质量事故的。

第二十六条　任何单位或个人不得伪造、冒用、转让、买卖测量管理体系认证证书、认证标志。

第五章　监督管理

第二十七条　认证机构应当对获证企业的测量管理体系每年进行一次跟踪监督检查，也可根据情况进行不定期抽查。

第二十八条　监督检查合格的，认证证书继续使用；监督检查不合格的，暂停使用认证证书和测量管理体系认证标志，并限期整改。整改合格的继续使用认证证书和测量管理体系认证标志，整改无效的，撤销其认证证书，并停止使用认证证书和测量管理体系认证标志。

第二十九条　申请人对认证机构的认证决定或者处理有异议的，可以向做出决定的认证机构提出申诉，对认证机构处理结果仍有异议的，可以向国家认监委申诉、投诉。

第三十条　国家质检总局和国家认监委采取专家审定、向被认证企业征求意见、对认证活动和认证结果进行抽查、要求认证机构报告业务活动情况等方式，对认证机构和获证企业遵守法律法规的情况进行监督。

第三十一条　对于违反国家有关认证认可法律法规规定的，按相关法律法规处理。

第六章　附则

第三十二条　国家质检总局和国家认监委鼓励企业实施测量管理体系认证。对获得测量管理体系认证证书的企业，实施其他认证时，可免于对相关条款的审核。

第三十三条　测量管理体系认证按照国务院价格主管部门批准的收费标准收取认证费用。

第三十四条　本办法由国家质检总局和国家认监委负责解释。

第三十五条　本办法自发布之日起施行。

实验室能力验证实施办法

第一条 为建立规范的实验室能力验证工作机制，根据国务院赋予国家认证认可监督管理委员会（以下简称国家认监委）的职责，制定本办法。

第二条 本办法所称的能力验证，是指利用实验室间指定检测数据的比对，确定实验室从事特定测试活动的技术能力。

第三条 能力验证活动应当遵循科学合理、操作可行、非营利性和避免不必要的重复验证的原则。

第四条 国家认监委依照有关国家标准、国际准则制定有关实验室能力验证工作的基本规范和实施规则，统一监管和综合协调能力验证活动。

第五条 能力验证的组织者应当按照国家认监委制定的实验室能力验证的基本规范和实施规则开展能力验证活动。

第六条 能力验证的组织者应当建立并保存能力验证档案及相关记录，包括：

（一）实施能力验证的有关文件；

（二）能力验证的提供者的资质证明；

（三）能力验证的组织者对能力验证的提供者的确认记录；

（四）能力验证的参加者名单；

（五）能力验证的技术报告；

（六）能力验证结果和后续处理文件。

第七条 能力验证的组织者应当于每年年底向国家认监委报告下一年度的能力验证计划，包括：名称、目的、能力验证的内容和关键技术要素设计、组织单位、实施时间、拟参加实验室的范围和数量、能力验证提供者的资质证明和审核材料等。

国家认监委定期公布经批准的能力验证计划。

第八条 能力验证的提供者应当符合相关国家标准或者技术规范的要求，其技术能力在相应领域和关键技术要素方面领先，并具备可持续性。

第九条 国家认监委组织认可机构等有关方面，对能力验证的提供者是否符合相关国家标准或者技术规范的要求进行评价。符合要求的，国家认监委确定其作为能力验证的提供者。

国家认监委鼓励能力验证的组织者利用经过国家认监委确定的能力验证的提供者。

第十条 能力验证的参加者应当向能力验证的组织者及时反馈相关信息，并保存相关记录。

能力验证结果离群的，应当采取相应的纠正措施。

第十一条 能力验证的组织者应当及时向国家认监委通报年度能力验证计划的完成情况、能力验证结果、后续处理措施等有关事项。

第十二条 组织实验室参加境外机构或者国际组织组织的能力验证的，境内的组织者应当事前将有关情况向国家认监委报告，包括：组织能力验证的境外机构、能力验证的提供者、能力验证内容和时间、参加实验室范围和数量（境内、外的数量）、能力验证结果的使用计划、交纳的费用、能力验证技术报告（可事后补报）等。

承担境外机构组织的能力验证活动的能力验证提供者，也应当将上述有关情况向国家认监委报告。

第十三条 能力验证的组织者应当在能力验证活动完成后向有关方面通报能力验证活动的结果。同时向国家认监委报告能力验证结果，国家认监委定期公布能力验证满意结果的实验室名单。

第十四条 达到满意结果的实验室和能力验证的提供者，在规定时间内接受实验室资质认定、实验室认可评审时，可以免于该项目的现场试验。

鼓励各有关方面利用能力验证的结果，优先推荐或者选择达到满意结果的实验室承担政府委托、授权或者指定的检验检测任务。

第十五条 能力验证的组织者应当对能力验证的提供者和能力验证的实施过程实施有效管理。

第十六条 对于能力验证的结果可疑或者离群的实验室，能力验证的组织者应当要求其在规定期限内进行整改并验证整改效果，也可视情况暂停或者撤销其相关项目的资质认定或者认可，暂停其承担政府授权、委托或者指定的检验检测任务的资格，直到完成纠正活动并经能力验证的组织者确认后，方可恢复或者重新获得认可以及承担政府授权、委托或者指定的检验检测任务的资格。

第十七条 能力验证的提供者违反职业道德，弄虚作假或者泄露机密的，国家认监委或者能力验证的组织者应当取消其承担能力验证的提供者的资格。

能力验证的参加者弄虚作假、进行串通，经查属实的，能力验证组织者视其结果为不满意。情节恶劣的，能力验证组织者应当报告国家认监委，由国家认监委取消其相应项目的检测资质资格。

第十八条　国家认监委可以采取组织专家评议、向实验室征求意见、抽查档案、要求能力验证的组织者和提供者报告能力验证的实施情况等方式，对实验室能力验证活动进行监督。

第十九条　能力验证的参加者对能力验证的结果有异议的，可以向能力验证组织者进行申诉；对违规行为可以向能力验证组织者或者国家认监委进行投诉。

第二十条　下列用语的含义：

本办法所称能力验证的提供者，是指从事能力验证的设计和实施的实验室。

本办法所称能力验证的参加者，是指参加实验室间比对，以确定校准或者检测能力的实验室。

本办法所称的结果可疑，是指按照有关的技术统计方法确定的能力验证结果界于标准认可值（或者中位值）之间的结果。

本办法所称的离群（即结果离群），是指按照有关的技术统计方法确定的明显偏离标准值（或者中位值）的结果。

第二十一条　本办法由国家认监委负责解释。

第二十二条　本办法自二〇〇六年五月一日起施行。

国家产品质量监督检验中心授权管理办法

第一条 为加强产品质量监督检验机构管理工作，规范国家产品质量监督检验中心的检验活动，根据《中华人民共和国标准化法》《中华人民共和国产品质量法》等法律法规的规定，制定本办法。

第二条 国家对承担政府部门组织实施的产品质量监督抽查中的产品质量检验、产品质量争议仲裁检验等工作，并以国家产品质量监督检验中心的名义向社会出具具有证明作用的数据和结果的产品质量检验机构实行授权制度。

第三条 本办法适用于国家产品质量监督检验中心（以下简称国家质检中心）的申请、受理、评审、授权和监督检查工作。

第四条 国家认证认可监督管理委员会（以下简称国家认监委）统一管理和组织实施国家质检中心的授权和监督检查工作。

第五条 国家质检中心的授权工作应当遵循统筹规划、合理布局的原则。

第六条 申请以国家质检中心名义从事产品检验的机构（以下简称申请人）应当经国家认监委授权后，方可在授权范围内开展活动。

第七条 申请人应当符合下列条件：

（一）具有法人资格；不具有法人资格的，应当具有其所属法人对其检验活动承担法律责任的证明文件。

（二）取得实验室资质认定（计量认证）。

（三）具有申请授权项目相关领域的产品质量检验3年以上业务经历，具有相关检验标准和检验方法的制订、研究和开发能力；拥有先进的检验仪器设备，检验水平经评估处于国内领先地位。

（四）具备与申请授权项目相适应的管理人员和关键技术人员。管理人员应当具备检验机构管理知识，熟悉相关法律法规。关键技术人员应当具备相应学科领域本科以上学历或者副高级以上专业技术职称，并具有3年以上相应专业的检验工作经历，其中国家规定专业注册执业资格要求的，应当具有与申请授权项目相适应的专业注册执业资格人员。

（五）具备完善的内部管理制度，其质量管理体系经评价符合并持续满足相关的国家标准和国际准则的要求。

（六）依法应当具备的其他条件。

第八条 国家质检中心授权程序：

（一）申请人应当向国家认监委提出书面申请，并提交符合本办法第七条规定条件的证明文件和材料。

（二）国家认监委应当对申请人提交的申请材料进行初步审查，并自收到申请材料之日起5日内作出受理或者不予受理的决定。

（三）受理申请后，国家认监委应当组织评审组对申请人进行技术评审，并书面告知申请人，技术评审时间不计算在作出授权的期限内。

（四）国家认监委应当自技术评审完结之日起20日内，根据技术评审结果作出是否授权的决定。决定授权的，国家认监委自决定授权之日起10日内向申请人出具授权证书、颁发国家质检中心印章和授权标志章；不予授权的，应当书面通知申请人，并说明理由。

（五）国家认监委公布取得授权的国家质检中心名录以及授权范围等信息。

第九条 授权证书有效期为3年。

国家质检中心需要延续授权的，应当在授权证书有效期届满前6个月，向国家认监委提出申请，国家认监委应当对其进行复审，复审符合要求的，延续授权。

未提出延续授权的国家质检中心，有效期届满后由国家认监委注销授权证书。

第十条 已经取得授权的国家质检中心，需要变更授权项目的，应当向国家认监委提出变更申请。需要进行技术评审的，国家认监委可以结合定期监督进行评审或者组织专门评审，技术评审符合要求的，予以变更授权项目。

第十一条 从事国家质检中心授权技术评审的人员应当经过国家认监委考核合格，取得《实验室资质认定评审员证》后，方可从事评审工作。

第十二条 国家质检中心应当按照相关技术规范或者标准要求的程序，在授权证书的有效期和授权范围内，对外出具产品质量检验报告，并在检验报告封面适当位置加盖国家质检中心授权标志章。

第十三条 国家质检中心应当对其出具的产品质量

检验报告的真实性和公正性负责，并承担相应的法律责任；不具有法人资格的，应当由其所属法人对其承担法律责任。

第十四条 国家质检中心通过承担或者参与国家标准、行业标准的制修订，检验技术、检验方法的开发和研究，实验室能力验证以及跟踪国际与国外先进标准、技术法规和合格评定程序动态研究等工作，以提高其产品质量检验能力，并持续保持。

第十五条 国家质检中心在承担产品质量监督抽查检验工作时，应当严格遵守监督抽查规定，并及时向政府有关部门反映产品质量情况和问题，提出产品质量监督建议。

第十六条 国家质检中心通过参加国家认监委组织的相关业务培训，及时掌握产品质量监督检验的法律法规和政策以及相关业务知识，以提高其管理水平和检验技术能力。

第十七条 国家质检中心及其工作人员，对其在检验活动中所知悉的国家秘密、商业秘密及生产技术、工艺等技术秘密和信息负有保密义务。

第十八条 国家质检中心不得向其他机构分包其授权范围内的产品检验任务。

第十九条 国家质检中心不得接受可能对其检验公正性产生影响的资助，不得从事或者参与影响检验公正性的活动，不得以国家质检中心的名义向社会推荐其检验的产品，不得对其检验的产品通过监制、监销等方式参与产品经营活动。

第二十条 国家质检中心应当建立完善的申诉和投诉处理机制，处理相关方对其检验活动和检验结论提出的异议。

第二十一条 国家认监委应当对国家质检中心进行定期监督评审或者不定期监督检查。

国家认监委应当在授权证书有效期限内，对国家质检中心进行不少于 1 次的定期监督评审，对其检验技术能力和管理体系进行考核；对国家质检中心主要管理人员、组织机构、检验能力、主要设备设施等发生重大变化或者出现申投诉情形的，应当进行重点监督检查。

第二十二条 国家质检中心应当于每年 1 月底前，向国家认监委书面报送上一年度与授权有关的工作报告、本年度工作计划和其他产品质量检验信息。

国家质检中心主要管理人员、组织机构、检验能力、主要设备设施等发生重大变化时，应当及时报告国家认监委。

第二十三条 申请人申请授权时，隐瞒有关情况或者提供虚假材料的，国家认监委应当不予受理或者不予授权，并给予警告；申请人在一年内不得再次申请授权。

第二十四条 国家质检中心有下列情形之一的，国家认监委应当责令其限期整改；情节严重的，暂停授权 6 个月，暂停期间不得以国家质检中心的名义对外出具产品质量检验报告：

（一）超出授权范围进行检验，但未造成严重后果的；

（二）定期监督评审和不定期监督检查中发现不符合授权条件的；

（三）未按时向国家认监委报送上一年度与授权有关的工作报告、本年度工作计划和其他产品质量检验信息的；

（四）主要管理人员、组织机构、检验能力、主要设备设施等发生重大变化，导致检验能力不能持续维持或者其检验水平与其它同类检验机构相比已明显落后的；

（五）接受影响检验公正性的资助，从事或者参与影响检验公正性等活动的；

（六）利用承担监督抽查任务乱收费或者进行不正当竞争的；

（七）向其他机构分包其授权范围内的产品检验任务的；

（八）其他的违法违规行为。

第二十五条 国家质检中心有下列情形之一的，国家认监委应当对其撤销授权：

（一）出具虚假产品质量检验报告或者出具的产品质量检验报告严重失实，情节严重的；

（二）以欺骗、贿赂等不正当手段取得授权的；

（三）超出授权范围或者在暂停期间内以国家质检中心名义对外出具产品质量检验报告，造成严重后果的；

（四）逾期未整改或者整改不合格的；

（五）依法应当撤销的其他情形。

国家质检中心自被撤销授权之日起 3 年内，不得再次申请授权。

第二十六条 被注销、停止或者撤销授权的国家质检中心，应当自注销或者撤销授权之日起 30 日内将国家质检中心印章、授权标志章和授权证书交还国家认监委。

第二十七条 国家认监委通过其网站或者其他方式向社会公布注销或者撤销授权的国家质检中心名录。

第二十八条 任何单位和个人对授权工作以及国家质检中心的违法违规行为，有权向国家认监委举报，国家认监委应当及时调查处理，并为举报人保密。

第二十九条 从事国家质检中心授权的工作人员滥用职权、玩忽职守、徇私舞弊的，依法给予行政处分；构成犯罪的，依法追究刑事责任。

第三十条 对于国家质检中心的其他违法行为，依照有关法律法规的规定予以处罚。

第三十一条 本办法由国家认监委负责解释。

第三十二条 本办法自2007年12月1日起施行。

免于强制性产品认证的特殊用途进口产品检测处理程序

一、本程序适用于列入《实施强制性产品认证的产品目录》内确因特殊用途或因特殊原因而未获得强制性产品认证的小批量用于生产和生活消费的进口产品。

二、因特殊用途或因特殊原因而未获得强制性产品认证的小批量用于生产和生活消费的进口产品须按本程序检测合格后，方准进口。

三、检测处理程序由认监委负责统一监督管理，各直属检验检疫局及经国家认监委指定或批准的实验室组织实施、具体执行。

四、申请检测处理程序的进口产品申请人应向所在地直属检验检疫局申请，并提交有关申请资料（见附件 1）。

五、直属检验检疫局对材料审核合格后直接受理申请并安排抽样及检测（十个工作日内），相关资料每批以电子文档形式报国家认监委备案，并抄送质检总局检验监管司。国家认监委和总局检验监管司不再对材料进行事前审核。

六、直属检验检疫局按照本程序抽样原则（见附件 3）进行取样封样（封样单参照法检制度要求），申请人在直属检验检疫局的监管下将所封的样品送达强制性产品认证指定实验室进行检测（五个工作日内）。具备中国国家合格评定认可委员会认可资格的口岸实验室经认监委同意后也可承担此项任务。

七、样品到达指定实验室后，由实验室按照本程序规定的检测要求（见附件 3）进行检测。检测要求根据不同产品特点按照现行强制性产品认证实施规则规定的型式试验项目全项目检测（按规定有些产品破坏性检测项目和需零部件送样的检测项目除外）；按现行强制性产品认证检测收费标准收取相关检测费用。

检验完毕后，由申请人自行取回试验样品，相关资料按实验室的要求处置。实验室对试验情况和申请资料进行综合评价，并出具检测报告（1 式 3 份），并送直属检验检疫局。其中检测报告只覆盖经过检测的批次产品。

八、直属检验检疫局将检测报告留存 1 份，交申请人 1 份，同时将检测结论以电子文档形式报国家认监委和总局检验监管司备案，国家认监委和总局检验监管司不再对检测结果进行事前审核。

九、直属检验检疫局对检测合格的产品据《免于强制性产品认证的特殊用途进口产品检测处理程序批准书》受理报检并签发通关单，不合格的产品由直属检验检疫局向申请人出具不合格通知书（见附件 4），一律退运出境或经申请人申请、直属检验检疫局同意后在检验检疫机构监管下进行销毁。

十、符合检测处理程序要求的进口产品应直接交付最终用户，或在申请的特定区域内销售和使用，不得转运到其他区域销售。

检测结果及相关产品信息由国家认监委建立基本数据库并在国家认监委网站上予以公布。

十一、国家认监委将会同质检总局检验监管司随机对检测处理程序的执行情况进行必要的监督检查，对违反规定的机构和人员予以处理。

十二、负责执行检测处理程序的各直属检验检疫局、有关实验室及其工作人员应当为申请人保守正当的技术秘密和商业秘密。

十三、涉及执行检测处理程序过程的申诉、投诉工作由国家认监委负责调查处理。

十四、本程序由国家认监委负责解释。

附件：

1. 检测处理程序申请材料及格式（略）
2. 检测处理程序审核原则（略）
3. 检测处理程序抽样原则及检测要求（略）
4. 检测处理程序不合格通知书（略）

认证认可申诉投诉处理办法

第一章 总则

第一条 为及时、准确、公正地处理认证认可申诉、投诉，规范认证认可申诉、投诉处理工作，保护当事人的合法权益，依据国家相关法律法规的规定，制定本办法。

第二条 任何组织或个人均有权依据本办法向国家认证认可监督管理委员会（以下简称国家认监委）提出申诉、投诉。

第三条 本办法所称申诉，是指当事人直接受到有关认证认可工作机构作出决定的影响时提出的异议。

本办法所称投诉，是指任何组织或个人认为有关认证认可工作机构、工作人员或者获证组织存在违法违规问题的举报。

本办法所称认证认可工作机构，是指从事认证认可工作的认可机构、人员注册机构、认证机构、认证咨询机构、认证培训机构以及相关的实验室和检查机构等。

本办法所称的认证认可工作人员，是指认可评审员、认证审核员、工厂检查员、认证咨询师、认证培训师以及认可、人员注册、认证、认证培训和认证咨询机构的业务管理人员。

第四条 处理申诉、投诉应当遵循以下原则：

（一）以事实为依据，以法律法规为准绳原则；

（二）保护当事人合法权益原则；

（三）合法性与合理性原则；

（四）公开、公平、公正原则；

（五）高效与经济原则。

第五条 负责处理申诉、投诉的工作人员，与申诉、投诉事件有直接利害关系的，应当回避。

第六条 负责处理申诉、投诉的工作人员对涉及到任何与申诉、投诉有关的非公开情况负有保密责任。

第二章 申诉的处理程序

第七条 当事人对有关认证认可工作机构的决定有异议的，应当向作出决定的机构提出申诉，对处理结果仍存有异议的，可以向国家认监委提出申诉。

当事人认为认证认可工作机构的行为严重侵害了自身的合法权益的，也可以直接向国家认监委提出申诉。

第八条 当事人申诉应当采用书面形式，一式两份，并载明下列事项：

（一）当事人的名称、地址、联系电话、邮政编码（当事人为自然人的应当写明：姓名、住址、联系电话、邮政编码）；

（二）被申诉人的名称、地址、联系电话、邮政编码；

（三）申诉的要求、理由及相关的事实根据。

当事人委托代理人进行申诉的，应当向国家认监委提交授权委托书。

第九条 当事人向国家认监委提出申诉应当符合下列条件：

（一）有明确的被申诉方；

（二）有具体的申诉请求、事实和理由；

（三）属于认证认可工作范畴。

第十条 下列申诉不予受理或者终止受理：

（一）法院、仲裁机构或者其他行政机关已经受理或者处理的；

（二）申诉事项已被法院作为诉讼证据予以采信的；

（三）当事人无法证实自己权益受到侵害的；

（四）不属于认证认可工作范畴的。

第十一条 国家认监委应当自收到申诉书之日起15日内，作出以下处理：

（一）申诉符合本办法规定的予以受理；

（二）申诉不符合本办法规定的，应当通知申诉人，并告知不予受理的理由。

第十二条 国家认监委受理当事人申诉后，应当在10日内将申诉书副本发送被申诉人，被申诉人收到申诉书副本后，应当在15日内提交答辩书和有关证据。

第十三条 申诉人应当对自己的申诉提供证据。国家认监委认为有必要收集证据的，可以根据法律、行政法规及部门规章的规定，自行收集或者召集有关当事人进行调查，有关当事人应当配合。

第十四条 国家认监委可以委托有关认可、人员注册、认证机构协助调查、取证，受委托的认可、人员注册、认证机构应当予以协助。

第十五条　国家认监委对专门性问题认为需要鉴定或者检测的，可以交由当事人约定的法定鉴定或者检测机构鉴定、检测，也可以由国家认监委指定并经当事人同意的法定鉴定或者检测机构鉴定、检测。鉴定或者检测费用由申诉人或者被申诉人预付，处理终结时，该费用由责任方承担。鉴定、检测的时间不计入申诉处理时间。

第十六条　当事人提出的申诉案件属于不需要承担行政责任的，可以采用调解方式予以处理。

国家认监委调解达成一致意见的，应当制作调解书。调解书由申诉人、被申诉人、承办人签名，加盖国家认监委印章送达当事人。

第十七条　对被申诉人的违规行为，国家认监委应当依照有关规定作出相应行政处理。

第十八条　对被申诉人的违法行为，依照国家有关法律、行政法规以及《国家认证认可监督管理委员会实施认证认可行政处罚若干规定》规定的程序进行处理。

第十九条　国家认监委应当在受理当事人申诉之日起 60 日内办结；情况复杂的，经国家认监委主管委领导批准，可适当延长办理期限，但延长期限不得超过 30 日。

申诉案件办结后，承办人应当将处理结果告知申诉人。

第三章　投诉的处理程序

第二十条　向国家认监委提出的有效投诉应当包括下列事项：

（一）有明确的被投诉方；

（二）有具体的投诉事实，并提供相关初步证据；

（三）投诉人的有效联系方式等。

第二十一条　国家认监委接到投诉后，进行初步核实，下列投诉不予受理，或者终止受理：

（一）法院、仲裁机构或者其他行政机关已经受理或者处理的；

（二）投诉事项已被法院作为诉讼证据予以采信的；

（三）涉及的内容不属于认证认可工作范畴的；

（四）投诉事实不清，且无法核实的；

（五）不符合本办法第二十条有效投诉规定的；

（六）对同一投诉事项已经作出处理，且没有新情况、新理由的。

属于前款第（四）、（五）项规定的情形的，国家认监委将在日常及专项监督检查工作中予以重点关注。

第二十二条　国家认监委应当自收到投诉书之日起 15 日内，作出以下处理：

（一）投诉符合本办法规定的予以受理；

（二）投诉不符合本办法规定的，不予受理，投诉人有有效联系方式的，告知投诉人不予受理的理由。

第二十三条　处理投诉案件，国家认监委认为有必要收集证据的，可以根据法律、行政法规及部门规章的规定，自行收集证据或者组织人员到现场进行调查，有关方面应当配合，如实提供相关证据。

第二十四条　国家认监委可以将受理的投诉案件委托认可、人员注册机构、认证机构或地方认证监督管理部门进行调查，接受委托的机构或者部门应当按要求将调查结果报国家认监委。

第二十五条　属于地方认证监督管理部门具有管理权的投诉，国家认监委受理后可以将受理的投诉交地方认证监督管理部门进行处理。地方认证监督管理部门应当按要求将处理结果报国家认监委。

第二十六条　对被投诉人的违规行为，国家认监委应当依照有关规定作出相应行政处理。

第二十七条　对被投诉人的违法行为，依照国家有关法律、行政法规以及《国家认证认可监督管理委员会实施认证认可行政处罚若干规定》规定的程序进行处理。

第二十八条　国家认监委应当在受理当事人投诉之日起 60 日内办结；情况复杂的，经国家认监委主管委领导批准，可适当延长办理期限，但延长期限不得超过 30 日。

投诉案件办结后，投诉人有有效联系方式的，应当将处理结果告知投诉人。

第四章　监督管理

第二十九条　国家认监委应当对外公布申诉、投诉邮寄地址、电话、传真、电子邮箱等联系方式，并保持畅通。

第三十条　国家认监委应当定期检查申诉、投诉案件的处理情况，发现问题及时纠正。

第五章　附则

第三十一条　本办法由国家认监委负责解释。

第三十二条　本办法自公布之日起施行。原 2002 年 3 月 5 日发布的《认证认可申诉、投诉处理办法》同时废止。

认证认可国际同行评审员推荐与任职管理办法

第一条 为规范认证认可国际或区域组织同行评审员（以下简称同行评审员）的推荐程序，并加强对同行评审员的管理，特制定本办法。

第二条 本办法所称同行评审员是指经认证认可国际或区域组织聘任并执行国际上认可机构、认证机构、检测机构等组织间同行评审活动的人员。

第三条 国家认证认可监督管理委员会（以下简称国家认监委）鼓励我国认证认可领域专家担任同行评审员。

同行评审员所在单位应当积极鼓励和支持同行评审员参加国际同行评审工作。

第四条 同行评审员推荐条件：

（一）热爱认证认可国际同行评审工作，坚持原则，作风正派，有较好的组织管理、沟通协调和分析判断能力；

（二）具备较高的英语水平，具备较强的听、说、读、写能力，能独立完成评审任务；

（三）根据申请评审的领域参加过认证认可相关国际标准的培训，并取得培训证明或证书；

（四）熟悉该认证认可国际或区域组织的规则与文件，能够有效开展评审工作；

（五）具备所评审领域的专业知识，具有大学本科以上学历，并在该领域从业5年以上。

政府部门公职人员不得担任同行评审员。

第五条 国家认监委作为中国代表机构参加认证认可国际或区域组织的，由国家认监委向认证认可国际或区域组织推荐同行评审员。

其他认可机构、认证机构、检测机构等组织作为中国代表机构参加认证认可国际或区域组织的，由该机构向认证认可国际或区域组织推荐同行评审员，并在国际或区域组织接受后15个工作日内报国家认监委备案。

第六条 申请担任同行评审员的，由申请人所在单位向认证认可国际或区域组织中国代表机构（以下简称中国代表机构）提出推荐同行评审员申请，并提交以下材料：

（一）推荐同行评审员审批表（见附件）；

（二）被推荐人员中英文简历；

（三）被推荐人员学历和学位证明；

（四）被推荐人员参加相关国际标准培训证明或证书。

第七条 中国代表机构对申请材料进行初审，对符合本办法第四条规定条件的申请人，组织其参加专业和英语能力测试，并根据国内认证认可发展需求并参考国际、区域组织需求，在测试合格的人员中择优向认证认可国际或区域组织推荐同行评审员。

第八条 中国代表机构应规范并加强对同行评审员的管理。

第九条 同行评审员不得无故拒绝接受国际组织委派的同行评审任务。如确实因工作安排无法执行同行评审任务的，应尽快告知中国代表机构。必要时，由中国代表机构与国际组织秘书处沟通，推荐替代人选执行任务。

第十条 同行评审员出国（境）执行国际同行评审任务应当报国家认监委审批或备案。

执行国家认监委作为中国代表机构的同行评审任务的，由派员单位报国家认监委审批。

执行其他机构作为中国代表机构的同行评审任务的，由派员单位报请其外事审批单位批准后报国家认监委备案。

第十一条 同行评审员应当维护评审活动的客观和公正，严格按照国际标准、认证认可国际或区域组织规则执行同行评审任务，不得因评审活动损害被评审方的利益。

第十二条 同行评审员对被评审机构的商业秘密及技术秘密和信息负有保密义务。

第十三条 同行评审员应当参加国际组织举办的评审员培训班，以获取评审工作所需的相关信息并维持评审员资格。

第十四条 同行评审员应当注意总结同行评审中发现的问题以及可借鉴的经验，供国内技术机构参考。

第十五条 同行评审员因工作调动或其它原因不能继续担任评审员工作的，应当及时告知中国代表机构，由中国代表机构通告该认证认可国际或区域组织秘书处。

第十六条 本办法由国家认监委负责解释。

第十七条 本办法自发布之日起实施。

附件（略）

铁路产品认证管理办法

第一章　总则

第一条　为维护铁路运输安全，加强铁路产品认证工作管理，根据《铁路运输安全保护条例》《中华人民共和国认证认可条例》等有关法律法规，制定本办法。

第二条　本办法中所称的铁路产品是指直接关系铁路运输安全的铁路专用产品。

第三条　国家对未设定行政许可事项的有关铁路产品实行产品认证管理，由具备法定资质的认证机构对相关铁路产品是否符合标准和技术规范要求实施合格评定活动。

第四条　国家认证认可监督管理委员会（以下简称国家认监委）负责铁路产品认证工作的监督管理和综合协调工作。

铁道部负责铁路产品认证采信工作和认证产品在铁路使用领域的监督管理工作。

第五条　国家对铁路产品认证采取强制性产品认证与自愿性产品认证相结合的方式。

实行强制性产品认证管理的，依照国家有关强制性产品认证法律法规的规定执行。

实行自愿性产品认证管理的，依照本办法的规定具体实施。

实行自愿性产品认证管理的铁路产品认证采信目录（以下简称采信目录），由铁道部制定、调整并公布。

纳入强制性产品认证管理和列入采信目录的铁路产品，依法取得认证后，方可在铁路领域使用。

第六条　从事铁路产品认证活动的机构及其人员，对其从业活动中所知悉的商业秘密和技术秘密负有保密义务。

第二章　机构资质与管理

第七条　从事铁路产品认证的认证机构（以下简称认证机构）应当依法设立，符合《中华人民共和国认证认可条例》规定的基本条件，具备从事铁路产品认证活动的相关技术能力要求，并符合产品认证机构通用要求的规定。

从事强制性产品认证的，还应当经国家认监委指定。

从事列入采信目录内产品认证的，还应当经铁道部确认。

第八条　从事铁路产品认证相关检测活动的检测机构应当依法经过实验室资质认定，具备铁路产品认证检测相关技术能力，并符合检测和校准实验室能力的通用要求。

从事强制性产品认证检测活动的，还应当经国家认监委指定。

第九条　从事铁路产品认证检查活动的人员应当经国家认证人员注册机构注册后，方可从事认证现场检查工作，并应当熟悉相关认证产品的生产过程、技术标准和认证方案。

第十条　认证机构应当依法公开铁路产品认证基本规范、认证规则、收费标准、获证产品及其生产企业等相关信息。

第三章　认证实施

第十一条　铁路产品强制性认证活动依照《强制性产品认证管理规定》以及相关认证规则具体实施。

第十二条　从事列入采信目录内产品认证的相关认证机构，应当制定统一的铁路产品认证规则，组织专家评审后发布实施，并报国家认监委和铁道部备案。

认证模式采用初始工厂检查＋产品抽样检测＋获证后监督，特殊性质的产品可以根据铁道部的具体要求采用与其相适应的认证模式。

第十三条　申请列入采信目录内铁路产品认证的生产者（以下简称认证委托人），应当按照认证规则的相关规定向认证机构提交申请书及所需资料，经认证机构审查符合条件的，应当予以受理。

第十四条　认证机构应当组织审查组对认证委托人的质量体系和产品生产过程进行现场审查，现场审查组成员的专业能力应当覆盖申请认证的产品，并至少有一名专职检查人员。

第十五条　认证机构应当对申请认证的产品进行随机抽样和封样，并由认证委托人将封存的产品样品寄（送）检测机构进行检测；需要现场检测的，由检测机构组织检测人员实施现场检测。

第十六条　检测机构对样品进行检测，应当确保检测结果真实、准确，并对检测全过程做出完整记录，归档留存，保证检测过程和结果具有可追溯性，并配合认证机构对获证产品进行有效的跟踪。

检测机构及其有关人员应当对其作出的检测报告内容以及检测结论负责，对样品真实性有疑义的，应当向认证机构说明，并作出相应处理。

第十七条 认证机构完成现场审查和产品检测后，应当组织专家对认证评价资料进行评定，对符合认证要求的，向认证委托人颁发认证证书；对不符合认证要求的，应当书面通知认证委托人，并说明理由。

认证机构及其有关人员应当对其作出的认证结论负责。

第十八条 认证机构应当按照认证规则的规定，每年至少对获证产品及其生产企业进行一次监督，并根据产品特性增加监督检查频次，控制并验证获证产品持续符合认证要求。

对于不能持续符合认证要求的，认证机构应当根据相应情形作出暂停或者撤销认证证书的处理，并予公布。

第十九条 认证机构应当自作出注销、暂停或者撤销认证证书决定之日起3个工作日内，将相关处理信息报送铁道部。

第四章 认证证书与标志管理

第二十条 铁路产品强制性产品认证证书和认证标志管理依照《强制性产品认证管理规定》等相关规定执行。

第二十一条 自愿性产品认证证书应当包括以下基本内容：

（一）认证委托人名称、地址；

（二）产品生产者（制造商）以及生产场所名称、地址；

（三）产品名称和产品系列、规格 / 型号；

（四）认证依据；

（五）认证模式；

（六）发证日期和有效期限；

（七）发证机构；

（八）证书编号；

（九）其他需要标注的内容。

第二十二条 自愿性产品认证证书的有效期为4年。

认证机构应当根据其对获证产品及其生产企业的跟踪检查情况，在认证证书上注明年度检查有效状态及查询网址和电话。

第二十三条 认证机构应当按照认证规则的规定，针对不同情形，及时作出认证证书的变更、扩展、注销、暂停或者撤销的处理决定。

第二十四条 认证机构自行制定的认证标志，应当符合相关法律法规规定，并报国家认监委和铁道部备案。

第二十五条 获证产品生产企业，应当在获证产品本体上标识认证标志。

获证产品生产企业的分厂、联营厂和附属厂等，未在认证证书标明的生产场所范围内的，其生产的产品不得使用获证产品的认证证书以及认证标志。

第二十六条 获证产品被注销、暂停或者撤销认证证书的，获证产品生产企业应当自认证机构作出处理决定之日起，不得继续使用认证证书和认证标志，不得就其产品做出误导性声明；铁路产品使用单位不得继续采购该产品。

第二十七条 任何单位和个人不得伪造、变造、冒用、买卖和转让认证证书和认证标志。

第五章 监督管理

第二十八条 国家认监委对开展铁路产品认证活动的认证机构和检测机构开展定期或者不定期的监督检查，发现违法违规行为的，依法查处，并通报铁道部；根据监管工作需要，与铁道部联合开展认证产品专项监督检查。

第二十九条 铁道部依法对获证产品在使用领域进行监督，对不符合要求的认证结果不予采信，并定期通报所采信的铁路产品及认证机构相关信息。

铁道部各相关职能部门和铁路各有关单位在运输设备检查中，应当加强认证产品使用情况的监督检查。

第三十条 认证机构应当加强认证相关人员和检测机构的管理，监督检查、考核评价和继续教育，对违反有关规定的组织或个人及时进行处理。

第三十一条 认证机构应当对其作出的认证结论承担法律责任。认证机构未按有关规定规范开展产品认证业务，以及未对其认证的产品实施有效的跟踪调查，或者发现其认证的产品不能持续符合认证要求，不及时暂停或者撤销认证证书和要求其停止使用认证标志给消费者造成损失的，与生产者、销售者承担连带责任。

第三十二条 铁路产品生产者应当对其生产的铁路产品质量负责，建立有效的质量管理体系，保证其获证产品持续符合认证要求。

被暂停或者撤销认证证书的，其认证产品属于缺陷产品的，铁路产品生产者应当按照国家有关规定予以召回。

第三十三条　认证委托人对铁路产品认证机构的认证工作有异议的，可以向认证机构提出申诉，对认证机构处理结果仍有异议的，可以向国家认监委申诉。

第三十四条　任何组织和个人对铁路产品认证活动中的违法违规行为，有权向国家认监委举报，国家认监委应当及时调查处理，并为举报人保密。

第三十五条　伪造、变造、冒用、买卖和转让认证证书和认证标志以及铁路产品认证活动中的其他违法行为，依照相关法律法规的规定予以处罚。

第六章　附则

第三十六条　铁路产品认证依照国家有关规定收取费用。

第三十七条　本办法由铁道部、国家认监委负责解释。

第三十八条　本办法自 2012 年 7 月 1 日起施行。铁道部 2003 年发布的《铁路产品认证管理办法》（铁科技〔2003〕104 号）同时废止。

电子招标投标系统检测认证管理办法（试行）

第一章 总则

第一条 为了规范电子招标投标系统检测认证活动，根据《中华人民共和国产品质量法》、《中华人民共和国招标投标法》及其实施条例、《中华人民共和国认证认可条例》、《电子招标投标办法》等法律法规、规章的规定，制定本办法。

第二条 本办法所称电子招标投标系统是指按照《电子招标投标办法》及所附《电子招标投标系统技术规范》（以下简称《技术规范》）相关要求建设和运营，由软件、硬件及软、硬件的组合产品所组成的电子招标投标交易平台、公共服务平台和行政监督平台。

第三条 本办法所称检测认证，是指基于实验室依照相关要求对电子招标投标系统进行符合性检测结果，由第三方认证机构评价和证明电子招标投标系统能够持续符合相关要求的合格评定活动。

第四条 国家发展和改革委员会（以下简称国家发展改革委）负责指导协调全国电子招标投标活动，会同工业和信息化部、住房城乡建设部、交通运输部、水利部、商务部等有关部门编制电子招标投标系统检测技术规范，作为本办法附件一并印发。

国家认证认可监督管理委员会（以下简称国家认监委）、国家发展改革委会同工业和信息化部、住房城乡建设部、交通运输部、水利部、商务部等有关部门依法建立电子招标投标系统检测认证制度。

国家认监委负责电子招标投标系统检测认证工作的组织实施、监督管理和综合协调。

省级以上人民政府发展改革、工业和信息化、住房城乡建设、交通运输、水利、商务等部门负责对检测认证结果建立采信和运用的监督机制。

第五条 国家认监委牵头组建电子招标投标系统检测认证技术委员会，对涉及电子招标投标系统检测认证技术的重大问题进行研究和审议，为建立完善电子招标投标系统（以下简称招标投标系统）检测认证制度提供技术支撑。

第二章 检测

第六条 负责招标投标系统日常运营的机构（以下简称运营机构）应当向认证机构提出检测认证委托，并在认证机构签约的实验室名录中自主选择符合本办法规定的实验室进行检测。运营机构应当与其委托的实验室签订检测委托合同，合同应当包括检测范围、检测内容、检测费用、检测期限、出具检测报告的时间，以及技术保密事项等内容。

第七条 运营机构应当依据所签订的合同向委托的实验室提供以下资料：

（一）受检招标投标系统的检测需求、设计方案、使用维护等相关说明；

（二）受检招标投标系统能够实现的基本功能定位、网络结构拓扑图及运行环境软硬件配置说明；

（三）受检招标投标系统符合《电子招标投标办法》及《技术规范》规定的要求，并能在线完成招标投标交易或公共服务流程的证明材料以及平台标识代码；

（四）受检招标投标系统与电子招标投标公共服务平台和行政监督平台实现对接并具备数据交换功能的证明材料；

（五）受检招标投标系统符合国家有关招标投标法律法规并与实际运营的招标投标系统相一致的声明。

第八条 实验室应当依法经过资质认定，符合《检验检测机构资质认定评审准则》的国家标准中关于检测和校准实验室技术能力的通用要求，并具备从事招标投标系统检测工作的相关技术能力。

实验室检测人员应当通过专业能力培训，掌握招标投标系统相关的标准、技术要求和认证规则要求，具备招标投标系统检测能力。

认证机构应在其网站上公布与其签约且符合上述要求的招标投标系统检测实验室名录，并交互至国家电子招标投标公共服务平台。

第九条 实验室应当依照本办法及《电子招标投标系统检测技术规范》（以下简称《检测规范》）等确定的检测内容、要求和程序进行检测。

招标投标系统检测应当包括数据项、业务规则、功能、接口、性能、安全性、可靠性、易用性、运行环境等内容，并对招标投标系统的需求、设计和使用等相关文档进行审核。

第十条　实验室发现受检招标投标系统不具备检测条件或者招标投标系统中有部分检测项不符合《检测规范》要求的，运营机构应当在修改或者重新设计后再次进行检测。运营机构可以根据招标投标系统建设情况和实际需要，请实验室提前进行部分检测，但实验室只对受检招标投标系统一次性出具最终检测报告。

第十一条　实验室应当确保检测结果的真实、准确，并对检测全过程做出完整记录，归档留存，保证检测过程和结果具有可追溯性，配合认证机构对获证招标投标系统进行跟踪检查。

第十二条　招标投标系统经检测合格后，实验室应当按照有关规定，向运营机构出具数据电文形式且经过电子签名的检测报告，并交互至省级以上电子招标投标公共服务平台公布。检测报告至少包括以下内容：

（一）受检招标投标系统名称、版本及运行环境；

（二）受检招标投标系统的建设、运营和开发机构身份、资格和相关负责人姓名；

（三）检测时限、范围；

（四）检测工具及环境说明；

（五）实验室名称、检测人员；

（六）检测内容、检测方法及检测依据；

（七）受检招标投标系统可以实现的全部功能以及与电子招标投标公共服务平台和行政监督平台实现对接并具备数据交换功能的验证证明及平台标识代码；

（八）运营机构提供的受检招标投标系统符合国家有关招标投标法律法规并与实际运营招标投标系统相一致的声明；

（九）检测结论。

实验室对其作出的检测报告以及结论负责。

第十三条　招标投标系统检测合格后，运营机构应当在获得认证证书前自行组织招标投标系统试运行。招标投标系统试运行期限从出具检测报告之日起计算，不少于两个月但不得超过半年，在试运行期限内应当达到至少3个成功运行的案例。

招标投标系统试运行期间，实验室应当依据合同对招标投标系统整改给予支持和配合，并提供相关证明材料。招标投标系统试运行结束后，运营机构应当编写招标投标系统试运行报告，报告主要包括以下内容：

（一）验证和记录招标投标系统实际试运行过程、与电子招标投标公共服务平台和行政监督平台的对接和数据交换情况，招标投标系统存在问题和整改情况等；

（二）根据《技术规范》的要求，为保证招标投标系统持续符合技术标准及招标投标法律法规规定所制订的技术、管理措施及风险防范措施的文件。

第三章　认证

第十四条　运营机构可以自主选择和委托符合本办法规定的认证机构对其招标投标系统进行认证，并与认证机构签订认证委托合同。合同应当包括认证内容、认证方法、认证费用、认证时限，以及技术保密事项等内容。

第十五条　运营机构应当向认证机构提交以下材料：

（一）认证委托书，包括运营机构及其相关专业负责人的身份、资格等证明材料；

（二）招标投标系统检测报告及相关附件；

（三）招标投标系统试运行报告；

（四）保证招标投标系统合法、安全、规范运营及数据真实性、可靠性的技术措施和管理制度，运营岗位人员和职责设置方案；

（五）用户投诉及监管部门处理情况；

（六）认证机构要求的其他材料。

第十六条　认证机构应当依法经国家认监委批准，符合国家标准中关于产品认证机构技术能力的通用要求，并具备从事招标投标系统认证活动的相关技术能力。

认证人员应当通过专业能力培训，掌握招标投标系统相关的标准、技术规范、检测规范和认证规则要求。

从事招标投标系统认证活动的认证机构名录由国家认监委公布，并交互至国家电子招标投标公共服务平台。

第十七条　认证机构依据招标投标系统检测认证技术委员会相关要求，制定认证规则，经检测认证技术委员会审议并报国家认监委备案后发布实施，并于认证规则发布后30日内报国家认监委备案。

第十八条　认证机构受理运营机构的认证委托后，应当按照认证规则要求，对运营机构提交的招标投标系统检测报告、招标投标系统试运行报告、持续性符合措施进行文件审查，并可根据情况对招标投标系统的持续符合保证能力进行现场审查。

符合认证要求的，认证机构出具数据电文形式和纸质形式的认证证书，并将数据电文形式认证证书交互至省级以上电子招标投标公共服务平台公布。不符合认证要求的，认证机构应当以书面形式告知其原因。

第十九条　认证机构应当对认证全过程作出完整记

录，并归档留存，保证认证过程和结果具有可追溯性。

认证机构对其作出的认证结论负责。

第二十条 认证机构应当在认证证书有效期内对获证招标投标系统及运营机构每年至少实施一次跟踪检查，以确保获证招标投标系统能够持续符合认证要求。

第二十一条 认证机构通过省级以上电子招标投标公共服务平台公开认证规则、收费标准、获证招标投标系统和运营机构等信息，接受社会的监督和查询。

第二十二条 认证机构应当定期向国家认监委报送招标投标系统检测认证的实施情况及认证证书暂停、撤销或者注销的信息。

第四章 认证证书和认证标志

第二十三条 认证证书至少包括以下内容：

（一）认证委托人名称，地址；

（二）招标投标系统名称、型号版本和网址；

（三）运营机构名称、注册地址、受审核地址；

（四）认证依据的标准、技术要求；

（五）认证模式；

（六）证书编号；

（七）发证日期、换证日期和有效期；

（八）发证机构的名称、印章及其标志；

（九）发证机构法定代表人或者其授权签字人的签字；

（十）其他需要标注的内容。

第二十四条 认证证书有效期为三年。有效期届满前6个月内，认证委托人应当办理重新认证。

第二十五条 在认证证书有效期内，招标投标系统功能、架构、运行环境等发生重大变更、出现重大事故，或者由于运营机构原因导致无法持续与电子招标投标公共服务平台和行政监督平台进行数据交换时，运营机构应当及时向认证机构报告，认证机构根据实际情况可以作出变更、注销、暂停、撤销或者重新认证的决定，并对外公布。

第二十六条 有下列情形之一的，运营机构应当向认证机构提出变更认证证书的申请，认证机构作出相应处理：

（一）获证招标投标系统名称或者网址发生变更的；

（二）运营机构名称、地址发生变更的；

（三）认证委托人名称、地址发生变更的；

（四）本办法及《检测规范》、认证规则等发生变化的；

（五）认证机构规定的其他应当变更的情形。

第二十七条 有下列情形之一的，认证机构应当注销认证证书：

（一）认证证书有效期届满，运营机构未申请延续使用的；

（二）获证招标投标系统不再运营的；

（三）运营机构申请注销的；

（四）其他依法应当注销的情形。

第二十八条 有下列情形之一的，认证机构应当按照认证规则规定的期限暂停认证证书：

（一）获证招标投标系统适用的认证依据或者认证规则发生变化，运营机构在规定期限内未达到变化后要求的；

（二）运营机构无正当理由拒绝接受跟踪检查，或者在跟踪检查中被发现违反有关规定的；

（三）跟踪检查中发现获证招标投标系统发生变更且不能持续符合认证要求的；

（四）运营机构申请暂停的；

（五）其他依法应当暂停的情形。

第二十九条 有下列情形之一的，认证机构应当撤销认证证书：

（一）跟踪检查中发现实际运营的招标投标系统与办理检测认证时运营机构提供的招标投标系统不一致的；

（二）认证证书暂停期间，运营机构未采取整改纠正措施或者整改后仍不合格的；

（三）运营机构以欺骗、贿赂等不正当手段获得检测报告和认证证书的；

（四）其他依法应当撤销的情形。

第三十条 招标投标系统认证标志的式样由基本图案和认证机构识别信息组成。认证标志的基本式样如下图所示，其中ABCDE代表认证机构简称。

ABCDE

认证标志应当嵌入到获证招标投标系统中，并在获证招标投标系统及运营机构网站首页予以明示，同时在标志下方标明获证日期和有效期。

电子认证标志由认证机构发放和管理。

第三十一条　运营机构应当建立认证标志使用管理制度，对认证标志的使用情况如实记录并存档，按照认证规则的规定在其招标投标系统网站、广告、产品介绍等宣传材料中正确使用和标注认证标志。

第三十二条　任何单位和个人不得伪造、变造、冒用、买卖和转让认证证书和认证标志。

第三十三条　认证机构发布的认证规则、出具的认证证书、对外公布的认证处理决定及相关检测报告应同时交互至国家电子招标投标公共服务平台。

第五章　监督管理

第三十四条　任何单位和个人不得强制要求招标投标系统增加违反法律法规的服务功能，并作为在一定地域、行业注册登记、运营、招标投标系统对接和数据交换的前置条件。

第三十五条　国家认监委组织开展招标投标系统检测认证专项监督检查，包括对认证机构、实验室的监督检查和获证招标投标系统的质量抽查等。发现违法违规行为的，依法查处，并通报有关部门。

第三十六条　社会公众和电子招标投标当事人对检测认证过程中的违法违规行为可以向国家认监委投诉、举报。国家认监委应当依法处理，并将处理决定交互至国家电子招标投标公共服务平台。

第三十七条　认证委托人对认证机构的认证活动和认证决定有异议的，可以向认证机构提出申诉。对认证机构处理结果仍有异议的，可以向国家认监委申诉或者投诉。

第六章　附则

第三十八条　本办法施行前已经投入运营的招标投标系统，按照本办法要求进行检测认证期间，运营机构应当采取必要措施保证招标投标系统安全运营。

第三十九条　招标投标行政监督部门应当按照《电子招标投标办法》及《技术规范》的要求建设行政监督平台。行政监督平台的检测认证参照本办法执行。

电子招标投标交易平台与有关行业行政监督平台对接时，应当符合有关法律、行政法规和部门规章以及行业行政监督部门的规定。

第四十条　本办法由国家认监委、国家发展改革委会同有关部门负责解释。

第四十一条　本办法自 2015 年 9 月 1 日起施行。

自愿性认证领域目录和资质审批要求

一、自愿性认证领域目录

1. 按照科学、简化、集约的原则，自愿性认证业务分为“认证类别”、“认证领域”和“认证项目”三个层级。

2. 根据《认证认可条例》，“认证类别”分为产品、服务、管理体系三个大类。

3. 每一“认证类别”划分若干“认证领域”。产品认证参照国家标准 GB/T 7635.1《全国主要产品分类与代码 第 1 部分：可运输产品》和 GB/T 7635.2《全国主要产品分类与代码 第 2 部分：不可运输产品》划分为 21 个认证领域；服务认证参照国家标准 GB/T 7635.2《全国主要产品分类与代码 第 2 部分：不可运输产品》划分为 22 个认证领域；管理体系认证依据认证特性划分为 6 个认证领域。认证机构的资质审批至领域，自愿性认证领域目录见附件 1。

4. 认证机构可在批准的“认证领域”内自行研发并开展“认证项目”。按照国家认监委规定的要求和时限进行备案。

5. 认证机构从事国家认监委或者国家认监委会同国务院有关部门推行的认证制度（简称国推认证制度），按照制度设定要求实施管理，国推认证制度目录见附件 2。

6. 一般工业产品自愿性认证中不得对 CCC 目录内产品依据 CCC 认证标准开展认证活动，涉及国务院有关部门职责的，应当征求国务院有关部门意见。

二、 认证机构资质审批的审查要求

（一）取得法人资格

1.1 已经取得工商营业执照、事业单位法人证书等法人资格证明文件。

（二）有固定的场所和必要的设施

2.1 申请者应当具备必要的商业办公场所，不允许以民用住宅作为固定办公场所。办公场所的地址应当与法人证明文件中列明的地址相一致。

2.1.1 办公场所为租赁性质的，应当提交租赁合同，租赁合同期限应当长于一年。

2.1.2 办公场所为自有房产，应当提交自有房产证明。

2.2 申请者应当具有开展认证活动所必需的设备（硬件和软件）以及支持性配置（通讯或信息系统），包括档案保管设施、认证业务处理系统、证书印制设施、认证人员培训设施以及工作人员的桌椅、文件柜、电脑、电话等基本办公设施；从事产品认证业务需具备产品储存室，必要时还需具备产品检验检测实验室。

2.3 办公场所和设施应当与申请者开展业务的规模相适宜。

（三）有符合认证认可要求的管理制度

申请从事产品和服务认证资质的，申请者应符合国家标准 GB/T 27065《合格评定 产品、过程、服务认证机构通用要求》。申请从事管理体系认证资质的，申请者应符合国家标准 GB/T 27021《合格评定 管理体系审核认证机构的要求》。

3.1 组织结构及相应职责

3.1.1 申请者的组织结构，管理层和其他认证人员及相关委员会的职责、权利和义务应当形成正式文件。

3.1.2 保证公正性的委员会的产生、代表的利益方、责任和权利、成员能力、运行规则应当形成正式文件。

3.2 公正性的管理

申请者应当编制公正性管理制度，确保独立、公正、客观地开展认证活动，并防止发生由于商业、财务或其他压力而导致的损害公正性的行为。申请者应当有文件证明其已识别所有相关利益方对其公正性的影响，并能采取明确可行的控制措施，并建立制度进行管理。公正性风险包括但不限于以下方面：

3.2.1 经营范围中是否含有可能对认证活动的客观公正产生影响的产品开发、营销等活动。

3.2.2 是否有可能与行政机关存在利益关系。

3.2.3 接受的资助是否有可能对认证活动的客观公正产生影响。

3.2.4 是否有可能与认证委托人存在资产、管理方面的利益关系。

3.2.5 法人出资者是否为认证咨询机构、产品生产企业以及相关竞争性较强行业的企业。

3.3 认证风险的管理

申请者应当能证明已对认证活动引发的风险进行了评估，并对各个活动领域和运作地域的业务引发的责任作出了充分的安排（如保险或储备金）。

3.4 人员管理的相关要求

申请者应制定认证人员管理制度，对影响认证活动的各类人员的选择条件、聘用程序、培训程序、能力准则和能力评价准则及评价考核方法作出明确规定，以保证认证人员的素质和能力符合要求。

申请者应当明确规定不聘任或者使用国家法律法规禁止从事认证活动的人员。

3.5 高级管理人员

申请者的高级管理人员应当符合国家有关法律、法规以及国家质检总局、国家认监委相关规定要求，熟悉认证机构运作基本要求，具备履行职务所必需的管理能力。

3.5.1 申请者应当制定文件规定高级管理人员的选择、聘用、考核以及相关的责任义务等管理要求。

3.5.2 申请者应当明示高级管理人员无犯罪记录，无认证认可行业的不良从业记录。

3.5.3 高级管理人员的评价证实性材料应包含：学历、工作经历、与认证认可相关的工作经历、培训经历、评价结论等内容。

3.6 认证过程的管理要求

申请者应当制定程序文件对认证活动实施全过程进行有效管理，以保证认证活动的有效性和公正性。至少应当包括申请评审、审核方案的制定、抽样方案、审核计划、审核实施、审核报告、认证决定、监督、再认证以及暂停、撤销或缩小认证范围等程序。

3.7 认证证书和认证标志的管理

申请者应当制定认证证书和认证标志的管理规定，明确认证证书载明的内容、获证组织使用认证证书和认证标志的管理规定以及误用或未按照规定使用时应当采取的措施。

认证证书样本应当符合认证认可相关管理规定和技术标准的要求，并明确向公众提供查询认证证书基本信息的方式。

3.8 其他内部管理规定

申请者应当制定申诉投诉、财务管理、人力资源管理、档案记录管理、分支或派出机构管理、内审和管理评审、信息公开、保密等内部管理制度要求。

应当制定对国家认监委认证规则备案、认证业务信息备案、认证机构信息报送等规定的执行程序。

（四）注册资本不得少于人民币 300 万元

法人资格证明文件中的注册资本 / 开办资金，实缴不得少于人民币 300 万元；以其他币种注册的，按汇率换算不得少于人民币 300 万元。申请者的出资者应当提供相关资信证明，同时应当符合国家有关法律法规以及相关规定要求。

4.1 由于认证机构公正性的性质，需要出资者不能对认证业务的公正性、独立性产生冲突或影响。如投资人在其他认证机构任职，应提供任职机构的知情同意证明。自然人投资者个人资信良好，没有不良记录。

4.2 出资人应当符合国家法律法规的相关要求。

（五）有 10 名以上相应领域的专职认证人员

5.1 认证人员是指能够对认证活动各环节产生重要影响的六类人员，包括：认证规则和认证方案制定人员、认证申请评审人员、认证审核方案管理人员、认证审核人员（拟从事管理体系认证审核、产品认证检查、服务认证审查的人员）、认证决定或复核人员、认证人员能力的评价人员等。申报的专职认证人员应全面覆盖以上 6 类人员。

5.2 专职认证人员应满足以下条件之一：

5.2.1 与申请者建立劳动关系并签订劳动合同的工作人员。社保缴费单位为申请者、申请者分支机构或申请者委托的人力资源服务机构。

5.2.2 申请者返聘的具有认证人员注册资格的退休人员和企事业单位内退人员。正式退休或提前退休的人员，提供退休证明以及与认证机构签订的聘用合同或劳务合同；内退人员提供由退休前所在单位或单位人事部门确认的证明以及与申请者签订的聘用合同或劳务合同。

5.2.3 申请者的出资方为事业单位时，由出资方任命在申请者机构任职的事业编制人员。由申请者的出资方提供事业编制证明。

5.3 专职认证人员应当具备的能力

5.3.1 认证规则和认证方案制定人员

具有相应领域的专业知识和工作经验；熟悉认证依据标准或规范性文件；熟悉认证认可相关标准及认证程序要求；熟悉相应领域有关法律、法规、技术标准及其他要求。

5.3.2 认证申请评审人员

熟悉认证依据标准或规范性文件；熟悉相应认证领域划分并能正确判断认证委托人委托的认证领域和专业；熟悉本机构相应领域专业资源配备情况。

5.3.3 认证审核方案管理人员

熟悉认证依据标准或规范性文件；熟悉认证认可相关标准及认证程序要求；能够识别各认证领域的专业特点；能够根据认证客户的业务 / 产品 / 过程 / 组织结构的知识和信息识别其对审核方案，特别是对审核组的能力要求；熟悉本机构相应领域专业资源配备情况。

5.3.4 认证审核人员：

具有与认证领域相关的专业知识和实践经验，熟悉行业相关法律法规要求；理解和掌握认证依据标准或规范性文件；熟悉认证认可相关标准及认证审核原则、实践和技巧；了解企业管理和组织运作相关知识，了解认证机构认证管理过程要求，完全能够按照认证机构的程序和过程开展工作。

5.3.5 认证决定或复核人员

同认证审核人员的能力要求。

5.3.6 认证人员能力的评价人员：

熟悉认证认可相关标准及认证程序要求；能够识别各认证领域的专业特点；熟悉认证流程及认证过程各阶段的专业管理要求；掌握专业能力评定要求；熟悉各类认证人员的能力准则，能正确选择对认证人员能力评价的方法，并能基于已有的证据准确判定受评价人员的能力与准则的符合性。

5.4 专职认证人员的评价结果证实性材料应包括但不限于以下信息：被评价者的学历、与所评价专业相关的工作经历、认证认可经历、培训经历以及其他可支撑评价结论的信息以及评价结论，评价过程和评价结论应符合 GB/T 27021《合格评定 管理体系认证机构要求》、GB/T 27065《合格评定产品认证机构要求》等认证认可相关国家标准的要求以及认证机构自身的人员管理程序。

鼓励申请者通过提交所申请领域(或国推认证制度)的审核（或检查、审查）示例作为符合相关制度和人员要求的证明。

（六）申请从事产品认证活动的申请者，还应当具备与从事相关产品认证活动相适应的检验检测等技术能力。

6.1 申请从事一般工业产品认证，应当满足以下条件之一：

6.1.1 对所申请的产品认证领域具备相应的自有检测资源和能力，具体为：申请者应当与检测机构具有资产纽带关系，同时能确保对检测资源的独立使用和公正检测，所申请的具体产品应当能被检测机构所提供的检测能力范围证明材料（如检测机构资质认定证书）所覆盖。

6.1.2 具有所申请产品认证领域的行业背景或科研技术开发能力，并具有相关产品领域的签约检测资源。例如申请者应取得相关行业主管部委、行业协会的推荐，或具有相关产品领域具有权威的国家级协会或科研院所的背景。

6.1.3 拟开展的产品认证结果有明确或潜在的广泛采信需求，并具有相关产品领域的签约检测资源。有政府文件明确对该项产品认证结果予以支持和采信，或认证结果可以为行业发展提供支撑。

6.2 申请从事食品农产品认证，应当具备所申请领域的科研、检测、推广或行业管理背景。

（七）设立外商投资认证机构还应当符合下列条件：

7.1 外方投资者为在中国境外具有 3 年以上相应领域认证从业经历的机构，具有所在国家或者地区有关当局的合法登记，无不良记录。

7.1.1 外方投资者在所在国家或者地区政府颁发的商业登记证或税务登记证等合法登记证明，经所在国家或地区的公正机构公证，并取得中国相关使领馆的领事认证。

7.1.2 外方投资者在所在国家或者地区颁发的三年以上的相应领域的认证证书证明资料。

7.2 取得其所在国家或者地区认可机构相应领域的认可。

7.2.1 外方投资者在所在国家或者地区获得认可机构相应领域的认可证书证明资料。

7.3 非中文的材料，须提供中文翻译件，并附上申请人对翻译内容负法律责任的声明。公证和领事认证文件应当为一年内签发。

7.4 自由贸易试验区内的申请者按照国务院有关规定执行。

（八）从事国推认证制度还应当满足国家认监委或者国家认监委会同国务院有关部门制定发布的有关部门规章或者行政规范性文件中列明的准入要求。

附件 1

自愿性认证领域目录

认证类别	认证领域
产品认证	01 农林（牧）渔；中药
	02 矿和矿物；电力、可燃气和水
	03 加工食品、饮料和烟草
	04 纺织品、服装和皮革制品
	05 木材和木制品；纸浆、纸和纸制品，印刷品
	06 化工类产品
	07 建材产品
	08 家具；其他未分类产品
	09 废旧物资
	10 金属材料及金属制品
	11 机械设备及零部件
	12 电子设备及零部件
	13 电动机、发电机、发电成套设备和变压器
	14 配电和控制设备及其零件；绝缘电线和电缆；光缆
	15 蓄电池、原电池、原电池组和其他电池及其零件
	16 白炽灯泡或放电灯、弧光灯及其附件；照明设备及其附件；其他电气设备及其零件
	17 仪器设备
	18 陆地交通设备
	19 水路交通设备
	20 航空航天设备
	21 GB7635.2 中涉及产品形成过程的不可运输产品
服务认证	01 无形资产和土地服务
	02 建筑工程和建筑物服务
	03 批发业和零售业服务
	04 住宿服务；食品和饮料服务
	05 运输服务（陆路运输服务、水运服务、空运服务、支持性和辅助运输服务）
	06 邮政和速递服务
	07 电力分配服务；通过主要管道的燃气和水分分配服务
	08 金融中介、保险和辅助服务
	09 不动产服务
	10 不配备操作员的租赁或出租服务
	11 科学研究服务（研究和开发服务；专业、科学和技术服务；其他专业、科学和技术服务）
	12 电信服务；信息检索和提供服务
	13 支持性服务
	14 在收费或合同基础上的生产服务
	15 保养和修理服务
	16 公共管理和整个社区有关的其他服务；强制性社会保障服务
	17 教育服务
	18 卫生保健和社会福利服务
	19 污水和垃圾处置、公共卫生及其他环境保护服务
	20 成员组织的服务；国外组织和机构的服务
	21 娱乐、文化和体育服务
	22 家庭服务

续表

认证类别	认证领域
管理体系认证	01 质量管理体系
	02 环境管理体系
	03 职业健康安全管理体系
	04 信息安全管理体系
	05 信息技术服务管理体系
	06 食品农产品管理体系

注：已有管理体系认证资质的认证机构从事本目录所列 6 项管理体系认证领域之外其他管理体系认证的，按照国家认监委规定的要求和时限进行备案即可，不需要资质审批。新设认证机构或无管理体系认证资质的认证机构从事本目录所列 6 项管理体系认证领域之外其他管理体系认证的，按照拟开展认证项目向国家认监委提出申请。

附件 2

国推认证制度目录

序号	国推认证制度名称
1	无公害农产品
2	有机产品
3	良好农业规范
4	食品质量
5	饲料产品
6	绿色市场
7	食品安全管理体系
8	危害分析与关键控制点
9	乳制品生产企业危害分析与关键控制点
10	乳制品生产企业良好生产规范
11	节能产品
12	低碳产品
13	铁路产品
14	节能环保汽车
15	信息安全产品
16	电子信息产品污染控制
17	可扩展商业报告语言（XBRL）软件
18	光伏产品
19	电子招标投标系统
20	体育场所服务
21	软件过程能力及成熟度评估
22	测量管理体系
23	能源管理体系
24	知识产权管理体系
25	中国森林认证

知识产权认证管理办法

第一章 总则

第一条 为了规范知识产权认证活动，提高其有效性，加强监督管理，根据《中华人民共和国专利法》《中华人民共和国商标法》《中华人民共和国著作权法》《中华人民共和国认证认可条例》《认证机构管理办法》等法律、行政法规以及部门规章的规定，制定本办法。

第二条 本办法所称知识产权认证，是指由认证机构证明法人或者其他组织的知识产权管理体系、知识产权服务符合相关国家标准或者技术规范的合格评定活动。

第三条 知识产权认证包括知识产权管理体系认证和知识产权服务认证。

知识产权管理体系认证是指由认证机构证明法人或者其他组织的内部知识产权管理体系符合相关国家标准或者技术规范要求的合格评定活动。

知识产权服务认证是指由认证机构证明法人或者其他组织提供的知识产权服务符合相关国家标准或者技术规范要求的合格评定活动。

第四条 国家认证认可监督管理委员会（以下简称国家认监委）、国家知识产权局按照统一管理、分工协作、共同实施的原则，制定、调整和发布认证目录、认证规则，并组织开展认证监督管理工作。

第五条 知识产权认证坚持政府引导、市场驱动，实行目录式管理。

第六条 国家鼓励法人或者其他组织通过开展知识产权认证提高其知识产权管理水平或者知识产权服务能力。

第七条 知识产权认证采用统一的认证标准、技术规范和认证规则，使用统一的认证标志。

第八条 在中华人民共和国境内从事知识产权认证及其监督管理适用本办法。

第二章 认证机构和认证人员

第九条 从事知识产权认证的机构（以下简称认证机构）应当依法设立，符合《中华人民共和国认证认可条例》《认证机构管理办法》规定的条件，具备从事知识产权认证活动的相关专业能力要求，并经国家认监委批准后，方可从事批准范围内的认证活动。

国家认监委在批准认证机构资质时，涉及知识产权专业领域问题的，可以征求国家知识产权局意见。

第十条 认证机构可以设立分支机构、办事机构，并自设立之日起30日之内向国家认监委和国家知识产权局报送相关信息。

第十一条 认证机构从事认证审核（审查）的人员应当为专职认证人员，满足从事知识产权认证活动所需的相关知识与技能要求，并符合国家认证人员职业资格的相关要求。

第三章 行为规范

第十二条 认证机构应当建立风险防范机制，对其从事认证活动可能引发的风险和责任，采取合理、有效的防范措施。

第十三条 认证机构不得从事与其认证工作相关的咨询、代理、培训、信息分析等服务以及产品开发和营销等活动，不得与认证咨询机构和认证委托人在资产、管理或者人员上存在利益关系。

第十四条 认证机构及其认证人员对其从业活动中所知悉的国家秘密、商业秘密和技术秘密负有保密义务。

第十五条 认证机构应当履行以下职责：

（一）在批准范围内开展认证工作；

（二）对获得认证的委托人出具认证证书，允许其使用认证标志；

（三）对认证证书、认证标志的使用情况进行跟踪检查；

（四）对认证的持续符合性进行监督审核；

（五）受理有关的认证申诉和投诉。

第十六条 认证机构应当建立保证认证活动规范有效的内部管理、制约、监督和责任机制，并保证其持续有效。

第十七条 认证机构应当对分支机构实施有效管理，规范其认证活动，并对其认证活动承担相应责任。

分支机构应当建立与认证机构相同的管理、制约、监督和责任机制。

第十八条 认证机构应当依照《认证机构管理办法》的规定，公布并向国家认监委报送相关信息。

前款规定的信息同时报送国家知识产权局。

第十九条 认证机构应当建立健全人员管理制度以及人员能力准则，对所有实施审核（审查）和认证决定等认证活动的人员进行能力评价，保证其能力持续符合准则要求。

认证人员应当诚实守信，恪尽职守，规范运作。

第二十条 认证机构及其认证人员应当对认证结果负责并承担相应法律责任。

第四章 认证实施

第二十一条 认证机构从事认证活动，应当按照知识产权认证基本规范、认证规则的规定从事认证活动，作出认证结论，确保认证过程完整、客观、真实，不得增加、减少或者遗漏认证基本规范、认证规则规定的程序要求。

第二十二条 知识产权管理体系认证程序主要包括对法人或者其他组织经营过程中涉及知识产权创造、运用、保护和管理等文件和活动的审核，获证后的监督审核，以及再认证审核。

知识产权服务认证程序主要包括对提供知识产权服务的法人或者其他组织的服务质量特性、服务过程和管理实施评审，获证后监督审查，以及再认证评审。

第二十三条 被知识产权行政管理部门或者其他部门责令停业整顿，或者纳入国家信用信息失信主体名录的认证委托人，认证机构不得向其出具认证证书。

第二十四条 认证机构应当对认证全过程做出完整记录，保留相应认证记录、认证资料，并归档留存。认证记录应当真实、准确，以证实认证活动得到有效实施。

第二十五条 认证机构应当在认证证书有效期内，对认证证书持有人是否持续满足认证要求进行监督审核。初次认证后的第一次监督审核应当在认证决定日期起 12 个月内进行，且两次监督审核间隔不超过 12 个月。每次监督审核内容无须与初次认证相同，但应当在认证证书有效期内覆盖整个体系的审核内容。

认证机构根据监督审核情况做出认证证书保持、暂停或者撤销的决定。

第二十六条 认证委托人对认证机构的认证决定或者处理有异议的，可以向认证机构提出申诉或者投诉。对认证机构处理结果仍有异议的，可以向国家认监委或者国家知识产权局申诉或者投诉。

第五章 认证证书和认证标志

第二十七条 知识产权认证证书（以下简称认证证书）应当包括以下基本内容：

（一）认证委托人的名称和地址；

（二）认证范围；

（三）认证依据的标准或者技术规范；

（四）认证证书编号；

（五）认证类别；

（六）认证证书出具日期和有效期；

（七）认证机构的名称、地址和机构标志；

（八）认证标志；

（九）其他内容。

第二十八条 认证证书有效期为 3 年。

有效期届满需再次认证的，认证证书持有人应当在有效期届满 3 个月前向认证机构申请再认证，再认证的认证程序与初次认证相同。

第二十九条 知识产权认证采用国家推行的统一的知识产权认证标志（以下简称认证标志）。认证标志的样式由基本图案、认证机构识别信息组成。知识产权管理体系认证基本图案见图 1 所示，知识产权服务认证体系的基本图案见图 2 所示，其中 ABCDEF 代表机构中文或者英文简称。

图 1 知识产权管理体系认证基本图案

ABCDEF

图 2 知识产权服务认证基本图案

第三十条 认证证书持有人应当正确使用认证标志。

认证机构应当按照认证规则的规定，针对不同情形，及时作出认证证书的变更、暂停或者撤销处理决定，且应当采取有效措施，监督认证证书持有人正确使用认证证书和认证标志。

第三十一条 认证机构应当向公众提供查询认证证书有效性的方式。

第三十二条 任何组织和个人不得伪造、变造、冒用、非法买卖和转让认证证书和认证标志。

第六章 监督管理

第三十三条 国家认监委和国家知识产权局建立知识产权认证监管协同机制，对知识产权认证机构实施监督检查，发现违法违规行为的，依照《认证认可条例》、

《认证机构管理办法》等法律法规的规定进行查处。

第三十四条　地方各级质量技术监督部门和各地出入境检验检疫机构（以下统称地方认证监管部门）、地方知识产权行政管理部门依照各自法定职责，建立相应的监管协同机制，对所辖区域内的知识产权认证活动实施监督检查，查处违法违规行为，并及时上报国家认监委和国家知识产权局。

第三十五条　认证机构在资质审批过程中存在弄虚作假、隐瞒真实情况或者不再符合认证机构资质条件的，由国家认监委依法撤销其资质。

第三十六条　认证人员在认证过程中出具虚假认证结论或者认证结果严重失实的，依照国家关于认证人员的相关规定处罚。

第三十七条　认证机构、认证委托人和认证证书持有人应当对认证监管部门实施的监督检查工作予以配合，对有关事项的询问和调查如实提供相关材料和信息。

第三十八条　违反有关认证认可法律法规的违法行为，从其规定予以处罚。

第三十九条　任何组织和个人对知识产权认证违法违规行为，有权向各级认证监管部门、各级知识产权行政管理部门举报。

各级认证监管部门、各级知识产权行政管理部门应当及时调查处理，并为举报人保密。

第七章　附则

第四十条　本办法由国家认监委、国家知识产权局负责解释。

第四十一条　本办法自2018年4月1日起施行。国家认监委和国家知识产权局于2013年11月6日印发的《知识产权管理体系认证实施意见》（国认可联〔2013〕56号）同时废止。

附件（略）

2020

Yearbook of Certification,Accreditation,Inspection and Testing of China

第十四部分　大事记

Part Fourteen　Major Events

1月25日　中央网信办、工信部、公安部、市场监管总局在北京举行新闻发布会，对外公布《关于开展App违法违规收集使用个人信息专项治理的公告》，明确自2019年1月至12月在全国范围内针对消费者集中反映的App强制授权、过度授权、超范围收集个人信息等突出问题，组织开展App违法违规收集使用个人信息专项治理。为落实《网络安全法》《消费者权益保护法》有关要求，加强个人信息安全保障力度，四部委重点从组织App隐私政策和个人信息收集使用情况评估、加大对违法违规行为的监管处罚力度、打击整治网络侵犯公民个人信息违法犯罪、建立实施App个人信息安全认证制度等四方面开展相关专项工作。

2月19日　市场监管总局认证监管司在北京组织召开了电商平台强制性产品认证获证产品认证监管研讨会。来自市场监管总局认证监管司、认证认可研究中心，有关电商平台（阿里巴巴、京东、苏宁易购、国美在线、亚马逊中国、当当网、网易严选）等相关单位30名代表参会。市场监管总局认证监管司副司长李春江出席会议并讲话。认证监管司介绍了质量认证工作的基础性作用以及目前的发展现状，并结合《电子商务法》和《认证认可条例》的相关要求，指出电商平台应进一步加强对在售CCC认证产品的资质审核工作，并利用好市场监管总局通报的CCC获证产品不合格信息，做好无证、证书失效等相关商品的下架处理工作；同时也建议有关电商平台与认证监管司加强合作，加大CCC认证产品在线核查的力度，建立CCC认证风险“双向”反馈机制，发挥社会共治作用，逐步实现“大数据”监管和精准监管。与会代表围绕着强制性产品认证监管的社会共治、信息互通和对接路径的完善、抽查后处理等工作情况进行了深入的研讨。

2月26日　全国认证认可检验检测工作会议在北京召开。市场监管总局局长张茅出席会议并讲话时强调，认证认可检验检测工作要找准定位，认真履行职责和使命，充分发挥在市场监管和经济社会发展中的重要作用。市场监管总局副局长唐军作工作报告。会上，上海市、浙江省、福建省、山东省、深圳市市场监管局等5家单位代表作了经验交流发言。全国认证认可工作部际联席会议成员单位和特邀单位代表，市场监管总局相关司局、直属单位负责人，各省、自治区、直辖市及新疆生产建设兵团市场监管局（厅、委）以及计划单列市、副省级市市场监管局负责人等参加会议。

4月9日和11日　认证机构管理工作会议分两期在北京召开，市场监管总局认证监督管理司副司长李春江出席会议并讲话。中国合格评定国家认可中心、市场监管总局认证认可技术研究中心、中国认证认可协会以及100家认证机构的相关负责人参加了会议。李春江传达了全国认证认可检验检测会议精神以及总局领导的讲话要点，通报了认证监管司2019年的工作重点和改革举措，并从十个方面指出了认证机构需关注的问题。

4月10日　全国市场监管部门推进质量认证体系建设专题培训班在总局行政学院开班。认证监管司司长刘卫军做开班动员讲话。培训班主要安排了习近平新时代中国特色社会主义思想、质量认证概述、产品认证、管理体系认证、认可与检验检测监管、食品农产品认证、CCC认证体系、服务认证、认证行政管理和质量管理等专题讲座，以及分组研讨、学员论坛等教学活动。各省、自治区、直辖市及计划单列市、副省级市以及新疆生产建设兵团市场监督管理部门，中国合格评定国家认可中心、中国网络安全审查技术与认证中心、中国认证认可协会、市场监管总局认证认可技术研究中心从事认证监管工作的处级负责人及业务骨干约100人参加为期5天的培训学习。

5月21日　市场监督管理总局认证监管司副司长薄昱民在第十六届中国国际中小企业博览会新闻发布会上就“小微企业质量管理提升行动”答新华社记者问。薄昱民提出市场监督管理部门在履行职责方面，通过“放管服”改革，一直在做着两方面的工作，服务小微企业高质量发展。

5月22日 管理体系、服务和人员认证工作会议在京召开。市场监管总局认证监管司副司长潘丽芬出席会议并讲话。潘丽芬围绕传达贯彻全国认证认可检验检测工作会议精神，通报了认证监管司在管理体系、服务和人员认证方面的改革思路和2019年重点工作，并针对目前国内认证行业存在的突出问题对下一步工作提出了工作重点和相关要求，希望大家不忘认证工作初心，规范认证行为；聚焦国计民生，服务高质量发展；全面提升认证认可行业公信力和竞争力。中国合格评定国家认可中心副主任刘晓红和中国认证认可协会副秘书长徐德峰分别从2019年认证机构认可工作重点安排、认证认可协会对人员管理的要求两个方面作了重点介绍。会上，认证监管司相关处室负责人分别就管理体系认证、服务认证和人员认证的管理工作进行了详细介绍。

6月6日 在6月9日第12个“世界认可日”即将到来之际，重庆市市场监管局举办了全市市场监管系统首期“市场监管大学堂”，组织全系统干部职工深入学习宣传贯彻《国务院关于加强质量认证体系建设促进全面质量管理的意见》（国发〔2018〕3号）精神，营造学习认证、关心认证、重视认证、共享认证的浓厚氛围。会上，国家市场监督管理总局认证监管司司长刘卫军作了题为“质量认证：传递市场信任 服务市场监管”主题报告。刘卫军从“质量认证概述”“质量认证在重庆”两个方面进行了深入浅出、精彩生动的阐述，报告贯穿了深入学习理解习近平总书记关于质量认证工作的重要论述，宣讲了国发〔2018〕3号文件及重庆市政府的实施意见、推动高质量发展等决策部署和新时代认证认可检验检测工作的发展概况、目标方向，解读了“规范管理、行政执法，推动应用、服务发展，规划引导、聚集合力”的地方质量认证工作职能定位，并对重庆发挥质量认证在推动企业质量管理水平提升、服务消费升级需求、服务重庆绿色发展、服务乡村振兴战略等方面的作用，提出了针对性、建设性的工作意见和建议。刘卫军指出，重庆市委、市政府和重庆市市场监管系统高度重视、组织保障、积极推动质量认证工作，及时贯彻落实党中央、国务院关于开展质量提升行动、加强质量体系建设等决策部署，连续四年开展“提升认证公信力，提升认证贡献率”主题活动，每年确定一个主题，从“写意画”到“工笔画”，不断提升服务水平，质量认证工作成效显著。

6月8日 市场监督管理总局、国家认证认可监督管理委员会、浙江省人民政府在宁波举办以“认证认可促进供应链提升价值”为主题的2019年世界认可日主题活动暨“品字标”品牌走向“一带一路”发布活动。国家市场监督管理总局副局长唐军、浙江省人民政府副省长王文序出席活动并致辞。唐军在致辞中指出，认证认可是国际通行、社会通用的质量管理手段和贸易便利化工具，被称为质量管理的“体检证”、市场经济的“信用证”、国际贸易的“通行证”。在日益复杂的全球供应链体系中，认证认可在确保供应链安全、全面提升供应链管理水平、提升供应链效率、促进全球供应链开放互通等方面发挥的作用不可忽视。唐军强调，当今世界正在经历新一轮大发展大变革大调整，全球经贸格局发生深刻变化，对全球供应链带来了新的挑战。市场监管总局将全面深化认证认可改革创新，积极推动认证认可“市场化、国际化、专业化、集约化、规范化”发展，通过优化认证检测机构审批服务、切实加强市场监管、开展质量管理体系升级行动、积极扩大国际合作互认等工作措施，进一步强化认证认可作用，提升供应链价值。

6月13日 2019年度国家级资质认定检验检测机构“双随机”监督抽查工作部署会在京召开。市场监管总局认可检测司，生态环境部生态环境监测司、大气环境司，国家药监局科技国际司共同启动2019年度国家级资质认定检验检测机构联合“双随机”抽查工作。 近年来，我国检验检测市场持续快速发展，目前检验检测机构近4万家，每年出具检测报告4亿多份，为促进经济社会发展发挥了重要作用，但一些行业乱象也显现出来，迫切需要进一步加强事中事后监管。开展2019年度检验检测机构“双随机”抽查工作，旨在严格落实从业机构主体责任，加强部门协调配合，构建检验检测市场新型监管机制，以更好地发挥检验检测“传递信任，服务发展”的重要作用。

6月14日 市场监管总局认可检测司副司长董乐群（正司级）会见了美国材料与试验协会（ASTM）认证服务部经理Chip Evans、中国办事处首席代表刘裴、运营经理胡王亚楠一行。双方就推动ASTM标准在中国的应用、中国检验检测机构参加ASTM能力验证结果的承认等事项交换了意见，并就今后进一步开展交流、合作达成共识。能力验证处、技术管理处相关人员陪同参加了会谈。

6月19日 认证监管工作研讨会在浙江省绍兴市

召开，市场监管总局认证监管司副巡视员陈海洋出席会议并讲话。各省、自治区、直辖市及新疆生产建设兵团市场监管局（厅、委）认证监管相关处负责人，部分市县市场监管部门负责人等50余人参加了会议。陈海洋围绕贯彻全国认证认可检验检测工作会议精神，要求各地认证监管部门认真贯彻落实《市场监管总局关于加强认证监管工作的通知》（国市监认证〔2019〕102号），履职尽责，突出重点，不断加强认证市场监管，严厉打击认证违法行为。北京市、上海市、黑龙江省、浙江省、广东省、四川省市场监管部门认证监管相关处负责人，浙江绍兴市、四川广元市市场监管局负责人分别作了经验介绍。会议重点研讨了在新的市场监管体制下如何进一步加强认证监管工作，并听取了地方市场监管部门对认证监管工作的意见建议。

6月20日　第十六届中国国际中小企业博览会新闻发布会在广州举行，国家市场监管总局认证监管司副司长潘丽芬就市场监管总局帮助中小微企业解难题、促进高质量发展的具体举措回答了记者提问。潘丽芬介绍，此前市场监管总局组织开展了对十个行业的1.5万多家小微企业质量管理现状的摸底调研。调研数据显示，27.1%的小微企业质量管理制度不健全、执行不到位。原因主要来自领导重视程度、标准理解和管理人员能力等方面。潘丽芬就目前小微企业出现的问题介绍了下一步市场监管总局的具体举措。

7月4—5日，全国市场监管工作座谈会在北京召开，会议深入学习贯彻习近平新时代中国特色社会主义思想，总结交流上半年市场监管工作，研究面临的新形势新任务新要求，部署下半年重点工作任务。市场监管总局局长、党组书记肖亚庆在讲话中强调，要不忘初心、牢记使命，统一思想、开拓创新，努力完成全年各项工作任务，为促进经济社会持续健康发展作出新贡献。总局领导甘霖、唐军、田世宏、刘实、孙梅君、秦宜智、申长雨、焦红出席会议。中央纪委国家监委、中央组织部、审计署等有关同志列席会议。

7月19—20日　市场监管总局局长、党组书记肖亚庆在浙江调研，强调要深化市场监管改革，努力夯实监管的基础。肖亚庆先后到浙江省市场监管局、浙江省标准化研究院、杭州市民中心了解相关情况，与浙江省市场监管局有关负责同志座谈交流，并在基层联系点义乌市调研行政执法监管平台建设、企业信用体系建设、知识产权保护等工作。

8月20日　《中国认证认可检验检测年鉴》编纂工作会议在北京召开，市场监管总局认证监管司司长刘卫军和认可检测司副司长(正司级)董乐群出席会议并讲话。刘卫军从四个方面强调了年鉴编纂工作的重要性，首先，认证认可检验检测工作很重要；其次，年鉴在市场监管工作体系中的作用很重要；其三，编写单位及人员很重要；其四，本次会议内容很重要。同时他提出了对年鉴编纂工作的具体要求：一要高度重视；二要吃透要求；三要保证质量；四要齐心协力；五要守规守矩。董乐群向与会人员提出了两点要求，一要高度重视，充分认识年鉴编纂工作的重要意义。二要高质量完成编纂工作。要遵循年鉴编辑的要求，保证内容的真实性和权威性；要彰显合格评定的特色；要突出改革的特色；要相互配合，协同合作。会议对认监委成立以来认证认可年鉴编纂工作情况进行了回顾总结，对2019年度编纂工作进行了部署，并组织了年鉴基础知识和撰写技巧的专题培训。总局认证监管司和认可检测司，各省、自治区、直辖市市场监管局（厅、委）以及认可中心、审查认证中心、认证认可技术研究中心、认证认可协会的代表共计70余人参加会议。

9月6日　市场监管总局召开"不忘初心、牢记使命"主题教育总结大会。会议对市场监管总局主题教育进行总结，对巩固和拓展主题教育成果、加强党的建设进行部署。市场监管总局党组书记、局长，总局"不忘初心、牢记使命"主题教育领导小组组长肖亚庆主持会议并讲话。中央第二十指导组组长姜大明到会指导，在京的总局班子成员出席会议。会议全面回顾并总结了市场监管总局主题教育开展情况。6月以来，在中央第二十指导组的悉心指导下，总局党组与各级党组织同心协力，将开展主题教育与落实党中央决策部署结合起来，与深化机构改革结合起来，与推进市场监管工作结合起来，做到了"部署早、行动快、结合紧、督导实"，用工作实效彰显了主题教育成效。通过主题教育，总局全体党员领导干部理想信念更加坚定、政治意识更加强化、担当作为更加主动、为民服务更加扎实、廉洁自律更加强化。大家充分认识到，必须坚持党的领导，坚决做到"两个维护"；必须坚持以人民为中心，维护群众切身利益；必须坚持问题导向，做到查和改相统一；必须坚持知行合一，推动以知促行。会议通报了8月27日主题教育民主生活会有关情况和8个方面突出问题专项整治开展情况。

9月27日　江西省市场监管局、省农业农村厅、省生态环境厅、省文化和旅游厅、省广播电视局、省林业局在江西省政府新闻办新闻发布厅联合举办2019年“有机宣传周”活动新闻发布会。江西省市场监管局副局长谭文英发布了“有机宣传周”和“有机产品认证示范区”创建工作的有关内容，相关厅局处室负责人参加发布会并答记者问。发布会介绍，近年来，江西省市场监管局围绕省委省政府关于落实国家生态文明（江西）试验区的总体要求，充分发挥认证认可职能优势和江西生态环境资源好的优势，扎实有效地推动地方政府开展“国家有机产品认证示范区”（含创建区）创建工作。

10月24日　市场监管总局认证监管司司长刘卫军调研上海绿地全球商品贸易港，上海市市场监管局副局长陶永华陪同。调研组听取了绿地全球商品贸易港关于建设全品类、全渠道、常态化的进口商品交易服务平台情况汇报，以及对强制性产品认证（CCC认证）改革需求提出的意见建议。刘卫军表示，全国强制性产品认证改革工作正在继续深化，将秉持必要性和最小化原则，处理好政府和市场的关系，不断在优化营商环境、准入环境、消费环境上下功夫。刘卫军肯定上海市市场监管局在CCC免办方面的工作成效，鼓励上海发挥“进博会”溢出效应，继续探索先行先试改革举措。陶永华感谢市场监管总局认证监管司的支持和信任，表示将继续落实总局关于“进博会”保障工作要求，加强调研、优化举措，为打造更多“上海服务”“上海购物”品牌创造良好环境。

10月25日　第83届IEC大会新闻发布会在上海召开。此次大会历时12天，有来自100多个国家3800多名专家出席，参会的国家、人员为近几届IEC大会最大规模；大会圆满完成各项既定任务，召开了IEC全体大会和管理层会议，举办了国家委员会主席论坛，各专业领域的90多个技术委员会、200多个工作组举办了800多场专业会议，讨论推动了1000多项电工电子领域国际标准制修订；促进了IEC组织治理，大会选举产生了新一届IEC秘书长，推选出了年度青年专家领袖，围绕IEC战略规划的实施、IEC治理体系变革等内容，进行了充分讨论和前瞻布局；引领了国际电工电子标准化发展，结合产业发展动态和技术创新前沿，本届大会聚焦国际标准化新趋势、新特征、新要求，通过公开研讨会等多种形式，重点研判、探讨了前沿领域国际标准制定、合格评定体系完善等内容，为未来国际电工电子领域标准化发展描绘了新蓝图。

11月4—5日　中德合格评定合作工作组年会在北京召开。国家市场监督管理总局认证监管司副司长薄昱民和德国联邦经济与能源部副司长海格·恩格哈德分别率中德代表团与会。双方分别介绍了中德在合格评定领域的最新进展，回顾了中德合格评定工作组2019年合作成果，并展望了未来中德合格评定领域合作的重点和方向。双方将进一步推进在绿色产品认证、汽车安全、良好实验室操作、数据保护、防爆电气产品国际互认等领域的合作交流。中德两国主管部门和合格评定机构代表共50余人参加了本次会议。

11月22日　国家市场监管总局局长肖亚庆在北京会见了美国科恩集团董事长兼首席执行官威廉·科恩一行，双方就持续扩大开放、药品和医疗器械监管、直销监管、认证监管以及营商环境国际化、便利化等议题深入交换了意见。国家知识产权局、国家药品监督管理局及总局有关司局负责同志参加了会见。

11月22日　市场监管总局认证监管司会同信息中心召开了2019年度电商平台CCC认证联网核查工作会议。会议总结分析了2019年电商平台CCC认证联网核查工作取得的成果及存在的问题，研究提出下一步工作目标和要求，并就相关工作进行了研讨交流。认证监管司副司长李春江出席会议并讲话。李春江在会议中指出，电商平台要落实好主体责任和平台治理义务，提高为消费者服务的意识，加强CCC认证联网核查校验工作，提升信息交互能力，及时反馈有关问题，为消费者的人身安全保驾护航。阿里巴巴、京东、苏宁易购、拼多多、唯品会、云集等主要电商平台的代表参加了会议。

12月4日　市场监管总局党组书记、局长肖亚庆在国家市场监督管理总局行政学院宣讲党的十九届四中全会精神时强调，要把学习贯彻四中全会精神作为教育培训工作的重中之重，强化理论武装，紧扣新时代市场监管事业发展需要，努力打造具有鲜明特色的一流专业性行政学院。

2020

Yearbook of Certification,Accreditation,Inspection and Testing of China

第十五部分　统计资料

Part Fifteen　Statistics

一、2019 年我国认证机构的基本状况

截至 2019 年底，我国认证机构总数为 596 家，比上年度增加 115 家，平均每月增加近 10 家。认证机构颁发各类有效认证证书 222.7 万张，较上年增长 15%，涉及获证组织 75 万家，仍然保持了较高发展速度。其中，强制性产品认证证书 540656 张，较上年减少 15.44%；工业产品自愿性认证证书 646940 张，较上年增长 96.49%。部分产品强制性产品认证证书转为自愿性产品认证证书。管理体系认证证书 1303717 万张，较上年增加 41.94%，继续保持高速发展势头。服务认证当年增长证书 13736 张，证书总量达到 35966 张，增长率为 61.79%，增长势头强劲。认证机构业务收入约 1441581.8 万元，名义统计数据有所下降，主要是因为将认证业务收入与其他收入进行了区分。

按照证书数量对认证机构的规模进行分层分析，发证情况见下表。

发放认证证书数量（张）	认证机构数量（家）
10 万以上	2
5 万～ 10 万	2
2 万～ 5 万	15
1 万～ 2 万	28
5000 ～ 10000	39
2000 ～ 5000	71
1000 ～ 2000	63
500 ～ 1000	61
200 ～ 500	84
200 以下	231

从认证机构发放认证证书数量看，不同认证证书数量对应的认证机构数量进行集中度分析，发现 10000 张证书以上 47 家认证机构证书数量合计为 1946423 张，占证书总量的 74.9%；5000 张证书以上的 86 家认证机构证书数量合计为 2209647 张，占证书总量的 85.04%。与 2018 年相比，市场集中度下降在 4% ～ 5% 之间，新的认证机构在逐步扩大市场空间。

在产品同质化现象严重、竞争较为激烈的管理体系认证领域，共有 414 家认证机构颁发了证书，较上年认证机构数量增加 105 家。不同认证证书数量对应的认证机构数量见下表。

发放认证证书数量（张）	认证机构数量（家）
30000 以上	4
20000 ～ 30000	10
10000 ～ 20000	23
5000 ～ 10000	32
2000 ～ 5000	59
1000 ～ 2000	53
500 ～ 1000	54

续表

发放认证证书数量（张）	认证机构数量（家）
200 ～ 500	72
200 以下	107

通过对管理体系认证证书集中度的分析，发现 10000 张证书以上 37 家认证机构证书数量合计为 767412 张，占证书总量的 58.86%；5000 张证书以上的 68 家认证机构证书数量合计为 984951 张，占证书总量的 75.55%。与 2018 年相比，市场集中度下降在 2% 左右，新的认证机构数量增加明显，但市场空间增加不明显。

从认证机构收入看，不同业务收入数量对应的认证机构数量见下表。

认证业务收入数量	认证机构数量（家）
20 亿元以上	1
10 亿～ 20 亿元	1
2 亿～ 10 亿元	8
1 亿～ 2 亿元	21
5000 ～ 10000 万元	24
2000 ～ 5000 万元	47
1000 ～ 2000 万元	29
500 ～ 1000 万元	48
200 ～ 500 万元	80
200 万元以下	239
未颁发证书	78
数据异常	20

通过对认证收入集中度分析，发现业务收入在 1 亿元以上的 31 家认证机构占到总收入的 68.33%；业务收入在 5000 万元以上的 55 家认证机构占到总收入的 80.94%。值得注意的是，2019 年认证业务收入的数据低于 2018 年的数据，实际上是剔除了同一机构的检测收入等，数据更加符合实际。

通过对我国认证证书数量及认证机构发展情况的统计分析，可以看出，一是我国认证市场仍然处于高速增长中，认证市场已经饱和的说法与长期高速增长的事实和数据不相符合，只要加速认证供给侧结构改革，使认证供给更加贴近市场、贴近消费者需求，认证工作仍然长期向好的发展前景。二是我国认证市场集中度较高，而且在认证机构审批改革，市场进入更加宽松的情况下，仍然持续保持这种态势。说明我国已经形成了一批有实力、市场认可的认证机构，市场的选择总体上是有序健康的，体现了优胜劣汰的市场机制。三是个别认证机构在证书数量增长到很大规模时，仍然因为自身存在的严重问题不得不退出市场，说明所谓“先圈地盘再规范”的发展理念是走不通的，说明我国认证市场的监管机制总体上是有效的。四是高市场集中度与“小散弱”的状况同时存在，但“小散弱”不是主流，这种现象一段时期内将长期存在，通过市场竞争，形成一批“小专精特”的认证机构，仍然会对认证市场发挥积极作用。

二、检验检测行业规模总体情况

（一）行业规模持续增长

截至 2019 年年底，我国共有检验检测机构 44007 家，较上年增长 11.49%。全年实现营业收入 3225.09 亿元，较上年增长 14.75%。从业人员 128.47 万人，较上年增长 9.40%。共拥有各类仪器设备 710.82 万台套，较上年增长 12.16%，仪器设备资产原值 3681.17 亿元，较上年增长 15.20%。2019 年共出具检验检测报告 5.27 亿份，较上年增长 23.13%，平均每天对社会出具各类报告 144.32 万份。检验检测机构数量及检验检测市场规模保持同步增长。

（二）检验检测市场结构进一步优化

事业单位制检验检测机构比重进一步下降，企业制成为检验检测市场主流。2019 年，我国企业制检验检测机构 29905 家，占机构总量的 67.96%；事业单位制检验检测机构 11071 家，占机构总量的 25.16%，事业单位制检验检测机构占机构总量的比重同比下降 2.52%；其他类型机构 3031 家，占机构总量的 6.89%。近 6 年，我国事业单位制检验检测机构的比重分别为 40.6%、38.1%、34.54%、31.30%、27.68% 和 25.16% 呈现明显的逐年下降趋势。

检验检测机构集约化发展势头显著，规模以上机构数量稳步增长。2019 年，全国检验检测服务业中，规模以上检验检测机构数量达到 5795 家，营业收入达到 2478.86 亿元，数量仅占全行业的 13.17%，但营业收入占比达到 76.86%，集约化发展趋势显著。全国检验检测机构 2019 年年度营业收入在 5 亿元以上机构有 41 家，比 2018 年多 4 家；收入在 1 亿元以上机构有 423 家，比 2018 年多 69 家；收入在 5000 万元以上机构有 1059 家，比 2018 年多 160 家。

民营检验检测机构继续快速发展。截至 2019 年年底，全国取得资质认定的民营检验检测机构共 22958 家，较 2018 年增长 19.38%，民营检验检测机构数量 占全行业的 52.17%, 达到行业总量的“半壁江山”。近 6 年，民营检验检测机构数量占机构总量的比重分别为 31.59%、40.16%、42.92%、45.86%、48.72% 和 52.17%。我国检验检测市场的格局已经发生结构性改变。2019 年民营检验检测 机构全年取得营收 1175.22 亿元，较 2018 年增长 26.47%，高于全国检验检测行业 14.75% 的平均年增长率。

（三）电子电器等新兴领域发展迅速

电子电器等新兴领域［包括电子电器、机械（含汽车）、材料测试、医学、电力、能源和软件及信息化］比重提高，发展速度比传统领域更快。2019 年，新兴领域共实现收入 562.94 亿元，同比增长 23.16%，增幅较上年提升 2.71%，占行业总收入的比重为 17.46%，较上年提升 1.2%。相比较而言，传统领域［包括建筑工程、建筑材料、环境与环保（不包括环境监测）、食品、机动车检验、农产品林业渔业牧业］2019 年营收增速为 9.89%，增速较上年提升 0.81%。传统领域在行业总收入的比重由 2016 年的 47.09% 下降到 2019 年的 40.35%。

（四）行业弱、小、散的面貌还没有根本改观

统计数据显示，就业人数在 100 人以下的检验检测机构数量占比 96.49%，绝大多数检验检测机构属于小微型企业，承受风险能力薄弱；从服务半径来看，74.44% 的检验检测机构仅在本省区域内提供检验检测服务，比例较去年有所降低，但“本地化”色彩仍占主流。检验检测业务范围涉及境内外的检验检测机构仅有 381 家，数量较去年有所增加，但国内检验检测机构走出国门仍然任重道远。从专利数量来看，全国检验检测机构拥有有效专利 63238 件，平均每家机构 1.44 件，创新能力偏弱；从商标数量上看，全行业仅有 954 家机构拥有注册商标，品牌意识不强。

（五）关注科研和创新仍然不足

2019 年，全行业投入研究与试验发展（R&D）经费支出总计 158.45 亿元， 基本与上年持平，户均 36.01 万元，比上年少 4.09 万；参与科研项目总计 29059 项，户均不足 1 项。多数小微型检验检测机构基本上不具备科研和创新能力，相关投入也十分不足。2019 年，全国获得高新技术企业认定的检验检测机构 2220 家，仅占全国检验检测机构总数的 5.04%，高新技术企业收入为 938.36 亿元，同比增长 28.75%，增速较上年回落 6.93 个百分点。截至 2019 年底，行业共有有效发明专利 30108 件，同比增长 29.44%，有效发明专利中境外授权专利 251 件。有效发明专利量占有效专利总数比重为 47.61%，比 2018 年下降 0.34 个百分点，技术含量高的发明专利比重不高，仍然是制约行业技术创新能力提升的重要因素之一。

（六）检验检测企业在资本市场稳健发展

截至 2019 年底，全国检验检测服务业中上市企业数量 100 家，其中，上海证券交易所主板上市 5 家，深圳证券交易所创业板上市 5 家，深圳证券交易所中小板 3 家，全国中小企业股份转让系统（新三板）挂牌 82 家，其他四板市场 5 家。2019 年新增 1 家企业深圳证券交易所创业板上市，新增 2 家企业在“新三板”挂牌。

（七）外资在华检验检测机构发展平稳

2019 年，外资在华检验检测机构规模持续保持增长，其营收增幅较大。2019 年，全国共有取得检验检测机构资质认定的外资企业 415 家，比上年增长 23.51%；从业人员为 4.40 万人，比上年增长 19.89%；实现营业收入 238.25 亿元，比上年增长 18.71%。

三、检验检测机构区域分布

检验检测机构数量排在前十位的省份依次为山东（3384 家）、广东（3381 家）、江苏（2840 家）、河南（2511 家）、浙江（2128 家）、河北（2126 家）、四川（2099 家）、辽宁（1716 家）、湖南（1649 家）、湖北（1552 家）。以上 10 个省份的检验检测机构数量占全国总量的 53.14%。从区域来看，2019 年，国内六大区域检验检测机构规模比重分别为：华东 27.49%，华北 17.43%，中南 24.29%，西南 12.60%，东北 9.21%，西北 8.98%。其中，华东、华北、中南三大区域占全国检验检测机构总量的 69.21%，同比上升 0.32 个百分点。华东地区比重同比下降 2.03 个百分点，华北地区比重同比上升 2.47 个百分点，中南地区比重同比下降 0.12 个百分点，东北地区比重同比下降 0.47 个百分点，西北地区比重同比上升 0.34 个百分点，西南地区比重同比下降 0.18 个百分点。

四、全国各类检验检测机构参与科研项目情况

2019 年，全国各类检验检测机构参与科研项目总计 29059 项，比去年减少 2568 项，其中，国家级科研项目 5652 项，占 19.45%；省部级科研项目 9449 项，占 32.52%。获得科研经费共计 191.06 亿元，同比增长 0.32%，其中：国家级科研项目 68.71 亿元，同比增长 1.7%，占科研经费总额的 35.96%；省部级科研项目 64.12 亿元，同比下降 5.8%，占科研经费总额的 33.56%。

五、检验检测服务业从业人员情况

检验检测服务业的快速发展，为社会提供服务的同时也提供了大量的就业岗位。截至 2019 年年底，全国检验检测服务业共有从业人员 128.47 万人，比上年增长 9.4%。

（一）从业人员分布情况

四大行业从业人员比重达到 58.54%。从行业看，2019 年年末检验检测服务业从业人员数量位于前 4 的行业领域分别是，建筑（包括建筑工程和建筑材料）检验检测领域 30.86 万人、机动车（包括机动车安检、综检和环检）检验检测领域 21.53 万人、环境与环保（包括环境监测）检验检测领域 15.83 万人、食品及食品接触材料检验检测领域 6.97 万人。这四大行业的从业人员合计 75.18 万人，占全部人数的 58.54%，比重较上年提升 1.07 个百分点。

国有机构人数比重有所下降，民营企业增速快。从所有制上看，从业人员最多的是国有或国有控股检验检测机构 64.58 万人，同比增长 3.1%，占行业总人数的 50.27%，同比下降 3.07 个百分点；其次是民营企业 56.62 万人，同比增长 17.76%，占行业总人数的 44.07%，同比提升 3.13 个百分点。

中小型机构吸纳 86.17% 的从业人员。从机构规模看，大型机构从业人员 9.6 万人，比 2018 年减少 16.16%，户均 596 人；中型机构 20.67 万人，比 2018 年增长 8.33%，户均 155 人；小型企业 90.03 万人，比 2018 年增长 9.5%，户均 26 人；微型机构 5.44 万人，比 2018 年增长 16.24%，户均 7 人。中小型机构共吸纳从业人员 110.7 万人，占行业总人数的 86.17%。

从业人员主要集中在东部。从地域看，东部 7 省 3 市从业人员 63.57 万人，同比增长 10.98%，占总人数的 49.48%。中部从业人员 24.88 万人，同比增长 7.75%，占总人数的 19.37%。西部从业人员 31.15 万人，同比增长 9.18%，占总人数的 24.24%。东北地区从业人员 8.87 万人，同比增长 3.99%，占总人数的 6.91%。

从业人员超 5 万人的地区有 9 个，分别是：广东 13.34 万人、山东 9.51 万人、江苏 9.4 万人、浙江 6.98 万人、河南 6.95 万人、上海 6.48 万人、四川 6.21 万人、河北 5.75 万人以及北京 5.47 万人。

（二）从业人员学历和职称情况

本科及以上学历从业人数比重达 51.85%。2019 年，全国检验检测服务业拥有研究生及以上学历、大学本科学历、大专及以下学历人员分别为 121109 人、533652 人和 629924 人，与上年相比，分别增长 3.50%、8.49% 和 11.42%，分别占从业人员总数的 9.43%、41.54% 和

49.03%。机构户均拥有研究生及以上学历 2.75 人、本科生 12.13 人、大专及 以下学历 14.31 人。 研究生及以上学历和大学本科学历从业人数占比达到 50.97%，表明检验检测从业人员总体学历水平较高。

2020

Yearbook of Certification,Accreditation,Inspection and Testing of China

第十六部分　附　录

Part　Sixteen　　Appendixes

2019年认监委发布的公告（选登）

认监委关于发布 2018 年强制性产品认证获证产品监督检查结果的公告

（2019 年第 1 号）

依据《中华人民共和国认证认可条例》、《强制性产品认证管理规定》的有关规定，认监委在 2018 年组织地方认证监管部门对强制性产品认证目录内的电线电缆、家电、灯具、断路器、玩具、机动车零部件等重点消费品的获证产品实施了监督检查，覆盖生产和流通（含电商）领域共计 1700 家生产企业的 2682 批次产品。

经检查，发现 232 批次抽样产品存在涉及安全项目的不合格问题，不符合强制性产品认证的有关要求。有关认证机构依据强制性产品认证的相关规定，对上述存在涉及安全项目不合格的获证产品进行了撤销强制性产品认证证书的处理。

依据有关规定，现将上述被撤销证书的产品信息予以公告。

认监委

2019 年 1 月 24 日

附件

被撤销强制性产品认证证书的产品信息名单

序号	产品种类	产品名称（标称）	生产企业名称（标称）	规格型号	生产日期（批号）	CCC认证证书号	不合格检测项目	证书处理结果	备注
1	电线电缆	重型橡套软电缆	泰通线缆有限公司	YC 450/750V 3×2.5	2018.07.05	2018010104062487	绝缘老化前抗张强度，绝缘老化后抗张强度，绝缘空气弹老化前后抗张强度变化率，绝缘空气弹老化前后断裂伸长率变化率，护套老化前抗张强度	撤销	暂停其他证书10张

续表

<table>
<tr><th>序号</th><th>产品种类</th><th>产品名称（标称）</th><th>生产企业名称（标称）</th><th>规格型号</th><th>生产日期（批号）</th><th>CCC认证证书号</th><th>不合格检测项目</th><th>证书处理结果</th><th>备注</th></tr>
<tr><td>2</td><td rowspan="6">电线电缆</td><td>重型橡套软电缆</td><td>泰通线缆有限公司</td><td>YC 450/750V 2×1.5</td><td>2018.04.29</td><td>2013010104659663</td><td>20℃时导体电阻，绝缘老化后断裂伸长率，绝缘老化前后断裂伸长率变化率，护套老化前抗张强度</td><td>撤销</td><td>暂停其他证书10张</td></tr>
<tr><td>3</td><td>重型橡套软电缆</td><td>华威线缆有限公司</td><td>YC 450/750V 3×6</td><td>2017.08.10</td><td>2008010104290852</td><td>绝缘平均厚度，绝缘最薄处厚度，护套平均厚度，绝缘老化前抗张强度，绝缘老化后抗张强度，绝缘空气弹老化前后抗张强度变化率，绝缘空气弹老化前后断裂伸长率变化率，护套老化前抗张强度</td><td>撤销</td><td>撤销其他证书7张</td></tr>
<tr><td>4</td><td>重型橡套软电缆</td><td rowspan="2">河北中凯线缆有限公司</td><td>YC 450/750V 2×2.5</td><td>2017.08</td><td rowspan="2">2014010104685525</td><td>20℃时导体电阻，护套平均厚度，绝缘老化前抗张强度，绝缘老化后抗张强度，绝缘老化前后抗张强度变化率，绝缘老化前后断裂伸长率变化率</td><td rowspan="2">撤销</td><td rowspan="2">暂停其他证书5张</td></tr>
<tr><td>5</td><td>重型橡套软电缆</td><td>YC 2 ×2.5mm²</td><td>2018.06</td><td>20℃时导体电阻，绝缘平均厚度，绝缘最薄处厚度，护套平均厚度，护套最薄处厚度，绝缘老化前抗张强度，绝缘空气弹老化前后断裂伸长率变化率，护套老化前抗张强度，护套老化前后断裂伸长率</td></tr>
<tr><td>6</td><td>重型橡套软电缆</td><td>永昌线缆有限公司</td><td>YC 450/750V 3×4</td><td>2018.06</td><td>2009010104380860</td><td>20℃时导体电阻，绝缘老化前抗张强度，绝缘老化后抗张强度，绝缘老化前后抗张强度变化率，绝缘空气弹老化前后抗张强度变化率，护套老化前抗张强度</td><td>撤销</td><td>暂停其他证书5张</td></tr>
<tr><td>7</td><td>通用橡套软电缆</td><td>天津市瑞利达线缆厂</td><td>YC 450/750V 3×2.5</td><td>2017.06.01</td><td>2009010104380860</td><td>20℃时导体电阻，绝缘最薄处厚度，绝缘老化前抗张强度，绝缘老化后抗张强度，绝缘老化后断裂伸长率，绝缘老化前后抗张强度变化率，绝缘老化前后断</td><td>撤销</td><td>暂停其他证书5张</td></tr>
</table>

续表

序号	产品种类	产品名称（标称）	生产企业名称（标称）	规格型号	生产日期（批号）	CCC认证证书号	不合格检测项目	证书处理结果	备注
7	电线电缆	通用橡套软电缆	天津市瑞利达线缆厂	YC 450/750V 3×2.5	2017.06.01	2009010104380860	裂伸长率变化率，绝缘空气弹老化前后抗张强度变化率，绝缘空气弹老化前后断裂伸长率变化率，护套老化前抗张强度	撤销	暂停其他证书5张
8		通用橡套软电缆	哈尔滨日山电缆制造有限公司	YC 2 ×1.5mm²	/	2018010104087915	20℃时导体电阻，绝缘老化前抗张强度，护套老化前抗张强度，护套老化前断裂伸长率	撤销	暂停其他证书5张
9		通用橡套软电缆电线	圣泽电缆有限公司	YC 450/750V 2×2.5	2018	2016010104840233	20℃时导体电阻，绝缘最薄处厚度，护套最薄处厚度，绝缘老化前 抗张强度，绝缘老化后抗张强度，绝缘空气弹老化前后抗张强度变化率，绝缘空气弹老化前后断裂伸长率变化率，护套老化前抗张 强度，护套老化前断裂伸长率，护套老化后断裂伸长率	撤销	撤销其他证书3张
10		通用橡套软电缆	光辉线缆有限公司	YC 450/750V 2×2.5	2018.06.10	2007010104225287	绝缘最薄处厚度，护套最薄处厚度，绝缘老化前抗张强度，绝缘老化前断裂伸长率,绝缘老化后抗 张强度，绝缘老化后断裂伸长率，绝缘老化前后抗张强度变化率，绝缘老化前后断裂伸长率变化率，绝缘空气弹老化前后抗张强度变化率，绝缘空气弹老化前后断裂伸长率变化率，护套老化前后抗张强度变化率，护套老化前后断裂伸长率变化率，曲挠试验	撤销	撤销其他证书2张
11		一般用途单芯硬导体无护套电缆	沈阳英联塑力线缆有限公司	60227 IEC 01（BV）450/750V 1×1.5	2018	2014010105685401	绝缘老化前抗张强度，绝缘老化后抗张强度	撤销	暂停其他证书2张
12		重型橡套软电缆	沧州华瑞线材有限公司	YC 450/750V 3×2.5	2018.05.25	2008010104310357	20℃时导体电阻，绝缘线芯电压试验，绝缘老化前断裂伸长率，绝缘老化后断裂伸长	撤销	撤销其他证书2张

续表

序号	产品种类	产品名称（标称）	生产企业名称（标称）	规格型号	生产日期（批号）	CCC认证证书号	不合格检测项目	证书处理结果	备注
12	电线电缆	重型橡套软电缆	沧州华瑞线材有限公司	YC 450/750V 3×2.5	2018.05.25	2008010104310357	率，护套老化前抗张强度	撤销	撤销其他证书2张
13	电线电缆	一般用途单芯硬导体无护套电缆	雄县雄州镇兴缆电线厂	60227 IEC 01（BV）450/750V 1×2.5	2018.05.10	2016010105886196	绝缘老化前抗张强度，绝缘老化后抗张强度	撤销	暂停其他证书2张
14	电线电缆	普通强度橡套软线	湖南三七特种电缆有限公司	60245 IEC 53（YZ）450/750V 2×2.5	2018.05.16	2013010104605240	20℃时导体电阻，绝缘最薄处厚度，绝缘老化前抗张强度，绝缘老化前后断裂伸长率变化率，护套老化前抗张强度，护套老化前后抗张强度变化率，护套老化前后断裂伸长率变化率	撤销	暂停其他证书2张
15	电线电缆	重型橡套软电缆	石家庄科达线缆有限公司	YC 450/750V 3×1.5	2018.04.02	2003010104061807	20℃时导体电阻，绝缘老化前抗张强度，绝缘老化后抗张强度,绝缘老化后断裂伸长率，绝缘老化前后抗 张强度变化率，绝缘老化前后断裂 伸长率变化率，绝缘空气弹老化前后抗张强度变化率,绝缘空气弹老化前后断裂伸长率变化率,护套老化前抗张强度，曲挠试验	撤销	撤销其他证书1张
16	电线电缆	普通聚氯乙烯护套软线	沈阳英联塑力线缆有限公司	60227 IEC 53（RW）300/500V 2×0.75	2018.07	2014010105685400	20℃时导体电阻	撤销	暂停其他证书1张
17	电线电缆	重型橡套软电缆	欧之联电缆有限公司	YC 450/750V 2×2.5	2013.08.26	2012010104571390	20℃时导体电阻，绝缘平均厚度，绝缘最薄处厚度，绝缘老化前抗 张强度，绝缘老化后断裂伸长率，绝缘老化前后断裂伸长率变化率，护套老化前抗张强度，护套老化前断裂伸长率	撤销	暂停其他证书1张
18	电线电缆	普通强度橡套软线	欧之联电缆有限公司	60245 IEC 53（YZ）300/500V 2×1.5	2018.04.22	2012010104571390	绝缘空气弹老化前后抗张强度变化率，绝缘空气弹老化前后断裂伸长率变化率	撤销	暂停其他证书1张
19	电线电缆	一般用途单芯硬导体无护套电缆	河南祥雷线缆有限公司	60227 IEC 01（BV）450/750V 1×1.5	2018.08.23	2011010105467659	20℃时导体电阻，绝缘老化前抗张强度，绝缘老化后抗张强度	撤销	暂停其他证书1张

续表

序号	产品种类	产品名称（标称）	生产企业名称（标称）	规格型号	生产日期（批号）	CCC认证证书号	不合格检测项目	证书处理结果	备注
20	电线电缆	重型橡套软电缆	津沈线缆有限公司	YC 450/750V 2×1.5	2017.07	2004010104115653	20℃时导体电阻，绝缘老化前断裂伸长率，绝缘老化后断裂伸长率，护套老化前抗张强度	撤销	撤销其他证书1张
21		中型橡套软电缆	春宾电缆集团有限公司	YC 300/500V 3×4	2018.02.28	2010010104431321	绝缘老化后抗张强度，绝缘老化前后抗张强度变化率	撤销	撤销其他证书1张
22		铜芯聚氯乙烯绝缘软电缆	成都中衡网络有限公司	BVR 450/750V 1×2.5	2015.06.23	2007010105253302	20℃时导体电阻	撤销	撤销其他证书1张
23		聚氯乙烯绝缘电线	河北龙岗天海线缆有限公司	BLV2.5 450/750V	/	2003010105032395	20℃时导体电阻，绝缘老化前抗张强度	撤销	撤销其他证书1张
24		轻型聚氯乙烯护套软线	江苏美视达线缆有限公司	60227 IEC 52（RW）300/300V 2×0.5	2018.03.11	2007010105221758	曲挠试验	撤销	撤销其他证书1张
25		普通聚氯乙烯护套软线	扬州春天线缆有限公司	53RVV 300/500V 3×0.75	2014.02.11	2003010105093736	20℃时导体电阻，绝缘最薄处厚度，绝缘老化后断裂伸长率，护套老化前后断裂伸长率变化率	撤销	撤销其他证书1张
26		通用橡套软电线电缆	环能线缆有限公司	YC 450/750V 2×4	2018.04.01	2012010104559842	20℃时导体电阻，护套最薄处厚度，绝缘老化前抗张强度，绝缘老化前断裂伸长率，绝缘老化后抗张强度，绝缘老化后断裂伸长率，绝缘老化前后抗张强度变化率，绝缘老化前后断裂伸长率变化率，绝缘空气弹老化前后抗张强度变化率，绝缘空气弹老化前后断裂伸长率变化率，护套老化前抗张强度，护套老化后断裂伸长率，护套老化前后断裂伸长率变化率，曲挠试验	撤销	撤销其他证书1张
27		铝芯聚氯乙烯绝缘聚氯乙烯护套扁形电缆	成都市豫蓉电缆厂	BLWB 2×2.5mm^2	2018.03.19	2005010105164449	20℃时导体电阻，护套平均厚度，护套最薄处厚度，绝缘老化前抗张强度，绝缘老化后抗张强度，护套老化前抗张强度，护套老化后抗张强度，护套老化后断裂伸长率，护套老	撤销	撤销其他证书1张

续表

序号	产品种类	产品名称（标称）	生产企业名称（标称）	规格型号	生产日期（批号）	CCC认证证书号	不合格检测项目	证书处理结果	备注
27	电线电缆	铝芯聚氯乙烯绝缘聚氯乙烯护套扁形电缆	成都市豫蓉电缆厂	BLWB $2\times2.5mm^2$	2018.03.19	2005010105164449	化前后断裂伸长率变化率，绝缘失重试验，护套失重试验	撤销	撤销其他证书1张
28	电线电缆	一般用途单芯硬导体无护套电缆	沈阳万顺兴业电线电缆有限公司	60227IEC 01(BV) $4mm^2$	2017.10	2013010105619952	20℃时导体电阻，绝缘失重试验	撤销	暂停其他证书1张
29	电线电缆	重型橡套软电缆	上海雷凡电线电缆有限公司	YC$3\times2.5mm^2$	2018.04.07	2012010104573993	20℃时导体电阻，绝缘老化前抗张强度，绝缘老化前断裂伸长率，绝缘老化前后抗张强度变化率，绝缘老化前后断裂伸长率变化率，护套老化前抗张强度，护套老化后断裂伸长率，护套老化前后断裂伸长率变化率	撤销	撤销其他证书1张
30	电线电缆	通用橡套软电缆	天津市光明星线缆有限公司	YC 450/750V 3×6	2016.07.03	2014010104684786	绝缘最薄处厚度，绝缘老化前抗张强度，绝缘老化后抗张强度，绝缘老化前后抗张强度变化率，绝缘空气弹老化前后抗张强度变化率，绝缘空气弹老化前后断裂伸长率变化率，护套老化前抗张强度，护套老化后断裂伸长率，护套老化前后断裂伸长率变化率	撤销	
31	电线电缆	中型橡套软电缆	山西离石电缆有限公司	YZ 300/500V 2×6	2018.06.12	2010010104385317	绝缘老化前断裂伸长率，绝缘老化后断裂伸长率	撤销	
32	电线电缆	导体最高温度为180℃的耐热硅橡胶绝缘电缆	上海祥荣电线电缆有限公司兴化分厂	60245 IEC 03（YG） 300/500V 1×1	2018.04	2008010104286846	绝缘老化后抗张强度，绝缘老化后断裂伸长率	撤销	
33	电线电缆	轻型橡套软电缆	天津金山电线电缆股份有限公司	YQ 300/300V 2×0.5	2015.01.16	2002010104014385	绝缘老化前抗张强度	撤销	
34	电线电缆	普通聚氯乙烯护套软线	北京宏声利华电缆有限公司	60227 IEC 53（RW） 300/500V 3×1.5	2018.05.14	2009010105383836	20℃时导体电阻，曲挠试验	撤销	
35	电线电缆	铜芯聚氯乙烯绝缘软电缆	北京九洲通电缆厂	BVR 450/750V 1×2.5	2018.03.02	2002010105019531	绝缘失重试验	撤销	
36	电线电缆	普通聚氯乙烯护套软线	北京九洲通电缆厂	60227 IEC 53（RW） 300/500V 2×1	2018.05.17	2002010105019533	曲挠试验	撤销	
37	电线电缆	内部布线用导体温度为	山东寰宇线缆有限公司	60227IEC 08(RV-90)	2018.05.02	2003010105085857	绝缘老化前后抗张强度变化率，	撤销	

续表

序号	产品种类	产品名称（标称）	生产企业名称（标称）	规格型号	生产日期（批号）	CCC认证证书号	不合格检测项目	证书处理结果	备注
37	电线电缆	90℃的单芯软导体无护套电缆	山东寰宇线缆有限公司	300/500V 1×1	2018.05.02	2003010105085857	绝缘老化前后断裂伸长率变化率，失重试验	撤销	
38		普通聚氯乙烯护套软线	北京市协昌电线电缆厂	60227 IEC 53（RW）300/500V 2×0.75	2018.03.17	2002010105014290	20℃时导体电阻	撤销	
39		普通聚氯乙烯护套软线	北京市恒通电线厂	60227 IEC 53（RW）300/500V 5×1	2017.12.14	2002010105008133	20℃时导体电阻，曲挠试验	撤销	
40		聚氯乙烯绝缘阻燃布线用电线	北京市兴胜山鹰线缆有限公司	ZR–BV 450/750V 1×2.5	2018.07.24	2002010105019595	绝缘失重试验	撤销	
41		一般用途单芯硬导体无护套电缆	廊坊盛华线缆有限公司	60227 IEC 01（BV）450/750V 1×2.5	2018.04	2008010105273079	20℃时导体电阻	撤销	
42		一般用途单芯硬导体无护套电缆	廊坊津文线缆有限公司	60227 IEC 01（BV）450/750V 1×4	2018.04.24	2002010105021739	绝缘失重试验	撤销	
43		铝芯聚氯乙烯绝缘聚氯乙烯护套扁形电缆	强力电缆有限公司	BLWB 300/500V 2×4	2018.05.01	2012010105574651	绝缘平均厚度，绝缘最薄处厚度，护套平均厚度，护套最薄处厚度，绝缘老化前抗张强度，绝缘老化后抗张强度	撤销	
44		铝芯聚氯乙烯绝缘聚氯乙烯护套扁形电缆	山西海之通线缆有限公司	BLWB 300/500V 2×2.5	2018.05.13	2018010105074021	护套平均厚度，绝缘老化前抗张强度，绝缘老化前断裂伸长率，绝缘老化后抗张强度，绝缘老化后断裂伸长率，绝缘失重试验，护套失重试验	撤销	
45		铜芯聚氯乙烯绝缘聚氯乙烯护套软电缆	山西海之通线缆有限公司	BLWB 300/500V 2×2.5	2018.05.20	2018010105074022	绝缘平均厚度，绝缘最薄处厚度	撤销	
46		普通聚氯乙烯护套软线	扬州市金诚线缆有限公司	60227 IEC 53（RW）300/500V 3×1	2015.12.07	2005010105159220	20℃时导体电阻	撤销	
47		铝芯聚氯乙烯绝缘电缆	上海悦声电线电缆有限公司偃师分公司	BLV 450/750V 1×6	2015.08.01	2008010105289600	20℃时导体电阻	撤销	
48		铝芯聚氯乙烯绝缘电缆	郑州市金达电线电缆有限公司	BLV 450/750V 1×35	2017.04.11	2002010105010220	绝缘老化前抗张强度，绝缘老化后抗张强度	撤销	
49		铜芯聚氯乙烯绝缘软电缆	北京红光伟业线缆有限公司廊坊分公司	BVR 450/750V 1×2.5	2017.03.15	2015010105800421	20℃时导体电阻	撤销	
50		铜芯聚氯乙烯绝缘软电缆	山西天立电缆有限公司	BVR 450/750V 1×10	2016.10.19	2003010105028227	20℃时导体电阻	撤销	

续表

序号	产品种类	产品名称（标称）	生产企业名称（标称）	规格型号	生产日期（批号）	CCC认证证书号	不合格检测项目	证书处理结果	备注
51	电线电缆	铝芯聚氯乙烯绝缘电缆	强力电缆有限公司	BLV 450/750V 1×6	2018.06.07	2012010105574650	20℃时导体电阻	撤销	
52		重型橡套软电缆	坤泰线缆有限公司	YC 450/750V 2×1.5	2017.03	2003010104062124	20℃时导体电阻，护套平均厚度，绝缘老化前抗张强度，绝缘老化后抗张强度，护套老化前抗张强度，护套老化后断裂伸长率，护套老化前后抗张强度变化率，护套老化后断裂伸长率，护套老化前后断裂伸长率变化率	撤销	
53		铜芯聚氯乙烯绝缘电线	山西离石电缆有限公司	60227IEC 01(BV) 450/750V 2.5	2017.04.06	2002010105014400	绝缘平均厚度	撤销	
54		聚氯乙烯绝缘电缆电线	洛阳帝玖电缆有限公司	60227IEC 01(BV) 450/750V 2.5	2017.01.04	2006010105210175	20℃时导体电阻	撤销	
55		一般用途单芯硬导体无护套电缆	北京泰普特线缆有限公司	60227IEC 01(BV) 450/750V 1.5	2014.05.25	200201010514243	20℃时导体电阻	撤销	
56		一般用途单芯硬导体无护套电缆	沈阳联讯电线电缆制造有限公司	60227IEC 01(BV) 450/750V 10	2017.07.08	2013010105644523	绝缘最薄处厚度	撤销	
57		聚氯乙烯绝缘无护套电缆电线	衡水雷诺线缆有限公司	60227IEC 01(BV) 450/750V	2017.10.03	2012010105522455	绝缘老化前抗张强度，绝缘老化后抗张强度	撤销	
58		津顺达牌电线电缆	天津市永耀线缆有限公司	BV2.5	2017.02.28	2016010105847568	20° C时导体电阻绝缘老化前抗张强度绝缘老化后抗张强度绝缘失重试验	撤销	
59		一般用途单芯硬导体无护套电缆	沈金达电缆有限公司	60227IEC 01(BV) 450/750V 4	2017.05.23	2011010105507472	绝缘失重试验	撤销	
60		津电牌电线电缆	北京京成昆仑线缆有限公司	BLV 450/750V 6	2018.03.01	2017010105009392	20无时导体电阻，绝缘老化前抗张强度，绝缘老化后抗张强度，绝缘失重试验	撤销	
61		聚氯乙烯绝缘电线电缆	佰汇电缆有限公司	BLV 450/750V 6	2016.06.26	2002010105011385	20℃时导体电阻	撤销	
62		聚氯乙烯绝缘电线	洛阳市裕森电线电缆有限公司	BLV 450/750V 4	2017.04.13	2002010105002326	绝缘老化前抗张强度，绝缘老化后抗张强度，绝缘老化前后抗张强度变化率	撤销	

续表

序号	产品种类	产品名称（标称）	生产企业名称（标称）	规格型号	生产日期（批号）	CCC认证证书号	不合格检测项目	证书处理结果	备注
63	电线电缆	铝芯聚氯乙烯绝缘电缆	合肥市福星线缆有限责任公司	60227IEC 01（BLV）450/750V 4	2018.07.01	2003010105038314	绝缘失重试验	撤销	
64		聚氯乙烯绝缘电线电缆	北京昆仑星电线电缆有限公司	RW 300/500V 2×2.5	2018.05.08	2015010105819076	20℃时导体电阻，绝缘平均厚度，绝缘最薄处厚度	撤销	
65		普通聚氯乙烯护套软线	沈阳联讯电线电缆制造有限公司	60227IEC53 RVV 300/500V 2×2.5	2017.12.01	2013010105644524	20℃时导体电阻，绝缘最薄处厚度，绝缘老化前抗张强度，绝缘老化前断裂伸长率，绝缘老化后断裂伸长率，护套失重试验，曲挠试验	撤销	
66		聚氯乙烯绝缘电线电缆	上海沪鹰电线电缆有限公司	RVV 300/500V 2×2.5	2018	2018010105081628	20℃时导体电阻，绝缘失重试验，护套失重试验	撤销	
67		通用橡套软电缆电线	天津市华光线缆厂	60245IEC53（YZ）300/500伏 2×1.5	2018.03.15	2002010104008611	绝缘最薄处厚度，绝缘空气弹老化前后抗张强度变化率，绝缘空气弹老化前后断裂伸长率变化率	撤销	
68		通用橡套软电缆	上海金坛电缆有限公司	60245 IEC 53YZ 300/500V 2×2.5	2018.06.01	2006010104186281	绝缘老化前断裂伸长率，绝缘老化后断裂伸长率，绝缘老化前后断裂伸长率变化率，绝缘空气弹老化前后断裂伸长率变化率	撤销	
69		重型橡套软电缆	上海晓雄电线电缆有限公司	YC450/750V 3×4	2017.03.27	2004010104137258	20℃时导体电阻，护套平均厚度，护套最薄处厚度，绝缘热延伸试验，护套热延伸试验，绝缘老化前抗张强度，绝缘老化后抗张强度，绝缘老化后断裂伸长率，绝缘老化前后抗张强度变化率，绝缘老化前后断裂伸长率变化率，绝缘空气弹老化前后抗张强度变化率，绝缘空气弹老化前后断裂伸长率变化率，护套老化前抗张强度	撤销	
70		通用橡套软电缆	邢台市亚宁线缆有限公司	YC 450/750V 2×1.5	2018.03.05	2003010104038349	20℃时导体电阻，绝缘老化前抗张强度，绝缘老化后抗张强度，绝缘老化后断裂伸长率，绝缘老化前后	撤销	

续表

序号	产品种类	产品名称（标称）	生产企业名称（标称）	规格型号	生产日期（批号）	CCC认证证书号	不合格检测项目	证书处理结果	备注
70	电线电缆	通用橡套软电缆	邢台市亚宁线缆有限公司	YC 450/750V 2×1.5	2018.03.05	2003010104038349	抗张强度变化率，绝缘老化前后断裂伸长率变化率，绝缘空气弹老化前后抗张强度变化率，绝缘空气弹老化前后断裂伸长率变化率，护套老化前抗张强度，护套老化前后断裂伸长率变化率，曲挠试验	撤销	
71	电线电缆	铝芯聚氯乙烯绝缘电缆	青海欧耐特线缆有限公司	BLV 10mm²	2017.07.20	2015010105810162	绝缘老化前抗张强度，绝缘老化后抗张强度，绝缘失重试验	撤销	
72	电线电缆	一般用途单芯硬导体无护套电缆	乐清市奇友线缆厂	60227 IEC 01 (BV) 2.5mm	2018.05.04	2012010105588338	20℃时导体电阻	撤销	
73	电线电缆	一般用途单芯硬导体无护套电缆	成都万电线缆有限责任公司	60227 IEC 01 (BV) 1.5mm²	2018.05.21	2005010105142543	20℃时导体电阻，绝缘失重试验	撤销	
74	电线电缆	普通聚氯乙烯护套软线	成都川缆电缆有限公司	60227 IEC 53 (RW) 2×1mm²	2016.10.24	2010010105386579	护套平均厚度	撤销	
75	电线电缆	铜芯聚氯乙烯绝缘绞型连接用软电线	成都市豫蓉电缆厂	RVS 2×2.5mm²	2017.10.26	014010105670566	20℃时导体电阻，绝缘老化前抗张强度，绝缘老化后抗张强度，绝缘老化前后抗张强度变化率，绝缘老化前后断裂伸长率变化率，绝缘失重试验	撤销	
76	电线电缆	铝芯聚氯乙烯绝缘电缆	上海恒泰电线电缆（集团）有限公司	BLV 10mm²	2018.05.28	2007010105224477	绝缘失重试验	撤销	
77	电线电缆	普通聚氯乙烯护套软线	浙江科硕线缆有限公司	60227 IEC 53 (RW)2×1mm²	2018.03.18	2018010105071294	20℃时导体电阻，护套平均厚度	撤销	
78	电线电缆	一般用途单芯硬导体无护套电缆	阳谷西湖瑞丰电线厂	60227 IEC 01 (BV) 450/750V 1×2.5	2017.12.28	2014010105709735	绝缘失重试验	撤销	暂停其他证书4张
79	玩具	交通玩具	汕头市澄海区林达玩具厂	8011	/	2016152202015728	增塑剂	撤销	暂停其他证书2张
80	玩具	玩具车	汕头市澄海区林达玩具厂	8001	/	2015152202014272	发热和非正常工作，增塑剂	撤销	暂停其他证书2张
81	玩具	工程车	汕头市澄海区凌盛玩具厂	555-3	/	2015152202014515	增塑剂	撤销	暂停其他证书5张
82	玩具	动物系列	汕头市澄海区金美达玩具厂	AP2062		2017152203017880	增塑剂	撤销	撤销其他证书1张
83	玩具	欢乐趣味玩具	汕头市传奇糖果玩具有限公司	9508	/	2014152203011473	气球，玩具警告标志	撤销	

续表

序号	产品种类	产品名称（标称）	生产企业名称（标称）	规格型号	生产日期（批号）	CCC认证证书号	不合格检测项目	证书处理结果	备注
84	玩具	士兵套系列玩具	汕头市澄海区思越塑料玩具厂	8637-1	/	2017012203998370	用于包装或玩具中的塑料袋或塑料薄膜	撤销	
85		婴儿摇铃	广东五星玩具有限公司	38800	/	2014012203668245	液体填充玩具，36个月以下儿童使用的玩具，玩具警告标识	撤销	
86		军事模型	广东凯迪威文化股份有限公司	680051		2015152202013437	蓄能弹射玩具，增塑剂，玩具警告标识	撤销	
87		遥控越野车	汕头市澄海区莲下广宇塑胶玩具厂	6817	/	2016012202834869	增塑剂	撤销	
88		卡通软胶玩具	汕头市澄海区七巧匠塑胶玩具厂	QQJ-002	/	2018012203040773	挤压玩具、摇铃及类似玩具	撤销	
89		电动玩具枪	汕头市米比乐电子科技有限公司	BL-150	/	2017012202982265	发热和非正常工作，温升测试	撤销	
90		停车场	广东省汕头市澄海区展帆玩具厂	N0.0908-3	/	2016152203017440	用于包装或玩具中的塑料袋或塑料薄膜	撤销	
91		益智玩具	广东荣骏玩具实业有限公司	BB3021	/	2012152203008154	36个月以下儿童使用的玩具	撤销	智停其他证书1张
92	灯具	固定式灯具	中山托尔拓电子有限公司	TGX42024 24WC48X 0.5W/LED Module	2018.06	2014011001728665	结构	撤销	撤销其他证书1张
93		嵌入式LED灯 具	中山市华艺灯饰照明股份有限公 司	PP-024 24W（120×0.2W/LED 模块）	1825	2018011001072765	骚扰电压	撤销	暂停其他证书1张
94		嵌入式LED灯 具	厦门视贝科技有限公司	PM-1HW 1HW（3b×0.5 WtED 横块）	2018.06	2017011001026027	骚扰电压	撤销	暂停其他证书2张
95		LED固定式灯具	中山宝客照明有限公司	BKMX036D 36W(36×1W/LED Module)	2018	2017011001974141	骚扰电压，谐波电流	撤销	暂停其他证书1张
96		三防吸顶灯系列	中山市欧特朗电器照明有限公司	0TL-18/LED	2018.05.15	2018011001047073	外部接线和内部接线，骚扰电压	撤销	暂停其他证书30张
97		LED嵌入式筒灯	中山市欧特朗电器照明有限公司	0TL-225-3 5W（10×0.5W/LED 模块)	2017.07	2018011001047059	结构，外部接线和内部接线，防触电保护，骚扰电压	撤销	
98		LED筒灯系列	江门市靓度照明科技有限公司	3107-12	/	2017011001942023	绝缘电阻和电气强度，骚扰电压	撤销	撤销其他证书1张
99		固定式灯具（LED）	中山市欧特朗电器照明有限公司	0TL-48/LED	/	2018011001047075	骚扰电压，谐波电流	撤销	暂停其他证书31张
100		固定式灯具（LED）	中山市欧特朗电器照明有限公司	0TL-6/LED	/	2018011001047073	骚扰电压	撤销	暂停其他证书15张
101		LED超薄吸顶灯	中山市安居宝照明电器有限公司	MX-AGB-44	/	2014011001739238	骚扰电压，谐波电流	撤销	撤销其他证书1张

续表

序号	产品种类	产品名称（标称）	生产企业名称（标称）	规格型号	生产日期（批号）	CCC认证证书号	不合格检测项目	证书处理结果	备注
102	灯具	LED节能灯具	江门市靓度照明科技有限公司	A1010-12	/	2017011001943980	绝缘电阻和电气强度，骚扰电压	撤销	撤销其他证书3张
103	灯具	LED吸顶灯	中山市安居宝照明电器有限公司	MX-AGB-8	/	2014011001745401	骚扰电压	撤销	撤销其他证书1张
104	灯具	筒灯	广东成虹照明科技有限公司	D-MQ402-004S	2018.08	2018011001100089	外部接线和内部接线	撤销	暂停其他证书5张
105	灯具	LED T5 -体化灯管	佛山市东电时代照明有限公司	LT-T5L900-B14 14W（78×0.2W/LED Module）	2018.08	2018011001064528	爬电距离和电气间隙，接地规定，防触电保护，防尘、防固体异物和防水，耐热、耐火和耐起痕，骚扰电压	撤销	
106	灯具	LED导轨灯	佛山市镇创照明科技有限公司	G0FGD04001 40W(1×40W/LED 模块)	2018.07.01	2016011001883640	结构，耐热、耐火和耐起痕	撤销	
107	灯具	雷施顿LED照明	中山市横栏镇雷施顿照明电器厂	DXY-501 18W	2018.08	2018011001093518	骚扰电压	撤销	
108	灯具	固定式白炽灯具（草坪灯）	中山市古镇悦莱雅灯饰厂	ROL-8406 1×MAX40W	2018.08	2016011001894327	防尘、防固体异物和防水	撤销	
109	灯具	固定式LED灯具	中山市华艺灯饰照明股份有限公司	XD01230-WFD0 1 30W(54×0.5W/LED 模块 6500K+54X 0.5/LED 模块 3000K)	2017.12	2016011001879585	骚扰电压，谐波电流	撤销	
110	灯具	LED吸顶灯	中山市聚能高科光电有限公司	JN-XD 8808 36WC72×0.5W/LED 模块)	2017.11	2017011001943279	骚扰电压，谐波电流，防触电保护	撤销	
111	灯具	LED台灯	佛山市顺德区勒流镇盈科照明电器有限公司	HL-5315 220V-4W	2018.01	2014011001706031	结构，骚扰电压	撤销	
112	灯具	LED台灯	佛山市顺德区勒流镇盈科照明电器有限公司	HL-5336	2017.04	2014011001706031	耐热、耐火和耐起痕，骚扰电压	撤销	
113	灯具	LED防眩筒灯（来源外包装）	广东柯迅照明电气有限公司	KSTD 13135HL6W 220V ~ 50Hz	2018	2014011001704174	外部接线和内部接线，骚扰电压	撤销	
114	灯具	LED厨卫灯	广东柯迅照明电气有限公司	KSDP 131310W 30W 175-240V-50/60HZ	2018	2014011001704173	外部接线和内部接线，接地规定，骚扰电压，谐波电流	撤销	
115	灯具	LED超薄吸顶灯	木林森股份有限公司	WX1YW67-18	/	2018011001074194	骚扰电压	撤销	
116	灯具	LED（6寸）筒灯	广东雪莱特光电科技股份有限公司	CNTT 18026PW	2016.12	2016011001923412	骚扰电压	撤销	
117	灯具	筒灯	木林森股份有限公司	WD2W22-12	/	2018011001052388	外部接线和内部接线，绝缘电阻和电气强度，骚扰电压	撤销	

续表

序号	产品种类	产品名称（标称）	生产企业名称（标称）	规格型号	生产日期（批号）	CCC认证证书号	不合格检测项目	证书处理结果	备注
118		LED超薄直发光平面灯	广东信华电器有限公司	XHD-60	/	2015011001823802	骚扰电压，谐波电流	撤销	
119		LED超薄吸顶灯	广东信华电器有限公司	FLF-24	2018.06	2015011001823799	骚扰电压	撤销	
120		LED台灯	中山新特丽照明电器有限公司	L40010023	2018.03.08	2017011001010340	骚扰电压	撤销	
121		固定式LED灯 具安格LED厨卫灯	中山市华艺灯饰照明股份有限公司	HY285-IED 12W-1A	1820	2018011001040665	接地规定	撤销	
122		LED支架灯	蚌埠雷士照明科技有限公司	LEDT5F06	2017.10	2016011001864013	骚扰电压	撤销	
123		筒灯	中山市极美照明电器有限公司	JM-TD5 5W	2018.01	2014011001714655	结构，外部接线和内部接线，骚扰电压	撤销	
124	电烤箱类	多功能电烤盘	永康市爱宁电器有限公司	AN-103	/	2015010712776770	对触及带电部件的防护	撤销	
125		电饼铛	永康市爱宁电器有限公司	AN-3225	/	2006010712215586	发热	撤销	
126	电磁炉		中山市雅柯电器有限公司	YK4819A 2100W	/	2014010711733925	试验后散热栅格损坏，试验指可伸入并触及带电部件	撤销	
127	液体加热器	多功能电热锅	淄博永久电器有限公司	YJ-34 2100W	/	2014010717734307	结构（不包括第22.46条）	撤销	
128		电热水壶	廉江市博美电器厂	ABM-231	/	2016010717900922	非正常工作，接地措施	撤销	
129		电热水壶	中山市法莱斯电 器有限公司	FLS-618	2018.03	2016010717931054	非正常工作	撤销	
130		电压力锅	中山市乐之康电器有限公司	LZK-60	/	2015010717819848	非正常工作	撤销	
131		多功能电热锅	中山市优益电器实业有限公司	Y-DHG7	/	2017010717999097	接地措施	撤销	
132		多功能电煮锅	中山市优益电器实业有限公司	Y-DZG12	2018.07.13	2015010717781701	输入功率和电流	撤销	
133		电炖盅	中山舜龙世纪电器有限公司	920 250W	2018.07.06	2017190717000783	结构（不包括第22.46条）	撤销	
134		液体加热器（电脑汤粥煲）	佛山市简氏依立电器有限公司	J680B 850W	2018.03.15	2018010717058116	结构（不包括第22.46条）	撤销	
135		电热水壶	廉江市湛力电器有限公司	ZL-520	2015.08.06	2017010717033504	机械强度，接地措施	撤销	
136	吸尘器	智能吸尘器	松下电化住宅设备机器（杭州）有限公司	MC-RS755, 14.8V 24W	RS755A 0205 49	2015010708761836	标志和说明	撤销	
137	电风扇	转页扇	台州市椒江华阳电器厂	LM-206 25W	/	2017010702961645	稳定性和机械危险	撤销	
138		落地扇	佛山市富迪电器有限公司	FS-40A	2018.05		元件	撤销	
139		落地扇		FS-45A	2018.05	2015010702834400	对触及带电部件的防护，元件，标志和说明		
140		台扇	佛山市南海钻运电器有限公司	FT-40A	2018.06	2018010702042772	对触及带电部件的防护，稳定性和机械危险，元件，标志和说明	撤销	

续表

序号	产品种类	产品名称（标称）	生产企业名称（标称）	规格型号	生产日期（批号）	CCC认证证书号	不合格检测项目	证书处理结果	备注
141	电风扇	电风扇（落地扇）	上海水仙电器制造有限公司	NEA-FS-40S47	2018.05	2013010702608051	对触及带电部件的防护，元件	撤销	暂停其他证书2张
142		落地扇	佛山市腾联电器有限公司	FS-40E	2018.03	2015010702748819	电源连接和外部软线，元件	撤销	撤销其他证书2张
143		电风扇	宁波大松电器科技有限公司	FKS-25	2018.01	2016010702927720	元件	撤销	撤销时间为：2018.07，暂停其他证书1张
144		电风扇	宁波大松电器科技有限公司	FLS-35	2018.03	2016010702927719	元件	撤销	撤销时间为：2018.07，暂停其他证书1张
145		转页扇	佛山市吉星家电有限公司	KYT1-25-245W	2018.06.13	2011010702462145	结构（不包括第22.46条），标志和说明	撤销	
146		落地扇	佛山市南海明滔电器有限公司	FS-40	2017.04	2017010702962224	对触及带电部件的防护，稳定性和机械危险，电源连接和外部软线，元件，标志和说明	撤销	
147		落地扇		FS-41	2018.04		对触及带电部件的防护，稳定性和机械危险，电源连接和外部软线，元件，标志和说明	撤销	
148		转页扇	佛山市腾联电器有限公司	KYT-25	2018.05	2015010702747687	稳定性和机械危险，元件	撤销	
149		落地扇	佛山市恒峰电器科技有限公司	FS-40	/	2018190702001328	元件	撤销	注销其他证书3张
150	皮肤和毛发护理器具	电吹风	上海雷瓦电器有限公司（浙江容大科技有限公司）	RC-7402	2017.03.07	2014010709739465	骚扰功率	撤销	
151	机动车零部件	安全带总成—司机座椅	昆山佳利汽车零部件有限公司	5810010-C0100		2002091104000010	动态试验安全带带扣失效，紧急锁止性能2.0g不锁止	撤销	撤销其他证书1张
152		汽车门锁	浙江超达汽车配件有限公司	A19061050019/20	2018.06.27	2012091112000258	载荷2检验项目	撤销	
153		前雾灯总成	迅驰车业江苏有限公司	37V84A-32010	/	2015011109813640	配光性能	撤销	
154		侧标志灯总成	十堰昊亮灯具有限公司	3TF55-600102		2016091109007500	配光性能	撤销	
155		汽车安全带	十堰名普汽车零部件有限公司	82N48B-09010	/	2016011104863670	动态试验安全带带扣失效	撤销	
156		汽车安全带	武汉金天成汽车配件有限公司	A9N48C82B-12010)		2007091104000082	动态试验安全带发生断裂	撤销	
157		汽车后组合灯（倒车灯、后位灯）	重庆越畅汽车科技有限公司	BMK09004	2018.03	2016091109007143	配光性能	撤销	

续表

序号	产品种类	产品名称（标称）	生产企业名称（标称）	规格型号	生产日期（批号）	CCC认证证书号	不合格检测项目	证书处理结果	备注
158	机动车零部件	汽车座椅及头枕	重庆佳士汽车配件有限责任公司	CN112-ZY-FF-03	2018.08.07	2016011114848465	燃烧特性	撤销	
159		汽车内饰件	广西鑫深科技有限公司	CN100-DTZJ-J01	2018.06.29	2011011111459061	燃烧特性	撤销	
160		汽车内饰件	柳州市风华汽车装饰件厂	CN100-ZSB-JB02	2018.06.26	2006011111205328	燃烧特性	撤销	
161		汽车内饰件	重庆天运汽车配件有限公司	地毯总成BY17S711	2018.03.16	2017011111962256	燃烧特性	撤销	
162		汽车内饰件	十堰坤牲瀹明机动车零部件有限公司	5109500-SA03-D015	2018.08.19	2015091111004849	燃烧特性	撤销	
163	机动车儿童乘员用约束系统	机动车儿童乘员用约束系统	永康市奇密汽车用品有限公司	舒马赫威廉布鲁斯史密斯	/	2017012207935479	燃烧特性	撤销	
164	移动用户终端	TD-LTE数字移动电话机	贵州富智康精密电子有限公司	TA-1041	C1NGA1 E7A2607623	2017011606998636	发热要求	撤销	
165		TD-LTE数字移动电话机	宏达国际电子股份有限公司桃园厂	HTC 2Q4R400	2018.06.16	2017011606027249	发热要求，标识	撤销	
166		TD-LTE数字移动电话机	宏达国际电子股份有限公司桃园厂	HTC 2Q55300	2018.06.22	2018011606050590	发热要求，标识	撤销	
167		TD-LTE数字移动电话机	东莞华贝电子科技有限公司	GIONEE F6	2017.12.28	2017011606023832	发热要求，标识	撤销	
168		TD-LTE数字移动电话机	深圳市卓翼智造有限公司	1801-A01	2018.06	2017011606020564	发热要求	撤销	
169		TD-LTE数字移动电话机	东莞宇龙通信科技有限公司	1871-A0	2018.05.12	2018011606066359	发热要求，标识	撤销	
170		TD-LTE数字移动电话机	深圳市良研科技有限公司	GOME 2017D63A	2018.04	2018011606038151	发热要求，标识	撤销	
171		TD-LTE数字移动电话机	惠州侨兴电子科技股份有限公司	Philips X598	CN：EA061 818001649	2017011606977413	发热要求，标识	撤销	
172		TD-LTE数字移动电话机	深圳市诺信世纪科技有限公司	LA-S11	2018.07.10	2017011606030043	发热要求，一致性核查，标识	撤销	
173		TD-LTE数字移动电话机	广东美晨通讯有限公司	SUGAR F9	2017.04	2017011606947127	发热要求	撤销	
174		TD-LTE数字移动电话机	东莞市信太通讯设备有限公司	DOOV L525	2018.04.10	2017011606992882	发热要求，标识	撤销	
175		GSM数字移动电话机	深圳市大拇指通讯科技有限公司	KUH T3	2018.08	2018011606080231	辐射杂散骚扰	撤销	
176		GSM数字移动电话机（智能手机）	深圳市诺亚信高科技集团有限公司	NOAIN 53101	2018.06	2016011606897872	辐射杂散骚扰	撤销	
177		TD-LTE数字移动电话机	深圳市贝尔丰通讯科技有限公司西乡工厂	BF MIO	2018.08	2018161606645082	直插式设备	撤销	

续表

序号	产品种类	产品名称（标称）	生产企业名称（标称）	规格型号	生产日期（批号）	CCC认证证书号	不合格检测项目	证书处理结果	备注
178	断路器	塑料外壳式断路器	安德利集团有限公司	AM1-125L/3300	2017.01	2015010307761419	验证过载脱扣器	撤销	撤销其他证书1张
179		塑料外壳式断路器	华通机电股份有限公司	CFM1-250L/3300	2018.04	2014010307729409	验证过载脱扣器	撤销	
180		塑料外壳式断路器	上海德力西开关有限公司	DCM1-100L/3300	2018.05	2003010307068740	验证过载脱扣器	撤销	
181		塑料外壳式断路器	浙江民扬电器有限公司	MYM1-2251/3300	2018.06	2003010307045944	额定极限短路分断能力	撤销	
182		塑料外壳式断路器	大江控股集团电气有限公司	SDM7-125L/3300	2018.05	2013010307593720	额定极限短路分断能力	撤销	
183		小型断路器	上海德力西开关有限公司	DZ30-32	2018.04	2011010307519644	脱扣特性，运行短路能力（Ics）试验	撤销	
184		小型断路器	上海人民开关厂乐清柳市分厂	DZ47-63	2017.12	2009010307351933	脱扣特性，运行短路能力（Ics）试验	撤销	
185		小型断路器	杭州鸿雁电力电气有限公司	SGEB3-63	2018.06	2016010307891627	运行短路能力（Ics）试验	撤销	
186		小型断路器	浙江民扬电器有限公司	DZ47（MYB47）-63	2017.04	2002010307022337	运行短路能力（Ics）试验	撤销	
187		漏电断路器	上海德力西开关有限公司	DZ30LE-32	2018.04	2011010307519645	在运行短路能力下的性能，验证额定剩余接通和分断能力（Mm）	撤销	
188		漏电断路器	长城电器集团上海有限公司	DZ47LE-63	2016.10.09	2009010307344302	验证额定剩余接通和分断能力（I A m）	撤销	
189		漏电断路器	大江控股集团电气有限公司	SDB7-32L	2016.04	2012010307587458	在运行短路能力下的性能	撤销	
190		漏电断路器	上海人民开关厂乐清柳市分厂	DZ47LE	2017.04	2014010307702793	在运行短路能力下的性能，验证额定剩余接通和分断能力（IAm）	撤销	
191		漏电断路器	杭州鸿雁电力电气有限公司	SGEB3L-32	2018.04	2016010307927676	在运行短路能力下的性能	撤销	
192		塑料外壳式断路器	精泰电气集团有限公司乐清分公司	JTM1-125/3300	2018.08	2015010307823612	额定极限短路分断能力	撤销	
193		塑料外壳式断路器	上海人民开关厂乐清柳市分厂	RKMKSRKMD-100/3300	2018.05	2006010307184593	额定极限短路分断能力	撤销	
194		塑料外壳式断路器	民众电气科技有限公司	CZM1-100/3300	2018.08	2016010307865597	额定极限短路分断能力	撤销	
195		塑料外壳式断路器	欧迪森电气有限公司	RIVIM1-100S	2017.04	2012010307534032	额定极限短路分断能力	撤销	
196		塑料外壳式断路器		RIVIM1-100S	2017.02		极限短路能力（Icu）试验		
197		小型断路器	精泰电气集团有限公司乐清分公司	DZ47-63	2018.08	2015010307823609	运行短路能力（Ics）试验	撤销	
198		小型断路器	浙江常控电气有限公司	CH1-63	2018.02	2017010307013478	运行短路能力（Ics）试验	撤销	
199		小型断路器	秦佳电气有限公司	BD1-63	2018.07	2014010307675225	运行短路能力（Ics）试验	撤销	

续表

序号	产品种类	产品名称（标称）	生产企业名称（标称）	规格型号	生产日期（批号）	CCC认证证书号	不合格检测项目	证书处理结果	备注
200	断路器	小型断路器	浙江贵客电气有限公司	DZ47-63	2018.08	2018010307100201	运行短路能力（Ics）试验	撤销	
201		小型断路器	上海一开电气集团有限公司	EKM45 (DZ47)-63	2018.06	2012010307569364	脱扣特性，运行短路能力（Ics）试验	撤销	
202		塑料外壳式断路器	江苏梅兰日兰电气有限公司	MRDM3-100L/3300	编号C6216	2004010307128162	脱扣极限和特性，极限短路能力（Icu）试验	撤销	
203		塑料外壳式断路器	深圳昌松电气有限公司	CSM1-100L/3300	2018.09	2014010307692155	脱扣极限和特性，极限短路能力（Icu）试验	撤销	
204	电动工具	电锤	江苏聚之鹰机电工具有限公司	Z1C-WD-28，220V-950W	2017.12.20	2017010506992963	耐久性，电气强度，机械危险，机械强度，电源联接和外接软线，爬电距离，电气间隙，端子骚扰电压	撤销	暂停其他证书1张
205		角向磨光机	福建惠安县坚固电机有限公司	S1M-KD01-100 B.220V-570W	2018.04.11	2003010503046045	端子骚扰电压	撤销	
206		石材切割机	武义创锋工具制造有限公司	Z1E-HC02-110 220V-1450W	/	2015010516826592	电源联接和外接软线，端子骚扰电压	撤销	
207	瓷质砖	全抛釉瓷砖	广东意乐陶陶瓷有限公司	800×800mm YPB8091	2014.05.21	2010052102001075	放射性	撤销	撤销其他证书6张
208	信息技术类设备	智能闪充电源适配器	广州致乐电子科技有限公司	昂达A14	/	2017010907007804	耐异常热，传导骚扰，标记和说明	撤销	暂停其他证书1张
209		电源适配器	广州致乐电子科技有限公司	昂达A11	/	2017010907938625	耐异常热，标记和说明	撤销	暂停其他证书5张
210		笔记本电脑	深圳市神舟电脑股份有限公司	TM4102	2018.07.31	2015010902795922	导体的端接，耐异常热，30MHz~1000MHz辐射骚扰	撤销	
211		USB快充充电器	东莞市海陆通实业有限公司	UC01C	/	2017010907009771	耐异常热，标记和说明	撤销	
212	插头插座	单项两级带接地、带保护门单项两级双用明装插座	广东联塑电器有限公司	LM/10US 10A250V	2018.05.24	2015010201771343	耐热	撤销	
213		带开关带保护门单项两级双用、两级带接地暗装插座	泰力实业有限公司	86GE-13 10A250V	/	2010010201418077	防触电保护	撤销	
214		带保护门单项两级带接地插座功能件	温州经济技术开发区滨海闽龙开关厂	GL015 10A250V	/	2018010201071648	防触电保护	撤销	
215		带保护门单项两级带接地暗装插座	温州经济技术开发区滨海闽龙开关厂	G-014 16A250V	/	2018010201077466	防触电保护	撤销	
216		带保护门单项两级带接地暗装插座	广东福田电器有限公司	D2 Z3-16 16A 250V	6924810561056 4091723001004	2013010201591460	温升	撤销	
217	摩托车	燃油两轮摩托车	株洲南方摩托车有限公司	NY125T-5A	2018.04.22	2013011102635496	工况法I型排放	撤销	

续表

序号	产品种类	产品名称（标称）	生产企业名称（标称）	规格型号	生产日期（批号）	CCC认证证书号	不合格检测项目	证书处理结果	备注
218	摩托车	燃油两轮摩托车	江苏创新摩托车制造有限公司	CX125T-8A	2018.03.14	2011011102493410	工况法I型排放	撤销	
219		燃油两轮摩托车	广州五羊摩托有限公司	WY110-A	2018.05.22	2010011102437313	照明和光信号装置的安装	撤销	
220		燃油两轮摩托车	浙江长岭川豹摩托车有限公司	CM150ZH-9V	2017.05.15	2014011102719921	工况法I型排放，外廓尺寸，整车整备质量，一致性核是	撤销	
221	音视频设备	液晶电视机	深圳市台东电科技有限公司	LE-8832C 220~ 50/60HZ.50W	2018.07	2017010808008356	防电击保护的结构要求	撤销	暂停其他证书3张
222		DVD播放器	广州诺声电器有限公司	DV-525;110-240V~ 50/60Hz 25W	/	2014010805692668	防电击保护的结构要求	撤销	暂停其他证书4张
223		音频功率放大器	广州奋威音响器材有限公司	SA-8001B; ~220V/50Hz, 50W	2018.03.04	2016010802841018	防电击保护的结构要求	撤销	暂停其他证书2张
224		有源音箱	广州笙度音响有限公司	N9;输入电压DC15V 2A	2018.03.08	2018010801055027	电气间隙和爬电距离，电源端子骚扰电压，标志和说明书	撤销	
225		有源音箱		N69;9Vdc 1.5A 45W	2018.05.12		电源端子骚扰电压		
226		有源音箱	广州市美丽达电子科技有限公司	SA-T20;电源输入:9VDC.1.2-1.8A 功耗≤50W	2018.05.19	2012010801537729	电源端子骚扰电压，标志和说明书	撤销	
227	机顶盒	家庭智能娱乐终端	深圳市九猫电器有限公司	H15;5Vdc, 1.5A	2017.06.01	2017010805034655	骚扰功率试验	撤销	暂停其他证书2张
228		电视盒子	深圳市英菲克电子有限公司	i8S;5Vdc, 1.5A	/	2017011609022913	结构设计，电源端骚扰电压，电信端口 传导共模骚扰试验，30MHz-1000MHz 辐射骚扰标记和说明	撤销	
229		智能网络机顶盒	惠州市新启点软件有限公司	D5;5Vdc, W1.0A	2018.03	2017011609958183	电源端骚扰电压，电信端口传导共模骚扰试验，30MHz—1000MHz辐射骚扰	撤销	
230		高清智能网络播放器	深圳市海美迪科技股份有限公司	H7:5VDC 2A	/	2018010805061836	电源端骚扰电压	撤销	
231		迪优云盒智能播放机	东莞市智尔浦实业有限公司	X5; 5VDC 1.5A	/	2015010805832375	骚扰功率试验	撤销	
232		钉钉智连明会议盒子	上海明我信息技术有限公司	MS01K 输入:5VDC 2A	/	2017010805015430	防电击保护的结构要求	撤销	

认监委关于对电暖器类产品实施认证风险预警的公告

（2019年第2号）

根据《中华人民共和国认证认可条例》及《强制性产品认证管理规定》有关要求，认监委在电暖器类产品的销售旺季（2018年11月至12月），对主要电商平台销售的强制性产品认证目录内电暖器类（包括暖风机、取暖器、电暖炉、电热油汀等）获证产品实施了监督检查，共计检查58家生产企业的100批次产品。经检查，发现29批次抽样产品不符合强制性产品认证有关要求，其中15批次涉及安全项目不合格，总体合格率为71%，存在较大的安全隐患和认证风险。

为保障消费者合法权益，提高认证有效性，现对电暖器类产品实施强制性产品认证风险预警。有关认证机构应当严格落实主体责任，立即开展对电暖器类产品发证工作的安全排查，梳理并确定影响认证质量的风险隐患，按要求进行整改，严把发证质量关，同时督促相关获证企业履行缺陷产品召回的法定义务，切实消除安全隐患。

依据有关规定，现将上述监督检查发现的涉及安全项目不合格被撤销证书的产品信息和发证机构信息予以公告，请有关单位和消费者予以关注并防范风险。

附件（略）

认监委

2019年2月11日

认监委关于发布《内地与香港关于建立更紧密经贸关系的安排》服务贸易协议中检测认证相关修订条款实施指南的公告

（2019 年第 3 号）

2018 年 12 月，内地与香港就《〈内地与香港关于建立更紧密经贸关系的安排〉服务贸易协议》（以下简称《CEPA 服务贸易协议》）通过换文进行了修订，修订内容涉及中国强制性产品认证领域对香港开放事宜。

为推进《CEPA 服务贸易协议》中检测认证相关修订条款的落实，认监委制定了《实施指南》，现予以公布。

特此公告。

认监委

2019 年 2 月 25 日

关于《内地与香港关于建立更紧密经贸关系的安排》服务贸易协议中检测认证相关修订条款的实施指南

2018 年 12 月，内地与香港就《CEPA 服务贸易协议》通过换文进行了修订。其中，将《CEPA 服务贸易协议》附件 1 表 2 跨境服务开放措施（正面清单）1. 商务服务 F. 其他商务服务 e. 技术测试和分析服务（CPC8676）及（CPC749）涵盖的货物检验服务的“在强制性产品认证（CCC）领域，允许经香港特区政府认可机构（香港认可处）认可的具备内地强制性产品认证制度相关产品检测能力的香港检测机构，与内地指定机构开展合作，承担在港设计定型且在广东省加工或生产的音视频设备类产品的 CCC 检测任务”，修改为：“在强制性产品认证（CCC）领域，允许经香港特区政府认可机构（香港认可处）认可的具备内地强制性产品认证制度相关产品检测能力的香港检测机构，与内地指定机构开展合作，承担在内地加工或生产的 CCC 目录内所有产品的检测任务。”经修改的条款于 2019 年 3 月 1 日起实施。

现就该条款发布如下实施指南。（《CEPA 服务贸易协议》中有关认证认可的其他条款的实施指南维持不变）

一、实施范围

1. 产品范围

CCC 目录内所有产品。

2. 产品产地

在内地加工或生产的产品。

二、检测机构资质和监管要求

香港境内的检测机构，如从事 CCC 产品检测业务，应获得香港特区政府认可机构（香港认可处）认可，具备 CCC 产品检测能力。

香港特区政府认可机构应参照《强制性产品认证机构、检查机构和实验室管理办法》（原质检总局令第 65 号）第十一条、相关 CCC 产品认证实施规则及中国合格评定国家认可委员会实验室认可准则在相关领域的应用说明，对香港检测机构是否具备相关 CCC 产品检测能力进行确认，并对具备条件的检测机构发出确认文件。对于已确认具备条件的检测机构，香港特区政府认可机构每年进行一次监督评审，确认其持续符合条件。

对于香港特区政府认可机构通过监督评审发现不能持续符合条件的香港检测机构，香港特区政府认可机构及时向认监委通报。

三、实施程序

1. 具备相关资质并有意承担 CCC 产品检测业务的香港检测机构可与内地 CCC 产品指定认证机构就相

关检测业务进行接洽并提出合作意向。内地指定认证机构联系方式及其业务资质范围，可通过认监委网站（www.cnca.gov.cn）查询。

2. 按照认证实施规则要求，检测机构与内地指定认证机构达成合作意向，通过建立委托关系在约定的范围内承担认证检测业务。指定认证机构将委托合作协议报认监委审批，协议经认监委审批后方可签署生效（注：审批内容不涉及检测机构资质认定）。CCC指定认证机构将签署的合作协议报认监委备案。认监委在官方网站上公布与CCC产品指定认证机构签署合作协议的香港检测机构名录，并告知有关内地市场监督管理部门。

3. 对于香港特区政府认可机构向认监委通报的不能持续符合条件的香港检测机构，认监委告知有关CCC指定认证机构，CCC指定认证机构对与该检测机构的合作作出调整，并向认监委报告调整结果。认监委在其官方网站上公布调整名录，并告知有关内地市场监督管理部门。

4. 内地市场监督管理部门发现香港检测机构在承担CCC认证检测业务中违反相关认证认可法律法规、实施规则的，应当将相关情况上报认监委，由认监委将相关情况通报香港特区政府主管部门。香港特区政府主管部门调查处理后将情况反馈至认监委，由认监委决定是否调整机构名录。

四、内地市场监督管理部门负责对依据本指南开展的活动的监督管理

内地市场监督管理部门依据《CEPA服务贸易协议》、2018年12月的换文和本指南，对相关认证、检测机构在内地开展的活动进行监督管理。

五、相关单位联系方式

国家市场监督管理总局（国家认证认可监督管理委员会）

认证监督管理司

联 系 人：杨 阳

电子邮件：yangy@cnca.gov.cn

电话：（86）10 82260836 传真：（86）10 82260767

香港特区政府创新科技署

香港认可处

联 系 人：陈健华

电子邮件：kwchen@itc.gov.hk

电话：（852）2829 4826 传真：（852）2824 1302

认监委关于发布《内地与澳门关于建立更紧密经贸关系的安排》服务贸易协议中检测认证相关修订条款实施指南的公告

（2019 年第 4 号）

2018 年 12 月，内地与澳门就《〈内地与澳门关于建立更紧密经贸关系的安排〉服务贸易协议》（以下简称《CEPA 服务贸易协议》）通过换文进行了修订，修订内容涉及中国强制性产品认证领域对澳门开放事宜。

为推进《CEPA 服务贸易协议》中检测认证相关修订条款的落实，认监委制定了《实施指南》，现予以公布。

特此公告。

认监委

2019 年 2 月 25 日

关于《内地与澳门关于建立更紧密经贸关系的安排》服务贸易协议中检测认证相关修订条款的实施指南

2018 年 12 月，内地与澳门就《CEPA 服务贸易协议》通过换文进行了修订。其中，将《CEPA 服务贸易协议》附件 1 表 2 跨境服务开放措施（正面清单）1. 商务服务 F. 其他商务服务 e. 技术测试和分析服务（CPC8676）及（CPC749）涵盖的货物检验服务的“在强制性产品认证（CCC）领域，允许经澳门特区政府认可机构认可的具备内地强制性产品认证制度相关产品检测能力的澳门检测机构，与内地指定机构开展合作，承担在澳设计定型且在广东省加工或生产的音视频设备类产品的 CCC 检测任务”，修改为：“在强制性产品认证（CCC）领域，允许经澳门特区政府认可机构认可的具备内地强制性产品认证制度相关产品检测能力的澳门检测机构，与内地指定机构开展合作，承担在内地加工或生产的 CCC 目录内所有产品的检测任务。”经修改的条款于 2019 年 3 月 1 日起实施。

现就该条款发布如下实施指南。（《CEPA 服务贸易协议》中有关认证认可的其他条款的实施指南维持不变）

一、实施范围

1. 产品范围

CCC 目录内所有产品。

2. 产品产地

在内地加工或生产的产品。

二、检测机构资质和监管要求

澳门境内的检测机构，如从事 CCC 产品检测业务，应获得澳门特区政府认可机构认可，具备 CCC 产品检测能力。

澳门特区政府认可机构应参照《强制性产品认证机构、检查机构和实验室管理办法》（原质检总局令第 65 号）第十一条、相关 CCC 产品认证实施规则及中国合格评定国家认可委员会实验室认可准则在相关领域的应用说明，对澳门检测机构是否具备相关 CCC 产品检测能力进行确认，并对具备条件的检测机构发出确认文件。对于已确认具备条件的检测机构，澳门特区政府认可机构每年进行一次监督评审，确认其持续符合条件。

对于澳门特区政府认可机构通过监督评审发现不能持续符合条件的澳门检测机构，澳门特区政府认可机构及时向认监委通报。

三、实施程序

1. 具备相关资质并有意承担 CCC 产品检测业务的澳门检测机构可与内地 CCC 产品指定认证机构就相关检测业务进行接洽并提出合作意向。内地指定认证机构联系方式及其业务资质范围，可通过认监委网站（www.cnca.gov.cn）查询。

2. 按照认证实施规则要求，检测机构与内地指定认证机构达成合作意向，通过建立委托关系在约定的范围内承担认证检测业务。指定认证机构将委托合作协议报认监委审批，协议经认监委审批后方可签署生效（注：审批内容不涉及检测机构资质认定）。CCC 指定认证机构将签署的合作协议报认监委备案。认监委在官方网站上公布与 CCC 产品指定认证机构签署合作协议的澳门检测机构名录，并告知有关内地市场监督管理部门。

3. 对于澳门特区政府认可机构向认监委通报的不能持续符合条件的澳门检测机构，认监委告知有关 CCC 指定认证机构，CCC 指定认证机构对与该检测机构的合作作出调整，并向认监委报告调整结果。认监委在其官方网站上公布调整名录，并告知有关内地市场监督管理部门。

4. 内地市场监督管理部门发现澳门检测机构在承担 CCC 认证检测业务中违反相关认证认可法律法规、实施规则的，应当将相关情况上报认监委，由认监委将相关情况通报澳门特区政府主管部门。澳门特区政府主管部门调查处理后将情况反馈至认监委，由认监委决定是否调整机构名录。

四、内地市场监督管理部门负责对依据本指南开展的活动的监督管理

内地市场监督管理部门依据《CEPA 服务贸易协议》、2018 年 12 月的换文和本指南，对相关认证、检测机构在内地开展的活动进行监督管理。

五、相关单位联系方式

国家市场监督管理总局（国家认证认可监督管理委员会）

认证监督管理司

联 系 人：杨 阳

电子邮件：yangy@cnca.gov.cn

电话：（86）10 82260836 传真：（86）10 82260767

认监委关于印发《交通一卡通产品认证实施规则通用要求》的公告

（2019 年第 5 号）

根据《交通一卡通产品认证管理办法（试行）》（国认证联〔2018〕34 号），现发布《交通一卡通产品认证实施规则通用要求》（编号：CNCA-JK-01:2018），自即日起实施。

承担交通一卡通产品认证工作的认证机构，应根据本实施规则的要求，制定相应的交通一卡通产品认证实施细则，报认监委备案后方可开展相关认证活动。

特此公告。

认监委

2019 年 2 月 25 日

交通一卡通产品认证实施规则通用要求

1 适用范围

本规则适用于认证机构开展的交通一卡通产品认证工作。交通一卡通产品认证，是指由认证机构证明包括实体卡片、移动载体或介质、虚拟介质，以及用于支付受理的机具终端、商用密码设备和各类信息处理系统等的交通一卡通产品符合相应国家标准、交通运输行业标准或者认证技术规范要求的合格评定活动。

交通一卡通产品认证范围主要包括：交通一卡通卡片（包括芯片、芯片嵌入式软件、卡片、卡片应用、可穿戴设备）、手机产品、受理终端和系统。

2 认证依据

JT/T 978-2015《城市公共交通 IC 卡技术规范》

JT/T 1059-2016《交通一卡通移动支付技术规范》

JT/T 1179-2018《交通一卡通二维码支付技术规范》

适用的法律法规及其他要求

交通一卡通产品分类与对应的认证依据见附件《交通一卡通产品分类及认证依据》。

3 交通一卡通产品认证机构能力要求

（1）从事交通一卡通产品认证的认证机构应依法设立，符合《中华人民共和国认证认可条例》、《认证机构管理办法》、《交通一卡通产品认证管理办法（试行）》等规定的认证机构基本要求。

（2）相应产品认证活动的实施应符合 GB/T 27065《产品认证机构通用要求》。

（3）从事交通一卡通产品认证的认证机构应有 10 名以上的专职认证人员，专职认证人员应全面覆盖《关于自愿性认证领域目录和资质审批要求的公告》（认监委公告 2016 年第 24 号）规定的 6 类人员，并符合公告规定的能力要求，对公告中“具有相应领域的专业知识和工作经验”、“具有与认证领域相关的专业知识和实践经验，熟悉行业相关法律法规要求”应具体为：熟悉交通一卡通认证用标准及其他要求，参与过交通一卡通行业标准的编制或具有三年以上交通一卡通相关领域从业经历。

（4）认证机构应具备从事交通一卡通产品认证活动的相关检测、检查等技术能力，具体为：参与过相关技术标准或实施规则的编制工作，或具有所申请产品认证领域科研技术开发能力以及对交通一卡通软硬件产品的检测技术研发经验。

（5）交通一卡通产品认证机构提交申请时，应同时提交与符合《交通一卡通产品认证管理办法（试行）》规定的检测实验室的签约情况，并附相关实验室资质认定证书。

4 基本认证模式和环节

交通一卡通产品认证基本的认证模式是：产品检测

+初始工厂检查+获证后监督(工厂检查、抽样检测)。

获证后监督包括获证后的工厂检查、生产现场抽样检测和市场抽样检测，认证机构应结合申请企业分类管理和实际情况，确定获证后监督的内容与方式。

认证机构可根据产品特点适当调整基本认证模式，并在实施细则中加以规定。

交通一卡通产品认证的基本环节：

(1)认证申请和受理；

(2)产品检测；

(3)初始工厂检查；

(4)认证决定；

(5)获证后监督。

5 认证单元划分

同一认证委托人、同一生产企业、同一类别、同一型号(同一软件版本号)的产品为一个认证单元。

认证委托人根据认证单元提出认证委托。

6 认证实施

6.1 认证申请和受理

初次进行认证申请的认证委托人应按照认证机构的要求提交申请材料。认证机构在接收到认证委托人的申请材料后，在5个工作日内确定是否受理(因申请材料不齐备而补充材料的时间不计算在内)。对受理者，向认证委托人发出《受理通知书》，对不受理者，书面通知认证委托人，并说明理由。

申请材料不全或填写不符合要求，认证机构向认证委托人发送《申请材料补充通知书》，若认证委托人未能在30天内补充完善所需的材料且未作任何解释和说明，则认为委托人自动撤销本次申请。

6.2 产品检测

6.2.1 产品检测实施

认证委托人在获得《受理通知书》后从认证机构发布的检测机构列表中选择检测机构实施产品检测。检测机构应对检测全过程做出完整记录并归档留存，以保证检测过程和结果的记录具有可追溯性。

6.2.2 样品要求

产品检测样品由认证委托人选送具有代表性的产品到认证机构，由认证机构登记后并留存部分样品后，转送至相应的检测机构。

认证委托人应保证其所提供的样品与实际生产产品的一致性。检测机构对样品真实性有疑义的，应当向认证机构说明情况，并做出相应处理。

6.2.3 检测项目

产品检测项目应符合认证依据标准中相关条款的要求。

6.2.4 产品检测时限

样品检测时间一般为每个认证单元60个工作日以内，因检测项目不合格，企业进行整改和重新检测的时间不计算在内。

6.2.5 检测报告

认证机构应规定统一的检测报告格式。

检测工作结束后，检测机构应及时向认证机构和认证委托人出具检测报告。检测报告应包含对认证单元内所有产品与认证相关信息的描述。

6.3 初始工厂检查

由认证机构负责组织初始工厂检查的实施。

6.3.1 检查内容

认证机构应对生产企业质量保证能力和产品一致性检查。同一申请方在一年内有多项产品申请认证，非首次申请认证的产品应考虑减免初始工厂检查中工厂质量保障能力的检查。

6.3.1.1 企业质量保证能力检查要求

认证机构应当委派具有注册资格的自愿性产品认证检查员组成检查组，对生产企业进行企业质量保证能力检查。

认证机构应以保证企业能持续符合认证要求为原则，制定相应的工厂质量能力要求，检查组依据工厂质量能力要求实施工厂检查。

检查应覆盖所有认证单元涉及的生产企业。必要时，检查组可到生产企业以外的场所实施延伸检查。

6.3.1.2 产品一致性检查要求

检查组在经企业确认合格的产品中，随机抽取认证产品进行包括但不限于下述内容的检查：

(1)认证产品的技术参数应与《产品检测报告》的描述和产品标准的规定一致；

(2)认证产品的标识、结构应与《产品检测报告》的描述和产品标准的规定一致；

(3)认证产品现场指定试验。

6.3.2 检查时间

初始工厂检查一般在产品检测合格后进行。

6.3.3 检查结论

检查组负责报告初始工厂检查结论。初始工厂检查的结论分为合格、不合格及整改后合格。工厂应在限期内完成整改，最长整改时限不超过3个月。

6.4 认证决定

认证机构对产品检测和初始工厂检查结果进行综合评价，产品检测和初始工厂检查均符合要求，经认证机构评定后，颁发认证证书，并予以公告。

对于不授予认证证书的认证委托人，认证机构应向其以书面形式明示不能获得认证证书的原因。

6.5 认证时限

认证机构应该对认证各环节的时限做出明确规定，并确保相关工作按时限要求完成。

一般情况下，自受理认证委托起 80 个工作日内向委托人出具认证证书或者不授予认证证书通知。

7 获证后监督

7.1 证后监督频次和方式

认证机构根据获证企业的产品质量稳定性以及产品生产企业的良好记录和不良记录情况等因素，对获证产品及其生产企业进行跟踪检查的分类管理，确定合理的跟踪检查频次及方式。

7.2 证后监督的内容

7.2.1 工厂检查

证后监督工厂检查包括生产企业质量保证能力和产品一致性检查。

证后监督工厂检查还可包括认证机构指定的检查项目，包括上次工厂检查不合格项的关闭、检测不合格产品的整改情况以及政府责令召回、企业主动召回缺陷产品的实施情况。

证后监督工厂检查发生的不合格项，工厂应在限期内完成整改，最长整改时限不超过 3 个月。认证机构采取适当方式对整改结果进行确认。逾期不能完成整改，或整改结果不合格，本次认证工厂检查不通过。检查组出具不合格报告，报认证机构由其做出相关处置决定。

7.2.2 产品抽样检测

在生产线末端经工厂确认合格的产品中、成品库中或市场上随机抽样。在成品库抽样时，抽样基数应不低于抽样样品数量的 10 倍。抽取的样品由抽样人封样后，带离并送交检测机构实施检测。

产品抽样检测完成后，检测机构负责将检测报告及时寄送认证机构。对于监督抽样检测发现不合格的产品，应及时出具不合格检测报告及时寄送认证机构。

7.3 获证后监督结果评价

监督检查结果经认证机构评价合格的获证企业，可以维持认证证书有效性，继续使用认证标志。

监督检查结果经认证机构评价不合格的（包括产品抽样检测不合格、工厂检查不合格等）获证企业，认证机构应暂停、撤销其认证资格。

8 认证证书的保持、变更和使用

8.1 认证证书有效期限

认证证书不设定有效期，通过每年对获证后的产品进行监督确保认证证书的有效性。

8.2 认证证书内容

认证证书的内容应该满足《交通一卡通产品认证管理办法》中的相关要求。

8.3 变更认证证书

认证证书有效期内，若发生下列情况之一，获证企业应向认证机构提出变更申请，并提交相关材料。

（1）证书上的内容变更；

（2）获证产品中涉及安全或性能的设计、结构参数、外形、关键零部件发生变更；

（3）认证机构规定的其他事项发生变更。

认证机构根据变更的内容和提供的资料进行评价，确定是否可以变更。如需安排检测或工厂检查，则检测合格或工厂检查通过后方能进行变更。

对符合要求的，批准变更，换发新证书。变更证书的有效期仍为原证书的有效期。

8.4 扩展认证范围

获证企业需要扩展认证范围时，应从认证申请开始办理手续，并向认证机构提交扩展要求和扩展认证范围对其他已获证的认证范围影响的说明。认证机构应核查扩展认证范围与原认证范围的一致性和差异，确认原认证结果对扩展认证的有效性，需要时应针对扩展认证范围和其对原认证范围的影响进行检测和现场审查。

对符合要求的，根据获证企业的要求单独颁发认证证书或换发认证证书。

8.5 暂停、恢复、撤销和注销认证证书

认证证书的使用应符合认证机构有关证书管理规定的要求。当获证企业违反有关规定或认证产品不能持续符合认证要求时，认证机构按有关规定对认证证书做出相应的暂停、撤销和注销的处理，并将处理结果进行公布。

证书暂停期间，获证企业如果需要恢复认证证书，应在规定的暂停期限内向认证机构提出恢复申请，认证机构按有关规定进行恢复处理。否则，认证机构将撤销被暂停的认证证书。

8.6 认证证书的使用

认证证书可以展示在文件、网站、销售场所、广告和宣传资料或广告宣传等商业活动中，但不得利用认证证书和相关文字、符号，误导公众认为认证证书覆盖范围外的产品获得认证，宣传认证结果时不应损害认证机构的声誉。

认证证书不准伪造、涂改、出借、出租、转让、倒卖、部分出示、部分复印。获证企业应妥善保管好证书，以免丢失、损坏。

9 认证标志的样式和使用

9.1 认证标志的样式

交通一卡通产品认证标志的样式如下：

交通一卡通产品认证标志的高宽比例为 1: 1.1。

9.2 认证标志的使用

认证标志的使用应该满足《交通一卡通产品认证管理办法》中的相关要求。

9.3 认证标志的施加方式

交通一卡通产品认证标志应采用平印、压模、丝网印刷等方式施加。

对本体上不宜使用永久性标志或暂时性标志的产品（如芯片），应在其最小外包装上或随附文件（如合格证）中使用认证标志。

各获证企业自行管理、加工和使用认证标志，并定期将认证标志使用情况报送至认证机构，认证机构将对认证标志的使用情况进行核查，并将核查结果纳入获证后监督结果评价。

10 认证费用

认证费用由认证机构按有关规定收取，认证机构应主动公布收费标准。

11 认证实施细则

认证机构应依据本实施规则的原则和要求，制定科学、合理、可操作的认证实施细则。认证实施细则应在向认监委备案后对外公布实施。认证实施细则应至少包括以下内容：

（1）认证流程及时限要求；

（2）认证模式的选择及相关要求；

（3）认证委托资料及相关要求；

（4）产品检测要求；

（5）初始工厂检查要求；

（6）获证后监督要求；

（7）认证变更要求；

（8）收费依据及相关要求；

（9）与技术争议、申述相关的流程及时限要求。

12 附则

认证委托人对其产品及文档、认证申请资料及声明等信息的真实性负责。

检测机构对其检测结果及检测报告真实性、完整性和准确性负责。

认证机构对其认证结果的公正性、客观性负责。

附件

交通一卡通产品分类及认证依据

序号	产品名称（类别）	产品范围	认证依据
1	交通一卡通卡片	芯片	JT/T 978.6 JT/T 978.7 JT/T 1059.8
		芯片嵌入式软件	JT/T 978.2 JT/T 978.6 JT/T 978.7 JT/T 1059.8
		卡片	JT/T 978.2 JT/T 978.5 JT/T 978.7
		卡片应用	JT/T 978.2
		可穿戴设备	JT/T 978.5 JT/T 978.7

续表

序号	产品名称（类别）	产品范围	认证依据
2	交通一卡通手机产品	近场支付手机	JT/T 978.2 JT/T 978.5 JT/T 978.7 JT/T 1059.3 JT/T 1059.8
		主机卡模拟（HCE）	JT/T 1059.6 JT/T 1059.8
		客户识别模块安全单元（SIM-SE）	JT/T 1059.2 JT/T 1059.8
		客户识别模块安全单元嵌入式软件	JT/T 1059.2 JT/T 1059.8
		手机安全单元（SE）	
		手机安全单元嵌入式软件	
		安全数据卡安全单元（SD-SE）	
		安全数据卡安全单元嵌入式软件	
		手机可信执行环境（TEE）	JT/T 1059.8
		手机应用程序（App）	JT/T 1059.5 JT/T 1059.8
3	交通一卡通受理终端	通用读写器	JT/T 978.3 JT/T 978.7 JT/T 1059.7 JT/T 1059.8
		公交车载终端	
		轨道闸机读写器	
		台式终端	
		手持终端	
		通用读码器	JT/T 1179—2018
		二维码公交车载终端	
		二维码轨道闸机读码器	
		二维码台式终端	
		二维码手持终端	
4	交通一卡通系统	消费交易系统	JT/T 978.5
		清分结算系统	
		卡片数据准备系统	JT/T 978.2
		可信服务管理系统（TSM）	JT/T 1059.6 JT/T 1059.8

认监委关于调整汽车产品强制性认证依据标准的公告

（2019 年第 6 号）

为加强汽车产品质量监管，确保强制性产品认证有效性和公信力，认监委决定将 GB 19260—2016《低地板及低入口城市客车结构要求》等 9 项标准纳入强制性认证依据标准。现将有关要求明确如下：

一、自本公告发布之日起，相应的强制性产品认证实施规则 CNCA-C11-01《强制性产品认证实施规则 - 汽车》及《强制性产品认证目录描述与界定表》（认监委公告 2014 年第 45 号）中的汽车产品认证依据增加本公告附件中列入的标准，指定认证机构依据相关标准进行认证并出具认证证书。

二、已获证相关产品认证证书，自本公告发布之日起，可继续使用 1 年。企业可根据自身意愿，提前开展证书转换工作。指定认证机构认证证书转换工作，应采取到期换证、标准换版、产品变更等自然过渡的方式。相关产品认证证书转换工作，应按照《关于强制性产品认证依据用标准修订时有关要求的公告》（认监委公告 2012 年第 4 号）执行。规定期限内产品未符合要求的，由指定认证机构按照《强制性产品认证管理规定》（质检总局令第 117 号）的要求作出处理。

三、对于已获证汽车产品，如无新增试验项目，无须再进行试验，可直接换发新版认证证书；如有新增试验项目，需进行新增试验，通过试验后换发新版认证证书；过渡期结束前已出厂、销售、进口的相关产品，在销售过程中，无须换发强制性产品认证证书，但应符合其他相关法律法规的要求。

四、各指定认证机构、实验室应按照《关于强制性产品认证依据用标准修订时有关要求的公告》（认监委公告 2012 年第 4 号）要求，在 2019 年 6 月 30 日前，将按照本公告修订的实施细则、新纳入标准检测能力情况以及获得实验室资质认定的情况报认监委备案。

附件：新增汽车产品强制性认证依据标准

认监委

2019 年 3 月 6 日

附件

新增汽车产品强制性认证依据标准

序号	标准号及名称	标准实施说明
1	GB 19260-2016《低地板及低入口城市客车结构要求》	
2	GB 22757.2-2017《轻型汽车能源消耗量标识 第 2 部分：可外接充电式混合动力电动汽车和纯电动汽车》	
3	GB 26149-2017《乘用车轮胎气压监测系统的性能要求和试验方法》	第 5.1 条如果整车已证实符合标准要求，其零部件可暂不单独要求
4	GB 34655-2017《客车灭火装备配置要求》	
5	GB 34659-2017《汽车和挂车防飞溅系统性能要求和测量方法》	
6	GB 34660-2017《道路车辆 电磁兼容性要求和试验方法》	仅进行整车试验。 在标准规定的过渡期内，可根据申请人的意愿，按本标准或 GB 14023 实施
7	GB 36220-2018《运油车辆和加油车辆安全技术条件》	
8	GB/T 34657.2-2017《电动汽车传导充电互操作性测试规范 第 2 部分：车辆》	
9	GB/T 34658-2017《电动汽车非车载传导式充电机与电池管理系统之间的通信协议一致性测试》	

认监委关于公布符合农机购置补贴机具资质采信条件的认证机构的公告

（2019 年第 7 号）

根据《农业部办公厅 国家认监委办公室关于做好中央财政农机购置补贴机具资质采信农机产品认证结果工作的通知》（农办机〔2018〕6 号），经会商农业农村部，现公布符合农机购置补贴机具资质采信条件的认证机构及产品种类范围。

认监委

2019 年 3 月 8 日

符合农机购置补贴机具资质采信条件的认证机构及产品种类范围

认证机构名称	产品种类范围
北京东方凯姆质量认证中心	100 马力以下轮式拖拉机 甘蔗收获机 旋耕机 微耕机
南京赛姆认证科技发展有限公司	100 马力以下轮式拖拉机 甘蔗收获机 旋耕机 微耕机

认监委关于2018年质量管理体系认证“双随机、一公开”监督检查结果的公告

（2019年第8号）

为落实国务院关于推行“双随机、一公开”监管决策部署，依据《中华人民共和国认证认可条例》及《市场监管总局关于加强认证检测市场监管工作的通知》（国市监认证〔2018〕173号）要求，市场监管总局认监委组织开展了2018年质量管理体系认证“双随机、一公开”监督检查工作，现公布监督检查结果。

一、质量管理体系认证随机抽样及检查结果

按照问题导向原则，2018年从获证组织员工数小于50人的质量管理体系认证证书212,749张中，随机抽取500张证书作为检查样本，涉及认证机构142家。

地方市场监管部门结合当地实际，随机选取符合要求的监管人员对所在辖区抽取样本进行检查，包括认证档案检查和获证组织现场检查。本次检查共发现53家认证机构的66个认证样本存在问题（详见附件）。

二、后续处理措施

针对本次检查中发现的认证机构或认证人员涉嫌违法违规问题，相关部门依法依规进行了查处。截至目前，责令限期整改41家次，约谈3家，告诫10家，警告1家，实施罚款1家，立案调查4家。

附件：2018年质量管理体系认证“双随机、一公开”监督检查结果

认监委

2019年3月18日

附件

2018年质量管理体系认证“双随机、一公开”监督检查结果

认证机构批准号	认证机构名称	有效证书数	抽查样本数	存在问题的样本数
CNCA-R-2002-001	中国质量认证中心	13957	5	1
CNCA-R-2002-002	方圆标志认证集团有限公司	5584	15	1
CNCA-R-2002-003	上海质量体系审核中心	554	5	0
CNCA-R-2002-004	华信技术检验有限公司	158	2	0
CNCA-R-2002-005	中国船级社质量认证公司	1909	7	0
CNCA-R-2002-006	中质协质量保证中心	1516	5	1
CNCA-R-2002-007	中鉴认证有限责任公司	5141	2	0
CNCA-R-2002-009	长城（天津）质量保证中心	2822	9	1
CNCA-R-2002-010	东北认证有限公司	276	2	0
CNCA-R-2002-011	北京赛西认证有限责任公司	223	1	0
CNCA-R-2002-012	广州赛宝认证中心服务有限公司	216	1	1
CNCA-R-2002-013	浙江公信认证有限公司	607	2	0
CNCA-R-2002-014	中联认证中心（北京）有限公司	632	4	0
CNCA-R-2002-015	杭州万泰认证有限公司	1099	6	0
CNCA-R-2002-016	新世纪检验认证股份有限公司	3517	10	1
CNCA-R-2002-017	北京兴国环球认证有限公司	2063	4	0

续表

认证机构批准号	认证机构名称	有效证书数	抽查样本数	存在问题的样本数
CNCA-R-2002-020	北京中大华远认证中心	2451	5	1
CNCA-R-2002-021	华夏认证中心有限公司	2077	11	0
CNCA-R-2002-022	北京国金衡信认证有限公司	37	1	0
CNCA-R-2002-023	北京申建协认证中心有限公司	457	5	0
CNCA-R-2002-024	深圳市环通认证中心有限公司	2304	5	0
CNCA-R-2002-025	北京国建联信认证中心有限公司	324	3	0
CNCA-R-2002-026	北京天一正认证中心有限公司	380	4	0
CNCA-R-2002-027	北京中设认证服务有限公司	147	1	0
CNCA-R-2002-028	北京中安质环认证中心	2815	5	1
CNCA-R-2002-031	北京三星九千认证中心	417	4	1
CNCA-R-2002-032	天津华诚认证有限公司	61	1	0
CNCA-R-2002-034	北京航协认证中心有限责任公司	1438	7	1
CNCA-R-2002-035	兴原认证中心有限公司	3329	4	0
CNCA-R-2002-037	北京外建质量认证中心	153	1	1
CNCA-R-2002-038	北京世标认证中心有限公司	5187	9	1
CNCA-R-2002-039	北京埃尔维质量认证中心	1100	4	0
CNCA-R-2002-042	上海质量技术认证中心	403	2	0
CNCA-R-2002-043	北京联合智业认证有限公司	3861	10	3
CNCA-R-2002-044	北京中经科环质量认证有限公司	1958	7	1
CNCA-R-2002-045	北京大陆航星质量认证中心股份有限公司	3803	4	0
CNCA-R-2002-046	北京海德国际认证有限公司	6785	5	1
CNCA-R-2002-047	北京国医械华光认证有限公司	637	6	2
CNCA-R-2002-048	北京泰瑞特认证有限责任公司	955	4	1
CNCA-R-2002-050	中电联（北京）检测认证中心有限责任公司	31	1	0
CNCA-R-2002-051	上海挪亚检测认证集团有限公司	5836	9	1
CNCA-R-2002-052	北京中水源禹国环认证中心	103	1	0
CNCA-R-2002-053	北京恩格威认证中心有限公司	2085	12	1
CNCA-R-2002-064	北京思坦达尔认证中心	1858	7	1
CNCA-R-2002-065	北京中物联联合认证中心	1084	7	1
CNCA-R-2002-067	北京恒标质量认证有限公司	359	1	0
CNCA-R-2002-069	凯新认证（北京）有限公司	4450	6	2
CNCA-R-2002-070	北京军友诚信质量认证有限公司	85	2	0
CNCA-R-2002-071	中汽认证中心有限公司	20	1	0
CNCA-R-2002-098	上海环科环境认证有限公司	20	1	0
CNCA-R-2002-105	中环联合（北京）认证中心有限公司	124	2	0
CNCA-R-2003-076	北京中润兴认证有限公司	2379	6	1
CNCA-R-2003-101	北京中联天润认证中心	12625	7	1
CNCA-R-2003-104	山东世通质量认证有限公司	2160	1	0
CNCA-R-2003-111	河北英博认证有限公司	365	1	0
CNCA-R-2003-114	北京东方纵横认证中心有限公司	4253	9	2
CNCA-R-2003-115	北京五洲恒通认证有限公司	759	6	2
CNCA-R-2003-116	北京华思联认证中心	133	1	0
CNCA-R-2003-117	上海英格尔认证有限公司	5962	5	0
CNCA-R-2004-119	中煤协联合认证（北京）中心	356	1	0
CNCA-R-2005-113	北京中水卓越认证有限公司	2972	5	0

续表

认证机构批准号	认证机构名称	有效证书数	抽查样本数	存在问题的样本数
CNCA-R-2005-124	中标研国联（北京）认证中心	2406	4	0
CNCA-R-2007-139	北京国诚京信检验认证有限公司	1222	4	0
CNCA-R-2011-157	北京创源信诚管理体系认证有限公司	43	1	0
CNCA-R-2011-158	河北质量认证有限公司	298	1	0
CNCA-R-2013-162	重庆金质质量认证有限公司	44	1	0
CNCA-R-2014-164	华中国际认证检验集团有限公司	669	2	1
CNCA-R-2014-174	山东国鉴认证有限公司	383	1	0
CNCA-R-2015-179	北京中鼎恒昌认证有限公司	6734	20	3
CNCA-R-2015-184	北京中交远航认证有限公司	1185	3	0
CNCA-R-2015-189	华信创（北京）认证中心有限公司	1778	8	0
CNCA-R-2015-190	深圳中标国际检测认证股份有限公司	508	2	0
CNCA-R-2015-197	北京国标联合认证有限公司	62	2	0
CNCA-R-2015-198	北京新纪源认证有限公司	2644	5	1
CNCA-R-2015-202	浙江全品认证有限公司	644	1	1
CNCA-R-2016-214	深圳国衡认证有限公司	243	2	0
CNCA-R-2016-215	上海开成认证有限公司	352	3	1
CNCA-R-2016-217	中标联合（北京）认证有限公司	1661	5	0
CNCA-R-2016-218	上海赛威认证有限公司	1254	4	1
CNCA-R-2016-219	青岛欧检认证检验有限公司	2648	4	0
CNCA-R-2016-232	北京首信联合认证有限公司	353	1	0
CNCA-R-2016-235	杭州中奥质量认证有限公司	199	1	1
CNCA-R-2016-239	中元国际认证（深圳）有限公司	256	3	1
CNCA-R-2016-240	安信联合认证（北京）有限公司	361	4	2
CNCA-R-2016-243	福建亿盛认证有限公司	272	1	0
CNCA-R-2016-244	上海扬标认证有限公司	174	1	0
CNCA-R-2016-245	国标兴业认证（北京）有限公司	694	6	2
CNCA-R-2016-248	江苏微标标准认证有限公司	69	1	0
CNCA-R-2016-250	中球联合国际认证（北京）有限公司	556	2	0
CNCA-R-2016-251	江苏莱西认证有限公司	122	2	1
CNCA-R-2016-253	中检优邦（北京）检验认证有限公司	779	2	1
CNCA-R-2016-258	中正国际认证（深圳）有限公司	268	3	1
CNCA-R-2016-259	放心联合认证中心（北京）有限公司	59	1	1
CNCA-R-2016-262	梅津（上海）检测认证有限公司	559	1	0
CNCA-R-2016-270	深圳汇鑫达国际认证有限公司	125	2	0
CNCA-R-2016-273	中认认证有限公司	606	3	0
CNCA-R-2016-280	中泰智联（北京）认证中心有限公司	439	3	1
CNCA-R-2016-282	北京国认检验认证有限公司	2159	7	1
CNCA-R-2016-284	华鉴认证有限公司	668	1	0
CNCA-R-2016-285	浙江盛标检测认证有限公司	346	3	0
CNCA-R-2016-287	北京寰宇九州认证有限公司	357	1	0
CNCA-R-2016-288	上海中莘认证有限公司	579	1	0
CNCA-R-2016-290	中泰联合认证有限公司	800	5	0
CNCA-R-2017-294	北京九千启运认证中心有限公司	232	3	0
CNCA-R-2017-299	上海格迪认证有限公司	36	1	0
CNCA-R-2017-303	北京圣慧认证服务有限公司	173	1	0

续表

认证机构批准号	认证机构名称	有效证书数	抽查样本数	存在问题的样本数
CNCA-R-2017-305	中博联合国际认证（北京）有限公司	459	2	0
CNCA-R-2017-306	申一检测认证有限公司	198	3	1
CNCA-R-2017-307	北京航标时代检测认证有限公司	316	1	0
CNCA-R-2017-313	北京质信认证有限公司	141	1	0
CNCA-R-2017-314	北京海航时代认证中心有限公司	24	1	0
CNCA-R-2017-316	华生原检测认证中心（北京）有限公司	311	1	0
CNCA-R-2017-321	中海评认证有限公司	91	1	0
CNCA-R-2017-326	青岛科大新橡塑认证中心有限公司	112	1	0
CNCA-R-2017-332	苏州莱标标准认证有限公司	80	1	0
CNCA-R-2017-338	上海沃众认证有限公司	96	2	1
CNCA-R-2017-339	中企华信（北京）认证中心有限公司	124	1	0
CNCA-R-2017-341	山东正明认证服务有限公司	36	1	0
CNCA-R-2017-356	中检国标（北京）认证有限公司	62	1	0
CNCA-R-2018-380	安徽中青检验认证服务有限公司	15	1	0
CNCA-R-2018-390	广东沃尔德认证检测有限公司	66	1	0
CNCA-R-2018-395	中证认证有限公司	10	1	0
CNCA-RF-2002-01	通标标准技术服务有限公司	1850	4	1
CNCA-RF-2002-05	莱茵检测认证服务（中国）有限公司	668	5	0
CNCA-RF-2002-07	上海天祥质量技术服务有限公司	873	8	3
CNCA-RF-2002-11	劳氏质量认证（上海）有限公司	189	1	0
CNCA-RF-2002-13	贝尔国际验证技术服务（成都）有限公 司	268	1	0
CNCA-RF-2003-19	上海恩可埃认证有限公司	1018	2	0
CNCA-RF-2003-23	必维认证（北京）有限公司	370	5	1
CNCA-RF-2003-26	上海奥世管理体系认证有限公司	428	3	2
CNCA-RF-2003-27	上海挪华威认证有限公司	473	1	0
CNCA-RF-2003-28	江苏艾凯艾国际标准认证有限公司	410	2	0
CNCA-RF-2003-29	上海赛瑞质量认证有限公司	2845	10	0
CNCA-RF-2003-31	上海达卫师认证有限公司	2641	6	0
CNCA-RF-2004-33	杭州汉德质量认证服务有限公司	267	1	0
CNCA-RF-2004-37	上海凯瑞克质量体系认证有限公司	2823	6	1
CNCA-RF-2005-43	卡狄亚标准认证（北京）有限公司	3976	5	1
CNCA-RF-2007-48	德凯质量认证（上海）有限公司	46	1	1
CNCA-RF-2008-17	英标管理体系认证（北京）有限公司	456	2	1
CNCA-RF-2015-64	上海质环认证有限公司	1257	1	1
CNCA-RF-2015-66	优克斯认证（杭州）有限公司	563	2	0
CNCA-RF-2016-67	艾西姆认证（上海）有限公司	1259	1	0
合计		212749	500	66

认监委关于注销中家院（北京）检测认证有限公司（中国家用电器检测所）等2家机构部分领域强制性产品认证指定检测业务的公告

（2019年第9号）

经中家院（北京）检测认证有限公司（中国家用电器检测所）和山东出入境检验检疫局检验检疫技术中心2家机构主动申请，依据《强制性产品认证机构、检查机构和实验室管理办法》（质检总局令第65号），现决定即日起注销上述2家实验室承担的部分领域强制性产品认证指定检测业务。具体公告如下：

一、注销中家院（北京）检测认证有限公司（中国家用电器检测所）承担的电动工具（CNCA-C05-01：电动工具中的电钻、电动砂轮机、砂光机）、电线电缆（CNCA-C01-01：电线电缆中额定电压450/750V及以下橡皮绝缘电线电缆和聚氯乙烯绝缘电线电缆GB/T 5013.5覆盖的型号产品）强制性产品认证指定检测业务。

二、注销山东出入境检验检疫局检验检疫技术中心承担的电线电缆［CNCA-C01-01：额定电压450/750V及以下橡皮绝缘电线电缆和聚氯乙烯绝缘电线电缆（除JB/T 8734.6覆盖的型号产品）中GB/T 5013.5覆盖的型号产品、GB/T 5023.6覆盖的型号产品、GB/T 5023.7覆盖的60227IEC74（RVVYP）型号产品］强制性产品认证指定检测业务。

认监委

2019年3月28日

认监委关于变更部分强制性产品认证实施机构信息的公告

（2019 年第 10 号）

经审核，现将部分强制性产品认证实施机构变更后的信息予以公告。

认监委

2019 年 4 月 18 日

附件

强制性产品认证指定认证机构信息变更确认表

变更前信息				变更后信息			
认证机构编号	认证机构名称	指定业务范围	地址及联系方式	认证机构编号	认证机构名称	指定业务范围	地址及联系方式
08	公安部消防产品合格评定中心 CCCF	CCNCA-C11-01/A1：汽车（消防车） CNCA-C18-01：火灾报警产品 CNCA-C18-02：火灾防护产品 CNCA-C18-03：灭火设备产品 CNCA-C18-04：消防装备产品	北京市崇文区永外西革新里甲108号 电话：010-67274320 传真：010-87278660 E-mail：cccf@263.net 网址：www.cccf.net.cn 邮编：100077	08	应急管理部消防产品合格评定中心 CCCF	CNCA-C11-01/A1：汽车（消防车） CNCA-C18-01：火灾报警产品 CNCA-C18-02：火灾防护产品 CNCA-C18-03：灭火设备产品 CNCA-C18-04：消防装备产品	北京市崇文区永外西革新里甲108号 电话：010-67274320 传真：010-87278660 E-mail：cccf@263.net 网址：www.cccf.net.cn 邮编：100077

续表

变更前信息					变更后信息				
实验室编号	实验室名称	指定业务范围	实验室地址及联系方式	法人名称	实验室编号	实验室名称	指定业务范围	实验室地址及联系方式	法人名称
05301	天津摩托车质量监督检验所（国家摩托车质量监督检验中心（天津））	CNCA-C11-02：摩托车 CNCA-C11-07：机动车外部照明及光信号装置中的下列产品 ——摩托车外部照明及光信号装置 CNCA-C11-08：机动车辆间接视野装置 CNCA-C11-15：摩托车乘员头盔 CNCA-C11-16：电动自行车	天津市南开区卫津路92号天津大学内 联系人：贺文杰 电话：022-27892002 传真：022-27407628 E-mail：tmtchwj@tju.edu.cn 网址：www.cnmtctj.com 邮编：300072	天津摩托车质量监督检验所	05301	天津摩托车质量监督检验所（国家摩托车质量监督检验中心（天津））	CNCA-C11-02：摩托车 CNCA-C11-07：机动车外部照明及光信号装置中的下列产品 ——摩托车外部照明及光信号装置 CNCA-C11-08：机动车辆间接视野装置 CNCA-C11-15：摩托车乘员头盔 CNCA-C11-16：电动自行车	天津市南开区卫津路92号天津大学内 天津市静海区团泊新城津王公路天津摩托车试验场 联系人：贺文杰 电话：022-27892002 传真：022-27407628 E-mail：tmtchwj@tju.edu.cn 网址：www.cnmtctj.com 邮编：300072	天津摩托车质量监督检验所
11501	中华人民共和国扬州进出口玩具检验所	CNCA-C22-01：童车产品 CNCA-C22-02：玩具产品	江苏省扬州市开发西路6号 电话：0514-87869580	中华人民共和国扬州进出口玩具检验所	11501	江苏出入境检验检疫局轻工产品与儿童用品检测中心（中华人民共和国扬州进出口玩具检验所）	CNCA-C22-01：童车产品 CNCA-C22-02：玩具产品	江苏省扬州市开发西路8号 电话：0514-87869580	江苏出入境检验检疫局轻工产品与儿童用品检测中心（中华人民共和国扬州进出口玩具检验所）
13801	机械工业专用汽车产品质量检测中心	CNCA-C11-01：汽车中的下列产品 ——专用汽车 CNCA-C11-09汽车内饰件	湖北省武汉市经济技术开发区沌阳大道318号 联系人：王维 电话：027-84298086 13647200727 传真：027-84298053 E-mail：wangwei@catarc.ac.cn	武汉华威专用汽车检测有限责任公司	13801	机械工业专用汽车产品质量检测中心	CNCA-C11-01：汽车中的下列产品 ——专用汽车 CNCA-C11-09汽车内饰件	湖北省武汉市经济技术开发区沌阳大道55号 联系人：刘成 电话：027-84398526 18571523826 传真：027-84398531 E-mail：liucheng@catarc.ac.cn tarc.ac.cn	中汽研汽车检验中心（武汉）有限公司

续表

变更前信息					变更后信息				
实验室编号	实验室名称	指定业务范围	实验室地址及联系方式	法人名称	实验室编号	实验室名称	指定业务范围	实验室地址及联系方式	法人名称
14901	江苏亿科检测技术服务有限公司	CNCA-C11-09：汽车内饰件 CNCA-C22-01：童车产品 CNCA-C22-03：机动车儿童乘员用约束系统	江苏省昆山市陆家镇陆丰东路28号 联系人：邹宇 电话：0512-57871057 传真：0512-57876161 E-mail：yu.zou@eqots.com 网址：www.eqots.com 邮编：215331	江苏亿科检测技术服务有限公司	14901	亿科检测认证有限公司	CNCA-C11-09：汽车内饰件 CNCA-C22-01：童车产品 CNCA-C22-03：机动车儿童乘员用约束系统	江苏省昆山市陆家镇陆丰东路28号 联系人：邹宇 电话：0512-57871057 传真：0512-57876161 E-mail：yu.zou@eqots.com 网址：www.eqots.com 邮编：215331	亿科检测认证有限公司
09701	佛山市质量计量监督检测中心	CNCA-C04-01：小功率电动机中的下列产品 ——GB12350覆盖的小功率电动机 CNCA-C07-01：家用和类似用途设备中的下列产品 ——家用电冰箱和食品冷冻箱、电风扇、空调器、家用电动洗衣机、电热水器、室内加热器、真空吸尘器、皮肤和毛发护理器具、电熨斗、电磁灶、电烤箱、电动食品加工器具、微波炉、电灶、灶台、烤炉和类似器具、吸油烟机、液体加热器和冷热饮水机、电饭锅 CNCA-C11-15：摩托车乘员头盔 CNCA-C21-01：装饰装修产品中的下列产品 ——溶剂型木器涂料、瓷质砖 CNCA-C11-08：机动车辆间接视野装置中的下列产品 ——汽车后视镜 CNCA-C11-09：汽车内饰件 CNCA-C11-10：汽车门锁及门保持件 CNCA-C11-12：汽车座椅及座椅头枕	广东省佛山市南海区狮山镇科技西路2号 联系人：沙梅、张高旗 电话：0757-88713192、88735288 传真：0757-88735555-22 E-mail：fszjwb@163.com fshanggaoqi@163.com 网址：www.fszjzx.com 邮编：528225 广东省佛山市禅城区季华西路罗格工业园科汇路2号 联系人：甘峰 电话：0757-88036990 传真：0757-88036866 E-mail：gdfsgf@163.com 邮编：528061	佛山市质量计量监督检测中心	09701	佛山市质量计量监督检测中心	CNCA-C04-01：小功率电动机中的下列产品 ——GB12350覆盖的小功率电动机 CNCA-C07-01：家用和类似用途设备中的下列产品 ——家用电冰箱和食品冷冻箱、电风扇、空调器、家用电动洗衣机、电热水器、室内加热器、真空吸尘器、皮肤和毛发护理器具、电熨斗、电磁灶、电烤箱、电动食品加工器具、微波炉、电灶、灶台、烤炉和类似器具、吸油烟机、液体加热器和冷热饮水机、电饭锅 CNCA-C11-15：摩托车乘员头盔 CNCA-C21-01：装饰装修产品中的下列产品 ——溶剂型木器涂料、瓷质砖 CNCA-C11-08：机动车辆间接视野装置中的下列产品 ——汽车后视镜 CNCA-C11-09：汽车内饰件 CNCA-C11-10：汽车门锁及门保持件 CNCA-C11-12：汽车座椅及座椅头枕	广东省佛山市南海区狮山镇科技西路2号 联系人：沙梅、张高旗 电话：0757-88713192、88735288 传真：0757-88735555-22 E-mail：fszjwb@163.com fshanggaoqi@163.com 网址：www.fszjzx.com 邮编：528225 广东省佛山市禅城区季华西路罗格工业园科汇路2号 联系人：甘峰 电话：0757-88036990 传真：0757-88036866 E-mail：gdfsgf@163.com 邮编：528061	佛山市质量计量监督检测中心

续表

变更前信息					变更后信息				
实验室编号	实验室名称	指定业务范围	实验室地址及联系方式	法人名称	实验室编号	实验室名称	指定业务范围	实验室地址及联系方式	法人名称
09701	佛山市质量计量监督检测中心	CNCA-C11-16：电动自行车	联系人：沙梅 电话：0757-88713192 传真：0757-88735555 E-mail：fszjywb@163.com 邮编：528061	佛山市质量计量监督检测中心	09701	佛山市质量计量监督检测中心	CNCA-C11-16：电动自行车	广东省佛山市禅城区季华西路罗格工业园科汇路2号 广东省佛山市南海区狮山镇科技西路2号 联系人：沙梅 电话：0757-88713192 传真：0757-88735555 E-mail：fszjywb@163.com 邮编：528061	佛山市质量计量监督检测中心
02201	广东出入境检验检疫局检验检疫技术中心	CNCA-C04-01：小功率电动机中的下列产品 ——GB12350覆盖的小功率电动机 CNCA-C07-01：家用和类似用途设备中的下列产品 ——电风扇、室内加热器、真空吸尘器、皮肤和毛发护理器具、电熨斗、电烤箱、电动食品加工器具、液体加热器和冷热饮水机、电饭锅 CNCA-C10-01：照明电器 CNCA-C07-01：家用和类似用途设备中的下列产品 ——家用电冰箱和食品冷冻箱、空调器、家用电动洗衣机、电热水器、电磁灶、微波炉、电灶、灶台、烤炉和类似器具、吸油烟机 CNCA-C22-01：童车产品中的下列产品 ——玩具自行车、电动童车、其他玩具车辆 CNCA-C22-02：玩具产品	广东省广州市珠江新城花城大道66号 联系人：裴晓波 电话：020-38290476 传真：020-38290490 E-mail：esl@iqtc.cn 网址：www.iqtc.cn 邮编：510623 广东省佛山市顺德大良德胜东路3号 联系人：廖嫒敏 电话：0757-22826131 传真：0757-22915209 E-mail：liaoam@iqtc.cn 联系人：何惠蝉 电话：020-38290587 传真：020-38290599 E-mail：gz0587@iqtc.cn	广东出入境检验检疫局检验检疫技术中心	02201	广东出入境检验检疫局检验检疫技术中心	CNCA-C04-01：小功率电动机中的下列产品 ——GB12350覆盖的小功率电动机 CNCA-C07-01：家用和类似用途设备中的下列产品 ——电风扇、室内加热器、真空吸尘器、皮肤和毛发护理器具、电熨斗、电烤箱、电动食品加工器具、液体加热器和冷热饮水机、电饭锅 CNCA-C10-01：照明电器 CNCA-C22-01：童车产品中的下列产品 ——玩具自行车、电动童车、儿童三轮车、儿童推车、婴儿学步车、其他玩具车辆 CNCA-C22-02：玩具产品	广东省广州市珠江新城花城大道66号 联系人：裴晓波、何惠蝉 电话：020-38290476 020-38290587 传真：020-38290490 020-38290599 E-mail：esl@iqtc.cn gz0587@iqtc.cn 网址：www.iqtc.cn 邮编：510623 广东省佛山市顺德大良德胜东路3号 联系人：廖嫒敏 电话：0757-22826131 传真：0757-22915209 E-mail：liaoam@iqtc.cn	广东出入境检验检疫局检验检疫技术中心

续表

变更前信息					变更后信息				
实验室编号	实验室名称	指定业务范围	实验室地址及联系方式	法人名称	实验室编号	实验室名称	指定业务范围	实验室地址及联系方式	法人名称
02201	广东出入境检验检疫局检验检疫技术中心	CNCA-C11-09: 汽车内饰件 CNCA-C22-01: 童车产品中的下列产品 ——儿童自行车、儿童三轮车、儿童推车、婴儿学步车 CNCA-C22-03: 机动车儿童乘员用约束系统 CNCA-C21-01: 装饰装修产品中的下列产品 ——溶剂型木器涂料	广东省广州科学城南翔之路1号C102房 联系人: 苍安国 电话: 020-82350405 13710367730 传真: 020- 32065399 E-mail: cangga @iqtc.cn 广东省广州市天河区珠江新城花城大道66号B座 联系人: 黄宇斌 电话: 020-38291635 传真: 020-38291635 E-mail: huangyb@iqtc.cn	广东出入境检验检疫局检验检疫技术中心	02201	广东出入境检验检疫局检验检疫技术中心	CNCA-C07-01: 家用和类似用途设备中的下列产品 ——家用电冰箱和食品冷冻箱、空调器、家用电动洗衣机、电热水器、电磁灶、微波炉、电灶、灶台、烤炉和类似器具、吸油烟机 CNCA-C11-09: 汽车内饰件 CNCA-C22-01: 童车产品中的下列产品 ——儿童自行车、儿童三轮车、儿童推车、婴儿学步车 CNCA-C22-03: 机动车儿童乘员用约束系统 CNCA-C21-01: 装饰装修产品中的下列产品 ——溶剂型木器涂料	广东省广州科学城南翔支路1号C102房 联系人: 苍安国 电话: 020-82350405 13710367730 传真: 020- 32065399 E-mail: cangga @iqtc.cn 广东省广州市天河区珠江新城花城大道66号B座 联系人: 黄宇斌 电话: 020-38291635 传真: 020-38291635 E-mail: huangyb@iqtc.cn	广东出入境检验检疫局检验检疫技术中心
02901	大连市产品质量监督检验所	CNCA-C01-01: 电线电缆中的下列产品 ——额定电压450/750V及以下橡皮绝缘电线电缆和聚氯乙烯绝缘电线电缆（除GB/T 5013.8覆盖的型号产品、GB/T 5023.6覆盖的60227 IEC 71c(TVV)型号产品） CNCA-C03-01: 低压成套开关设备（短时耐受电流强度420V 80kA 1s及以下） CNCA-C03-02: 低压元器件中的下列产品（短路电流强度420V 80kA及以下） ——低压断路器、低压开关（隔离器、隔离开关及熔断器组合电器）、低压机电式接触器和电动机起动器、机电式控制电路电器、交流半导体电动机控制器和起动器、MCB	辽宁省大连市甘井子区革镇堡新水泥路150号 联系人: 郑顺利 电话: 0411-84603949 传真: 0411-84603289 E-mail: 13840814566@139.com	大连市产品质量监督检验所	02901	大连产品质量检验检测研究院有限公司	CNCA-C01-01: 电线电缆中的下列产品 ——额定电压450/750V及以下橡皮绝缘电线电缆和聚氯乙烯绝缘电线电缆（除GB/T 5013.8覆盖的型号产品、GB/T 5023.6覆盖的60227 IEC 71c(TVV)型号产品） CNCA-C03-01: 低压成套开关设备（短时耐受电流强度420V 80kA 1s及以下） CNCA-C03-02: 低压元器件中的下列产品（短路电流强度420V 80kA及以下） ——低压断路器、低压开关（隔离器、隔离开关及熔断器组合电器）、低压机电式接触器和电动机起动器、机电式控制电路电器、交流半导体电动机控制器和起动器、MCB	辽宁省大连市甘井子区革镇堡新水泥路150号 联系人: 蔡强 电话: 0411-87963908 传真: 0411-87963908 E-mail: dlzjy87963920@163.com	大连产品质量检验检测研究院有限公司

认监委关于明确城市轨道交通装备认证机构资质条件及认证实施规则的公告

（2019 年第 11 号）

根据《国家认证认可监督管理委员会 国家发展和改革委员会关于印发〈城市轨道交通装备认证实施意见〉及〈城市轨道交通装备产品认证第一批目录〉的通知》（国认证联〔2017〕142 号）有关要求，现将城市轨道交通装备认证机构资质条件明确如下：

一、依法设立并符合《中华人民共和国认证认可条例》、《认证机构管理办法》规定的认证机构基本要求。

二、相应产品认证活动的实施，应当符合 GB/T 27065《合格评定产品、过程和服务认证机构要求》。

三、认真落实国家相关政策要求，具备从事城市轨道交通装备认证活动的相关专业技术能力：一是自有或签约的检测机构依法经过资质认定且具备对认证目录内产品进行检测的专业能力；二是有 10 名以上具有认证目录内产品专业知识和实践经验的专职认证人员。

四、已开展相应认证领域的自愿性产品认证活动。

具备上述资质条件的认证机构，可按照《城市轨道交通装备产品认证第一批目录》中的产品名称（类别）向认监委提出申请，经批准后方可依据相关认证实施规则（见附件）开展城市轨道交通装备产品认证，在认证证书和获证产品上使用“CURC”认证标志。

附件：1. 城市轨道交通装备产品认证实施规则 通用要求

2. 城市轨道交通装备产品认证实施规则 特定要求—城市轨道交通车辆（略）

3. 城市轨道交通装备产品认证实施规则 特定要求—城市轨道交通制动系统（略）

4. 城市轨道交通装备产品认证实施规则 特定要求—城市轨道交通牵引传动系统（略）

5. 城市轨道交通装备产品认证实施规则 特定要求—城市轨道交通电动客车列车控制与诊断系统（略）

6. 城市轨道交通装备产品认证实施规则 特定要求—城市轨道交通车辆车门（略）

7. 城市轨道交通装备产品认证实施规则 特定要求—城市轨道交通车辆车钩缓冲装置（略）

8. 城市轨道交通装备产品认证实施规则 特定要求—城市轨道交通基于通信的列车运行控制系统（CBTC）（略）

认监委

2019 年 4 月 30 日

附件

城市轨道交通装备产品认证实施规则

通用要求

1 适用范围

本规则适用于国家认证认可监督管理委员会与国家发展和改革委员会联合发布的城市轨道交通装备认证自愿性产品认证目录中的产品。本规则应与各项《城市轨道交通装备产品认证实施规则 特定要求》结合使用。

2 认证模式

城市轨道交通装备产品认证的基本模式为：型式试验+初始工厂检查+获证后监督。型式试验的内容一般包含设计鉴定、产品抽样检验检测和运行考核，根据产品特点及运营需要，型式试验的内容不同，其中设计鉴定指可采用计算、比对分析、试验、文件审查等方式，证明产品符合认证依据标准要求的评价活动。

在基本模式的基础上可增加其他认证要素，如“功能安全认证”等。

各产品具体认证模式见《城市轨道交通装备产品认证实施规则 特定要求》。

3 认证的基本过程

城市轨道交通装备产品认证的基本过程包括：认证委托；型式试验；功能安全认证（适用时）；初始工厂检查；认证结果评定；获证后监督。

4 认证实施的基本要求

4.1 认证委托

4.1.1 城市轨道交通装备的生产者/制造商或者销售者、进口商（以下统称认证委托人）应向认证机构提出认证委托，提交申请书并随附申请文件。

4.1.2 销售者、进口商作为认证委托人时，还应当向认证机构提供销售者与生产者或者进口商与生产者订立的相关合同副本。

4.1.3 认证委托人应对产品质量负相关责任。

4.1.4 认证单元划分、申请条件、申请文件见《城市轨道交通装备产品认证实施规则 特定要求》。

4.1.5 认证机构对认证委托进行处理，做出受理或不受理决定并告知认证委托人。

4.2 型式试验

4.2.1 设计鉴定（适用时）

4.2.1.1 适用范围

设计鉴定适用于标准要求范围之内，对新产品、新技术、新企业以及标准无法定量检测的要求。对于已投入轨道交通（试）运营的产品，提供满足《城市轨

道交通装备产品认证实施规则 特定要求》规定的证明文件，可不再进行设计鉴定。

4.2.1.2 资料提交

具体提交的资料见《城市轨道交通装备产品认证实施规则 特定要求》。

4.2.1.3 设计鉴定的方式

设计鉴定的方式主要包括计算、对比分析、试验、文件审查等，以确定产品设计与所依据标准的符合性。

4.2.1.4 设计鉴定的实施

收到企业提交的有关资料后，认证机构组织专业人员对企业提交的设计图纸及技术文件进行审查，必要时认证机构可在产品的策划设计阶段参与标准符合性评价。

4.2.2 产品抽样检验检测

4.2.2.1 抽样

产品抽样工作由具有认证产品检验检测资格的机构或工厂质量保证能力检查组人员进行。抽样方案见《城市轨道交通装备产品认证实施规则 特定要求》。

4.2.2.2 样品发送

所抽样品由认证委托人负责按认证机构的要求送达，并对样品的完整性和安全性负责。

4.2.2.3 检验检测

产品检验检测机构应当依法经过资质认定，具备对认证目录内产品进行检验检测的专业能力，由认证机构签约管理。检验检测项目见《城市轨道交通装备产品认证实施规则 特定要求》。

对于低风险或检验检测机构暂不具备能力和条件的检验检测项目，如生产企业具备认证标准要求的检验检测能力和条件，认证机构可利用生产企业检验检测资源并采信检验检测结果。

4.2.3 运行考核（适用时）

申证产品或同单元产品运行考核应满足《城市轨道交通装备产品认证实施规则 特定要求》中的规定，可提交由轨道交通业主单位、整车生产企业或认证机构出具的产品运行情况证明文件，内容包括使用项目或场所、使用数量、产品名称、规格型号、里程、时间、产品使用情况、故障处理情况等。

4.3 功能安全认证（适用时）

4.3.1 一般要求

功能安全认证是指对 GB/T 20438 系列标准所定义的产品功能安全所开展的认证活动。功能安全认证的对象为存在安全性风险且由电气/电子/可编程电子系统组成或驱动的产品，各产品的安全完整性等级要求见《城市轨道交通装备产品认证实施规则 特定要求》。

4.3.2 依据标准

根据下列标准要求开展轨道交通功能安全认证。

a）GB/T 21562 轨道交通可靠性、可用性、可维修性和安全性规范及示例；

b）GB/T 28808 轨道交通通信、信号和处理系统控制和防护系统软件；

c）GB/T 28809 轨道交通通信、信号和处理系统信号用安全相关电子系统。

4.3.3 实施要求

认证机构需要检查产品是否按照认证委托人声明的安全完整性等级（SIL）进行开发；其中软件开发过程必须满足《GB/T 28808 轨道交通通信、信号和处理系统控制和防护系统软件》中相对应的安全完整性等级的要求；硬件和系统（软件和硬件集成）必须满足《GB/T 28809 轨道交通通信、信号和处理系统信号用安全相关电子系统》的相应要求。

企业也可提交由国家认证认可监督管理部门批准的其他认证机构出具的安全完整性等级符合标准要求的证明及相关文件，认证机构应按上述要求复核，确认是否采信其结果。

本规则实施前申证产品已完成功能安全认证的，认证机构应按上述要求复核，确认是否采信其结果。

认证机构完成功能安全认证后，出具功能安全认证报告，该报告所确认的产品安全完整性等级(SIL 等级)应在城市轨道交通装备产品认证证书中予以体现。

4.4 初始工厂检查

4.4.1 检查内容

初始工厂检查的内容包括认证委托人申请材料的文件审查和产品生产企业现场的工厂质量保证能力检查（含产品一致性检查）。

4.4.1.1 文件审查

认证机构指派检查员对认证委托人提交的管理体系文件、企业标准、必备的生产设备、工艺装备、计量器具和检测手段、人员情况等材料进行文件审查。必要时认证机构可安排初访、预审或安全证据的复核。

4.4.1.2 工厂质量保证能力检查

认证机构指派检查组在生产企业现场按照《城市轨道交通装备产品认证工厂质量保证能力要求》进行工厂质量保证能力检查，检查工作由检查组长负责。

4.4.2 检查范围

工厂质量保证能力检查应覆盖申请认证的所有产品和生产制造涉及的所有活动和场所。

4.4.3 检查时间

文件审查和工厂质量保证能力检查时间根据所申请认证产品的认证模式、产品复杂程度、认证单元数量、生产规模、生产场所，以及产品风险类别等确定，以人日数计算。

产品风险类别按由高到低分为 3 类：

第 1 类风险

直接关系运营安全的产品，如道岔、通讯和信号系统部分产品、车辆整车、轮对等产品。

第 2 类风险

关系运营安全的一般产品，除确定为第 1 类和第 3 类风险外的其他产品。

第 3 类风险

不直接影响或不影响运营安全并且结构和技术相对简单的产品和成熟性较高的产品，如车厢座椅、扶手等。

4.4.4 检查结果

4.4.4.1 文件审查结果

检查员在文件审查结束后编写文件审查报告，报告审查结果：

a）文件审查基本符合要求，进行下一步工作；

b）文件审查不符合要求，由认证委托人对不符合项进行补充和完善。

4.4.4.2 工厂质量保证能力检查结果

检查组对工厂质量保证能力检查中确认的不符合项开具不符合报告，在工厂质量保证能力检查结束前向认证委托人通报检查结果。

工厂质量保证能力检查结论为基本具备保证能力时，认证委托人应在规定时间内对工厂质量保证能力检查中发现的不符合项进行原因分析并采取纠正措施，由检查组长或其指定的检查员对纠正措施的实施效果进行验证，确认其是否符合规定后，将相关资料提交认证机构进行认证结果评价。

工厂质量保证能力检查结论为具备或不具备保证能力时，由检查组长负责将相关资料提交认证机构进行认证结果评价。

4.5 认证结果评定及认证时限

4.5.1 认证结果评定

认证机构负责组织认证决定人员对型式试验结果、初始工厂检查结果、功能安全认证结果等进行综合评定。符合发证条件的，由认证机构向认证委托人颁发认证证书；不符合发证条件的，终止认证，由认证机构向认证委托人发出认证结果通知书，并说明原因。

4.5.2 认证时限

认证机构应对认证各环节的时限做出规定，并确保相关工作按时限要求完成。认证委托人须对认证活动予以积极配合。一般情况下，认证机构收到申请材料10 个工作日内，应发出受理或不受理通知书。需要补充材料时，通知认证委托人补充材料，符合要求后 10 个工作日内发出受理通知书。

4.6 获证后监督

4.6.1 监督频次

获证后，在证书有效期内每 12 个月至少进行一次监督检查，若发生下述情况之一可增加监督检查频次：

a）获证产品出现严重质量问题或用户提出投诉，经查实为认证委托人责任的；

b）认证机构对获证产品与认证标准要求的符合性提出质疑时；

c）认证委托人因变更组织结构、生产条件、管理体系等，可能影响产品符合性或一致性时。

4.6.2 监督的内容

获证后的监督包括工厂质量保证能力监督检查和产品抽样检验检测两部分。

4.6.2.1 工厂质量保证能力监督检查

由认证机构指派检查组进行，至少覆盖《城市轨道交通装备产品认证工厂质量保证能力要求》（附件 1）规定的设备设施、关键零部件和材料的采购、生产过程控制、检验检测、不合格品控制、最终产品的出厂检验、证书/标志的使用、产品一致性、上次检查提出的或产品检验检测的不合格项、顾客投诉、不合格产品的处置结果及认证产品的变更等内容，其他项可结合需要选查。

检查时间比照初始工厂检查确定，一般为初始工厂检查时间的 1/2~3/4。

4.6.2.2 产品抽样检验检测

需要时，对获证产品进行抽样检验检测，抽样检验检测的样品应在生产企业生产的合格品中随机抽取，包括生产线、仓库和用户处的产品。产品抽样工作可由具有认证产品检验检测资格的机构或工厂质量保证能力监督检查组人员进行，抽样方案、检验检测项目详见《城市轨道交通装备产品认证实施规则 特定要求》。

检验检测依据所规定的项目均可作为抽样检验检测项目。

认证机构可针对不同产品的不同情况，以及其对产品性能的影响程度，进行部分或全部项目的检验检测。

4.6.3 监督结果

监督检查合格的，由认证机构向认证委托人发出维持认证证书通知书，可以继续保持认证证书并使用认证标志。监督检查不合格的，由认证机构向认证委托人发出暂停认证证书通知书或撤销认证证书通知书，并说明原因，对外公告。

5 产品认证证书

对符合产品认证要求的，由认证机构向认证委托人颁发产品认证证书。

5.1 认证证书的内容

城市轨道交通装备产品认证证书至少包括以下内容：

a）认证委托人名称、注册地址；

b）产品商标（需要时）、生产者（制造商）、生产或加工厂（场）所名称、地址；

c）产品名称、产品系列（适用时）、规格/型号（适用时）、软件版本（适用时），需要时对产品功能、特征的描述；

d）认证模式；

e）认证依据的标准、技术要求；

f）符合的安全完整性等级（适用时）；

g）发证日期和有效期；

h）证书编号；

i）发证机构名称地址，并加盖认证机构印章；

j）年度检查确认要求；

k）查询网址和电话；

l）其他需要标注的信息。

5.2 认证证书的有效性

5.2.1 产品认证证书有效期为五年，证书有效性依据获证后的监督结果获得保持。

5.2.2 需要延续证书有效期的，认证委托人应在证书期满前，按规定时间要求重新提出认证申请，认证机构按本规则重新进行受理和检查。

5.3 认证证书的暂停、注销和撤销

5.3.1 认证证书的暂停

5.3.1.1 凡有下列情况之一者，认证机构应暂停认证委托人持有的认证证书，并对外公告：

a）认证委托人违反国家法律法规、国家级或省级监督抽查结果证明产品存在不合格，但不需要立即撤销认证证书的；

b）认证产品适用的认证依据或者认证实施规则换版或变更，认证委托人在规定期限内未按要求履行变更程序，或产品未符合变更要求的；

c）监督检查结果证明认证委托人违反认证实施规则的规定（包括产品抽样检验检测不合格、工厂监督检查不合格、产品一致性存在问题等）或认证机构相关要求，但通过整改可以达到认证要求的；

d）有关单位、部门或个人反映并经查实，已认证的产品存在质量问题，但未造成严重后果不需要立即撤销认证证书的；

e）认证委托人未按规定使用认证证书和认证标志，视情节需要开展调查的；

f）伪造检验检测报告，未造成严重后果不需要立即撤销认证证书的；

g）认证委托人无正当理由不接受或不能在规定的期限内接受国家有关部门或认证机构的监督检查或监督抽样检验检测的；

h）认证证书的信息（如认证委托人/生产者/生产厂的名称或地址，获证产品型号或规格等）发生变更或有证据表明生产厂的组织结构、管理体系发生重大变化，认证委托人未向认证机构申请变更批准或备案的；

i）认证委托人主动申请暂停认证证书的；

j）逾期未交纳认证费用的；

k）其他应当暂停使用认证证书的情形。

5.3.1.2 认证证书暂停的，认证委托人应自暂停之日起6个月内提出恢复申请、12个月内完成整改，符合相关要求的，认证机构应恢复其认证证书。

5.3.1.3 认证证书暂停期间，认证委托人不得使用证书，生产的该产品不得使用认证标志，不得就其认证资格做出误导性的声明；属产品质量缺陷被暂停认证证书的，不得将确认的缺陷产品预期交付使用或投入市场，已交付使用的应主动召回，并向现有的和潜在的所有相关采购方告知其认证状态。

5.3.2 认证证书的注销

5.3.2.1 凡有下列情况之一者，认证机构应注销认证委托人持有的认证证书，并对外公告：

a）认证委托人不再从事已获证产品生产，主动放弃保持认证证书的；

b）获证产品已列入国家或相关方明令淘汰或禁止生产的；

c）其他应注销认证证书的情形。

5.3.2.2 自认证证书注销之日起，停止使用认证证书和认证标志。认证证书注销后不能恢复。

5.3.2.3 如认证委托人申请注销正在暂停中的认证证书，认证机构应评价其是否完成相关不合格产品的处置后，决定是否予以注销。

5.3.3 认证证书的撤销

5.3.3.1 凡有下列情况之一者，认证机构应撤销认证委托人持有的认证证书，禁止其使用认证标志，并对外公告：

a）暂停使用认证证书后，6个月未提出恢复申请或12个月未完成整改的。因检验检测周期等特殊原因未完成整改的，按相关规定处理；

b）认证委托人违反国家法律法规、国家级或省级监督抽查结果证明产品出现严重缺陷或一致性存在严重问题的；

c）有关单位、部门或个人反映并经查实，因获证产品缺陷而导致质量责任事故的；

d）出租、出借或者转让认证证书、认证标志，情节严重的；

e）认证委托人提供虚假样品，或获证产品与抽样检验检测样品不一致的；

f）弄虚作假，采用欺骗、贿赂等不正当手段获取认证证书的；

g）列入国家信用信息严重失信主体相关名录的；

h）其他应撤销认证证书的情形。

5.3.3.2 自认证证书撤销之日起，不得使用认证证书和认证标志。

5.4 其他事项

5.4.1 认证委托人/相关方应及时向认证机构通报因获证产品质量问题导致的质量责任事故。

5.4.2 认证机构在日常工作中应与城市轨道交通行业相关部门加强信息沟通合作，及时收集相关方的投诉、媒体曝光和行业监管部门通报的违法信息以及各级监督抽查结果，对涉及认证产品的，认证机构应进行调查落实，按规定对相关认证证书做出暂停、撤销等处理决定。

5.4.3 被注销和撤销的认证证书应予以收回，无法收回的应予以公布。

6 认证变更

6.1 变更的申请

《城市轨道交通装备产品认证实施规则 特定要求》中列出的关键零部件（或材料）的控制项目、关键生产场所（搬迁、增加新生产场所等）、产品结构设计等发生变更时，认证委托人应在批量生产前提出认证变更申请并经认证机构确认。

管理体系改变（例如所有权、生产组织结构发生较大变化时等）、组织隶属关系改变、认证标志的使用方式改变时，认证委托人应在 20 个工作日内提出认证变更申请并经认证机构确认。

认证委托人、生产厂、注册地址、生产地址、产品、型号（结构未变）等名称及法定代表人、认证联络工程师、企业联系方式等信息发生变更时，认证委托人应在 20 个工作日内向认证机构提出认证变更申请与备案。

其他变更按照《城市轨道交通装备产品认证实施规则 特定要求》规定执行。

6.2 变更的评价

对需经认证机构确认的变更，应视情况进行必要的检验检测或补充检查，认证机构对变更进行评价，评价合格后确认变更。对需经认证机构备案的变更，可直接办理变更备案。需要时办理证书变更。

6.3 变更的确认

变更确认后，认证机构应向认证委托人发送变更结果确认通知书。认证变更未通过确认的，不得擅自使用认证标志，一经发现，认证机构将根据本规则 5.3条的要求对该产品认证证书做出暂停直至撤销的决定。

7 认证扩项或范围缩小

7.1 认证扩项

认证委托人需要新增认证产品、新增产品认证单元或扩大已获证产品单元的覆盖范围时，应办理扩项手续。

对于新增产品，应比照初次认证的程序和要求进行工厂质量保证能力补充检查和产品抽样检验检测；对于新增认证单元或扩大已获证产品单元的覆盖范围，根据需要对技术要求的差异进行补充检验检测或补充检查。确认合格后，可颁发或换发认证证书。

7.2 认证范围缩小

认证委托人在证书有效期内需缩小认证范围时，应比照认证变更的要求办理证书变更手续。

8 认证标志的使用

认证证书持有人，准许使用城市轨道交通装备产品认证标志，并应遵守认证证书和认证标志管理规定。获证产品应在本体上加施认证标志，当由于产品特点难以在本体标注，且《城市轨道交通装备产品认证实施规则 特定要求》已有规定时，可以在产品包装和说明书上标注认证标志。

城市轨道交通装备产品认证标志由基本图案和认证机构标志识别信息组成。

认证机构标志识别信息

9 认证情况报备

认证机构应及时将认证委托人认证证书获得、变更、暂停、注销、撤销等情况向城市轨道交通装备认证技术委员会秘书处报备。

10 收费

由认证机构按有关规定向认证委托人收取。

附件（略）

认监委关于发布2019年第一批强制性产品认证实验室日常指定决定的公告

（2019年第12号）

根据《中华人民共和国认证认可条例》、《强制性产品认证机构、检查机构和实验室管理办法》（质检总局令第65号）及认监委有关公告规定，现对2019年第一批强制性产品认证实验室日常指定决定予以公告。

对本指定决定有异议的，请于公告发布之日起15个工作日内向我委提出申诉或投诉（注明联系人和联系方式）。

认监委

2019年5月25日

附件

2019年第一批强制性产品认证实验室日常指定决定

指定项目编号	产品领域	指定实验室	指定业务范围	地址及联系方式	法人单位
3.2	CNCA-C02-01：电器附件	浙江方圆检测集团股份有限公司（02401）	CNCA-C02-01：电路开关及保护或连接用电器装置（电器附件）中的下列产品 ——器具耦合器	杭州市杭州经济技术开发区下沙路300号 联系人：徐建楚 电话：0571-85128182 传真：0571-85120675 E-mail：7173862@qq.com	浙江方圆检测集团股份有限公司
3.8	CNCA-C08-01：音视频设备 CNCA-C09-01：信息技术设备 CNCA-C16-01：电信终端设备	浙江科正电子信息产品检验有限公司（国家电子计算机外部设备质量监督检验中心）（03701）	CNCA-C08-01：音视频设备	浙江省杭州市滨江区江虹南路316号 联系人：刘灿辉 电话：0571-88366861 传真：0571-88366821 E-mail：liuch@ksign.cn	浙江科正电子信息产品检验有限公司
3.24	CNCA-C22-02：玩具产品	广东精正检测有限公司（20101）	CNCA-C22-02：玩具产品中的下列产品： ——电玩具类产品、塑胶玩具类产品、弹射玩具类产品、娃娃玩具类产品	广东省汕头市澄海区澄华工业区艺丰大厦一、二层 联系人：龚磊 电话：0754-86988860 传真：0754-86988820 E-mail：ambrose.gong@ajtesting.com 网址：www.ajtesting.com	广东精正检测有限公司
5.3	CNCA-C11-09：汽车内饰件	江苏精锐检测技术有限公司（21401）	CNCA-C11-09：汽车内饰件	江苏省镇江市丹阳市丹北镇新巷村 联系人：陈军 电话：18006107660 传真：0511-86361179	江苏精锐检测技术有限公司

续表

指定项目编号	产品领域	指定实验室	指定业务范围	地址及联系方式	法人单位
5.3	CNCA-C11-09：汽车内饰件	江苏精锐检测技术有限公司（21401）	CNCA-C11-09：汽车内饰件	E-mail：jun.chen@tongdajs.com 网址：jsjrjc.net	江苏精锐检测技术有限公司
5.7	CNCA-C11-07：机动车外部照明及光信号装置	江苏精锐检测技术有限公司（21401）	CNCA-C11-07：机动车外部照明及光信号装置	江苏省镇江市丹阳市丹北镇新巷村 联系人：陈军 电话：18006107660 传真：0511-86361179 E-mail：jun.chen@tongdajs.com 网址：jsjrjc.net	江苏精锐检测技术有限公司

市场监管总局 海关总署关于免予办理强制性产品认证工作有关安排的公告

（联合公告2019年第13号）

根据市场监管总局和海关总署职能配置的相关规定，现就免予办理强制性产品认证工作的相关安排公告如下：

一、市场监管总局负责强制性产品认证制度的组织实施和监督管理工作。海关总署负责涉及强制性产品认证进口产品的验证工作。市场监管总局和海关总署建立强制性产品认证证书或证明性文件等信息的联网核查、通报和协作机制。

二、在2019年3月31日以前，继续由各地海关依据机构改革前的工作职能核发免予办理强制性产品认证证明。

三、自2019年4月1日起，由市场监管部门承接免予办理强制性产品认证的相关工作。

四、相关申报单位继续使用“CCC免办及特殊用途进口产品检测处理管理系统”（http://cccmb.cnca.cn）提交有关资料，相关申报和管理要求不变。

五、对属于强制性产品认证监管范围且符合免予办理强制性产品认证有关条件的进口货物，申报单位应在办理报关前取得免予办理强制性产品认证证明。

六、海关在验证工作中发现实际进口货物与强制性产品认证证书或证明性文件不一致，或存在其他违法违规情况，按照《中华人民共和国海关法》和《中华人民共和国进出口商品检验法》等相关法律法规的规定进行处置。

特此公告。

市场监管总局 海关总署

2019年3月13日

认监委关于开展防爆电气等产品强制性产品认证实施机构指定工作的公告

（2019 年第 13 号）

为贯彻落实《国务院关于进一步压减工业产品生产许可证管理目录和简化审批程序的决定》（国发〔2018〕33 号）有关要求，确保防爆电气、家用燃气器具和标定容积 500L 以上家用电冰箱由生产许可平稳转为强制性产品认证管理，认监委将依据《中华人民共和国认证认可条例》（以下简称条例）、《强制性产品认证机构、检查机构和实验室管理办法》（质检总局令第 65 号）、《国家认监委关于调整从事强制性产品认证以及相关活动的认证机构检查机构实验室指定行政审批要求的公告》（国家认监委 2016 年第 11 号公告）开展从事相关产品强制性产品认证及相关活动的认证机构和实验室指定工作。现将有关要求公告如下：

一、指定需求

上述领域强制性产品认证机构和实验室指定需求详见附件。已指定认证机构和实验室具有家用电冰箱和食品冷冻箱业务范围的，可直接承担标定容积 500L 以上家用电冰箱强制性产品认证和检测工作。

二、指定原则

（一）公正公开、择优使用；

（二）优先考虑指定防爆电气、家用燃气器具原生产许可证审查、检测机构；仅考虑指定标定容积 500L 以上家用电冰箱原生产许可证检测机构；

（三）在防爆电气领域，优先考虑指定代表我国参与国际电工委员会防爆电气产品认证体系（IECEx）的机构；在家用燃气器具领域，优先考虑指定实施相应产品自愿性认证的机构；

（四）优先考虑指定检测认证一体化的机构。

三、指定条件

（一）申请从事强制性产品认证活动的认证机构应当具备下列条件：

1. 依照条例规定设立，具有相应领域 2 年以上认证经历或者颁发相关产品认证证书 20 份以上；

2. 符合国家标准中对认证机构技术能力的通用要求；

3. 在申请前 6 个月内无不良记录；

4. 本机构的法人性质、产权构成和组织结构等能够保证其强制性产品认证活动的客观公正；

5. 具备能够公正、独立和有效地从事强制性产品认证活动的技术与管理能力；

6. 具备从事强制性产品认证活动所需要并且可以独立调配使用的检测、检查资源，拥有与强制性产品认证工作任务相适应的符合条例规定的认证人员和稳定的财力资源。

（二）申请从事强制性产品认证检测活动的实验室应当具备下列条件：

1. 具有法律、行政法规规定的基本条件和能力，并经依法认定；

2. 获得资质认定并具有相关领域检测经验，从事检测工作 2 年以上或者对外出具相关产品检测报告 20 份以上；

3. 符合国家标准中对实验室技术能力的通用要求；

4. 在申请前 6 个月内无不良记录；

5. 本单位的法人性质、产权构成以及组织结构能够保证其公正、独立地实施检测活动；

6. 具备承担相应产品认证检测活动所需的全部设备、设施，或者经相关设备、设施所有权单位的授权，可以独立使用设备、设施；

7. 检测人员接受过与其承担的相应产品认证检测所必需的教育和培训，并掌握相关的标准、技术规范和强制性产品认证实施规则的要求，具备必要的产品检测能力。

四、指定工作安排

（一）符合上述条件并有申报意愿的认证机构和实验室，请按照以下要求进行申报：

1. 本次指定采取网上填报方式进行。网上申报地址：http://cccxzsp.cnca.cn/aasp。

2. 申请机构应于2019年7月19日17：00前提交网上申请。

3. 申请机构应确保申请材料的真实性，如发现存在虚假、瞒报等情况的，一律取消指定资格。

（二）认监委按照指定程序开展指定工作并作出指定决定，并于2019年8月30日前公告本次指定认证机构和实验室的名录及业务范围。

五、联系人

杨书伟：010-82260745，邱磊：010-82262779

附件：指定需求表。

认监委

2019年7月11日

附件

指定需求表

一、认证机构

指定项目编号	指定业务范围	拟指定数量（家）
1.1	CNCA-C23-01：防爆电气	6
1.2	CNCA-C24-01：家用燃气器具	3

二、实验室

指定项目编号	指定业务范围	拟指定数量（家）	备注
2.1	CNCA-C23-01：防爆电气	13	
2.2	CNCA-C24-01：家用燃气器具	18	
2.3	CNCA-C07-01：家用和类似用途设备中的下列产品： ——家用电冰箱和食品冷冻箱	3	仅限原生产许可证检验机构申请

认监委关于撤销华策国际检验认证（北京）有限公司《认证机构批准书》的公告

（2019 年第 14 号）

华策国际检验认证（北京）有限公司（认证机构批准号：CNCA-R-2016-274），经批准的认证业务范围是“管理体系认证：质量管理体系，环境管理体系，职业健康安全管理体系；服务认证：无形资产和土地服务，住宿服务、食品和饮料服务，不动产服务，教育服务”。

经现场核查，该公司已不能持续符合认证机构资质许可条件。根据《认证机构管理办法》第三十一条第一款第（五）项，认监委决定自公告发布之日起撤销其《认证机构批准书》。请持有该公司有效认证证书的组织，按照自愿原则选择其他经批准的具有相应认证资质的认证机构转换认证证书。

认监委

2019 年 7 月 22 日

认监委关于调整摩托车产品强制性认证依据标准的公告

（2019年第15号）

为加强摩托车质量安全监管，认监委决定将强制性国家标准GB 34660《道路车辆 电磁兼容性要求和试验方法》纳入摩托车产品强制性认证依据标准。现将有关要求明确如下：

一、在《强制性产品认证实施规则－摩托车》(CNCA-C11-02)及《强制性产品认证目录描述与界定表》（认监委2014年第45号公告）中的摩托车产品强制性认证依据标准中增加GB 34660《道路车辆 电磁兼容性要求和试验方法》。

二、自2020年1月1日起，对于新提出认证委托的摩托车(新定型车),应依据该标准获得认证后,方可出厂、销售、进口或者在其他经营活动中使用。认证委托人可自愿申请提前实施。

三、对于已获得认证的摩托车（在生产车），应在2020年12月31日前依据该标准完成认证变更。指定认证机构应采取到期换证、标准换版、产品变更等自然过渡的方式完成证书转换。认证委托人可自愿申请提前完成。自2021年1月1日起，未完成认证变更的，由指定认证机构按照《强制性产品认证管理规定》（质检总局令第117号）作出处理。

已出厂、进口的摩托车，在销售时无须换发强制性产品认证证书，但应符合其他相关法律法规的要求。

四、各指定认证机构、实验室应在2019年12月31日前，将按照本公告修订的实施细则、新纳入标准检测能力情况以及获得实验室资质认定的情况报认监委备案。

认监委

2019年8月2日

认监委关于发布 2019 年第二批强制性产品认证实验室日常指定决定的公告

（2019 年第 16 号）

根据《中华人民共和国认证认可条例》《强制性产品认证机构、检查机构和实验室管理办法》（质检总局令第 65 号）及认监委有关公告规定，现对 2019 年第二批强制性产品认证实验室日常指定决定予以公告。

对本指定决定有异议的，请在公告发布之日起 15 个工作日内向我委提出申诉或投诉（请注明联系人和联系方式）。

认监委

2019 年 8 月 7 日

附件

2019年第二批强制性产品认证实验室日常指定决定

指定项目编号	产品领域	指定实验室	指定业务范围	地址及联系方式	法人单位
3.1	CNCA-C01-01：电线电缆	云南省产品质量监督检验研究院（15101）	CNCA-C01-01：电线电缆中的下列产品 ——额定电压450/750V及以下橡皮绝缘电线电缆和聚氯乙烯绝缘电线电缆（GB/T 5013.6、JB/T 8734.4-.5覆盖的型号产品）	云南省昆明市教场东路23号 联系人：马勇 电话：0871-65199021 传真：0871-65110872 E-mail：eggrollkm@163.com 网址：www.yqsi.org 邮编：650223	云南省产品质量监督检验研究院
3.2	CNCA-C02-01：电器附件	湖南省产商品质量监督检验研究院（07701）	CNCA-C02-01：电路开关及保护或连接用电器装置（电器附件）中的下列产品 ——插头插座（转换器产品（不带有国外标准插头或插座）和带有国标组合孔的延长线插座产品（电线加长组件））	湖南省长沙市雨花区新建西路189号 联系人：刘平、唐玲 电话：0731-85350641 0731-85535825 传真：0731-85557071 E-mail：1085651960@qq.com	湖南省产商品质量监督检验研究院
3.3	CNCA-C03-01：低压成套开关设备 CNCA-C03-02：低压元器件	大连产品质量检验检测研究院有限公司（02901）	CNCA-C03-02：低压元器件中的下列产品（短路电流强度420V 80kA及以下） ——RCCB（除B型RCCB）、RCBO（除B型RCBO）	辽宁省大连市甘井子区革镇堡新水泥路150号 联系人：蔡强 电话：0411-87963908 传真：0411-87963908 E-mail：dlzjy87963920@163.com	大连产品质量检验检测研究院有限公司

续表

指定项目编号	产品领域	指定实验室	指定业务范围	地址及联系方式	法人单位
3.8	CNCA-C08-01：音视频设备 CNCA-C09-01：信息技术设备 CNCA-C16-01：电信终端设备	中家院（北京）检测认证有限公司（中国家用电器检测所）（00601）	CNCA-C16-01：电信终端设备中的下列产品 ——移动用户终端	北京经济技术开发区博兴八路3号 联系人：潘权 电话：010-58083802 传真：010-58083806 E-mail：panq@cheari.com 网址：www.cheari.com 邮编：100176	中家院（北京）检测认证有限公司
		东莞标检产品检测有限公司（16001	CNCA-C08-01：音视频设备	北京经济技术开发区博兴八路3号 联系人：潘权 电话：010-58083802 传真：010-58083806 E-mail：panq@cheari.com 网址：www.cheari.com 邮编：100176	中家院（北京）检测认证有限公司
		广东省东莞市质量监督检测中心（16101）	CNCA-C08-01：音视频设备	广东省东莞市大朗镇富民南路68号 联系人：黄志 电话：0769-81119888 传真：0769-81116222 E-mail： jason_huang@hkstc.com.cn dgqad@stc.group 网址：www.dgstc.com 邮编：523770	东莞标检产品检测有限公司
3.10	CNCA-C11-01：汽车	中机科（北京）车辆检测工程研究院有限公司（国家工程机械质量监督检验中心）（05201）	CNCA-C11-01：汽车中的下列产品 ——M2、M3类汽车	北京市延庆县东外大街55号 联系人：陆明 电话：010-69101140 传真：010-69101904 E-mail：luryue@126.com 网址：www.syc.org.cn 邮编：102100	中机科（北京）车辆检测工程研究院有限公司
5.3	CNCA-C11-09：汽车内饰件	河北省产品质量监督检验研究院（07402）	CNCA-C11-09：汽车内饰件	河北省石家庄市鹿泉区上庄大街省质监检测中心 联系人：田旭、张小满 电话：0311-83895603、83895646 网址：www.hbzjy.com 邮编：050227	河北省产品质量监督检验研究院
5.4	CNCA-C21-01：装饰装修产品	东莞标检产品检测有限公司（16001）	CNCA-C21-01：装饰装修产品中的下列产品 ——溶剂型木器涂料	广东省东莞市大朗镇富民南路68号 联系人：黄志 电话：0769-81119888 传真：0769-81116222 E-mail：jason_huang@hkstc.com.cn dgqad@stc.group 网址：www.dgstc.com 邮编：523770	东莞标检产品检测有限公司

认监委关于部分强制性产品认证指定实验室信息变更的公告

（2019年第17号）

经审核，现对部分强制性产品认证指定实验室变更后的信息予以公告。

认监委

2019年8月14日

附件

强制性产品认证指定实验室名称等信息变更确认表

变更前信息					变更后信息				
实验室编号	实验室名称	指定业务范围	实验室地址及联系方式	法人名称	实验室编号	实验室名称	指定业务范围	实验室地址及联系方式	法人名称
01501	上海出入境检验检疫局机电产品检测技术中心	CNCA-C02-01：电路开关及保护或连接用电器装置（电器附件）中的下列产品： ——插头插座、家用和类似用途固定式电气装置的开关、器具耦合器 CNCA-C04-01：小功率电动机 CNCA-C05-01：电动工具 CNCA-C07-01：家用和类似用途设备中的下列产品： ——除电热毯、电热垫及类似柔性发热器具外的其他产品： CNCA-C10-01：照明电器中的下列产品： ——灯具、荧光灯用交流电子镇流器、荧光灯镇流器、LED模块用直流或交流电子控制装置	上海浦东新区民生路1208号/上海市闸北区灵石路709号44栋 联系人：徐胜、章稼新 电话：021-38620850 021-38620830 传真：021-68545620 021-68546965 E-mail：xusheng@shciq.gov.cn zhangjiaxin@shciq.gov.cn 网址：smec.shciq.gov.cn 邮编：200135	上海出入境检验检疫局机电产品检测技术中心	01501	上海出入境检验检疫局机电产品检测技术中心	CNCA-C02-01：电路开关及保护或连接用电器装置（电器附件）中的下列产品 ——插头插座、家用和类似用途固定式电气装置的开关、器具耦合器 CNCA-C04-01：小功率电动机 CNCA-C05-01：电动工具 CNCA-C07-01：家用和类似用途设备中的下列产品 ——除电热毯、电热垫及类似柔性发热器具外的其他产品 CNCA-C10-01：照明电器中的下列产品： ——灯具、荧光灯用交流电子镇流器、荧光灯镇流器、LED模块用直流或交流电子控制装置 CNCA-C22-01：童车产品中的下列产品 ——儿童三轮车、儿童推车、婴儿学步车、玩具自行车、电动童车、其他玩具车辆 CNCA-C22-02：玩具产品 CNCA-C22-01：童车产品中的下列产品 ——儿童自行车	上海浦东新区民生路1208号/上海市闸北区灵石路709号44栋 联系人：徐胜、章稼新 电话：021-38620850 021-38620830 传真：021-68545620 021-68546965 E-mail：xusheng@shciq.gov.cn zhangjiaxin@shciq.gov.cn 网址：smec.shciq.gov.cn 邮编：200135 上海浦东新区民生路1208号 上海市闸北区灵石路709号44栋 联系人：缪俊文 电话：021-38620885 E-mail：miaojunwen@shciq.gov.c 上海市闸北区灵石路709号44栋	上海出入境检验检疫局机电产品检测技术中心
01502	中国上海进出口玩具检测中心	CNCA-C22-01：童车产品中的下列产品： ——儿童三轮车、儿童推车、婴儿学步车、玩具自行车、电动童车、其他玩具车辆 CNCA-C22-02：玩具产品 CNCA-C22-01：童车产品中的下列产品 ——儿童自行车	上海浦东新区民生路1208号 上海市闸北区灵石路709号44栋 联系人：缪俊文 电话：021-38620885 E-mail：miaojunwen@shciq.gov.c 上海市闸北区灵石路709号44栋	上海出入境检验检疫局机电产品检测技术中心					

续表

变更前信息					变更后信息				
实验室编号	实验室名称	指定业务范围	实验室地址及联系方式	法人名称	实验室编号	实验室名称	指定业务范围	实验室地址及联系方式	法人名称
02101	中检集团南方电子产品测试（深圳）股份有限公司	CNCA-C07-01：家用和类似用途设备中的下列产品： ——家用电冰箱和食品冷冻箱、电风扇、电热水器、室内加热器、真空吸尘器、皮肤和毛发护理器具、电熨斗、电磁灶、电烤箱、电动食品加工器具、微波炉、电灶、灶台、烤炉和类似器具、吸油烟机、液体加热器和冷热饮水机、电饭锅 CNCA-C08-01：音视频设备 CNCA-C09-01：信息技术设备 CNCA-C10-01：照明电器中的下列产品 ——除高强度气体放电灯用电子镇流器外的其他产品： CNCA-C11-09：汽车内饰件 CNCA-C16-01：电信终端设备	深圳市南山区西丽街道沙河路43号电子检测大厦 联系人：吴立安 电话：0755-26627966 传真：0755-26628013 E-mail：wla@ccic-set.com 网址：www.ccic-set.com 邮编：518055	中检集团南方电子产品测试（深圳）股份有限公司	02101	中检集团南方测试股份有限公司	CNCA-C07-01：家用和类似用途设备中的下列产品 ——家用电冰箱和食品冷冻箱、电风扇、电热水器、室内加热器、真空吸尘器、皮肤和毛发护理器具、电熨斗、电磁灶、电烤箱、电动食品加工器具、微波炉、电灶、灶台、烤炉和类似器具、吸油烟机、液体加热器和冷热饮水机、电饭锅 CNCA-C08-01：音视频设备 CNCA-C09-01：信息技术设备 CNCA-C10-01：照明电器中的下列产品 ——除高强度气体放电灯用电子镇流器外的其他产品 CNCA-C11-09：汽车内饰件 CNCA-C16-01：电信终端设备	深圳市南山区西丽街道沙河路43号电子检测大厦 联系人：吴立安 电话：0755-26627966 传真：0755-26628013 E-mail：wla@ccic-set.com 网址：www.ccic-set.com 邮编：518055	中检集团南方测试股份有限公司
02201	广东出入境检验检疫局检验检疫技术中心	CNCA-C04-01：小功率电动机中的下列产品： ——GB12350覆盖的小功率电动机 CNCA-C07-01：家用和类似用途设备中的下列产品： ——电风扇、室内加热器、真空吸尘器、皮肤和毛发护理器具、电熨斗、电烤箱、电动食品加工器具、液体加热器和冷热饮水机、电饭锅 CNCA-C10-01：照明电器 CNCA-C07-01：家用和类似用途设备中的下列产品： ——家用电冰箱和食品冷冻箱、空调器、家用电动洗衣机、电热水器、电磁灶、微波炉、电灶、灶台、烤炉和类似器具、吸油烟机	广东省广州市珠江新城花城大道66号 联系人：裴晓波 电话：020-38290476 传真：020-38290490 E-mail：esl@iqtc.cn 网址：www.iqtc.cn 邮编：510623 广东省佛山市顺德大良德胜东路3号 联系人：廖嫒敏 电话：0757-22826131 传真：0757-22915209 E-mail：liaoam@iqtc.cn	广东出入境检验检疫局检验检疫技术中心	02201	广州海关技术中心	CNCA-C04-01：小功率电动机中的下列产品 ——GB12350覆盖的小功率电动机 CNCA-C07-01：家用和类似用途设备中的下列产品 ——电风扇、室内加热器、真空吸尘器、皮肤和毛发护理器具、电熨斗、电烤箱、电动食品加工器具、液体加热器和冷热饮水机、电饭锅 CNCA-C10-01：照明电器 CNCA-C07-01：家用和类似用途设备中的下列产品 ——家用电冰箱和食品冷冻箱、空调器、家用电动洗衣机、电热水器、电磁灶、微波炉、电灶、灶台、烤炉和类似器具、吸油烟机	广东省广州市珠江新城花城大道66号 联系人：裴晓波 电话：020-38290476 传真：020-38290490 E-mail：esl@iqtc.cn 网址：www.iqtc.cn 邮编：510623 广东省佛山市顺德大良德胜东路3号 联系人：廖嫒敏 电话：0757-22826131 传真：0757-22915209 E-mail：liaoam@iqtc.cn	广州海关技术中心

续表

变更前信息					变更后信息				
实验室编号	实验室名称	指定业务范围	实验室地址及联系方式	法人名称	实验室编号	实验室名称	指定业务范围	实验室地址及联系方式	法人名称
02201	广东出入境检验检疫局检验检疫技术中心	CNCA-C22-01：童车产品中的下列产品： ——玩具自行车、电动童车、其他玩具车辆 CNCA-C22-02：玩具产品 CNCA-C11-09：汽车内饰件 CNCA-C22-01：童车产品中的下列产品： ——儿童自行车、儿童三轮车、儿童推车、婴儿学步车 CNCA-C22-03：机动车儿童乘员用约束系统 CNCA-C21-01：装饰装修产品中的下列产品： ——溶剂型木器涂料	联系人：何惠蝉 电话：020-38290587 传真：020-38290599 E-mail：gz0587@iqtc.cn 广东省广州科学城南翔之路1号C102房 联系人：苍安国 电话：020-82350405 13710367730 传真：020- 32065399 E-mail：cangga @iqtc.cn 广东省广州市天河区珠江新城花城大道66号B座 联系人：黄宇斌 电话：020-38291635 传真：020-38291635 E-mail：huangyb@iqtc.cn	广东出入境检验检疫局检验检疫技术中心	02201	广州海关技术中心	CNCA-C22-01：童车产品中的下列产品 ——玩具自行车、电动童车、其他玩具车辆 CNCA-C22-02：玩具产品 CNCA-C11-09：汽车内饰件 CNCA-C22-01：童车产品中的下列产品 ——儿童自行车、儿童三轮车、儿童推车、婴儿学步车 CNCA-C22-03：机动车儿童乘员用约束系统 CNCA-C21-01：装饰装修产品中的下列产品 ——溶剂型木器涂料	联系人：何惠蝉 电话：020-38290587 传真：020-38290599 E-mail：gz0587@iqtc.cn 广东省广州科学城南翔之路1号C102房 联系人：苍安国 电话：020-82350405 13710367730 传真：020- 32065399 E-mail：cangga @iqtc.cn 广东省广州市天河区珠江新城花城大道66号B座 联系人：黄宇斌 电话：020-38291635 传真：020-38291635 E-mail：huangyb@iqtc.cn	广州海关技术中心
08301	宁波市产品质量监督检验研究院	CNCA-C02-01：电路开关及保护或连接用电器装置（电器附件）中的下列产品： ——家用和类似用途固定式电气装置的开关 CNCA-C04-01：小功率电动机中的下列产品： ——GB12350 覆盖的小功率电动机	浙江省宁波市杭州湾新区滨海五路南侧 联系人：王全林 电话：0574-55126633 13738427529 传真：0574-87889216 E-mail： quanlinwang@163.com 网址：www.nbzjy.cn 邮编：315048	宁波市产品质量监督检验研究院		宁波市产品质量检验研究院	CNCA-C02-01：电路开关及保护或连接用电器装置（电器附件）中的下列产品 ——家用和类似用途固定式电气装置的开关 CNCA-C04-01：小功率电动机中的下列产品 ——GB12350覆盖的小功率电动机	浙江省宁波市杭州湾新区滨海五路南侧 联系人：王全林 电话：0574-55126633 13738427529 传真：0574-87889216 E-mail： quanlinwang@163.com 网址：www.nbzjy.cn 邮编：315048	宁波市产品质量检验研究院

续表

变更前信息					变更后信息				
实验室编号	实验室名称	指定业务范围	实验室地址及联系方式	法人名称	实验室编号	实验室名称	指定业务范围	实验室地址及联系方式	法人名称
08301	宁波市产品质量监督检验研究院	CNCA-C10-01：照明电器中的下列产品： ——固定式通用灯具、可移式通用灯具、嵌入式灯具、电源插座安装的夜灯、地面嵌入式灯具、荧光灯镇流器、放电灯（荧光灯除外）用镇流器、荧光灯用交流电子镇流器 CNCA-C07-01：家用和类似用途设备中的下列产品： ——家用电冰箱和食品冷冻箱、电风扇、电热水器、室内加热器、皮肤和毛发护理器具、电熨斗、电烤箱、电动食品加工器具、电灶、灶台、烤炉和类似器具、吸油烟机、液加热器和冷热饮水机、电饭锅	浙江省宁波市慈溪市兴检路99号	宁波市产品质量监督检验研究院	08301	宁波市产品质量检验研究院	CNCA-C10-01：照明电器中的下列产品 ——固定式通用灯具、可移式通用灯具、嵌入式灯具、电源插座安装的夜灯、地面嵌入式灯具、荧光灯镇流器、放电灯（荧光灯除外）用镇流器、荧光灯用交流电子镇流器 CNCA-C07-01：家用和类似用途设备中的下列产品 ——家用电冰箱和食品冷冻箱、电风扇、电热水器、室内加热器、皮肤和毛发护理器具、电熨斗、电烤箱、电动食品加工器具、电灶、灶台、烤炉和类似器具、吸油烟机、液加热器和冷热饮水机、电饭锅	浙江省宁波市慈溪市兴检路99号	宁波市产品质量检验研究院
16701	华测检测认证集团股份有限公司	CNCA-C08-01：音视频设备 CNCA-C09-01：信息技术设备 CNCA-C10-01：照明电器 CNCA-C16-01：电信终端设备 CNCA-C22-02：玩具产品	广东省深圳市宝安区70区鸿威工业园 联系人：杨金莲 电话：0755-33681083 传真：0755-33683385 E-mail：yana.yang@cti-cert.com 网址：www.cti-cert.com 邮编：518101 深圳市宝安区新安街道留仙三路4号华测检测大楼 联系人：杨金莲 电话：0755-33681083 传真：0755-33683385 E-mail：yana.yang@cti-cert.com 网址：www.cti-cert.com 邮编：518101	华测检测认证集团股份有限公司	16701	华测检测认证集团股份有限公司	CNCA-C08-01：音视频设备 CNCA-C09-01：信息技术设备 CNCA-C10-01：照明电器 CNCA-C16-01：电信终端设备 CNCA-C22-02：玩具产品	广东省深圳市宝安区70区鸿威工业园 联系人：杨金莲 电话：0755-33681083 传真：0755-33683385 E-mail：yana.yang@cti-cert.com 网址：www.cti-cert.com 邮编：518101 广东省深圳市宝安区新安街道兴东社区华测检测大楼 联系人：杨金莲 电话：0755-33681083 传真：0755-33683385 E-mail：yana.yang@cti-cert.com 网址：www.cti-cert.com 邮编：518101	华测检测认证集团股份有限公司

续表

变更前信息					变更后信息				
实验室编号	实验室名称	指定业务范围	实验室地址及联系方式	法人名称	实验室编号	实验室名称	指定业务范围	实验室地址及联系方式	法人名称
18701	东莞精准通检测认证股份有限公司	CNCA-C04-01：小功率电动机中的下列产品： ——GB12350覆盖的小功率电动机 CNCA-C10-01：照明电器	广东省东莞市东城区光明社区光明二路宝鼎科技园D栋 联系人：杜春林 电话：0769-21991043 传真：0769-23368602 E-mail：chris.du@pts-testing.com 网址：www.pts-testing.com 邮编：523129	东莞精准通检测认证股份有限公司	18701	东莞精准通检测认证股份有限公司	CNCA-C04-01：小功率电动机中的下列产品 ——GB12350覆盖的小功率电动机 CNCA-C10-01：照明电器	广东省东莞市东城街道同新路6号1栋 联系人：杜春林 电话：0769-21991043 传真：0769-23368602 E-mail：chris.du@pts-testing.com 网址：www.pts-testing.com 邮编：523129	东莞精准通检测认证股份有限公司

认监委关于发布防爆电气、家用燃气器具等产品强制性产品认证实施机构指定决定的公告

（2019年第18号）

根据《中华人民共和国认证认可条例》、《强制性产品认证机构、检查机构和实验室管理办法》（质检总局令第65号）和《认监委关于开展防爆电气等产品强制性产品认证实施机构指定工作的公告》（认监委2019年第13号公告）有关要求，现对防爆电气、家用燃气器具等产品强制性产品认证实施机构指定决定予以公告。

对本指定决定有异议的，请在公告发布之日起15个工作日内向我委提出申诉或投诉（请注明联系人和联系方式）。

认监委

2019年8月28日

附件

防爆电气、家用燃气器具等产品强制性产品认证实施机构指定决定

一、认证机构

指定项目编号	业务领域	指定认证机构	指定业务范围	地址及联系方式
1.1	CNCA-C23-01：防爆电气	中国质量认证中心（01）	CNCA-C23-01：防爆电气	北京市丰台区南四环西路188号9区 电话：010-83886666 传真：010-83886282 E-mail：cqcsc@cqc.com.cn 网址：www.cqc.com.cn 邮编：100070
		方圆标志认证集团有限公司（12）	CNCA-C23-01：防爆电气	北京市海淀区增光路33号 电话：010-68412862 传真：010-88414325 E-mail：pct@cqm.com.cn 网址：www.cqm.com.cn 邮编：100048
		南阳防爆电气研究所有限公司（31）	CNCA-C23-01：防爆电气	南阳市仲景北路20号 电话：0377-63239734 传真：0377-63225471 E-mail：cnex-cb@cn-ex.com 网址：www.china-ex.com 邮编：473008

续表

指定项目编号	业务领域	指定认证机构	指定业务范围	地址及联系方式
1.1	CNCA-C23-01：防爆电气	上海仪器仪表自控系统检验测试所有限公司（32）	CNCA-C23-01：防爆电气	上海市徐汇区漕宝路103号3号楼 电话：021-64368180-498 传真：021-64821772 E-mail：xinleifu@nepsi.org.cn 网址：www.sitiias.com.cn 邮编：200233
		中创新海（天津）认证服务有限公司（33）	CNCA-C23-01：防爆电气	天津市红桥区丁字沽三号路85号-1 电话：022-26651066 022-26689040 传真：022-26689116 E-mail：mazh@pcec.com.cn zhaopeng@pcec.com.cn 网址：www.pcec.com.cn 邮编：300131
		佳木斯防爆电机研究所（34）	CNCA-C23-01：防爆电气	黑龙江省佳木斯市前进区安庆街3号 电话：0454-8326342 传真：0454-8326360 E-mail：dafei9387@126.com 网址：www.jexm.net 邮编：154005
1.2	CNCA-C24-01：家用燃气器具	中国质量认证中心（01）	CNCA-C24-01：家用燃气器具	北京市丰台区南四环西路188号9区 电话：010-83886666 传真：010-83886282 E-mail：cqcsc@cqc.com.cn 网址：www.cqc.com.cn 邮编：100070
		北京鉴衡认证中心有限公司（19）	CNCA-C24-01：家用燃气器具	北京市朝阳区北三环东路28号易亨大厦1108室 电话：010-64228219，64228218 传真：010-64228215 E-mail：cgc@cgc.org.cn 网址：www.cgc.org.cn 邮编：100013
		中国市政工程华北设计研究总院有限公司（35）	CNCA-C24-01：家用燃气器具	天津市河西区气象台路99 电话：022-27989860 传真：022-27989860 E-mail：cgacma@chinagas.com.cn 网址：www.chinagas.com.cn 邮编：300074

二、实验室

指定项目编号	业务领域	指定实验室	指定业务范围	地址及联系方式	法人单位
2.1	CNCA-C23-01：防爆电气	苏州电器科学研究院股份有限公司（03601）	CNCA-C23-01：防爆电气	苏州市吴中区越溪前珠路5号 联系人：顾丽娟 电话：0512-68252753 传真：0512-68061686 E-mail：eservice@eeti.cn 网址：www.eeti.cn 邮编：215011	苏州电器科学研究院股份有限公司
		国家低压防爆电器质量监督检验中心（辽宁）（06203）	CNCA-C23-01：防爆电气中的下列产品 ——除增安型"e"、"n"型防爆电机和本质安全型"i"产品	辽宁省沈阳经济技术开发区细河四北街6号 联系人：李娜 电话：024-25893230 传真：024-25893230 E-mail：kelysn_011@126.com 网址：www.syzjy.com 邮编：110027	沈阳产品质量监督检验院
		机械工业低压防爆电器产品质量监督检测中心（06701）	CNCA-C23-01：防爆电气中的下列产品 ——除防爆电机	辽宁省沈阳市于洪区巢湖街10号 联系人：田杰 电话：024-85831461 传真：024-25313368 E-mail：sytianjie@sina.cn 网址：www.fbdqhy.com 邮编：110141	沈阳电气传动研究所（有限公司）
		上海仪器仪表自控系统检验测试所有限公司（17402）	CNCA-C23-01：防爆电气	上海市漕宝路103号 联系人：辛磊夫 电话：021-64368180-498 传真：021-64821772 E-mail：xinleifu@nepsi.org.cn 网址：www.sitiias.com.cn 邮编：200233	上海仪器仪表自控系统检验测试所有限公司
		国家防爆电气产品质量监督检验中心（21501）	CNCA-C23-01：防爆电气	河南省南阳市仲景北路20号 联系人：靳凯 电话：0377-63258564 0377-63258555 传真：0377-63208175 E-mail：gb3836@126.com 网址：www.china-ex.com 邮编：473008	南阳防爆电气研究所有限公司
		国家防爆产品质量监督检验中心（天津）/石油和化学工业电气产品防爆质量监督检验中心（21601）	CNCA-C23-01：防爆电气	天津市红桥区丁字沽三号路85号 联系人：余爱生、徐铭泽 电话：022-26651066 022-26689299 传真：022-26689116 E-mail：yuas@pcec.com.cn xumz@pcec.com.cn 网址：www.pcec.com.cn 邮编：300131	中海油天津化工研究设计院有限公司
		国家煤矿防爆安全产品质量监督检验中心（21701）	CNCA-C23-01：防爆电气	辽宁省抚顺市经济开发区滨河路11号 联系人：吴北平 电话：024-56613519 传真：024-56613519 E-mail：cmexc@fsccri.com 网址：www.fscmexc.com 邮编：113122	煤科集团沈阳研究院有限公司

续表

指定项目编号	业务领域	指定实验室	指定业务范围	地址及联系方式	法人单位
2.1	CNCA-C23-01：防爆电气	国家有色冶金机电产品质量监督检验中心（21801）	CNCA-C23-01：防爆电气	湖南省长沙市麓山南路343号 联系人：曹凤金 电话：0731-88670440 传真：0731-88670388 E-mail：17773100480@126.com 网址：www.cimrtest.com 邮编：410012	长沙矿山研究院有限责任公司
		机械工业防爆电气设备质量监督检测中心（21901）	CNCA-C23-01：防爆电气中的下列产品 ——除涉及小元件点燃试验的产品	黑龙江省佳木斯市安庆街3号 联系人：曾鑫 电话：0454-8326353 传真：0454-8311260 E-mail：rubyzx@126.com 网址：www.jexm.net 邮编：154005	佳木斯防爆电机研究所
		国家煤矿防尘通风安全产品质量监督检验中心（22001）	CNCA-C23-01：防爆电气中的下列产品 ——除涉及相比漏电起痕指数试验的产品	重庆市沙坪坝区上桥三村55号 联系人：冯云飞 电话：15223964503 传真：023-65239416 E-mail：107056428@qq.com 网址：www.cqabjc.com 邮编：400037	重庆安标检测研究院有限公司
		上海煤科检测技术有限公司（国家采煤机械质量监督检验中心）（22101）	CNCA-C23-01：防爆电气中的下列产品 ——除6kV以上增安型“e”防爆电机	上海市奉贤区南桥镇吴塘路369号 联系人：龙再萌 电话：021-57437115 传真：021-57437033 E-mail：longzaimeng@qq.com 网址：www.testshm.com 邮编：201401	上海煤科检测技术有限公司
		济宁市产品质量监督检验所（22201）	CNCA-C23-01：防爆电气中的下列产品 ——除增安型“e”防爆电机和本质安全型“i”产品	山东省济宁任城开发区海川路与山博路交汇处 联系人：渠敬生 电话：0537-2246299 传真：0573-2246299 E-mail：jnzj_qjs@126.com 网址：www.jnqi.org 邮编：272025	济宁市产品质量监督检验所
		国家煤矿支护设备质量监督检验中心（22301）	CNCA-C23-01：防爆电气中的下列产品 ——除增安型“e”、“n”型防爆电机和正压保护型“pD”产品	北京市大兴区采育经济开发区育隆大街5号煤科总院采育园区 联系人：李长坤 电话：010-89268018 传真：010-89268019 E-mail：297417908@qq.com 网址：www.ccritc.com.cn 邮编：102606	煤炭科学技术研究院有限公司
2.2	CNCA-C24-01：家用燃气器具	广州海关技术中心（02201）	CNCA-C24-01：家用燃气器具中的下列产品 ——家用燃气灶具、家用燃气快速热水器	广东省佛山市顺德区大良德胜东路3号 联系人：陈平 电话：020-38290546 传真：020-38290490 E-mail：chenp@iqtc.cn 网址：www.iqtc.cn	广州海关技术中心

续表

指定项目编号	业务领域	指定实验室	指定业务范围	地址及联系方式	法人单位
2.2	CNCA-C24-01：家用燃气器具	广东产品质量监督检验研究院（02301）	CNCA-C24-01：家用燃气器具	广东省佛山市顺德区大良新城区德胜东路1号 联系人：李志宏 电话：0757-22802640 传真：0757-22802645 E-mail：sd_jxyw@gqi.org.cn 网址：www.gqi.org.cn 邮编：528300	广东产品质量监督检验研究院
		浙江方圆检测集团股份有限公司（02401	CNCA-C24-01：家用燃气器具	杭州市经济技术开发区下沙街道幸福南路115号 联系人：翁文祥 电话：0571-85129828 E-mail：80682917@qq.com 网址：www.fytest.com 邮编：310018	浙江方圆检测集团股份有限公司
		成都产品质量检验研究院有限责任公司（02601）	CNCA-C24-01：家用燃气器具中的下列产品 ——家用燃气灶具	四川省成都市龙泉驿兴茂街16号 联系人：王燕 电话：028-65099056 E-mail：2665176568@qq.com 网址：www.cqi.org 邮编：610100	成都产品质量检验研究院有限责任公司
		山东省产品质量检验研究院（03101）	CNCA-C24-01：家用燃气器具中的下列产品 ——家用燃气灶具、家用燃气快速热水器	山东省济南市山大北路81号 联系人：彭力争 电话：0531-88118770 传真：0531-89701971 E-mail：13573180777@163.com 网址：www.sdzjy.com.cn 邮编：250100	山东省产品质量检验研究院（山东省低压电器产品质量检验站、山东省产品质量认证咨询服务中心）
		国家燃气用具产品质量监督检验中心（佛山）（09702）	CNCA-C24-01：家用燃气器具	广东省佛山市南海区狮山镇科技西路2号 联系人：林力 电话：0757-88376268 传真：0757-88376218 E-mail：ccgas@ccgas.org.cn 网址：www.ccgas.org.cn 邮编：528225	佛山市质量计量监督检测中心
		江苏省产品质量监督检验研究院（07901）	CNCA-C24-01：家用燃气器具	江苏省南京市光华东街5号 联系人：水利民 电话：025-84470228 传真：025-84470203 E-mail：13515121212@yeah.net 网址：www.jszj.net.cn 邮编：210007	江苏省产品质量监督检验研究院
		宁波市产品质量检验研究院（08301）	CNCA-C24-01：家用燃气器具中的下列产品 ——家用燃气灶具	浙江省宁波市高新区江南路1588号D座 联系人：王全林 电话：0574-55126633 传真：0574-87889216 E-mail：quanlinwang@163.com 网址：www.nbzjy.cn 邮编：315048	宁波市产品质量检验研究院

续表

指定项目编号	业务领域	指定实验室	指定业务范围	地址及联系方式	法人单位
2.2	CNCA-C24-01:家用燃气器具	重庆市计量质量检测研究院(10701	CNCA-C24-01:家用燃气器具	重庆市渝北区杨柳北路1号 联系人:李立 电话:023-89232097 传真:023-67951136 E-mail: lili@cqjz.com.cn 网址:www.cqjz.com.cn 邮编:401123	重庆市计量质量检测研究院
		合肥产品质量监督检验研究院(19502)	CNCA-C24-01:家用燃气器具中的下列产品——家用燃气快速热水器、燃气采暖热水炉	合肥市高新区柏堰科技园樱花路8号 联系人:刘华 电话:0551-68125803 传真:0551-68125817 E-mail: 673588860@qq.com	合肥产品质量监督检验研究院
		国家燃气用具质量监督检验中心(22401)	CNCA-C24-01:家用燃气器具	天津市南开区华苑产业区桂苑路16号 联系人:刘彤 电话:022-83711028 传真:022-27989860 E-mail: cgacma@chinagas.com.cn 网址:www.chinagas.com.cn 邮编:300384	中国市政工程华北设计研究总院有限公司
		鉴衡国质(广东)检测认证中心有限公司(22501)	CNCA-C24-01:家用燃气器具	佛山市顺德区杏坛镇高赞村委会二环路8号顺德智富园14栋602号(住所申报) 联系人:杨楚明 电话:0757-27778495 传真:0757-2777849 E-mail: 2670738117@qq.com 网址:www.gqcc.org.cn 邮编:528325	鉴衡国质(广东)检测认证中心有限公司
		上海市燃气设备计量检测中心有限公司(22601)	CNCA-C24-01:家用燃气器具	上海市闵行区万芳路501号第2幢 联系人:武伟 电话:021-34120381 传真:021-68462736-8008 E-mail: wuweigas@126.com 网址:www.shgmc.net 邮编:201112	上海市燃气设备计量检测中心有限公司
		国家日用金属制品质量监督检验中心(沈阳)(22701)	CNCA-C24-01:家用燃气器具	辽宁省沈阳市皇姑区宁山东路7号 联系人:佟哲 电话:13066531078 传真:024-86222627 E-mail: tzhgrj@sina.com 网址:www.wujin11.org.cn 邮编:110032	中国日用五金技术开发中心
		北京市公用事业科学研究所(北京市燃气及燃气用具产品质量监督检验站)(22801)	CNCA-C24-01:家用燃气器具中的下列产品——家用燃气快速热水器、燃气采暖热水炉	北京市朝阳区安外外馆东后街35号 联系人:兰涛 电话:13121595335 传真:010-64257122 E-mail: lantao_1979@sina.com 邮编:100011	北京市公用事业科学研究所(北京市燃气及燃气用具产品质量监督检验站)

续表

指定项目编号	业务领域	指定实验室	指定业务范围	地址及联系方式	法人单位
2.2	CNCA-C24-01：家用燃气器具	绍兴市质量技术监督检测院（22901）	CNCA-C24-01：家用燃气器具中的下列产品——家用燃气灶具、家用燃气快速热水器	绍兴市上虞区沥海镇花宫道8号 联系人：骆明儿 电话：0575-89199739 传真：0575-88409600 E-mail：289897361@qq.com 网址：www.stiq.org 邮编：312366	绍兴市质量技术监督检测院
2.3	CNCA-C07-01：家用和类似用途设备中的下列产品——家用电冰箱和食品冷冻箱	—	—	—	—

认监委关于开展强制性产品认证实施机构指定工作的公告

（2019年第19号）

为进一步深化强制性产品认证制度改革，便利生产企业获得认证，依据《中华人民共和国认证认可条例》（以下简称《条例》）、《强制性产品认证机构、检查机构和实验室管理办法》（质检总局令第65号）、《国家认监委关于调整从事强制性产品认证以及相关活动的认证机构、检查机构、实验室指定行政审批要求的公告》（认监委2016年第11号公告），认监委决定开展强制性产品实施机构指定工作。现将有关要求公告如下：

一、指定需求

按照公正公开、择优使用的原则，开展指定工作。拟在电线电缆、家电、音视频、信息技术、电信终端、照明电器、车辆及部件、儿童用品等产品领域指定认证机构10家次、实验室49家次。（相关指定需求详见附件）

二、指定条件

（一）申请从事强制性产品认证活动的认证机构应当具备下列条件：

1. 依照《条例》规定设立，具有相应领域2年以上认证经历或者颁发相关产品认证证书20份以上；

2. 符合国家标准中对认证机构技术能力的通用要求；

3. 在申请前6个月内无不良记录；

4. 本机构的法人性质、产权构成和组织结构等能够保证其强制性产品认证活动的客观公正；

5. 具备能够公正、独立和有效地从事强制性产品认证活动的技术与管理能力；

6. 具备从事强制性产品认证活动所需要并且可以独立调配使用的检测、检查资源，拥有与强制性产品认证工作任务相适应的符合条例规定的认证人员和稳定的财力资源。

（二）申请从事强制性产品认证检测活动的实验室应当具备下列条件：

1. 具有法律、行政法规规定的基本条件和能力，并经依法认定；

2. 获得资质认定并具有相关领域检测经验，从事检测工作2年以上或者对外出具相关产品检测报告20份以上；

3. 符合国家标准中对实验室技术能力的通用要求；

4. 在申请前6个月内无不良记录；

5. 本单位的法人性质、产权构成以及组织结构能够保证其公正、独立地实施检测活动；

6. 具备承担相应产品认证检测活动所需的全部设备、设施，或者经相关设备、设施所有权单位的授权，可以独立使用设备、设施；

7. 检测人员接受过与其承担的相应产品认证检测所必需的教育和培训，并掌握相关的标准、技术规范和强制性产品认证实施规则的要求，具备必要的产品检测能力。

三、指定工作安排

（一）符合上述条件并有申报意愿的认证机构和实验室，按照以下要求进行申报：

1. 本次指定采取网上填报方式进行。网上申报地址：http://cccxzsp.cnca.cn/aasp。

2. 申请机构应于2019年10月31日17:00前提交网上申请。

3. 申请机构应确保申请材料的真实性。如发现存在虚假、瞒报等情况，一律取消指定资格。

（二）认监委按照指定程序开展指定工作并作出指定决定，并于2019年12月20日前公告本次指定认证机构和实验室的名录及业务范围。

四、联系方式

电子电气类：邱磊 010-82262779

非电子电气类：关钧文 010-82262674

附件：强制性产品认证实施机构指定需求表。

认监委

2019年10月16日

附件

强制性产品认证实施机构指定需求表

一、认证机构

指定项目编号	指定业务范围	拟指定数量（家）
1.1	CNC.VC01-01：电线电缆	1
1.2	CNC.VC07-01：家用和类似用途设备	1
1.3	CNC.VC08-01：音视频设备 CNC.VC09-01：信息技术设备 CNC.VC 16-01：电信终端设备	1
1.4	CNC.VC 10-01：照明电器	2
1.5	CNCA-C11-01：汽车	1
1.6	CNC.VC 11-01：汽车产品中的下列产品： N、O类汽车	1
1.7	CNC.VC11-16：电动自行车	1
1.8	CNC.VC22-01：童车	1
1.9	CNC.VC22-02：玩具	1

二、实验室

指定项目编号	指定业务范围	所在地域	拟指定数量（家）
2.1	CNCA-C08-01：音视频设备	深圳	1
2.2	CNCA-C09-01：信息技术设备	浙江、上海、广西	3（各1）
2.3	CNCA-C16-01：电信终端设备	深圳	1
2.4	CNCA-C11-01：汽车	全国	6
2.5	CNCA-C11-04：汽车安全带	全国	4
2.6	CNCA-C11-08：机动车辆间接视野装置	全国	4
2.7	CNCA-C11-12：汽车座椅及座椅头枕	全国	4
2.8	CNCA-C11-16：电动自行车	全国	6
2.9	CNCA-C11-16：电动自行车（仅限已指定实验室取消分包“无线电骚扰特性"检验项目）	全国	4
2.10	CNCA-C13-01：安全玻璃	全国	2
2.11	CNCA-C18-01：火灾报警产品 CNCA-C18-03：灭火设备产品 CNCA-C18-04：消防装备产品	全国	2
2.12	CNCA-C22-01：童车	全国	5
2.13	CNCA-C22-02：玩具	全国	5
2.14	CNCA-C22-03：机动车儿童乘员用约束系统	全国	2

认监委关于部分强制性产品认证指定实验室信息变更的公告

（2019 年第 20 号）

经审核，现对部分强制性产品认证指定实验室变更后的信息予以公告。

认监委

2019 年 11 月 3 日

附件

强制性产品认证指定实验室名称等信息变更确认表

变更前信息					变更后信息				
实验室编号	实验室名称	指定业务范围	实验室地址及联系方式	法人名称	实验室编号	实验室名称	指定业务范围	实验室地址及联系方式	法人名称
01001	中认尚动（上海）检测技术有限公司	CNCA-CO2-01：电路升关及保护或连接用电器装置（电器附件）中的下列产品 ——电线组件、插头插座、家用和类似用途固定式电气装置的升关、器具耦合器、家用和类似用途固定式电气装置电器附件外壳 CNCA-CO4-01：小功率电动机 CNCA-C05-01：电动工具 CNCA-C10-01：照明电器 CNCA-CO7-01：家用和类似用途设备中的下列产品 ——电风扇、电热水器室内加热器、真空吸尘器、皮肤和毛发护理器具、电熨斗、电磁灶、电烤箱、电动食品加工器具、吸油烟机、加工器具、吸油烟机、液体加热器和冷热饮水机、电饭锅 CNCA-C16-01：电信终端设备中的下列产品 ——传真机、数据终端（含卡）、多媒体终端 CNCA-C08-01：音视频设备 CNCA-C09-01：信息被术设备	上海市徐汇区桂菁路 19 号 联系人：陈建秋 电话：021-64314863 传真：021-64339515 E-mail：aqiu7184@hotmail.com 网址：www.tiet.org 邮编：200233 上海市浦东新区会海监 1000 号金领之都园区17号楼/上海市徐汇区桂菁路19号 上海市浦东新区会海监 1000 号金领之都园区17号楼/上海市徐汇区桂菁路19号/上海市田林路142号8号楼	中认尚动（上海）检测技术有限公司	01001	中认尚动（上海）检测技术有限公司	CNCA-CO2-01：电路升关及保护或连接用电器装置（电器附件）中的下列产品 ——电线组件、插头插座、家用和类似用途固定式电气装置的升关、器具耦合器、家用和类似用途固定式电气装置电器附件外壳 CNCA-CO4-01：小功率电动机 CNCA-C05-01：电动工具 CNCA-C10-01：照明电器 CNCA-CO7-01：家用和类似用途设备中的下列产品 ——电风扇、电热水器室内加热器、真空吸尘器、皮肤和毛发护理器具、电熨斗、电磁灶、电烤箱、电动食品加工器具、吸油烟机、加工器具、吸油烟机、液体加热器和冷热饮水机、电饭锅 CNCA-C16-01：电信终端设备中的下列产品 ——传真机、数据终端（含卡）、多媒体终端 CNCA-C08-01：音视频设备 CNCA-C09-01：信息被术设备	上海市徐汇区桂菁路 19 号 联系人：陈建秋 电话：021-64314863 传真：021-64339515 E-mail：aqiu7184@hotmail.com 网址：www.tiet.org 邮编：200233 上海市浦东新区会海监 1000 号金领之都园区17号楼/上海市徐汇区桂菁路19号 上海市浦东新区会海监 1000 号金领之都园区17号楼/上海市徐汇区桂菁路19号/上海市田林路142号8号楼/上海市浦东新区临港新城海港大道1550号物流楼	中认尚动（上海）检测技术有限公司
03201	国家办公设备及耗材质量监督检验中心	CNCA-C09-01：信息技术设备中的下列产品 ——与计算机连用的显示设备、与计算机连用的打印设备、扫描仪	天津市红桥区昌图道7 号 联系人：邝亚明 电话：022-26650880 传真：022-26650880 E-mail: k-yaming57@163.com	机械工业办公自动化设备检验所	03201	国家办公设备及耗材质量监督检验中心	CNCA-C09-01：信息技术设备中的下列产品 ——与计算机连用的显示设备、与计算机连用的打印设备、扫描仪	天津市红桥区昌图道7 号 联系人：邝亚明 电话：022-26650880 传真：022-26650880 E-mail: k-yaming57@163.com	天津天复检测技术有限公司

续表

变更前信息					变更后信息				
实验室编号	实验室名称	指定业务范围	实验室地址及联系方式	法人名称	实验室编号	实验室名称	指定业务范围	实验室地址及联系方式	法人名称
07001	福建出入境检验检疫局检验检疫技术中心	CNCA-CO2-01：电路开关及保护或连接用电器装置（电器附件）中的下列产品 ——电线组件、插头插座、家用和类似用途固定式电气装置的升关、器具耦合器 CNCA-C04-01：小功率电动机 CNCA-C09-01：信息技术设备	福州市马尾区江滨东大道 75号 联系人：梁鸣 电话：0591-87065505 传真：0591-87065500 E-mail: 1052948629@q.com 网址：www.fjiqtc.gov.cn 邮编：350003 福安市坂中工业区 福州市马尾区江滨东大道 75号/福州市仓山区金洲北路15号	福建出入境检验检疫局检验检疫技术中心	07001	福州海关技术中心	CNCA-CO2-01：电路开关及保护或连接用电器装置（电器附件）中的下列产品 ——电线组件、插头插座、家用和类似用途固定式电气装置的升关、器具耦合器 CNCA-C04-01：小功率电动机 CNCA-C09-01：信息技术设备	福州市马尾区江滨东大道 75号 联系人：梁鸣 电话：0591-87065505 传真：0591-87065500 E-mail: 1052948629@q.com 网址：www.fjiqtc.gov.cn 邮编：350003 福安市坂中工业区 福州市马尾区江滨东大道 75号/福州市仓山区金洲北路15号	福州海关技术中心
07701	湖南省产商品质量监督检验研究院	CNCA-C01-01：电线电统中的下列产品 ——额定电压 450/750V及以下橡皮绝缘电线电缆和聚氯乙烯绝缘电线电缆（除 RX系列产品、GB/T 5013.5覆盖的型号产品、GB/T 5013.7 覆盖的型号产品、GB/T 5013.8覆盖的型号产品、GB/T 5023.5覆盖的 60227 IEC 41（RTPVR）型号产品、GB/T 5023.6覆盖的型号产品、GB/T 5023.7 覆盖的型号产品） CNCA-CO2-01：电路开关，及保护或连接用电器装置（主器附件）中的下列产品 ——插头插座、家用和类似用途固定式电气装置的开关	湖南省长沙市雨花区新建西路189 号 联系人;刘平、唐玲 电话：0731-85350641 0731-85535825 传真;0731-85557071 E-mail： 1085651960@qg.com	湖南省产商品质量监督检验研究院	07701	湖南省产商品质量监督检验研究院	CNCA-C01-01：电线电统中的下列产品 ——额定电压 450/750V及以下橡皮绝缘电线电缆和聚氯乙烯绝缘电线电缆（除 RX系列产品、GB/T 5013.5覆盖的型号产品、GB/T 5013.7 覆盖的型号产品、GB/T 5013.8覆盖的型号产品、GB/T 5023.5覆盖的 60227 IEC 41（RTPVR）型号产品、GB/T 5023.6覆盖的型号产品、GB/T 5023.7 覆盖的型号产品） CNCA-CO2-01：电路开关，及保护或连接用电器装置（主器附件）中的下列产品 ——插头插座、家用和类似用途固定式电气装置的开关	湖南省长沙市雨花区新建西路189号 联系人：胡思玉、唐玲 电话：0731-89775208 13874926856、 0731-89775258 13873108980 传真：0731-89775222 E-mail: 1085651960@g.com	湖南省产商品质量监督检验研究院

续表

变更前信息					变更后信息				
实验室编号	实验室名称	指定业务范围	实验室地址及联系方式	法人名称	实验室编号	实验室名称	指定业务范围	实验室地址及联系方式	法人名称
08601	山东出入境检验检疫局检验检疫技术中心	CNCA-C01-01：电线电缆中的下列产品 ——额定电压 450/750V及以下橡皮绝缘电线电缆和聚氯乙烯绝缘电线电缆（除 JB/T 8734.6 覆盖的型号产品、GB/T 5013.5覆盖的型号产品、GB/T 5023.6覆盖的型号产品、 GB/T 5023.7覆盖的 60227IEC74（RVWYP）型号产品） CNCA-C04-01：小功率电动机	青岛市瞿塘峡路 70号 联系人：王会永 电话： 0532-80885537 传真： 0532-80885537 网址： www.sdiptc.org 邮编： 266002	山东出入境检验检疫局检验检疫技术中心	08601	青岛海关技术中心	CNCA-C01-01：电线电缆中的下列产品 ——额定电压 450/750V及以下橡皮绝缘电线电缆和聚氯乙烯绝缘电线电缆（除 JB/T 8734.6 覆盖的型号产品、GB/T 5013.5覆盖的型号产品、GB/T 5023.6覆盖的型号产品、 GB/T 5023.7覆盖的 60227IEC74（RVWYP）型号产品） CNCA-C04-01：小功率电动机	青岛市瞿塘峡路 70号 联系人：王会永 电话： 0532-80885537 传真： 0532-80885537 网址： www.sdiptc.org 邮编： 266002	青岛海关技术中心
10101	湖北省电力公司电力科学研究院	CNCA-C03-01：低压成套开关设备中的下列产品（短时耐受电流强度 420V 100kA 1s及以下） ——成套电力开关和控制设备、母线干线系统（母线槽）、配电板、低压成套无功功率补偿装置	湖北省武汉市徐东大街 227号 电话： 027-8856011 E-mail: yusy63@163.cod	湖北省电力公司电力科学研究院	10101	国网湖北省由力有限公司电力科学研究院	CNCA-C03-01：低压成套开关设备中的下列产品（短时耐受电流强度 420V 100kA 1s及以下） ——成套电力开关和控制设备、母线干线系统（母线槽）、配电板、低压成套无功功率补偿装置	湖北省武汉市徐东大街227号 电话： 027-8856011 E-mail: yusy63@163.cod	国网湖北省由力有限公司电力科学研究院
10201	宁波出入境检验检疫技术中心/宁波中盛产品检测有限公司	CNCA-C07-01: 家用和类似用途设备中的下列产品 ——家用电冰箱和食品冷冻箱、电风扇、空调器、家用电动洗衣机、电热水器、室内加热器、真空吸尘器、皮肤和毛发护理器具、电熨斗、电磁灶、电烤箱、电动食品加工器具、微波炉、电灶、灶台、烤炉和类似器具吸油烟机、液体加热器和冷热饮水机、电饭锅 CNCA-C11-16:电动自行车	浙江省宁波市高新区清逸路 66 号/浙江汇省宁波市慈溪市兴检路 99 号/余姚市城东新区双河路余姚市科创中心2号楼 联系人：洪宇光 电话： 0574-86813877 传真: 0574-86813876 E-mail: 13957433353@163.com 浙汇省宁波市慈溪市古塘街道科拔路389号 联系人: 阮建苗 电话/传真: 0574-63032236	宁波中盛产品检测有限公司	10201	宁波海关技术中心	CNCA-C07-01: 家用和类似用途设备中的下列产品 ——家用电冰箱和食品冷冻箱、电风扇、空调器、家用电动洗衣机、电热水器、室内加热器、真空吸尘器、皮肤和毛发护理器具、电熨斗、电磁灶、电烤箱、电动食品加工器具、微波炉、电灶、灶台、烤炉和类似器具吸油烟机、液体加热器和冷热饮水机、电饭锅 CNCA-C11-16:电动自行车	浙江省宁波市鄞州区清逸路 66 号/浙江汇省宁波市慈溪市兴检路 99 号/余姚市城东新区双河路余姚市科创中心2号楼 联系人： 洪宇光 电话： 0574-86813877 传真: 0574-86813876 E-mail: 13957433353@163.com 浙汇省宁波市慈溪市古塘街道科拔路389号/浙江省宁波市鄞州区清逸路 66 号 联系人: 阮建苗 电话/传真: 0574-63032236	宁波海关技术中心

续表

变更前信息					变更后信息				
实验室编号	实验室名称	指定业务范围	实验室地址及联系方式	法人名称	实验室编号	实验室名称	指定业务范围	实验室地址及联系方式	法人名称
10201	宁波出入境检验检疫技术中心/宁波中盛产品检测有限公司	接上	E-mail：cx.ruanjm@nbciq.gov.cn 网址：www.nbciwqtc.com 邮编：315012	宁波中盛产品检测有限公司	10201	宁波海关技术中心	接上	联系人:阮建苗、洪宅 电话：0574-63032236、0574 86813877 E-mail：rnjm@163.com、hvg@nbyjg.com	宁波海关技术中心
10301	江西省产品质量监督检测院	CNCA-C01-01：电线电缆中的下列产品 ——额定电压 450/750V及以下聚氯乙烯绝缘电线电缆（除 GB/T 5023.5 覆盖的 60227IEC（RTPVR）型号产品、GB/T 5023.7 覆盖的 60227IEd T74（RVVYP）型号产品、GB/T 5023.6 覆盖的 60227 IEC 71c(TVV)型号产品）	江西省南昌市汇大直路9号 联系人：胡晓云 电话：0791-88331420 E-mail:hxy666@163.com	江西省产品质量监督检测院	10301	江西省产品质量监督检测院	CNCA-C01-01：电线电缆中的下列产品 ——额定电压 450/750V及以下聚氯乙烯绝缘电线电缆（除 GB/T 5023.5 覆盖的 60227IEC（RTPVR）型号产品、GB/T 5023.7 覆盖的 60227IEd T74（RVVYP）型号产品、GB/T 5023.6 覆盖的 60227 IEC 71c(TVV)型号产品）	江西省南昌小蓝经济升发区金沙二路1899号 联系人：胡晓云 电话：0791-88331420 E-mail; hxy666@163.com	江西省产品质量监督检测院
14101	宁波汽车零部件检测有限公司	CNCA-C11-04：汽车安全带 CNCA-C11-07：机动车外部照明及光信号装置 CNCA-C11-08：机动车辆间接视野装置 CNCA-C11-12：汽车座椅及座椅头枕 CNCA-C22-03：机动车儿童乘员用约束系统	浙江省宁波市新州投资创业中心金谷南路99号 联系人：傅似楠 电话：0574-2888211 传真：0574-2888200 E-mail: fusinan@catarc.ac.cn 网址： ww.catarc-nb.com 邮编：315104	宁波汽车零部件检测有限公司	14101	中汽研汽车零部件检测中心（宁波）有限公司	CNCA-C11-04：汽车安全带 CNCA-C11-07：机动车外部照明及光信号装置 CNCA-C11-08：机动车辆间接视野装置 CNCA-C11-12：汽车座椅及座椅头枕 CNCA-C22-03：机动车儿童乘员用约束系统	浙江省宁波市新州投资创业中心金谷南路99号 联系人：傅似楠 电话：0574-2888211 传真：0574-2888200 E-mail: fusinan@catarc.ac.cn 网址： ww.catarc-nb.com 邮编：315104	中汽研汽车零部件检测中心（宁波）有限公司

续表

变更前信息					变更后信息				
实验室编号	实验室名称	指定业务范围	实验室地址及联系方式	法人名称	实验室编号	实验室名称	指定业务范围	实验室地址及联系方式	法人名称
14901	亿科检测认证有限公司	CNCA-C22-01：童车产品 CNCA-C22-03：机动车儿童乘员用约束系统	江苏省昆山市陆家镇陆电东路28号 联系人：邹宇 电话：0512-57871057 传真：0512-57876161 E-mail： yu.zou@eqots.com 网址： ww.egots.com 邮编： 215331	亿科检测认证有限公司	14901	亿科检测认证有限公司	CNCA-C22-01：童车产品 CNCA-C22-03：机动车儿童乘员用约束系统	江苏省昆山市陆家镇陆主东路28号/江苏省昆山市陆家镇菉溪路23号 联系人：邹宇 电话：0512-57871057 传真：0512-57876161 E-mail： yu.zou@eqots.com 网址： ww.egots.com 邮编： 215331	亿科检测认证有限公司
16401	台州市质量技术监督检测研究院（国家电机及机械零剖件产品质量监督检验中心	CNCA-C04-01：小功率电动机 CNCA-C11-07：机动车外部照明及光信号装置中的下列产品 ——摩托车用外部照明及光信号装置 CNCA-C11-16：电动自行车（分包“无线电骚扰持性”检验项目） CNCA-C14-01：农机产品中的下列产品 ——背负式植保机械	浙江省台州市中心大道399号 联系人：罗勇波 电话：0576-88320898 传真： 0576-88320911 E-mail： tz8320898@163.com 邮编：318000	台州市质量技术检测研究院（台州质量技术监督宣教中心）	16401	台州市质量技术检测研究院	CNCA-C11-16：电动自行车（分包“无线电骚扰持性”检验项目）	浙江省台州市中心大道399号 联系人：黄丹 电话：0576-88320886 传真： 0576-88320911 E-mail： tz8320898@163.com 邮编：318000	台州市质量技术检测研究院[台州质量技术监督宣教中心、国家电机及机械零部件产品质量监督检验中心、国家智能马桶产品质量监督检验中心（浙江）]

续表

变更前信息					变更后信息				
实验室编号	实验室名称	指定业务范围	实验室地址及联系方式	法人名称	实验室编号	实验室名称	指定业务范围	实验室地址及联系方式	法人名称
16401	台州市质量技术监督检测研究院（国家电机及机械零部件产品质量监督检验中心	CNCA-C04-01：小功率电动机 CNCA-C11-07：机动车外部照明及光信号装置中的下列产品 ——摩托车用外部照明及光信号装置 CNCA-C11-16：电动自行车（分包“无线电骚扰持性”检验项目） CNCA-C14-01：农机产品中的下列产品 ——背负式植保机械	浙江省台州市中心大道399号 联系人：罗勇波 电话：0576-88320898 传真：0576-88320911 E-mail: tz8320898@163.com 邮编：318000	台州市质量技术检测研究院（台州质量技术监督宣教中心）	16402	国家电机及机械零部件产品质量监督检验中心	CNCA-C04-01：小功率电动机 CNCA-C11-07：机动车外部照明及光信号装置中的下列产品 ——摩托车用外部照明及光信号装置 CNCA-C14-01：农机产品中的下列产品 ——背负式植保机械	浙江省台州市中心大道399号 联系人：黄丹 电话：0576-88320886 传真：0576-88320911 E-mail: tz8320898@163.com 邮编：318000	台州市产品质量安全检测研究院[台州市产品质量安全检测宣教中心国家电机及机械零部件产品质量监督检验中心 国家智能马桶产品质量监督检验中心（浙江）]
17301	珠海出入境检验检疫局检验检疫技术中心	CNCA-C08-01：音视频设备 CNCA-C09-01：信息技术设备	珠海市唐家湾金凤路18号 联系人：王粤威 电话：0756-6128288 传真：0756-6128299 E-mail: 56373359qq.com 网址：www.zhtech.cen 邮编：519085	珠海出入境检验检疫局检验检疫技术中心	17301	拱北海关技术中心	CNCA-C08-01：音视频设备 CNCA-C09-01：信息技术设备	珠海市唐家湾金凤路18号 联系人：王粤威 电话：0756-6128288 传真：0756-6128299 E-mail: 56373359qq.com 网址：www.zhtech.cen 邮编：519085	拱北海关技术中心
19401	广西壮族自治区产品质量检验研究院	CNCA-C01-01：电线电缆中的下列产品 ——额定电压450/750V及以下聚氯乙烯绝缘电线电缆（GB/T 5023.3、JB/T 8734.2-3覆盖的型号产品）	广西南宁市科园西九路23号 联系人：刘红清 电话：0771-5852391 E-mail: 1827693699@qq.com 网址:www.gxqt.net	广西壮族自治区产品质量检验研究院	19401	广西壮族自治区产品质量检验研究院	CNCA-C01-01：电线电缆中的下列产品 ——额定电压450/750V及以下聚氯乙烯绝缘电线电缆（GB/T 5023.3、JB/T 8734.2-3覆盖的型号产品）	广西南宁市科园西九路23号 联系人：刘红清 电话：0771-5852391 E-mail: 1827693699@qq.com 网址:www.gxqt.net	广西壮族自治区产品质量检验研究院

续表

变更前信息					变更后信息				
实验室编号	实验室名称	指定业务范围	实验室地址及联系方式	法人名称	实验室编号	实验室名称	指定业务范围	实验室地址及联系方式	法人名称
19401	广西壮族自治区产品质量检验研究院	CNCA-C11-16：电动自行车（分包“无线电鉴扰特性”检验项目）	广西南宁市科兴路5号 联系人：刘红清 电话：0771-5852391 E-mail: 1827693699@qq.com 网址:www.gxqt.net	广西壮族自治区产品质量检验研究院	19401	广西壮族自治区产品质量检验研究院	CNCA-C11-16：电动自行车（分包“无线电鉴扰特性”检验项目）	广西南宁市科兴路5号/广西南宁市科园西九路23号/广西南宁市国凯大道银凯工业园孵化园7号厂房 联系人：刘红清 电话：0771-5852391 E-mail: 1827693699@qq.com 网址:www.gxqt.net	广西壮族自治区产品质量检验研究院
19801	卡达可机动车质量检验中心（宁波）有限公司	CNCA-C11-01：汽车产品中的下列产品 ——O类汽车	浙江省宁波杭州湾新区测海二路727号 联系人：杨雪 电话：0574-23726602 E-mail: yangxue@catarc.ac.cn 网址：ww.catarc-nb.con 邮编：315336	卡达可机动车质量检验中心（宁波）有限公司	19801	中汽研汽车检验中心（宁波）有限公司	CNCA-C11-01：汽车产品中的下列产品 ——O类汽车	浙江省宁波杭州湾新区测海二路727号 联系人：杨雪 电话：0574-23726602 E-mail: yangxue@catarc.ac.cn 网址：ww.catarc-nb.con 邮编：315336	中汽研汽车检验中心（宁波）有限公司

认监委关于发布新版《有机产品认证实施规则》的公告

（2019 年第 21 号）

为进一步完善有机产品认证制度，规范有机产品认证活动，保证认证活动的一致性和有效性，根据《中华人民共和国认证认可条例》和《有机产品认证管理办法》（质检总局令第 155 号）等规定，认监委对 2014 年 4 月 23 日发布的《有机产品认证实施规则》（认监委 2014 年第 11 号公告）进行了修订，现将修订后的《有机产品认证实施规则》（以下称新版《有机产品认证实施规则》）予以公布，并就有关事项公告如下：

一、新版《有机产品认证实施规则》自 2020 年 1 月 1 日起实施。各机构应尽快依据新版《有机产品认证实施规则》修订管理体系文件，并做好新版《有机产品认证实施规则》和 GB/T 19630-2019《有机产品生产、加工、标识与管理体系要求》国家标准的宣贯。

二、自 2020 年 1 月 1 日起，认证机构对新申请有机产品认证企业及已获认证企业的认证活动均需依据新版《有机产品认证实施规则》执行。

三、认监委 2014 年第 11 号公告自 2020 年 1 月 1 日起废止。

附件：有机产品认证实施规则。

认监委

2019 年 11 月 6 日

附件

有机产品认证实施规则

1 目的和范围

1.1 为规范有机产品认证活动，根据《中华人民共和国认证认可条例》《认证机构管理办法》和《有机产品认证管理办法》等有关规定制定本规则。

1.2 本规则规定了有机产品认证程序与管理的基本要求。

1.3 在中华人民共和国境内从事有机产品认证以及有机产品生产、加工和经营的活动，应遵守本规则的规定。

未与国家认证认可监督管理委员会（以下简称认监委）就有机产品认证体系等效性方面签署相关备忘录的国家（或地区）的进口有机产品认证，应遵守本规则要求；已与认监委签署相关备忘录的国家（或地区）的进口有机产品认证，应遵守备忘录的相关规定。

1.4 遵守本规则的规定，并不意味着可免除其所承担的法律责任。

2 认证机构要求

2.1 认证机构应具备《中华人民共和国认证认可条例》规定的条件和从事有机产品认证的技术能力，并获得认监委的批准。

2.2 认证机构应建立内部制约、监督和责任机制，使受理、培训（包括相关增值服务）、检查和认证决定等环节相互分开、相互制约和相互监督。

2.3 认证机构不得将认证结果与参与认证检查的检查员及其他人员的薪酬挂钩。

3 认证人员要求

3.1 从事认证活动的人员应具有相关专业教育和工作经历，接受过有机产品生产、加工、经营、食品安全和认证技术等方面的培训，具备相应的知识和技能。

3.2 有机产品认证检查员应取得中国认证认可协会的执业注册资质。

3.3 认证机构应对本机构的各类认证人员的能力做出评价，以满足实施相应认证范围的有机产品认证活动的需要。

4 认证依据

GB/T 19630《有机产品 生产、加工、标识与管理体系

要求》

5 认证程序

5.1 认证机构受理认证申请应至少公开以下信息：

5.1.1 认证资质范围及有效期；

5.1.2 认证程序和认证要求；

5.1.3 认证依据；

5.1.4 认证收费标准；

5.1.5 认证机构和认证委托人的权利与义务；

5.1.6 认证机构处理申诉、投诉和争议的程序；

5.1.7 批准、注销、变更、暂停、恢复和撤销认证证书的规定与程序；

5.1.8 对获证组织正确使用中国有机产品认证标志、有机码、认证证书、销售证和认证机构标识（或名称）的要求；

5.1.9 对获证组织正确宣传有机生产、加工过程及认证产品的要求。

5.2 认证机构受理认证申请的条件：

5.2.1 认证委托人及其相关方应取得相关法律法规规定的行政许可（适用时），其生产、加工或经营的产品应符合相关法律法规、标准及规范的要求，并应拥有产品的所有权[①]。

5.2.2 认证委托人建立并实施了有机产品生产、加工和经营管理体系，并有效运行三个月以上。

5.2.3 申请认证的产品应在认监委公布的《有机产品认证目录》内。枸杞产品还应符合附件6的要求。

5.2.4 认证委托人及其相关方在五年内未因以下情形被撤销有机产品认证证书：

（1）提供虚假信息；

（2）使用禁用物质；

（3）超范围[②]使用有机认证标志；

（4）出现产品质量安全重大事故。

5.2.5 认证委托人及其相关方一年内未因除5.2.4所列情形之外其他情形被认证机构撤销有机产品认证证书。

5.2.6 认证委托人未列入国家信用信息严重失信主体相关名录。

5.2.7 认证委托人应至少提交以下文件和资料：

（1）认证委托人的合法经营资质文件的复印件；

（2）认证委托人及其有机生产、加工、经营的基本情况：

①认证委托人名称、地址、联系方式；不是直接从事有机产品生产、加工的认证委托人，应同时提交与直接从事有机产品的生产、加工者签订的书面合同的复印件及具体从事有机产品生产、加工者的名称、地址、联系方式。

②生产单元/加工/经营场所概况。

③申请认证的产品名称、品种、生产规模包括面积、产量、数量、加工量等；同一生产单元内非申请认证产品和非有机方式生产的产品的基本信息。

④过去三年间的生产历史情况说明材料，如植物生产的病虫草害防治、投入品使用及收获等农事活动描述；野生采集情况的描述；畜禽养殖、水产养殖的饲养方法、疾病防治、投入品使用、动物运输和屠宰等情况的描述。

⑤申请和获得其他认证的情况。

（3）产地（基地）区域范围描述，包括地理位置坐标、地块分布、缓冲带及产地周围临近地块的使用情况；加工场所周边环境描述、厂区平面图、工艺流程图等。

（4）管理手册和操作规程。

（5）本年度有机产品生产、加工、经营计划，上一年度有机产品销售量与销售额（适用时）等。

（6）承诺守法诚信，接受认证机构、认证监管等行政执法部门的监督和检查，保证提供材料真实、执行有机产品标准和有机产品认证实施规则相关要求的声明。

（7）有机转换计划（适用时）。

（8）其他。

5.3 申请材料的审查

对符合5.2要求的认证委托人，认证机构应根据有机产品认证依据、程序等要求，在10个工作日内对提交的申请文件和资料进行审查并作出是否受理的决定，保存审查记录。

5.3.1 审查要求如下：

（1）认证要求规定明确，并形成文件和得到理解；

（2）认证机构和认证委托人之间在理解上的差异得到解决；

（3）对于申请的认证范围，认证委托人的工作场所和任何特殊要求，认证机构均有能力开展认证服务。

5.3.2 申请材料齐全、符合要求的，予以受理认证申请；对不予受理的，应书面通知认证委托人，并说明理由。

---

①产品的所有权是指认证委托人对产品有占有、使用、收益和处置的权利。

②范围是指认证范围，包括产品范围、场所范围和过程（生产、加工、经营）范围。其中产品范围是指有机认证涉及的产品名称和数量；场所范围是指认证的所有生产场所、加工场所、经营场所（含办公地、仓储），包括生产基地和加工场所名称、地址和面积或养殖基地规模，以及加工、仓储和经营等场所；过程（生产、加工、经营）范围是指有机生产、加工、经营涉及的生产、收获、加工、运输、储藏等过程。

5.3.3 认证机构可采取必要措施帮助认证委托人及直接进行有机产品生产、加工、经营者进行技术标准培训，使其正确理解和执行标准要求。

5.4 现场检查准备

5.4.1 根据所申请产品对应的认证范围，认证机构应委派具有相应资质和能力的检查员组成检查组。每个检查组应至少有一名认证范围注册资质的专职检查员。

5.4.2 对同一认证委托人的同一生产单元，认证机构不能连续3年以上（含3年）委派同一检查员实施检查。

5.4.3 认证机构在现场检查前应向检查组下达检查任务书，应包含以下内容：

（1）检查依据，包括认证标准、认证实施规则和其他规范性文件。

（2）检查范围，包括检查的产品范围、场所范围和过程范围等。

（3）检查组组长和成员，计划实施检查的时间。

（4）检查要点，包括投入品的使用、产品包装标识、追溯体系、管理体系实施的有效性和上年度认证机构提出的不符合项（适用时）等。

5.4.4 认证机构可向认证委托人出具现场检查通知书，将检查内容告知认证委托人。

5.4.5 检查组应制定书面的检查计划，经认证机构审定后交认证委托人并获得确认。为确保认证产品生产、加工、经营全过程的完整性，检查计划应：

（1）覆盖所有认证产品的全部生产、加工、经营活动。

（2）覆盖认证产品相关的所有加工场所和工艺类型。

（3）覆盖所有认证产品的二次分装或分割的场所（适用时）、进口产品的境内仓储、加施有机码等场所（适用时）。

（4）对由多个具备土地使用权的农户参与有机生产的组织（如农业合作社组织，或“公司+农户”型组织），应首先安排对组织内部管理体系进行评估，并根据组织的产品种类、生产模式、地理分布和生产季节等因素进行风险评估。根据风险评估结果确定对农户抽样检查的数量和样本，抽样数不应少于农户数量的平方根（如果有小数向上取整）且最少不小于10个；农户数量不超过10个时，应检查全部农户。若认证机构核定的人日数无法满足现场所抽样本的检查，检查组可在认证机构批准的基础上增加人日数。

（5）制定检查计划还应考虑以下因素：

①当地有机产品与非有机产品之间的价格差异。

②申请认证组织内的生产体系和种植、养殖品种、规模、生产模式的差异。

③以往检查中发现的不符合项（适用时）。

④组织内部管理体系的有效性。

⑤再次加工分装分割对认证产品完整性的影响（适用时）。

5.4.6 现场检查时间应安排在申请认证产品的生产、加工、经营过程或易发质量安全风险的阶段。因生产季等原因，认证周期内首次现场检查不能覆盖所有申请认证产品的，应在认证证书有效期内实施现场补充检查。

5.4.7 认证机构应在现场检查前至少提前5日将认证委托人及生产单元、检查安排等基本信息报送到认监委网站“中国食品农产品认证信息系统”。

地方认证监管部门对认证机构提交的检查方案和计划等基本信息有异议的应至少在现场检查前2日提出；认证机构应及时与该部门进行沟通，协调一致后方可实施现场检查。

5.5 现场检查的实施

检查组应根据认证依据对认证委托人建立的管理体系进行评审，核实生产、加工、经营过程与认证委托人按照5.2.7条款所提交的文件的一致性，确认生产、加工、经营过程与认证依据的符合性。

5.5.1 检查过程至少应包括以下内容：

（1）对生产、加工过程、产品和场所的检查，如生产单元有非有机生产、加工或经营时，也应关注其对有机生产、加工或经营的可能影响及控制措施；

（2）对生产、加工、经营管理人员、内部检查员、操作者进行访谈；

（3）对GB/T 19630所规定的管理体系文件与记录进行审核；

（4）对认证产品的产量与销售量进行衡算；

（5）对产品追溯体系、认证标识和销售证的使用管理进行验证；

（6）对内部检查和持续改进进行评估；

（7）对产地和生产加工环境质量状况进行确认，评估对有机生产、加工的潜在污染风险；

（8）采集必要的样品；

（9）对上一年度提出的不符合项采取的纠正和纠正措施进行验证（适用时）；

检查组在结束检查前，应对检查情况进行总结，向受检查方和认证委托人确认检查发现的不符合项。

5.5.2 样品检测

（1）认证机构应编制抽样检测的技术文件，对抽样检测的项目、频次、方法、过程等做出要求。

（2）认证机构应对申请生产、加工认证的所有产品抽样检测，在风险评估基础上确定需检测的项目。对植物生产认证，必要时可对其生长期植物组织进行抽样检测。如果认证委托人生产的产品仅作为该委托人认证加工产品的唯一配料，且经认证机构风险评估后配料和终产品检测项目相同或相近时，则应至少对终产品进行抽样检测。

认证证书发放前无法采集样品并送检的，应在证书有效期内安排抽样检测并得到检测结果。

（3）认证机构应委托具备法定资质的检验检测机构进行样品检测。

（4）产品生产、加工场所在境外，产品因出入境检验检疫要求等原因无法委托境内检验检测机构进行检测，可委托境外第三方检验检测机构进行检测。该检验检测机构应符合ISO/IEC 17025《检测和校准实验室能力的通用要求》的要求。对于再认证产品，可在换发证书有效期内的产品入境后由认证机构抽样，委托境内检验检测机构进行检测，检测结果不符合认证要求的，应立即暂停或撤销证书。

（5）有机生产或加工中允许使用物质的残留量应符合相关法律法规或强制性标准的规定。有机生产和加工中禁止使用的物质不得检出。

5.5.3 对产地环境质量状况的检查

认证委托人或其生产、加工操作的分包方应出具有资质的监测（检测）机构对产地环境质量进行的监测（检测）报告。产地环境空气质量可采信县级以上（含县级）生态环境部门公布的当地环境空气质量信息或出具其他证明性材料，以证明产地的环境质量状况符合GB/T 19630规定的要求。

进口产品的产地环境检测委托人应为认证委托人或其生产、加工操作的分包方。检查员可结合现场检查实际情况评估是否接受认证委托人已有的土壤、灌溉水、畜禽饮用水、生产加工用水等有效的检测报告。如否，应按照GB/T 19630的要求进行检测，检测机构可以是符合ISO/IEC 17025《检测和校准实验室能力的通用要求》要求的境外检测机构。关于环境空气质量，认证机构应根据现场检查实际情况，结合当地官方网站、大气监控数据或报告等内容，确认是否符合GB/T 19630规定的要求。

5.5.4 对有机转换的检查

（1）多年生作物存在平行生产时，认证委托人应制定有机转换计划，并事先获得认证机构确认。在开始实施转换计划后，每年须经认证机构派出的检查组核实、确认。未按转换计划完成转换并经现场检查确认的地块不能获得认证。

（2）未能保持有机认证的生产单元，需重新经过有机转换才能再次获得有机认证，且不应缩短转换期。

（3）有机产品认证转换期起始日期不应早于认证机构受理申请日期。

（4）对于获得国外有机产品认证连续4年以上（含4年）的进口有机产品的国外种植基地，且认证机构现场检查确认其符合GB/T 19630要求，可在风险评估的基础上免除转换期。

5.5.5 对投入品的检查

（1）有机生产或加工过程中允许使用GB/T 19630附录列出的物质。

（2）对未列入GB/T 19630附录中的物质，认监委可在专家评估的基础上公布有机生产、加工投入品临时补充列表

5.5.6 检查报告

（1）认证机构应规定本机构的检查报告的基本格式。

（2）检查报告应叙述5.5.1~5.5.5列明的各项要求的检查情况，就检查证据、检查发现和检查结论逐一进行描述。

对识别出的不符合项，应用写实的方法准确、具体、清晰描述，以易于认证委托人及其相关方理解。不得用概念化的、不确定的、含糊的语言表述不符合项。

（3）检查报告应随附必要的证据或记录，包括文字或照片或音视频等资料。

（4）检查组应通过检查报告提供充分信息对认证委托人执行标准的总体情况作评价，对是否通过认证提出意见建议。

（5）认证机构应将检查报告提交给认证委托人。

5.6 认证决定

5.6.1 认证机构应在现场检查、产地环境质量和产品检测结果综合评估的基础上作出认证决定，同时考虑产品生产、加工、经营特点，认证委托人及其相关方管理体系的有效性，当地农兽药使用、环境保护、区域性社会或认证委托人质量诚信状况等情况。

5.6.2 对符合以下要求的认证委托人，认证机构应颁发认证证书（基本格式见附件1、2）。

（1）生产、加工或经营活动、管理体系及其他检查证据符合本规则和认证标准的要求。

（2）生产、加工或经营活动、管理体系及其他检查证据虽不完全符合本规则和认证依据标准的要求，但认证委托人已经在规定的期限内完成了不符合项纠正和/或纠正措施，并通过认证机构验证。

5.6.3 认证委托人的生产、加工或经营活动存在以下情况之一，认证机构不应批准认证。

（1）提供虚假信息，不诚信的。

（2）未建立管理体系或建立的管理体系未有效实施的。

(3)列入国家信用信息严重失信主体相关名录。

(4)生产、加工或经营过程使用了禁用物质或者受到禁用物质污染的。

(5)产品检测发现存在禁用物质的。

(6)申请认证的产品质量不符合国家相关法律法规和(或)技术标准强制要求的。

(7)存在认证现场检查场所外进行再次加工、分装、分割情况的。

(8)一年内出现重大产品质量安全问题,或因产品质量安全问题被撤销有机产品认证证书的。

(9)未在规定的期限完成不符合项纠正和/或纠正措施,或提交的纠正和/或纠正措施未满足认证要求的。

(10)经检测(监测)机构检测(监测)证明产地环境受到污染的。

(11)其他不符合本规则和(或)有机产品标准要求,且无法纠正的。

5.6.4 申诉

认证委托人如对认证决定结果有异议,可在10日内向认证机构申诉,认证机构自收到申诉之日起,应在30日内处理并将处理结果书面通知认证委托人。

认证委托人如认为认证机构的行为严重侵害了自身合法权益,可以直接向各级认证监管部门申诉。

6 认证后管理

6.1 认证机构应每年对获证组织至少安排一次获证后的现场检查。认证机构应根据获证产品种类和风险、生产企业管理体系的有效性、当地质量安全诚信水平总体情况等,科学确定现场检查频次及项目。同一认证的品种在证书有效期内如有多个生产季的,则至少需要安排一次获证后的现场检查。

认证机构应在风险评估的基础上每年至少对5%的获证组织实施一次不通知检查,实施不通知检查时应在现场检查前48小时内通知获证组织。

6.2 认证机构应及时了解和掌握获证组织变更信息,对获证组织实施有效跟踪,以保证其持续符合认证的要求。

6.3 认证机构在与认证委托人签订的合同中,应明确约定获证组织需建立信息通报制度,及时向认证机构通报以下信息:

6.3.1 法律地位、经营状况、组织状态或所有权变更的信息。

6.3.2 获证组织管理层、联系地址变更的信息。

6.3.3 有机产品管理体系、生产、加工、经营状况、过程或生产加工场所变更的信息。

6.3.4 获证产品的生产、加工、经营场所周围发生重大动植物疫情、环境污染的信息。

6.3.5 生产、加工、经营及销售中发生的产品质量安全重要信息,如相关部门抽查发现存在严重质量安全问题或消费者重大投诉等。

6.3.6 获证组织因违反国家农产品、食品安全管理相关法律法规而受到处罚。

6.3.7 采购的配料或产品存在不符合认证依据要求的情况。

6.3.8 不合格品撤回及处理的信息。

6.3.9 销售证的使用情况。

6.3.10 其他重要信息。

6.4 销售证和有机码

6.4.1 销售证是获证产品所有人提供给买方的交易证明。认证机构应制定销售证的申请和办理程序,在获证组织销售获证产品过程中(前)向认证机构申请销售证(基本格式见附件3),以保证有机产品销售过程数量可控、可追溯。对于使用了有机码的产品,认证机构可不颁发销售证。

6.4.2 认证机构应对获证组织与购买方签订的供货协议的认证产品范围和数量、发票、发货凭证(适用时)等进行审核。对符合要求的颁发有机产品销售证;对不符合要求的应监督其整改,否则不能颁发销售证。

6.4.3 销售证由获证组织交给购买方。获证组织应保存已颁发的销售证的复印件,以备认证机构审核。

6.4.4 认证机构可按照有机配料的可获得性,核定使用外购有机配料的加工认证证书有效期内的产量,但应按外购有机配料批次与实际加工的产品数量发放有机码或颁发销售证。

6.4.5 认证机构应按照编号规则(见附件5),对有机码进行编号,并采取有效防伪、追溯技术,确保发放的每个有机码能够溯源到其对应的认证证书和获证产品及其生产、加工单位。

认证机构不得向仅获得有机产品经营认证的认证委托人发放有机码。

6.4.6 认证机构对其颁发的销售证和有机码的正确使用负有监督管理的责任。

7 再认证

7.1 获证组织应至少在认证证书有效期结束前3个月向认证机构提出再认证申请。

获证组织的有机产品管理体系和生产、加工过程未发生变更时，认证机构可适当简化申请评审和文件评审程序。

7.2 认证机构应在认证证书有效期内进行再认证检查。

因生产季或重大自然灾害的原因，不能在认证证书有效期内安排再认证检查的，获证组织应在证书有效期内向认证机构提出书面申请说明原因。经认证机构确认，再认证可在认证证书有效期后的3个月内实施，但不得超过3个月，在此期间内生产的产品不得作为有机产品进行销售。

7.3 对超过3个月仍不能再认证的生产单元，应按初次认证实施。

8 认证证书、认证标志的管理

8.1 认证证书基本格式

有机产品认证证书有效期最长为12个月。再认证有机产品认证证书有效期，不超过最近一次有效认证证书截止日期再加12个月。认证证书基本格式应符合本规则附件1、2的要求。经授权使用他人商标的获证组织，应在其有机认证证书中标明相应产品获许授权使用的商标信息。

认证证书的编号应从认监委网站“中国食品农产品认证信息系统”中获取，编号规则见附件4。认证机构不得仅依据本机构编制的证书编号发放认证证书。

8.2 认证证书的变更

按照《有机产品认证管理办法》第二十八条实施。

8.3 认证证书的注销

按照《有机产品认证管理办法》第二十九条实施。

8.4 认证证书的暂停

按照《有机产品认证管理办法》第三十条实施。

8.5 认证证书的撤销

按照《有机产品认证管理办法》第三十一条实施。

8.6 认证证书的恢复

8.6.1 认证证书被注销或撤销后，认证机构不能以任何理由恢复认证证书。

8.6.2 认证证书被暂停的，需在证书暂停期满且完成对不符合项的纠正或纠正措施并确认后，认证机构方可恢复认证证书。

8.7 认证证书与标志使用

8.7.1 获得有机转换认证证书的产品只能按常规产品销售，不得使用中国有机产品认证标志以及标注“有机”、“ORGANIC”等字样和图案。

8.7.2 认证证书暂停期间，认证机构应通知并监督获证组织停止使用有机产品认证证书和标志，获证组织同时应封存带有有机产品认证标志的相应批次产品。

8.8 认证证书被注销或撤销的，获证组织应将注销、撤销的有机产品认证证书和未使用的标志交回认证机构，或由获证组织在认证机构的监督下销毁剩余标志和带有有机产品认证标志的产品包装，必要时，获证组织应召回相应批次带有有机产品认证标志的产品。

8.9 认证机构有责任和义务采取有效措施避免各类无效的认证证书和标志被继续使用。

对于无法收回的证书和标志，认证机构应及时在相关媒体和网站上公布注销或撤销认证证书的决定，声明证书及标志作废。

9 信息报告

9.1 认证机构应及时向认监委网站“中国食品农产品认证信息系统”填报认证活动的信息。

9.2 认证机构应在10日内将暂停、撤销认证证书相关组织的名单及暂停、撤销原因等，通过认监委网站“中国食品农产品认证信息系统”向认监委报告，并向社会公布。

9.3 认证机构在获知获证组织发生产品质量安全事故后，应及时将相关信息向认监委和获证组织所在地的认证监管部门通报。

9.4 认证机构应于每年3月底之前将上一年度有机认证工作报告报送认监委。报告内容至少包括：颁证数量、获证产品质量分析、暂停和撤销认证证书清单及原因分析等。

10 认证收费

认证机构应根据相关规定收取认证费用。

附件：

1.有机产品认证证书基本格式

2.有机转换认证证书基本格式

3.有机产品销售证基本格式

4.有机产品认证证书编号规则

5.国家有机产品认证标志编码规则

6.有机枸杞认证补充要求（试行）

附件 1

有机产品认证证书基本格式

证书编号：*************

有机产品认证证书

认证委托人(证书持有人)名称： ************************

地址： ************************

生产（加工/经营）企业名称： ************************

地址： ************************

有机产品认证的类别：生产/加工/经营（生产类注明植物生产、野生采集、食用菌栽培、畜禽养殖、水产养殖具体类别）

认证依据：GB/T 19630有机产品 生产、加工、标识与管理体系要求

认证范围：

序号	基地（加工厂/经营场所）名称	基地（加工厂/经营场所）地址	基地面积	产品名称	产品描述	生产规模	产量

（可设附件描述，附件与本证书同等效力）

注：1. 经营是指不改变产品包装的有机产品储存、运输和/或贸易活动。

2. 产品名称是指对应产品在《有机产品认证目录》中的名称；产品描述是指产品的商品名（含商标信息）。

3. 生产规模适用于养殖，指养殖动物的数量。

以上产品及其生产（加工/经营）过程符合有机产品认证实施规则的要求，特发此证。

初次发证日期： 年 月 日

本次发证日期： 年 月 日

证书有效期： 年 月 日至 年 月 日

负责人（签字）： （认证机构印章）

认证机构名称：

认证机构地址：

联系电话：

(认证机构标识) (认可标志)

附件 2

有机转换认证证书基本格式

证书编号：*************

有机转换认证证书

认证委托人(证书持有人)名称：　************************

地址：　************************

生产（加工）企业名称：　************************

地址：　************************

有机产品认证的类别：生产/加工（生产类注明植物生产、野生采集、食用菌栽培、畜禽养殖、水产养殖具体类别）

认证依据：　GB/T 19630有机产品生产、加工、标识与管理体系要求

认证范围：

序号	基地（加工厂/经营场所）名称	基地（加工厂/经营场所）地址	基地面积	产品名称	产品描述	生产规模	产量

（可设附件描述，附件与本证书同等效力）

注：1.产品名称是指对应产品在《有机产品认证目录》中的名称；产品描述是指产品的商品名。

2.生产规模适用于养殖，指养殖动物的数量。

以上产品及其生产（加工）过程符合有机产品认证实施规则的要求，特发此证。

初次发证日期：　年 月 日

本次发证日期：　年 月 日

证书有效期：　年 月 日 至 年 月 日

负责人（签字）：　（认证机构印章）

认证机构名称：

认证机构地址：

联系电话：

(认证机构标识)　(认可标志)

注：依据《有机产品认证管理办法》规定，获得有机转换认证的产品不得使用中国有机产品认证标志及标注含有“有机”、“ORGANIC”等字样的文字表述和图案。

附件 3

有机产品销售证基本格式

有机产品销售证

编号（TC#）：
认证证书编号：
认证类别：
认证委托人(证书持有人)名称：
产品名称：
产品描述：
购买单位：
数（重）量：
产品批号：
发票号：
合同号：
交易日期：
售出单位：

此证书仅对购买单位和获得中国有机产品认证的产品交易有效。

发证日期：　年　月　日
负责人（签字）：　　　　　　　　　　(认证机构印章)

认证机构名称:
认证机构地址:
联系电话:

附件 4

有机产品认证证书编号规则

有机产品认证采用统一的认证证书编号规则。认证机构在食品农产品系统中录入认证证书、检查组、检查报告、现场检查照片等方面相关信息后，经格式校验合格后，由系统自动赋予认证证书编号，认证机构不得自行编号。

示例：

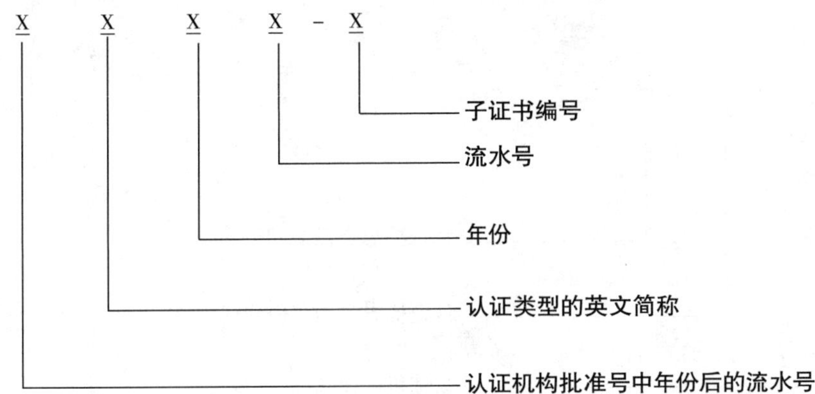

一、认证机构批准号中年份后的流水号

认证机构批准号的编号格式为“CNCA–R/RF–年份–流水号”，其中R表示内资认证机构，RF表示外资认证机构，年份为4位阿拉伯数字，流水号是内资、外资分别流水编号。

内资认证机构认证证书编号为该机构批准号的3位阿拉伯数字批准流水号；外资认证机构认证证书编号为：F+该机构批准号的2位阿拉伯数字批准流水号。

二、认证类型的英文简称

有机产品认证英文简称为OP。

三、年份

采用年份的最后2位数字，例如2019年为19。

四、流水号

为某认证机构在某个年份该认证类型的流水号，5位阿拉伯数字。

五、子证书编号

如果某张证书有子证书，那么在母证书号后加“–”和子证书顺序的阿拉伯数字。

六、其他

再认证时，证书号不变。

附件 5

国家有机产品认证标志编码规则

为保证国家有机产品认证标志的基本防伪与追溯，防止假冒认证标志和获证产品的发生，各认证机构在向获证组织发放认证标志或允许获证组织在产品标签上印制认证标志时，应赋予每枚认证标志一个唯一的编码（有机码），其编码由认证机构代码、认证标志发放年份代码和认证标志发放随机码组成。

示例：

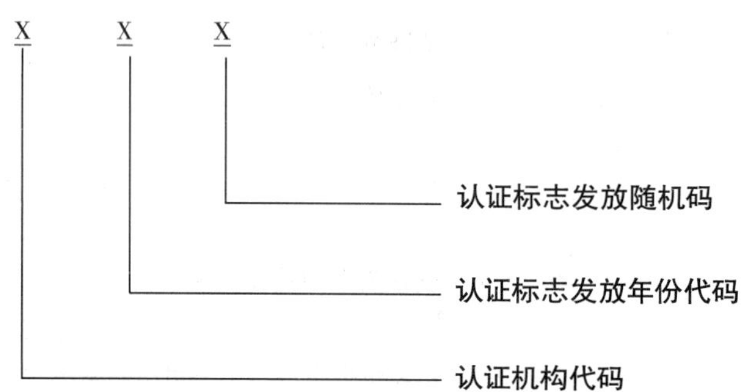

一、认证机构代码（3位）

认证机构代码由认证机构批准号后三位代码形成。内资认证机构为该认证机构批准号的3位阿拉伯数字批准流水号；外资认证机构为：9+该认证机构批准号的2位阿拉伯数字批准流水号。

二、认证标志发放年份代码（2位）

采用年份的最后2位数字，例如2019年为19。

三、认证标志发放随机码（12位）

该代码是认证机构发放认证标志数量的12位阿拉伯数字随机号码。数字产生的随机规则由各认证机构自行制定。

附件 6

有机枸杞认证补充要求(试行)

本附件是按照本规则对枸杞实施有机产品认证的补充要求。

一、生产单元要求

(一)有机枸杞生产单元与周边常规农业缓冲带的设置,应充分考虑环境因素(如有机生产单元在山坡中的位置、周边常规农业的施药情况等)和气候条件(如高风险季节的风速、风向等),以保证有机生产的完整性。如地势平坦、周边为常规粮食作物的,缓冲带应大于30米;地势平坦,周边为常规果树和常规枸杞园的,缓冲带应大于50米。

(二)认证委托人应提供每个有机枸杞生产单元边界的四至地理坐标信息,周边500米范围内存在常规枸杞生产单元的,还应提供常规枸杞生产单元的地理坐标信息。

(三)有机生产单元内应配备可识别的专用生产工具,包括专用植保机械、采摘箱(筐)、晾晒(烘干)果毡子(果盘)等。

二、文件和记录要求

(一)认证委托人应在有机枸杞生产技术规程中针对主要病虫草害制定有效的防治措施,包括但不限于:

1. 枸杞木虱、枸杞瘿螨、枸杞蚜虫、枸杞负泥虫、枸杞红瘿蚊、枸杞实蝇、枸杞蓟马等虫害的防治措施;

2. 枸杞黑果病(炭疽病)、枸杞白粉病等病害的防治措施;

3. 草害的防治措施。

(二)认证委托人应建立并保留以下生产过程中的记录及相关符合性文件,除符合GB/T19630要求,还应符合以下要求:

1. 自制堆肥的原料采购记录(至少包含原料名称、销售单位名称与联系方式等信息)、采购票据、堆制过程照片(含操作人姓名及联系方式、堆制时间、经纬度信息)等;

2. 外购土壤培肥和改良物质的采购记录(至少包含生产厂家及联系方式、出厂日期/批次号等信息)、有机生产中允许使用的符合性文件、包装物照片等;

3. 外购植保产品的采购记录(至少包含生产厂家名称及联系方式、出厂日期/批次号等信息)、有机生产中允许使用的符合性文件、包装物照片等;

4. 在认证机构现场检查前,认证委托人应保留所有外购土壤培肥和改良物质、植保产品的包装物。销毁或处理投入品包装物时,应保留销毁/处理记录(包括操作人姓名及联系方式、处理时间、产品名称、数量、产品批次号等信息)及销毁/处理照片(含时间、经纬度信息)等;

5.相关照片不得使用软件处理,保存期至少为5年。

三、认证实施要求

(一)现场检查时间应安排在枸杞生产的高风险时期。认证机构应每年对获证组织至少实施一次不通知检查,通常情况下,青海、新疆、西藏枸杞产区的高风险时期为6月1日–7月1日,宁夏、甘肃、内蒙及其他枸杞产区的高风险时期为5月1日–6月1日。

(二)除实施规则5.5.1要求的内容外,现场检查时还应包括以下内容:

(1)对自制有机肥堆肥场所的检查(适用时);

(2)采用滴灌设施的,应检查滴灌系统是否有混肥装置及施用肥料种类。

(3)根据投入品建议使用浓度和种植面积,核算采购量是否符合生产实际需要。

(4)核实认证委托人实际使用投入品的品种、成分、数量与生产技术规程的一致性。

(三)产量衡算要求

认证机构应在充分考虑种植品种、种植模式、树龄、管理水平、当年气候条件和前几年的产量等因素的基础上,对枸杞进行产量衡算。

枸杞种植品种为宁杞1号,1年生苗定植建园,种植模式为每亩($667m^2$)220株–280株时,每亩干果产量估算如下:放弃管理的枸杞园和建园第一年产量可以忽略不计;第二年产量不宜超过15kg/亩[①],第三年产量不宜超过30kg/亩,第四年产量不宜超过50kg/亩,第五年产量不宜超过100kg/亩,第六年及以后产量不宜超过200 kg/亩。

[①]1亩=666.67平方米。

（四）样品检测

认证机构应对申请生产、加工认证的所有产品及其生长期植物组织抽样检验检测，在风险评估基础上确定需检测的项目。认证机构应保留备用枸杞干果样品至少1kg，至少低温（-18℃）保存12个月。

必要时，认证机构可对认证委托人生产单元的枸杞植物组织、土壤、生产中使用的肥料和植保投入品等进行抽样检测，其检测结果可作为认证机构判定的参考。检测项目应由检查组现场在风险评估的基础上确定，至少包含规定的检测内容。取样方式和检测项目可参考：

（1）土壤抽取样品为枸杞树冠垂直投影范围内表层3-5cm土壤，且至少为5个样品的混合样。检测项目应包含产品的农残检测种类，禁用物质不得检出。

（2）肥料抽取样品可于高风险期不通知现场检查时从生产单元内的枸杞树下施肥点实地取样，且至少为5个样品的混合样。检测项目至少包括速效氮、磷、钾，与同类发酵有机肥做比对。

（3）植保投入品抽取样品可从用过的植保机械药箱残液中取样，取样时覆盖所有的植保机械，等比例混合。以混合的药箱残液浸泡低温保存留样的枸杞干果至少5秒钟，取出控水，现场干燥后送检，禁用物质不得检出。

四、认证后的管理

对获证产品在市场上有销售情形的，认证机构应从市场销售渠道购买至少3个不同产品（生产日期/销售来源/包装规格），进行等比例混样后送检。检测项目按照产品检测的要求执行。

认监委关于发布新版《有机产品认证目录》的公告

（2019 年第 22 号）

为进一步完善有机产品认证制度，规范有机产品认证活动，根据《有机产品认证管理办法》（质检总局令第 155 号）有关规定，认监委对 2012 年 1 月 13 日发布的《有机产品认证目录》（认监委 2012 年第 2 号公告）、2012 年 8 月 7 日发布的《有机产品认证增补目录（一）》（认监委 2012 年第 21 号公告）、2014 年 7 月 24 日发布的《有机产品认证增补目录（二）》（认监委 2014 年第 24 号公告）、2015 年 7 月 17 日发布的《有机产品认证增补目录（三）》（认监委 2015 年第 21 号公告）、2016 年 4 月 28 日发布的《有机产品认证增补目录（四）》（认监委 2016 年第 9 号公告）、2017 年 12 月 9 日发布的《有机产品认证增补目录（五）》（认监委 2017 年第 42 号公告）、2018 年 6 月 12 日发布的《有机产品认证增补目录（六）》（认监委 2018 年第 23 号公告）进行了修订，修订后产品类别共 46 个，共涉及 1136 种产品。现将修订后的《有机产品认证目录》（以下称新版《有机产品认证目录》）予以公布，并就相关事项公告如下：

一、自本公告发布之日起，有机产品认证机构可受理新版《有机产品认证目录》内产品的有机产品认证申请，同时不再受理未列入新版《有机产品认证目录》内产品的有机产品认证申请。本公告发布前已获得认证且未列入新版《有机产品认证目录》内的产品，认证证书期满自动失效；证书有效期内生产的产品，可在其产品有效期内使用相应认证标志。

二认监委 2012 年第 2 号公告 2012 年第 21 号公告、2014 年第 24 号公告、2015 年第 21 号公告、2016 年第 9 号公告、2017 年第 42 号公告、2018 年第 23 号公告自本公告发布之日起废止。

认监委

2019 年 11 月 6 日

附件

有机产品认证目录

（2019年11月6日市场监管总局修订）

序号	产品类别	产品范围	产品名称	备注
一、生产				
植物类和食用菌类（含野生采集）				
1	谷物	小麦	小麦	
2		玉米	玉米	
3		稻谷	稻谷	
4		其他谷物	高粱；大麦；青稞；莜麦；燕麦；黍（糜子）；粟（谷子）；薏苡；荞麦；苦荞麦；藜麦；红稗；䅟子	
5	蔬菜	薯芋类	阳芋（马铃薯、土豆）；木薯；甘薯；番薯；薯蓣（山药）；葛；芋；磨芋（魔芋）；菊芋；蕉芋（旱藕）	
6		豆类蔬菜	蚕豆；大豆（毛豆）；豌豆；菜豆；刀豆；扁豆；豇豆；刺毛黧豆（黎豆）；四棱豆	

续表

<table>
<tr><th>序号</th><th>产品类别</th><th>产品范围</th><th>产品名称</th><th>备注</th></tr>
<tr><td>7</td><td rowspan="12">蔬菜</td><td>瓜类蔬菜</td><td>黄瓜；冬瓜；丝瓜；西葫芦；甜瓜；笋瓜；葫芦；苦瓜；南瓜；佛手瓜；蛇瓜</td><td></td></tr>
<tr><td>8</td><td>白菜类蔬菜</td><td>白菜；菜苔</td><td></td></tr>
<tr><td>9</td><td>绿叶蔬菜</td><td>莴苣；苋；茼蒿；菠菜；旱芹（芹菜、药芹）；败酱（苦菜）；攀倒甑（苦菜）；苦芥（苦菜）；高獐菜（苦菜）；江南山梗菜（苦菜）；乳苣（苦菜）；菊苣；苦苣菜；蒌蒿（芦蒿）；蕹菜；紫苜蓿（苜蓿）；紫背天葵；罗勒；荆芥；塌棵菜（乌塌菜）；荠（荠菜）；茴香；芸苔；甜菜（叶菾菜）；猪毛菜；冬葵（寒菜）；番杏；藜（灰灰菜）；榆钱菠菜；落葵（木耳菜）；紫苏；莳萝；芫荽(香菜)；野菊（菊花脑)；珍珠菜；费菜（养心菜）；长蒴黄麻（帝王菜）；芦荟；盐角草（海蓬子）；碱蓬；冰叶日中花（冰菜）；土人参（人参菜）；马兰</td><td></td></tr>
<tr><td>10</td><td>新鲜根茎类蔬菜</td><td>芜青；萝卜；牛蒡；石刁柏（芦笋）；胡萝卜；蕺菜（鱼腥草）</td><td></td></tr>
<tr><td>11</td><td>新鲜甘蓝类蔬菜</td><td>芥蓝；甘蓝</td><td>甘蓝包括花菜</td></tr>
<tr><td>12</td><td>新鲜芥菜类蔬菜</td><td>芥菜</td><td></td></tr>
<tr><td>13</td><td>新鲜茄果类蔬菜</td><td>辣椒；番茄（西红柿）；茄；树番茄（人参果）；咖啡黄葵（秋葵）</td><td></td></tr>
<tr><td>14</td><td>葱蒜类蔬菜</td><td>葱；韭；蒜；姜；洋葱；山韭（岩葱）；蒙古韭（沙葱）</td><td></td></tr>
<tr><td>15</td><td>多年生蔬菜</td><td>笋；百合；黄花菜（金针菜）；菜蓟（朝鲜蓟）；香椿；辣木；荨麻；龙蒿（椒蒿）；刺五加</td><td></td></tr>
<tr><td>16</td><td>水生类蔬菜</td><td>莲（莲藕）；菰（茭白）；荸荠；菱；水芹；慈姑；豆瓣菜；莼菜；芡实；香蒲（蒲菜）；水芋</td><td></td></tr>
<tr><td>17</td><td>芽苗类蔬菜</td><td>芽苗菜</td><td></td></tr>
<tr><td>18</td><td>蕨类蔬菜</td><td>蕨</td><td></td></tr>
<tr><td>19</td><td rowspan="2">食用菌和园艺作物</td><td>食用菌</td><td>菇类；木耳；银耳；块菌类；北虫草；灵芝</td><td></td></tr>
<tr><td>20</td><td>花卉</td><td>菊花；木槿花；木芙蓉花（芙蓉花）；海棠花；百合花；山茶花；茉莉花；玉兰花；白兰花；栀子花；木樨花（桂花）；丁香花；玫瑰花；月季花；桃花；米仔兰花（米兰花）；金粟兰花（珠兰花）；芦荟；牡丹；芍药花；牵牛花；麦冬；鸡冠花；凤仙花；高山犁头尖（贝母）；忍冬（金银花）；莲花；藿香蓟；水仙花；蜡梅（腊梅）；霸王花；紫藤花；黄蜀葵（金花葵）；两色金鸡菊（雪菊）；梨果仙人掌；睡莲；甘菊；秦艽；石斛；红豆杉；贝母；杜鹃；车前；龙胆</td><td></td></tr>
<tr><td>21</td><td rowspan="5">水果</td><td>仁果类和核果类水果</td><td>苹果；花红（沙果）；红厚壳（海棠果)；梨；桃；枣；杏；梅；樱桃；李；山楂；枇杷；欧李（高钙果）</td><td></td></tr>
<tr><td>22</td><td>葡萄</td><td>葡萄</td><td></td></tr>
<tr><td>23</td><td>柑橘类</td><td>桔；橘；柑类；橙；柚；柠檬</td><td></td></tr>
<tr><td>24</td><td>香蕉等亚热带水果</td><td>香蕉；菠萝；杧果（芒果）</td><td></td></tr>
<tr><td>25</td><td>其他水果</td><td>杨梅；草莓；黑茶藨子（黑豆果、黑加仑）；橄榄；猕猴桃；椰子；番石榴；荔枝；龙眼；阳桃（杨桃）；波罗蜜；量天尺（火龙果）；红毛丹；西番莲；洋蒲桃（莲雾）；面包果；榴莲；莽吉柿（山竹）；海枣；柿；石榴；桑椹；酸浆；沙棘；无花果；蓝莓；黑莓；山莓（树莓）；越橘；雪莲果；海滨木巴戟（诺尼果）；红涩石楠（黑果腺肋花楸）；黑老虎（布福娜）；蓝靛果；神秘果；番荔枝；西瓜；甜瓜；木瓜；树葡萄（嘉宝果）；芭蕉；泡泡果</td><td></td></tr>
<tr><td>26</td><td>坚果；含油果；香料（调香的植物）和饮料作物</td><td>坚果</td><td>核桃；板栗；榛子；瓜籽；杏仁；咖啡；椰子；银杏果；芡实；腰果；槟榔；开心果；巴旦木果；香榧；苦槠果；栝蒌；澳洲坚果；角豆；可可</td><td></td></tr>
</table>

续表

序号	产品类别	产品范围	产品名称	备注
27	坚果；含油果；香料（调香的植物）和饮料作物	含油果	油茶；橄榄；油棕（油棕榈）；油桐；椰子	
28		调香的作物	薰衣草；迷迭香；柠檬草（柠檬香茅）；橙香木（柠檬马鞭草）；藿香；鼠尾草；地榆（小地榆）；天竺葵；紫丁香；艾；佛手柑；啤酒花	
29		茶叶	茶	
30		其他饮料作物	苦丁茶；杜仲；柿；桑；银杏；野菊花；菊花；薄荷；大麦；蛇葡萄（藤茶）；木姜叶柯；白木香叶；；巴拉圭冬青	
31	豆类；油料和薯类	豆类	大豆；花豆；鹰嘴豆；豇豆（饭豆）；兵豆（扁豆、小扁豆、鸡豌豆，滨豆，小金扁豆）；羽扇豆；瓜儿豆；棉豆(利马豆）；莱豆（芸豆）；木豆；赤豆（红豆、红小豆、褐红豆）；赤小豆（米豆、饭豆、褐红豆）；绿豆	大豆包括黑豆、青豆；豇豆包括长豇豆、短豇豆
32		油料	油菜籽；芝麻；花生；茶籽；葵花籽；红花籽；油棕果；亚麻籽；南瓜籽；月见草籽；大麻籽；赤麻籽（线麻籽）；玫瑰果；琉璃苣籽；苜蓿籽；紫苏籽；翅果油树；扁核木（青刺果）；南美油藤；元宝枫；油莎草；文冠果；橡籽	
33		薯类	阳芋（马铃薯、土豆）；木薯；番薯（红薯、地瓜）；甘薯；薯蓣（山药）；葛；芋；磨芋；菊芋；蕉芋（旱藕）	
34	香辛料作物	香辛料作物	花椒；青花椒；胡椒；月桂；肉桂；紫丁香；众香子；香荚兰豆；肉豆蔻；百里香；迷迭香；八角；茴香；孜然芹（孜然）；裂叶荆芥（小茴香）；甘草；薄荷；姜黄；芝麻菜；山嵛菜（山葵）；辣根；草果；神香草；荆芥（猫薄荷）；木姜子(山苍子)	
35	棉、麻和糖	棉花	棉花	
36		麻类	麻	麻包括亚麻、大麻、苎麻等
37		糖料作物	甘蔗；甜菜；甜叶菊	
38	草及割草	青饲料植物	紫苜蓿（苜蓿）；黑麦草；满江红；羊草；皇竹草；甜象草；老芒麦；构树	满江红包括绿萍和红萍
39	其他纺织用的植物	其他纺织用的植物	桑；竹；木棉	
40	野生采集	野生采集	缬草；毛建草；山菠菜；冬虫夏草；苹（四叶菜）；山葡萄；华西银腊梅；野草莓；荚果蕨（黄瓜香）；山芹；山核桃；荠菜；紫花碎米荠；松子；白柳；鸭舌草；毛豹皮樟；刺嫩芽；地耳；蒲公英；鹿角菜；山苦茶（鹧鸪茶）；石耳；塔花；小麦草；灰树花；麻杂菜；山胡椒；余甘子	有机产品认证机构可受理植物类和食用菌类目录中产品的野生采集认证，野生采集目录中产品如果需要申请植物生产有机认证，需申请增补
41	中药材	中草药	对叶百部；蔓生百部；直立百部；菝葜；百合；卷丹(百合)；细叶百合；暗紫贝母(川贝母)；川贝母；甘肃贝母(川贝母)；梭砂贝母(川贝母)；太白贝母(川贝母)；滇黄精；多花黄精；黄精；麦冬；平贝母；湖北麦冬(山麦冬)；天冬(天门冬)；光叶菝葜(土茯苓)；小根蒜(薤白)；薤(薤白)；新疆贝母(伊贝母)；伊犁贝母(伊贝母)；玉竹；浙贝母；知母；七叶一枝花(华重楼，重楼)；云南重楼(滇重楼，重楼)；侧柏；金毛狗脊(狗脊)；过路黄(金钱草)；车前(车前草，车前子)；平车前(车前草，车前子)；川续断(续断)；半枝莲；益母草(茺蔚子)；丹参；碎米桠(冬凌草)；独一味；广藿香；黄芩；荆芥(荆芥穗)；活血丹(连钱草)；香青兰(山薄荷)；夏枯草；凉粉草(仙草)；毛叶地瓜儿苗(泽兰)；巴豆；地锦；甘遂；大戟；续随子(千金子)；灯心草；梅叶冬青(岗梅)；枸骨；补骨脂；皂荚(大皂角，皂角刺，猪牙皂)；儿茶；尖叶番泻；狭叶番泻；甘草；野葛(葛根)；广金钱草；合欢；多序岩黄芪(红芪)；胡芦巴；槐(槐花、槐角)；蒙古黄芪；膜荚黄芪；密花豆(鸡血藤)；降香檀(降香)；决明(决明子)；小决明(决明子)；苦参；猫尾草；美丽崖豆藤(牛大力)；千斤拔；扁茎黄芪(沙苑子)；越南槐(山豆根)；刺槐(洋槐)；兴安杜鹃(满山红)；杜仲；破布叶(布渣叶)；茯苓(茯苓皮)；赤芝(灵芝)；紫芝(灵芝)；火木层孔菌(桑黄)；猪苓；蝙蝠葛(北豆根)；粉防己；金果榄；青牛胆(金果榄)；谷精草；白茅；淡竹叶；芦苇(芦根)；黑三棱；榧；云南红豆杉；东北红豆杉；青钱柳；栝楼(瓜蒌、瓜蒌皮、瓜蒌子、天花粉)；双边栝楼(瓜蒌、瓜蒌皮、瓜蒌子、天花粉)；绞股蓝；罗汉果；土贝母；大马勃；脱皮马勃；紫色马勃；蒺藜；蕺菜(鱼腥草)；鸡蛋花；罗布麻；萝芙木；长春花；	所列产品均以基原植物名列出，基原植物名与药材名差异较大的用括号标注中药名，如碎米桠（冬凌草）

续表

序号	产品类别	产品范围	产品名称	备注
41	中药材	中草药	艳山姜(大草蔻); 温郁金(莪术，片姜黄，郁金); 广西莪术(莪术，郁金); 蓬莪术(莪术，郁金); 高良姜; 大高良姜(红豆蔻); 绿壳砂(砂仁); 阳春砂(砂仁); 益智; 草珊瑚(肿节风); 紫花地丁; 苘麻; 青荚叶(小通草); 喜马山旌节花(小通草); 中国旌节花(小通草); 赶黄草(扯根菜); 大花红景天; 半边莲; 川党参; 党参; 素花党参; 桔梗; 轮叶沙参; 沙参; 艾; 白术; 苍耳; 茅苍术; 北苍术; 除虫菊; 川木香; 灰毛川木香; 蓟; 鹅不食草; 龙蒿(椒蒿); 苦蒿(金龙胆草); 菊; 款冬(款冬花); 柳叶蒿(柳蒿); 祁州漏芦; 木香; 蒜叶婆罗门参; 千里光; 水飞蓟; 土木香; 毛梗豨莶; 豨莶; 腺梗豨莶; 刺儿菜(小蓟); 野菊; 一枝黄花; 滨蒿(茵陈); 茵陈蒿; 紫菀; 垫状卷柏; 卷柏; 穿心莲; 苦木; 鸦胆子; 白及; 花叶开唇兰(金线莲); 齿瓣石斛; 金钗石斛; 霍山石斛; 天麻; 铁皮石斛; 地肤; 川楝; 楝; 萹蓄; 唐古特大黄; 药用大黄; 掌叶大黄; 何首乌; 虎杖; 金荞麦; 拳参; 红蓼(水红花子); 头花蓼; 管花肉苁蓉; 肉苁蓉; 粗茎鳞毛蕨(绵马贯众); 月见草; 龙胆; 红花龙胆; 条叶龙胆（龙胆）; 三花龙胆（龙胆）; 坚龙胆（龙胆）; 秦艽; 麻花秦艽; 粗茎秦艽; 小秦艽; 鹿蹄草(鹿衔草); 普通鹿蹄草(鹿衔草); 柳叶白前; 芫花叶白前; 牛皮消; 徐长卿; 白薇; 蔓生白薇; 草麻黄; 木贼麻黄; 中麻黄; 黄荆; 马鞭草; 单叶蔓荆; 蔓荆; 马齿苋; 北马兜铃(天仙藤); 马兜铃(天仙藤); 北细辛; 汉城细辛; 华细辛; 密蒙花; 海蒿子(海藻); 蝉棒束孢菌(蝉花); 大蝉草(蝉花); 北乌头(草乌); 小木通(川木通); 绣球藤(川木通); 乌头(川乌，附子); 黄连; 金莲花; 阿尔泰银莲花(九节菖蒲); 大三叶升麻; 升麻; 兴安升麻; 东北铁线莲(威灵仙); 棉团铁线莲(威灵仙); 威灵仙; 白头翁; 内南五味子(滇鸡血藤); 凹叶厚朴; 厚朴; 华中五味子; 五味子; 望春花(辛夷); 武当玉兰(辛夷); 玉兰(辛夷); 大血藤; 木通(预知子); 白木通(预知子); 三叶木通(预知子); 连翘; 女贞; 白蜡树(秦皮); 尖叶白蜡树(秦皮); 苦枥白蜡树(秦皮); 宿柱白蜡树(秦皮); 木贼; 白蔹; 三叶崖爬藤(三叶青); 乌蔹莓; 红麸杨叶上的虫瘿(五倍子); 青麸杨叶上的虫瘿(五倍子); 盐肤木叶上的虫瘿(五倍子); 巴戟天; 钩藤; 鸡矢藤; 茜草; 白花蛇舌草; 单瓣缫丝花(刺梨); 缫丝花(刺梨); 山刺玫; 鹅绒委陵菜(蕨麻); 华东覆盆子; 火棘; 金樱子; 石楠; 山桃(桃仁); 龙芽草(仙鹤草); 欧李(郁李仁); 郁李; 长柄扁桃(郁李仁); 白英; 枸杞(地骨皮); 宁夏枸杞(地骨皮、枸杞子); 颠茄; 黑果枸杞; 龙葵; 莨菪(天仙子); 白花曼陀罗(洋金花); 接骨木; 忍冬(金银花); 黄褐毛忍冬(山银花); 灰毡毛忍冬(山银花); 红腺忍冬(山银花); 华南忍冬(山银花); 芫花; 白木香(沉香); 白芷; 杭白芷; 珊瑚菜(北沙参); 柴胡; 银柴胡; 川芎; 当归; 重齿毛当归(独活); 防风; 辽藁本(藁本); 积雪草; 明党参; 白花前胡(前胡); 宽叶羌活; 羌活; 蛇床; 紫花前胡; 槲寄生; 桑寄生; 莎草(香附); 山茱萸; 垂序商陆; 商陆; 菘蓝(板蓝根、大青叶); 白芥; 芥; 玛咖; 播娘蒿(葶苈子); 独行菜(葶苈子); 石松(伸筋草); 仙茅; 孩儿参(太子参); 麦蓝菜(王不留行); 绒毛诃子; 诃子(西青果); 毗黎勒(毛诃子); 使君子; 酸枣; 北枳椇; 枳椇; 黄独; 黄山药; 福州薯蓣(绵萆薢); 绵萆薢; 槲蕨(骨碎补); 石韦; 金钱松(土荆皮); 锁阳; 地耳草; 独角莲(白附子); 半夏; 千年健; 石菖蒲; 东北天南星; 天南星; 异叶天南星; 胖大海; 刺五加; 人参; 三七; 通脱木(通草); 细柱五加(五加皮); 西洋参; 川牛膝; 牛膝; 青葙; 东方香蒲(蒲黄); 水烛香蒲(蒲黄); 阔叶十大功劳; 细叶十大功劳; 巫山淫羊藿; 淫羊藿; 地黄; 胡黄连; 苦玄参; 玄参; 菟丝子; 丁公藤; 光叶丁公藤; 荨麻; 银杏(白果); 博落回; 延胡索(元胡); 鸢尾(川射干); 射干; 番红花（藏红花）; 瓜子金; 远志; 橘及其栽培变种(陈皮、橘核、橘红、青皮); 黄檗(关黄柏); 化州柚(化橘红); 黄皮树(黄柏); 九里香; 千里香(九里香); 两面针; 三叉苦; 酸橙、苦橙、臭橙及其栽培变种(枳壳、枳实); 白鲜; 吴茱萸; 石虎(吴茱萸); 疏毛吴茱萸; 泽泻; 山鸡椒(荜澄茄、山苍子); 樟(天然冰片); 乌药; 内蒙紫草; 新疆紫草; 紫金牛(矮地茶); 朱砂根; 木蝴蝶	所列产品均以基原植物名列出，基原植物名与药材名差异较大的用括号标注中药名，如碎米桠（冬凌草）
畜禽类				
42	牲畜	牛	肉牛; 奶牛; 乳肉兼用牛; 牛乳	所有动物包含其毛、绒等副产品
43		马	马; 马乳	
44		猪	猪	

续表

序号	产品类别	产品范围	产品名称	备注
45	牲畜	羊	绵羊；山羊；羊乳	
46		骆驼	骆驼；骆驼乳	
47		其他牲畜	驴；驴乳；鹿；羊驼	
48	家禽	鸡	鸡；鸡蛋	
49		鸭	鸭；鸭蛋	
50		鹅	鹅；鹅蛋	
51		其他家禽	火鸡；鹌鹑；鹌鹑蛋；鸵鸟；鸵鸟蛋；鹧鸪	
52	其他畜牧业	兔	兔	
53		其他未列明畜牧业	蚕；蚕茧；黄粉虫	
水产类				
54	水产（含捕捞）	海水鱼	鲱；鲑；鳗鲡；海鳗；鳕；军曹鱼；鲷；鲉；鲈；鲆；鲽；鳎；鲀；鲳；文昌鱼；大黄鱼；小黄鱼	
55		淡水鱼	青鱼；草鱼；鲢；鳙；鲤；鳜；鲟；鲫；鲌；黄鳝；鳊；罗非鱼；鲂；鲴；乌鳢；鳡；鲮；鮠；鲇（鲶鱼）；鲻（梭鱼）；餐条鱼；狗鱼；雅罗鱼；池沼公鱼；团头鲂（武昌鱼）；黄颡鱼；泥鳅；河鳟（亚东鱼）；银鱼；丁鱥；梭鲈；河鲈；江鳕；东方欧鳊；银鲫；白鱼	白鱼包括鳡浪白鱼
56		虾类	虾	
57		蟹类	蟹	
58		无脊椎动物	牡蛎；鲍；螺；蛤类；蚶；河蚬；蛏；西施舌；蛤蜊；河蚌；水母；海参；卤虫；单环刺螠；海胆；扇贝	
59		两栖和爬行类动物	鳖；乌龟；大鲵	
60		藻类	海带；紫菜；裙带菜；麒麟菜；江蓠；羊栖菜；螺旋藻；蛋白核小球藻	
二、加工				
61	粮食加工品	小麦粉	通用小麦粉；专用小麦粉；麦麸	
62		大米	大米；糙米；碎米；米糠	
63		挂面	挂面	挂面包括普通挂面、花色挂面、手工面
64		其他粮食加工品	谷物加工品；谷物碾磨加工品；谷物粉类制成品	谷物加工品包括高粱米、黍米、稷米、小米、黑米、紫米、红线米、小麦米、大麦米、裸大麦米、莜麦米(燕麦米)、荞麦米、薏仁米、蒸谷米、八宝米类、杂粮及混合杂粮类；谷物碾磨加工品包括玉米糁、玉米粉、燕麦片、汤圆粉(糯米粉)、莜麦粉、玉米自发粉、小米粉、高粱粉、荞麦粉、大麦粉、青稞粉、杂面粉、大米粉、绿豆粉、黄豆粉、红豆粉、黑豆粉、豌豆粉、芸豆粉、蚕豆粉、黍米粉(大黄米粉)、稷米粉(糜子面)、混合杂粮粉；

续表

序号	产品类别	产品范围	产品名称	备注
64	粮食加工品	其他粮食加工品	谷物加工品；谷物碾磨加工品；谷物粉类制成品	谷物粉类制成品包括生湿面制品、生干面制品、米粉制品
65	肉及肉制品	鲜（冻）肉	热鲜肉；冷鲜（冷却）肉；冷冻肉；食用副产品	热鲜肉：屠宰后未经人工冷却过程的肉； 冷鲜（冷却）肉：在低于0°环境下，将肉中心温度降低到（0℃～4℃），而不产生结晶的肉； 冷冻肉：在低于-23℃环境下，将肉中心温度降低至≤-15℃的肉； 食用副产品：畜禽屠宰、加工后，所得内脏、脂、血液、骨、皮、头、蹄(或爪)、尾等可食用的产品
66		热加工熟肉制品	酱卤肉制品；熏烧烤肉制品；肉灌制品；油炸肉制品；熟肉干制品；其他热加工熟肉制品	酱卤肉制品包括酱卤肉类、糟肉类、白煮肉类等； 熏烤肉制品包括熏肉、烤肉、烤鸡腿、烤鸭、烤鸡、叉烧肉； 肉灌制品包括灌肠类、西式火腿； 油炸肉制品包括炸猪皮、炸鸡翅、炸肉丸； 熟肉干制品包括肉松类、肉干类、肉脯； 其他热加工熟肉制品包括熟培根、熟腊肉、肉糕类、肉冻类(肉皮冻、水晶肉)、血豆腐
67		发酵肉制品	发酵肉制品	发酵肉制品包括发酵灌肠制品、发酵火腿制品
68		预制调理肉制品	冷藏预制调理肉制品；冷冻预制调理肉制品	
69		腌腊肉制品	腌腊肉制品	包括咸肉类、腊肉类、风干肠类、风干鹅、腌制猪肘、中国火腿、生培根、生香肠和生发酵香肠等
70	食用油、油脂及其制品	食用植物油	食用植物油	包括菜籽油、大豆油、花生油、葵花籽油、棉籽油、亚麻籽油、油茶籽油、玉米油、米糠油、芝麻油、棕榈油、橄榄油和食用调和油等

续表

序号	产品类别	产品范围	产品名称	备注
71	食用油、油脂及其制品	食用动物油脂	食用动物油脂	包括猪油、牛油、羊油、鸡油、鸭油、鹅油、骨髓油和鱼油等
72		植物油加工副产品	植物油加工副产品	包括豆饼和花生饼等
73	调味品	酱油	酿造酱油	
74		食醋	酿造食醋	
75		酱类	酿造酱	包括稀甜面酱、甜面酱、大豆酱(黄酱)、蚕豆酱、豆瓣酱、大酱等
76		调味料	半固态(酱)调味料; 固态调味料	半固态(酱)调味料包括花生酱、芝麻酱、辣椒酱等; 固态调味料包括酱油粉、食醋粉、酱粉、咖喱粉、香辛料粉等
77	乳制品	液体乳	巴氏杀菌乳; 调制乳; 灭菌乳; 发酵乳	
78		乳粉	全脂乳粉; 脱脂乳粉; 部分脱脂乳粉; 调制乳粉; 牛初乳粉; 基粉	
79		其他乳制品	炼乳; 奶油; 稀奶油; 无水奶油; 干酪; 再制干酪; 乳清粉（液）; 乳糖; 黄油; 酪蛋白; 乳铁蛋白; 乳清蛋白析出液; 乳清蛋白粉	
80	饮料	茶（类）饮料	茶（类）饮料	包括原茶汁(茶汤)、茶浓缩液、茶饮料、果汁茶饮料、奶茶饮料、复合茶饮料和混合茶饮料等
81		果蔬汁类及其饮料	果蔬汁(浆); 浓缩果蔬汁(浆); 果蔬汁(浆)类饮料	
82		蛋白饮料	含乳饮料; 植物蛋白饮料; 复合蛋白饮料	
83		固体饮料	风味固体饮料; 蛋白固体饮料; 果蔬固体饮料; 茶固体饮料; 咖啡固体饮料; 可可粉固体饮料	
84		其他饮料	咖啡(类)饮料; 植物饮料	植物饮料包括可可饮料、谷物类饮料（如五谷营养粥）、草本（本草）饮料（如石斛汁）、食用菌饮料和藻类饮料等，不包括果蔬汁类及其饮料、茶（类）饮料和咖啡（类）饮料
85	方便食品	方便面	方便面	
86		其他方便食品	主食类方便食品; 冲调类方便食品	主食类方便食品包括方便米饭、方便粥、方便米粉、方便米线、方便粉丝、方便湿米粉、方便豆花、方便湿面和凉粉等; 冲调类方便食品包括麦片、黑芝麻糊、红枣羹、油茶和谷物粉等

续表

序号	产品类别	产品范围	产品名称	备注
87	方便食品	调味面制品	调味面制品	
88	饼干	饼干	饼干	
89	罐头	畜禽水产罐头	畜禽水产罐头	包括火腿类罐头、肉类罐头、牛肉罐头、羊肉罐头、鱼类罐头、禽类罐头和肉酱类罐头等
90		果蔬罐头	水果罐头；蔬菜罐头	
91		其他罐头	其他罐头	包括果仁类罐头；八宝粥罐头
92	速冻食品	速冻面米食品	速冻面米食品（生制品）；速冻面米食品（熟制品）	包括速冻生饺子、速冻包子、速冻汤圆、速冻粽子、速冻面点、速冻其他面米制品
93		速冻调制食品	速冻调制食品（生制品）；速冻调制食品（熟制品）	
94		速冻其他食品	速冻肉制品；速冻水产品；速冻果蔬制品	
95	薯类和膨化食品	膨化食品	膨化食品（焙烤型）；膨化食品（直接挤压型）；膨化食品（花色型）	
96		薯类食品	干制薯食品；冷冻薯食品；薯泥(酱)食品；薯粉食品	
97	糖果制品	巧克力及巧克力制品	巧克力	
98	茶叶及相关制品	茶叶	绿茶；红茶；乌龙茶；白茶；黄茶；黑茶；花茶；袋泡茶；紧压茶	茉莉花茶；珠兰花茶；桂花茶； 绿茶袋泡茶；红茶袋泡茶；花茶袋泡茶； 紧压茶包括普洱茶(生茶)紧压茶；普洱茶(熟茶)紧压茶；六堡茶紧压茶；白茶紧压茶
99		茶制品	茶粉；固态速溶茶；茶浓缩液；茶膏；调味茶制品	茶粉包括绿茶粉、红茶粉等； 固态速溶茶包括速溶红茶、速溶绿茶等； 茶浓缩液包括红茶浓缩液、绿茶浓缩液等； 茶膏包括普洱茶膏、黑茶膏等； 调味茶制品包括调味茶粉、调味速溶茶、调味茶浓缩液和调味茶膏等
100		调味茶	调味茶	包括八宝茶、三泡台、枸杞绿茶、玄米绿茶、柠檬红茶、草莓绿茶、柠檬枸杞茶、玫瑰袋泡红茶和荷叶茯砖茶等

续表

序号	产品类别	产品范围	产品名称	备注
101	茶叶及相关制品	代用茶	代用茶	代用茶原料仅限使用列入本目录中1-41的产品（28茶除外），包括荷叶、桑叶、薄荷叶、苦丁茶、杭白菊、金银花、大麦茶、枸杞子、决明子、苦瓜片、罗汉果、柠檬片、甘草、牛蒡根、人参、荷叶玫瑰茶、枸杞菊花茶、桑叶袋泡茶、紧压菊花等
102	酒类	白酒	白酒	
103		葡萄酒及果酒	葡萄酒；冰葡萄酒；其他特种葡萄酒；发酵型果酒	
104		啤酒	熟啤酒；生啤酒；鲜啤酒；特种啤酒	
105		黄酒	黄酒	
106		其他酒	配制酒；其他蒸馏酒；其他发酵酒	配制酒（限于以白酒为配基，使用列入本目录中1-41的种植类产品或植株某部分）包括露酒、枸杞酒和枇杷酒等； 其他蒸馏酒包括白兰地、威士忌、俄得克、朗姆酒、水果白兰地和水果蒸馏酒等； 其他发酵酒包括清酒、米酒(醪糟)和奶酒等
107		食用酒精	食用酒精	
108	蔬菜制品	酱腌菜及保藏蔬菜	酱腌菜；保藏蔬菜	酱腌菜包括调味榨菜、腌萝卜、腌豇豆、酱渍菜、虾油渍菜和盐水渍菜等
109		蔬菜干制品	自然干制蔬菜；热风干燥蔬菜；冷冻干燥蔬菜；蔬菜脆片；蔬菜粉及制品	
110		食用菌制品	干制食用菌；腌渍食用菌	
111	水果制品	水果制品	水果干制品；果酱	
112	炒货食品及坚果制品	炒货食品及坚果制品	烘炒类食品及坚果制品；油炸类食品及坚果制品；其他炒货食品及坚果制品	
113	蛋制品	蛋制品	再制蛋类	包括皮蛋、咸蛋、糟蛋、卤蛋和咸蛋黄等
114	可可及焙烤咖啡产品	可可制品	可可制品	包括可可粉、可可脂、可可液块、可可饼块等
115		焙炒咖啡	焙炒咖啡	包括焙炒咖啡豆、咖啡粉等
116	食糖	糖	白砂糖；绵白糖；赤砂糖；冰糖(单晶体冰糖；多晶体冰糖)；方糖；冰片糖；红糖；复配糖；椰子花糖；糖蜜	复配糖：如姜红糖等 糖蜜是制糖过程中将提纯的甘蔗汁或

续表

序号	产品类别	产品范围	产品名称	备注
116	食糖	糖	白砂糖；绵白糖；赤砂糖；冰糖(单晶体冰糖；多晶体冰糖)；方糖；冰片糖；红糖；复配糖；椰子花糖；糖蜜	甜菜汁浓缩至带有晶体的糖膏，用离心机分离出结晶糖后剩余的母液
117	水产制品	非即食水产品(部分见速冻水产品)	干制水产品；盐渍水产品；鱼糜制品	干制水产品包括虾米、虾皮、干贝、鱼干、鱿鱼干、干燥裙带菜、干海带、紫菜、干海参、干鲍鱼等； 盐渍水产品包括盐渍海带、盐渍裙带菜、盐渍海蜇皮、盐渍海蜇头、盐渍鱼等； 鱼糜制品包括鱼丸、虾丸、墨鱼丸、虾酱等
118		即食水产品	风味熟制水产品；生食水产品	
119	淀粉及淀粉制品	淀粉及淀粉制品	淀粉；淀粉制品	淀粉包括谷类淀粉(大米、玉米、高粱、麦、等)；薯类淀粉(木薯、马铃薯、甘薯、芋头等)；豆类淀粉(绿豆、蚕豆、豇豆、豌豆等)；其他淀粉(藕、荸荠、百合、蕨根等)； 淀粉制品包括粉丝、粉条、粉皮、虾片等
120	糕点	热加工糕点	热加工糕点	包括烘烤类糕点、油炸类糕点、蒸煮类糕点、炒制类糕点和其他热加工糕点等
121		冷加工糕点	冷加工糕点	包括熟粉糕点、西式装饰蛋糕类、上糖浆类、夹心(注心)类、糕团类、其他冷加工糕点等
122		食品馅料	食品馅料	包括月饼馅料等
123	豆制品	豆制品	发酵性豆制品；非发酵性豆制品；其他豆制品	发酵性豆制品包括腐乳、豆豉、纳豆、豆汁等； 非发酵性豆制品包括豆浆、豆腐、豆腐泡、熏干、豆腐脑、豆腐干、腐竹、豆腐皮等； 其他豆制品包括素肉、大豆组织蛋白、膨化豆制品等
124	婴幼儿配方食品	婴幼儿配方食品	婴幼儿配方乳粉；婴幼儿配方液态乳	婴幼儿配方乳粉包括婴儿配方乳粉、较大婴儿配方乳粉和幼儿配方乳粉等

续表

序号	产品类别	产品范围	产品名称	备注
125	特殊膳食食品	婴幼儿谷类辅助食品	婴幼儿谷物辅助食品；婴幼儿高蛋白谷物辅助食品；婴幼儿生制类谷物辅助食品；婴幼儿饼干或其他婴幼儿谷物辅助食品	
126		婴幼儿罐装辅助食品	婴幼儿泥(糊)状罐装食品；婴幼儿颗粒状罐装食品；婴幼儿汁类罐装食品	婴幼儿泥(糊)状罐装食品包括婴幼儿果蔬泥、婴幼儿肉泥、婴幼儿鱼泥等； 婴幼儿颗粒状罐装食品包括婴幼儿颗粒果蔬泥、婴幼儿颗粒肉泥、婴幼儿颗粒鱼泥等； 婴幼儿汁类罐装食品包括婴幼儿水果汁、婴幼儿蔬菜汁等
127	其他食品	其他食品	二十二碳六烯酸；花生四烯酸油脂；1,3–二油酸–2–棕榈酸甘油三酯（OPO）；核苷酸；低聚果糖；低聚半乳糖；溶豆；含乳固态成型制品；甜菊糖苷；多聚果糖；葡萄糖浆；麦芽糖；麦芽糊精	含乳固态成型制品包括奶干、奶豆、含乳片等
128	饲料	饲料	全价配合饲料	
129			浓缩饲料	
130			精料混合料	用于饲喂反刍动物
131			单一饲料	包括豆饼、玉米、麸皮、干草等
132	中药材加工制品	植物类中药材加工制品	植物类中药材加工制品	以“生产”部分所列中药材为原料经切碎、干燥、碾磨等物理工艺加工的产品
133	天然纤维及其制成品	天然纤维	竹纤维；蚕丝；皮棉；麻；木棉	
134		纺织制成品	纱、线、丝、布及其制成品	

注：

1.获得有机产品认证的植物类产品可包括该产品的整个植株或者植株的某一部分。例如葡萄获得有机产品认证，其葡萄籽和葡萄叶无需另外申请认证。

2.认证委托人在生产基地外对新鲜蔬菜、水果、杂粮产品进行包装的，认证机构可根据GB/T 19630–2019《有机产品 生产、加工、标识与管理体系要求》标准的4.2.11条款对包装场所进行检查，符合要求后颁发“生产”范围认证证书。

关于对 4 家实验室部分强制性产品认证指定检测业务进行停业整顿的公告

（2019 年第 23 号）

2019 年，认监委组织开展了强制性产品认证指定实验室检查。通过检查，发现 4 家实验室存在影响强制性产品认证检测质量的严重问题。根据《强制性产品认证机构、检查机构和实验室管理办法》（质检总局令第 65 号），现决定即日起，对深圳天祥质量技术服务有限公司广州分公司等 4 家实验室承担的部分领域强制性产品认证指定检测业务进行停业整顿。

一、深圳天祥质量技术服务有限公司广州分公司存在人员技术能力不足、盲样试验预设故障点未发现、检测结果错判等问题。决定对其承担的室内加热器产品（CNCA-C07-01：家用及类似用途设备 室内加热器）的强制性产品认证指定检测业务进行停业整顿。

二、拱北海关技术中心存在电磁兼容比对试验数据偏离严重、人员技术能力不足等问题。决定对其承担的信息技术设备（CNCA-C09-01：信息技术设备）的强制性产品认证指定检测业务进行停业整顿。

三、四川省电子产品监督检验所存在检测报告可追溯性较差、人员技术能力不足、盲样试验预设故障点未发现、检测结果错判等问题。决定对其承担的信息技术设备（CNCA-C09-01：信息技术设备）的强制性产品认证指定检测业务进行停业整顿。

四、安徽省产品质量监督检验研究院存在人员技术能力不足、盲样测试结果偏差较大、部分检测设备精度不满足要求等问题。决定对其承担的电动自行车（CNCA-C11-16：电动自行车）的强制性产品认证指定检测业务进行停业整顿。

特此公告。

认监委

2019 年 11 月 21 日

认监委关于2家机构非法从事认证活动的公告

（2019年第24号）

经查证，UK INSPEC INTERNATIONAL Co.,LTD、埃克玛认证有限公司违反《中华人民共和国认证认可条例》规定，在未经认监委批准的情况下，擅自在中华人民共和国境内非法开展认证活动，并向部分企业颁发认证证书。上述2家机构颁发的认证证书在中华人民共和国境内无效。

认监委提醒社会各界，应选择认监委批准的合法认证机构提供认证服务。合法认证机构名录可从认监委官方网站（http://www.cnca.gov.cn）查询。欢迎认证委托人及社会各方对认证机构的资质及其行为进行监督，发现非法从事认证活动的机构，可向所在地市场监管部门举报，共同维护公平竞争的认证市场环境。

特此公告。

认监委

2019年11月6日

认监委关于发布强制性产品认证实施机构和2019年第三批日常指定决定的公告

（2019年第25号）

根据《中华人民共和国认证认可条例》及《强制性产品认证机构、检查机构和实验室管理办法》（质检总局令第65号）、《认监委关于开展强制性产品认证实施机构指定工作的公告》（认监委2019年第19号公告）有关要求，现对强制性产品认证实施机构和2019年度第三批实验室日常指定决定予以公告。

对本指定决定有异议的，应于公告发布之日起15个工作日内向我委提出申诉或投诉（注明联系人和联系方式）。

认监委

2019年12月20日

附件

强制性产品认证实施机构指定决定

一、强制性产品认证实施机构指定决定

（一）认证机构

指定项目编号	产品领域	指定实验室	指定业务范围	地址及联系方式
1.1	CNCA-C01-01：电线电缆	威凯认证检测有限公司（18）	CNCA-C01-01：电线电缆	广州高新技术产业开发区天泰一路3号一号楼南四、五楼 电话：020-32293680 传真：020-32293889 E-mail：liugr@cvc.org.cn 网址：www.cvc.org.cn 邮编：510663
1.2	CNCA-C07-01：家用和类似用途设备	中家院（北京）检测认证有限公司（36）	CNCA-C07-01：家用和类似用途设备	北京市北京经济技术开发区博兴八路3号2幢301室 电话：010-58083767 传真：010-58083788 E-mail：shangj@cheari.com 网址：www.chct-bj.com 邮编：100176

续表

指定项目编号	产品领域	指定实验室	指定业务范围	地址及联系方式
1.3	CNCA-C08-01：音视频设备 CNCA-C09-01：信息技术设备 CNCA-C16-01：电信终端设备	深圳市计量质量检测研究院（30）	CNCA-C08-01：音视频设备 CNCA-C09-01：信息技术设备 CNCA-C16-01：电信终端设备	深圳市南山区西丽街道同发路4号 电话：0755-86009022 传真：0755-86009836 E-mail：hxhxq@126.com 网址：www.smq.com.cn 邮编：518055
1.4	CNCA-C10-01：照明电器	威凯认证检测有限公司（18）	CNCA-C10-01：照明电器	广州高新技术产业开发区天泰一路3号一号楼南四、五楼 电话：020-32293680 传真：020-32293889 E-mail：liugr@cvc.org.cn 网址：www.cvc.org.cn 邮编：510663
		中标合信（北京）认证有限公司（37）	CNCA-C10-01：照明电器	北京市西城区德胜门东滨河路11号4号楼2层201至212室 电话：010-68473865 传真：010-68437171 E-mail：zhengshen@cscac.com.cn 网址：www.cscac.com.cn 邮编：100035
1.5	CNCA-C11-01：汽车	天津华诚认证有限公司（22）	CNCA-C11-01：汽车	天津市东丽区先锋东路68号科研楼336 电话：022-84379333-1329 传真：022-84379328 E-mail：chubaolei@catarc.ac.cn 网址：www.caqc.org 邮编：300300
1.6	CNCA-C11-01：汽车产品中的下列产品： N、O类汽车	重庆凯瑞质量检测认证中心有限责任公司（38）	CNCA-C11-01：汽车产品中的下列产品： N、O类汽车	重庆市北部新区金渝大道9 号综合研发楼A 座 电话：023-63424311 传真：023-68966987 E-mail：liujun1@caeri.com.cn 网址：www.ccqcc.com.cn 邮编：401122

续表

指定项目编号	产品领域	指定实验室	指定业务范围	地址及联系方式
1.7	CNCA-C11-16：电动自行车	国信认证无锡有限公司（39）	CNCA-C11-16：电动自行车	江苏省无锡市新区新华路5号创新创意产业园A栋8楼 电话：0510-85810807 传真：0510-85810800 E-mail：gongh@cbcwx.org.cn 网址：www.cbcwx.org.cn 邮编：214128
1.8	CNCA-C22-01：童车	威凯认证检测有限公司（18）	CNCA-C22-01：童车	广州高新技术产业开发区天泰一路3号一号楼南四、五楼 电话：020-32293680 传真：020-32293889 E-mail：liugr@cvc.org.cn 网址：www.cvc.org.cn 邮编：510663
1.9	CNCA-C22-02：玩具	威凯认证检测有限公司（18）	CNCA-C22-02：玩具	广州高新技术产业开发区天泰一路3号一号楼南四、五楼 电话：020-32293680 传真：020-32293889 E-mail：liugr@cvc.org.cn 网址：www.cvc.org.cn 邮编：510663

（二）实验室

指定项目编号	业务领域	指定实验室	指定业务范围	地址及联系方式	法人单位
2.1	CNCA-C08-01：音视频设备	—	—	—	—
2.2	CNCA-C09-01：信息技术设备	浙江方圆检测集团股份有限公司（02401）	CNCA-C09-01：信息技术设备	杭州市杭州经济技术开发区下沙路300号 联系人：徐建楚 电话：0571-85128182 传真：0571-85120612 E-mail：402510114@qq.com 网址：www.fytest.com 邮编：310018	浙江方圆检测集团股份有限公司
		上海电器设备检测所有限公司（00901）	CNCA-C09-01：信息技术设备	上海市武宁路505号 联系人：于超 电话：02162574990-454 E-mail：yuchao@seari.com.cn 网址：www.stiee.com 邮编：200063	上海电器设备检测所有限公司
		广西电子信息产品质量检验中心（23001）	CNCA-C09-01：信息技术设备	北海市北海大道中国电子北海产业园A03厂房 联系人：朱春燕 电话：0779-3966757 传真：0779-3965765 E-mail：1592469182@qq.com 邮编：536000	北海市产品质量检验所
2.3	CNCA-C16-01：电信终端设备	深圳市巴伦技术股份有限公司（23101）	CNCA-C16-01：电信终端设备	深圳市南山区沙河西路白沙科技产业园1楼B区 联系人：林幸笋 电话：0755-66833830 传真：0755-61824271 E-mail：hanson.lin@baluntek.com 网址：www.baluntek.com 邮编：518055	深圳市巴伦技术股份有限公司

续表

指定项目编号	业务领域	指定实验室	指定业务范围	地址及联系方式	法人单位
2.4	CNCA-C11-01：汽车	北京市产品质量监督检验院汽车检测中心（国家汽车质量监督检验中心（北京顺义））（08102）	CNCA-C11-01：汽车中的下列产品：O类汽车	北京市顺义区顺兴路9号 联系人：吴茜 电话：010-57521155 传真：010-57521181 E-mail： batc_zlb_wq@126.com 邮编：101300	北京市产品质量监督检验院
		国家农机具质量监督检验中心（04401）	CNCA-C11-01：汽车中的下列产品：最大总质量不超过18000kg的O类汽车（危险品运输车除外）	北京市市辖区昌平区沙河镇小王庄/河北省廊坊市固安县南经济开发区迎宾路南段 联系人：陈戈 电话：010-64882632 传真：010-64873702	中国农业机械化科学研究院
		洛阳西苑车辆与动力检验所有限公司（国家拖拉机质量监督检验中心）（12301）	CNCA-C11-01：汽车中的下列产品：最大总质量不超过35000kg的O类汽车	河南省洛阳市涧西区西苑路39号/河南省洛阳市涧西区王祥路206号 联系人：万继武 电话：0379-62690095 传真：0379-62690036 E-mail：93342335@qq.com 网址： http://www.cottec.com.cn/ 邮编：471039	洛阳西苑车辆与动力检验所有限公司
		机械工业拖拉机农用运输车产品质量检测中心/吉林大学车辆产品检测实验室（12501）	CNCA-C11-01：汽车中的下列产品：最大总质量不超过32000kg的O类汽车（危险品运输车除外）	吉林省长春市人民大街5988号 联系人：周淑辉 电话：0431-85095806 传真：00431-85095806 E-mail：qichelab@163.com	吉林大学

续表

指定项目编号	业务领域	指定实验室	指定业务范围	地址及联系方式	法人单位
2.4	CNCA-C11-01：汽车	中汽研汽车检测中心（武汉）有限公司（国家新能源汽车质量监督检测中心）（13801）	CNCA-C11-01：汽车中的下列产品：O类汽车	湖北省武汉市武汉经济技术开发区沌阳大道55号 联系人：刘成 电话：027-84398526 传真：027-84398531 E-mail：616858456@qq.com	中汽研汽车检验中心（武汉）有限公司
		佛山市质量计量监督检测中心（国家汽车质量监督检验中心（广东））（09703）	CNCA-C11-01：汽车中的下列产品：最大总质量不超过40000kg的O类汽车（罐式车辆除外）	广东省佛山市禅城区季华西路罗格工业园科汇路2号/广东省佛山市南海区狮山镇科技西路2号 联系人：肖文建 电话：0757-88036998 传真：0757-88036866 E-mail：xwj@gdatc.net	佛山市质量计量监督检测中心
2.5	CNCA-C11-04：汽车安全带	亿科检测认证有限公司（14901）	CNCA-C11-04：汽车安全带	江苏省昆山市陆家镇陆丰东路28号 联系人：邹宇 电话：0512-57871057 传真：0512-57876161 E-mail：yu.zou@eqots.com 网址：www.eqots.com 邮编：215331	亿科检测认证有限公司
2.6	CNCA-C11-08：机动车辆间接视野装置	江苏精锐检测技术有限公司（21401）	CNCA-C11-08：机动车辆间接视野装置	江苏省镇江市丹阳市丹北镇新巷村 联系人：陈军 电话：18006107660 传真：0511-86361179 E-mail：jun.chen@tongdajs.com 网址：jsjrjc.net	江苏精锐检测技术有限公司
		洛阳西苑车辆与动力检验所有限公司（国家拖拉机质量监督检验中心）（12301）	CNCA-C11-08：机动车辆间接视野装置	河南省洛阳市涧西区西苑路39号/河南省洛阳市涧西区王祥路206号 联系人：万继武 电话：0379-62690095 传真：0379-62690036 E-mail：93342335@qq.com 网址：http://www.cottec.com.cn/ 邮编：471039	江苏精锐检测技术有限公司

续表

指定项目编号	业务领域	指定实验室	指定业务范围	地址及联系方式	法人单位
2.7	CNCA-C11-12：汽车座椅及座椅头枕	中汽研汽车检验中心（武汉）有限公司（国家新能源汽车质量监督检验中心）（13801）	CNCA-C11-12：汽车座椅及座椅头枕	湖北省武汉市武汉经济技术开发区沌阳大道55号 联系人：刘成 电话：027-84398526 传真：027-84398531 E-mail：616858456@qq.com	中汽研汽车检验中心（武汉）有限公司
2.8	CNCA-C11-16：电动自行车	广州海关技术中心（02201）	CNCA-C11-16：电动自行车	广东省广州科学城南翔支路1号C102房 联系人：邱初暄 电话：020-38669019-803 传真：020-38297517 E-mail：david_qiu@iqtc.cn	广州海关技术中心
		威凯检测技术有限公司（00501）	CNCA-C11-16：电动自行车	广州市科学城开泰大道天泰一路3号 联系人：谢浩江 电话：020-32293666 传真：020-32293889 E-mail：office@cvc.org.cn 网址：www.cvc.org.cn 邮编：510663	威凯检测技术有限公司
		宁波市产品质量检验研究院（08301）	CNCA-C11-16：电动自行车	宁波市北仑区长白山路616号（东区、西区） 联系人：王全林 电话：0574-55126633 传真：0574-87889216 E-mail：quanlinwang@163.com 网址：www.nbzjy.cn 邮编：315048	宁波市产品质量检验研究院
		天津市产品质量监督检测技术研究院（07601）	CNCA-C11-16：电动自行车（分包“无线电骚扰特性”检验项目）	天津市武清区汉沽港镇福发路16号/天津市空港经济区西十道106号 联系人：刘斌 电话：022-23078638 传真：022-23078638 E-mail：Zhiliang8638@163.com	天津市产品质量监督检测技术研究院

续表

指定项目编号	业务领域	指定实验室	指定业务范围	地址及联系方式	法人单位
2.8	CNCA-C11-16：电动自行车	国家轻工业自行车质量监督检测常州站（23201）	CNCA-C11-16：电动自行车（分包“无线电骚扰特性”检验项目）	江苏省常州市钟楼区怀德中路203号 联系人：杨浒 电话：0519-83272274 传真：0519-83973812 E-mail：409658728@qq.com	江苏红海车辆检测有限公司
2.9	CNCA-C11-16：电动自行车 （仅限已指定实验室取消分包“无线电骚扰特性”检验项目）	国家自行车电动自行车质量监督检验中心（12101）	CNCA-C11-16：电动自行车 （仅限已指定实验室取消分包“无线电骚扰特性”检验项目）	天津市南开区黄河道501号 联系人：韩铁 电话/传真：022-27650315 E-mail：2212088597@qq.com	天津市自行车研究院
		广西壮族自治区产品质量检验研究院（19401）	CNCA-C11-16：电动自行车 （仅限已指定实验室取消分包“无线电骚扰特性”检验项目）	广西南宁市科兴路5号 联系人：刘红清 电话：0771-5852391 E-mail：1827693699@qq.com 网址：www.gxqt.net	广西壮族自治区产品质量检验研究院
		台州市产品质量安全检测研究院（16401）	CNCA-C11-16：电动自行车 （仅限已指定实验室取消分包“无线电骚扰特性”检验项目）	浙江省台州经济开发区中心大道399号/浙江省台州市开发大道以北经六路以西 联系人：徐建勇 电话：0576-88320886 传真：0576-88320911 E-mail：tz88320898@163.com 邮编：318000	台州市产品质量安全检测研究院[台州市产品质量安全检测宣教中心、国家电机及机械零部件产品质量监督检验中心、国家智能马桶产品质量监督检验中心（浙江）]
2.10	CNCA-C13-01：安全玻璃	浙江方圆检测集团股份有限公司（02401）	CNCA-C13-01：安全玻璃	杭州市经济技术开发区下沙街道幸福南路115号 联系人：翁文祥 电话：0571-85129828 传真：0571-85129828 E-mail：806829171@qq.com	浙江方圆检测集团股份有限公司

续表

指定项目编号	业务领域	指定实验室	指定业务范围	地址及联系方式	法人单位
2.10	CNCA-C13-01：安全玻璃	国家建材机械质量监督检验中心（23301）	CNCA-C13-01：安全玻璃	山东省济南市高新区龙奥北路1311号 联系人：高鹏 电话：13031715716 传真：0531-87169687 E-mail：jnzjyzgb@163.com	济南市产品质量检验院
2.11	CNCA-C18-01：火灾报警产品 CNCA-C18-03：灭火设备产品 CNCA-C18-04：消防装备产品	广东产品质量监督检验研究院（02301）	CNCA-C18-01：火灾报警产品中的点型感温火灾探测器、手动火灾报警按钮、火灾显示盘、火灾声和/或光警报器、火灾报警控制器、家用火灾安全系统； CNCA-C18-03：灭火设备产品； CNCA-C18-04：消防装备产品中的消防应急标志灯具、消防应急照明灯具、应急照明集中电源、应急逃生器、逃生绳、过滤式消防自救呼吸器、化学氧消防自救呼吸器	广东省广州市海珠区新港东路海诚东街6号/广东省广州市黄埔区科学大道10号/广东省清远市清城区石角镇德龙大道28号/广东省佛山市顺德区大良新城区德胜东路1号 联系人：刘志鹏 电话：020-89232826 传真：020-89232876 E-mail：liuzhipeng@gqi.org.cn 网址：www.gqi.org.cn 邮编：510330	广东产品质量监督检验研究院
		山东省产品质量检验研究院（03101）	CNCA-C18-01：火灾报警产品中的点型感温火灾探测器、手动火灾报警按钮、火灾显示盘、火灾声和/或光警报器、火灾报警控制器； CNCA-C18-03：灭火设备产品； CNCA-C18-04：消防装备产品中的消防应急标志灯具、消防应急照明灯具、应急照明控制器、应急照明集中电源、应急照明配电箱、应急照明分配电装置	山东省济南市经十东路31000号/山东省济南市章丘区世纪大道16288号/山东省济南市山大北路81号 联系人：邓小波 电话：0531-89701858 传真：0531-89701923 E-mail：sdzjy0339@126.com 网址：www.sdqi.com.cn 邮编：250102	山东省产品质量检验研究院

续表

指定项目编号	业务领域	指定实验室	指定业务范围	地址及联系方式	法人单位
2.12	CNCA-C22-01：童车	深圳海关工业品检测技术中心（01901）	CNCA-C22-01：童车中的下列产品：儿童自行车、儿童三轮车、儿童推车、婴儿学步车、电动童车、其他玩具车辆	广东省深圳市南山区工业八路289号 联系人：李许 电话：0755-83886164 传真：0755-83371466 E-mail：nokia119@126.com	深圳海关工业品检测技术中心
		广州检验检测认证集团有限公司（23401）	CNCA-C22-01：童车	广东省广州市花都区狮岭镇旗岭河滨西路1号 联系人：凌明花 电话：020-61994534 传真：020-61994534 E-mail：1241292498@qq.com	广州检验检测认证集团有限公司
		东莞标检产品检测有限公司（16001）	CNCA-C22-01：童车	广东省东莞市大朗镇富民南路68号 联系人：黄志 电话：0769-81119888 传真：0769-81116222 E-mail： jason_huang@hkstc.com.cn dgqad@stc.group 网址：www.dgstc.com 邮编：523770	东莞标检产品检测有限公司
2.13	CNCA-C22-02：玩具	广州检验检测认证集团有限公司（23401）	CNCA-C22-02：玩具	广东省广州市花都区狮岭镇旗岭河滨西路1号 联系人：凌明花 电话：020-61994534 传真：020-61994534 E-mail：1241292498@qq.com	广州检验检测认证集团有限公司
		上海天祥质量技术服务有限公司（17101）	CNCA-C22-02：玩具	上海市宜山路801号金陵商务广场B座 联系人：刘滢 电话：021-6121 5110 传真：021-5339 8170 E-mail： cynthia.liu@intertek.com	上海天祥质量技术服务有限公司

二、2019年第三批强制性产品认证实验室日常指定决定

指定项目编号	业务领域	指定实验室	指定业务范围	地址及联系方式	法人单位
3.9	CNCA-C10-01：照明电器	宁波市产品质量检验研究院（08301）	CNCA-C10-01：照明电器中的下列产品 —— LED模块用直流或交流电子控制装置	浙江省宁波市杭州湾新区众创一路88号 联系人：王全林 电话：0574-55126633 传真：0574-87889216 E-mail：quanlinwang@163.com 网址：www.nbzjy.cn 邮编：315048	宁波市产品质量检验研究院
5.4	CNCA-C21-01：装饰装修产品	四川省危险化学品质量监督检验所（23501）	CNCA-C21-01：装饰装修产品 ——溶剂型木器涂料	四川省成都市东门街2号 联系人：张愚 电话：028-62056189 传真：028-84443715 E-mail：scwhzgb@163.com	四川省危险化学品质量监督检验所
5.6	CNCA-C10-01：照明电器	佛山市沃特测试技术服务有限公司（23601）	CNCA-C10-01：照明电器	佛山市顺德区陈村镇赤花居委会广隆工业园兴业4路顺联机械城二座二层13-19号 联系人：陈楚恩 电话：0757-23811279 传真：0757-23811381 E-mail：fsqa@waltek.com.cn 网址：www.waltek.com.cn 邮编：528313	佛山市沃特测试技术服务有限公司
		德凯质量认证（上海）有限公司（23701）	CNCA-C10-01：照明电器	上海市静安区江场三路250号 联系人：王晓鹏 电话：021-60567603 传真：021-60567555 E-mail：wayne.wang@dekra.com 网址：www.dekra.com 邮编：200436	德凯质量认证（上海）有限公司
		广东惠晟检验科技有限公司中山检测中心（23801）	CNCA-C10-01：照明电器	中山市南头镇同济西路23号（宏基工业城一期4栋102房） 联系人：程旭彬 电话：13829712623 传真：0760-28209107 E-mail：inspect01@hst.org.cn 网址：www.hst.org.cn 邮编：528427	广东惠晟检验科技有限公司中山检测中心

认监委关于进一步完善强制性产品认证自我声明评价方式和明确有关实施要求的公告

（2019 年第 26 号）

为落实"放管服"改革要求，推动强制性产品认证（CCC）自我声明评价方式顺利实施，持续强化市场主体责任，经全面评估 CCC 自我声明评价方式实施情况，现对 CCC 自我声明评价方式进一步完善并明确有关要求如下：

一、完善实施规则

修订发布《强制性产品认证实施规则自我声明》（编号：CNCA-00C-008：2019，以下简称《自我声明实施规则》），增加以自愿性产品认证结果为基础的 CCC 自我声明实施要求和 ODM 模式 CCC 自我声明实施要求。

二、简化转换要求

为便利持有 CCC 证书的企业及时完成向自我声明评价方式转换，对产品符合性信息报送要求予以简化。

（一）"强制性认证产品符合性自我声明信息报送系统"（http://sdoc.cnca.cn，以下简称系统）将根据企业填报的有效 CCC 证书编号，自动提供对应产品的型号规格、型式试验报告等技术资料，企业对系统提供的技术资料确认无误并签署 CCC 自我声明、上传系统后即可完成转换工作。

（二）企业在转换时可免于在系统上报送工厂质量保证能力检查报告等技术资料，但不免除须符合《自我声明实施规则》有关要求的义务，并应在下一次变更自我声明信息时对技术资料予以完善。

（三）企业如对系统自动提供的技术资料存有异议，可联系发证机构，发证机构应积极配合。

（四）企业完成自我声明转换后，发证机构应及时注销相应的 CCC 证书。

三、明确实施要求

（一）按照上述简化要求实施转换的 CCC 自我声明，系统将自动建立自我声明与原 CCC 证书的关联关系。机动车整车、低压成套开关设备等整机产品无需因使用的零部件产品转为实施自我声明而进行 CCC 证书或 CCC 自我声明变更。

（二）有关合格评定机构在参与 CCC 自我声明评价方式实施时，应按照相关 CCC 产品认证实施规则中关于单元划分的基本原则和要求，选取型式试验典型样品，确定合格评定结果覆盖的产品范围；对于企业提供的符合 IECEE-CB 体系要求且在我国加入 IECEE-CB 体系标准范围内的 CB 证书 / 报告，应予承认或接受。

（三）以认证结果为基础实施 CCC 自我声明的企业，如非认证委托人，应在自我声明前取得认证委托人的同意。

（四）为便利国际贸易，对于同时符合以下条件的产品，认证委托人可凭已注销的 CCC 证书向发证机构申请办理仅适用该批次产品的 CCC 证书。

1. 2020 年 11 月 1 日前装运，且装运时 CCC 证书有效；

2. 2020 年 11 月 1 日后进口，且进口时 CCC 证书因超过自我声明转换期于 2020 年 11 月 1 日被统一注销。

（五）实施 CCC 自我声明所需的型式试验样品，适用《市场监管总局关于明确免予办理强制性产品认证工作要求的通知》（国市监认证函〔2019〕153 号，以下简称 153 号文件）中"为科研、测试和认证检测所需的产品和样品"的免办条件；免办申请人必须是实施 CCC 自我声明的生产者（制造商）或授权代表，并应按照 153 号文件要求提供 CCC 指定实验室或者认证机构出具的送样通知书以及其他材料。

（六）企业在系统上提交的技术资料仅用于行政监管目的，对于涉及企业商业秘密的一律不予公开。

（七）按要求完成 CCC 自我声明的企业如需标准规格的 CCC 标志，可到任一指定认证机构购买。

附件：强制性产品认证实施规则 自我声明（编号：CNCA-00C-008：2019）

认监委

2019 年 12 月 25 日

附件

强制性产品认证实施规则

自我声明

0 引言

为深化质量认证制度改革创新、强化企业主体责任、减少制度性交易成本、优化强制性产品认证程序，通过对标国际先进合格评定制度，强制性产品认证制度在第三方认证的基础上，增加了自我声明评价方式。对于强制性产品认证目录中适用自我声明评价方式的产品，生产者（制造商）应依据本规则要求完成自我评价和产品符合性信息报送，并对产品加施强制性产品认证标志。

1 范围

本规则适用于强制性产品认证目录中自我声明评价方式的产品。

本规则规定了强制性产品认证自我声明评价方式所涉及的定义、自我声明程序、符合性信息报送及自我声明要求、CCC标志、后市场监督、相关方责任义务等要求。

2 定义

2.1 生产者（制造商）

设计、生产产品或委托他人设计、生产产品并以其名义/商标进行销售，应对产品质量负主体责任并具有独立法人资格的企业。

2.2 授权代表

经境外生产者（制造商）书面授权，代表境外生产者（制造商）向“强制性认证产品符合性自我声明信息报送系统” （http://sdoc.cnca.cn ）报送产品符合性信息、提交自我声明，并与境 外生产者（制造商）一起，就自我声明的产品安全质量承担责任，配合市场监管部门进行后市场监督的中国境内合法注册企业。

境外生产者（制造商）可以选择其子公司、进口商或销售者作为 授权代表。

2.3 生产企业

受生产者（制造商）委托实际完成产品生产、装配的企业。

2.4 进口商

从境外进口产品到中国市场销售的中国境内合法注册企业。

2.5 销售者

对产品进行销售的中国境内合法注册企业。

2.6 商业用户

在中国境内使用产品从事商业经营的公司或个人。

2.7 自我声明程序

用以确定产品是否满足本规则要求以及强制性认证适用标准的 评价程序。

2.8 自我声明

生产者（制造商）为证实产品满足本规则要求以及强制性认证适用标准，基于合格评定结果所出具的声明。

2.9 自选实验室

生产者（制造商）自主选择进行型式试验的实验室。

自选实验室可以是生产者（制造商）、生产企业的自有实验室，也可以是第三方实验室。

2.10 指定签字人

经生产者（制造商）或授权代表书面指定对自我声明负有直接责任并代表生产者（制造商）或授权代表签署自我声明的内部人员，也 可以是法人代表。

3 自我声明程序

3.1 自我声明程序

3.1.1 生产者（制造商）以保证其自我声明的产品持续符合强制 性产品认证适用标准为目标，根据本规则及相应产品认证实施规则要求，针对产品特性和生产加工特点，实施内部质量控制，建立工厂质量保证体系。

3.1.2 生产者（制造商）选择适当类型的合格评定方式（参见第 3.2条）对产品的符合性进行评价，证明产品持续符合强制性产品认证适用标准要求。

3.1.3 生产者（制造商）根据本规则附件1的要求建立技术文档并妥善保存；自完成产品符合性信息报送之日起，至少保存10年备查。

3.1.4 生产者（制造商）、授权代表（适用时）对评价合格的产品签署“强制性认证产品符合性自我声明”（样式见附件2）并完成产品符合性信息报送。

3.1.5 生产者（制造商）对其自我声明的产品加施CCC标志。

3.1.6 产品设计、技术特性、相关强制性产品认证要求或自我声明相关信息变更时，生产者（制造商）、授权代表（适用时）应根据变更内容补充评价产品符合性并更新自我声明以及产品符合性信息。

3.2 自我声明程序分类

自我声明程序根据不同类型的合格评定方式分为：自我声明程序 A和自我声明程序B。

3.2.1 自我声明程序A

自我声明程序A适用的合格评定方式如下：

由自选实验室进行型式试验并出具型式试验报告，生产者（制造商）组织对其工厂质量保证能力进行自查并出具自查报告。其中，自选实验室应符合第3.2.3条规定的要求。

或者，生产者（制造商）自主选择认证机构对其产品进行自愿性认证。其中，认证机构应符合第3.2.4条规定的要求；认证过程应至少包括型式试验和工厂检查；进行型式试验的实验室应满足自选实验 室要求。

3.2.2 自我声明程序B

自我声明程序B适用的合格评定方式如下：

由获得强制性产品认证相应业务范围指定的实验室（即指定实验室）进行型式试验并出具型式试验报告，生产者（制造商）组织对其工厂质量保证能力进行自查并出具自查报告。

或者，生产者（制造商）自主选择认证机构对其产品进行自愿性认证。其中，认证机构应符合第3.2.4条规定的要求；认证过程应至少包括型式试验和工厂检查；进行型式试验的实验室应为指定实验室。

3.2.3 自选实验室要求

自选实验室的运行应符合其所在国家（地区）的法律法规要求，具备强制性认证适用标准的检测能力。

境内注册的第三方实验室应通过检验检测机构资质认定。

境外注册的第三方实验室应通过CNAS（或ILAC成员机构）认可。 生产者（制造商）、生产企业的自有实验室应符合GB/T 27025 （或 等效IS0/IEC 17025 ）标准要求，鼓励通过CNAS （或ILAC成员机构） 认可。

3.2.4 认证机构要求

认证机构应依法设立，符合《认证机构管理办法要求》，具备相 应领域的认证资质。

认证机构应符合GB/T 27065 （或IS0/IEC 17065 ）标准要求，鼓 励通过CNAS （或ILAC成员机构）认可。

4 符合性信息报送要求

4.1 系统注册

生产者（制造商）、自我声明涉及的实验室和认证机构应在“强制性认证产品符合性自我声明信息报送系统”（以下简称系统）中注册，并提交有关组织信息和资质证明文件。

4.2 报送符合性信息

4.2.1 一般情况下，生产者（制造商）、授权代表（适用时）应报送符合性信息如下：

a）自我声明的产品信息；

b）产品符合的标准信息；

c）型式试验报告；

d）工厂质量保证能力检查报告（自查或委托第三方）；

e）自愿性产品认证证书相关信息（适用时）；

f）自我声明涉及的实验室和认证机构（适用时）信息及有关资质证书；

g）其他与产品符合性相关的资料。

自我声明及所报送的产品名称、型号规格、生产企业、生产者（制 造商）等产品信息应与实际产品一致，并被型式试验和自愿性认证（适 用时）的内容所覆盖。

4.2.2 生产者（制造商）以ODM模式委托设计、生产产品的，应 报送符合性信息如下：

a）自我声明的产品信息；

b）产品符合的标准信息；

c）初始自我声明信息；

d）生产者（制造商）与ODM初始自我声明生产者（制造商）和 生产企业ODM协议；

e）生产者（制造商）与ODM初始自我声明生产者（制造商）和 生产企业关于自我声明与产品质量安全责任的协议；

f）ODM产品铭牌（外部标识）；

g）其他与产品符合性相关的资料。

4.2.3 自选实验室和指定实验室根据生产者（制造商）、授权代表（适用时）要求，在系统中报送其自我声明产品的型式试验报告以及 相关信息。

4.2.4 适用时，相关认证机构根据生产者（制造商）、授权代表（适用时）要求，在系统中报送该生产者（制造商）、授权代表（适用时）自我声明产品的认证证书、型式试验报告、工厂检查报告以及相关信息。

4.3 签署并提交自我声明

以上符合性信息报送完成后，系统根据报送信息自动生成“强制性认证产品符合性自我声明”。生产者（制造商）、授权代表（适用时） 指定的签字人签署后上传系统，完成自我声明提交。自我声明相关信息可在认监委网站查询。

5 自我声明变更

产品设计、技术特性、相关强制性产品认证要求或其他自我声明 信息变更时，生产者（制造商）、授权代表（适用时）应根据变更内 容选择适当的合格评定方式对产品符合性进行补充评价，并在系统中 更新相关信息。如涉及型式试验报告内容变更，应按本规则第4.2.3 条或第4.2.4条的要求报送自我声明产品的变更报告以及相关信息。

对于按照第4.2.2条要求完成的ODM模式自我声明，涉及产品技 术特性的变更须由ODM初始自我声明的生产者（制造商）提出，其他关联的ODM自我声明的生产者（制造商）应在一个月内完成自我声明 变更；否则，系统将注销相关ODM自我声明。

6 自我声明注销

生产者（制造商）、授权代表（适用时）可以根据需要，自行注销自我声明，注销后系统按要求保留原报送信息备查。

ODM初始自我声明注销后，系统将自动注销其他关联的ODM自我 声明。

7 自我声明有效期

自我声明有效期为10年，到期后系统自动注销。

生产者（制造商）如需要延期使用的，应在自我声明有效期届满 90天内办理延期。

ODM关联的自我声明有效期与其初始自我声明的有效期一致。

8 CCC标志使用要求

生产者（制造商）、授权代表（适用时）依据本规则要求完成自我评价和产品符合性信息报送，签署自我声明后，对产品加施强制性产品认证标志（见下图）。

生产者（制造商）、授权代表（适用时）应确保对CCC标志的管理与使用符合《强制性产品认证管理规定》《国家认监委关于强制性产品认证标志改革事项的公告》（认监委2018年第10号公告）等规定。

对于下列情况，不得加施CCC标志：

a）未按本规则要求完成合格评定、签署自我声明并报送符合性 信息的；

b）产品发生变更但未在系统更新相关符合性信息的；

c）其他不符合强制性产品认证有关要求的。

9 后市场监督

9.1 认监委负责组织实施对自我声明以及CCC标志使用的监督管 理。各级市场监管部门负责对所辖区域内的自我声明和CCC标志使用 实施监督管理。

9.2 生产者（制造商）、授权代表（适用时）应配合后市场监督， 能够按照市场监管部门要求提供CCC自我声明及相关资料；生产者 （制造商）、授权代表（适用时）应保证销售者/商业用户也能够提供 或查询其所销售/使用产品的自我声明信息。

9.3 当出现以下情形之一的，生产者（制造商）/进口商/销售商/ 商业用户应停止出厂/进口/销售/使用自我声明对应产品；系统撤销相 关的自我声明并予公布；对于被撤销自我声明的产品，生产者（制造 商）、授权代表（适用时）在6个月内不能再次申报自我声明；有关失信信息纳入国家企业信用信息公示系统。

a）自我声明对应产品被各级市场监管部门监督抽查证明有严重缺陷、产品安全检测项目不合格的；

b）自我声明对应产品出现缺陷而导致质量安全事故的；

c）弄虚作假，采用不正当手段完成自我声明及信息报送，或存在其他直接影响自我声明有效性的行为的；

d）拒绝接受监督抽样的；

e）其他应予撤销自我声明的情形。

9.4 当出现以下情形之一的，生产者（制造商）应实施整改并更 新相关信息，必要时，生产者（制造商）/进口商/销售商/商业用户应停止出厂/进口/销售/使用自我声明对应产品：

a）出厂或进口产品与自我声明对应产品不一致的；

b）未按本规则要求正确加施CCC标志的；

c）未按本规则要求签署自我声明的；

d）自我声明与符合性信息报送内容不符合本规则要求的；

e）未能提供技术文档或技术文档不符合本规则要求的；

f）未满足本规则的其他管理要求的。

9.5 对于发生第9.3条和第9.4条列明情形两次及以上的生产者 （制造商）/进口商/销售商/商业用户,认监委将公布名单及处理结果。

9.6 当ODM初始自我声明或者其关联的任一自我声明发生第9.3 条、第9.4条列明的情形时，如属于产品安全质量存在问题的，所有ODM相关的自我声明将被采取相同的处理措施。

10 相关方责任义务

按照本规则实施自我声明所涉及的生产者（制造

商）、授权代表（适用时）、销售者、进口商、商业用户等，应严格按《中华人民共和国产品质量法》等法律法规的要求，对产品质量承担相应责任和义务。

市场监管总局关于防爆电气等产品由生产许可转为强制性产品认证管理实施要求的公告

（2019年第34号）

根据《国务院关于进一步压减工业产品生产许可证管理目录和简化审批程序的决定》（国发〔2018〕33号）要求，市场监管总局决定对防爆电气等产品由生产许可转为强制性产品认证（CCC认证）管理。为确保CCC认证实施顺利，工作衔接平稳有序，现将有关要求公告如下：

一、认证实施日期

自2019年10月1日起，防爆电气、家用燃气器具和标定容积500L以上家用电冰箱（具体产品范围和强制性产品认证实施规则详见附件）纳入CCC认证管理范围，各指定认证机构（认证机构和实验室指定工作将另行公告）开始受理认证委托；各省、自治区、直辖市及新疆生产建设兵团市场监管局（厅、委）（以下简称省级市场监管部门）停止受理相关生产许可证申请，已受理的依法终止行政许可程序。

自2020年10月1日起，以上产品未获得强制性产品认证证书和未标注强制性认证标志，不得出厂、销售、进口或在其他经营活动中使用。

二、指定认证机构工作要求

指定认证机构应依据强制性产品认证通用规则和对应产品实施规则的要求制定认证实施细则，于2019年9月25日前向市场监管总局（认证监管司）完成备案。

三、CCC认证与生产许可证管理的衔接

（一）2020年10月1日前，国内企业生产的以上产品应凭有效生产许可证或CCC认证出厂、销售或在其他经营活动中使用。

（二）对于已获生产许可证的企业，若以上产品在2020年10月1日（含）后不再继续生产的，无需办理CCC认证；否则，应尽快提交认证委托，并在2020年10月1日前获得CCC认证。

（三）对于持有效生产许可证的企业提出的认证委托，指定认证机构应承认相应的审查及检测结果，制定相关转换方案（包括差异检测项目、补充工厂检查等内容）并实施，对符合认证要求的产品换发CCC认证证书，同时向企业所在地省级市场监管部门通报获证企业名单。证书转换过程中发生的认证、检测费用原则上由财政负担。

（四）各省级市场监管部门根据认证机构通报和生产许可证到期情况，及时办理生产许可证注销手续。2020年10月1日，市场监管总局注销所有未转换的有效生产许可证。

（五）对于在生产许可证有效期间生产的产品，2020年10月1日后可继续使用原包装（符合生产许可证要求）出厂销售。

附件：1. 由生产许可转为强制性认证产品范围
2. 强制性产品认证实施规则 防爆电气
3. 强制性产品认证实施规则 家用燃气器具

市场监管总局

2019年7月5日

附件 1

由生产许可转为强制性认证产品范围

产品范围	强制性产品认证实施规则	产品种类及代码	产品适用范围
防爆电气	CNCA-C23-01：强制性产品认证实施规则 防爆电气	1.防爆电机（2301）	中心高≤160mm或额定功率≤15kW的各类电动机、160mm<中心高≤280mm或 15kW<额定功率≤100kW的各类电动机、280mm<中心高≤500mm或100kW<额定功率≤500kW的各类电动机、中心高>500mm 或额定功率>500kW的各类电动机
		2.防爆电泵（2302）	额定功率≤15kW的各类电泵、15kW<额定功率≤100kW的各类电泵、额定功率>100kW的各类电泵
		3.防爆配电装置类产品（2303）	配电箱（柜）、动力检修箱、接线箱、接线盒、电源（箱）、滤波器（箱）、功率补偿装置、整流器（箱）、电源变换器（切换装置）
		4.防爆开关、控制及保护产品（2304）	中心高≤160mm或额定功率≤15kW的各类电动机、160mm<中心高≤280mm或 15kW<额定功率≤100kW的各类电动机、280mm<中心高≤500mm或100kW<额定功率≤500kW的各类电动机、中心高>500mm 或额定功率> 500kW的各类电动机
		5.防爆启动器类产品（2305）	起动器、软起动器、变频器（箱）、电抗器
		6.防爆变压器类产品（2306）	移动变电站、变压器（箱）、调压器、互感器
		7.防爆电动执行机构、电磁阀类产品（2307）	电动执行机构、阀门电动装置、电气阀门定位器、电动阀、电磁阀、电磁铁、电磁头、电磁线圈、电截止阀、电切断阀、调节阀、电/气转换器、制动器、推动器
		8.防爆插接装置（2308）	电联接器、插销（含插头、插座）、插销开关
		9.防爆监控产品（2309）	摄像机（仪）、云台、监视器、监控（分）站、中继器、传输接口、视频服务器、显示器（仪、屏、箱 ）、计算机、工控机（含附件、声光（语言、信号、静电）报警装置（器）
		10.防爆通讯、信号装置（2310）	对讲机、扬声器（电喇叭）、电话机、播放器、话站、基站（基地台）、交换机、光端机、汇接机、信号耦合器、放大器、分配器、扩展器、网络（线路）终端、隔离器、音箱、打点器（拉点器）、信号装置、电铃（电笛）、通讯接口、信号器（仪、箱）、指示器、网络接入器、网桥（桥接器）、驱动器、网关、发讯机、接收机（器）、信号（光电、数据）转换器
		11.防爆空调、通风设备（2311）	制冷（热）空调或机组、除湿机、风机盘管机组、风机、暖风机、电风扇
		12.防爆电加热产品（2312）	电加热器、电暖器、电加热带、电伴热带、电加热棒、电热板、电加热管
		13.防爆附件、Ex元件（2313）	穿线盒、分线盒、密封盒、隔爆外壳、挠性连接管、电缆引入装置、填料函、塑料风扇（叶）、接线端子、端子套、管接头、绝缘子
		14.防爆仪器仪表类产品（2314）	采集器（箱）、计数器、编码器、解码器、读卡器、识别器、标识卡、识别卡

续表

产品范围	强制性产品认证实施规则	产品种类及代码	产品适用范围
防爆电气	CNCA-C23-01：强制性产品认证实施规则 防爆电气	15.防爆传感器（2315）	光电传感器、速度传感器、温度（湿度）传感器、状态传感器、声（光）控传感器、热释（红外）传感器、张力传感器、烟雾传感器、堆煤（煤位）传感器、触控传感器、撕裂传感器、跑偏传感器、风门传感器、电压（电流）传感器、倾角传感器、磁性（霍尔）传感器、馈电传感器、接近开关（传感器）、延时传感器、开停（急停）传感器、物料传感器、位置（位移、行程）传感器
		16.安全栅类产品（2316）	齐纳安全栅、隔离安全栅、安全限能器（模块）、安全耦合器、本质安全电源
		17.防爆仪表箱类产品(2317)	仪表箱、仪表盘、仪表柜、电度表箱
家用燃气器具	CNCA-C24-01：2019 强制性产品认证实施规则 家用燃气器具	1.家用燃气灶具（2401）	单个燃烧器额定热负荷≤5.23kW的燃气灶具
		2.家用燃气快速热水器(2402)	额定热负荷不大于70kW的热水器
		3.燃气采暖热水炉（2403）	额定热负荷不大于70kW、最大采暖工作水压不大于0.3MPa、工作时 水温不大于95℃、采用大气式燃烧器或风机辅助式燃烧器或全预混式燃烧器的、采暖热水两用的和单采暖的器具
标定容积500L以上家用电冰箱	CNCA-CO7-01：2017 强制性产品认证实施规则 家用和类似用途设备	1.家用电冰箱和品冷冻箱(0701)	标定容积50OL以上家用电冰箱和食品冷冻箱

附件 2

强制性产品认证实施规则

防爆电气

0 引言

本规则基于防爆电气产品的安全风险和认证风险制定，规定了防 爆电气产品实施强制性产品认证的基本原则和要求。

本规则与认监委发布的《强制性产品认证实施规则 生产企业分类管理、认证模式选择与确定》《强制性产品认证实施规则 生产企业检测资源及其他认证结果的利用》《强制性产品认证实施规则 工厂质量保证能力要求》《强制性产品认证实施规则 工厂检查通用要求》等通用实施规则配套使用。

认证机构应依据通用实施规则和本规则要求编制认证实施细则，并配套通用实施规则和本规则共同实施。

生产企业应确保所生产的获证产品能够持续符合认证要求。

1 适用范围

本规则适用于Ⅰ类、Ⅱ类和Ⅲ类防爆电气产品，产品种类包括：防爆电机；防爆电泵；防爆配电装置类产品；防爆开关、控制及保护 产品；防爆起动器类产品；防爆变压器类产品；防爆电动执行机构、 电磁阀类产品；防爆插接装置；防爆监控产品；防爆通讯、信号装置；防爆空调、通风设备；防爆电加热产品；防爆附件、Ex元件；防爆仪器仪表类产品；防爆传感器；安全栅类产品；防爆仪表箱类产品。

由于法律法规或相关产品标准、技术、产业政策等因素发生变化 所引起的适用范围调整，应以认监委发布的公告为准。

2 认证依据标准

防爆电气产品按照其防爆型式所适用的标准开展认证。产品的防爆型式可以是以下一种，也可以是两种及两种以上的组合。

序号	防爆型式	依据标准	
		通用标准	专用标准
1	隔爆型“d”	GB 3836.1	GB 3836.2
2	增安型“e”		GB 3836.3
3	本质安全型“i”		GB 3836.4
4	正压外壳型“p”		GB/T 3836.5
5	液浸型“o”		GB/T 3836.6
6	充砂型“q”		GB/T 3836.7
7	“n”型		GB 3836.8
8	浇封型“m”		GB 3836.9
9	本质安全型“iD”	GB 12467.1	GB 12467.4
10	外壳保护型“tD”		GB 12467.5
11	浇封保护型“mD”		GB 12467.6
12	正压保护型“pD”		GB 12467.7

上述标准原则上执行国家标准化行政主管部门发布的现行有效版本。当上述标准修订时，按认监委发布的有关文件要求执行。

3 认证模式

实施防爆电气产品强制性认证的基本认证模式为：型式试验+初始工厂检查+获证后监督

获证后监督是指获证后的跟踪检查、生产现场抽取样品检测或者检查两种方式之一或组合。

认证机构应根据《强制性产品认证实施规则 生产企业分类管理认证模式选择与确定》的要求，对生产企业实施分类管理，并结合分类管理结果，确定获证后监督方式和频次，可减免扩项产品初始工厂检查。

4 认证单元划分

原则上按防爆电气产品的设备分类、防爆型式、产品种类、防爆结构和安全参数等不同划分申请单元。

相同生产者、不同生产企业生产的相同产品，或不同生产者、相同生产企业生产的相同产品，可仅在一个单元的样品上进行型式试验，其他生产企业/生产者的产品需提供资料进行一致性核查。

认证机构应依据认监委发布的相关文件规定，在认证实施细则中 明确单元划分具体要求。

5 认证委托

5.1 认证委托的提出与受理

认证委托人向认证机构提出认证委托，认证机构应对认证委托进行处理，并按照认证实施细则中的时限要求反馈受理或不予受理的信息。

不符合国家法律法规及相关产业政策要求时，认证机构不得受理相关认证委托。

5.2 申请资料

认证机构应根据法律法规、标准及认证实施的需要在认证实施细则中明确申请资料清单（应至少包括认证申请书或合同、认证委托人 /生产者/生产企业的注册证明等）。

认证委托人应按认证实施细则中申请资料清单的要求提供所需资料。认证机构负责审核、管理、保存、保密有关资料，并将资料审核结果告知认证委托人。

5.3 实施安排

认证机构应与认证委托人约定双方在认证实施各环节中的相关责任和安排，并根据生产企业实际和分类管理情况，按照本规则及认证实施细则的要求，确定认证实施的具体方案并告知认证委托人。

6 认证实施

6.1 型式试验

6.1.1 型式试验方案

认证机构应在进行资料审核后制定型式试验方案，并通知认证委托人。

型式试验方案包括型式试验的样品要求和数量、检测标准项目、实验室信息等。

如果认证委托人在提出认证委托时，提交了符合要求的型式试验报告，认证机构应予以接受。

6.1.2 型式试验样品要求

通常，型式试验的样品由认证委托人按认证机构的要求选送代表性样品用于检测；必要时，认证机构也可采取现场抽样方式获得样品。认证机构应在实施细则中明确认证产品送样/抽样的相关要求。

认证委托人应保证其所提供的样品与实际生产产品的一致性。认证机构和/或实验室应对认证委托人提供样品的真实性进行审查。实验室对样品真实性有疑义的，应当向认证机构说明情况，并做出相应处理。

认证机构应依据认监委发布的相关文件规定，在认证实施细则中明确产品所用关键元器件和材料清单及相关要求。

对于在境内购买获得的强制性产品认证范围内的关键元器件和材料，生产企业应提供强制性产品认证证书；对于非强制性产品认证范围内的关键元器件和材料，认证机构应在认证实施细则中明确可被接受或承认的自愿性认证证书或型式试验报告的条件和具体要求。

6.1.3 型式试验检测项目

原则上应包括产品认证依据标准规定的全部适用项目。

当对标准中部分检测项目有所调整时，则应按认监委发布的相关文件规定执行。

6.1.4 型式试验的实施

原则上，型式试验应在认监委指定的实验室完成。实验室对样品进行型式试验，并对检测全过程做出完整记录并归档留存，以保证检测过程和结果的记录具有可追溯性。

在不影响认证结果有效性的前提下，认证机构可根据《强制性产品认证实施规则生产企业检测资源及其他认证结果的利用》制定相管理程序，由指定实验室派出检测人员按标准要求利用生产企业检 测资源实施检测或目击检测，并由指定实验室出具检测报告。实验室应确保检测结论真实性、正确性、可追溯性。认证机构应在认证实施细则中明确具体要求及程序。

6.1.5 型式试验报告

认证机构应规定统一的型式试验报告格式。

型式试验结束后，实验室应及时向认证机构、认证委托人出具型式试验报告。试验报告应包含对申请单元内所有产品与认证相关信息的描述。认证委托人应确保在获证后监督时能够向认证机构和执法机 构提供元整有效的型式试验报告。

6.2 初始工厂检查

初始工厂检查是认证机构为确定生产企业的质量保证能力和产品一致性控制能力是否符合认证要求而开展的现场检查和评价。初始工厂检查应在产品型式试验合格后进行，必要时也可和产品型式试验 同时进行。

认证机构应按照《强制性产品认证实施规则 工厂质量保证能力要求》《强制性产品认证实施规则 工厂检查通用要求》，结合产品特点，制定初始工厂检查要求等具体内容，并在认证实施细则中予以明确。

初始工厂检查应覆盖认证产品的所有加工场所。必要时，认证机构可到生产企业以外的场所实施延伸检查。

6.3 认证评价与决定

认证机构对型式试验和初始工厂检查结论，以及有关资料/信息进行综合评价，做出认证决定。对符合认证要求的，颁发认证证书。对存在不合格结论的，认证终止，认证机构不予颁发认证证书。

6.4 认证时限

认证机构应对认证各环节的时限做出明确规定，并确保相关工作按时限要求完成。认证委托人须对认证活动予以积极配合。一般情况下，自受理认证委托起90天内向认证委托人出具认证证书。

7 获证后监督

获证后监督是指认证机构对获证产品及其生产企业实施的监督。认证机构应结合生产企业分类管理和实际情况，在认证实施细则中明确获证后监督方式选择的具体要求。

7.1 获证后的跟踪检查

7.1.1 获证后的跟踪检查原则

认证机构应在生产企业分类管理的基础上，对获证产品及其生产企业实施有效的跟踪检查，以验证生产企业的质量保证能力持续符合认证要求、确保获证产品持续符合标准要求并保持与型式试验样品的 一致性。

获证后的跟踪检查应在生产企业正常生产时，优先选择不预先通知被检查方的方式进行。对于非连续生产的产品，认证委托人应向认证机构提交相关生产计划，便于获证后的跟踪检查有效开展。

7.1.2 获证后的跟踪检查内容

认证机构应按照《强制性产品认证实施规则 工厂质量保证能力要求》制定获证后跟踪检查要求、产品一致性检查要求、生产企业质量控制检测要求等具体内容，并在认证实施细则中予以明确。

7.2 生产现场抽取样品检测或者检查

7.2.1 生产现场抽取样品检测或者检查原则

原则上，生产现场抽取样品检测或者检查应覆盖获证产品所涉及的防爆型式和产品种类。

采取生产现场抽取样品检测或者检查方式实施获证后监督的，认 证委托人、生产者、生产企业应予以配合。

7.2.2 生产现场抽取样品检测或者检查内容

认证机构应在认证实施细则中明确生产现场抽样检测或者检查的具体内容和要求，生产企业应将需要检测的样品送至指定实验室。

认证机构也可根据《强制性产品认证实施规则生产企业检测资源及其他认证结果的利用》制定相应管理程序，利用生产企业检测资源实施抽取样品检测（或目击检测），并由指定实验室出具检测报告。

认证机构应在认证实施细则中明确具体要求及程序。

7.3 获证后监督的频次和时间

认证机构应在生产企业分类管理的基础上，对不同类别的生产企业采用不同的获证后监督频次，合理确定监督时间，具体原则应在认证实施细则中予以明确。

7.4 获证后监督的记录

认证机构应当对获证后监督全过程予以记录并归档留存，以保证认证过程和结果具有可追溯性。

7.5 获证后监督结果的评价

认证机构对获证后监督结论和有关资料/信息进行综合评价。评价通过的，可继续保持认证证书、使用认证标志；评价不通过的，认证机构应当根据相应情形做出暂停或者撤销认证证书的处理，并予以公布。

8 认证证书

8.1 认证证书的保持

本规则覆盖产品认证证书的有效期为5年。有效期内，证书的有效性依赖认证机构的获证后监督获得保持。

认证证书有效期届满，需要延续使用的，认证委托人应当在认证 证书有效期届满前90天内提出认证委托。证书有效期内最后一次获 证后监督结果合格的，认证机构应在接到认证委托后直接换发新证书。

8.2 认证证书覆盖产品的变更

产品获证后，如果产品所用关键元器件和材料、涉及防爆安全的结构和参数等发生变更，或认证机构在认证实施细则中明确的其他事项发生变更时，认证委托人应向认证机构提出变更委托并获得批准/ 完成备案后，方可实施变更。

8.2.1 变更委托和要求

认证机构应在认证实施细则中明确认证变更的具体要求，包括认 证变更的范围和程序。

对于隶属同一生产者的多个生产企业的相同产品、

相同内容的变更，认证委托人可仅提交一次变更委托，认证机构应对变更涉及的认 证证书予以关联使用。

8.2.2 变更评价和批准

认证机构根据变更的内容，对提供的资料进行评价，确定是否可以批准变更。如需样品检测和/或工厂检查，应在检测和/或检查合格后方能批准变更。原则上，应以最初进行全项型式试验的代表性型号样品作为变更评价的基础。

8.2.3 变更备案

对于产品所用关键元器件和材料、涉及防爆安全的结构和参数的变更，在不需要提供样品试验的情况下，可由认证机构认可的生产企业认证技术负责人确认批准，保存相应记录并报认证机构备案。认证机构在获证后监督时进行核查，必要时做验证试验。

认证机构应在认证实施细则中明确对认证技术负责人的相关要求。

8.3 认证证书覆盖产品的扩展

认证委托人需要扩展已经获得的认证证书覆盖的产品范围时，应向认证机构提出扩展产品的认证委托。

认证机构根据认证委托人提供的扩展产品有关技术资料，核查扩展产品与原认证产品的差异，确认原认证结果对扩展产品的有效性并针对差异做补充试验或对生产现场产品进行检查。核查通过的，由认证机构根据认证委托人的要求单独颁发或换发认证证书。

原则上，应以最初进行全项型式试验的代表性型号样品作为扩展评价的基础。

8.4 认证证书的注销、暂停和撤销

认证证书的注销、暂停和撤销依据《强制性产品认证管理规定》和《强制性产品认证证书注销、暂停、撤销实施规则》及认证机构的有关规定执行。认证机构应确定不符合认证要求的产品类别和范围，

并采取适当方式对外公告被注销、暂停、撤销的认证证书。

8.5 认证证书的使用

认证证书的使用应符合《强制性产品认证管理规定》的要求。

9 认证标志

认证标志的管理、使用应当符合《强制性产品认证标志管理办法》的规定。

9.1 标志式样

本规则覆盖产品的认证标志式样如下图所示：

9.2 标志加施位置

统一印制的标准规格CCC标志，必须加施在获得认证产品本体明 显的位置上。印刷/模压CCC标志的，CCC标志应当被印刷、模压在铭 牌或产品本体的明显位置上。本体上不能加施CCC标志的，其CCC标志必须加施在产品的最小包装上及随附文件中。

10 收费

认证收费按照认证机构和实验室公开的强制性产品认证收费标准收取。

11 认证责任

认证机构应对其做出的认证结论负责。

实验室应对检测结果和检测报告负责。

认证机构及其所委派的工厂检查员应对工厂检查结论负责。

认证委托人应对其所提交的委托资料及样品的真实性、合法性负责。

12 认证实施细则

认证机构应依据本实施规则的原则和要求，制定科学、合理、可操作的认证实施细则。认证实施细则应在向认监委备案后对外公布实施。认证实施细则应至少包括以下内容：

(1)认证流程及时限要求；

(2)认证模式的选择及相关要求；

(3)单元划分的细则及相关要求；

(4)生产企业分类管理要求；

(5)认证委托资料及相关要求；

(6)样品检测要求（包括型式试验、生产现场抽样检测、利用生产企业检测资源实施检测的要求）；

(7)初始工厂检查及获证后监督要求（包括工厂检查的覆盖性要求、企业质量保证能力和产品一致性检查要求、生产企业质量控制检测要求、关键元器件和材料的质量控制检测要求、ODM/OEM模式的工厂检查要求、监督频次、抽样检测或检查的相关要求等）；

(8)认证变更（含标准换版）的要求；

(9)关键元器件和材料清单；

(10)认证技术负责人的要求；

(11)收费依据及相关要求；

(12)与技术争议、申诉相关的流程及时限要求。

附件 3

强制性产品认证实施规则

家用燃气器具

0 引言

本规则基于家用燃气器具产品的安全风险和认证风险制定，规定了家用燃气器具产品实施强制性产品认证的基本原则和要求。

本规则与认监委发布的《强制性产品认证实施规则 生产企业分类管理、认证模式选择与确定》《强制性产品认证实施规则 生产企业检测资源及其他认证结果的利用》《强制性产品认证实施规则 工厂质量保证能力要求》《强制性产品认证实施规则 工厂检查通用要求》等通用实施规则配套使用。

认证机构应依据通用实施规则和本规则要求编制认证实施细则，并配套通用实施规则和本规则共同实施。

生产企业应确保所生产的获证产品能够持续符合认证要求。

1 适用范围

本规则适用于家用燃气灶具、家用燃气快速热水器和燃气采暖热水炉。由于法律法规或相关产品标准、技术、产业政策等因素发生变化所引起的适用范围调整，应以认监委发布的公告为准。

2 认证依据标准

序号	产品种类	认证依据标准
1	家用燃气灶具	GB 16410
2	家用燃气快速热水器	GB 6932
3	燃气采暖热水炉	GB 25034

上述标准原则上执行国家标准化行政主管部门发布的现行有效版本。当上述标准修订时，按认监委发布的有关文件要求执行。

3 认证模式

实施家用燃气器具产品强制性认证的基本认证模式为：

产品检测+初始工厂检查+获证后监督

获证后监督是指获证后的跟踪检查、生产现场抽取样品检测或者检查、市场抽样检测或者检查三种方式之一或组合。

认证机构应按照《强制性产品认证实施规则 生产企业分类管理、认证模式选择与确定》的要求，对生产企业实施分类管理，并结合分类管理结果确定获证后监督方式和频次。

4 认证单元划分

根据产品种类、产品结构、工作原理、燃气种类等划分单元。相同生产者、不同生产企业生产的相同产品，或不同生产者、相同生产企业生产的相同产品，可仅在一个单元的样品上进行产品检测，其他生产企业生产者的产品需提供资料进行一致性核查。

认证机构应依据认监委发布的相关文件规定，在认证实施细则中明确单元划分具体要求。

5 认证委托

5.1 认证委托的提出和受理

认证委托人向认证机构提出认证委托，认证机构应对认证委托进行处理，并按照认证实施细则中的时限要求反馈受理或不予受理的信息。

不符合国家法律法规及相关产业政策要求时，认证机构不得受理相关认证委托。

5.2 申请资料

认证机构应根据法律法规、标准及认证实施的需要在认证实施细则中明确申请资料清单（应至少包括认证申请书或合同、认证委托人/生产者/生产企业的注册证明等）。

认证委托人应按认证实施细则中申请资料清单的要求提供所需资料。认证机构负责审核、管理、保存、保密有关资料，并将资料审核结果告知认证委托人。

5.3 实施安排

认证机构应与认证委托人约定双方在认证实施各环

节中的相关责任和安排，并根据生产企业实际和分类管理情况，按照本规则及认证实施细则的要求，确定认证实施的具体方案并告知认证委托人。

6 认证实施

6.1 产品检测

6.1.1 产品检测方案

认证机构应在进行资料审核后制定产品检测方案，并告知认证委托人。 产品检测方案包括产品检测的样品要求和数量、检测标准项目、实验室信息等。

如果认证委托人在提出认证委托时，提交了符合要求的产品检测报告，认证机构应予以接受。

6.1.2 产品检测样品要求

通常，产品检测的样品由认证委托人按认证机构的要求选送代表性样品用于检测;必要时，认证机构也可采取现场抽样方式获得样品。认证机构应在实施细则中明确认证产品送样/抽样的相关要求。

认证委托人应保证其所提供的样品与实际生产产品的一致性。认证机构和/或实验室应对认证委托人提供样品的真实性进行审查。实验室对样品真实性有疑义的，应当向认证机构说明情况，并做出相应处理。

认证机构应依据认监委发布的相关文件规定，在认证实施细则中明确产品所用关键元器件清单及相关要求。

对于在境内购买获得的强制性产品认证范围内的关键元器件，生产企业应提供强制性产品认证证书;对于非强制性产品认证范围内的关键元器件，认证机构应在认证实施细则中明确可被接受或承认的自愿性认证证书或型式试验/产品检测报告的条件和具体要求。

6.1.3 产品检测项目

原则上应包括产品认证依据标准规定的强制性安全项目（具体详见附件）。GB 25034标准规定的强制性安全项目适用于冷凝式燃气采暖热水炉。

当对标准中部分检测项目有所调整时，则应按认监委发布的相关文件规定执行。

6.1.4 产品检测的实施

原则上，产品检测应在认监委指定的实验室完成。实验室对样品进行产品检测，并对检测全过程做出完整记录并归档留存，以保证检测过程和结果的记录具有可追溯性。

在不影响认证结果有效性的前提下，认证机构可根据《强制性产品认证实施规则 生产企业检测资源及其他认证结果的利用》制定相应管理程序，由指定实验室派出检测人员按标准要求利用生产企业检测资源实施检测或目击检测，并由指定实验室出具检测报告。实验室应确保检测结论真实性、正确性、可追溯性。认证机构应在认证实施细则中明确具体要求及程序。

6.1.5 产品检测报告

认证机构应规定统一的产品检测报告格式。

产品检测结束后，实验室应及时向认证机构、认证委托人出具产品检测报告。检测报告应包含对申请单元内所有产品与认证相关信息的描述。认证委托人应确保在获证后监督时能够向认证机构和执法机构提供完整有效的产品检测报告。

6.2 初始工厂检查

初始工厂检查是认证机构为确定生产企业的质量保证能力和产品一致性控制能力是否符合认证要求而开展的现场检查和评价。初始工厂检查应在产品检测合格后进行，必要时也可和产品检测同时进行。

认证机构应按照《强制性产品认证实施规则 工厂质量保证能力要求》《强制性产品认证实施规则 工厂检查通用要求》，结合产品特点，制定初始工厂检查要求等具体内容，并在认证实施细则中予以明确。

初始工厂检查应覆盖认证产品的所有加工场所。必要时，认证机构可到生产企业以外的场所实施延伸检查。

6.3 认证评价与决定

认证机构对产品检测和初始工厂检查结论，以及有关资料/信息进行综合评价，做出认证决定。对符合认证要求的，颁发认证证书。对存在不合格结论的，认证终止，认证机构不予颁发认证证书。

6.4 认证时限

认证机构应对认证各环节的时限做出明确规定，并确保相关工作按时限要求完成。认证委托人须对认证活动予以积极配合。一般情况下，自受理认证委托起90天内向认证委托人出具认证证书。

7 获证后监督

获证后监督是指认证机构对获证产品及其生产企业实施的监督。认证机构应结合生产企业分类管理和实际情况，在认证实施细则中明确获证后监督方式选择的具体要求。

7.1 获证后的跟踪检查

7.1.1 获证后的跟踪检查原则

认证机构应在生产企业分类管理的基础上，对获证产品及其生产企业实施有效的跟踪检查，以验证生产企业的质量保证能力持续符合认证要求、确保获证产品持续符合标准要求并保持与产品检测样品的一致性。

获证后的跟踪检查应在生产企业正常生产时，优先选择不预先通知被检查方的方式进行。对于非连续生产的产品，认证委托人应向认证机构提交相关生产计划，便于获证后跟踪检查的有效开展。

7.1.2 获证后的跟踪检查内容

认证机构应按照《强制性产品认证实施规则 工厂质量保证能力要求》制定获证后跟踪检查要求、产品一致性检查要求、生产企业质量控制检测要求等具体内容，并在认证实施细则中予以明确。

7.2 生产现场抽取样品检测或者检查

7.2.1 生产现场抽取样品检测或者检查原则 生产现场抽取样品检测或者检查应覆盖所有获证类别。采取生产现场抽取样品检测或者检查方式实施获证后监督的，认证委托人、生产者、生产企业应予以配合。

7.2.2 生产现场抽取样品检测或者检查内容

认证机构应在认证实施细则中明确生产现场抽样检测或者检查的具体内容和要求，生产企业应将需要检测的样品送至指定实验室。

认证机构也可根据《强制性产品认证实施规则 生产企业检测资源及其他认证结果的利用》制定相应管理程序，利用生产企业检测资源实施抽取样品检测（或目击检测），并由指定实验室出具检测报告。

认证机构应在认证实施细则中明确具体要求及程序。

7.3 市场抽样检测或者检查

7.3.1 市场抽样检测或者检查原则

市场抽样检测或者检查应按一定比例覆盖获证产品。

采取市场抽样检测或者检查方式实施监督的，认证委托人、生产者、生产企业应予以配合，并对从市场抽取的样品予以确认。

7.3.2 市场抽样检测或者检查内容

认证机构应在认证实施细则中明确市场抽样检测或者检查的内容和要求。

7.4 获证后监督的频次和时间

认证机构应在生产企业分类管理的基础上，对不同类别的生产企业采用不同的获证后监督频次，合理确定监督时间，具体原则应在认证实施细则中予以明确。

7.5 获证后监督的记录

认证机构应当对获证后监督全过程予以记录并归档留存，以保证认证过程和结果具有可追溯性。

7.6 获证后监督结果的评价

认证机构对获证后监督结论和有关资料/信息进行综合评阶。评价通过的，可继续保持认证证书、使用认证标志；评价不通过的，认证机构应当根据相应情形做出暂停或者撤销认证证书的处理，并予以公布。

8 认证证书

8.1 认证证书的保持

本规则覆盖产品认证证书的有效期为5年。有效期内，证书的有效性依赖认证机构的获证后监督获得保持。

认证证书有效期届满，需要延续使用的，认证委托人应当在认证证书有效期届满前 90 天内提出认证委托。证书有效期内最后一次获证后监督结果合格的，认证机构应在接到认证委托后直接换发新证书。

8.2 认证证书覆盖产品的变更

产品获证后，如果产品所用关键元器件、涉及产品安全的结构等发生变更，或认证机构在认证实施细则中明确的其他事项发生变更时，认证委托人应向认证机构提出变更委托并获得批准后，方可实施变更。

8.2.1 变更委托和要求

认证机构应在认证实施细则中明确认证变更的具体要求，包括认证变更的范围和程序。

对于隶属同一生产者的多个生产企业的相同产品、相同内容的变更，认证委托人可仅提交一次变更委托，认证机构应对变更涉及的认证证书予以关联使用。

8.2.2 变更评价和批准

认证机构根据变更的内容，对提供的资料进行评价，确定是否可以批准变更。如需样品检测和/或工厂检查，应在检测和/或检查合格后方能批准变更。原则上，应以最初进行产品检测的代表性型号样品作为变更评价的基础。

8.3 认证证书覆盖产品的扩展

认证委托人需要扩展已经获得的认证证书覆盖的产品范围时，应向认证机构提出扩展产品的认证委托。

认证机构根据认证委托人提供的扩展产品有关技术资料，核查扩展产品与原认证产品的差异，确认原认证结果对扩展产品的有效性并针对差异做补充试验或对生产现场产品进行检查。核查通过的，由认证机构根据认证委托人的要求单独颁发或换发认证证书。

原则上，应以最初进行产品检测的代表性型号样品作为扩展评价的基础。

8.4 认证证书的注销、暂停和撤销

认证证书的注销、暂停和撤销依据《强制性产品认证管理规定》和《强制性产品认证证书注销、暂停、撤销实施规则》及认证机构的有关规定执行。认证机构应确定不符合认证要求的产品类别和范围，并采取适当方式对外公告被注销、暂停、撤销的认证证书。

8.5 认证证书的使用

认证证书的使用应符合《强制性产品认证管理规定》的要求。

9 认证标志

认证标志的管理、使用应当符合《强制性产品认证标志管理办法》的规定。

9.1 准许使用的标志式样

本规则覆盖产品的认证标志式样。

9.2 标注方式

可采用认监委统一印制的标准规格认证标志或非标准规格印刷/模压认证标志。

10 收费

认证收费按照认证机构和实验室公开的强制性产品认证收费标准收取。

11 认证责任

认证机构应对其做出的认证结论负责。实验室应对检测结果和检测报告负责。

认证机构及其所委派的工厂检查员应对工厂检查结论负责。认证委托人应对其所提交的委托资料及样品的真实性、合法性负责。

12 认证实施细则

认证机构应依据本实施规则的原则和要求，制定科学、合理、可操作的认证实施细则。认证实施细则应在向认监委备案后对外公布实施。认证实施细则应至少包括以下内容：

（1）认证流程及时限要求；

（2）认证模式的选择及相关要求；

（3）生产企业分类管理要求；

（4）单元划分的细则及相关要求；

（5）认证委托资料及相关要求；

（6）样品检测要求（包括产品检测、生产现场/市场抽样检测、利用生产企业检测资源实施检测的要求）；

（7）初始工厂检查及获证后监督要求（包括工厂检查的覆盖性要求（含产品类别的划分）、企业质量保证能力和产品一致性检查要求、生产企业质量控制检测要求、关键元器件质量控制检测要求、ODM/OEM模式的工厂检查要求、监督频次、抽样检测或检查的相关要求等）；

（8）认证变更（含标准换版）的要求；

（9）关键元器件清单；

（10）收费依据及相关要求；

（11）与技术争议、申诉相关的流程及时限要求。

市场监管总局关于调整完善强制性产品认证目录和实施要求的公告

（2019年第44号）

为贯彻落实中央经济工作会议、《国务院关于加强质量认证体系建设 促进全面质量管理的意见》（国发〔2018〕3号）和全国深化“放管服”改革优化营商环境电视电话会议精神，推动政府职能转变，充分发挥市场在资源配置中的决定性作用，强化市场主体责任，进一步降低制度性交易成本，彰显强制性产品认证“保安全”本质属性，按照必要性和最小化的原则，现对强制性产品认证目录和实施要求作出如下调整。

一、调整强制性产品认证目录

自本公告发布之日起，对18种产品（见附件1）不再实施强制性产品认证管理。相关指定认证机构应注销已出具的强制性产品认证证书，可根据企业意愿转为自愿性产品认证证书。认监委注销相关认证机构和实验室所涉及的强制性产品认证指定业务范围。

二、扩大自我声明评价方式实施范围

将17种强制性产品认证目录内产品（见附件2，备注“新增”的产品）由第三方认证方式调整为自我声明评价方式。

三、调整强制性产品认证实施要求

适用强制性产品认证自我声明评价方式的产品，只能采用自我声明评价方式，不再发放强制性产品认证证书。企业应依据《强制性产品认证自我声明实施规则》要求完成自我评价，在“自我声明符合性信息报送系统”（http://sdoc.cnca.cn）报送产品符合性信息，并对产品加施强制性产品认证标志后，方可出厂、销售、进口或者在其他经营活动中使用。产品符合性信息报送成功后，系统生成“强制性认证产品符合性自我声明”（式样见附件3）视同获得强制性产品认证证书，后续监督管理要求相同。

对于《市场监管总局 认监委关于改革调整强制性产品认证目录及实施方式的公告》（2018年第11号公告）、《市场监管总局 认监委关于进一步落实强制性产品认证目录及实施方式改革的公告》（2018年第29号公告）和本公告发布的适用自我声明评价方式的产品（汇总产品清单见附件2），2019年12月31日前，企业可自愿选择第三方认证方式或者自我声明评价方式，鼓励企业采用自我声明评价方式；2020年1月1日起，只能采用自我声明评价方式，不再发放强制性产品认证证书；2020年10月31日前，仍持有强制性产品认证证书的企业应按上述自我声明评价方式实施要求完成转换，并及时办理相应强制性产品认证证书注销手续；2020年11月1日，指定认证机构应注销所有适用自我声明评价方式产品的强制性产品认证证书，可根据企业意愿转为自愿性产品认证证书；认监委注销相关认证机构指定业务范围。

四、调整电信终端设备强制性认证实施要求

自本公告发布之日起，不再将YD/T 993《电信终端设备防雷技术要求及试验方法》作为强制性产品认证依据标准。

附件：

1. 不再实施强制性产品认证管理的产品清单

2. 适用强制性产品认证自我声明评价方式的产品清单

3. 强制性认证产品符合性自我声明式样（略）

市场监管总局

2019年10月16日

附件 1

不再实施强制性产品认证管理的产品清单

序号	产品名称	
	产品大类	产品种类和代码
1	电线电缆	交流额定电压3kV及以下铁路机车车辆用电线电缆（0103）
2	电动工具	电动螺丝刀和冲击扳手（0502）
3		砂光机（0504）
4		圆锯（0505）
5	电焊机	小型交流弧焊机（0601）
6		交流弧焊机（0602）
7		埋弧焊机（0606）
8		等离子弧焊机（0608）
9		弧焊变压器防触电装置（0609）
10		焊接电缆耦合装置（0610）
11		电阻焊机（0611）
12	音视频设备	各种广播波段的调谐接收机、收音机（0804）
13		监视器（0809）
14	机动车辆及安全附件	汽车内饰件（1111）
15		汽车门锁及门保持件（1112）
16	安全玻璃	铁道车辆安全玻璃（1303）
17	电信终端设备	固定电话终端及电话机附加装置（1603）
18		集团电话（1605）

附件 2

适用强制性产品认证自我声明评价方式的产品清单

序号	产品名称		程序A/B	备注
	产品大类	产品种类和代码		
1	电动工具	电钻(0501)	自我声明程序A（自选实验室型式试验+自我声明）	新增
2		电动砂轮机(0503)		新增
3		电锤(0506)		新增
4	电焊机	直流弧焊机(0603)		
5		TIG弧焊机(0604)		
6		MIG/MAG弧焊机(0605)		
7		等离子弧切割机(0607)		
8	电路开关及保护或连接用电器装置	热熔断体(0205)	自我声明程序B（指定实验室型式试验+自我声明）	新增
9		小型熔断器的管状熔断体(0207)		新增
10	低压电器	漏电保护器 (0306)		新增
11		断路器(0307)		新增
12		熔断器(0308)		新增
13		低压开关(隔离器、隔离开关、熔断器组合电器)(0302)		新增
14		其他电路保护装置(0304、0307、0309)		新增
15		继电器(0303)		新增
16		其他开关(0305)		新增
17		其他装置(0304、0305)		新增
18		低压成套开关设备(0301)		
19	小功率电动机	小功率电动机(0401)		
20	家用和类似用途设备	电动机-压缩机(0704)		
21	机动车辆及安全附件	汽车安全带(1104)		新增
22		机动车外部照明及光信号装置(1109、1116)		新增
23		汽车座椅及座椅头枕(1114)		新增
24		机动车辆间接视野装置(1110、1115)		
25		汽车行驶记录仪(1117)		
26		车身反光标识(1118)		
27	安全玻璃	汽车安全玻璃 (1301)		新增
28	信息技术设备、音视频设备	标称额定电压小于等于5VDC，标称额定消耗功率小于15W(或15VA)，且无可充电电池的设备(Ⅲ类设备)	自我声明程序A（自选实验室型式试验+自我声明）	

认证认可风采

图文宣传

重庆市市场监督管理局

重庆市市场监督管理局尽职履责，敢于担当，圆满完成既定目标任务。

（一）敢为人先，“放管服”改革推行新举措。试点推行资质认定标准变更模式改革、建立认证认可检验检测风险监测和风险预警制度、探索开展检验检测盲样送检工作、持续推广运用《企业能耗成本控制作业指导书》、养老服务认证颁发了首张证书等五项创新性工作得到了上级部门和服务对象赞誉。

（二）严字当头，认证认可监管工作取得新成效。全年完成检验检测机构资质认定行政许可289家次。组织全市739家（次）检验检测机构开展5个项目13个参数能力验证。检查CCC认证获证企业578家，检查玩具等重点CCC认证产品的生产企业、销售单位1389家，立案查处27件。圆满完成CCC认证产品国家监督抽查任务，抽检电线电缆产品105批次，发现问题产品17批次。开展有机产品风险监测30批次，依法查处1家违法企业。检查自愿性认证获证组织476家，立案查处8件。抽查认证现场审核活动363家，启动认证机构主体责任倒查31 家（次），对3家认证机构予以立案查处。

（三）服务为本，检验检测认证发展收获新成果。检验检测机构2019年实现营收入68.17亿元，国家机器人质量监督检验中心（重庆）资质获得批准，同时国家智能网联汽车质检中心、国家氢能源动力质量监督检验中心获批筹建；从海关顺利承接免予办理强制性产品认证的相关工作。

（四）多元共治，认证认可监管合力得到增强。争取政府支持更加广泛，强化部门联动更加深入，落实企业责任更加有效，营造宣传氛围更加深厚，加强行业自律更加有力。

（五）夯实基础，政治保障和监管能力实现增强。

党支部“战斗堡垒”作用得到强化，完成支部组建工作，快速实现处内思想融合、工作融合、情感融合、文化融合，思想政治工作得到全面加强。认证监管体系得到完善，21个区县局单独设立了认证认可监管科。展开多次培训，认证监管队伍素质得到新提升。

社会责任．环境保护．食物安全．管理体系．供应链．绿色金融

香港品质保证局成立于1989年，乃致力协助工商业发展质量、环境、安全、卫生和社会管理体系的非营利机构。本局精锐而专业的团队，具备丰富的国际及行业知识和经验，以提供全方位的合格评定服务。

服务范围

- 认证服务
  - ★混凝土-QSPSC™
  - ★环境管理
  - ★食品安全及卫生
  - ★资讯科技及电信
  - ★职业健康及安全
  - ★质量管理
  - ★社会责任
  - ★能源管理
  - ★葡萄酒储存管理
  - ★安老服务管理
  - ★营运持续管理
  - ★无障碍管理
  - ★资产管理
  - ★防贪管理
  - ★绿色金融
  - ★化妆品良好生产规范
  - ★设施管理

- 评审服务
  - ★ 买家计划
  - ★ 商业行为守则审核
  - ★ 工厂及工业经营（安全管理）规例审核
  - ★ 供应商审核
- 注册服务
  - ★ 香港葡萄酒注册计划
  - ★ 香港品质保证局香港注册
    - ——生态友善系列
    - ——环保回收服务
    - ——厨余回收
    - ——环境友善建筑地盘
    - ——食油
    - ——确源产品
    - ——初创企业
    - ——人员系列

- 调查及研究服务
  - ★ 顾客意见调查
  - ★ 神秘客户评审
- 验证服务
  - ★ 企业报告
  - ★ 社会责任
  - ★ 温室气体排放
- 全球可持续发展服务
  - ★ 气候变化服务
  - ★ 楼宇可持续发展指数
  - ★ 碳披露电子平台
- 培训服务

国际及行业认可*

★中国合格评定国家认可委员会（CNAS）认可认证机构

★香港认可处（HKAS）认可认证机构

★英国认可局（UKAS）认可认证机构

★APM Group（APMG）认可注册认证机构

★社会责任认可服务组织（SAAS）

★《联合国气候变化框架公约》下清洁发展机制（CDM）执行理事会认可之指定经营实体

★气候债券标准委员会授权的核查机构

*（*有关认可领域和认可范围，请参考有关认可机构的网站，或向本局查询。）*

国际性组织地位

★专业社会责任审核员协会（APSCA）会员

★《绿色债券原则》观察员

★本局专家分别获：

香港特区政府创新科技署及中国标准研究院提名加入ISO/TC 207/SC4技术委员会及其工作小组ISO/TC 207/SC4/WG7，直接参与制定ISO 14030《环境表现评估——绿色债务工具》

香港特区政府创新科技署提名，加入ISO/TC 322技术委员会，直接参与制定有关可持续发展金融的ISO标准

香港
电话：(852) 2202 9111　电邮：hkqaa@hkqaa.org

广州
标准认证服务(上海)有限公司广州分公司
电话：(8620) 8383 3777　电邮：info.gz@hkqaa.org

上海
标准认证服务(上海)有限公司
电话：(8621) 6876 9911　电邮：info.sh@hkqaa.org

西安
标准认证服务(上海)有限公司西安办事处
电话：（8629）86360030　电邮：info.xn@hkqaa.org

澳门
标准认证服务(上海)有限公司
电话：(853) 6238 8759　电邮：info.mo@hkqaa.org

www.hkqaa.org

中国标准化研究院实验中心

中国标准化研究院实验中心是由原国家质量监督检验检疫总局批准，为落实国家技术标准战略而建立的国家级技术标准创新及验证平台。以“健康、安全、舒适”为目标，围绕人类工效学开展技术标准研究，为国家高新技术产业发展、传统产业技术改造、环境保护和公共安全等领域提供人类工效技术支撑。

实验中心秉承“标准、实效、渐进、创新”的发展理念，按照共建共享的原则，建立了8个专业实验室，涉及人类工效、物理性能、化学性能、人机工程、感官分析、资源环境、能源、材料、统计、心理、光学等不同学科；汇集了一支多学科、多领域交叉的高素质人才队伍，其中博士76人；拥有先进的检测仪器设备2000余台套，价值2亿多元。

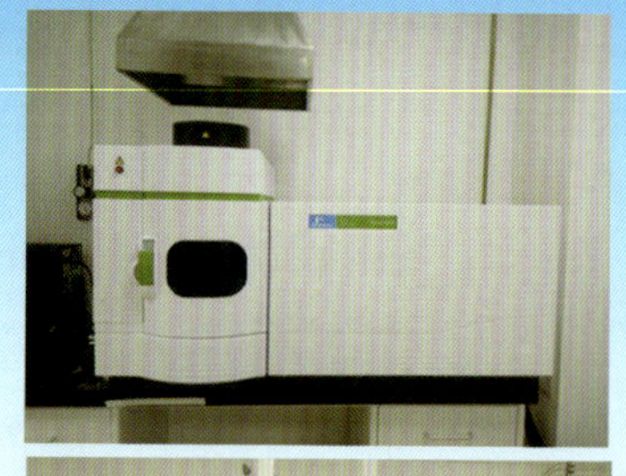

实验中心具备雄厚的研究测试实力，支撑了国家级重大科研项目。实验中心2011年通过CNAS的初次认可，2017年通过CNAS的复评审，是国内通过CNAS认可的人类工效学实验室。实验中心主要开展人体测量以及桌椅、服装、眼镜、防护用品、机电产品、家用电器、光学仪器、食品、药品、玩具等相关产品的国际标准、国家标准和行业标准研制和验证，为社会提供工效学产品设计、数据分析、检测、认证及技术咨询等服务。

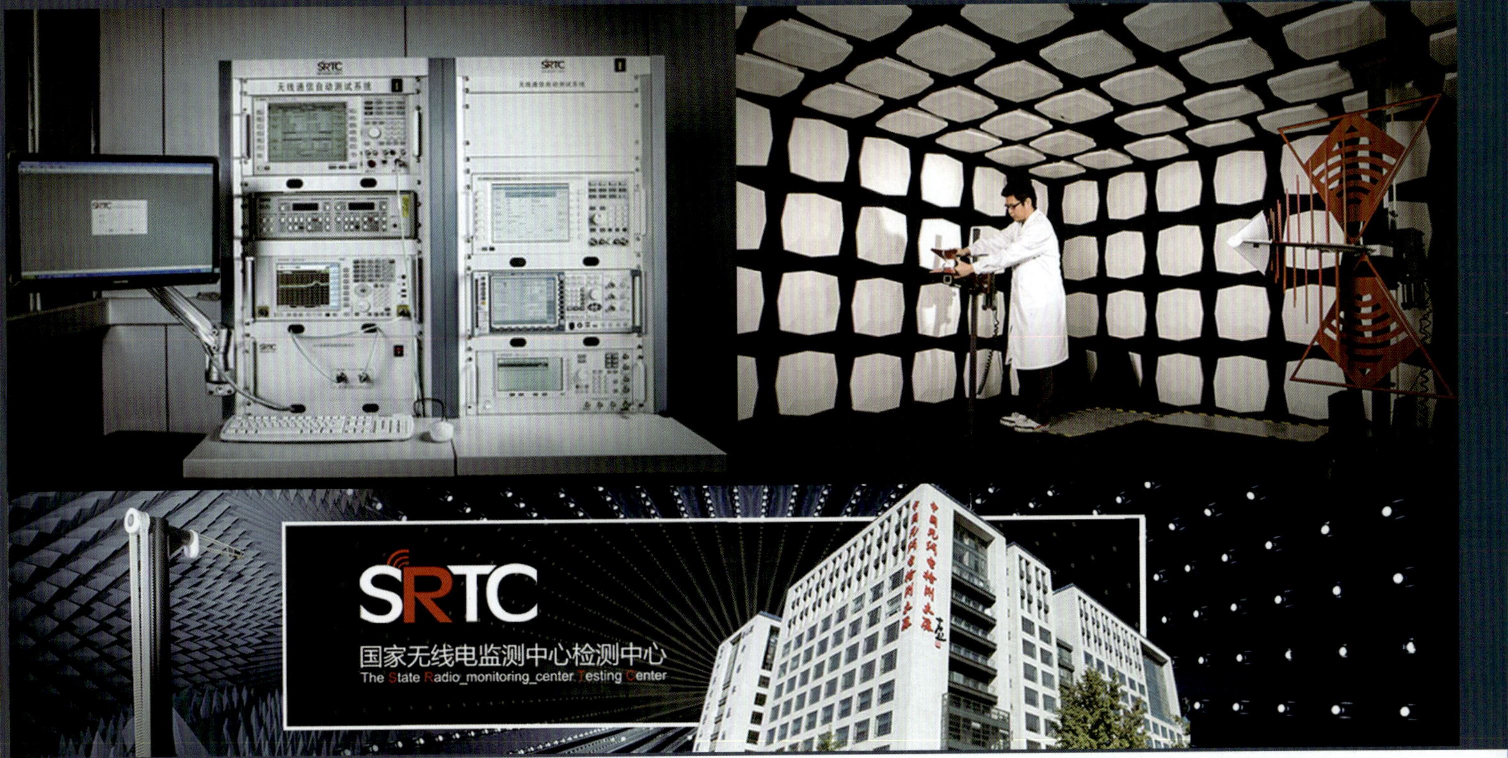

国家林业和草原局调查规划设计院

作为全国林业调查规划设计的国家队，国家林业和草原局调查规划设计院主要从事的业务领域涉及森林资源、荒漠化与沙化土地、湿地资源、野生动植物资源、林业碳汇、林业生态工程成效及林业生态状况监测与评价；营造林综合核查、森林督查等核查督查工作；林业资源培育、保护、开发、经营的规划、咨询、设计；林业专业调查、基础数表编制、森林资源资产的调查与评价；林业发展区划、全国及流域性、区域性林业发展战略研究、规划与咨询；林业工程建设项目规划、咨询与评估，农林行业水资源利用评价与论证；林业信息化建设咨询、服务；林业信息数据库建设、林业信息系统开发；遥感与地理信息采集、处理，林业专题地图编制；林业专题影视片摄制；森林认证；林业科学研究与标准编制等。专业技术力量雄厚，行业影响力大，一直为全国性、区域性的生态建设提供技术支撑和咨询服务。

国家林业和草原局调查规划设计院根据经济社会发展趋势，及时调整业务格局，积极拓展森林认证业务，通过参与森林认证标准的起草、认证业务培训，培养了一支熟悉森林认证政策法规、标准、规则并具有实践经验的审核员队伍。2015年11月，国家林业和草原局调查规划设计院获得国家认证认可监督管理委员会颁发的《认证机构批准书》（批准号：CNCA-R-2015-203），成为具有独立法人地位的第三方认证机构，森林认证领域的业务范围包括森林经营（FM）（GB/T28951-2012)、产销监管链（CoC）(GB/T28952-2018)以及生产经营性珍贵濒危野生动物 饲养管理（WL）（LY/T 2279-2014）。

长期以来，国家林业和草原局调查规划设计院一贯秉承“求实开拓、巩固提高、精兵高能、优质高效”的宗旨，立足国内、放眼世界，竭诚与国内外森林资源开发利用的企业进行合作，为壮大全球林业、改善自然环境、维护生态安全、应对气候变化提供优质、高效服务。

国家级上海产品质量监督检验研究院
National Institute Of Quality Inspection and Research On Product In Shanghai
上海市质量监督检验技术研究院
Shanghai Institute Of Quality Inspection and Technical Research

上海市质量监督检验技术研究院

上海市质量监督检验技术研究院（简称：上海市质检院，注册商标及英文缩写：SQI）隶属于上海市市场监督管理局，是国家市场监督管理总局批准设立的，经上海市人民政府依法设置的非营利性公益科研类政府实验室，是国家级产品质量监督检验研究院。不仅履行政府实验室职能，承担政府质量监督检验任务，同时接受企业的委托检验，是集产品质量检验检测、计量校准、体系与产品认证、标准化服务、培训与咨询为一体的全国最具有综合竞争力的检测院所之一。

在行业地位方面，上海市质检院在全国省级质检院中首家获得“全国文明单位”“全国五一劳动奖状”称号；连续保持“上海市文明单位”十八届不间断；获得2014年度“上海市质量金奖”，成为上海市检验检测机构中首创获奖单位；获评首批A类国家质检中心，连续多年获评国家市场监管总局（原国家质检总局）“I类产品质量检验机构”称号。

在技术能力方面，市质检院作为质量强国战略实施和上海科创中心建设的重要支撑力量，重点围绕保障民生（衣、食、住、行、用）、节能减排（能效检测与评估）、公共安全（学校、地铁、机场、稽防产品）、高新技术产业（智能制造、新能源、新材料）领域开展能力布局。拥有食品、日用消费品、保洁产品、家具、建筑材料及装饰装修材料、电器能效与安全、电光源、灯具、智能电网分布式电源装备等9个国家产品质量监督检验中心，3个行业产品质量检测中心和9个上海市级产品质量检验站等授权资质；取得6305个产品及项目的10535个检验检测标准，获得476个测量仪器的486个校准规范的授权；每年出具各类检测报告和计量证书40余万份;拥有6个检测基地，配备了国内外各类先进检测仪器设备8200余台（套），原值达7.1亿元。单位规模和综合实力在国内省级质检机构中处于先进地位。

上海市质检院勇于践行“改革开放排头兵，创新发展先行者”的时代使命，争做行业标杆。一是开展产品质量安全风险监测、产品质量测评和质量提升活动，在同类机构中连续多年处于前列。在2014年央视“3.15晚会”上，现场演示“危险玩具激光笔射穿气球”试验。二是有效应对三聚氰胺、苏丹红、塑化剂、毒跑道、地板甲醛、地铁电缆等近百起涉及民生关切的质量安全突发事件，应急保障能力较强。三是保障重大工程、活动。上海市质检院曾先后为奥运会、世博会、世锦赛、亚信峰会、G20杭州峰会、进博会等重大国际活动提供产品和食品检验检测保障，为上海的隧道、地铁、机场航站楼、国际旅游度假区等重大工程提供检测服务。四是服务长三角一体化发展。通过检验检测、计量校准、认证认可服务长三角企业，参与京沪高铁常州北站节能改造对比测试、吴江高速路政工程改造检测等。五是2016年上海市质检院首批立项科技部“国家质量基础设施(NQI)”项目，成为承担该类项目机构中全国首家地方局属单位。六是承担5项国际标准制修订，拥有家具、纤维、灯具照明领域的国际标准话语权；另外，作为秘书长单位承担的全国家具标委会获评全国首批一级标准技术委员会，发布首个由我国主导制定的家具领域国际标准ISO 19833:2018《家具 床 稳定性、强度和耐久性测试方法》，实现我国在家具领域国际标准制定方面零的突破，是国家科技成果转化服务示范基地。2018年上海市质检院成为国家首批消费品标准化试点。七是产学研检协同发展，与沪上多所高校共建“产学研合作基地”，2018年经批准建立博士后科研工作站，积极培育优秀专业技术人才。八是作为全国首批“全国中小学生研学实践教育基地”，质量安全教育覆盖全市16个区。九是弘扬工匠精神，培育优秀人才。共培育1名全国五一劳动奖章获得者（俞安琪）、2名上海市五一劳动奖章获得者（周耀斌、罗菊芬），先后创建“全国劳模俞安琪工作室”和“上海工匠周耀斌创新工作室”，“上海工匠”周耀斌主持2019年度国内能力验证项目中唯一一个化妆品A类验证项目，进一步彰显市质检院职工风采。十是疫情防控期间，坚持统筹兼顾，一手抓疫情防控，一手抓事业发展。依托自身专业优势，坚强履行政府实验室职能，在全力配合政府监管部门开展产品质量检验检测同时，对防疫物资生产企业实施费用减免、开辟绿色通道等，多措并举支持企业复工复产，为打赢疫情防控的人民战争、总体战、阻击战提供强大的技术支撑和智力支持。

下一步，市质检院将重点围绕全面推进三项新的重大任务，深化改革创新，聚焦重点，抓好落实，推动长三角高质量一体化发展。坚持以提升技术能级和核心竞争力为目标，扎实开展质量提升行动，不断夯实质量技术基础，着力优化营商环境，奋力开创市场监管事业发展新局面，服务支撑国家重大发展战略，为上海建设“五个中心”、打响“四大品牌”、持续打造营商环境新高地保驾护航。

遵义市产品质量检验检测院

遵义市产品质量检验检测院是遵义市人民政府依法设置的计量检定及产品质量检验技术机构，是国家、贵州省、遵义市市场监督管理局重点支持建立的财政全额拨款综合性检验检测技术机构，为独立核算的正县级事业单位。自2009年撤所建院以来，遵义市产品质量检验检测院已成为贵州省综合检测实力较强，产品质量检验检测参数较多的检验检测机构。

资质能力

遵义市产品质量检验检测院拥有国家茶及茶制品质量监督检验中心（贵州）、国家低压电器产品质量监督检验中心（贵州）、国家分接开关产品质量监督检验中心（贵州）、贵州省烟花爆竹产品质量监督检验站、贵州省危险化学品产品质量监督检验站、贵州省高压分接开关产品质量监督检验中心等一批资质授权。通过国家CNAS认可参数1764个；省级CMA资质参数3874个；计量建标170余项，检定校准能力居全省前列。现有实验室、办公面积28000㎡，检测设备固定资产2.4亿元。其中电器产品实验面积8500㎡，检测设备7100余万元；食品及相关产品（食品包装材料等）实验室面积6500㎡（其中标准微生物室达300㎡），检测设备5400余万元；工业产品实验室面积6400㎡，检测设备4400余万元；药品、保健品实验面积2100㎡，检测设备1900万元；计量检定、校准实验室面积4000㎡，检测设备2800余万元。

业务范围

遵义市产品质量检验检测院主要技术能力覆盖食品、农产品、农残、兽残、工业产品、药品、保健品、化肥、低压电器产品、高中压产品、电线电缆产品、电磁兼容等领域。能对长度、力学、声学、温度、电磁、无线电、时间频率、化学、光学、专用仪器仪表设备等计量器具进行检定与校准。

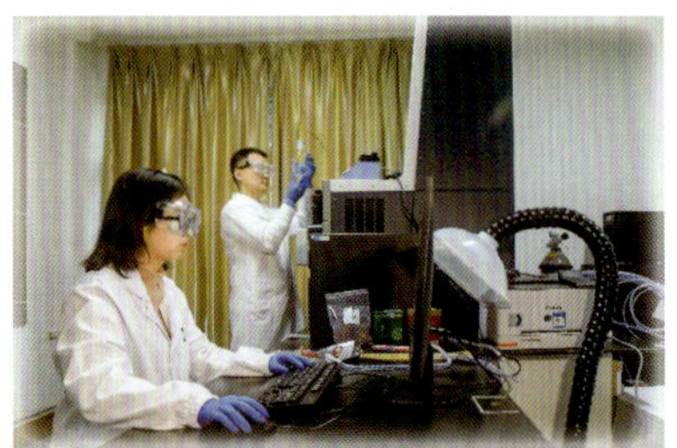

超高液高分辨质谱实验室

履职情况

遵义市产品质量检验检测院主持承担国家、省（部）、市级科研项目44项，获得经费1163万元。获得发明授权7项、获得实用新型专利授权32项；发表各类论文300余篇，其中SCI论文11篇、EI论文4篇、中文核心期刊论文75篇；多次获得省（部）级科技进步二等奖，并获得科技进步三等奖1项。

标准成果

遵义市产品质量检验检测院主持/参与制修订国家标准2项，国家药品标准3项，行业标准2项，地方标准25项，中药材民族药材省级标准20项，团体标准15项，计量规程规范6项。

人才队伍

遵义产品质量检验检测院现有在职职工271人。在编126人，聘用人员145人，其中正高3人，副高25人，工程师59人；博士后1人，博士1人，硕士研究生37人，本科生103人；入选西部之光访问学者1人，省千层次创新型人才3人，享受国务院特殊津贴专家1人，博士生导师1人，硕士生导师3人。

社会责任

遵义市产品质量检验检测院荣获2006年“全国质量检验检疫科技兴检先进集体”，2008年“全国产品质量监督工作先进单位”，2011年“全国质量监督检验检疫工作先进单位”，2015年“全国质量监督检验检疫系统先进单位”，2016年“贵州省服务业名牌”等殊荣。还建设了两个省级检测技术公共服务平台：高中低压电器产品公共检测技术服务平台、茶产品公共检测技术服务平台；两个高等院校教学实践基地：遵义医科大学教育实践基地、遵义师范学院教育实践基地；遵义医科大学公共安全学院食品安全检测硕士生联合培养基地；一个国家职能鉴定站：国家劳动技能鉴定第三十四站。

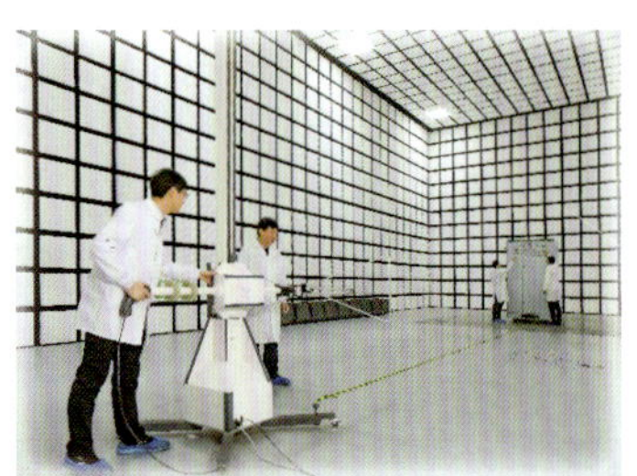

10M法电磁兼容实验室

山东省产品质量检验研究院

山东省产品质量检验研究院（SDQI）成立于1980年，隶属于山东省市场监督管理局，是集检测、科研、标准制修订为一体的第三方综合性检验机构。设有博士后科研工作站，拥有一支由研究员和高级工程师领军、以博士和硕士为骨干的专业化人才队伍。建有三大实验基地，实验室面积达6万余平方米，配有国内外先进检测仪器设备5000余台（套），能力覆盖电器、消防、装饰装修材料、机械、包装、纺织品等5000多种产品。重点开展产品的安全、环保、节能检测与研究，并面向社会提供检测、科研、标准制修订、技术评价、咨询、培训等服务，为政府监管、公众权益维护提供技术支撑，是山东省内检测范围最广、综合实力最强的专业化、科研型公共检测服务平台。

2019年9月5日，SDQI顺利通过了国家认证认可监督管理委员会审批，获得自愿性认证机构资质，批准号为CNCA-R-2019-562，涉及纺织产品、木材及木制品、化工类产品、建材产品、家具、金属材料及金属制品、机械设备、发电机、绝缘电线和电缆、蓄电池等十类专业领域产品，成为山东省内首家检测认证一站式服务的产品认证机构。SDQI凭借雄厚的检测技术，针对山东省特色产业产品，充分发挥优势力量，开创了具有山东特色的产品认证服务业务，以立足山东、服务全国为宗旨，打造成为技术能力强、服务水平高、创新能力足的综合性产品认证机构。

2020年11月18日，SDQI成功获批绿色产品认证资质，涵盖3001 人造板和木制地板、3006 家具两类专业领域。近年来，SDQI积极参与绿色产品标准的制修订工作，熟悉产品能源、资源、环境、品质四大属性的评价，已在绿色产品认证领域积累了丰富的经验。SDQI将秉承质量认证“传递信任，服务发展”的思想，助力于增加绿色产品有效供给，引导绿色生产和绿色消费，为推进绿色发展、促进产业提升发挥重要作用。

北京新华节水产品认证有限公司

Beijingxinhua Water Saving Products Certification Co. LTD

北京新华节水产品认证有限公司是新华水利控股集团旗下子公司，是经水利部综合事业局发起、水利部推荐、国家认证认可监督管理委员会批准、通过中国合格评定国家认可委员会（CNAS）认可、具有独立法人资格的第三方认证机构，是专业从事节水产品认证及节水评价工作的非赢利性质的服务实体。

公司依据《中华人民共和国认证认可条例》和相关节水产品标准的要求，秉承科学、求实及公正的工作作风，竭诚为广大企业提供高效、优质、满意的节水产品认证服务。

公司拥有一支专业的认证队伍，完善的质量管理体系，在开展节水产品认证工作的同时，公司充分发挥自身的技术资源，积极配合水利部、全国节约用水办公室和国家认证认可监督管理委员会等政府职能部门，开展绿色产品认证、节水产品认证配套政策的研究，节水产品认证规划的编制，相关管理规定及国家标准的编制等工作，积极推动节水产品认证制度建设。

认证机构批准书

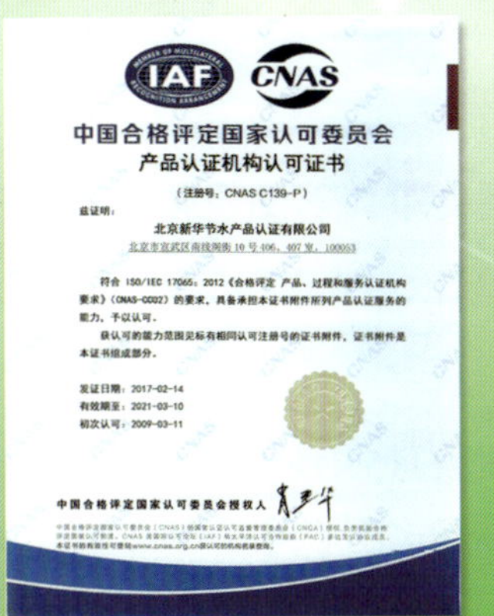

中国合格评定国家认可委员会

产品认证机构认可证书

产品认证证书

产品认证证书

见证品质　传递信任　服务发展

地址：北京市西城区南线阁街10号基业大厦　　邮编：100053

电话：010-63203458/4883/4647/4784　　传真：010-63203717

网址：www.xhrz.com.cn　　E-mail：xhjs@mwr.gov.cn

手机端网站　微信公众号

北京中大华远认证中心

开拓进取　日益创新

■ 机构基本情况

北京中大华远认证中心（以下简称“中心”）隶属于国务院国有资产监督管理委员会（国务院国资委），是经中国国家认证认可监督管理委员会（CNCA）批准和中国合格评定国家认可委员会(CNAS)、美国国家标准学会-国家认可委员会（ANAB）认可的具有独立法人资格的权威第三方认证机构（批准号：CNCA-R-2002-020），可颁发带有IAF国际互认联合标识、CNAS认可标识和ANAB认可标识的认证证书。

■ 业务开展情况

中心自1993年成立以来，现已为国内外超过万家的组织颁发认证证书，现开展业务范围覆盖体系认证、产品认证、服务认证三大类别，具体为：

体系认证：质量管理体系认证（CNAS/ANAB）、工程建设施工企业质量管理体系认证（CNAS）、环境管理体系认证（CNAS/ANAB）、职业健康安全管理体系认证（CNAS）、食品安全管理体系认证（CNAS）、危害分析与关键控制点（HACCP）体系认证、乳制品生产企业危害分析与关键点控制（乳HACCP）认证、乳制品生产企业良好生产规范（GMP）认证、能源管理体系认证、信息安全管理体系认证、信息技术服务管理体系认证、企业诚信管理体系认证。

产品认证：纺织品、服装和皮革制品；木材和木制品；纸浆、纸和纸制品，印刷品；化工类产品；家具、他未分类产品；有机产品；家具绿色产品认证。

服务认证：批发业和零售业服务、不动产服务、科学研究服务、教育服务、绿色市场。

■ 人力资源情况

中心拥有1700多名各类优秀的审核人员及专家队伍，人力资源充分，技术力量雄厚，中心以专业与真诚赢得客户的信任；以专业的水准和严谨的作风保证审核公正、有效和权威；中心将遵守职业道德及行业规范，以卓越服务为本，追求客户满意，追求客户与中心的共同发展。

中心重视人才培养和队伍建设，每年组织开展技术论文征集及推荐活动，2019年至今，中心人员在《中国认证认可》等核心期刊发表文章9篇，位列全国认证机构第13名，进入《CCAA良好案例汇编》6篇，位列全国认证机构第6名。此外，中心牵头组织、参与ISO/IEC 17021-2、ISO/IEC 17021-3、ISO/IEC 17021-9、ISO/IEC 17021-10等国际标准、《能源管理体系　制浆造纸企业认证要求》、《职业教育服务　要求》等多项国际标准、行业标准的制修订工作。

■ 电子化审核实践

中心基于多年的信息化开发经验，在保障数据的安全性和可靠性的基础上，开发研制的“认证业务信息管理系统”正式上线运行，该系统包括认证业务信息管理系统服务器、电脑客户端、手机app客户端、审核员网页系统等，能够实现审核员远程在线查看审核任务、下载审核委派、电子案卷下载、远程签到打卡，认证管理人员在线审定，电子档案存档等功能，提高了认证管理的效率、减轻了审核人员的工作量，标志着中心正式迈进全面审核档案电子化阶段。

■ 客户服务

为使客户享受到良好的服务体验、持续提升客户满意度，中心力求从不同渠道、多各层面收集到最全面、最真实的客户反馈，并针对客户提出的建议和意见，及时做出回应、采取措施，获得客户的认可和满意。

2019年北京中大华远认证中心围绕贯彻和落实党的十九大精神，按照质量强国战略和质量提升行动的总体部署，以及中国轻工业联合会“深入贯彻新发展理念，引领轻工业持续高质量发展”的要求，以服务经济社会发展为主线，以市场需求为导向，积极拓展新认证领域，开发认证市场，规范运作，不断提升认证供给能力和水平。

公安部第三研究所认证中心

公安部第三研究所(认证中心)（TRIMPS）成立于2015年5月，是依据《中华人民共和国产品质量法》《中华人民共和国认证认可条例》等相关法律、法规，由中国国家认证认可监督管理委员会（CNCA）和中华人民共和国公安部批准成立，由公安部科技信息化局直接领导，开展防盗报警、实体防护、通讯安全、网络安全、道路交通安全、安全监控、安全识别、安全检查、警用装备等社会公共安全产品认证的专业机构，是依法成立并独立承担法律责任实施合格评定的认证运作实体。

TRIMPS目前由20余名基础理论扎实、实践经验丰富、长期从事社会公共安全产品认证、检测、标准研究工作的专职人员组成，拥有注册工厂检查员54名，办公场地约400m^2，综合受理大厅700m^2。

TRIMPS主要依托于公安部第三研究所下属七个国家和省部级检测中心,拥有自有实验室——国家安全防范报警系统产品质量监督检验中心（上海）、国家网络与信息系统安全产品质量监督检验中心，为客户提供高效、优质、全面的“检测认证一站式”服务。

产品认证业务范围涵盖了如下产品：

（一）强制性认证的产品

产品
入侵探测器
防盗报警产品
汽车行驶记录仪
车身反光标识

（二）公安部属自愿性认证的产品

产品
防盗安全门
防盗锁
公安 350 兆模拟无线通信设备
身份证阅读机具
公共安全视频监控产品

（三）开展的机构 TRIMPS 自愿性认证的产品目录

产品
智能安全联网（网络安全）产品
防盗保险柜（箱）
汽车防盗报警系统
汽车行驶记录仪
车身反光标识
工业控制系统专用防火墙
微剂量 X 射线安全检查设备

公安部第三研究所认证

Certified By The Third Research Institute Of Ministry Of Public Security

联系方式：

认证中心网站：www.trimps.net.cn　咨询热线：021-64318599　传真：021-64318699

邮箱：glbsl@cspsh.org.cn　地址：上海市岳阳路76号　邮编：200031

国家汽车质量检验中心（广西）

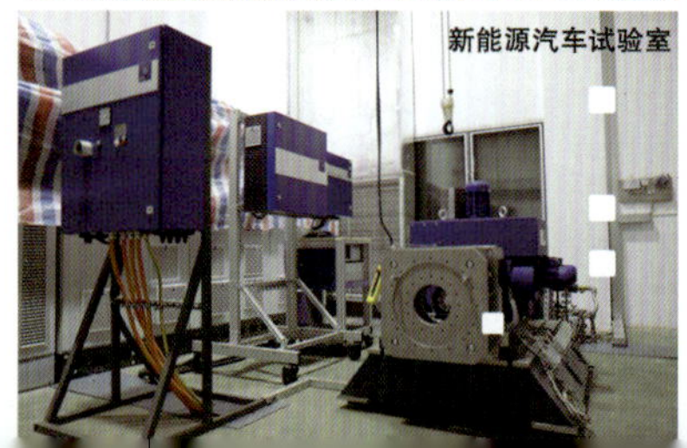

国家汽车质量检验中心（广西）（下简称中心）暨柳州汽车检测有限公司，是经国家市场监督管理总局批复成立的具有独立法律地位的第三方检测机构，从事汽车综合性检测及技术服务，可开展工业和信息化部、市场监督管理总局、生态环境部等部门组织的监督检验。

中心目前已获授权、认可的检测项目311个，覆盖传统汽车、新能源汽车、专用车等整车性能与可靠性、排放、主被动安全、电磁兼容、智能网联汽车等领域，系统和零部件覆盖灯光、车身及附件、发动机排放与性能、电动汽车电机及控制器、电池等领域。涉及标准覆盖国家标准、行业标准、欧盟法规/指令等国内外标准等。

中心占地约250万m^2，总投资15亿元，一期建设已完成，累计投资8亿多元，试验室面积8.8万m^2，具有国内先进、国际一流的检测设备，主要仪器设备300多台套，包括具备12m静区，可检测18m车长的电动大巴及30t承载能力的整车电波暗室，拥有推力达2.75MN的模拟碰撞台车测试系统。中心二期建设已启动，将投入资金7亿多元，进一步完善和提升汽车检验检测能力，紧跟汽车技术最新发展趋势，建设汽车实车碰撞、智能网联汽车、自动驾驶汽车等检测能力。将中心打造成为功能齐全、设施完善的独立、公正、科学、权威国内一流的的第三方汽车专业检测研究机构。

中心设办公室、市场部、技术质量部、条件保障部、整车性能及排放试验室、发动机性能及排放试验室、汽车安全试验室、电磁兼容试验室、新能源汽车试验室、智能网联汽车试验室等部门。

本着“客观公正、科学准确、诚实守信、高效廉洁”的精神，为广大客户提供全面、便捷、高效、可靠的检验检测服务和技术支持。

图1　图2　图3　图4

国家摩托车质量监督检验中心(天津)

国家摩托车质量监督检验中心（天津）是2001年11月由国家认证认可监督管理委员会批准，在天津摩托车质量监督检验所（始建于1988年）基础上成立的，具有独立法人资格和第三方公正性地位的，由中国合格评定国家认可委员会认可，国家工业和信息化部、国家认证认可监督管理委员会、原国家环境保护部、原国家质量监督检验检疫总局等国家机构授权指定的国家摩托车检验机构。

中心自成立以来，始终以“方法科学先进，服务优质高效，结论公正准确”为质量方针，坚持公正性、独立性和诚实性，为政府部门和国内外广大客户提供值得信赖的检验服务和技术支持，现已发展成为国内摩托车行业的权威检验机构，是各部委进行摩托车行业管理的技术支撑单位及摩托车国家标准编制起草单位。中心检验业务领域涉及摩托车、电动摩托车、电动自行车、全地形车、摩托车发动机、非道路小型通用汽油机以及零部件等产品，是目前国内被美国环保署(EPA)认可排放测试数据的国家级实验室。近年来中心在提升传统检测能力的同时，在出口认证、标准法规、科研等领域不断开拓创新，向着国际一流水平实验室不断迈进。

中心现有员工70余人，检验试验室面积7000余m^2，各种主要仪器设备约500余台（套），拥有排放检测、燃油蒸发、电磁兼容、发动机性能、整车性能、零部件、电动自行车等20余个先进试验室，能够满足44大类296项授权检验项目要求，同时能为企业提供摩托车E（e）–mark、DOT、EPA、CT等出口认证检测服务。

中心拥有占地60万m^2的摩托车专用试验场，试验场建有全长5000m的高速环路、性能试验跑道及符合国际标准要求的噪声测试场地，为进行各种摩托车道路性能试验、可靠性及耐久性试验提供了专业、安全的测试场地。2009年试验场建设完成国内摩托车专用可靠性试验场地，可靠性试验跑道全长约4000m，包含比利时路、石板路、鹅卵石路、鱼鳞坑路、正弦波路等19种特殊路面，可组合进行摩托车及其部件的强化试验，准确高效地进行产品的性能评价。

注：图1，半消声室；图2，电波暗室内；图3，燃油蒸发实验室；图4，排放实验室；图5，可靠性测试全景；图6，试车场全景；图7，扭曲路。

图5　图6　图7

赛宝认证中心是经国家授权批准并得到国内外多方认可、专业从事第三方认证的权威机构，也是中国最早的认证机构之一。赛宝从事电子信息产品鉴证评价的历史开始于 1956 年，一直是我国电子信息行业的质量技术中枢机构，承担着行业内质量评价、先进质量管理模式和技术推广工作。同时承担国际电工委员会电子元器件质量评定体系（IECQ）中国国家监督检查机构的工作，是我国在国际电子元器件质量认证工作领域的主要技术机构。中心总部位于广州，在全国有近 30 个办事处，是面向全球的技术服务机构，已为国内外数万家企业提供多种认证、评估等优质服务。多年来，赛宝认证中心致力于让行业供应链更透明，让企业管理水平更卓越、流程更优化，为社会带来更多安全可靠绿色的产品和服务。

序号	年份	大事记
1	1979 年	筹建中国电子元器件认证项目
2	1980 年	代表中国加入 IECQ 体系，成为中国最早的认证机构，为企业提供全面质量管理培训服务，从事生产许可证的审查工作；开展电子产品质量认证工作；与 IECEE 接轨，开展安全认证（长城认证）
3	1994 年	获得 CNACR 和 CNAB 双重认可，开展 ISO 9000 认证
4	1997 年	作为中国认证机构代表，接受国际认可论坛 (IAF) 同行见证评审
5	1998 年	获得国家环保总局 CACEB 认可，开展 ISO 14001 认证；获得美国三大汽车公司授权，开展 QS 9000 认证
6	2000 年	获得 CNACR 认可，开展 OHSMS 认证；获得信息产业部授权，开展计算机信息系统集成资质认证
7	2001 年	获得美国认可机构 RAB 认可，开展 ISO 9001、ISO14001、TL 9000 认证；获得 CNAB 认可，开展 TL9000 认证；获得 CNAB 授权，开展 BS7799 认证试点工作和 OHSMS 认证
8	2002 年	获得 CNAT 认可，开展国家注册审核员和内审员培训
9	2003 年	开展 ISO/TS 16949 认证；获得信息产业部授权，开展软件过程能力评估和培训、信息系统工程监理资质认证和监理工程师培训、计算机信息系统集成项目经理培训和高级项目经理培训
10	2004 年	获得 CNAB 认可，开展自愿性产品认证；与美国 SEI 授权机构合作开展 CMMI 技术服务及相关培训
11	2005 年	获得 IECQ 认可，开展 IECQ 危害物质过程管理体系认证（中国唯一机构）；作为北京九鼎国联汽车管理体系认证有限责任公司股东机构，配合完成汽车行业 ISO/TS 16949: 2002 认证项目认可，并开展认证工作；获得美国质量学会 (ASQ) 授权，成为“ASQ 南中国专业人员培训中心”，开展 ASQ 注册专业技术人员培训
12	2006 年	获得 ISTQB 认可，开展国际软件测试工程师培训
13	2007 年	获得信息产业部授权，开展 SPCA 软件过程改进评估师培训
14	2008 年	开展 IT 治理与 IT 审计业务
15	2009 年	获得 ANAB 认可，开展 ISO 27001 认证；与美国 SEI 授权机构合作开展 CMMI for Service 技术服务；获得 APMG 授权，开展 ITIL 培训及认证考试
16	2010 年	获得 CNAS 认可，开展 ISO 27001 认证；获得 UNFCCC CDM EB 认可，开展 CDM 审定 / 核查
17	2011 年	获得欧盟自愿性碳减排黄金标准 (GS) 协会认可，开展黄金标准审定 / 核查；获得国家财政部、发展改革委批准，开展第三方节能量审核；获得“广东省节能技术服务单位”资格；成为工信部品牌培育技术服务支撑单位
18	2012 年	获工业和信息化部授权，开展信息技术服务运行维护（ITSS）符合性评估工作
19	2013 年	获国家发展改革委批准，开展中国自愿减排碳交易审定与核查；获国家认证认可监督管理委员会批准，开展信息技术服务管理体系认证，并获 ANAB 认可
20	2014 年	获得工业和信息化授权，开展两化融合管理体系贯标业务
21	2015 年	获得认监委 CCC 认证指定认证机构资格；与 CSA 推出中国首个全球认可的云安全评估服务 C-STAR；当选为电子商务认证联盟副理事长单位
22	2016 年	获“国家高新技术企业”认定；获批“工业节能与绿色发展评价中心”；当选为广东省低碳发展促进会副理事长单位；签发全球首张 IECQ LED 照明产品认证证书
23	2017 年	获得国家认证认可监督管理委员会批准“低碳产品认证”、“光伏产品认证”业务；启动工信部“质量品牌公共服务平台”项目建设，以打造一个汇集各方优质资源，面向全国工业企业提供质量品牌服务的生态圈和大数据共享平台；国内首个融合“众包、众筹”概念的第三方检测认证公共服务平台——希测网正式上线
24	2018 年	ISO14064 认证获得 CNAS 认可，成为中国首家温室气体审定和核查机构；颁发中国首张北斗卫星导航产品认证证书
25	2019 年	获得中国国家认证认可监督管理委员会“节能产品认证”机构授权；获得中国国家认证认可监督管理委员会“电器电子产品有害物质限制使用”授权；获得中国合格评定国家认可委员会（CNAS）认可，成为国内首家软件过程能力评估和软件能力成熟度（SPCA）4 级和 5 级评估机构

中国环境保护产品认证

1996年原国家环境保护局开始实施环境保护产品认定制度。2000年,原国家环境保护总局将环境保护产品认定工作委托中国环境保护产业协会组织进行。2005年，为适应国家认证认可制度需要，在国家环境保护总局和中国国家认证认可监督管理委员会的大力支持下，中国环境保护产业协会组建了中环协(北京)认证中心，承担中国环境保护产品认证工作。

认证中心按照“工厂（现场）检查+产品检验+认证后监督”这一国际通用的模式开展中国环境保护产品认证。认证的范围包括了水污染治理产品、空气污染治理产品、噪声与振动控制产品、固体废物处理处置产品、环境监测仪器、环保药剂及材料等六大类，目前列入认证目录的产品有200余项。近3000家企业近6000余个产品先后获得了环保产品认证，获证企业遍布北美、欧洲、亚洲等12个国家和地区。

通过中国环境保护产品认证，帮助生产企业提高质量管理水平，为其具有生产出符合质量标准产品的能力提供有力证明，树立企业良好信誉及品牌形象；为用户选用可信的环保产品及服务提供方便；为环境保护行政主管部门实施环境管理提供依据，规范了环境保护产品行业市场良性发展，推动居住环境及自然环境的改善。

绿色之星产品认证

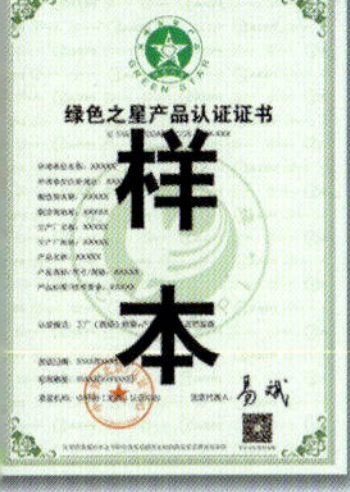

绿色之星产品认证是经中国国家认证认可监督管理委员会批准，由中环协（北京）认证中心开展的自愿性产品认证业务之一，以加施“绿色之星”标识的方式表明产品符合相关环境友好标准的要求，认证范围涉及汽车、建材、纺织品、服装、皮革制品、木制品、纸制品、印刷品、化工产品、家具、电子电器、机械设备等12大领域产品。

绿色之星标识是经国家工商行政管理总局注册的商标，用于证明绿色之星认证产品的环境友好型品质。该项工作旨在推广环境友好产品的绿色生产、采购与使用等全过程，促进企业的绿色建设与发展，提高企业的社会责任感，推动居住环境及自然环境的改善，力促达到自然环境的良性循环和社会经济的可持续发展。

中国环境标志产品认证

中国环境标志产品认证是目前我国最广泛开展并具权威性的绿色产品认证。中国环境标志产品认证始终围绕国家环境保护目标为中心，通过建立中国的绿色技术措施体系，让环境标志产品成为联系公众与可持续发展战略的纽带，为节能减排及保护人体健康，实现经济社会可持续发展，发挥了重要的作用。截至目前，中国环境标志已经在家电、办公设备、家具、日用品、纺织用品、建筑装修材料等领域产品开展认证。

2006年10月，财政部与原国家环保总局联合发布《关于环境标志产品政府采购实施的意见》，要求各级国家机关、事业单位和团体组织用财政性资金采购的项目优先采购环境标志产品。自政策实施以来，政府采购环境标志产品规模快速增长，采购范围日益扩大，采购程序更加规范。

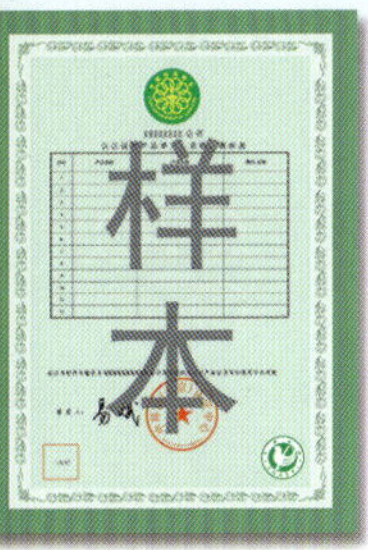

2019年4月，中环协（北京）认证中心被国家市场监管总局列入《参与实施政府采购环境标志产品认证机构名录》。2019年8月，生态环境部授权中环协（北京）认证中心在政府采购中使用中国环境标志标识。

我中心将依据中国环境标志产品技术要求开展认证工作，以“工厂（现场）检查+产品检验+认证后监督”的认证模式，确保获证产品能持续稳定地达到环境标志标准的要求，以中国环境标志产品认证工作不断推动绿色生产与绿色消费，实现经济社会的全面可持续发展。

中国环境服务认证

随着我国服务业的快速发展，对经济社会发展的支撑和拉动作用日益突出，传统制造业也正在朝着“产品+服务”的模式方向进行转型，更多的价值创造和利润来自服务。服务经济的快速发展催生了服务认证，服务认证是对服务提供者的管理及服务水平符合相关标准或者技术规范要求的第三方合格评定活动。

为适应市场发展需要，规范环境服务业市场行为，提高企业环境服务质量。2016年2月，经中国国家认证认可监督管理委员会批准（批准号：CNCA-R-2002-108），中环协（北京）认证中心的认证领域增加“污水和垃圾处置、公共卫生及其他环境保护服务认证”，成为国内首家开展环境服务认证的认证机构。自2016年以来，认证中心先后开展了自动监控系统运营服务认证、污染治理设施运营服务认证等项目，2020年7月，启动环境咨询（环保管家）服务认证试点工作。

认证按照“现场审查+认证后监督”模式开展相关工作。经认证机构审查符合条件的企业，按程序颁发服务认证证书。按照由优到次顺序，将服务认证证书分为一级、二级、三级三个等级。该服务认证证书受到了政府及企业等有关单位的普遍认可，受到了一致好评。

通过服务认证，帮助认证企业提高管理水平，增强服务质量，树立企业良好信誉及品牌形象。为用户选用可信的合格服务商提供信心证明，推动环境服务业高质量发展。

晋城乾泰安全技术有限责任公司

乾 泰

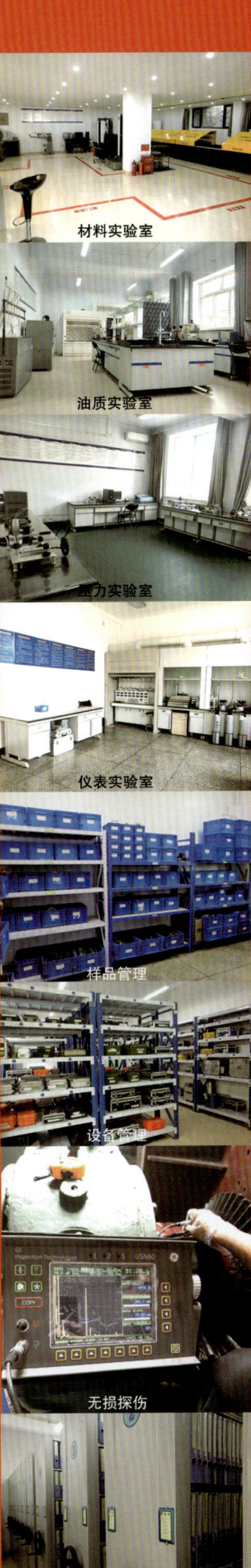

晋城乾泰安全技术有限责任公司，是2005年注册成立的独立法人机构，位于山西省晋城市城区，是集安全检验检测和计量检定校准于一体的第三方专业检验检测机构，为属地授权范围内的计量器具量值传递提供了优质便捷的技术服务，为煤矿企业安全生产发挥了良好的技术保障作用。为进一步提升机构的技术能力，保证合规运行并持续改进，逐步拓宽业务领域的检测和校准市场，公司积极推进CNAS实验室认可的申请工作，并于2018年7月首次取得中国合格评定国家认可委员会颁发的检测和校准认可实验室资质（CNAS L11207），截至目前，获批资质包括40个校准项目和4个检测项目。

公司现有员工106人，其中研究生学历13人，大专以上学历89人；高级技术职称10名，中级技术职称29名；注册安全工程师19名；一级注册计量师7名，二级注册计量师29名。现有先进的检测检定仪器设备设施370余台套。人员能力和设备配置满足资质范围内的各项检验检测和检定校准需求。公司始终遵循“科学、公正、准确、诚信”的质量方针，认真履行检验检测和计量检定校准行业法规和标准规范，注重实验室环境条件的改善和人员能力、质量意识的提升，持续改进体系内控管理，不断增强机构的核心竞争力，诚实守信服务每一位客户，准确可靠提供每一份结果报告。

精进钻研，锲而不舍，全力打造优质检验检测品牌。科学公正是我们的工作态度，准确诚信是我们的服务理念。客户的需求就是我们不断前行的动力。

公司地址：山西省晋城市城区北石店镇

公司电话：0356-3663518　3663163　3663161　　邮编：048006

公司网址：http://jcqtgs.cn/　　　邮箱：jcqtgs@163.com

安信联合认证（北京）有限公司

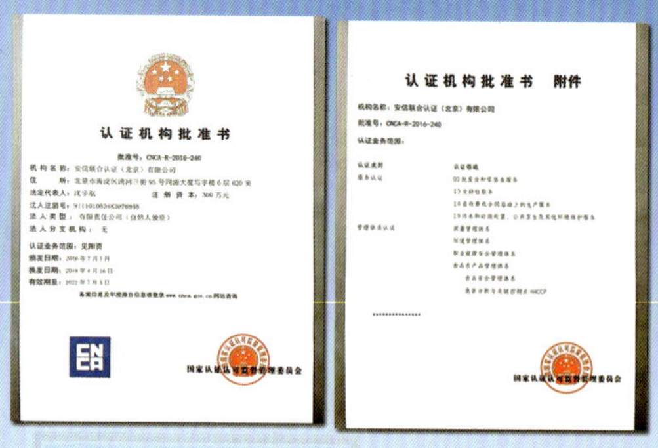

安信联合认证（北京）有限公司是依据《中华人民共和国认证认可条例》《认证机构管理办法》的相关规定合法成立的独立的第三方认证机构，国家认证认可监督管理委员会批准号：CNCA-R-2016-240。公司成立于国家深化改革的2015年国际认可日，也是实现“十二五规划”的关键年。

公司秉承公正为本、安信天下的宗旨，打造客观公正、独立权威的综合性认证机构。总部设在北京，在华东、华南、华西、华北、华中等全国各地发展和培养了公司的审核员队伍，以公正为本、客观为据、公开公信、安信社会的质量方针，为企业提供高标准的本土化审核，从而为客户提供方便、快捷、优质和高效的认证服务。

客户满意是我们永远坚守的工作标准，助力客户价值提升，打造其优质竞争力是我们矢志不移的追求目标，我们将本着“服务优秀、成就卓越”的使命，通过打造标准、认证、检验三位一体的发展理念，为客户创造价值，为员工发展提供平台，为社会带来安全和信赖。我们将践行“志坚行粹、信臻至上”的核心价值观，“以高质求发展、靠诚信行天下”的经营理念，使安信联合认证成为最具竞争力的认证检验服务机构，竭诚为有意提高管理水平，积极参与国内外市场竞争的组织提供专业、公正、高效、便捷和权威的优质服务。

地址：北京市海淀区连桥二街绿地中央广场9号　　邮编：100089

电话：010-52596059　　18611399931

北京质信认证有限公司

商业的语言是标准，
质信认证致力于先进标准的研发、培训、认证
以提高各类组织生产力

认证机构批准书

批准号：CNCA-R-2017-313

机构名称：北京质信认证有限公司

住　　所：北京市西城区马连道南街6号院1号楼7层703

法定代表人：段昕雨　　注册资本：300万元

法人注册号：91110102MA007PC34K

法人类型：有限责任公司（自然人投资或控股）

法人分支机构：无

认证业务范围：见附页

颁发日期：2017年3月30日

换发日期：2019年8月19日

有效期至：2023年3月30日

备案信息及年度报告信息请登录 www.cnca.gov.cn 网站查询

CNCA

国家认证认可监督管理委员会

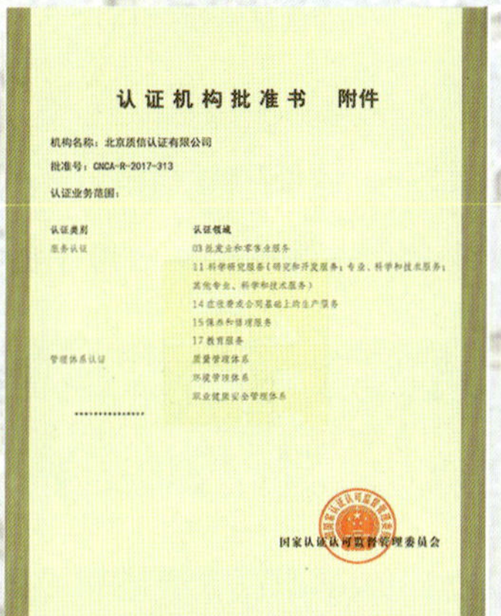

认证机构批准书　附件

机构名称：北京质信认证有限公司

批准号：CNCA-R-2017-313

认证业务范围：

认证类别	认证领域
服务认证	03 批发业和零售业服务
	11 科学研究服务（研究和开发服务；专业、科学和技术服务；其他专业、科学和技术服务）
	14 在收费或合同基础上的生产服务
	15 保养和修理服务
	17 教育服务
管理体系认证	质量管理体系
	环境管理体系
	职业健康安全管理体系

………………

国家认证认可监督管理委员会

北京质信认证有限公司（**Beijing Quality & Credit Certificate Co.,Ltd，BQC**）是经国家认证认可监督管理委员会批准（批准号：CNCA-R-2017-313）、中国合格评定国家认可委员会认可（认可号：M244-C）的独立公正的第三方认证机构，可从事质量管理体系、环境管理体系、职业健康安全管理体系、工程建设施工企业质量管理规范、服务认证（批发和零售业服务、科学研究服务、在收费和合同基础上的生产服务、保养和修理服务、教育服务）等领域认证业务。

BQC涉及的认证领域包括机械、电子、信息、食品、农业、建筑等30多个专业大类。

BQC在安徽、四川、陕西、河北、江苏等全国各地分布着多个办事机构和联络处，能为客户提供优质快捷的本地化服务。

BQC坚持以“客观公正、合规权威、传递信任、追求卓越”的质量方针为客户提供优质认证服务。

联络信息

北京市西城区马连道南街6号院1号楼507

邮　　编：100055

电　　话：010- 63265286

网　　址：**www.bqciso.com**

电子邮箱：**bqc@bqciso.com**

美国船级社质量评估公司

美国船级社质量评估有限公司（ABS QE），是美国船级社（ABS）下属独立取得资质的、在全球范围为客户提供管理体系认证、定制化评估及培训的第三方服务机构，总部设在美国休斯敦。

成立于 1862 年的美国船级社是世界上较具权威的船级社之一，在 90 多个国家设有 200 多个办事机构。美国船级社从 1973 年起就提供广泛的第三方服务业务。ABS 力主“倡优异、立标杆”的运营方针，ABS QE 秉承了 ABS 的先进理念，为客户提供优质、多样、增值的管理体系认证体验，视客户如伙伴，携手共赢。世界各地的客户从我们精湛的技术经验、开放的沟通方式，以及认证过程中提供的上佳实践的承诺中获益匪浅。

ABS QE 在全球范围内为船舶海工、石油天然气、化工、建筑工程、航天航空、汽车、电子电气、医药及政府服务等全行业多领域提供管理体系认证和培训服务，涵盖的管理体系标准有：ISO 9001、ISO 14001、ISO 45001、AS 9100/AS 9120、IATF 16949、ISO/TS 29001、RC 14001、TL 9000 及 SA 8000 等。

上海埃比埃斯技术检验有限公司是 ABS GROUP 在中国的注册公司，提供第三方管理体系认证、培训、企业社会责任（BSCI/SEDEX）、供应商风险评估等定制化第二方审核业务。同时，也为锅炉压力容器和核电厂设备、港口运输和起重机设备、货运集装箱和罐式集装箱等提供检测检验以及相关的技术咨询和培训服务。

上海埃比埃斯技术检验有限公司
电话：86 21-6876 9266
传真：86 21-6876 9255
Email：info@abs-qe.com
Website: www.abs-qe.com
地址：上海市浦东新区世纪大道1600号（陆家嘴商务广场）1909室
邮政编码：200122

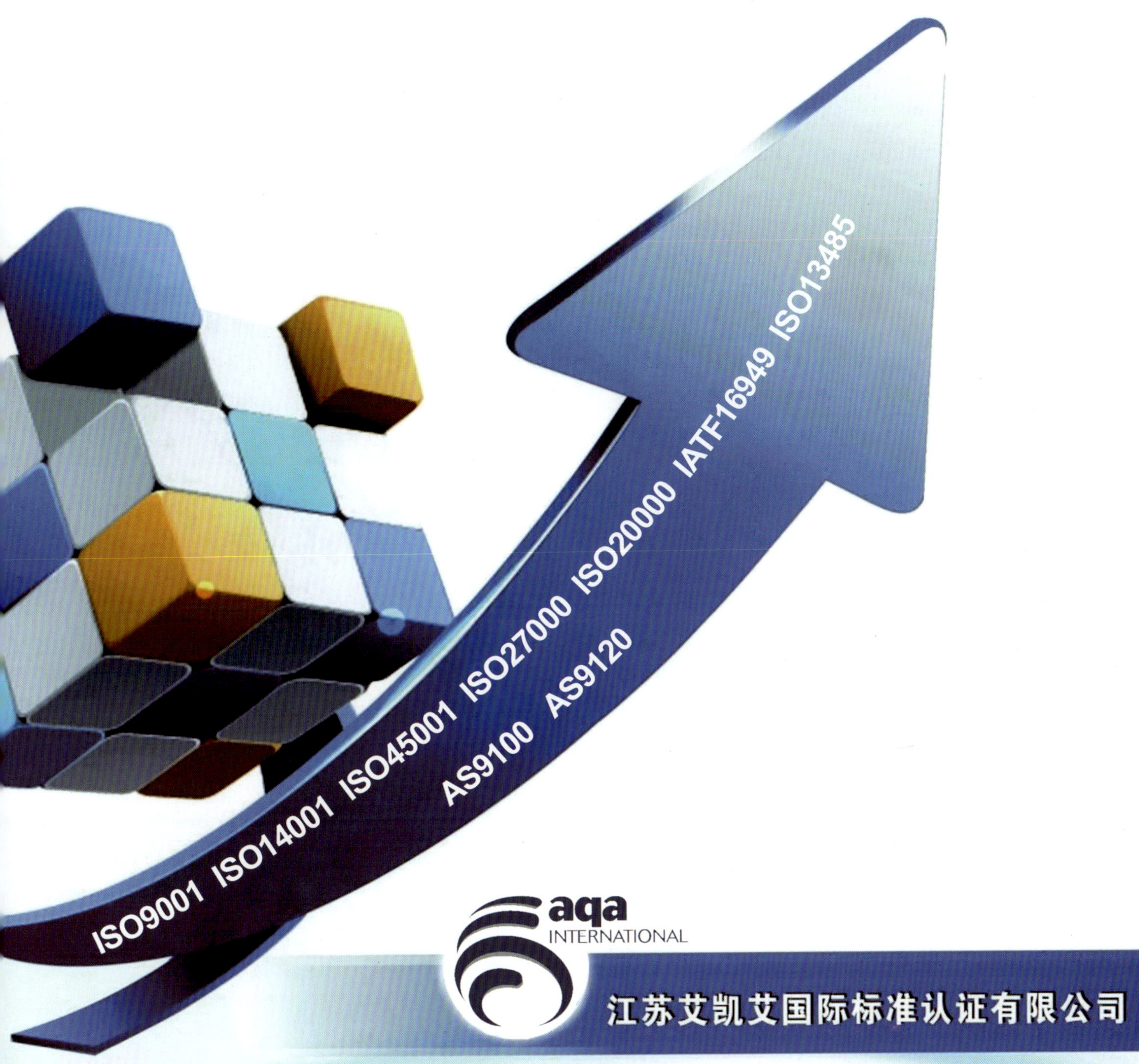

ISO9001 ISO14001 ISO45001 ISO27000 ISO20000 IATF16949 ISO13485
AS9100 AS9120
aqa
INTERNATIONAL

法国标准协会(AFNOR) 中国分公司
——贝尔国际验证技术服务（成都）有限公司

管理体系认证服务项目

ISO 9001	质量管理体系
ISO 14001	环境管理体系
OHSAS 18001	职业健康安全管理体系
IATF 16949	汽车业质量管理体系规范
IRIS	轨道交通业质量管理体系
AS 9100	航空业质量管理体系
ISO 14064	温室气体排放和清除的量化和报告的规范及指南
PAS 2050	商品和服务在生命周期内的温室气体排放评价规范
IECQ QC 080000	电气与电子元件和产品有害物质过程控制管理体系
ISO 13485	医疗器械质量管理体系认证
NF V01 005	农业活动的质量管理体系
ISO 55001	资产管理管理体系认证规则

成都公司
TEL: 028-8665 4768
FAX: 028-8612 3318
E-mail: clientscd@afnor.org.cn

上海公司
TEL: 021-5109 6866
FAX: 021-5448 9361
E-mail: clientssh@afnor.org.cn

广州公司
TEL: 020-3762 0833
FAX: 020-3762 0831
E-mail: clientsgz@afnor.org.cn

长沙办事处
TEL: 0731-8229 3369
FAX: 0731-8229 3369
E-mail: clientscs@afnor.org.cn

福州办事处
TEL: 0591-8761 4243
FAX: 0591-8761 3049
E-mail: clientsfz@afnor.org.cn

法国贝尔国际验证机构为法国标准协会 AFNOR (Association Française de NORmalisation) 中国分公司

总部设在法国首都巴黎，在全球100个国家和地区设有分支。全球服务客户有3M、Airbus空中巴士、Alstom阿尔斯通、BASF巴斯夫、Bombardier庞巴迪、Danone达能、Mobile美孚石油、Nestle雀巢、Philips飞利浦、PAS Peugeot Citroen标致雪铁龙、Renault雷诺、Schneider Electric施耐德、Shell壳牌、Siemens西门子、Total道达尔、Valeo法雷奥、CRRC中国中车、SINOPEC中国石化、AVIC中国航空工业集团、Amway安利（中国）、AREVA阿海珐、Canon佳能（中国）、CHANGAN长安汽车、Compa仁宝电脑集团、FOXLINK正崴集团、HTC宏达电子、KINGLONG厦门金龙客车、LIFAN力帆集团、SGMW通用五菱、UNI-PRESIDENT统一企业集团等企业。

Founded in 1926, the authortative agency of the French standardization
成立于1926年，法国标准化主管机构
France's larger managerment and personel certification bodies
法国较大的管理与人才认证机构
Permanent representatives of the International Organization for Standardization(ISO)
国际标准化组织（ISO）常任理事国代表
French national product certification NF mark owner
法国国家产品认证NF标志的所有者
CE Notified Body
欧盟CE产品认证公告机构
The initiate member of CEN
欧洲标准化委员会（CEN）的创始会员
The initiate member of IQNET
国际认证联盟（IQNET）创始会员
Olivier Peyrat, AFNOR CEO and also Adviser for China Standardization Expert Committee
Olivier Peyrat,AFNOR集团总裁兼中国标准化专家委员会外籍顾问
12 regional delegations in France and 40 offices worldwide by offering its certification and training services in more than 100 counties and regions, More than 60,000 companies already certified worldwide
法国有12个区域代表团并直全世界有40个办公室为超过100个国家和地区提供认证和培训服务，在全球超过60000家企业客户
Over20000 professionals around the wold
超过20000专业人员遍布于全球

www.afnor.org www.afnor.cn

公众号

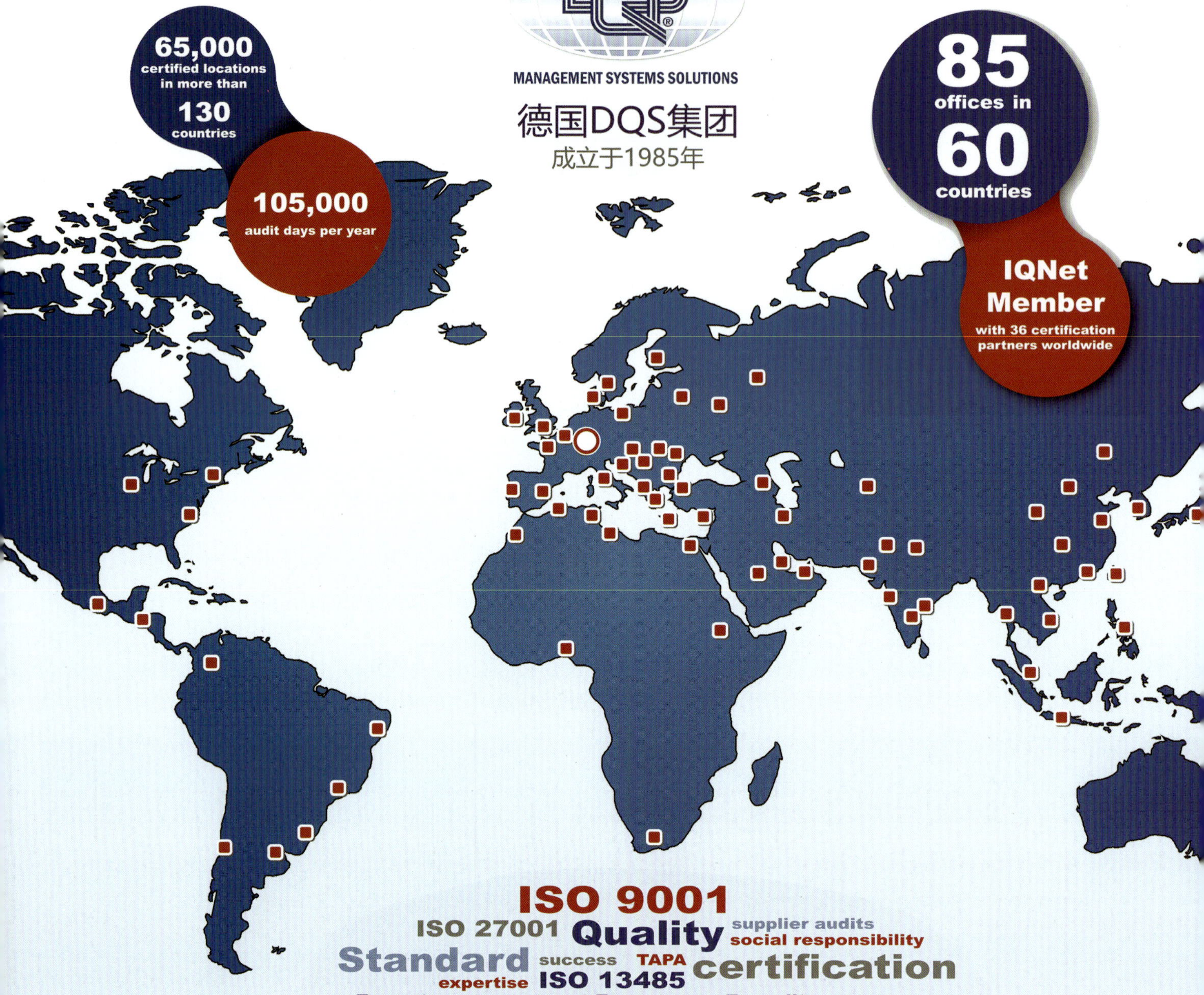

山东大学第二医院检验医学中心

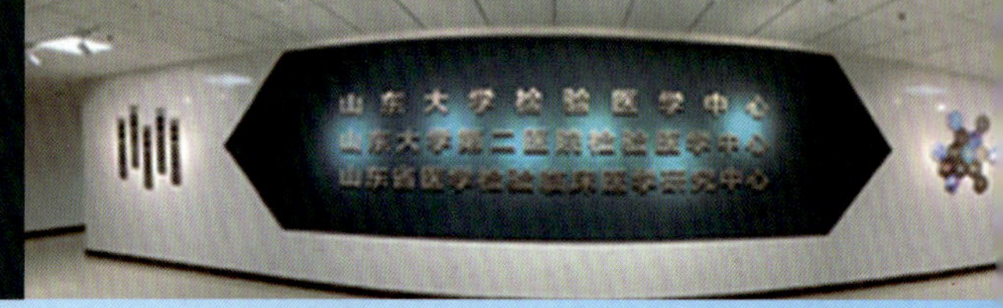

山东大学第二医院检验医学中心是集医疗、教学、科研于一体的综合性科室，是山东大学临床检验诊断学专业博、硕士研究生培养单位，是山东省临床医学（检验医学）中心，山东省“十三五”高校检验医学重点实验室，山东大学检验医学中心。跻身复旦大学中国医院检验医学声誉排行榜(2019年度)第十名。

一、人员、设施、设备资源

检验医学中心现有职工107名，其中博士学位25人，硕士学位32人；正高级职称9人，副高级职称8人，中级职称19人。山东大学博士生导师7人，硕士生导师11人；19人拥有医师资格证。中心位于崇仁楼四楼（生化、免疫、细胞）、五楼（分子、微生物），广智北楼一楼（急诊检验）和门诊二楼（血液和体液检验科），建筑面积5200m²，使用面积3700m²，按照BSL-2实验室进行建设和管理。目前中心有大型检测设备70余台套，包括罗氏全自动生化免疫流水线、贝克曼库尔特全自动流水线、迈瑞全自动流水线、安图全自动流水线、雅培全自动免疫流水线、样本分拣系统及智能物流机器人，以及美国碧迪全自动接种培养流水线（TLA4-1）、BD血培养系统（BACTEC FX）和微生物鉴定药敏系统（M-50）、安图微生物质谱仪、Gene Xpert分子诊断平台，希森美康全自动模块血液体液分析仪（XN-20）流水线-自动血涂片制备仪（SP-16）-全自动细胞形态学分析仪（DI-60），沃芬全自动凝血分析仪（ACL TOP 700 LAS）流水线，全自动染色体显微图像扫描系统（LABB M9120）、核酸测序仪（3130）等国际主流检验设备，可为临床提供准确、及时的检验报告。

二、医疗服务

检验医学中心下设临床生化科、临床免疫科、临床分子生物学实验室、临床微生物科、血液与体液检验科、急诊检验科、南部院区检验科等七个专业科室，以及采血中心、新冠核酸检测、质谱检测、NGS实验室等专业组。目前开展检验项目500余项，涵盖了临床检验医学的常见项目，积极开展委托检验和区域检验中心建设，努力满足临床精准医疗的需要。重视各专业及其亚专业发展和顶层设计，强化内部培训、考核以及继续医学教育，完善人员轮转和业务骨干培养制度，努力提高专业水平。严格按照ISO15189进行检验全过程质量管理，不断提高精益化管理水平，缩短检验报告时间，提升和服务患者和临床的能力。主动联系临床，积极参与临床诊疗，努力实现检验技师向检验医师的全面转变。

三、教学、科研

自2017年8月开始承担山东省检验医学专业住培学员的教学任务，是山东省住院医师规范化培训考点，目前拥有具有临床教学资质的规培教师25名，已接纳规培学员26名。作为山东大学临床检验诊断学专业博、硕士研究生培养单位，已培养硕、博士研究生60余名。培养研究生获国家奖学金、银丰奖学金、优秀学术成果奖等各种奖项共10余人次，多次参加美国临床化学协会年会、亚太临床生物化学和实验室医学联合会等国际会议。与美国UCSF和Mississippi、美国哈佛医学院和贝勒医学院、荷兰格罗宁根大学以及加拿大Mcgill大学医学院建立友好合作关系，已有10余名研究生参与中美和中俄等地的科研机构和大学的联合培养博士生项目，努力培养与国际接轨的科研人才。

检验医学中心自2017年至今共获得国家重点研发计划1项，国家科技重大专项子课题 1项，国家重点研发计划专项子课题2项，国家自然科学基金18项（其中面上项目6项，青年基金项目12项），山东省重点研发计划2项，山东省技术创新引导计划1项，山东省自然科学基金9项，山东省科技攻关4项，以及多项厅局级校级科研项目，累计到账经费达3500万。近三年来，检验医学中心在Nature Communications、Hepatology、Redox Biol、Mol Cancer等国际著名期刊发表SCI论文60余篇，获得山东省科技进步奖1项。经过多年的积累和沉淀，检验医学中心打下了坚实的科研基础，形成了良好的科研氛围。

检验医学中心始终贯彻“以病人为中心，以质量为核心”的工作理念，坚持“准确、及时、严谨、创新、超越”的质量方针，密切联系临床，持续改进，努力建成国际接轨、国内一流的标准化医学实验室。

张家港市第一人民医院医学检验科是集医、教、研于一体的综合性医学实验室，苏州市重点专科，张家港市重点学科。经过近几代人的努力建设，目前已发展成张家港地区设施先进、技术能力突出、专业设置齐全的医学检验实验室。科室现有专业技术人员59名，其中高级职称11名、中级职称22名；检验医师2名，硕士研究生6名；副教授1名。

医学检验科是张家港市规模较大的医学实验室，建筑面积2000m²，科室下设临床生化、免疫、微生物、分子诊断、血液及体液、骨髓血液形态等亚专业组，其中临床分子诊断实验室是张家港市较早通过江苏省卫健委评审认定的分子检测实验室。科室目前拥有各种各类国内外先进检测设备，开展临床检测项目500余项；近年来，科室逐步导入基因检测平台、质谱技术平台；拥有一批如高灵敏HBV-DNA、分枝杆菌分离培养、细菌培养鉴定（质谱法）等省内领先技术、填补了本市空白。在新型冠状病毒肺炎出现后，医学检验科迅速组建新冠病毒核酸检测实验室，并获得苏州市卫健委批准，作为张家港市新型冠状病毒定点检测机构，全力承担张家港市新冠病毒核酸检测工作，为张家港市的疫情防控工作作出了极大的贡献，取得了良好的社会效应。

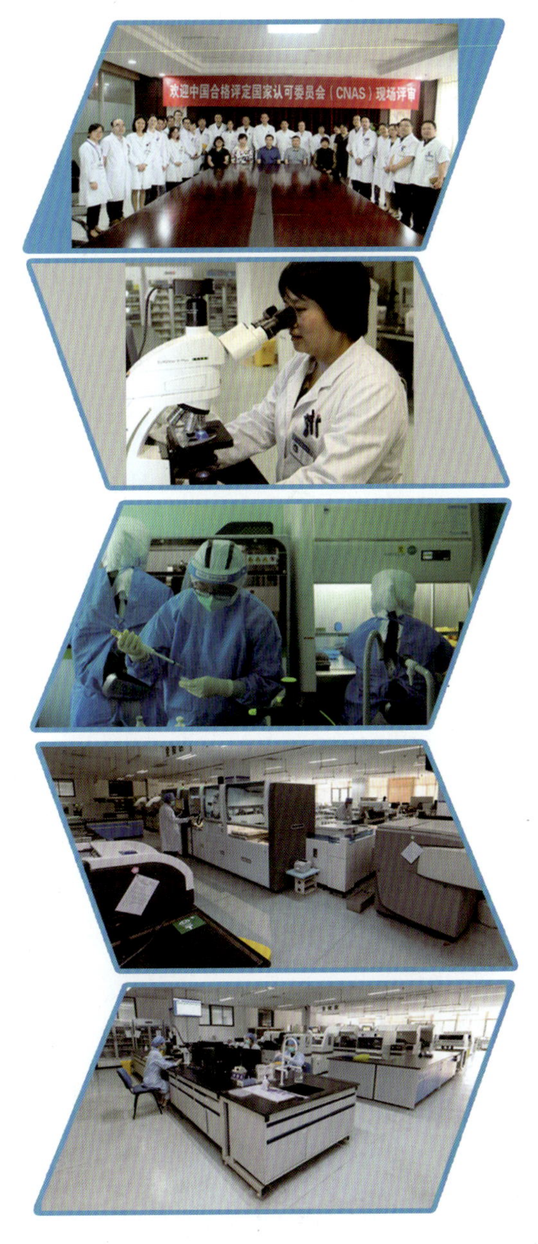

医学检验科一贯重视检验质量管理和检验能力的提升、重视科室的标准化建设。严格按照ISO 15189医学质量管理体系的要求规范实验室的管理，建立质量手册、程序文件、作业指导书，并严格按照质量体系的管理要求进行检测工作，确保检验结果的准确性。

科室重视学科内涵建设，多次主办省、市级继续教育学习班。承担国家自然青年项目1项、张家港市科研项目5项，发表SCI论文11篇。在2019和2020年获得江苏省医院协会品管圈比赛三等奖，2020年获得全国医院擂台赛主题决赛优秀案例。医学检验科已逐步发展成为一个集临床检验、科研、教学为一体的综合性科室。

医学检验科将秉承“公正、准确、及时、优质”的质量方针，为广大患者和临床科室提供最优质的检验服务。

医学检验科主任：朱晓珏

电话：0512-56919512

科室地址：江苏省苏州市张家港市暨阳西路68号

上海市血液中心

上海市血液中心成立于1955年，是一所集血液采集、制备、检测、供应、科研及教学于一体的，市区内唯一的采供血服务机构。中心配备了先进的血液采集、检验、成分制备及输血医学研究相关的设施和设备，建立了计算机网络监控和管理系统，承担着为全市160余家医疗单位提供临床用血和保障安全用血的重任。2019年向临床供应全血及红悬液类31.41万人份，血小板类5.37万袋，血浆类34.08万人份，冷沉淀类6.39万人份。中心还开展疑难血型鉴定及配血、新生儿溶血病的检查、输血反应鉴定、组织配型等输血相关服务项目。2019年上海市血液中心荣获上海市质量金奖。

上海市血液中心实验室包括中心本部检验一科、血型检测中心和杨浦分中心检验二科。根据将上海建成“亚洲医疗中心”的目标，提供符合国际标准的医疗保障服务，中心实验室于2019年4月建立并正式运行ISO 15189医学实验室质量管理体系，标志着中心实验室的检测能力和检测质量得到进一步提高。2020年8月，中国合格评定国家认可委员会评审专家组通过为期三天的现场评审，一致认为本中心申报的项目均达到认可的标准。中心于2020年12月7日获得中国合格评定国家认可委员会颁发的实验室认可证书。ISO 15189医学实验室质量管理体系的运行使得中心实验室质量管理更趋规范化、系统化和科学化，提升了上海地区的采供血安全水平。

中心始终以血液安全为最高宗旨，以保证血液质量为首要职责，以献血者和受血者为关注焦点，严格执行国家相关的法律法规、行业标准和技术操作规范。本着竞争、创新、团队合作和敬业、诚信、追求卓越的精神，适应本市社会和医疗卫生发展需要，提升中心的区域服务力、行业带动力和国际影响力。

无锡市中心血站

无锡市中心血站始建于1964年，是一家集血液采集、检测、供应及输血服务等功能于一体的地区性中心血站，承担着市区365万多常住人口的临床用血保障任务，年采全血约4.5万人次，采血量约15t。站内拥有全自动酶免分析仪、全自动血型仪、冷沉淀凝血因子制备仪、大容量冷冻离心机、智能冷库等国内外先进设备，采供血工作全面实行信息化、规范化管理，是无锡市首家通过ISO15189医学实验室认可的机构。

血站实验室包括检验科和血液研究室，受血站法人授权分别从事采供血机构的血液检测、输血相关的血液研究和临床疑难输血指导等工作。实验室按照国家生物安全II级标准建设，人才梯队分明，检测设备精良，于2018年启动了ISO 15189实验室认可的准备工作，推行检验的全过程质量管理，于2020年9月获得国家认可委的资质证书，申报的14个检测项目均顺利通过评审。通过CNAS实验室认可，标志着该实验室检验质量、管理水平和技术能力迈入国内一流水平，正式与国际检验医学接轨。

凝心聚力、斗志昂扬、乘风破浪、筑梦前行。无锡市中心血站将继续秉承“让献血者满意，让人民放心”的宗旨，弘扬“团结务实、开拓进取”的精神，以争当全省高质量发展领跑者为目标，以争当全国标杆为追求，不断提升技术能力和质量管理水平，不断提高服务意识和服务水平，为保障全市输血安全做出新的贡献，为建设健康无锡保驾护航。

上海质量教育培训中心（“SQTC”）隶属于上海质量管理科学研究院，是国内较早成立的质量管理专业培训机构。SQTC依托丰富的质量管理专家队伍，已为广大企事业单位的职工开展了全面质量管理知识、班组长岗位知识、质量管理技术和方法等培训，为企事业领导干部和管理技术人员开展了首席质量官、首席数字官、质量经理、标准化、六西格玛绿带和黑带等质量管理岗位任职和拓展知识培训，为全国质量专业人员的培训和质量管理知识的普及与推广做出了积极的贡献。

SQTC作为中国认证认可监督管理委员会（CNCA）批准的管理体系审核员培训机构，是中国认证认可协会(CCAA)常务理事单位，先后获得了CCAA对质量管理体系、环境管理体系、职业健康安全管理体系、食品安全管理体系、信息安全管理体系、能源管理体系等管理体系审核员和服务认证审查员的课程确认，在全国范围内开展相关知识培训。SQTC曾经获批开展质量专业技术人员、食品检验员等国家职业资格课程培训，受上海市总工会委托开展优秀班组长岗位培训，为广大企业和各类人员在知识、技术、职业技能以及资格考试培训方面提供了专业的服务。多年来SQTC与美国质量学会（ASQ）保持合作，开设了ASQ注册质量工程师、质量经理等培训课程。

SQTC 是国家工信部认定的“国家中小企业公共服务示范平台”，全国总工会评定的“全国职工教育培训示范点”，上海市经信委认定的“上海市中小企业公共服务示范平台”，上海市人社局开设的“上海市专业技术人才知识更新工程急需紧缺人才”“基层专业技术人才”培训承办单位，上海市总工会认定的“上海职工学堂”，工业互联网产业联盟上海分联盟认定的“工赋学院工业互联网人才实训基地”。

SQTC的资质

- 国家认证认可监督管理委员会批准的认证培训机构（批准号：CNCA-P-2002-007）
- 曾获得中国认证认可协会对以下课程的确认
  *质量管理体系审核员培训课程
  *环境管理体系审核员培训课程
  *职业健康安全管理体系审核员培训课程
  *食品安全管理体系审核员培训课程
  *能源管理体系审核员培训课程
  *信息安全管理体系审核员培训课程
  *服务认证审查员培训课程
  *国家注册审核员继续教育培训课程
- 国家质量专业技术人员职业资格考核教师培训基地
- 美国质量学会（ASQ）授权CQE（质量工程师）、CMQ（质量经理）、SCMQ（服务质量经理）、CSSGB（六西格玛绿带）和CSSBB（六西格玛黑带）培训机构
- 工赋学院工业互联网人才实训基地

SQTC目前已开设管理标准类、卓越绩效和生产运作管理类、六西格玛和管理技术类、职业资格类等四大类100多门课程。

SQTC在上海市长宁区武夷路拥有近2000m²的办公、教育和实训基地，有专业的教师队伍，理论和实践经验丰富，可为企事业单位提供实用可靠的技术服务。

全新福克斯ACTIVE
城市新锐SUV
#SUV驾趣新定律#

Ford

进无止境

皇家马德里
全球赞助商
Realmadrid

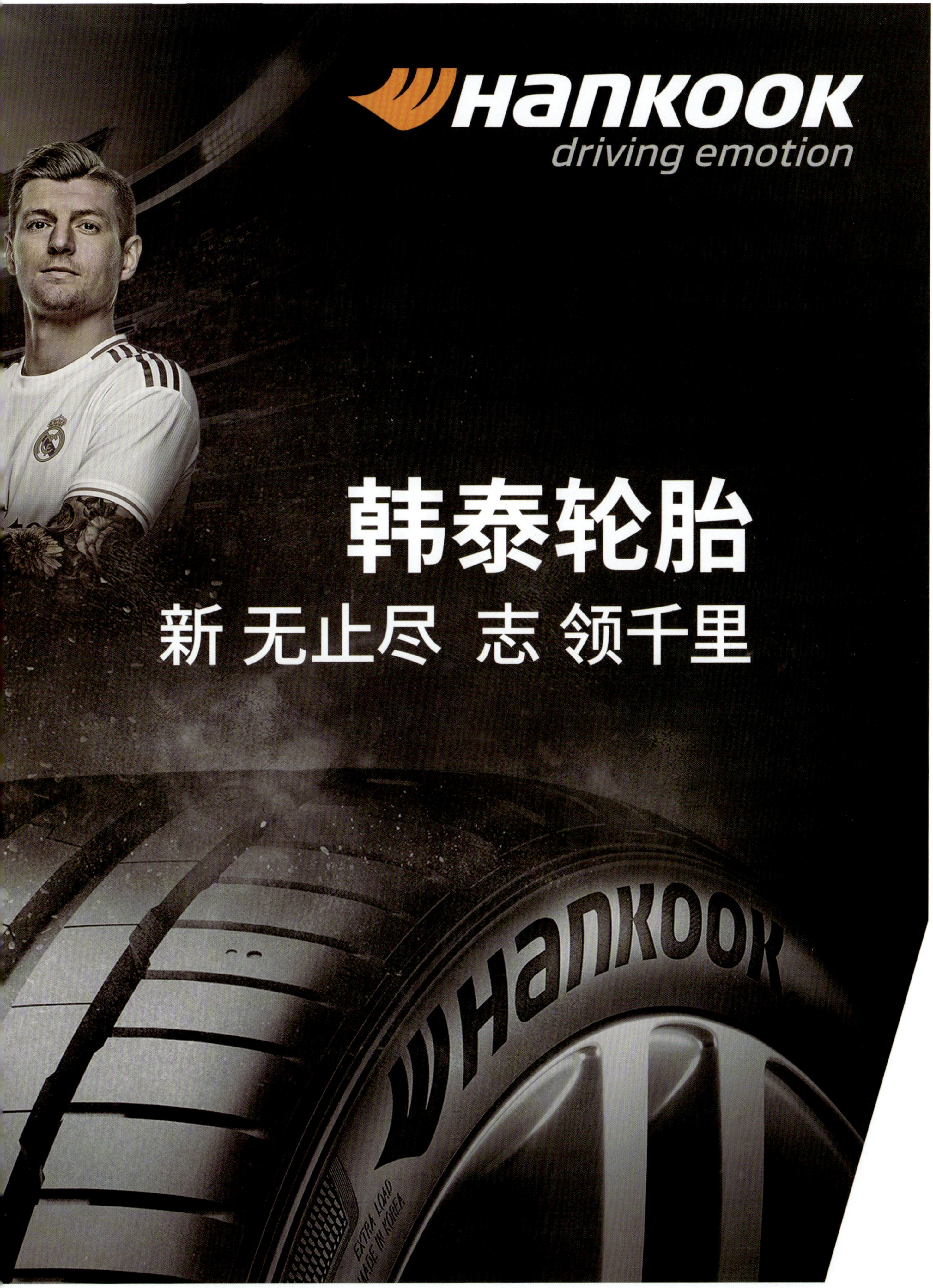
HANKOOK
driving emotion
韩泰轮胎
新 无止尽 志 领千里
HANKOOK
EXTRA LOAD
MADE IN KOREA

浙江豪情汽车制造有限公司

浙江豪情汽车制造有限公司（以下简称豪情公司）座落在浙江东部沿海国家历史名城——台州临海，是浙江吉利控股集团旗下一级子公司、集团较早建立汽车制造基地、国内较早具有轿车生产资质的民营企业，目前已成为浙江省民营百强企业、台州市龙头支柱企业。

豪情公司成立于1997年，注册资金35.3亿元。1998年8月8日工厂建成投产，吉利第一辆整车下线。随后陆续推出豪情、优利欧、美人豹、熊猫等车型系列，创造了多项国内造车的领先车型。美人豹车型是国内自主生产的跑车车型，如今在中国博物馆收藏；“熊猫”作为国内较早仿生车型，也是国内较早采用C-NCAP碰撞检验的五星车型，被誉为国内较安全的A00级轿车。当年一句“造老百姓买得起的好车”响彻中国大地，惠及千万家庭。

为进一步实现汽车产业转型升级，顺利适应汽车发展新趋势，2013年5月浙江豪情汽车制造有限公司向头门港新区搬迁。公司总占地面积约110万m^2，其中工业用地面积约94万m^2，商住用地面积约16万m^2，建筑面积40多万m^2。项目总投资约65.6亿元(迁建项目33亿元，扩建项目32.6亿元)，建成了冲压、焊接、涂装、总装四大工艺齐全的，目前世界一流、国内领先的汽车整车生产产业园。目前已成为一家年产30万台整车、年销售收入超330亿元的现代化汽车生产园区。项目一期于2015年12月28日正式投产，2016年12月启动扩建项目，2018年9月28日首次实现月产25888台，标志着年产30万辆整车生产能力的实现。

豪情公司具有强劲的研发能力，累计获得国家发明专利300余项。获台州市级研发中心、浙江省高新技术企业、浙江省专利示范企业等殊荣。公司投产的两款全新车型——帝豪GS和帝豪GL均已投放市场。作为吉利精品车3.0时代的代表产品，该两款车型延续了帝豪卓越、稳健、尊崇的品牌定位。车型外观由国际知名设计师彼得·霍布里团队亲自操刀，将中国传统元素与西欧现代风格完美结合，凸显吉利品牌基因；大量沃尔沃技术的运用、丰富的配置和合理的价格，将使该车型极具市场竞争力，两款车型均荣获浙江省优秀工业产品。公司已部署新能源发展战略，逐步投产油电混合、插电式混合、纯电动等新能源汽车。

公司将以“创造超越期待的出行体验”为使命全面推动品牌建设，秉持“人本、创新、卓越”的价值观念发展，吉利汽车也正向着“让世界充满吉利”的愿景不断前行，参与全球汽车竞争。

BOSCH
博世 科技成就生活之美
全新8500系列
创新集成安防解决方案

BOSCH

博世

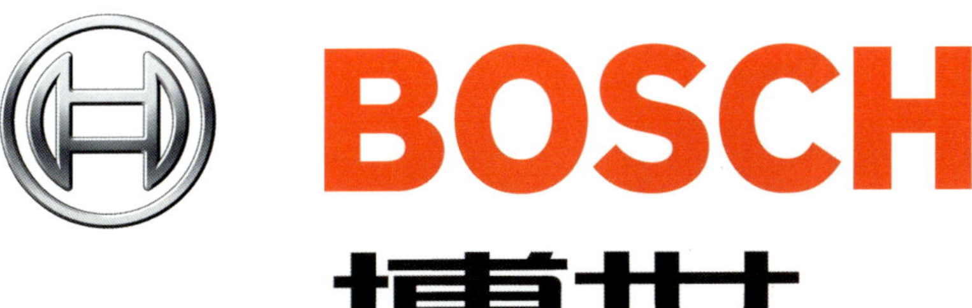

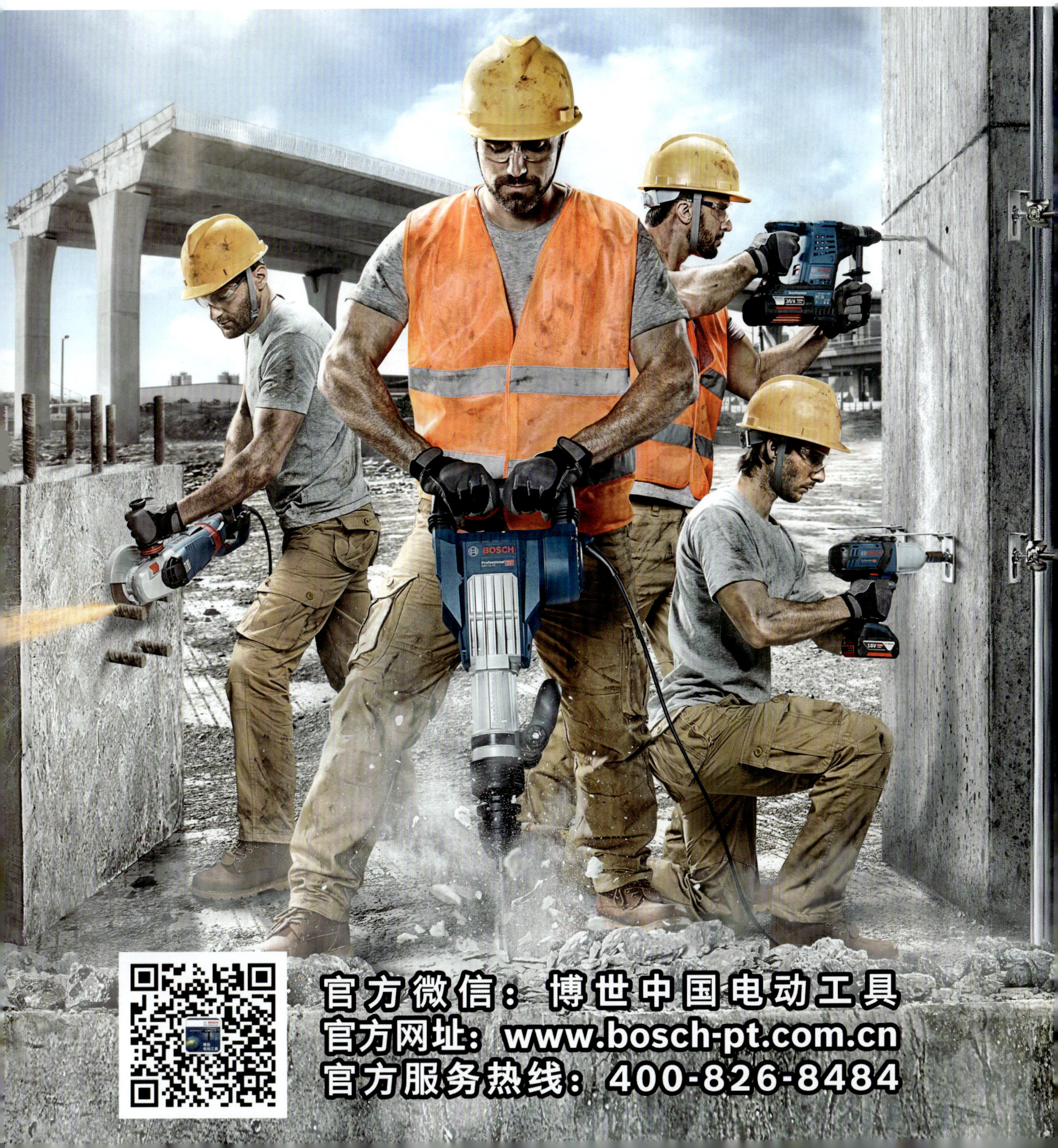
BOSCH
官方微信：博世中国电动工具
官方网址：www.bosch-pt.com.cn
官方服务热线：400-826-8484

三河陆桥质检印务有限公司

三河陆桥质检印务有限公司（以下称陆桥印务）是中国检验检疫科学研究院院属企业，属国有控股公司。

公司基本情况

陆桥印务成立于2002年，注册厂址位于河北省国家级燕郊高新技术开发区，厂区占地面积为3.3万余m^2，建筑面积为10000 余m^2，公司注册资金2097.34万元，公司拥有员工70余人，其中大专以上学历的员工38人，具有中高级职称的技术和管理人员 13人，所有生产一线员工均取得了印刷行业上岗证书。

公司业务情况

目前，公司主营业务为强制性产品认证标识（CCC）、各类证书、防伪溯源标签等印制工作。公司于2014年年底新增不干胶生产线，可满足制作各类不干胶标签，尤其是防伪标签、二维码标签及刮开式标签等。为寻求企业多方位、更快、更大发展，增强企业的经济效益和社会效益，公司一直在大力发展市场业务、拓宽公司的业务范围、挖掘新的客户资源。并在书籍画册类产品上下大力，提高生产能力，满足市场需求。

公司服务宗旨

公司自成立以来，始终秉承“技术创新、诚信服务、质量第一、团队协作”的经营理念，注重企业内部管理和人才培养，突出管理创新和技术创新，强化印刷质量管理，严格遵守各项法律法规、条例以及规章制度，并出色地完成了各项印刷业务，得到了原国家质检总局、新闻出版总署等国家和地方各级政府机关的好评和认可。

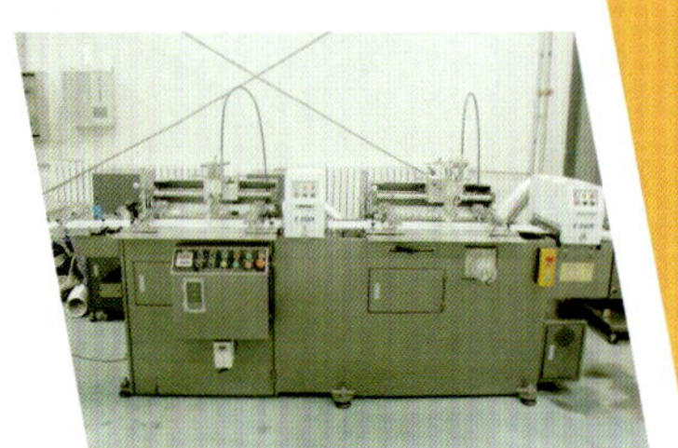

公司资质情况

公司具备全国工业产品生产许可证（防伪票据、标识）、一般出版物印刷许可证相关资质，并通过了 ISO 9001质量管理体系认证和RoHS认证，并申请成为了中央国家机关政府采购中心内部定点印刷企业。为增强公司竞标及承印能力，公司已成功申请绿色印刷、BS OHSAS 18001、ISO 14001等资质。

公司的生产能力

经过十余年的发展，公司现已具备完整的全息防伪标志、胶版印刷两条印刷生产线，从印前设计制版到印中、印后的作业生产能力，在地区行业内处于领先地位，被地区新闻出版机构评为“强势印刷企业”。公司现有各类印刷、印制设备103台（套），其中主要生产设备76台（套），如小森四色、五色胶印机、机组式凹版印刷、琳得科间歇轮转机、丝网印刷机、斜背印刷机、方正数字喷码印刷机、激光照排机、喷墨喷码印刷机、软压硬模压机、柔版印刷机、品检机、模切机等。为了能够适应市场业务不断增加的需求，公司计划将逐步增加或配套生产设备，增强公司自身的竞争能力。

地址：北京东燕郊开发区东环路东侧　　邮编：065201
电话：0316-3313880　010-61594080　　传真：0316-3317387

中国印钞造币总公司

认证认可上水平　技术创新出成果

中国印钞造币总公司是直属中国人民银行领导的、国家唯一的法定货币生产企业，下属二十余家大中型企业和一个国家级企业技术中心，主要从事印钞、造币、钞票纸、印钞造币专用机械和银行机具的设计制造、高纯度金银精炼和印制增值税专用发票、有价证券、银行专用票据、高级防伪证书等方面的生产经营活动。中国印钞造币总公司致力于提高自主创新能力，大力加强硬件基础设施建设，积极开展国家认可实验室认定工作，鼓励企业加大对国家认可实验室的支持。截至2018年底，中国印钞造币总公司共建立了五个国家认可实验室：

1.中国人民银行印制科学技术研究所鉴别能力检测中心：2016年挂牌成立，2017年底经中国人民银行批准依据JR/T 0154-2017《人民币现金机具鉴别能力技术规范》开展机具鉴别能力检测工作，为多家金融机具企业进行了相关鉴别技术检测并出具检测报告。2019年3月，先后通过了中国合格评定国家认可委员会（CNAS）的认可和中国国家认证认可监督管理委员会的资质认定。

2.中钞长城贵金属有限公司分析检测中心：2002年3月首次通过CNAS认证。检测中心拥有国际先进水平的贵金属元素测试手段和完善的检测能力。检测范围包括纯金、纯银中杂质分析，原料金、原料银中主成分及杂质分析，高纯金、高纯银中杂质分析，金合金、银合金中主成分及杂质分析，金银提炼、金银深加工过程控制分析，以及金银提纯、加工配套环保监测分析。2018年，检测中心接受了CNAS复评审工作，顺利通过现场评审。

3.上海造币有限公司技术中心理化实验室：2006年11月首次通过CNAS认可。认可范围涵盖物理、化学两个领域多个项目，包括纯金、纯银中杂质分析，金、银中主成分及杂质分析，银合金中主成分及杂质分析，洛氏硬度HRB、HRC、HR30T检测，镀层测厚等测试分析。2018年7月通过国家实验室换证复评审，取得国家实验室证书。

4.国家金银及制品质量监督检验中心（沈阳）：1997年12月取得CNAS的认可资格，2018年3月通过了CNAS进行的实验室换证复评审。2018年对可提供标准金锭、银锭企业进行质量监督检测，完成共100件样品的检验及复验，及时向上交所提交了2018年度可提供标准金锭、银锭企业质检结果报告；完成金银及制品的对外检测业务近400件。

5.银行卡检测中心：在“金卡工程”建设背景下于1998年经人民银行批准成立的专项检测机构。随着电子支付产业的不断发展，中心已从一支银行卡专项检测队伍逐渐成长为拥有国内外检测资质超过180项，服务能力覆盖人工智能、云计算、移动互联网、物联网等金融科技关键技术，业务范围涉足技术产品检测、信息安全服务、解决方案研制等多领域的金融安全科技服务提供方。

在新的历史时期，中国印钞造币总公司将继续以“高起点、高质量、高效率、出精品”为目标，以公正的行为、科学的手段、准确的结果，更好地为企业和社会服务，为企业发展提供技术支持。

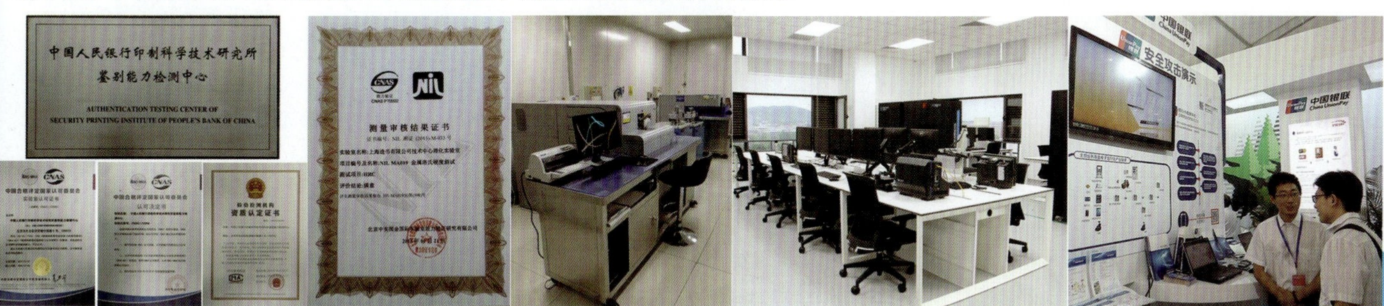

中国人民银行印制科学技术研究所鉴别能力检测中心及有关证书　上海造币有限公司理化实验室有关证书　中钞长城贵金属有限公司分析检测中心　银行卡检测中心　2015年5月，银行卡检测中心参加第二届国家网络安全宣传周网络安全公众体验展

人力资源

国网计量中心现有员工266人，其中：

◆教授级高级工程师10人，高级工程师38人，高级职称以上人员所占比例18%。

◆博士6人、硕士110人，硕士以上学历所占比例44%。中心拥有享受国务院政府津贴1人。

◆“国家电网公司专业领军人才”2人，“国网电网公司优秀专家人才”4人，“国家电网公司优秀专家人才后备”3人。

◆国家电网公司一级考评员资格16人，国家级计量标准一级考评员2人，国家级法定计量检定机构一级考评员1人。

取得的资质

序号	资质名称	资质类型	授予机构	等级
1	国家法定计量检定机构（国家高电压计量站）	计量授权	国家质检总局	国家级
2	国家工频大电流比例计量基准（国家高电压计量站）	计量授权	国家质检总局	国家级
3	电力变压器能效检测	计量授权	国家质检总局	国家级
4	国家电能表型式评价实验室（电力）	计量授权	国家质检总局	国家级
5	跨区电网关口电能表检定和校准	计量授权	国家质检总局	国家级
6	高压三相异步电动机能效标识检测	计量授权	国家质检总局	国家级
7	低压三相异步电动机能效标识检测	计量授权	国家质检总局	国家级
8	CCC认证指定实验室“低压成套开关设备中的配电板”	认证	国家认监委	国家级
9	国家实验室认可（CNAS）	认可	中国合格评定国家认可委员会	国家级
10	国家资质认定（CMA）	认证	中国国家认证认可监督管理委员会	国家级
11	商用密码产品销售许可证和生产许可证	认证	国家密码管理局	国家级
12	能力验证提供者（国家高电压计量站）	认可	中国合格评定国家认可委员会	国家级
13	中关村开放实验室	认证	北京市	北京市
14	用电信息采集及应用技术国家电网公司重点实验室	认证	国家电网公司	公司级

国网计量中心

概 况

国网计量中心成立于2009年，是国家电网公司最高计量技术机构。

国网计量中心拥有国家高电压计量站及用电信息采集设备质检站、配用电自动化系统设备质检站、电能仪表及变送器质检站等3个行业级质检站，以及用电信息采集及应用技术国家电网公司重点实验室；是IEC/TC42高电压试验技术中国秘书处、全国电磁计量技术委员会高压计量分技术委员会、电力行业电测量标委会、电力行业供用电标委会、电力行业密码应用技术体系研究专项工作组的挂靠单位、全国法制计量管理计量技术委员会高压电气设备工作组秘书处的挂靠单位、中国智能量测产业技术创新战略联盟秘书长单位。目前已建立并保存国家计量基准1套，国家计量标准12套、国家社会公用计量标准9套；获得跨区电网关口电能表检定和校准、电能表型式评价、电动机能效标识检测等7项国家计量授权；取得国家实验室认可（CNAS）、资质认定（CMA）、国家商用密码产品销售和生产许可证等3项重要资质，可开展涉及电能表、互感器、采集设备、计量表箱、元器件等计量器具的检定/校准项目61项、检测项目78项。

作为国家电网公司最高计量技术机构，国网计量中心积极开展基础性、前瞻性技术研究，先后承担国家级，公司及省部级科研技改项目百余项，多次获得省部级、国家电网公司科技进步奖；参与制修订国家、行业、企业标准 200余项，2014年获中国标准创新贡献一等奖。“十四五”时期，国网计量中心将以“技术引领型、服务优质型、检测权威型、标准主导型”为目标，不断提升自身管理水平与核心竞争力，积极拓展科研、检测和技术服务领域，为电力计量技术发展提供全方位技术支撑。

Electrolux In China
伊莱克斯在中国

专业电器

1994 年伊莱克斯专业电器开始为中国的 4&5 星级酒店和豪华餐厅提供厨房设备

在 4&5 星级酒店拥有超过 70% 的市场份额

许多豪华餐厅和俱乐部使用伊莱克斯专业家电：

- Mr. & Mrs. Bund
- Jade on 36
- The Kitchen
- Jean Georges
- Club 33
- Nobu
- SPOON by Alain Ducasse

2010 年上海世博会中，瑞典馆及其他 14 个国家展馆指定使用伊莱克斯专业电器产品

大家电：冰箱、洗衣机、空调及厨房产品

1996 年进入中国市场。

我们为中国消费者提供全系列中高端白色家电产品，包括冰箱、洗衣机、干衣机、灶具、烟机、洗碗机、烤箱、消毒柜、空调、电热水器等。

我们的销售渠道覆盖 200 多个城市。

零售业务以外，我们与中国多个高端地产商有长期良好的合作，其中包括金地集团、和记黄埔、嘉里建设、瑞安地产等。

地面维护及小家电

2003 年进入中国市场。

我们为中国消费者提供广泛产品选择，包括吸尘器、咖啡机、面包机、食品加工机、电熨斗等。

In China 伊莱克斯在中国

HiVi惠威

HiVi惠威源自中国，名誉业界。经过28年的高速发展，HiVi惠威已成为世界知名高级音响制造公司，并以各类杰出的电声产品享誉业界。2017年，HiVi惠威在中国A股上市，股票名称“惠威科技”，代码SZ.002888。

作为Hi-End高级音响制造商，HiVi惠威在国际上获得如此评价：HiVi惠威以杰出的电声科技结合中国精密工业制造，HiVi惠威产品拥有至臻的声音品质与性价比。

HiVi惠威扬声器单元以超卓的品质及尽善尽美的音质，已经赢得众多欧美著名音响厂商的青睐与采用，他们认为高品质的HiVi惠威扬声器是其品牌领导音响业界潮流的根本保证。

HiVi惠威拥有从扬声器单元、音箱到各类电声产品的完整产业链，均配备HiVi惠威自行设计制造的高级扬声器单元。HiVi惠威音箱不仅音质超卓，且性价比更高。产品线覆盖Hi-Fi高保真、家庭影院、多媒体音响、互联网云音响、智能穿戴、汽车音响、专业音响、智能广播系统、会议系统、各类扬声器单元和箱体制造等多个领域。

HiVi惠威拥有亚洲先进的专业电声消声室，这是研发电声产品及技术开发重要的专业设施。HiVi惠威还拥有各类尖端的电声研发设备及设计软件，确保HiVi惠威在行业内的科技地位。

HiVi惠威屡获国际大奖：2003年在美国CES消费电子大展上，HiVi惠威以等磁场线性带式扬声器系统荣获Best of CES 2003 High-End Audio 高保真音频类最佳CES大奖，这是国际音响界的至高荣誉。2005年HiVi惠威再次荣获Best of CES Ultimate Audio最佳CES大奖，成为首个两次荣获该项大奖的国际音响企业。从2003年至今，HiVi惠威产品荣膺了16次CES Innovation Awards（CES创新大奖），获奖总数超过所有中国音响同行的总和，卓显HiVi惠威不断追求创新电声科技的能力。

HiVi惠威致力于追求尽善尽美的声音重放，正如HiVi惠威的企业理念：专注声音品质。

小熊电器股份有限公司

小熊电器股份有限公司（以下简称“小熊电器”）成立于2006年，是国内集研发、生产、销售为一体的创意小家电领域领军企业，主营产品是酸奶机，上市以来得到了国内外消费者的一致认可，在行业内享有“自制酸奶专家”的美誉。目前系列产品包括酸奶机、煮蛋器、电炖盅、电热饭盒、豆芽机、电蒸锅等品类，所有产品均为自主研发并拥有知识产权，且全部获得CCC认证。

小熊电器一直坚持自主研发为核心的综合创新能力，重视技术创新和自主知识产权。近几年，公司研发经费均按销售收入的3%以上投入，研发中心集产品调研、策划、外观设计、结构设计、功能验证等功能于一体。

小熊电器视人才为核心竞争力，拥有经验丰富的研发团队，由从事20年开发工作的技术总监牵头，专注致力于小家电的研发工作，主要开发人员均有10年以上的专业经验，能提供结构设计、硬件设计、软件设计及测试、品质保障的全套小家电解决方案。小熊电器重视产品标准的建立及推广，相应建立了酸奶机、煮蛋器、电炖盅等企业标准。

10余年时间，研发团队致力于技术创新及自主开发，共申请专利234项，其中发明专利8项，实用新型78项，外观专利148项。已获授权的专利179项，其中实用新型62项，外观专利111项，审核中有2项发明专利及16项实用新型专利。

小熊电器以不断向消费者推出精致、创新、健康的小家电产品为己任，努力为消费者创造高品质的生活!公司坚决贯彻 精益制造、客户至上 的经营宗旨。致力于厂商价值一体化建设，追求与各位合作伙伴长期、和谐、共赢发展，努力打造精致创新小家电第一品牌。

海信（山东）空调有限公司

海信（山东）空调有限公司是海信集团投资12亿元人民币，引进国际先进的变频空调技术与生产线，于1996年组建的现代化企业。公司位于平度市海信家电工业园，占地约47万m²，现有员工2000余人，年产变频空调230万套，年产值35亿元人民币。公司主营业务包括：空调、机房空调、防爆空调、高温空调、热泵、空气净化器、新风机及辅助装置、注塑模具产品的研发、制造、销售及产品售后维修服务；节能产品技术研发及技术服务；货物和技术进出口；空调生产设备、办公设备租赁等。公司始终坚持海信集团“技术立企、稳健经营”的发展战略，立足高端产业，专注主业性与服务两大方向，海信研发中心拥有制冷及信息技术行业的高素质专业技术人才400多人，博士7人，硕士35人，主持7项国家标准的制定，承担国家“十五”科技攻关、863计划、973计划、CNGI专项等26项国家科技攻关任务，具备107项专利和软件著作权。目前公司拥有国际领先的变频生产技术与设备，引进了目前世界上较先进的全自动氦检漏装置热计量室，配套国内较先进的整机成套检测线，辅之以按国际质量认证体系标准建立的质量保证体系，被专家评定为目前中国较先进的、规模较大的变频空调生产基地。经过十年的运作，“海信空调，变频专家”的概念已经深入人心，现在海信变频空调已经牢牢占据了国内变频空调市场份额的半壁江山。作为海信集团的主导产业，海信空调将以“国内一流企业，国际知名品牌”为目标，不断在经营规模与综合效益上实现质的飞跃。现在，海信空调公司的生产线，已经出口到阿尔及利亚、巴西等国家，并将积极涉足相关家电产业。

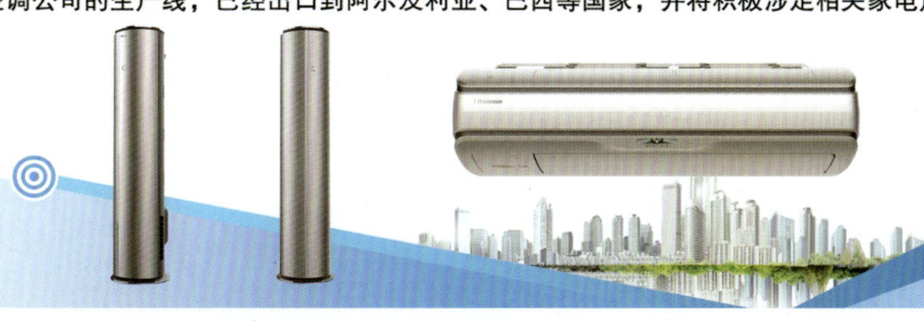

中国铁路哈尔滨局集团有限公司
质量技术监督所低温试验站

前身为齐齐哈尔铁路局科学技术研究所冷冻试验室，建于1964年，1985年纳入铁道部产品质量监督检验中心，成为质检中心下设十五个检验站之一，并被命名为低温试验站。2015年通过国家实验室认可（CNACL）注册号：CNAS L7702，并且是中铁铁路产品检验认证中心的签约实验室。

目前有员工17人，其中具有大学本科学历的6人，大专学历的2人，主要承担：铁路产品制造特许证的产品质量检验；国家铁路局和铁路总公司的工业产品质量监督抽查检验；铁路产品认证及质量体系认证的产品检验；铁路重要工业产品及新产品的鉴定检验；铁路运输业务管理部门委托验收检验、专项产品检验和企事业单位委托检验；产品质量的仲裁检验；城轨车辆的整车空调性能试验等。

试验站占地面积为1000m²，拥有环境试验室3个，可进行各种铁路车辆的制动性能试验和客车的防寒、空调、隔热等热工性能试验；也可为其他大型试验提供高、低温双环境温度模拟。模拟温场控制范围：－60℃～110℃，均匀性不超过2℃。

近年来主要从事铁路客车地铁车辆防寒、空调及隔热性能检验；货车低温制动性能检验；机车车辆制动系统及零部件的高、低温性能检验、冲击和振动性能检验、盐雾试验。曾承担导弹运输舱、医疗急救手术车等军用设备环境试验；铁路货车抽查检验试验；25B型客车、25G型客车、25T型客车及380B高寒动车组等的整车试验；多列城轨车辆空调性能试验；并参与《铁道车辆用球芯折角塞门及组合式集尘器》等20多项铁路行业标准制定；参与200多项铁路产品认证。

四川省电子产品监督检验所

四川省电子产品监督检验所始建于1975年，实验室现有检测试验面积8000多m²，拥有600多台（套）检测试验设备，工程师以上专业技术职称占职工总数的70%以上。目前，实验室拥有一支专业水平高、实践经验丰富的员工队伍，其相关业务先后通过了中国合格评定国家认可委员会（CNAS）的能力认可、四川省市场监督管理局的资质认定（CMA），同时还获得信息安全等级保护测评机构资质、信息安全风险评估一级服务资质、信息系统安全运维二级服务资质、工业信息安全测评机构能力认定三级资质以及强制性产品认证（CCC）指定实验室资质，并成为中国质量认证中心（CQC）、北京赛西认证有限责任公司（CESI）、中国信息安全认证中心（ISCCC）、北京鉴衡认证中心有限公司等多家认证机构的签约实验室。多年来检验所秉承“科学、公正、保密、高效”的理念，以勤勤恳恳的工作作风、用户第一的服务宗旨，支撑政府、服务企业、服务社会，并建成了以音视频产品、IT产品、家电产品、信息系统工程测评、软件产品测评、信息安全测评、安防工程检测等为特色的电子信息产品综合检验检测实验室，业务涉及轨道交通、商业贸易、科技、水利、教育、医疗卫生、能源、生态环境、市场监管、银行、证券、文化旅游、通信、人事劳动和社会保障、统计、财政、电力等多个行业领域，检测服务质量受到客户的一致好评；在提供检测服务的同时，检验所还积极组织技术力量为成都市网络安全执法检查技术检测、四川省公安机关网络安全执法检查技术检测提供日常网络安全检测、信息上报、应急处置等技术支撑工作，并获得了“一种城市监控摄像机测试卡举高伸缩架”实用新型专利授权1项，以及“成都市科技资源共享服务平台”建设的财政资金资助等；在2020年抗击新冠疫情期间，《四川机关党建》报道了我实验室充分发挥自身在行业内长期积累的资源和技术优势，组织技术专家为红外热成像疫情排查产品的研发企业提供技术支持，利用科技手段积极参与抗疫工作的事迹。近两年来，检验所还先后承担了“全国医院信息系统安全保护体系检测及认证研究课题”“现代商业银行网络安全威胁环境分析及信息安全体系建设研究课题”以及“互联网+政务系统信息安全检测认证制度研究项目课题”等，有多篇信息安全前沿热点论文以及电子电器检测技术方面的论文被重点期刊录用发表。

CONTROLUNION

中国医学科学院阜外医院实验诊断中心

中国医学科学院阜外医院始建于1956年，是国家级三级甲等心血管病专科医院，也是国家心血管病中心、心血管疾病国家重点实验室、国家心血管疾病临床医学研究中心所在地，以诊治各种复杂、疑难和重症心血管疾病而享誉国内外，目前是全球最大的心血管疾病诊治中心和集医疗、科研、预防和人才培养于一体的国家级医学研究与教育中心。医院设有36个病房，26个手术室（其中包含6个复合技术手术室），17个导管室，1521张编制床位数。在职员工3380人，院士6人，国家级、省部级有突出贡献专家21人，享受政府津贴77人。

中国医学科学院阜外医院实验诊断中心是集临床检验、病理、分子诊断及教学科研工作为一体的综合发展的医学诊断中心，同时也是心血管疾病分子诊断北京市重点实验室，以心血管疾病的临床检测、基础科研、产品研发等多重职责为一体，致力于心血管疾病的临床诊断、机制研究、分子遗传学诊断、个体化用药指导以及新技术新方法的研发转化。

实验诊断中心现有工作人员80名，其中正高4名、副高12名，高级职称占比20%。学历构成方面，博士14名，硕士16名，本科以上学历占88%。常规检测项目外，还拥有分子诊断、出凝血-自身免疫、心肌标志物和质谱特色专业平台，共计开展临床检测项目217项，支持检测的大型仪器设备179台，年测试数超3000万。实验诊断中心还承担多项创新工程项目、国家重点项目，目前有省部级在研课题25项，近三年发表论文50余篇，同时也是我国心血管新技术新方法临床应用的重要转化平台。实验诊断中心同时承担中国医学科学院北京协和医学院硕士、博士研究生的培养工作及本科生的教学工作，为国家培养临床检验及分子诊断的优秀人才。

实验诊断中心按照ISO 15189的要求严格建立完整的规范化质量管理体系，于2020年4月正式获得CNAS实验室认可证书，获认可检验项目116项，是迄今为止国内首家集检验、分子、病理联合通过认可的专科医疗机构。

雅安市人民医院

雅安市人民医院是一所历史悠久，集医疗、教学、科研、预防保健、康复为一体的三级甲等综合性医院，前身为1904年美国传教士柯里斯先生建立的基督教华西区浸礼会“仁德”医院和1945年刘文辉建立的文辉医院。2000年，雅安撤地建市，更名为雅安市人民医院。2019年5月，四川大学华西医院领办我院，增添第二名称“四川大学华西医院雅安医院”。医院现有省级重点专科11个，市级重点专科22个，荣获 “全国人文爱心医院”“四川省级文明单位”；“数字化三星医院”；神经内科为“国家卫计委脑卒中筛查与防治基地”；消化内科成为“中国医师协会整合医学分会雅安分中心”等。

雅安市人民医院核医学科成立于2009年4月，他的前身系同位素科室。核医学科发展迅猛，现领先于川西片区兄弟医院。该科室人员共计18人，其中高级职称1人，中级职称5人，硕士研究生4名，并且常年保持1-2名优秀的医护工作者到上级医院进修学习。雅安市人民医院核医学科拥有较先进的设备，目前拥有美国GE公司的单光子发射型计算机断层显像仪（即ECT）、联影高端PET/CT(U-mi780)已经安装，甲功仪、双能X线骨密度仪、全自动化学发光免疫分析系统等国际先进的医疗设备。科室开设了核医学专科门诊，成立了核素治疗病房，开拓了此区域核医学的发展，具有划时代的意义，并于2015年获得了中华医学会核医学分会“核素治疗示范基地”，是一个集检查与治疗为一体的综合性科室。科室体外分析实验室开展了甲状腺功能、性激素、肿瘤标志物、胰岛素类、骨代谢类、生长激素类等多项检查，于2019年9月荣获中华医学会核医学分会“体外分析实验室质量管理示范基地”。科室体外分析实验室按照国际标准化组织(ISO《医学实验室质量和能力认可准则》)的要求，坚持“准确客观、科学严谨、及时高效、服务优质”的质量方针质量体系建设，2019年12月通过了评审，并于2020年3月获得ISO 15189认可证书，成为了四川省核医学较早通过认可的机构。

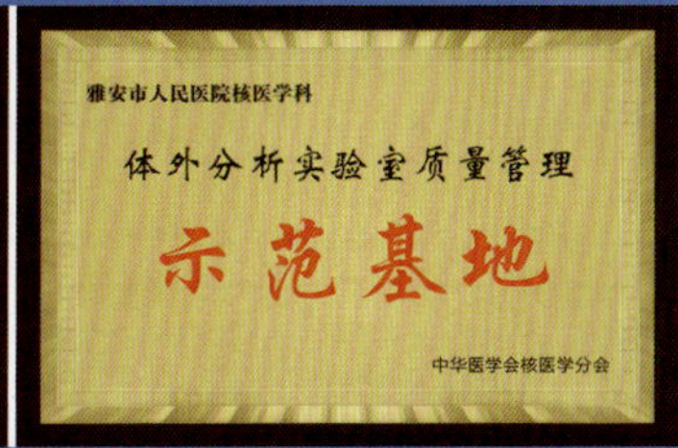

联系人：杨福洲　电话及传真：0835-2862186　四川省雅安市雨城区城后路358号

上海新培晶医学检验所

上海新培晶医学检验所是经上海市卫健委审批准予执业的营利性医疗机构，坐落在上海市黄浦区思南路 105 号（建国中路 37 号）1-2 楼，开设有：临床体液、血液专业，临床化学检验专业，临床免疫、血清学专业，临床细胞分子遗传学专业和病理科等专业。上海新培晶医学检验所位于上海市中心城区黄浦区，毗邻上海交通大学医学院和瑞金医院等重点院所，同时 1 小时交通圈覆盖上海多数大型综合性医院。

公司本着“病人利益至上，医生需求第一”的宗旨，遵循国际规范、标准和行业指南，引进和研发世界上最先进的检测技术，向中国大型三级医院、专科医院、科研院所和综合性医院提供全面、先进和准确的专科特检服务，促进中国医学诊断和治疗水平的提高。拥有多色流式细胞仪、电子显微镜、荧光显微镜、分子细胞、遗传与全自动核型扫描、免疫组化、AUTO LUMO A2000 PLUS 化学发光分析仪、7500 荧光定量 PCR 仪等专业仪器，向各大医院提供多项血液、肿瘤、遗传、心脑血管、感染性疾病、自身免疫性疾病等疾病和内、外、妇、儿等专科的高精尖诊断检测。

医学部主任：潘红超

电话：021-60321600

地址：上海市黄浦区思南路 105 号 1-2 楼

东南大学医学院附属南京同仁医院医学检验科

东南大学医学院附属南京同仁医院医学检验科成立于2007年6月，现已发展成集临床、教学、科研于一体的现代化临床医学实验室。现设有江苏省卫生健康委备案的医学生物安全二级实验室（BSL-2），是通过ISO15189质量管理体系认可的医学实验室（CNAS MT0492）。科室质量和技术能力符合国际标准，出具的检验报告被全球70多个国家和地区认可。

检验科现有建筑面积约1600m^2，有临床基础检验、生化检验、免疫检验、微生物检验及分子生物学检验5个专业组和血库。

检验科人才结构合理，现有专业技术人员42人，其中高级职称5人，硕士生导师2人，中级职称14人。学科带头人童华诚主任技师现为中国中西医结合学会检验专业委员会委员、江苏省医院协会临床检验管理专委会委员，江苏省医学会输血分会委员，南京医学会检验分会、输血分会委员。参与国家或江苏省自然科学基金项目3项，发表核心期刊及SCI论文总计20余篇，参编教材1部。

医学检验科目前开展各类检验项目近500项，配备先进的微生物质谱分析仪、全自动生化分析仪、血气分析仪、全自动尿液形态学分析流水线、全自动血细胞分析流水线、全自动凝血功能分析仪、流式细胞分析仪、全自动酶免疫分析系统、全自动血培养仪和全自动微生物鉴定及药敏分析仪、基因扩增分析仪等大型仪器设备，可为临床提供准确、及时的检测报告。

全科员工以“优质高效、 精准创新”的质量方针为宗旨，落实各项质量目标，确保科室业务管理、技术水平和服务满意度持续改进、不断提高。

地址:江苏省南京市江宁区吉印大道2007号　　电话：025-66987812

无锡智量安全技术研究院有限公司

公司简介

无锡智量安全技术研究院有限公司坐落于美丽的太湖之滨，无锡蠡园经济开发区国家工业设计园一环太湖科创带，是一家从事软件开发和计量检测的安全服务商。公司致力于为社会及企业提供安全保障，消除各类安全隐患。公司开展各类气体探测器的计量校准检测业务，针对企业的安全环保类固定式、便携式计量器具提供计量校准检测服务。

公司资质

公司于2020年获得中国合格评定国家认可委员会（CNAS）认可。授权项目为可燃气体检测报警器、氨气检测仪、电化学氧测定仪、一氧化碳检测报警器、硫化氢气体检测仪、氯气检测报警仪、苯气体检测报警器、二氧化硫气体检测仪、氯乙烯气体检测报警仪和挥发性有机物（VOC）检测仪，共计10种气体探测器。

CNAS
China National Accreditation Service for Conformity Assessment
LABORATORY ACCREDITATION CERTIFICATE
Wuxi Zhiliang Safety Technology Research Institute Co., Ltd.

地址：江苏省无锡市滨湖区蠡园经济开发区A2栋二楼　　电话：0510-88085533　　传真：0510-88083358
网址：www.zl_safety.com　　邮箱：zhiliangsafety@163.com

中汽研汽车检验中心（广州）有限公司

中汽研汽车检验中心（广州）有限公司成立于2016年10月24日，是中国汽车技术研究中心有限公司在华南区域的全资子公司，注册资本8亿元人民币。

中汽研汽车检验中心（广州）有限公司已具备轻型车排放与节能研发及测试、整车耐久性能试验、发动机性能测试及开发验证、新能源汽车能耗及续驶里程试验、除霜除雾试验、整车VOC试验等整车相关测试能力，也具备了车身及相关附件、轮胎试验、贵金属检测、化学分析及其他通用试验等相关零部件测试能力；同时，正在建设新能源整车及关键部件、电磁兼容、主被动安全、整车综合性能等板块试验能力，并以此为依托筹建国家新能源汽车质量监督检验中心（广州），填补广东省新能源汽车国家级检测机构的空白，该项目已连续三年被列为广东省、广州市重点建设项目。

中汽研汽车检验中心（广州）有限公司于2019年10月27日获得中国合格评定国家认可委员会实验室认可证书，并于2019年12月20日获得国家认证认可监督管理委员会颁发的资质认定证书。

中汽研汽车检验中心（广州）有限公司于2019年10月17日通过国家新能源汽车质量监督检验中心（广州）建设论证会。